走出腐败高发期

大国兴亡的三个样本

修订版

高波◎著

新华出版社

图书在版编目（CIP）数据

走出腐败高发期：大国兴亡的三个样本 / 高波著. -- 2版（修订本）.
-- 北京：新华出版社，2021.1
ISBN 978-7-5166-5411-8

Ⅰ. ①走…　Ⅱ. ①高…　Ⅲ. ①廉政建设－研究　Ⅳ. ①D035.4

中国版本图书馆CIP数据核字(2020)第187674号

走出腐败高发期：大国兴亡的三个样本
作　　者： 高　波

责任编辑： 陈君君　　**封面设计：** 李尘工作室

出版发行： 新华出版社
地　　址： 北京石景山区京原路8号　　**邮　　编：** 100040
网　　址： http://www.xinhuanet.com/publish
经　　销： 新华书店、新华出版社天猫旗舰店、京东旗舰店及各大网店
购书热线： 010－63077122　　**中国新闻书店购书热线：** 010－63072012

照　　排： 六合方圆
印　　刷： 三河市君旺印务有限公司

成品尺寸： 170mm × 240mm
印　　张： 32　　**字　　数：** 520千字
版　　次： 2021年1月第二版　　**印　　次：** 2021年1月第一次印刷

书　　号： ISBN 978-7-5166-5411-8
定　　价： 98.00元

修订说明

这是一本“老”书。之所以说老，一是因为作者成书于2010年中，首版问世于2012年初，距今已近十载光阴；二是因为原著博观约取、向史而立，说的是家国盛衰往事与天下兴亡轶闻。

这也是一本“新”书。之所以说新，一是缘于经过精文减图等“最低限度”修订，既呈示原本又面貌一新；二是缘于人类社会与“腐败病毒”的较量依然在路上，本书锚定的话题常谈常新。

一切过往，皆为序章。百年未有之大变局风起云涌，寰宇同此凉热。再版本书，以飨读者。

高波

2020年12月24日

代序

在顶层治理中维护执政安全*

——读《走出腐败高发期——大国兴亡的三个样本》

仲　夫

以史为鉴，可以知兴替。

古今中外，人们努力以各种办法防治腐败，不懈追求政治清明和社会稳定，但腐败易发多发频发的现象仍此起彼伏。正是针对这一问题，《走出腐败高发期——大国兴亡的三个样本》一书，对17—19世纪中、英、美等国三段公认的腐败高发期，进行了富有新意的实证研究，提出了须对腐败进行顶层治理以维护执政安全等一系列新的理念和思路，为我们加强和改进防治腐败工作提供了有益启迪。

首先，辨析腐败高发期的异同，有利于更加理性地认知反腐败斗争形势

腐败，古已有之，今亦未止。因此，研究和治理腐败的实践从未停歇。

---

* 原载于《中国纪检监察报》2012年1月17日，经原作者同意略有删改。

马克思所说的17世纪“世界史形成”即全球化以来，各国的腐败与反腐败不再是“内政家务”，而具有了彼此审视和相互关联的全球意义。

本书作者敏锐地注意到，传统腐败（掠夺型腐败）在17世纪我国明朝爆发，权力经济和商业经济（资本主义萌芽）交错，从顶层的万历皇帝、首辅大臣到底层的宦官、胥吏，从巨商大贾到市井小民，在“金瓶梅化”的贪婪奢靡和腐败狂欢中，陷入“历史周期率”。转型腐败（过渡型腐败）在18世纪的英国博弈生成，国王乔治三世为了操控议会，亲自搞贿选，“王政”、政党和资本三种力量首度交会于工业革命的大熔炉，贵族秩序依然存在，但金钱重于血统已经成为新的基石。现代腐败（发展型腐败）则是到了19世纪的美国，由格兰特总统引发的任人唯亲的泛滥，其任命的“腐败内阁”丑闻不断，美国社会在造就高速发展中，也迎来了贫富差距和道德沦丧的顶点。如果把17—19世纪中、英、美三国的腐败高发期联系起来，可以看到一个从掠夺型腐败向发展型腐败过渡的历史轨迹。我国明朝的掠夺型腐败，是农业文明社会和君主专制政体下传统腐败的代表，核心是不加掩饰地掠夺和征敛。美国的发展型腐败，是市场经济社会和资产阶级民主宪政下新型腐败的代表，核心是在貌似民主公正的竞争中，垄断了发展的资源、机遇和利益。而英国的过渡型腐败，则恰如这两极之间的过渡形态，国王专制滥权和商人垄断特权兼而有之。

值得一提的是，本书从私有制的形态变化、生产力的革命升级和经济社会转型的宏阔视野中，寻找腐败高发和演化的规律，提出了现代腐败的“美国原型论”。从18世纪的英国到19世纪的美国，资本主义完成了从经济到政治对封建制度的全新跨越。恰如其资本主义经济基础是在18—19世纪“奠基”一样，现代腐败以资本配置权力为核心特征，其趋于“完形形态”的政党腐败、司法腐败、立法腐败、行政腐败、金融腐败、选举腐败等具体表现形式，在这一时期更趋典型。从理论上讲，资本主义和市场经济兴起的过程，以及利益最大化、资本特权化等经济性动因，对政治上层建筑领域的腐败演化，起到了决定性的作用。因此，现代腐败可以看做是自英国开始转型，并在美国最终定型。

这既符合“先发”国家和地区总是最先遭遇各种新型腐败的一般性实证观察，也在本书的研究中得到了基于国际比较研究和丰富史料的充分印证。曾经是权力垄断财富的传统掠夺型腐败，经历了以财富换取特权的过渡型腐败后，演变为资本配置权力的现代发展型腐败。从历史上看，腐败高发期作为人类社会中政治、经济、文化等领域的腐败现象爆发的特殊发展阶段，以顶层腐败为核心标志，以官员蜕变、政策失败、体制衰败和社会颓败为一般特征。本书的这些研究成果，对于认清我国当前一些地区和领域腐败易发现象与真正意义上的腐败高发期的重大区别，清醒把握反腐败斗争的历史方位、实践进程和行动方略，克服反腐败“速胜论”等错误思潮的影响，提供了理论成果和决策支撑。

其次，把握腐败高发期的流变，有利于提高反腐倡廉宣传教育的说服力

20世纪末，美国学者弗朗西斯·福山出版《历史的终结与最后一人》

一书，宣告西方的自由民主制度是“人类意识形态发展的终点”和“人类最后一种统治形式”，并构成“历史的终结”。在苏东剧变的国际大变局下，“历史终结论”在西方政治学领域制造了一种重要的话语环境：西方资本主义制度是人类政治制度发展的最高形式，历史“终结者”可以对别国的发展道路颐指气使。但本书通过大量历史事实雄辩地说明：19世纪以来，英、美等国之所以能走出腐败高发期，根本原因不仅在于权力分立、政党竞争乃至舆论开禁等政制层面，而是在由传统国家向现代“财政－军事国家”转型中，依靠两次工业革命的经济容量和发展活力，“对冲”了因腐败引发的社会利益冲突和严重矛盾对立，特别是为实施收入调控、税制改革、社会保障等救济措施，赢得了政治运作空间。因此，我们看到英美两国既在18–19世纪人们对腐败的特殊宽容度中，收获了国家成长的特定“腐败红利”，又赢得了在20世纪的某种国际道德优势和舆论强势。

人类社会腐败高发期的历史表明，西方不仅不是腐败的历史“终结者”，而且还在腐败高发期的历史中扮演了不光彩的角色。相反，腐败的历史从未被终结，铲除腐败也从未停歇。作者研究指出，如果说确有什么腐败治理模式的话，其重点既不是所谓“宪政制度的胜利”，也非所谓“西方经济的崛起”，而恰恰是政治顶层和统治集团始终保持了国家的完整、政治的传续和社会的黏合。如今，西方一些国家动辄对别国所谓“腐败政制”横加干预，甚至把腐败问题作为妖魔化别国并实施和平演变的“工具箱”，对别国进行“休克疗法”和政权颠覆，即便不是“忘本”之举，也是别有用心之谋。因此，搞清楚英、美等国走出18–19世纪腐败高发期的历史脉络，有助于我们牢牢把握国际反腐败合作和对外传播的话语权，提高国内反腐倡廉宣传教育的说服力，加强公众舆论引导和社会心理调适，避免出现腐败治理举措和成效方面“言必称西方”的错误认识，防止由社会不公、贫富分化等原因造成的“腐败泛化”心理。

再次，认清腐败高发期的历史，有利于提升治理腐败科学化水平

与英国18世纪中后叶腐败高发期是同第一次工业革命相交织一样，美国19世纪下半叶的腐败高发期与第二次工业革命如影随形。同时，18世纪末的英国开始“起飞”，并在第一次工业革命中崛起，成为海上霸主，成就了殖民霸业。19世纪末的美国在第二次工业革命中一举成为世界头号工业国，美国的腐败高发期与国家崛起期、经济起飞期、改革瓶颈期、文化转型期和社会动荡期高度重叠，可以说是在腐败的阵痛中，完成了国家的崛起和重组。相比之下，在17世纪全球化大背景下，我国明朝却陷入人亡政息的“历史周期率”，并被关外铁骑改朝换代、“破产关门”。本书展现的历史事实表明，之所以出现上述陷于腐败高发期的三个国家“两家重组一破产”的情况，最根本的原因是明朝统治者丧失了执政安全意识和顶层自救能力，而英美两国的统治阶层却在自我救济中，规避了严重的执政危机。

贯穿于本书的一个带有原创性的重要概念是顶层治理，即通过对腐败进行顶层治理，以维护执政安全、保持社会稳定。与腐败高发互为表里的，恰恰是国家重组和社会分配中的结构性问题，即不仅仅是政治领域的腐败，还包括经济领域利益冲突、社会领域公正缺失和文

化领域道德滑坡等。走出腐败高发期，最根本的两条顶层治理路径是：让公共权力与政治责任挂钩，让政治权力与私人利益脱钩。而这需要持续进行有效管用的顶层治理、顶层设计、顶层变革、顶层创新。

作者认为，对于一个大国而言，腐败治理的顶层治理或顶层变革路径，尤为重要。19 世纪中期英国工业革命完成之后，英国贵族地主还拥有不列颠六分之一的地产，占据政府中许多职位和控制着议会中不少议席，但他们却在与新兴资产阶级和底层民众的妥协中，建立了“共识政治”；在渐进的社会变革中，避免了社会动荡和解体，使腐败的旧体制得以革新。而在 19 世纪末 20 世纪初腐败高发的美国，则依托城市进步主义改革、黑幕揭发浪潮等社会化运动，以强有力的联邦政府权威和宏观调控，对现行秩序加以规制重组，通过反托拉斯、调控贫富差距、实施舆论监督、加强社会立法等强力“组合拳”，使美国社会从危机边缘重新走向稳定。

当年，毛泽东同志在与黄炎培的“窑洞对”中，已经给出了走出腐败高发期的路径：让人民起来监督政府。这是一条自下而上的监督之路。全球化时代拉开帷幕以来，传统社会因政治贪腐导致人亡政息的铁律有了新演化：有效的顶层自救，可以实现国家从破产边缘的资产重组，可以靠顶层治理恢复执政的合法性地位。英美两国走出腐败高发期的历史，只不过是对腐败实施顶层治理的一个注脚。然而，一个关于当代腐败治理的悖论是：为走出 18—19 世纪的腐败高发期，英美等国事实上依靠的是以“个人收入社会化调控”为基础的“传统社会主义”目标和方法，但今天西方向“后发”国家推销的却是以“社会收入个人化支配”为支撑的“传统资本主义”制度，或换汤不换药的新自由主义道路。对此，我们必须保持清醒头脑，始终坚持适合本国国情、顺应历史规律的科学化反腐道路。

总之，对现代腐败而言，虽然腐败者并不一定需要强盗剪径式的直接侵占，但由社会不公、社会壁垒等因素引发的“腐败泛化”心理，伤害更大。在这种社会负面情绪之下，公共服务不完善、发展机遇不均等、社会福利不均衡等问题，均被等同于腐败问题，结果造成社会紧张关系扭曲，随时可能发生断裂。正如本书作者所说：可怕的不是腐败，而是丧失了执政安全意识；危险的并非腐败高发，而是丧失了顶层救济能力。有了顶层治理的决心、智慧和行动，深度权力透支所造成的腐败高发期，将会得到艰难然而却是持续有效的修订和“拯救”。

目　录

CONTENTS

引子：找寻权力透支和顶层治理的真相

历史本身经常重演，第一次是悲剧，第二次就成为闹剧了。

——（德）卡尔·马克思

1644年，明朝崇祯皇帝朱由检在煤山（今景山）用白绫自缢，276载大明皇朝寿终正寝；

1649年，135人组成的特别最高法庭以“暴君、叛徒、杀人犯和人民公敌”之罪名判处英国国王查理一世死刑，并在3天后将其在白厅前斩首。

——5年间，近代史上中、英两个大国君王都被逼上或被送上了断头台！

1720年9月，投资者抛售英国南海公司股票造成“南海泡沫（South Sea Bubble）”破灭，愤怒的人们提议将以股份抵押贷款的银行家们“绑起来放在装满蛇的袋子里，然后扔进阴沉沉的泰晤士河”，据称英国国王乔治一世（George I）也被套牢其中，其投资的10万英镑血本无归；

1869年9月24日，投机商人古尔德（Jay Gould）和菲斯科（James Fisk）等操纵政府炒作黄金牟利的阴谋破灭，引发了金融危机史上著名的“黑色星期五”，时任美国总统的格兰特被普遍认为涉入甚深，其靠内战军功积累的政治资本化为乌有。

——147年间，资本家所鼓吹起的“泡沫经济（Bubble Economy）”，如此相似地两度让英美、两国元首被辱蒙羞！

皇帝、国王或者总统——变化的不过是这些执政者的称谓，不变的却是权力透支者或曰顶层贪腐者、不称职者的形象！

然而，中国史家之公论是：“明之亡，不亡于崇祯之失德，而亡于万历之怠惰。”“明亡之征兆，至万历而定。”为什么“皇孙”崇祯的死路，是由“皇爷”万历铺就的呢？

答案并不复杂：中国在万历治下迈过 17 世纪的门槛，悄然滑向腐败高发的“流民社会”……

1788 年，乔治三世国王和不列颠迎来了光荣革命百年。英国资产阶级和新贵族在百年前发动的非暴力政变，仅以更换一个国王之代价便完成了资产阶级革命。此后英国进入历史新纪元，在 18 世纪中后期的第一次工业革命中一跃崛起为全球大国，但斯时斯刻的不列颠也正处于腐败高发的“骚乱年代”……

1876 年，美国建国一百周年。美国人在回顾百年辉煌时发现：由格兰特总统引发的贪渎营私、任人唯亲的“格兰特主义”泛滥，在造就发展极速中也迎来贫富差距和道德沦丧的顶点。美国在勃兴的第二次工业革命中崛起为世界霸主，但却落入腐败高发的“镀金时代”……

从 17 世纪到 19 世纪，中、英、美等国历史上的三段腐败高发期，似曾相近，却大不同。

中国的明朝被关外铁骑“改朝换代、破产关门”，英国和美国却在全球化起潮期完成了大国崛起的特殊“接力”。

那么，为什么面对腐败高发和政府破产，有的国家能成功重组，有的却惨然倒闭呢？

答案似乎也不复杂：可怕的不是腐败，而是丧失了守住执政安全底线的意识；危险的并非腐败高发，而是丧失了实施顶层救济的能力。

有了顶层治理的决心、智慧和行动，深度权力透支所造成的“历史周期率”将得到异常艰难而又持续有效的“修订”……

第一章　顶层腐败：空心化的权力主轴

——为什么说腐败的顶层是腐败高发期的核心标识？

哈！这个逐利的政府，其危害远超人们对它的反思所达的程度。

——托马斯·潘恩

布罗代尔曾指出：研究历史最好采用比较方法，世界史是唯一站得稳脚跟的历史。但正如周谷城所强调的：世界通史并非国别史之总和。本书就腐败高发期所进行的历史回溯，并无意拼凑一幅“世界腐败史”，而是选取了近代以来三个重要国家的三段历史标本，以期见微知著，发掘腐败高发期背后的深层缘由和顶层危机真相。历史证明，是否出现了由最高执政者“亲力亲为”所导源肇始的顶层腐败，正是腐败高发期与非腐败高发期的核心区别，特别是那些最高的“领导人为了自己的狭隘利益而制定和执行规则，腐败甚至可能成为这些规则的一部分或者基础。”①

顶层搞腐败亲力亲为，透支权力不遗余力，这是腐败高发期区别于非腐败高发期的核心特征。在17—19世纪中、英、美的腐败“三国演义”中：资本主义的萌芽，让晚明的万历皇帝弃君威道统如敝屣，彻底沦为金钱的奴隶；志在复兴王政、重夺王权的乔治三世，在贿选中操纵着不列颠的议会和政局；曾在南北战争中笑到最后的格兰特总统，却被贴上了任人唯亲、贿赂公行的“格兰特主义”标签，其“腐败内阁”的群体贪贿更是史所罕见。我们看到，顶层腐败又总是与用人失败、执政危机、社会动荡等联系在一起。

---

①（德）约翰纳·伯爵·兰斯多夫著，清华大学公共管理学院廉政与治理研究中心译：《腐败与改革的制度经济学：理论、证据与政策》，第69页。另为读者阅读之便，后文引注作了删节，特此说明。

一、帝国邂逅资本：皇帝为何这么贪

明之亡，不亡于崇祯之失德，而亡于万历之怠惰。

——《清仁宗实录》

万历二十四年（1596年），明朝末代君主崇祯的爷爷万历皇帝做了一个臭名昭著的决定：向大江南北派出矿监、税使，以“榷税”之名为“内库”（与“太仓”即国库相对，即皇帝的“小金库”）搜刮钱财。从此，“穷天索产，罄地伐毛，尽宇宙间靡有留利。黄旗相望于郊原，虎冠遍满于廛市，撤屋据坟，搜藏发窖”①，天下生民被野蛮鱼肉二十余载，神州大地在17世纪的门槛前步入最黑暗的年代。“尽宇宙间靡有留利”，也就是说天下财富都归万历——对意欲为天下首富的万历，这是个绝佳的主意；对不想做亡国之君的崇祯，这却是个致命的打击！从此，“通都大邑皆有税监”，皇宫中的宦官们到处敲骨吸髓，渐渐抽干了晚明帝国的政治气血。

1. 皇帝的“小金库”有多大，太监的手就有多长

所谓矿监，指奉旨监领开矿、以矿取税的宦官；所谓税使，指皇帝派在城镇关隘和交通要道收税的宦官。这两类人号称“我是天子门生，奉有密旨，部院不得考察，科道不得纠劾”②，横霸一方，为患不仁。他们不但“重征叠税”，常常“不过一二里地”便一税再税；且以收税之名“搏噬百姓”，“率役围捕，辱及妇女。甚至断人手足投之江”③。为巧取豪夺，竟至“矿不必穴，而税不必商；民间丘垄阡陌皆矿也，官吏农工皆入税之人也”④。今人或许很难想象，这些阉人分赴各地，搜刮民财，重征暴敛，连成一体，直通大内，何等张扬跋扈！然而，**这就是权力公器沦为谋私利刃的过程：只要大内一纸批文，何愁民间财宝不尽入皇家！**

一开始，矿监看中的矿山，说怎么开就怎么开，矿工、器具等均由当地政府解决，所得钱财则交给宫中内库。到后来，矿监们既需向万历邀功争宠，又要中饱私囊，“挟官剥民，欺公肥私，所得进上者什之一二，暗入私橐者

---

①《明神宗实录》卷334。
②《明神宗实录》卷347。
③《明史·食货五》。
④《明史·田大益传》。

什之八九”[①]，靠开矿取利速度实在太慢！于是，这些生理畸形的太监纷纷实施变态搜刮，“操弓挟矢，戕及良民；毁室逾垣，祸延鸡犬”；“毁掘冢墓，则枯骨蒙殃；奸虐子女，而良家饮恨”[②]。其爪牙一旦说哪家宅院或祖坟下有矿产，必须拆房刨坟以加开采，于是主人只得奉送银两以求免祸。

太监陈增的侄婿程守训原是拐骗妓女的市井无赖，在万历二十七年（1599年）向内府进献助工银1000两，由陈增奏请万历授其武英殿中书舍人衔。此人为牟钱财，募人告密，不惜以“诬大商巨室藏违禁物”的手段敲诈勒索，使得富户“立破其家，中户以上，无一幸免”[③]。

税使马堂在天津纠集数百名亡命之徒，“白昼手银铛夺人产”[④]，光天化日用手铐抓人，索性明抢！他还唆使大户人家的恶仆告密，只要诬告主人，就将没收财产的十分之三作为赏赐，一时间“中产之家，破产大半”。连利玛窦都在游记中写道：皇帝派太监们出去征税，其实就是掠夺。马堂在著名的临清港激起当地军民奋起反抗，烧毁了他的家，杀死所有家奴。他若不是化装逃跑，也会遭遇同样命运。但恐惧并没有结束他的贪婪，人们说他变得比以前更坏了。[⑤]

福建矿税使高寀到了闽地就到处设立关卡，分派亲信爪牙掌管，每当看到人货凑集之处，就竖起写着征税的圣旨牌，“米盐鸡豕，皆令收税”[⑥]。过往舟车乃至百姓携带的猪肉、鸡鸭等，全要交税。在素有“天子之南库”之称的漳州府海澄县（今福建龙海县）月港，高寀规定“费一派十”，令爪牙随意上商船搜查，稍不如意即没收全船货物；甚至商船返港不许人员上岸，须完税才准回家，船员偷偷上岸被捕后被捆绑得横街蔽路。

矿税监高淮在辽东的恶行更是罄竹难书。辽东是大明边防要地，朝廷素来看重，将士对太监自然不似平民百姓那般隐忍驯顺。文武兼备的辽东总兵马林一直看不惯高淮横征暴敛，结果反遭弹奏而被万历革职，发配充军烟瘴之地。为杀一儆百，高淮还无故打死指挥张汝立，并借出巡之际勒索官兵，

---

①《明神宗实录》卷333。
②《明史·赵世卿传》。
③谢肇淛：《五杂俎》卷15。
④《明史》卷305《马堂传》。
⑤（意）利玛窦、（比）金尼阁著，何高济等译：《利玛窦中国札记》，中华书局2010年版，第388页。
⑥《明史·食货五》。

“每处索诈多至四五百金，少亦二三百金”，结果造成“饥军合叛众”，“合营男妇数万人欲北投虏（努尔哈赤）”[①]。军心民心离散至此，明亡可待矣！

太监杨荣到云南开采银矿和珠宝，拍着胸脯保证每年能获利数十万两，结果矿开后收益不到预计的十分之一。由于无法向内府交差，他便诬告知府熊铎私匿所得，并打起丽江府少数民族土司知府木增家土地的主意。他拘捕木增后引发民变。杨荣向云南都指挥使贺瑞凤索要马匹未果，竟将这位相当于省军区司令员的高级将领抓捕下狱。之前杨荣还曾强逼云南从兵饷中抽出十分之一归其所有，否则将“尽捕卫官”[②]。结果，一位军官为救上司，率军民万余人杀死了杨荣及其随从 200 余人。

矿监、税使之害，几乎造成社稷倾危解体。到万历三十年（1602 年），“在河西务关，则称税使征敛以致商少。如先年布店计 160 余名，今止 30 余家矣。在临清关，则称往年伙商 38 人，皆为沿途税使抽罚折本，独存二人矣”[③]，经济之萧条和商家之艰困可见一斑。

至于万历派往某地之矿监、税使“数激民变”[④]之情形更是屡见不鲜。《明史》载：“雅四方采榷者，帝实纵之，故贪残肆虐，民心愤怨，寻致祸乱。”万历二十七年（1599 年），湖广税监陈奉在荆州招致“尚民鼓噪者数千人，飞砖击石，势莫可御”；其在武昌的衙门被百姓围攻，陈奉从后门侥幸脱逃，其 16 名随从被“捆缚手足，投之于江”[⑤]。万历二十九年（1601 年），织工葛贤带领苏州商人、手工工人打死太监孙隆的随从，并将被抓的六七名税官扔进河里。就连天子脚下的北京城里，也有西山煤窑的矿工在结队游行。北至锦州，南到潮州，由矿监、税使激起的大小民变不下数百起，大明王朝可谓是国无宁日。

如此农商交困，百姓破产，“民不聊生，大敌将作矣”[⑥]。这样的民变，实际上是明末农民革命的先声！因此，清人赵翼在《矿税之害》一文中写道：“明之亡，不亡于崇祯，而亡于万历。”

万历一朝，曾发生过两次权力结构大调整：第一次是张居正主政期间，

---

① 文秉：《定陵注略》卷 5，“军民激变”。
② 刘文征：《天启滇志》卷 6。
③《明神宗实录》卷 376。
④《明史・食货五》。
⑤《定陵注略》卷 5。
⑥《高子遗书》卷 8 下。

与内廷勾连的阁权超越臣权之上；第二次是万历二十四年（1596年）遍设矿监、税使之后，"内外相维"的均衡局面被打破，"长于深宫，成于宦寺之手"的皇帝选择了彻底依靠宦权满足贪欲，迈向"且为中使立赤帜，不与外臣作泰山；只知财利之多寡，不问黎元之死生"[①]的不归路。"帝之敛钱，皆用内监。"[②]这些阉人"所至剥削民财，全无顾忌"，不管有何罪名，只要向万历行贿便可万事大吉。而万历正是向太监索贿的高手，"传索帑金，括取布帛，甚至拷问宦官，有献则已，无则谴怒，……此其病在贪财也"[③]。

"次级代理人"的"小官大腐败"为何如此猖獗？

根据委托——代理理论，公职人员和官僚阶层是人民让渡出的公共权力的代理人。在封建王朝，皇帝可谓"代天牧民"的总代理人，太监作为阉人群体事实上是局部皇权的实际代行人。"专制君主作为统治者，几乎垄断了强制力，但未必具有完善的监控能力"，"他们甚或不得不提供一些酬谢代理人的激励机制"[④]。这些"次级代理人"聚敛钱财之所以如此变本加厉、为非作歹，一是上面有人，可以提供庇护；二是下面有利，可以从中自肥。在代理和行使皇权的过程中，除了要为主子搜刮民脂民膏，当然要为自己分一杯羹。这些"皇帝身边人"一面对自己的裆下之物狠下屠刀，换取了"次级代理人"的堂皇身份；一面对民间的黄白之物狠下屠刀，成为内心阴暗的"利益均沾者"。万历时，太监张鲸作恶多端被大臣弹劾，他用大批财宝贿赂万历，结果非但未被查办，而且仍然执掌东厂，继续作恶。给事中李沂再次弹劾张鲸，并将万历受贿枉法之事全盘揭出，结果却被杖责并革职为民。这就是问题所在：要监管制约总代理人已如同痴人说梦，又奈何有如此之多大搞"小官大腐"的"次级代理人"？

对于矿监、税使的危害，有识之士苦心谏阻，都被"嗜利心滋，布满狼虎"的万历置若罔闻。凤阳巡抚李三才直言："矿税烦兴，万民失业……。皇上欲金银高于北斗，而不使百姓有升斗糠秕之储。"[⑤] **矿税源源流入内库，因其**

① 《明神宗实录》卷349，万历二十八年7月甲寅条。
② 孟森著：《明史讲义》，吉林出版集团股份有限公司2016年版，第241页。
③ 《明史》卷234。
④ （美）玛格利特·利瓦伊著，周军华译：《统治与岁入》，格致出版社、上海人民出版社2010年版，第14页。
⑤ 《明神宗实录》卷348。

对工商业的摧残而动摇了王朝的经济基础，也因其对中央财政的侵夺而动摇了帝国的政治根脉。万历三十六年（1608 年），户部尚书赵世卿上疏说：“自有税使后，解部钱粮，明亏暗亏，总计六款，通共减银四百五十五万两。”[①] 同一年，给事中汪若霖巡视国库后发现“外库（即国库‘太仓’）萧然，诸边军饷积逋至百余万”。中央政府一面欠饷，一面无银可发，边镇军心动摇，给事中王元翰不禁疾呼：“一旦有急，能驱使赴敌哉？”[②]

有学者统计，从万历二十四年（1596 年）开始，每年直接进入“内库（皇帝‘小金库’）”的税收可达 230 万两。[③] 其用途“半以助浮费，半以市珠宝”，完全用于满足万历个人的私欲享受。以时人言矿税监“百入未必一贡于朝廷”计，更多银钱流入宦官及其爪牙的私囊。太监赵钦在陕西开矿，回京之日所掠财物除“牛负马驮”之外还有 96 箱，每箱用抬夫 4 名尚“颠踣不起”。万历三十一年（1603 年），山西巡抚白希绣上疏揭发税监孙朝每年公然“侵匿”的“山西额解正税粮”即约达 3 万余两。总之，每年有不下于 2000 万两的民间财富被“抽干吸尽”！而当时国库（太仓）一年的平均岁入也仅有 400 余万两。[④] 此外，万历还多方聚敛，将金、银、宝货收贮于内承运库、内东裕库、节慎库、宝藏库等自家之“小金库”，“而其他羡余、干折、抄没、孝顺之属，其名甚众，无不入内库者”。与羞涩不堪的中央政府财政相比，说万历皇帝“富可敌国”是一点也不夸张！

更有甚者，万历为满足自己的贪占之欲，竟多次直接向太仓库、光禄寺库和太仆寺库索取帑金。[⑤] 万历六年（1578 年），他以采办大婚珠宝之名，令户部太仓库增进 20 万两给内库，并且将其列入需每年照进的定额。万历十二（1584 年）年八月，谕兵部取“太仆寺马价银十万两应用”。万历十六年（1588 年），又以“赐赏繁多，内库不给”的莫须有理由，“令太仓库银二十万进用”，户部尚书宋勋以“帑银缺乏”申请免进，结果被万历否决。[⑥] 太仆寺银于万历初年曾累积至 400 万两，终被挪用一空。由此，万历的奢靡滥支有了

① 《万历邸抄》三十六年戊申卷。
② 《明纪》卷 46 神宗纪八。
③ 林枫：《万历矿监税使原因再探》，载《中国社会经济史研究》2002 年第 1 期。
④ 吴晗著：《明朝大历史》，陕西师范大学出版社 2010 年版，第 135 页。
⑤ 王春瑜主编：《中国反贪史》（下卷），第 889 页。
⑥ 《明神宗实录》卷 152、卷 153、卷 202。

甚为雄厚的财政基础。仅御马三仓并象、马等房仓每年约支银 148000 余两，一马之费即达百金、千金。为兴建定陵，万历不惜耗时 6 载，费银 800 万两。据万历二十八年（1600 年）王德完（1554—1621 年，万历十四年进士，曾任兵科给事中等职）统计，婚礼等庆典约费银 934 万两。

史载，万历初年“掌天下户口田粮”的户部岁额为 1461 万两，而内府岁入达 600 万两，内府所入占户部的 41%，可见宫中消耗之大。此后，一面是万历在朝政上的不作为，使得国家的“太仓库”空虚如野；一面是万历在矿税上的乱作为和对国库的肆意挪用，使得皇帝的“小金库”殷实如此！**王朝的税收分配严重倒挂，中央政府的财政体制基本崩溃——这等于从经济上宣告朱明江山进入濒临破产的行列。**

1618 年，当后金努尔哈赤开始大举进攻辽东明军时，“守财奴”万历仍然将内库的金银紧缩宫中。明军在辽东初战失利后，各部尚书、都察院都御史、各省巡抚以及退休将领、国子监学生等人，都请求皇帝将内库留银发往辽东救急。万历却漠然回答说：哪有这笔银子？

1619 年，辽东经略熊廷弼写下了前线将士们缺衣少食的悲惨境地：“每见军士赔办器物，典卖行囊，身无寸绵，裸体穿甲，心如刀割。”① 户部尚书李汝华在这一年更是 6 次奏请皇帝从私人积蓄中“暂借”银 200 万两。然而，除了分两次“借给”户部的 10 万两白银和 396173 两白银之外，万历生前再也没有打开自己的钱包。

可笑的是，1620 年夏万历死后仅 3 天，内库就发出了 200 万两帑金以供军需，3 个月后又从中发出了 180 万两。到 1621 年，熹宗即位后即从皇帝内库划出 50 万两白银以支付军用开支。② 对于万历而言，辽东的国门哪如自己的“小金库”之门这般紧要？

万历三十二年（1604 年），万历突生重病，在交代后事时大概不想躺进定陵后遭人唾骂，于是当着阁臣、太子和诸王的面宣称“废除矿税使”。首辅大臣沈一贯马上出去拟好圣旨，送进宫中盖上玉玺准备颁告天下。谁料想，第二天万历病情回转，马上反悔，立刻命令一名太监取回圣旨作废。沈一贯不给，太监便挥拳相向，从堂堂首辅手中为万历强抢回了这道业已生效的圣旨。

---

①（明）程开祜：《筹辽硕画》，卷 44，第 24 页。

② 参见（美）黄仁宇：《明代的财政管理》，载《现代中国的历程》，中华书局 2011 年版，第 150—151 页。

皇帝贪财的虎狼之心，阉人乱政的爪牙之利，岂不为古今罕见!

2. 大内倦怠：皇帝的作为与不作为

大明第13任皇帝朱翊钧10岁即位，一度被认为天赋聪颖，当作“不世出”的圣主苗子加以悉心栽培。

6岁那年，他看见父皇穆宗（隆庆帝）独自策马宫中时，上前劝谏其以“天下主”自重，传为佳话；少年万历在《咏月诗》中写道“惟有圣人心，可以喻澄彻”，自喻明月之才思可见一斑；万历二年（1574年），12岁的万历皇帝在“属对”课上面对大臣出的上联“天地泰”，即对“日月明”，颇合天子气度。

万历10岁上下就能写出“径尺大字”，赐给大臣的书作“奇秀天成”，但在张居正以李后主、宋徽宗等耽迷“小技”误国的案例予以劝导后，他即专习《大学》《尚书》《资治通鉴》等“帝王之学”，不再炫耀书技。

在即位后的前10年里，在母亲李太后和帝师张居正的严格教诲下，坚持日讲、经筵、读书、上朝累日不辍的万历皇帝，展露出国朝久已未见的明君气象，似乎确给朝野带来家国中兴的曙光。

然而，这位明朝在位时间最长的皇帝，却在24岁时（1586年）就传谕内阁说自己“头昏眼黑，力乏不兴”，28岁（1590年）时自称“腰痛腿软，行立不便”，甚至在40岁时（1602年）因病情加剧一度宣召首辅入阁嘱托后事。

从一位天纵聪慧、精明勤勉的“圣人”，蜕变为孱弱虚脱、自顾不暇的“病人”，使得“圣人治国”的梦想迅即幻灭，而“病人误国”的闹剧不断上演。

这闹剧，一演就是30余年，使得大明王朝在“断头政治”[①]中度过了17世纪的头20年。“二十年来，郊庙、朝讲、召对、面议俱废，通下情者惟奏章”[②]，万历只见过群臣一面，避居深宫，不郊、不庙、不朝、不见、不批、不讲，将九五之尊的必修功课抛诸脑后，整日沉迷于酒色玩娱。

早在万历十年（1583年）3月，他就效仿爷爷嘉靖帝的做法，在民间大选嫔妃，一日“九嫔”，也就是一天娶9个媳妇、一连进9次洞房；万历十二年（1585年）2月，又命礼部选民间11至15岁间女子300人进宫。这

---

① 柏杨在其著《中国人史纲》中提出“断头政治”，专指明朝期间皇帝长期不上朝，不处理国家政务，而靠宦官或大臣来管理国家的情况，此时国家机器实际上处于半瘫痪状态。

② 《明史》卷120《马孟祯列传》。

还不够，另有10个太监专门“给事御前，或承恩与上同卧起”[①]，成为专供万历玩弄的大内“十俊”。在“饮酒或终日夜。朝野上下，恒舞酣歌”的世风之下，万历也是日夜饮酒，刺激不够竟“今日杖宫女，明日杖宦官”，以“使毙于杖下”博取一乐。

20年间，帝国官僚体系濒于瘫痪。万历对奏疏“留中不报”，不批不审，使官员进黜陷于停滞，国家机器近于空转，时人哀叹“中外缺官日积日多，……职业尽废，上下解体”[②]。万历二十八年（1600年），按正常编制，南、北二京六部应当有尚书12名，侍郎24名。可到了万历三十年（1602年）时，南、北两京共缺尚书3名，侍郎10名；各地缺巡抚3名，布政使、按察使等官66名，知府25名，官缺几近三分之一。到了万历四十年（1612年）北京的六部只剩下1个刑部尚书；都察院8年没有正官，编制160人却只有9人在位。吏部、兵部因无人盖印，造成数千名上京的文武候补官员无法赴任，边防军饷无人签发，多年不进行军事训练。文渊阁（内阁）大印被盗，太仓库（国库）失窃，因无人查办只能不了了之。万历四十五年（1617年），监犯家属百余人跪哭长安门外，要求已长年不审案的刑部断狱。而许多官员以丁忧、年迈或体弱等原因申请辞职，在得不到批复的情形下只好封印拜疏径自离去。如担任首辅大臣的李廷机先后向万历上奏辞呈多达120多次，最终只得顶着抗旨的罪名，无奈地不辞而别……

17世纪的明朝，九卿虚悬，六部废弛，京城衙门十署九空，监司郡守旷年缺席，执政体系、政府机构和官僚队伍也到了残破崩朽的边缘。无怪乎《明通鉴》曰：“明代纲纪之弛，未有过于神宗朝者。”更为可笑的是，有时上级必须要一个县的知县再兼任邻县的知县以补缺员，不过俸禄依旧。

在大明王朝276年历史中，万历统御宇内48年（1572—1620年）之久。在万历皇帝治下，中国的中央政府和官僚体系步履蹒跚地从16世纪迈过了17世纪的拐点。但当万历“怠于临敌，勇于敛财”，连大臣们的奏章也不批复时，就导致了很严重的顶层危机！

因为按照朱元璋的制度设计，皇帝是政府决策轴心，一旦他“停摆”，整个文官政府的运转就将陷于瘀滞停顿。尽管大明王朝在“官治”成型的“行

---

①《万历野获编》卷九，貂帽腰舆。

②《明纪》卷48神宗纪十。

政国”体制下，还可有一定的“自转”时间；在“王权止于县政”的政府治理结构中，乡绅胥吏们尚有些许自治空间，但作为轮之轴心、屋之顶梁的一国之君，其治理国家的位置和作用须臾不能阙如。

位列国之顶层而极端怠惰，独享天下大权而毫不作为——这就是明王朝的最大腐败！这也是最为可怕的顶层腐败！民谚有云：上梁不正下梁歪，中梁不正倒下来。万历时曾任吏部尚书的于慎行曾慨叹道：

乃今风会日流，俗尚日浇，叙位于朝无尊卑之分，征年于乡无长幼之节，即在上之人不能以纲纪法度力挽颓波，况在下者乎？①

荷兰人斯宾诺莎也写道：“对于执政的最高掌权者来说，不可能一方面酗酒狎妓，赤身露体，粉墨登场，公然破坏和蔑视自己颁布的法令，一方面还保持统治者的威严；这就像是与存在同时而又不存在一样不可能。”②《明史》对于明神宗朱翊钧的盖棺论定是：“论者谓：明之亡，实亡于神宗。”史学家孟森在《明清史讲义》称其是“行政之事可无，敛财之事无奇不有”。正是因为明神宗30多年“不见首尾”“统而不治”的异常怠政，明王朝才真正进入到万劫不复的末世“黑洞”。

此后，不论多少治国良策、多少锦绣文章，不论股肱之臣如何中兴、镇边名将如何勇武，根本无法扶危厦于将倾，挽狂澜于既倒，反倒在历史的车轮前显得无比悲凉，乃至无限滑稽。更加可悲的是，万历皇帝并不知道：斯时彼邦，人文主义思想在法国逐渐传播，英国的封建社会开始解体，资本主义在欧洲开始进入高歌猛进的变革年代，“西强东弱”历史拐点若隐若现……

其实，东西方文明在17世纪初曾有过“亲密接触”。1600年前后，利玛窦第一次到北京，为了见到万历皇帝，曾设法请一位太监向皇帝转呈请求。这个太监特地到利玛窦的住处验看敬献万历之礼，他非常喜欢自鸣钟、《万国图志》、大西洋琴等域外方物，但“他听说神父们能把水银变成真银，这似乎比任何其他的东西都更使他高兴。他说他知道这也是皇帝最感兴趣的。要满足人的贪财欲是不可能的，哪怕是财富惊人的中国皇帝；然而当他的奴仆听说神父们没有掌握这种魔力时，他就对他们的请求撒手不管了”③。从皇

① 转引自曹亚瑟：《且说晚明的“人欲”》，《书屋》2010年第7期。
② （荷）斯宾诺莎著，冯炳昆译：《政治论》，商务印书馆2003年版，第38页。
③ （意）利玛窦、（比）金尼阁著，何高济等译：《利玛窦中国札记》，第334页。

帝“身边人”的举止可见，万历的贪贿已至尽人皆知：不管内政外务，凡能招财进宝之事，还能强打精神；反之，则索然无味。

万历如此怠惰，表面上的原因有二：一是身体不行，因为酒色财气，使得这个“大胖子”皇帝行动不便。二是心里不愿，因为大臣们坚决反对他钟爱有加的三儿子（福王朱常洵）“越级”当太子，于是他进行了无声的“报复”。或许，正如有人所指出的那样：“这种对尊重、威望、名声、敬慕的强烈需要——它恰恰在造就了权力雄心之后就减弱了。这种情况在‘大人物们’的生涯中十分明显。”[①] 当万历乾纲独断之时，早年的励精图治已经毫无意义。帝范君威根本就是骗人的鬼话，因为既然拥有了权力，就无须再负载被权力所驱使的劳顿，而是要变本加厉地享受驱使权力的快感。

3. 皇帝的“势利之心”与“产业花息”

政治上的“潜夫”万历皇帝，为何在经济上有着如此旺盛的贪占欲？

万历皇帝自己说得很露骨：“国之所宝，在于贤臣、珠玉之类。”

南京兵部尚书黄克瓒讲得更直白：“祖宗二百余年之家室而轻视之，曾不如百万金钱之可爱也。”[②]

“金钱可爱观”鲜明地体现了明中后期的典型社会价值趋向。由于白银成为法定货币，“朝野率皆用银”无形中培育了一种外化为货币占有量的新财富观，催生了一股空前绝后的拜金潮。“负贩之徒，道而遇华衣者则目睨视，啧啧叹不已”[③]，嫌贫爱富、追慕虚荣成为锈蚀人心的“慢性毒药”。

皇帝亲自开设“皇店”，就是这种衰颓世风和拜金思想的极端表现，也是中晚明源自大内的经济毒瘤。由于“皇店”是典型的“权力经济形态”[④]，以最高统治权力为直接靠山，所以店铺数量和规模极度扩张，经营货品种类极为丰富，垄断利润极其丰厚。据史载，皇店每年仅香油一项经销量就达到3万石（约合400万斤），猪约50万头，羊约30万只，江米约3.5万石，瓜子约1万石，绍兴茶约1万箱，烧酒约4万篓[⑤]……无尽暴利真如滔滔江水而来！

① （美）詹姆斯·麦格雷戈·伯恩斯著，刘李胜等译：《领袖论》，中国社会科学出版社1996年版，第137页。
② 转引自刘绍明：《明神宗的秕政》，《贵州师大学报（社会科学版）》1988年第4期。
③ 归有光：《震川集》卷3《庄氏二子字说》。
④ 参见王毅著：《中国皇权制度研究》，北京大学出版社2007年版。
⑤ 刘若愚：《明宫史·木集》“宝和等店”条，第65—66页。

“惟利是图，视金钱珠玉为命脉”[①]的万历，把太仓库、光禄寺库、太仆寺库等的储蓄刮取得干干净净，国库萧然一空，内库则帑藏山积。但他对最疼爱的福王朱常洵十分大方。为了让朱常洵中饱私囊，万历甚至专许其在洛阳设立食盐专卖衙门，向中州地区售盐取利，并明令“禁非王肆所出不得鬻”，用皇店买卖垄断了食盐销售的渠道。原本明代以“开中法”允许各地盐商购买食盐经销权以弥补巨大军费亏空。万历如此之举，无异于将国家军费流失到皇家开销，自毁长城之害莫大于此！

万历二十五年（1597年），李贽在《道古录》中宣称：

“圣人不欲富贵，未之有也”，“夫圣人亦人耳，既不能高飞远举弃人间世，则不能不衣不食、绝粒衣草而自逃荒野也，故虽圣人不能无势利之心。”

陈确更是明确提出：

人欲恰到好处，即天理也。向无人欲，则亦并无天理可言矣。[②]

那么，一国之君作为天下最大的圣人，其“势利之心”只要“恰到好处”岂非既是王法，又乃天理！

中晚明所出现的腐败高发现象，有一个久被忽视的主因，那就是随着资本主义萌芽的兴生蠢动，万历这样的帝国顶层亦是“势利之心”泛滥，出现了今人所说的追求利益最大化、现货化的“资本意志”。他既要当至高的皇上，还要做最大的财主——一国的首富和头号资本家！他派矿监税使鱼肉生民长达20多年，“尽宇宙间靡有留利”，就是要不择手段把对天下的名义产权变为实财现货，这岂非赤裸裸的财富掠夺和血淋淋的资本原始积累？

黄宗羲在剖析这贪婪如彼的帝王心理时入木三分，直言其：

“视天下为莫大之产业”，“是以其未得之也，屠毒天下之肝脑，离散天下之子女，以博我一人之产业，曾不惨然。曰：‘我固为子孙创业也。’其既得之也，敲剥天下之骨髓，离散天下之子女，以奉我一人之淫乐，视为当然。曰：‘此我产业之花息也。’”[③]

这即是说，治理国家的目的根本不是造福百姓，而是收取皇家社稷的“花息”（利息）。天子作为帝国资产的最大产权人，以敲骨吸髓的经济盘剥和

---

① 《明史》卷267。

② 陈确：《陈确集》，中华书局1979年版，第461页。

③ 黄宗羲：《原君》，载《明夷待访录》，中华书局1994年版第38页。

淫人妻女的腐化生活作为利息消费方式，这可真是天字第一号好买卖！

4. 怠惰情结：“朱元璋悖论”和“圣人治国”模式的破产

观察中国封建史，有一个十分有趣的现象：有明一朝，中国皇帝开始集体走下圣坛。朱元璋作为史上出身最卑贱的开国皇帝，虽一再强调灭元立明是天命所归，但坐稳龙椅便大兴文字狱。一批代本地官员撰写奏章的地方教师，本来是极尽辞藻歌功颂德，却不料因为莫须有的穿凿附会招致龙颜大怒，竟惹杀身之祸。河南尉氏县学教授许元被判处斩，因其奏章引用的“体乾法坤，藻饰太平”被朱元璋解释为：“法坤”音同“发髡（剃光了头）”，明明是讥我当过和尚；“藻饰”音同“早失”，端端是咒我早失太平。此外，凡表章中照例歌颂皇帝为天下“作则”，均被视为影射他少时“作贼”（小偷）之丑行，一时间令天下士子肝颤胆寒，人人自危。

开国皇帝如此不羁，其后世更是乱象纷呈。在明朝的16个皇帝中，活过40岁的只有5个人。这些短命者中涌现出“促织（蟋蟀）殿下”“色魔天子”“木匠君王”等一批行为市井化乃至极端化的皇帝。如将玩世不恭、放荡无礼搞到极致的明武宗，对千挑万选的后宫佳丽置若罔闻，却大建“豹房”以宠幸孕妇、艺伎和臣子妻妾，在出巡途中连寡妇、娼妓也不放过，弃儒家道统和皇家威仪如敝屣，抛寻常百姓之礼义廉耻于脑后。明熹宗不理政务，整日热衷嬉戏玩耍，从掏鸟窝到斗公鸡，尤其醉心于泥、瓦、木、漆技艺，日日营作，乐此不疲。

在明朝皇帝中，万历和嘉靖都算高寿了。嘉靖在海瑞“嘉靖嘉靖，家家皆净”的骂声中活了60岁，终日迷恋于修建华美的祭坛，四处搜请法术高超的道士用美好的“青词”来歌颂玉皇大帝，以祈求自己逢凶化吉、长生不老。他热衷于用采集少女初血来炼取“内丹”助其不死，结果差点被几个不堪其辱的宫女勒死于梦乡。嘉靖当政27年，只跟群臣见过4面。为了不耽误自己追求长生，他把政事交由大臣办理，这才使得严嵩父子这样的大奸臣能够为所欲为。

无怪乎柏杨在评价明史时发出浩叹：明王朝的皇帝，都好像跟明王朝有不共戴天的血海深仇，竞争着对它百般摧折，似乎不把它毁灭，誓不甘心。实际上，这不是皇帝的个体悲哀，而是皇帝制度的失败。

所谓“独视者明，独听者则聪，能独断者，则可以为天下王”①。明王朝的创立者朱元璋是封建集权统治的集大成者，他废除由来已久的丞相制度以实现“国不堪贰”，将一切治权独揽一身达于“君命无贰”之时，也不经意间埋下了一个**“朱元璋悖论”**的伏笔：

——一方面，雄才大略的朱元璋也不得不设置内阁，作为秘书和顾问机构来帮助自己维持国家机器的运转。即便皇帝再英明神武，在日益繁杂的行政事务和堆积如山的奏章面前，他只能穷尽所有精力来治理国家，而根本没有时间去享受休遣，那么，“干得好天经地义，干不好天怒人怨”，成了“阅文匠”和“批文师”的皇帝当起来有何乐趣？

——另一方面，朱元璋以后的皇帝们在无力或不愿承担繁杂政务的时候，他们往往不得不委托他人代行部分皇权来维系政局的稳定。这也造成一个新的情况：即便皇帝再不识数、再不靠谱，也有阁臣和宦官集团来保持帝国的运转，只不过这不等于把“集权皇帝”的初衷消解为“分权共治”的现实了吗？

“在独裁制度下，没有人是自由的，即便是独裁者也是如此。”② 其实，看似为所欲为，却须躬身治政的统治者是很不自由的。据记载，明太祖朱元璋是个勤奋异常的“模范皇帝”，曾有过日理万机之惊人记录：“八日之间内外诸司奏札凡一千六百六十，计三千三百九十一事。”③ 尽管他日均处理政事 420 余件，每每“鸡鸣而起，昧爽而朝，未日出而临百官”，仍不免因治政失当而“每多自诲之时，辄有无极之叹”④。在彼时的英格兰，中世纪的英国君主们曾热衷于从一个地方到另一个地方不停地到处游历。然而，从 16 世纪王室和中央政府出现行政权扩张之趋势伊始，由于行政管理的需要，国王必须在一年的大部分时间待在伦敦的宫廷里处理国事。⑤ 伊丽莎白一世女王更是不得不把传统的游历变成了一种在夏天到各地“亲民”的政务活动。⑥ 当朱元璋的子孙们面临同样巨大的政务压力时，似乎都不约而同地成了“朱元璋

---

①《申子·大体》。

②（美）林肯·斯蒂芬斯著，展江等译：《新闻与揭丑（Ⅱ）——美国黑幕揭发报道先驱林肯·斯蒂芬斯自述》，海南出版社 2000 年版，第 520 页。

③《明太祖洪武实录》卷 165。

④《明史》卷 162《尹昌隆传》。

⑤ 龚敏：《1560—1640 年英国财政状况与贵族和官员的腐败》，《历史教学问题》2005 年第 4 期。

⑥（英）J.E. 尼尔著，聂文杞译：《女王伊丽莎白一世传》，商务印书馆 1992 年版，第 219 页。

悖论”的注脚。

于是，我们更多看到的情况是，不堪重压、不堪重负的明朝皇帝们选择了逃避责任，选择了授人以柄，选择了自我享受。

于是，当皇帝交出部分治权，我们看到大明王朝出现了前所未有的宦官乱政，看到了前所未有的官僚党争，甚至看到了前所未有的“大臣骂皇帝”的离奇场景。

于是，当皇帝走下神坛，人们陡然间发现他们非但与常人无异，反而可能远比引车卖浆之徒更加庸常无赖，比行商坐贾之户更为艰险狡诈，比皂隶师爷之辈更要厚黑贪鄙。

于是，当资本主义的萌芽如雨后春笋般生发于大明江山之际，仅仅成为“普天之下，莫非王土”的国家股权持有人还不够，因为名义占有、道德保有或法律拥有都不如实际享有来得实在、来得痛快！

为什么说“明亡于厂卫”？

万历初年，太监冯保所建立的内厂中有一块大匾，上书4个大字：“朝廷心腹”。厂卫作为特务机关和皇帝私器的出现，既标志着皇帝集权专政到了登峰造极的地步，同时也意味着这种顶层治理模式走到了盛极而衰的拐点，这种“文治为表，武治为里”的顶层治理结构行将崩朽。朱元璋花了30多年时间制定出《大明律》，各种规定号称“至纤至悉”，期望以法治世。虽然他本人是厂卫制度的始作俑者，但在“收天下之权以归一人”之后，也宣告其“非守成之君所用之法”，下令说：“朕起兵至今四十余年，灼见情伪，惩创奸顽，或法外用刑，本非常典。后嗣止循《律》与《大诰》。”[①]然而，在后世子孙那里，贪欲止不住，暴政自然也止不住。尽管朱元璋把自己的话以祖训的形式颁示天下，但其子孙并没有这么听话。道理很简单，皇子皇孙们不是看老祖宗怎么说，而是看老祖宗怎么做。夺嫡上位的朱棣一即位，就恢复了锦衣卫“典诏狱”的制度，并且一直延续到明朝覆灭。律法政治被“特务政治”替代，“故终明代刑法大略，而以厂卫终之”[②]。国家法制的朽坏之日，就是朱明王朝的败亡之始。

---

①《皇明大训记》卷1；《明史》卷3，《太祖本纪》3。

②《明史·刑法志》。

中国古代史，几乎就是一部帝王史，无非是有为圣主与失道昏君之分别，或开国、守成、中兴、亡国之君的差异。不论历史的传承、权力的运行，还是文化的演替，都紧紧围绕皇帝或曰皇权来设计。如果说精巧庞大的帝国机器需要一个轴心的话，那么，必须而且只能是皇帝，必须围绕天子所居之大内。皇帝贵为天子，既要在名义上成为道德表率、文章圣手、礼制典范，又要在实际上成为权力核心、教化中枢和万民父母。把凡胎肉身的皇帝请上神坛，将修身齐家治国平天下之大任系于一人，既造就了伟人创世的绝佳舞台，也形成了庸人误国的最好土壤。

这，就是绵延千载的“圣人图治”理想，同时也是封建王朝衰朽的不二死穴。

5. 顶层危机：明王朝的“历史周期”

17 世纪，世界历史进入到大变动的拐点、大革命的前夜。在东方封建社会如同耄耋老人渐入垂暮晚景之时，西方资本主义却像新生儿般，贪婪吸吮工业革命的血乳，承继制度创新之基因，开始喧哗而躁动地疯长。彼时的中国，发生了一件天下未有之难事，这就是请万历皇帝上朝；神州大地，经历着一种数千载未变之周期，那就是请大明皇族下台。这是一出以腐败高发期为卖点的历史剧情片，通过昏君、庸臣、阉党、厂卫、奸商、流民等众生相，演绎出危机四伏、民生凋敝、信仰全无的末世图景。

“自神宗以来，黩货之风日甚一日，国维不张而人心大坏，数十年于此矣。”“无官不贿遗”，“无守不盗窃”，“自其束发读书之时，所以劝之者不过所谓千钟粟、黄金屋，而一旦服官，即求其所大欲，君臣上下，怀利以相接，遂成风流，不可复制”[①]。既然一国之君可以不顾礼义廉耻地搜刮财富，那么，大臣们则可以暂别君臣之礼。于是，一个奇特的现象在万历时期出现了：骂皇帝！

嘉靖四十五年（1566 年）2 月，海瑞上疏大骂嘉靖帝，前无古人，但却后有来者。23 年之后的万历十七年（1589 年）12 月，海瑞身故两年之后，大理寺评事雒于仁又站了出来，写《酒色财气四箴疏》把被历史学家封为“史上最懒皇帝”的万历臭骂了一顿，指出其病根是在“酒色财气”四方面，即

① 顾炎武：《日知录》卷 13，《贵廉》、《名教》。

嗜酒、恋色、贪财、尚气，称“皇上之恙，病在酒色财气也。夫纵酒则溃胃，好色则耗精，贪财则乱神，尚气则损肝”。恼怒异常的万历不欲外人得知，遂将该疏留中不发，从此皇帝将奏折留中，无限期扣押不予处理，成为惯例。

黄宗羲更是开口大骂道：“为天下之大害者，君而已矣！”因为“视天下为莫大之产业”的皇帝“以天下之利尽归于己，以天下之害尽归于人”，“果能保此产业，传之无穷，亦无怪乎其私之也。既以产业视之，人之欲得产业，谁不如我？……一人之智力，不能胜天下欲得之者之众，远者数世，近者及身，其血肉之崩溃在其子孙矣”[①]。既然天下已成“私产”而非“神授”，那就别怪非朱家姓者来抢天下、夺江山了！

皇朝的“接班人危机”为什么苍白无解？

从万历十四年（1586年）到万历二十九年（1601年）的十五年间，最重要的朝政系于一端：立储（册封太子，也就是推出接班人）。内阁首辅申时行一语破的，“当今国家第一大无如册立，而臣等第一职业无如建储一事”[②]。尽管这些大臣们的实际“第一职业”是治生敛财，但明面上的“国本之争”却实实在在造成了国家官僚体系的严重虚耗和功能变异。争的是“谁当太子”的表面国本，但却失去了“谁治天下”的真正国本。明朝因腐败而衰败的根本原因，在于国家治理结构中，既不能保证有真才实具之人实现社会阶层垂直流动，也不能保证处在顶层的官僚阶层具有真正有效的治理能力。因此而出现了“顶层危机”，也就是“顶层无人可用、无计可救顶层”的治理“黑洞”。这就是上层建筑对经济基础的破坏性“反作用力”，或者说，是朽坏的上层建筑引发了治理体系失效，进而对经济基础与国家政权起到了最为致命的、来自“堡垒内部”的解体作用！开国皇帝之后的那些“败家子”表明：权力是可以递延和承袭的，但能力是难以被复制和遗传的！

万历的贪财和吝财如同锋刃之两面：挪用国库用于私家，必慷慨之极；需用“内库”救国之急，则吝啬之至。前者之豪奢如万历四十二年（1614年）

① 黄宗羲：《原君》。
②《武皇帝实录》卷1。

3月24日，为其最爱的福王朱常洵“就藩”送行的仪仗队盛况空前，有船1170艘，护送军士1100人，浩浩荡荡前往洛阳，洛阳迎接福王的是以28万两白银建造的明朝历史上最豪华的王府。后者之悭吝如万历四十四年（1616年），建立了后金政权的努尔哈赤举兵攻打辽东，军情紧迫，国库空空，主管财政的户部官员只好先斩后奏，挪用了5万两“金花银”以济辽东战事。不料，这个十数年深居深宫不问朝政不批公文的明神宗对此反应甚快，立刻下诏痛责户部和兵部：“今将金花银两，未经提请明白，擅自借用，是何体制？”

有其父必有其子。崇祯十四年（1641年），李自成率军包围洛阳，守城的官员建议福王朱常洵拿钱犒赏士兵，遭到朱常洵拒绝。兵临城下，富得流油的福王仍如此吝财，饿着肚子守城的官军哗变，开城投降。这朱常洵因为耽于酒色，已成了300多斤的大胖子。李自成看到身材肥硕的朱常洵，竟想出个惊世骇俗的烹调方法。他从王府中抓了几只鹿，连着福王朱常洵一起煮了，美其名曰“福禄汤（福王加鹿）”，与农民军众将士大快朵颐。

这，就是万历皇帝最爱的“皇二代”的下场！

明朝开国皇帝朱元璋出身草野，从传世的画像可见其形容清瘦。但要评选“最肥胖的明朝皇室成员”，福王朱常洵和其子朱由崧必是榜上有名。“由瘦而肥”的是明朝皇帝的外表，但其治国能力“由多变少”确属无疑。其实，靠造反夺了人家江山的朱元璋深谙顶层腐败之危害，他早就在教谕皇太子时说过：

……天子之子系天下之安危，尔承主器之重，将有天下之责也。……若天子不能正身修德，其败岂但一身一家之比，将宗庙社稷有所不保，天下生灵皆受其殃，可不惧哉！可不戒哉！[①]

顶层倦怠和权力自朽导致顶层腐败

权力越大，责任越大，这是基本的政治原理。然而，封建专制社会中，皇帝从权力顶层发出的怠政信号，会在等级森严的权力体系中逐级传导并极度放大，导致统治集团的一切救世努力付诸东流。不管是能力不足型怠政，还是消极无为型怠政，其后果都将造成最为严重、无法救济的腐败类型——顶层腐败。

---

①《明太祖实录》卷54。

二、民主遭逢君主：国王向谁行贿

这是最美好的时代，这是最坏的时代；这是智慧的年头，这是愚昧的年头；这是信仰的时期，这是怀疑的时期；这是光明的季节，这是黑暗的季节；这是希望的春天，这是失望的冬天。

——（英）查尔斯·狄更斯

1760 年 10 月 25 日，对肥胖丑陋异国女子狂热有加的英国国王乔治二世驾崩。他最厌弃的皇子威尔士亲王之子乔治·威廉·腓特烈继位，史称乔治三世。与被“南海泡沫”套牢的乔治一世和因性取向被嘲讽的乔治二世不同，乔治三世（George III，1760—1820 年）是英国历史特别是英国近现代史的一位“关键先生”。正是在他漫长的统治下，英国作为现代工业革命发祥地而载入史册。而且，乔治一世和乔治二世作为来自德国汉诺威的选帝侯，由于不懂英语、不谙政风民情，乐于做不理国事的“虚君”。由于乔治二世两次被迫在控制议会的政府大臣压力下放弃了所心仪的首相，被史学家称为“被大臣们套上‘枷锁’的国王”。相反，乔治三世可是个实权热衷者，决意打破责任制内阁执掌政务、行政权由国王向内阁转移等“惯例”[①]。人们很快就发现，“他明确地知道自己想做什么，正在做什么。他想当一位国王”。然而，就在君主立宪制“貌似”比封建皇权统治要开化和民主许多的时候，那个腐败的幽灵又如影随形地不期而至了。

1. 贿选：最原始的“民主”政治

曾经长期生活在皇宫之外的小乔治能当上国王，相当于流浪汉中了彩票头奖。由于他的父母被爷爷从王宫中驱逐，所以他只能降生在圣詹姆斯广场边的一所普通住房；由于他早于预产期两个月出生，因此最初被认为可能早夭；由于在学校时功课较差，使他一直显得比真实年龄要小……然而，由于 1751 年他父亲威尔士亲王因肺部受伤突然身故，12 岁的小乔治一夜间成为王位的法定继承人。

此后，突然转运的乔治三世虽然入主皇室，但其执政生涯却注定要与他十分厌恶的一个字眼纠缠不已：民主。

① Frederinck Dietz, A Political and Social History of England .New York, 1927.p.360.

这是因为“光荣革命开启了一个持续贯穿18世纪的历史进程。1688年通常被视为具有分水岭意义的年份，‘绝对君主制时期与立宪君主制时期的界碑’”[①]。在整个欧洲都在加强君主权力的时候，英国人却开始限制国王的权力，迈向了君主立宪制。此后，“君权神授说”逐渐被“天赋人权论”取代，以国王、内阁、议会两院为基本架构的政治机器悄然运转，王室和君权受议会和民权限制成为可能，议会通过立法权来控制军队、法律、行政，议会甚至能决定国王的生活费用以及由谁来当国王，因而在国家的政治生活中发挥着举足轻重的作用，并成为国家权力的中心，英国开始脱下封建主义的华服，换上资本主义的盛装。

对于乔治三世来说，“为难之处就成为如何在继续酬劳骨干分子的同时，又设法保证绝大多数人民的忠诚，因为人民在理论上已成为政治合法性的主人”[②]。一个最根本的问题是：“民主”遭遇“君主”，到底谁说了算？

国王“否决权”的丢失何以成为限制王权的重要标志？

英国走向君主立宪制的过程中，一个重要的现象是国王逐渐丢失了对议会议案的否决权。光荣革命后，国王行使否决权的次数逐渐减少。1689—1696年，威廉三世曾5度行使否决权，此后的安妮女王仅在1708年否决苏格兰民兵法案时，行使过一次否决权，她也被称为英国历史上“最后一位行使否决权的君主”。此后，国王的否决权变成一项“有名无实的虚权”，国王签署议会所提交的法案只不过是一种象征性的“例行手续”。[③]作为可以“对权力说不的高级权力”，否决权的丧失意味着至高无上的国王权力有了可参照的边界。这对乔治三世来说是一个噩耗，因为加大了它收复“王权失地”的成本，即控制议会的贿金大为增加。

答案似乎很简单：民主等于民选，选票说了算！

然而，尽管“朕即国家”式的不列颠君主专制体制结束了，“王在法下”的立宪民主制度生成了，但它并不表示民主政治的完全建立。因为“议会主权”的确立只是标志着民主政治的开始，尽管国家权力开始掌握在议会手中，

---

① （美）玛格利特·利瓦伊著，周军华译：《统治与岁入》，第134页。
② （美）伊曼努尔·华勒斯坦著，路爱国、丁浩金译：《历史资本主义》，社会科学文献出版社1999年版，第97页。
③ 程汉大：《英国政治制度史》，第207页。

但议会被一些大土地贵族和大商业寡头所控制，议会成为他们维护自身利益的工具。社会上的绝大部分人，包括通过工业革命起家的新兴的中等阶级，都被排斥在国家政权“内室”的大门之外。虽然拥有“民主”之名，对于普通百姓而言，这种民主只是“选主”①，即几年一次选出政府中的当权者，实际上很难真正地对国家政策产生影响。

人们之所以把“光荣革命”后英国建立的政治制度叫“旧制度”，就是因为这种制度下的议会选举制中弊端百出。无怪乎有人说“1688 年之后，一场反对传统权利的阴谋把最高领导层的君主和腐败的议会结合到了一起”②。直言之，控制了“老议会”，就仍可成为新王者！

正如英国学者维尔所言：“在英国 18 世纪上半叶的政治争论中，权力分立学说的思想被运用于混合政府的理论，结果产生了与早先的混合政府理论非常不同的制衡原则”，“在英国，这种理论被用于混合君主制的一些制度上，但它也相当有可能在更后来的日子里被修改以适合一套不同的、其中君主和世袭贵族不扮演角色的制度。”③这就是日后所谓“统而不治”的“虚君”制和贵族平民化的过程。但在 18 世纪下半叶上台执政的乔治三世还不想被人“修改角色”，他要做实权在握的“君主”。

不管是什么样的混合政制，最关键的问题是“谁混谁合”的问题，也就是谁为核心、谁为陪衬的问题。为了达致“既统且治”的目的，乔治三世要做的头等大事就是通过贿选控制议会和政局。

任何一个国家，任何一届政府，它的运作都离不开一个庞大的官员队伍。在 1688 年“光荣革命”前，国王在政治上拥有实权，一切政务都得听从国王旨意。“光荣革命”后，国王成为国家的象征，政务由大小官员“代为管理”，文官就这样主宰了社会运转。尽管政府高级文官的产生受到议会选举中获胜的多数党控制，但国王仍保留有一定的官职授予权。有时候，国王就通过他任命的官员来干预议会和政府的活动。在这种情况下，国王的“贿赂可以视为破坏政制均衡的一种手段，一种将本应分割的权力统一起来并将政府的在理论上的同等权力部门削减为实践上的从属权力部门的

---

① 王绍光著：《民主四讲》，三联书店 2008 年版，第 243—244 页。

② （法）雅克 · 索雷著，黄艳红译：《18 世纪美洲和欧洲的革命》，第 15 页。

③ （英）M.J.C. 维尔著，苏力译：《宪政与分权》，三联书店 1998 年版，第 66—67 页。

手段”[1]。

“工业革命在漫不经心的观察者看来仅仅是经济和技术问题，实际上它是可怕的非常复杂的政治、社会和文化的大变动问题。”[2]工业化开始后，尤其是1780年以后，来源不同的权力在功能上实现了分工，立法权的合法性在于议会，而行政权的合法性来自于君主。“下院议员企图控制所有其他政府权力的野心为他们的贪婪所制约，因为他们愿意为君主服务，后者可以赏赐给他们令人羡慕并有利可图的职位，以及国王可以随意分配的巨大财产的一些份额。”[3]因此，国王仍然拥有行政权，通过恩赐制他可以分封贵族和政府大臣，使得贵族和政府大臣对自己效忠而不是对议会效忠。实际上，早在17世纪就有“洛克强烈谴责选举中的腐败，谴责执行者使用贿赂来保证立法者们支持某个具体的观点”[4]，但这种贿选行为依然盛行不衰，成为英国政治的痼疾。

对于权欲似乎异常旺盛的乔治三世而言，“在他继位之初，一切都预示着美好的未来，那时正是恢复王权的良机”。18世纪的英国是一种君主政体和贵族政体的混合体。乔治三世时代的思想家威廉·葛德文指出：“贵族政体的正确含义，不折不扣乃是凭借政治制度的干预，而是人类的不平等更加坚固和更加明显的一种结构。贵族政体跟君主政体一样，是以虚妄为基础的，是同真正的事务本性毫不相干的人工的产物，同样也必然像君主政体一样，要依靠权术和欺诈。”[5]

在这种“帝王术”的指引下，1761年3月，乔治三世宣布进行议会大选，那些忠于他的“国王之友”开始拉票之旅。由于做足“功课”，乔治三世的“帝师”布特伯爵早在选举之前就断言新议会必将是“国王的议会”。

刘易斯·纳尔米曾在《乔治三世即位时英国政治结构》中指出：起码有55名上院贵族在1761年大选中控制了下院117个席位的选举。111个贵族和

① （英）M.J.C. 维尔著，苏力译：《宪政与分权》，三联书店1998年版，第67页。
② （意）齐波拉主编，徐璇译：《欧洲经济史》第3卷，商务印书馆1989年版，第10—11页。
③ （美）罗伯特·J. 摩根著，张志铭译：《制定者们失去的世界》，载肯尼思·W. 汤普森编《宪法的政治理论》，三联书店1997年版，第28页。
④ 参见（英）M.J.C. 维尔，苏力译：《宪政与分权》，三联书店1998年版，第61—62页，洛克认为选举腐败将使得被收买的议会对公众的信任和信托形成“重大违背”。
⑤ （英）威廉·葛德文著，何慕李译：《政治正义论》第2册，商务印书馆1980年版，第381页。

乡绅资助人“赞助”了下院 205 名议员，占到了英格兰所有 489 名下院议员的 42%。而这 111 名资助人中，有上院贵族 55 人，他们总共赞助了 111 名下院议员。其余 56 个赞助人中，贵族子弟、乡绅和贵族代表占了很大比例，他们总共使 94 名下院候选人竞选成功。[①] 其实，选举的最大赢家不是托利党人，也不是“国王之友”，而恰恰是乔治三世和布特伯爵。

乔治三世对大选结果非常满意，尽管为了贿选已出资甚巨，但仍志得意满地花了 21000 英镑将白金汉宫买了下来，作为礼物送给他的老婆。对于大多数英国人而言，虽然一辈子都没见过这么多钱，但至少在活着的时候见识了王权的影响力和“购买力”。正如当时在英国政坛站出来抨击乔治三世的伯克所说：“国王的权力，作为几乎已经死亡和腐烂的君主的特权，已经以影响力的名义重新生长”，“这种影响力是君主特权奇妙的替代物，而这个特权，由于不过是陈旧过时的偏见的产物，已经在它原有的耐力之中形成了不可抗拒的腐败和瓦解的因素。”[②]

2.“帝师”的杰作：国王之权欲与“国王之友”政府

在英国历史上，18 世纪被认为是一段沉闷的过渡时间，处于 17 世纪划时代的“光荣革命”与 19 世纪物质生产飞速发展的时代之间。巴思（Basil Willams）则将这段时期称为“一个政治、宗教、文学和社会各方面都平稳的年代，英国需要这种平稳时期将这个国家从一个多世纪的狂热中恢复安然和自信”。

2004 年美国独立纪念日当天出版的《纽约时报》刊登了一篇言论，作者芭芭拉·埃仑莱希将乔治三世与时任美国总统小布什（与其父亲同名“乔治”，故戏称其“乔治二世”）相提并论。当年，《独立宣言》中，乔治三世被指控的暴行之一，是“在许多案件中，他剥夺了我们由陪审团审判的权利”。而我们的乔治二世，则把两名美国公民拘禁于关塔那摩，不予审判，不让请律师，不给他们任何机会去反驳政府的证据。[③] 两位“乔治王”的相似之处，恰恰都是权力欲的膨胀。

同样贵为最高执政者，朱明帝国的万历皇帝贪的是“财”，大不列颠的

① 转引自阎照祥：《英国近代贵族体制研究》，人民出版社 2006 年版，第 8 页、第 90 页。
② 陈志瑞、石斌：《埃德蒙·伯克读本》，中央编译出版社 2006 年版，第 48—49 页。
③（美）芭芭拉·埃仑莱希著，仇直译：《他们的乔治和我们的乔治》，《杂文》2004 年 8 月（下半月）。

乔治三世贪的是"权"；同样是年轻的王位继承人，两人还都各有一位"帝师"：张居正未能挽回万历皇帝自强图治的龙兴之威，在王宫中极有势力的"幕后大臣"布特伯爵（Earl of Bute，约翰·斯图尔特，1713—1792 年）却成功培养了乔治三世的权欲之心。罗素曾经说过："权力欲的冲动有两种形态：在领袖的身上是明显的；在追随领袖的人身上是隐含的。当人们心甘情愿地追随一个领袖时，他们这样做的目的是依仗这个领袖所控制的集团来获得权力。"① 布特伯爵身兼国王的追随者和国王的塑造者于一身，正是在"制造国王"中实现了自己的权力欲。

如果说英国的贵族是典型的政治食利阶层，布特伯爵就是其中最典型的阴谋家之一。如配第所说："贵族把自己的权力部分地交给中央政府，不直接行使军事、行政和司法权。有一些官职只是名誉性质的，如……治安推事、警官、教会执事等等。……并且人们认为，能得到被信任的荣誉和被敬畏的喜悦，就是对这些职务很好的报酬。"② 贵族身份成为社会地位的象征，各式各样的有头衔的贵族成员进入到各级政权的核心。但由于布特伯爵来自当时被看作未开化之地的苏格兰，原本仕途就像苏格兰的沼泽地一样泥泞难行。但是，布特伯爵在风云莫测的 18 世纪成为帝师和首相的故事，就像他自己特别爱好的业余戏剧演出的剧本一样有些荒诞离奇。

当时的贵族热衷于争奇斗富，赛马是标榜身份的最佳贵族运动之一，而赛马场也历来是权贵云集的场所。18 世纪末，格罗夫纳勋爵因每年赛马就耗费了 7000 英镑，财政严重亏损，导致债务累积至 15 万英镑之多。1747 年，在埃格姆赛马会上碰运气的布特伯爵与王储威尔士亲王巧遇，彻底改变了他的人生。当时，一场阵雨不期而至，正在帐篷里避雨的王储打算玩牌消遣。当一名亲王随身侍从被派到赛马场去找一名有资格的牌手时，或许是布特伯爵天生的堂堂相貌和光鲜衣着吸引了侍从的眼睛，他成了"陪太子打牌"的幸运儿。

这是一场改变英国历史的牌局，因为布特伯爵由此争取到了一个十分重要的未来角色：太子太傅。而能得到这个角色，并非因为他的渊博学识和思想深度，只是得益于俊朗形体和翩翩风度。

---

①（英）伯特兰·罗素著，吴友三译：《权力论》，第 7 页。
②（英）配第著，陈冬野译：《赋税论》，《配第经济著作选集》，商务印书馆 1981 年版，第 66 页。

在 18 世纪的英国，布特伯爵有一双漂亮的腿，穿上上流社会流行的天鹅绒短裤和鸭嘴鞋总是能吸引眼球。因此，尽管威尔士亲王认为他充其量只能到无足轻重的朝廷去充当大使，但这个短命王储的夫人、乔治三世的母亲、来自德意志萨克斯—戈萨的公主奥古斯塔（Princess Auguata）却不这么看。同时代的沃尔德格雷夫勋爵说：太子妃一定是发现了布特伯爵的什么长处，而在这方面她丈夫可能并不是最胜任的裁判员。[①] 当时的伦敦风纪败坏并不是秘密，关于布特与国王之母有暧昧关系的流言蜚语更是四处流传。

乔治是个尽最大努力服从母教的好太子，据传说，他母亲就曾对他说过：“乔治，要当一名真正的国王。”然而“身教重于言教”，或许是母后的行为不检点和言行不一致，使得乔治三世的弟妹们都是极不“靠谱”的丑闻缠身之人。“他的弟弟全都成了这一时期出类拔萃的浪荡公子”：约克公爵爱德华不但是通宵派对的热衷者、花天酒地的采花盗，还加入反对国王的党派；格洛斯特公爵威廉则秘密娶了一位年长于他、有三个孩子的寡妇、一名帽子商人的女儿玛丽·沃尔特格蕾，乔治直到 6 年后才得知内情；小弟弟坎伯兰公爵亨利经常出入妓院和酒馆，还曾陷入大臣高富诺的圈套，因与高富诺的妻子亨利艾塔通奸被起诉，当坎伯兰公爵写给亨利艾塔的信件被作为证据在法庭上出示时，由于错字连篇引得哄堂大笑。乔治的姐姐奥古斯塔和布伦斯维克公爵结婚，但由于丈夫有外遇而几乎处于分居状态。妹妹卡洛琳和丹麦国王克里斯汀结婚，但丈夫却是一位出了名的同性恋，于是她和年轻的首相约翰·舒特尔恩瑟有了私情。最终奸情败露，舒特尔恩瑟被处死，卡洛琳被幽禁于哥本哈根。乔治三世不得不将英国军舰派往波罗的海，才把她救了出来。[②]

1764 年，8 岁的音乐神童莫扎特因在伦敦演出大获成功，成了乔治三世的座上宾。然而，他的父亲利奥波德却发现伦敦的男男女女接触太随便，所以街头总充斥着缺胳膊少腿的贵族们的私生子，孩子到街上看到的都是这些沦为乞丐的坏榜样。[③] 对于特别爱好业余戏剧演出的布特伯爵来说，身兼帝

① 参见（英）乔治·马尔科姆·汤姆森著，高坚等译：《英国历届首相小传》，新华出版社 1986 年版。

② （日）海野弘，林焕军译：《世界丑闻史》，第 174—176 页。

③ 周忠麟编著：《莫扎特——布老虎传记文库·巨人百传丛书》，辽海出版社 1998 年版。

师和太子妃情人这两种角色可谓游刃有余。因为他在一出名为《懒散、轻浮和放荡的小朝廷》的戏里，绘形绘色地扮演了一个浪荡子。小乔治的母亲很欣赏这出戏，乔治三世更是对这个风趣的老师无比崇拜。不久，他就进入枢密院并获得嘉德勋章和北方事务大臣的职位。实际上，这位拥有大量财富的苏格兰人在政坛毫无建树，除了在20年前曾经作为苏格兰的上院代表短期参加过英国国会，他“控制着苏格兰选票，此外，当过太后的侍从官，这便是他掌权的唯一资格了”！

但布特伯爵却从来不觉得自己是孤独的权力掮客。“在1770年之后的60年里，人们在三个主要的思想领域内讨论了权力分立学说与占主导地位的政制理论的关系”，第一种是“以权力分立理论作为一种可以严厉打击政治对手的武器”，第二种是“反对那种以收买性和非代议性的国会为基础的制度”，第三种是“激烈反对现存制度、特别是反对内阁在这一制度中的作用”，可以说形成了限制王权、改革政制的论战。① 然而，布特伯爵却独辟蹊径，精心选择了博林布鲁克子爵的“爱国君主论”来塑造小太子的思想。

博林布鲁克对英国历史上伟大的统治者以热情的笔调歌功颂德，认为资本主义革命只是英国历史的一部分，革命的荣耀及成果（君主立宪）同样属于被革命的国王。对布特伯爵来说，只要对小太子洗脑成功，他自己就能重新收回被革命夺走的王权，重新控制内阁和议会——国王负责控制内阁和议会，而他负责控制国王！于是，当后来乔治三世登基之后，立刻表示出对辉格党长期统治的不满，声称“下议院已经成为不负责任的独裁机构”，而他要做的就是“结束家族的统治，自选大臣”，“当一位所有的臣民都服从和尊敬的国王”②！

帝师如同一生都在为储君制作加冕服的裁缝，眼里容不得瑕疵，直到它穿在真正的国王的身上。正如有人所说：“所有的领袖都拥有实际或潜在的权力，但并非所有拥有权力的人都是领袖。”③ 布特伯爵正是这样一位“潜领袖”，甚至国王的婚姻也由他做主。

---

① 参见（英）M.J.C. 维尔，苏力译：《宪政与分权》，三联书店1998年版，第100—101页。
② （英）温斯顿·丘吉尔著，薛力敏、林林译：《革命的年代》，《英语民族史》第3卷，第714页。
③ （美）詹姆斯·麦格雷戈·伯恩斯著，刘李胜等译：《领袖论》，第20页。

1759年，20岁的乔治王子曾经和里奇蒙公爵之女莎拉·伦诺克斯陷入爱河。但布特伯爵要让学生成为一个“像样”的国王，就不能允许他与自己的臣民结婚，何况她还是前朝国王查理二世的后裔。于是，在布特伯爵和乔治那位占有欲颇强的母亲操控下，唯一正确的做法是到德国的公主们中物色合格的人选，以便与混乱的英国划清界限。

1761年9月8日，小乔治在圣詹姆士宫内的皇家礼拜堂迎娶了梅克伦堡－施特雷利茨的索菲娅·夏洛特女公爵为妻。尽管乔治三世和他的皇后在婚礼上才平生第一次见面，但重要的是他娶到了一个体面像样的妻子。

坦白讲，如果可以随心所欲挑情人的话，他多半不会选最多算徐娘半老的皇后；如果能让布特伯爵自己来选择可以培养的王位继承人的话，他多半不会挑小乔治。乔治三世小时候，被公认为迟钝的小傻瓜，直到11岁，都不能顺利地读下一篇短文。

但是，血统高贵比头脑发达重要得多，而且太聪明的储君一旦登基肯定不好摆布，所以这布特伯爵唯有精心教导，努力使乔治三世既聪明到不侮辱国王的使命，又能够明智地唯帝师马首是瞻。

3. 国王的贿金和赏赐

现在，摆在乔治三世和布特伯爵面前的一个棘手问题是，辉格党集团自1714年以后一直控制着政府，辉格党人沃波尔长期把持朝政。沃波尔执政时代是贿赂成风的时代。沃波尔通过拨给王室丰厚的年金来获取国王的支持，同时为保证得到下院多数议员支持，充分利用他掌管政府财政大权的有利条件收买拉拢议员，形成了以自己为首的“政府之友”派。当时政府财政部门用于收买议员和选民的款项被称为“秘密活动经费”，每年用度在4.5万—10万英镑。[①] 因此，尽管“乔治三世在反对辉格党专权的保皇主义和爱国主义情绪的高潮中登上王位”[②]，但与剪除某个政敌的影响力相比，要扳倒一个已成气候的利益集团要麻烦得多。

布特伯爵意识到，如果对辉格党人控制的内阁直接下手，如同明火执仗，势必两败俱伤。

于是，他和乔治三世想出了一个一石二鸟之计：通过组织议会选举，先

① 转引自阎照祥著：《英国政党政治史》，中国社会科学出版社1993年版第112页、第81页、第104页。

② （英）温斯顿·丘吉尔著，薛力敏、林林译：《革命的年代》，《英语民族史》第3卷，第718页。

夺取议会控制权。这等于架空了内阁，还断了辉格党的后路。

当时，“国王——内阁——议会”的铁三角已然发生了权力转移，国家的治权从国王手中向内阁和议会输送。实际上，1694年的《三年法案》试图以“每隔三年就要重新进行一次议会选举”的规定，避免国王在议会中扶植自己的势力，防止议会沦为国王的工具。

但这份法案忽略了另一种情况——“国王之友”从一开始就把控了整个议会。由于当时英国仍实行有很多“腐朽市镇”享有选举权的议会选举制度，行政腐败不堪，当政的很多大臣都不称职，为乔治三世个人方便地操纵政权和选举创造了条件。[①] 于是，他要在布特伯爵的谋划下，依靠“不择手段的幕后势力，即虚伪奸诈的内阁大臣们”[②]，实现一个以夺回王权为核心的“惊天大挪移”！要用“国王之友”击溃“政府之友”！

1762年5月，乔治三世先后免去了被卡莱尔称为“当了4年英格兰国王”的老皮特（第一代查塔姆伯爵，William Pitt， 1st Earl of Chatham，1708年11月15日—1778年5月11日），以及首相纽卡斯尔公爵的职务，起用布特伯爵掌权，布特伯爵成为首席财政大臣，“国王之友”内阁正式成立。一些辉格党人在下台之后沮丧之余，竟发现自己的退休金已被国王剥夺了。

尽管乔治三世在位的头10年是在国会各派势力的混乱斗争中度过的，但从1770年他“牢固地控制了英国的政治机器”之后，官员们一旦得不到乔治三世的赏识，就将立即进入被清洗的行列。为从辉格党人手中夺回政府的控制权，乔治三世声称：除了君主青睐者外，无人能逃过清洗。

1778年5月11日，曾激烈反对乔治三世北美殖民地政策的老皮特去世了。贵族院投票决定集体参加他的葬礼。乔治三世甚至写道：“为举行公开的葬礼和建立纪念碑而投票表决使我感到吃惊，这是对我个人的无礼举动。”而赢得了七年战争的老皮特在他的君主无情的苛评中与世长辞。[③]

---

① 石庆海、王倩：《乔治三世研究三题》，《黑龙江史志》2008年第14期。

② （英）温斯顿·丘吉尔著，薛力敏、林林译：《革命的年代》，《英语民族史》第3卷，第809页。

③ （英）乔治·马尔科姆·汤姆森著高坚等译：《英国历届首相小传》。

从"改土归流"与"改流归土"之矛盾看基层"选举腐败"为何盛行不衰？

18世纪初，著名文学家笛福曾评论说："在英格兰的一些城镇中，很难说有议员选举。市镇自治机关很小，选民少而贫穷；某人出身于贵族之家并买得爵爷的职位，就让他遂愿吧，他也自信会进入议会的。"在一些小的选邑，由于裙带关系纵横交错，甚至只需要一次破费不大的聚餐就能指定议员人选。其中，"拉票"活动是选举腐败的集中体现：有的候选人用马车接送并宴请选民；有的赠送钱财礼物以换取支持；有的大地主甚至威胁其佃户若不"定向投票"就提高地租乃至夺佃；还有的候选人的家丁扈从为争夺选票不惜大打出手。这暴露出基层选举的一个深层次矛盾：候选人和选民存在或多或少的利益相关性，使得选举行为受到地缘、血缘、学缘、业缘、商缘等多重因素的牵制左右。中国古代统治者的"改土归流（改土司制为流官制）"即存在类似的矛盾。土司即原住民的首领，流官由中央政府委派。改土归流有利于消除土司制度的落后性，同时加强中央对边区的管控。如雍正四年（1726年）云贵总督鄂尔泰为解决土司割据的积弊，建议取消土司世袭制度，设立府、厅、州、县，派遣有一定任期的流官进行管理，得到雍正帝的赞赏和推行。然而，类似回避制度的利弊都很明显："飞鸽牌"官员或易扎根不深，难以从当地百姓切身利益出发施政；"永久牌"官员往往扎根太深，容易结成荣辱交织的利益共同体。

从此以后，"王室再次成为英国政治生活中的一个重要因素，年轻的乔治三世打败了善于进行党派斗争的辉格党人"①。原因并不复杂，"只要他们在下院投票时伸出他们的壮臂，他们就可以拿走他们想要的一切"②。1783年，反对派头面人物福克斯根据工商业资产阶级的要求，提出了"印度事务改革议案"，主张解散东印度公司现有机构，取消其在印度的商业垄断权。乔治三世到上院贵族祭出当头棒喝：谁投票赞成福克斯，谁就是国王之敌！议案被如愿否决后，乔治三世立刻解散了不受他控制的内阁，将有利的政治效应予以最大化。

布特伯爵曾告诫乔治三世，实现王权独立的唯一办法就是让"国王之友"

① （英）温斯顿·丘吉尔著，薛力敏、林林译：《革命的年代》，《英语民族史》第3卷，第719页。

② J.V. Beckett , *The Aristocracy in England 1660—1914*.

联合起来。乔治三世对此心领神会，他开始大封贵族，以此来向上议院示好。“乔治三世控制议会的做法是，把贵族院塞得满满的，以及为平民院的议员们提供这种或那种优惠”①。1760年以前，英国的贵族加在一起也只有170多名，而在18世纪六七十年代，乔治三世陆续封了75名贵族。乔治三世即位不到两年，“国王之友”便在下院占据了多数。尽管他们不是现代人所理解的那种党派，但“大多数愿意支持国王任命的任何政府”，逐渐明白了“国王之友荣，政府之友辱”的道理。这是一个重塑王室权威的关键动作，而且“权威对于国家来说更为重要，因为它是国家权力的源泉和合法性的体现。在动荡的西方世界里，权威所代表的权力是维持秩序的手段”②。

苏格兰于1707年合并入大不列颠联合王国后虽仍然是个未开化之地，但已经成了乔治三世即位后操控党派斗争的战场，苏格兰贵族议员更是成了他拉拢和收买的对象。如1791年苏格兰政客亨利·邓达斯进入皮特内阁担任要职，到1796年大选时他仿效英格兰贵族的做法操纵苏格兰贵族代表的选举，使13名贵族竞选成功。结果，到了1806年，邓达斯因贪污公款被弹劾而不得不黯然离开了政界。毫无疑问，“邓达斯是个性情良好、处事随和的实利主义者，也是18世纪政界风气的体现者。当时盛行的是用钱买国会席位，贪图官位，幕后指挥和怀疑一切”③。经过此后一二十年的持续努力，乔治三世终于摧垮了以辉格党权贵为核心的一党寡头统治，却人为开启了另一个党派即托利党的寡头统治。英国的历史坐标似乎又回到了原点，只不过贵族们分化为“执政贵族和在野贵族”。

逐渐实现“政治控盘”的过程中，还有这也是最狡诈最冒险的一步棋：毁掉持不同政见者的政治痕迹。布特上台了，如何出政绩呢？最好是“新官上任三把火”，弄出点举国关注的“大响动”。这不，一个很好的题材摆在眼前：七年战争。虽然这么一场世界大战不是我打赢的，但却在我手中结束，岂不是不费吹灰之力就能扬名立万的大好时机？那些战争中充当炮灰的士兵，只不过成了布特伯爵签署停战书的筹码而已。

---

①（美）拉塞尔·阿莫斯·柯克《保守主义传统》，载肯尼思·W.汤普森编《宪法的政治理论》，第56页。
②（美）詹姆斯·麦格雷戈·伯恩斯著，刘李胜等译：《领袖论》，第27页。
③（英）温斯顿·丘吉尔著，薛力敏、林林译：《革命的年代》，《英语民族史》第3卷，第773页。

平心而论，乔治三世和布特伯爵都明白七年战争（1756—1763 年）是一场利国利民的大胜仗。因为七年战争打败了法国，使其殖民地贸易从 1755 年的 3000 万里尔降到 1760 年的 400 万里尔，最终确立了英国的海上霸权及其在海外殖民的优势地位。[①] 然而，这场战争却是由辉格党人老威廉·皮特为核心（战争爆发时任陆军大臣，1756 年起组阁）发起和指挥的。战事越是顺利，就越对意欲抢班夺权的布特伯爵不利。一旦取得最终的压倒性胜利，那么，战功赫赫的老皮特就不好“收拾”了。

因此，布特政府的一个主要任务就是尽快结束“七年战争”。为此，乔治三世在 1760 年 11 月 12 日的议会开会日，亲自向上下两院发表停战演说，声称战争是“流血牺牲而且异常昂贵”。

“政绩包装”如何成就“吏治腐败”？

乔治三世在让布特伯爵登上政府最高职位时，对他进行了一番政治营销。如由布特伯爵亲手结束七年战争，就是一个非常重要的政治题材和营销策略：既可给这位新任首相披上“和平缔造者”的光环，也能给他带来制定战后“新政”的政策空间。这种“组合营销”策略可谓一举多得，用心良苦。姑且不论实际效果如何，却反映了一种配置关键人事资源的通行做法，即将掌权者的意中人进行“政绩包装”，待其资质具备后推至高位，一鸣惊人。比如，有的是采取“定向锻炼法”，缺什么经历补什么经历，缺什么政绩补什么政绩；有的是采取“顶层设计法”，从一开始就精心安排仕途发展，打造履历完美的“简历干部”；还有的采取“雪中送炭法”，让自己人参与到能够快出、频出效益的“形象工程”中去，“恶补”一些政绩；等等。问题在于，机会公平对于成长成才至关重要。“政绩包装”不仅损害政治机会公平，还可能造成任人唯亲等吏治腐败。

1763 年 2 月，英国以胜利者姿态与法国签订了《巴黎和约》，尽管这个和约更有利于英国，但为了使议会顺利批准，乔治三世和布特仍不惜以大量金钱贿赂议员。当时的情况是公开行贿，“一家商店公开发放钞票，议员们

① Montagu Burrows , *The History of the Foreign Policy of Great Britain*.London,1985.p.114.

聚集在店里收受贿赂”[①]。政府公开收买议员，而议员们则以200镑的价格出卖自己一票。有的财政官员后来承认，一个早上就花去了2.5万镑，半个月之内就收买了一个巨大的议会多数去批准和约。

实际上，乔治三世要想“买断议会”似乎并不那么困难，因为这些议员表面上“是由25万英国人选举出来的，但一半的议员其实是由不到六千人指定的”。议会表决之日，尽管老皮特以3个半小时的长篇演说反对和约，但和约仍以319票赞成，65票反对获得通过。

乔治三世摆脱英法七年战争有功人员的速度超乎寻常，但他改用一些蠢货或浅薄之人的速度更快。如以“香槟查理”闻名的查尔斯·汤森德患有癫痫症，正是他设计并执行了导致北美人民反抗运动的灾难性的关税课征。担任“美国殖民地”大臣的乔治·杰曼勋爵（Lord George Germaine）是一位不光彩的军官，他因在明登战役中犯了怯战之罪而被判定“不适合任何效忠陛下的职位”。然而他擅长逢迎谄媚，年轻的新国王也很喜欢被人奉承，他因此获得了职务。

另外，对英国国家行政领导机构——内阁的控制是最受重视的。据统计，从1782年至1820年，总共有65人出任内阁职务，其中43人是贵族，余下22人中有14人是贵族之子，真正的平民只有6人，而这6人中还有3人最终成为贵族并跻身上院。直到18世纪末和在这之后很久，内阁仍然主要是贵族团体。贵族还垄断着中央政府的要职，手中握有大量官职的授职权，可以通过授予官职、提供肥缺等收买选民和议员，培养自己在议会下院的势力。

“对权力的爱好不甚强烈的人，是不可能对世事的演进产生多大影响的。”[②]在恢复专制王权的野心驱使下，靠着行贿的手段收买议会，乔治三世终于成立了一个完全由自己的亲信所组成的“国王之友”内阁。“在整个18世纪的后半叶，国王的追随者构成了下院中最庞大且最稳定的投票团体。”[③]政府受到国王的控制，英国正向个人独裁迈进。然而，志得意满的布特伯爵没有想到，虽然打击辉格党人和促使国王支配议会的双重目的成功了，他和乔治三世却着实低估了民众的反对力量。

或许，民主的力量对专制的国王来说就像一个魔咒，越是想摆脱，越是

① Horace Walpole, *Memoirs of the Reign of King George III*, New Haven: Yale University Press, 2000, p.26.
②（英）伯特兰·罗素著，吴友三译：《权力论》，第5页。
③（美）玛格利特·利瓦伊著，周军华译：《统治与岁入》，第135页。

被加锁。

4. 威尔克斯事件：君—民"话语权"的直接较量

经历了"光荣革命"的英国政坛已经不再是国王为所欲为的天下了。"在欧洲的'大西洋'文明国家，传统的贵族体制尤其受到'资产阶级'的挑战，这种挑战的目的是要使这些制度的运作'民主化'"①。因为"那个时代毕竟处于工业革命的前夕，近代科学正在诞生，平等政治也开始出现"②。1760 年乔治三世的登基讲话一结束，布特伯爵的大画像就在伦敦大街被公然焚毁，大家不敢烧国王的画像，只能拿布特伯爵的画像出气。最先被攻击的是布特和乔治三世的母亲奥古斯特，两人之间的情人关系成为媒体大肆报道的丑闻。1760 年 11 月的伦敦皇家交易所，非但没有张贴乔治三世登基的祝贺标语，反而出现"不要女人政府！不要苏格兰大臣！（分别暗指国王的母亲和布特）"的横幅。

1763 年初，布特政府为解决七年战争等巨额战债问题而征收苹果酒税。由于这项议案将增加盛产苹果酒地区的人们的税负，因此遭到苹果酒产地议员们的反对。资产阶级立即抓住这个机会大力抨击布特。伦敦城的资产阶级更是一马当先，积极组织抗议活动，多次通过请愿向国王和议会施加压力，要求废除苹果酒税。当伦敦城的市政司法长官向乔治三世呈递请愿书之后，一贯支持布特的乔治三世却说签署请愿书的是"一帮下作的店主"。

然而，对布特的反感情绪在不断发酵。在一群"看管养熊场的流氓和恶棍"护卫下，他才敢上街；去拜访自己的"老相好"后，他不得不从后门开溜；去伦敦市政厅赴宴途中，他遭到了暴民的围攻。人们在距离他在伦敦寓所不远的地方，当众焚烧了明显暗示他同国王母后亲密关系的长筒靴子和一条衬裙，以讽刺其靠女人向上爬的"闺房政治"③。在接二连三的猛烈攻击之下，布特于 1763 年 4 月宣布辞职。在他的安排下，另一位"国王之友"乔治·格伦维尔组成了新一届政府。大臣们议论纷纷，说国王遇事独裁专断不与他们商量，而是去征求"潜入幕后"的布特的意见。

---

①（法）雅克·索雷著，黄艳红译：《18 世纪美洲和欧洲的革命》，"引言"。

②（美）卡尔文·伍达德《威廉·布莱克斯通爵士与英美法理学》，载肯尼思·W. 汤普森编《宪法的政治理论》，第 88 页。

③（英）温斯顿·丘吉尔著，薛力敏、林林译：《革命的年代》，《英语民族史》第 3 卷，第 716—717 页。

这时候，曾经把国王送上断头台的英国人不愿保持沉默。在人们不断被“专制恐惧症（tyranniphobia）”所侵袭的时候，一位名叫约翰·威尔克斯（John Wilkes）的议员站了出来。

“威尔克斯可以说是18世纪后半期丑闻时代的揭幕人。”[①]1763年4月23日，他在《北不列颠人》杂志第45期上发表了一篇匿名文章，猛烈攻击内阁大臣是“专制和腐败制度的工具……他们在全国播下了不和的种子”。他还预言说：“只要不剥夺他们的权力，这些不和的种子就不会消失。”

更为重要的是，他把炮筒直接对准了帝国顶层，公然指责英国同法国就《巴黎和约》的条款进行了既不体面又不正当的谈判，而国王乔治三世就是罪魁祸首。[②]具有讽刺意味的是，约翰·威尔克斯早年生活放荡，1754年参加议员竞选失败，1757年借贿选才得以进入议会。此外，话锋犀利、措辞巧妙是其一贯风格。山明奇勋爵（Lord Sandwich）曾当面诅咒他迟早会“被绞死或染瘟疫而死”，威尔克斯回答说：“阁下，这要看我到底是拥抱你的原则还是你的情人。”[③]

舆论哗然的同时，乔治三世怒发冲冠，内阁大员目瞪口呆。毫无疑问，“一个政权将力求惩罚直接危及它的安全或象征性地威胁它的人。受害者也许是直接危及该政权稳固性的个人或团体，也可能只是一个被选作服务于更高目的或解释这个政权失败的替罪羊”。[④]对于乔治三世和位置不稳的“国王之友”政府来说，必须拿威尔克斯来杀一儆百。于是，国务大臣哈利法克斯勋爵（Lord Halifax）直接签发了上面没有任命的“通用逮捕令”（General Warrant），在查封《北不列颠人》杂志以后，将涉嫌的撰稿人、印刷者、发行人等40多人逮捕入狱，威尔克斯被关进了伦敦塔。

在少数辉格党头面人物畏缩不前之际，伦敦资产阶级站了出来，接连举行游行示威，声援和保卫威尔克斯。当时，本杰明·富兰克林正在伦敦。他看到了伦敦人焚烧国王之母和布特等人的模拟像，并描述说：“暴民们在每条街上吼叫，要来往马车中的绅士淑女们也呼喊‘威尔克斯与自由’，甚

---

①（日）海野弘，林焕军译：《世界丑闻史》，第166页。

②（英）温斯顿·丘吉尔著，薛力敏、林林译：《革命的年代》，《英语民族史》第3卷，第719—720页。

③（英）西蒙·詹金斯：《英格兰简史》，第211—212页。

④（美）斯坦利·I. 柯特勒著，刘末译：《美国八大冤假错案》，商务印书馆2001年版，“序言”。

至城外 15 英里之内的每座房子的门窗上，差不多都画上了 No.45（第 45 期《北方不列颠人》杂志）。”英国驻印度殖民官员沃伦·哈斯廷斯（Warren Hastings）宣称：乔治三世及其大臣在威尔克斯事件中的做法是在与人民作对，他甚至警告乔治三世说：“当他为自己王冠的安全而自鸣得意之时，他应该记得，这顶王冠取之于一场革命，但也会失之于一场革命。”①

5 月初，法庭开始审理此案。威尔克斯慷慨陈词：“全体贵族和绅士的自由以及全体中下层人民的自由，就要在我的案子里最终决定了！”于是，英国人民行动起来，伦敦送牛奶的人用牛奶在墙上涂写克伦威尔抨击长期国会的演说词；乡下人骑马来到伦敦游行，打出“大宪章与权利法案”的标语；不少公共场所贴上了“反对专制，争取自由”的大字报……迅速升温的革命热度令乔治三世如坐针毡，在与托利党大臣们密谋后决意镇压。

5 月 10 日，数万群众聚集在圣乔治广场要求释放威尔克斯。乔治三世把威尔克斯事件视为“王冠几乎决定于此”的重大事变，宣称“血腥镇压是恢复顺从法律的唯一办法”，并且凶相毕露地威胁说如果他在议会中失败，就将“求助于宝剑”。最终，事先埋伏的军队向广场上的群众开枪射击，当场打死 7 人，打伤 24 人，制造了震惊全国的“圣乔治广场屠杀事件”。

1768 年，长期流亡海外的威尔克斯返回了故土，当局慑于群众的压力不敢立即将其逮捕。当年 3 月，威尔克斯以绝对多数当选为米德尔塞克斯郡的议员，次年 2 月，议会下院却取消他的议员资格，进行补缺选举。结果威尔克斯再度以 1143 票当选，而当局提出的候选人得票仅为 296 张。最终，国会宣布此次选举无效，并宣布威尔克斯在米德尔塞克斯的竞选对手合法当选。尽管当局再次宣布选举无效，但首都伦敦的市民却燃起了篝火，为威尔克斯的再次当选而庆贺。1769 年，他与支持者们一起创建了第一个争取议会改革的协会。这种协会通过组织鼓动性活动，经常在各种集会和请愿中团结到数万人。

当然，“这种求助于人民的方式”让国王和议员们颇感不快。1774 年，威尔克斯当选为伦敦市长并且重新进入了国会，他首次要求在报纸上发表议会辩论，但徒劳无功。早在 1769 年，乔治·格伦维尔对下议院驱逐威尔克斯

① 转引自刘金源：《论乔治三世个人专制终结的原因》，《苏州科技学院学报（社会科学版）》2013 年第 6 期。

一事进行了抨击，认为该院企图“把国家的执行权和司法权同立法权相混同”，埃德蒙·伯克等人都认为国王借立法影响力染指司法事务并对此加以谴责。而这个乔治·格伦维尔不是别人，正是乔治三世的第二任首相、“国王之友”的骨干分子。对于威尔克斯事件，丘吉尔作出了如下评论：

上述事件完全暴露了18世纪制度的腐败。下议院拒绝承认威尔克斯的议员资格，就等于否认选民有选举议员的权利，使它自己明显地成为水泼不进的特权机构。

西方有句古老而经典的格言：“如果上帝决定摧毁他们，他们会第一个发疯。”[①]可以肯定的是，“到乔治三世行将崩殂之时，美洲殖民地已经独立于英国，早期的大英帝国已经解体，他自己也精神失常了”[②]。威尔克斯事件对于志在恢复“王政”的乔治三世而言不啻一个巨大打击。乔治三世后来成了神经错乱的“疯乔治”，并不得不由其生活放荡、丑闻不断的儿子摄政，不知道是否与受到威尔克斯们的巨大刺激有关。因为，乔治三世对不听自己话的儿子抱怨不已，王子就高呼“威尔克斯和第45期（《北不列颠人》杂志）万岁”。

1760年代由约翰·威尔克斯领导的改革风潮在随后的10年中不断壮大声势，并在1780年形成一个高潮。值得关注的是，与大明臣民哭天抢地也唤不回万历皇帝的“势利之心”相比，18世纪的英国，“这是一个议会活动信息受到日益发达的媒体广泛传播的时代”；而且，“出版自由和言论自由亦以几乎同样不引人注意而比较有效的实际步伐向前发展”，“所以在18世纪末，‘人人可以发表他的12名同胞认为无可指摘的任何言论’。这里面有约翰·威尔克斯一份不可否认的功劳”[③]，腐败的国王终于要正眼看看民众的抗议标语而不能熟视无睹了。

1769年，威尔克斯的支持者们就成立了“保卫权利法案协会”，要求实现平等代表权、杜绝贿选现象。1775年，约翰·卡特赖特（John Cartwright）发表政治小册子《抉择》，要求每年改选议会、实行秘密投票等主张，5年后

---

①（美）亨利·克卢斯著，余向华等译：《华尔街50年》，机械工业出版社2010年版，第50页。
②（英）温斯顿·丘吉尔著，薛力敏、林林译：《革命的年代》，《英语民族史》第3卷，第718页。
③（美）玛格利特·利瓦伊著，周军华译：《统治与岁入》，第152页；（英）温斯顿·丘吉尔著，薛力敏、林林译：《革命的年代》，《英语民族史》第3卷，第721—722页。

又成立了“宪法知识协会”并开展宣传活动。此外，著名政治组织“伦敦通讯协会”也提出了更广泛的政治改革纲领，与数以百计的改革组织建立了联系。

1780年，威斯敏斯特的一个委员会甚至提出了一个完整的政治民主化和每年普选的纲领，要求实现选区的平等化、对当选者进行资助等。这些“不仅仅是19世纪要求的预演”，无异于公然宣扬对传统体制实施“休克疗法”。埃德蒙·伯克甚至大胆预言，“不断腐朽的英国宪法”将会“安乐死”——“在专制政体父亲般的怀抱中，没有痛苦呻吟地缓缓停止呼吸”[①]。因此，丘吉尔在对丢掉北美殖民地、激起威尔克斯风波的乔治三世进行“盖棺定评”时强调：“他在位期间在根本问题上失败了，而从长远来看，这对英国的彻底民主化是有好处的。在随后发生的灾难中诞生了目前的国会统治制度。不过，这些灾难未免过于可怕，影响也太大了。”

一个根本的问题是，乔治三世的执政生涯“就像帝国一样发展、繁荣、衰落——还失去了权威”！众所周知，晚年罹患重病的乔治三世又瞎又聋，被长期幽禁在裘园（Kew），直到1820年去世。于是，人们可以这样打趣国王：“或许是烦恼的问题堆积得太多了吧，到了晚年他经常发疯。”[②]

柏克作为著名的罗金汉姆派辉格党人，不但在1766年至1791年任该党派的议会发言人，而且一直站在抗议乔治三世“复辟王权”的最前沿，特别是积极抵制其通过荫庇制以及组建“国王之友”和“宫廷党”等方式干涉议会运作。针对乔治三世推行专制王权的一系列举动，柏克发出了颇具嘲讽意味的别样忠告：

> 宪法对进犯的国王特权说：“您的权杖有限度，除了一种永恒的法律所赋予的东西外，您不能给您的脑袋增加一根头发，也不能给您的王冠增加一颗珠子。”[③]

在18世纪70年代末，反对党借助英国殖民主义政策在北美的失败，掀起了声讨王权的风浪。1778年夏，他们要求议会设立专门委员会调查政府开支，并要求把所有的政府承包商清除出下院。1779年底，罗金厄姆等又在上院攻击“恩赐制”，要求削减国王年金。1782年2月至3月，反动派议员接连提

---

① （美）拉塞尔·阿莫斯·柯克《保守主义传统》，载肯尼思·W·汤普森编《宪法的政治理论》，第52页。

② （日）海野弘，林焕军译：《世界丑闻史》，第173页。

③ （英）柏克：《自由与传统》，蒋庆等译，译林出版社2012年版，第40页。

出两个不信任案，最终迫使乔治三世所力挺的诺斯内阁集体辞职。这些接踵而至的事实表明：内阁依赖王权随意加罪政敌的时代已经过去，反对党可以依靠议会制度，采用合法手段监督批评乃至挫败政府，而不必担心报复。①

这，就是时代的变化。这，就是民主的力量。

5. 顶层危机：大不列颠的民权骚动

18 世纪中期，著名辉格党人亨利·福克斯在议会演说中公开宣称："当我们就选举问题论及人民时，只应想到那些优秀分子，而不包括暴民和人民的渣滓。"② 然而，这些高谈阔论的政客们所掌控的国家机器，却制造出了越来越多的"暴民和人民的渣滓"。1790 年代，由于舆论"谴责行政机构的运转根基已经'腐败'了"，一种社会严重对立的紧张情绪不断酝酿，直接演变成当时的世纪末大骚乱，其结果是"18 世纪末的英国统治阶级对大众阶层感到恐惧，并试图驯服这些通常生活在法律边缘的下层人，统治阶级对他们既反感又蔑视"③。因为，这些对腐败不满的人们发起的"小麦骚乱、抗税骚乱、农业或工业暴动不可胜数"。

19 世纪中期，英国人莱尔写下了这样的评论：

这个国家上世纪中期的信仰和道德状况失望得让人难以想象。没有探求过这个问题的当今英国人对当时笼罩英格兰的黑暗根本没有任何概念。从 1700 年到将近法国大革命时期，英国似乎没产生过任何好东西。在一片可以自由拥有圣经、自由承认新教信仰的土地上，出现这种情景，令人难以理解。基督教似乎已经僵死，你完全可以说它已经死了。尽管讲坛上大肆鼓吹道德，道德却被街上的人完全践踏在脚下。高阶层、低阶层到处笼罩着黑暗——从法庭到军营，从国会到法庭，从乡村到城镇，从富人到穷人，巨大而浓重的信仰和道德黑暗令人触手可及。④

这就是 18 世纪中后期的英国，一个道德缺失、社会动荡的"骚乱年代"！

1780 年 6 月，伦敦发生严重骚乱。示威群众来到威斯敏斯特宫前向议会示威。一伙骚乱者放火焚烧了撒丁大使的礼拜堂。一些天主教房屋也被焚毁。

---

① 阎照祥：《近代英国上层党派关系宽容化摭论》，《世界历史》2008 年第 2 期。

② H.T Dickinson, *Liberty and Property, Political Ideology in Eighteen-Century Britain*，转引自阎照祥：《英国近代贵族体制研究》，第 185 页。

③（法）雅克·索雷（法）雅克·索雷著，黄艳红译：《18 世纪美洲和欧洲的革命》，第 218 页、第 230 页。

④（英）莱尔著，梁曙东等译：《英国复兴领袖传：新教著名人物传记》，华夏出版社 2007 年版。

针对治安法官和政治人物的暴力和抢劫行为不断发生。反教皇的抗议演变成了反政府的暴动。纵火和抢劫的人群中不乏妇女和儿童。这场伦敦历史上最严重的暴动，由工人、学徒和附近的家仆自发形成。“最不幸的伦敦人”焚烧了法官和立法者们的宅邸后，前往纽盖特监狱解救他们的同志。骚乱者还向目瞪口呆的市民宣告，他们准备袭击英格兰银行、铸币厂、军火库和王宫。尽管“有组织的镇压”使暴乱逐渐平息，但“在这次触目惊心、伤亡十分惨重的短暂暴动中，伦敦的下层人民曾一度动摇了这座城市，把它变成了一座沸腾的火炉；作为一场逐步组织起来的运动，它表达的是劳动者的反叛，其中大部分劳动者有自己的工作、薪水和住房”[①]。**这就是问题的可怕之处：群体性事件骤然爆发，利益相关者和利益无关者不谋而合、共同参与。**

这只不过是英国社会日益分化乃至分裂的一个写照。实际上，英国政府为了应对社会骚乱，早在1722年就通过了《沃尔瑟姆·布莱克法令》，该法逐渐成为英国习惯法的组成部分，其“最突出的作用是大大增加了刑法中死刑的条目”。这使得18世纪的英国刑法无比严酷，如一个雇农烧了地主的草垛，或者一个贫苦市民偷了一只钱包，都会被法庭判处绞刑。下层民众传唱着这样的民谣：

平民偷去公地的鹅，
法律要他坐牢；
豪强偷去鹅的公地，
法律任他逍遥。

然而，严刑峻法挡不住穷人们抗议的热浪，对国王和政府的严重不满情绪仍在持续发酵，18世纪末伦敦一直存在的末世论也同样抬头：1791年7月，伯明翰发生了群众骚乱；1792年，各个战斗性的协会纷纷支持英国激进主义的平等要求；1793年10月，争取普选权的人民团体掀起联合大会等运动高潮；1795年10月，伦敦发生了新的超过10万人参加的群众集会；1797年春，一场因军队腐败导致伙食糟糕、军饷不足、纪律废弛等引发的海军兵变震撼了英国政府；1798年春，爱尔兰爆发了反政府的起义……

工人对机器抢走饭碗的敌视也导致骚乱不断。如1779年兰开夏的骚乱，

---

① （法）雅克·索雷（法）雅克·索雷著，黄艳红译：《18世纪美洲和欧洲的革命》，第221页。

1796年约克郡中的动乱，1802年由于起毛机的使用而在威尔特郡和萨默塞特郡中引起所谓严重动乱，1811—1812年拉德党的骚动等，都是为请求禁止使用机器而向议会交涉，但纺纱工人和梳羊毛工人的请愿都被拒绝受理。1796年，约克郡中某些纱厂里甚至不得不驻上军队……

面对骚动的社会思潮，英国国内形成了两种改革的声音：**一种是“政治变革”先行**，如克里斯托弗·维维尔（Christopher Wyvil）等一部分精英人士谴责行政机构的运转根基已经“腐败”不堪，明确主张变革下院构成等；**另一种是经济改革优先，**如爱德蒙·伯克（Edmund Burke）等人即认为应该从根除权力腐败之手段的经济改革开始，“因为财产就是力量”，“它使我们的弱点服从我们的德性，甚至使仁慈与贪婪融合”①。

“选择性近视”导致吏治腐败

为了独断专行，必须寻找忠心的追随者，而不是精明的反对派，并结成以共同利益为焦点的人际关系网和利益共同体。这必然招致识人用人上的“选择性近视”。乔治三世以“国王之友”为标尺来选人用人，无怪乎丘吉尔在评价乔治三世的大臣水平时曾经慨叹，威廉·皮特②“这样的伟人在诺斯勋爵执政时期的英国实在寥若晨星”。尽管清代官场就有“莫用三爷，废职亡家”的谚语，说的是“子为少爷，婿为姑爷，妻兄弟为舅爷”，居高位者决不可倚为心腹，委以重任。然而，贪腐的大清王朝不正是在任人唯亲、卖官鬻爵中走向衰朽吗？应当记住诸葛亮的至理名言：为人择官者乱，为官择人者治。

1779年底，约克郡的600选民聚会声明支持改革纲领，并指责国王的政策。在整个英格兰，各城市和各郡的大会都追随改革口号，并任命由最坚定的积极分子领导的委员会。1780年2月，伦敦和威斯敏斯特的委员会向其他委员会发出一份通报，邀请他们参加旨在协商“联盟计划”的会议。12个郡和4个城市决定组建一个总协会，负责审查公共账目，推动包括每年举行选举、

① （英）爱德蒙·伯克著，蒋庆等译：《自由与传统》，商务印书馆2001年版，第156页、第54页。

② 威廉·皮特（William Pitt，1708年11月15日—1778年5月11日），英国辉格党政治家。在政府任职国务大臣期间，曾经凭七年战争而声明大噪，后来更出任大不列颠王国首相一职。另外，在下院生涯之中，查塔姆伯爵亦曾被誉为伟大的下院议员（The Great Commoner）。

各军代表名额翻番等在内的议会改革工作。1780 年 5 月，平民改革派在威斯敏斯特的一次会议上起草了一份超越美国宪法的政治纲领，要求普选权……

于是，“持续不断的民主潮流”成了乔治三世必须直面的社会现象，也成为影响 19 世纪英国历史演变和全球发展潮流的关键因素。

三、旧制度遇到新大陆：总统在被谁操控

我一直认为格兰特摧毁了我本人的生活及把社会提高到适度水平的最后一线希望或机会，对我来说，格兰特政府是把我们的希望与我们的所得分隔开来的分水岭。

——（美）亨利·亚当斯

在 1870 年的《威斯敏斯特评论》上，美国历史学家亨利·亚当斯发表了轰动一时的揭露文章《纽约黄金密谋》（The New York Gold Conspiracy），直接攻击时任总统格兰特腐败无能。被骂者声名赫赫，叫骂者也大有来头，他是开国元勋约翰·亚当斯总统的曾孙，美国第 8 任国务卿和第 6 任总统约翰·昆西·亚当斯的孙子。之所以前总统的后人会公开声讨现任总统，因为所有人都认为格兰特先生政治操守有瑕疵。其实，1829 年，亨利·亚当斯的爷爷当总统时也曾有过类似问题，其密友拜厄斯·沃特金斯在担任财政部审计官时就曾被查出贪污挪用公款超过 7000 美元，参议员尼尔·韦伯斯特接受了银行家和制造商的现金。[①] 更早的独立战争年代，即便在 1780 年战争进入到最为艰难的转折关头，“费城大陆会议和各州的代表纷纷在土地投机和军需供应中腐化”。一位军人在当年 8 月的大陆会议上指控说：“这场争取自由的战争已经堕落为一场汲汲于金钱的闹剧！”但这些“小动作”与格兰特时代的“大腐败”比起来，简直是不值一提！

1. 时代变了，用人的规则没变

作为南北战争中的英雄人物，第一位从西点军校毕业的军人总统，尤利塞斯·格兰特在战后入主白宫可谓是众望所归，连没有投票选他的人也敬他三分。“由于战绩彪炳，尤利塞斯·格兰特在 1868 年和 1872 年两度当选总统。

---

① George Rrown Tindall，America：a narrative history，New York：W.W.Norton & Company，1984，p.436.

可惜，他的军事才能没有很好地转化成管理才能。”[①]19 世纪 70 年代的政治改革派已开始抨击格兰特抱有浓厚的党派偏见，对身边的腐败行为睁一只眼闭一只眼。当格兰特离开白宫时，留给人们的只有莫大的失望，而这主要是源于他任内罕见的腐败现象和不断的丑闻。格兰特的竞选口号曾是“让我们实现和平吧”，然而在其执政期间却变成了“让我们一起捞好处吧”。

这可是在与“腐败的老欧洲和旧制度”不同的新大陆！

19 世纪 90 年代被美国史学家称为美国现当代历史的分水岭，“在分水岭的这一边，主要是一个农业国”，“在分水岭的那一边，是现代的美国，它主要是一个城市化的工业国家”[②]。19 世纪 90 年代，美国国内经济相继超过德国、法国和英国，成为世界经济头号强国，并且再也没有让这头把交椅旁落他国。

然而，从建国到 19 世纪末 20 世纪初，“美式”腐败经历了一个由低到高的演变过程。由于开国元勋华盛顿、杰斐逊等人自身的道德素质比较高，“这里不会有英王乔治三世的大臣们试图推行的那种中央‘集权’。在痛苦中诞生的这个新国家有了前所未闻的武器——成文的宪法”[③]。而且早期美国政府规模较小，管理的公共事务较少，因而腐败程度相对较低。但在 19 世纪 20 年代之后腐败行为开始表面化，发生了一系列贪污联邦资金的事件。

此后，随着西部开发进程加快，一些国会议员和开发商相勾结，大肆进行土地投机买卖，同时利用政府合同进行肮脏交易，肆意侵吞联邦津贴。到 19 世纪 60 年代美国南北战争爆发，“4 年内战的非常时期里，由于出现了很多不正当来源财富以及缺乏监督，各个级别的政府部门都出现了腐败现象”[④]。尤其是联邦军需开支剧增，军火商、经纪人与腐败官员相勾结，至少从国库中掠走了 35 亿美元。内战结束后，领导南方各州政府的激进分子，大都是些到处游荡的北方人。他们被称为“皮包政客”，因为他们为数不多的财产可轻易塞进一只普通皮包。成千上万的这种冒险政治家战后移居南方，很多人完全是为了个人利益，而非帮助获解放的奴隶或是重建南方。和“皮包客”

---

① （美）艾伦·维恩斯坦等著，胡炜等译：《彩色美国史》（中卷），中国友谊出版公司 2008 年版，第 312 页。
② （美）亨利·S. 康马杰著，南木等译：《美国精神》，第 63 页。
③ （英）温斯顿·丘吉尔著，薛力敏、林林译：《革命的年代》，《英语民族史》第 3 卷，第 779 页。
④ （美）罗纳德·赖特著，高岳等译：《其实你不懂美国》，中信出版社 2011 年版，第 225 页。

们合作的南方人被称为“南方无赖”，他们加入政府仅仅是为了“分享抢来的赃物”，因为“皮包客”们被给予“广泛的权力，腐败成为轻而易举、有利可图的事情”[①]。

1814 年，美国参议员和杰斐逊派领袖之一约翰·泰勒出版了《美国政府原则和政策研究》一书，批驳美国联邦党人的建国基础是从君主制、贵族制和民主制上撕下碎片拼凑起来的“政治骷髅”，人们很难指望这些“粗糙以致近乎野蛮的政治结构”能够为美国政府体系提供某些材料。特别是“带有君主权力色彩的总统职务已经进入美国政制，它违背了公众的情感，并且带有沉重的说教性镣铐，而类似的东西在英国和法国都已成为陈腐的政治垃圾”。泰勒认为，旧英国的制度逻辑需要有国王的权力或政府专有权，以“计算出抵消贵族院和平民院数量上多数所必须的权力”。但在“主权在民”的新美国不同，把这些权力授予执行官员就是使君主制重建成为可能。他特别抨击了授予总统的任意授职权、军事和外交权以及任命法官的权力。

1973 年，小亚瑟·施莱辛格携《帝王式总统权》一书介入当代政治争议，指出拥有潜在的“君王裁断权”（royal prerogatives）的总统攫夺以往保留在立法部门手中的权力。他的判断是，尼克松时期出现的“帝王式总统权”并非对历史发展轨迹的“偏离”，而是总统权演进中的扩张趋势的一个高潮。假若时光倒转，可以看到这种“帝王式总统”的光环，曾经一直闪耀在格兰特的头顶。他入主白宫（1869—1877 年）的八年间，恰逢美国经济进入到高速发展的快车道，美国开始崛起。

然而，格兰特执政的八年也被公认为美国历史上最为腐败的时期之一。正如有人所说：《独立宣言》的签署者们指控英格兰的乔治三世国王说：他取消我们的宪章，废除我们最宝贵的法律，并从根本上改变我们各州政府的形式；而美国的政府，则力图创建一套类似“国王之神授权力”的特权。其中，任人唯亲既是总统的特权，也常常是腐败的源头。格兰特最令人诟病之处，就是任人唯亲，灾难性地大搞裙带关系，让不称职者和贪腐分子窃据高位。他的阁员几乎都是他自己的好友，还喜欢向国会提名由富翁担任政府部长，并且在历史上几乎全都被认为不合格。

---

① （美）艾伦·维恩斯坦等著，胡炜等译：《彩色美国史》（中卷），第 312 页。

面对共和党领袖的反对，格兰特的应付手段就是收买。在总统“以身作则”之下，新一辈共和党议员把政治分赃、权钱交易、私相授受、党同伐异等政治陋习发挥到极致。从政府到国会，华盛顿满是各路带着钱袋子和支票本的掮客。尽管批评之声在他执政期间就已此起彼伏，但“他一直认为改革派不过是想取代共和党现有的领导班子，因此不肯相信他们关于贪污腐败的说法，觉得他们危言耸听，并把手下人受到的指控视为对政府的攻击。敌视情绪使他看不清确实存在的腐败现象，憎恶心理侵蚀了他最宝贵的品质——知人善用”①。

格兰特不仅把很多重要职务给了他从前在军队的同僚，还应夫人的要求，任命她的一些“娘家人”为政府高官。1874 年，共和党议员詹姆斯·加菲尔德在评价格兰特的用人风格时说：他根据军事参谋的模式挑选内阁官员，选中他们不是因为他们的全国性声誉和公众的需要，而是他们与他愉快的私人关系，因此，在降低内阁官员的素质方面，他的所作所为超过了其他任何一位总统。②

然而，在公开发表执政的年度国情咨文时，格兰特还大倒苦水般地自我辩解说：“没有什么任务像任命那样困扰政府和部门首脑；也没有如此徒劳地去满足国会议员的需求——为他们的选举人找职位。”③让共和党的领导者们不满的是，格兰特用这些人根本都没有和他们商量过，而这些人也大多很不给格兰特长脸争气，相继丢人现眼地离开了政府。

同时，他又不断将清白之人扫地出门，遮盖了白宫政治清明的一方蓝天。如 1869—1870 年在职的司法部长埃比尼泽·霍尔以业绩而非对长官的忠诚来评定下属，并任用了 9 位正直能干的新人出任新创设的联邦法官职位。但这引起了希望把自己人安插其位的政要和议员们的不满，霍尔在得不到总统的支持下只得黯然离去。同年，内政部长雅各布·考克斯实行了按功绩奖励的制度，抵制了任意封官许愿的做法，但也与格兰特发生了激烈冲突，上任不到一年便愤然离职。1870—1871 年在职的司法部长阿莫斯·阿克曼本是反对铁路大亨

①（美）詹姆斯·M. 麦克菲尔森著，尹宏毅等译：尹宏毅等译：《总统的力量——从殖民地到超级大国》，第 137 页。
②（美）德格雷格里著，夏伯铭译：《美国总统大全》，上海人民出版社 1991 年版，第 296—297 页。
③（美）伦纳德·D. 怀特《杰克逊党人：1829—1861 年行政史研究》，转引自黄贤全：《美国文官改革运动》，《山东师大学报（社会科学版）》1992 年第 5 期。

不法行为的正直官员，但在铁路方面的游说下，他不久便被格兰特解职。

内阁成员的更替乱象对格兰特的威信构成了极大的伤害，使得这位战功卓著的将军成了美国历史上最不称职的总统之一。加菲尔德对此失望地评论说："这是总统一方向政治蛀虫投降，这群蛀虫败坏着政府，永远使它龌龊不堪。"曾经支持收购阿拉斯加的参议员查尔斯·萨姆纳愤怒地说："美国正在遭受着一种像患了水肿病似地困扰着人们的裙带关系的折磨。"①

2. 白宫卧榻边的"贪内助"

常言道：妻贤夫祸少。然而，在格兰特时期的政坛，"贪内助"的问题却非常普遍。

格兰特是在南北战争中诞生的美国英雄之一，但战场上的雄狮到了夫人那里却成了温顺的绵羊。格兰特有一个几乎无人不知的嗜好，那就是喜欢接受有钱商人"献给他大量昂贵的礼物"。之所以如此，是因为这"对格兰特的婚姻有好处，因为他的妻子朱莉娅对于一流的生活有着永恒的渴望，她相信她丈夫对国家的贡献使他们有权利过这样的生活，即使他只领一份公务员的薪水"②。有了这样的"第一夫人"，这"第一家庭"的门前可就是车水马龙了。

不过，即便是按照今天的标准来看，格兰特夫妇所收到的也非一般的"礼物"：一群来自费城的人送给格兰特一家一幢精心装修的宅邸；伊利诺伊的加利纳人也送给总统夫妇一幢房子；波士顿的 50 名商人则捐资 75000 美元修了一座图书馆；而更为实际的纽约人则把现金直接放在总统家的桌子上。正是在这样的"迎来送往"中，这位"乞丐变富翁"的格兰特将军舒舒服服地和家人过上了好日子。

更有甚者，律师丹尼尔·巴特菲尔德（Daniel Butterfield）代表纽约人将格兰特在华盛顿的房子的抵押款项、一些精选的高利率债券和现金奉上，送来一个总额达到 105000 美元的"大礼包"。他还在所附信函中附上了出资人的名单，说这是"应许多纽约公民的要求"，作为"他们的感激之情的适当表示"。格兰特照单全收之后，回函中除了表示感谢之外，公然许诺"将永远感激他们对我的慷慨，并努力工作……以获得他们的认同"。这等于直言不讳地表明了"为

① 参见张国庆著：《总统们》，上海人民出版社 2008 年版。

② （美）托马斯·科斯纳著，万丹译：《资本之城》，第 100 页。

慷慨捐赠者服务”的施政方向，显示出格兰特军人式的“坦率”！

当然，除了要重点满足“第一夫人”的欲望，格兰特还不忘照顾一下自己的“第一兄弟”——奥威尔·格兰特。当时，在美国西部的大部分印第安事务所和贸易站中，腐败是司空见惯的事情。参与印第安战争的军队要求所有士兵在贸易站购买东西，但价格却是通常价格的两倍乃至更高。这是因为格兰特所器重的国防部长威廉·贝尔克耐普把贸易战的交易权批给了和他在政治上有关联的商人，借此换取回扣。这在西部已经是“公开的秘密”。

在亚伯拉罕·林肯要塞，指挥第七骑兵团与印第安人作战的是美国历史上最年轻的将军乔治·阿姆斯特朗·卡斯特（1839—1876 年）。出身贫寒的他对腐败的贸易站交易十分不满，“大胆地暗示格兰特的兄弟与此事有所牵扯，并且含沙射影地说总统本人也牵扯到了有关印第安保留地边界的一些可疑行动中”[①]。1876 年 2 月 10 日，卡斯特的心腹好友詹姆斯·戈登·贝内特（《纽约先驱报》的出版商）以一篇极富煽动性的社论描述了这一事件，并且暗示总统先生曾经问过弟弟：“从苏族（印第安人的一支）挨饿的女人和孩子身上赚了多少钱？”[②]1 个月后，卡斯特被召往华盛顿对贝内特的指责作证。在他列举了腐败团伙的细节之后，准备返回林肯要塞率军攻打苏族人。但格兰特总统却拒绝批准。这一类似“软禁”的做法等于剥夺了卡斯特的军事指挥权，对于视军人荣誉高于一切的他无疑是“最严重的惩罚”。为了重返战场，卡斯特不得不低下头写信给格兰特说：“我恳求足下以战士的身份出发，使鄙人免受莫大之羞辱，眼睁睁目睹鄙人统帅兵团前去与敌人会面，而我却不得与之共患难。”最终，在“卡斯特的无数好友和仰慕者急切地向格兰特说情”等因素共同作用下，格兰特总统不情不愿地应允了卡斯特的请求，只不过谢尔曼将军在转达总统批准函时特地加了一条警示批语：“务必规劝卡斯特保持谨慎，……而且也要让他将来不要行个性张扬之事。”

在最后一次给国会的咨文中，格兰特坦率地承认：“没有任何搞政治的经验就被选为总统，这是我的幸运，也是我的不幸。”[③] 1876 年，两届总统任期结束后，格兰特政府的腐败和无能已在执政八年间尽显无遗，但他竟想成为首

① （美）佩吉·史密斯著，郭旻天译：《悲剧遭遇：美国原住民史》，上海社会科学院出版社 2018 年版，第 472 页。
② （美）艾伦·维恩斯坦等著，胡炜等译：《彩色美国史》（中卷），第 312 页。
③ 杨家祺等著：《通往白宫的角逐——美国历届总统竞选实录》第 18 节“格兰特卷”，北京国际文化出版公司 1997 年版。

个三度连任总统的人，不能不说那些能让“第一夫人”心满意足的特殊“礼遇”发挥了助推作用。尽管有美国总统最多连续两任的传统，但格兰特当总统上了瘾，放出风声说：只要有党派提名，为了顺乎民意，他还会“勉为其难”再干四年。无论民主党还是共和党都大吃一惊，连忙由众议院通过了总统不得连任三届的决议。讽刺的是，即便如此，他却仍然是自从19世纪30年代杰克逊以来第一个能够连续干满两任的总统，而这个记录直到40年后才被威尔逊打破。

在连任未果之后，已经卸任的格兰特夫妇迟迟未搬出白宫，直到新总统海斯宣誓就职了，还得到白宫来参加由格兰特夫人一手操办的午宴。值得一提的是，美国首次国宴是在1874年举行的，尤里西斯·格兰特总统和夫人设宴款待桑威奇群岛国王戴维·卡拉卡瓦。桑威奇群岛的疆域包括了夏威夷，夏威夷后成为美国的第50个州。从建国之日起，白宫便成为美国总统主持的官方宴会的举办地。

更有趣的是，格兰特下台之后，这对前“第一夫妇”似乎不能马上适应住在白宫之外的落魄感，宁愿选择四海为家而非栖居一地。他们花了3年多的时间周游各国，先后到过英格兰、比利时、德国、瑞士、意大利、丹麦、法国、埃及、巴勒斯坦、挪威、俄罗斯、印度、暹罗（泰国）、中国和日本。1879年4月，格兰特带着夫人从香港至广州，在中国期间先后受到两广总督刘坤一、北洋大臣李鸿章等人的款待。据《申报》当时的报道，格兰特抵达吴淞时还曾鸣炮二十一响，晚间于途中上演烟火盛会。清政府给了美国退休总统很高接待规格，恭亲王奕䜣与他做了一次长谈。会谈后，格兰特在写给友人的信中预言：中国将在20世纪成为强国……或许，这种“退而不休”的生活方式，才能让不甘寂寞的格兰特夫妇感受到昔日的尊贵荣宠。

3.“秘书腐败”萦绕华盛顿

格兰特是继华盛顿、杰克逊、哈里森和泰勒之后第五个行伍出身的总统。在人们眼中，他是一个光辉的领袖，有着过人的坚定、毅力和睿智。其实，格兰特是在父亲的威逼下才上了西点军校，毕业时在39人的班级里排名21。他虽因参加墨西哥战争表现英勇被提升为中尉，但却因过于贪杯而数次被宪兵人证俱获。凭着战争期间带来的巨大威望，格兰特从“酒鬼”变成了总统。只不过，当他成为总统并且容忍他的“身边人”胡作非为的时候，他的头脑可是清醒得很。但是，秘书腐败的的确确给格兰特的声望造成极大打击。

在轰动一时的“威士忌酒集团”（the Whiskey Ring）事件中，格兰特的私人秘书奥维尔·E. 巴布科克将军就狠狠地打了他的脸。奥维尔·E. 巴布科克作为格兰特在南北战争中的参谋，曾经在战斗中救过他的命。当格兰特入主白宫，巴布科克迅速成为总统的私人秘书。然而，他并不是一个安于职守的秘书，而是利用与总统的关系不断扩大个人影响。国务卿菲什看到，有的内阁部长连一些小小的开支都征求巴布科克的同意，于是在日记中写道："事实是，巴布科克把他自己想象为美国总统。"①

失败的美利坚"第一秘书"何其多?

白宫是精明强干的总统秘书展现才干的舞台，也是不称职者现出原形的地方。巴布科克作为格兰特总统的秘书，经常采用欺骗性手段欺上瞒下：如以总统名义起草一些信件提交总统审批，在审批后再加上一些有争议的文字；为否定国务卿起草的文件，竟说这是一个总统特别不喜欢的低级外交人员起草。利用总统的信任，他还可以向友人提供重要的外交职位，对别人推荐的任命予以否决。兼任"公共建筑和场地建设督导"一职期间，他虚报冒领了不少钱塞进腰包。历史学家威廉·奈·赫塞尔评价这位格兰特的"第一秘书"说："在每条发臭的污水沟里淘金，在玷污格兰特政府的记录上他干的比谁都强。"格兰特继任者海斯总统的秘书威廉·罗杰斯，也是靠与总统手足之情混饭吃，在总统决策中从来提不出自己的见解。海斯在日记里写道：几乎我做每一件事，罗杰斯都认为是好的。罗杰斯的力不从心使得许多总统秘书的工作不得不由人代劳。无独有偶，林肯的副总统安德鲁·约翰逊在前者饮弹身亡后入主白宫，选择儿子罗伯特·约翰逊任秘书，但一个身材丰满的科布夫人却令其声名扫地。当时，许多南部人需总统赦免才能恢复全部公民权和政治权力，而科布夫人宣称自己有白宫的"朋友"，因此得到华盛顿最灵的"争取赦免经纪人"称号。不久，当国家保护警察署逮捕科布夫人后，却发现罗伯特是其与白宫唯一的联系人。当约翰逊总统离开白宫仅六周后，年仅30岁的前"第一秘书"罗伯特就因放纵和酗酒等原因暴亡。可见，不管是总统的密友或儿子，当得好美利坚"第一秘书"的没几个。这虽是巧合，但或非偶然……

---

① 史玉峤著：《美国总统秘书中的失败者》，《秘书之友》1989年第7期。

这个所谓的“威士忌酒集团”，是酿酒商人和政府税收官员狼狈为奸的庞大犯罪组织，中心设在圣路易斯，每年都能偷逃政府几百万美元的税款。财政部长本杰明·布里斯托是负责揭露相关黑幕的主要负责人，他在1874上任后，就着手组织了一批廉洁的官员深入调查。不久，便查封了数家酒厂和几个国内税务所。随着调查的深入，布里斯托发现贪污受贿相当严重，非常急于要将这些人法办，但是有一只看不见的手却似乎总是在破坏他的努力。每当布里斯托派秘密调查员取证时，威士忌酒集团好像事先就知道他们要去，罪证总是忽然就不见了。

这种戏剧化的情节反复了多次，布里斯托意识到这个犯罪集团在政府高层可能有着自己的代表。此后，布里斯托方面截获了一些来自华盛顿的电报，上面写着“整顿家务。朋友要来看你”这样的暗语。追根溯源，发现底稿出自格兰特的私人秘书——巴布科克。后来的证据表明，巴布科克不仅收受了威士忌酒集团的大量贿赂，还半推半就地接受了该集团提供的性贿赂——一个以“西拉菲仙女”著称的名妓，并且与集团的主谋称兄道弟。

格兰特得悉内情后受到极大震动，一面指示布里斯托“不要放过任何一个有罪之人”，但却亲自出面为巴布科克开脱罪责。[1]在众目睽睽之下，格兰特于1876年2月写了一份赞扬巴布科克诚实品格的证词，为审判他的秘书时辩护所用。面对着这样一份证词，陪审员们不愿意与美国总统公然对抗，结果无奈地投票同意巴布科克无罪，而其他110人则被定了罪。当听到巴布科克无罪的消息后，格兰特总统快乐地手舞足蹈，并立即派儿子去向巴布科克夫人道贺。更为荒唐的是，巴布科克并没有马上离开白宫，要不是巴布科克的好友贝尔纳普部长也很快东窗事发，格兰特总统也许还不会放他走。

这是美国历史上滑稽却令人心酸的一幕。舆论哗然之中，布里斯托一怒之下辞去了财长职务。就连共和党人都异常悲哀地说：“共和党已成为迄今为止最腐败和堕落的党。”这件事成了格兰特执政末期的标志性丑闻。自那以后，象征着裙带风、上层腐败和任人唯亲的“格兰特主义”一词变得益发臭名昭著。虽然马克·吐温曾犀利抨击过“镀金时代”的政治腐败，但对自己的偶像级人物格兰特却笔下留情，只是非常温婉的评价道：“他是一个被

---

① （美）詹姆斯·M. 麦克菲尔森尹宏毅等译：《总统的力量——从殖民地到超级大国》，第135页。

不诚实的人包围了的诚实的人。”

4. 谁在主宰白宫的主人

格兰特时期的白宫主人听谁使唤?

答案是：除了枕边人，还有有钱人。

正像帮助格兰特连任的华尔街银行家克卢斯所说，“那些责怪格兰特将军的人未能考虑这样的事实，即一旦与……那成熟老练已达炉火纯青之境的金融诈骗相交锋，即使是著名的士兵和能干的战术家，比之新招募的新兵也好不了多少”[①]。然而，这可以看作是盟友的声援性辩解，因为他善意地低估了格兰特的财商。根据历史档案，格兰特曾经为华尔街的投机商写下了如下内容的亲笔信：

华尔街2号

6号房间

1882年7月6日　纽约

亲爱的菲什先生：

关于您为格兰特·沃德公司的账户所制定的折扣事宜，我认为该项投资是安全的，我也乐意沃德先生以我的名义和影响获得他可以给公司带来的利润。

您真诚的朋友，

格兰特

格兰特的律师辩称说，这封著名的“2号信”是写给国民航海银行总裁菲什的“普通的商务信”。但实际情况却是，菲什与“诈骗王子”费迪南德·沃德联手运作了一个融资合同，从国民航海银行向格兰特·沃德公司预付出20万美元并筹集了百万美元后，急需“从格兰特那里得到一些东西来证明他对这个合同知情”，这样“应付”银行和其他债权人的时候“就会简单些”。

其实，格兰特·沃德公司号称将资金投向能提供巨大回报、关系微妙且要求保密的“政府合同”，背地里完全干的是“空手套”的勾当。这位沃德先生曾经在6个月内，给了1个投给他5万美元的客户一张25万美元的支票作为第一轮投资的回报，因为沃德知道凭借这张支票“可以掏光那个人的口

① （美）亨利·克卢斯著，余向华等译：《华尔街50年》，第215页。

袋”，高额回报一定会吸引他倾囊参加第二轮、第三轮投资。在这种与“庞氏骗局”如出一辙的资本游戏中，格兰特·沃德公司最终于1884年5月12日破产了，并引发了一场金融危机，而沃德先生只是“告诉他的客户说他对此概不负责”。

关键在于，总统先生不但慷慨地允许沃德使用“格兰特”作为公司的名号，还为公司提供了担保，据说格兰特的儿子也牵涉其中。毫无疑问，来自总统府的“这些担保犹如替恶魔加上了天使的脸蛋和翅膀，能使他们实力增强，信用拓展”①，肆无忌惮地施展花言巧语和欺瞒哄骗之术。

这就是美利坚的总统阁下！根据沃德本人接受《纽约世界》记者采访所透露的情况，格兰特这封最终引发了1884年华尔街一次不小的金融危机的担保信，是“按照菲什先生的指示起草的”，而且在签上名字的时候“没有任何疑问”。沃德还不无炫耀地自白说：“将军习惯于签我交给他签的文件，而并不注意它们的具体内容。”

这就是事情的真相！总统是华盛顿和白宫的主人，只不过“习惯于”听从华尔街和投机商的调遣！

当然，在这些有钱人的支持下，1872年选举使得格兰特的腐败统治得以继续维持。“事实上，从古至今，绝大多数统治者都不得不向经济上强有力的角色让步，以换取他们的支持。”②格兰特总统只不过是其中的一个而已。然而，其后四年的执政情况比前四年更加不堪，积聚已久的1873年经济危机终于爆发，美国陷入有史以来最长久的经济衰退中。内战以来一直蓬勃发展的铁路业首当其冲，1/4的企业倒闭；失业率上升到14%……这次衰退时间长达6年。

不过对于迷恋白宫的格兰特而言，这些糟糕的经济数字毫无意义。只要能够竞选成功，哪管他洪水滔天？

5. 总统的“特赦令”：能拉选票就放人

1872年2月10日，费城地方法院法官爱德华·帕特森对一起众所周知的挪用市政资金做出了如下宣判：原市财政局长约瑟夫·马瑟处以30万美元罚金，在东部国家监狱服刑4年零9个月；私人银行家查尔斯·耶基斯罚金500

① 参见（美）亨利·克卢斯著，余向华等译：《华尔街50年》，第27章“费迪南德·沃德”。

② （美）玛格利特·利瓦伊著，周军华译：《统治与岁人》，第20页。

美元并支付该次诉讼费用，在东部国家监狱服刑 2 年零 9 个月。[1] 宣判之前，法官大人还分别作了这样的定性陈述：马瑟“本应该像小天使保护伊甸园那样保护市金库的大门”，本应该“把火红的剑砍向任何不恰当地接近金库大门的人”，但其作为法律界一员和多年的市议会财经委员会主席却“显然与此背道而驰”；耶基斯的“罪行之严重非比寻常，……获得的大量金钱属于我市，使之犹显严重”，判其入狱至少说明“市金库是容不得在薄薄的商业交易伪装之下不受惩罚地被侵犯和掠夺的”！

1872 年 9 月 27 日一大早，匹兹堡市律师兼联邦官员布赫·斯沃普乘火车来到宾州首府哈里斯堡，向州长呈上了一个格兰特总统发出的特别指示。于是，宾州州长约翰·加布里遵命并签署了一份赦免状。当天下午 4 点，东部国家监狱狱长爱德华·汤森接到了州长的传话：一名信使正在前往监狱的路上。

约两个小时之后，总统特使斯沃普在费城市长威廉·斯托克利、州长秘书李上校和市府官员约翰·希尔的陪同下抵达监狱。在向汤森狱长出示了两份赦免文件之后，7126 号（耶基斯）和 7127 号（马瑟）两名在押犯被宣布赦免。在当场宣读的赦免状中，加布里州长表示自己接到了无数来自著名人士的信件，称耶基斯“作为一个诚实、有才智的商人，其人格无可挑剔”，州长还声称有 133 名声名卓著的律师和 34 位市议员对两人的罪行“表示怀疑”，因此他本人“根据宪法赋予我的权力”赦免他们“被判定的罪行”。李上校还特别交代：“这是州长本人的自愿的礼物，不附加任何承诺。”

短短数月，这两名囚犯的境遇岂止是霄壤之别？对他们的评价不啻黑白颠倒！那么，为什么会有这样的“奇迹”发生呢？

很简单：选情所迫。

1872 年的总统大选之路对于谋求连任的格兰特来说并不平坦。当年 7 月，民主党提名报纸出版人霍勒斯·格里利为总统候选人，此人还是“共和党中对腐败的格兰特政府不满的自由派领袖”。因此，自由派人士和民主党人的大联合令共和党中的格兰特派特别是宾夕法尼亚州共和党人大为惊恐。因为此前的 1868 年，共和党人在“团结一致”的情形下仍然比多数票少了 1 万张，仅靠“选举人票”也就是“超级人票的行使”才勉强赢得了宾州。而 10 月份

---

① 参见（美）约翰·弗兰奇著，陈小白译：《强盗资本家》，第 6 章、第 7 章。

宾州州长竞选日渐临近，格兰特若想连任决不能允许州长竞选的风向标转向了有利于民主党人的方向。

此前，格兰特的心腹之交伊莱休·沃什伯恩早在6月就预计：宾夕法尼亚州的29张选举人票将决定总统选举的结果。而一旦10月份的州长竞选一旦落败，那么“总统竞选就会失败”！

无奈的是，宾夕法尼亚州最重要的“政治老板”西蒙·卡梅伦[①]已经内定：由参加过内战的“英雄”、高大英俊的州审计长约翰·哈特兰夫特继任州长。而耶基斯曾经与州财政部长罗伯特·麦基及哈特兰夫特结成挪用盗窃公共资金的“腐败铁三角”。此时，一旦审计长把本州财政资金作为赌注压在股票和债券上的丑闻曝光，被激怒的投票者很可能把选票投给竞选州长的民主党候选人查尔斯·巴卡柳。因此，“在许多忠诚的共和党人看来”，耶基斯“握有一把不仅决定哈特兰夫特亦决定总统格兰特的竞选命运的钥匙”！

其实，金融投机家耶基斯早在1871年12月23日，就曾为谋求特赦而愿意充当“污点证人”，立下了指控其前委托人麦基及哈特兰夫特挪用公共资金进行非法投机的宣誓书，并且当着市议员威廉·多尔蒂的面宣誓：

过去若干年来，我已经认识了宾夕法尼亚州审计长约翰·哈特兰夫特。我在不同时期买卖了不同种类的股票，而且用属于宾夕法尼亚州的资金来获取并持有了这些股票，前述的约翰·哈特兰夫特促成了州财政部长把钱存在本宣誓作证人这里。本宣誓作证人确实于12月10日把二千七百美元支付给审计长约翰·哈特兰夫特，这笔钱来自于购买州债券和出售同一批债券所得的利润……本宣誓作证人亦多次支付金额不等的钱给了前述的约翰·哈特兰夫特……

不幸的是，耶基斯本人虽寻求特赦未果，但这份宣誓词和一些有关非法股票交易的文件落到了一位名叫威廉·佩因的医生手里，后者曾试图促使宾州立法机关调查本州官员的违法行为而未果，现在正准备把这些资料提供给媒体。于是，《太阳报》《快报》等纷纷开始质疑，哈特兰夫特作为“腐败分子以及用州财政资金从事非法投机的参与者”，是否合适担任一州之长。

位于这场政治飓风的风暴眼中的耶基斯，终于被格兰特总统派上了用场：

---

① 西蒙·卡梅伦（1799—1889）：美国政客、宾夕法尼亚重要党魁之一，1845年当选国会议员，1857年任参议员，曾在美国内战中担任林肯政府的战争部长，但仅任职1年就因贪污而辞职。

一旦前者被释放出狱，就可以否认这些宣誓书的真实性，从而平息这场危及选举大局的丑闻！

为此，格兰特总统于9月26日晨亲临费城，在富丽堂皇的大陆酒店安营扎寨，就当地政治局势与西蒙·卡梅伦和布赫·斯沃普密商了好几个钟头。最终，为了确保宾州10月竞选成功和11月的总统大选获胜，斯沃普“带着一个要求加布里释放两名人犯的总统指示”被派往哈里斯堡。

漫长的会谈结束后，总统先生在卡梅伦的陪同下来到房间的阳台，接受了一大群商人和一支铜管乐队的欢迎仪式。看上去“极度焦虑的”格兰特微笑致意，并且不动声色地听着卡梅伦信心十足地向人群预告：“本州将分别以超过多数票2万张和5万张选择哈特兰夫特和格兰特将军。”

于是，“窃国者”一夜成为“爱国者”的正名好戏上演了！耶基斯聪明地与斯沃普达成“合作协议”，并于出狱后一天在《费城北美人报》刊登了一份书面声明，称“一小撮别有用心的人不择手段”制造了谎言来阻止哈特兰夫特的竞选，他暗示威廉·佩因炮制了那些妄图使哈特兰夫特名声扫地的宣誓书，并扬言“有人筹划了一场大骗局”，但“恶有恶报，他们的邪恶企图必败无疑”。

在这份申明和一系列夹杂着友好和敌对观点的言论发表后不到一周，哈特兰夫特以高出3.5万张选票的优势战胜对手巴卡柳，赢得了州长之位。一个月之后，格兰特在选票上压倒了民主党候选人格里利。1872年的残酷竞选活动最终令格兰特如愿以偿，格里利也在败选后几个星期离世。由此，共和党中造反的自由派退出了历史舞台，使得共和党彻底落入西蒙·卡梅伦等地方“老板”之手。

更有甚者，就在格兰特总统获胜的第二年，费城市议会宣布解除了耶基斯所欠该市的47.8万美元巨额债务。1873年10月3日，卡德瓦拉德法官又宣布解除了破产法庭对耶基斯的管制，使他彻底赢得“自由”。可问题在于，如果说耶基斯这个见风使舵、寡廉鲜耻的投机商人彻底暴露出人性的丑陋，那么，格兰特总统和他的竞选班底又是在策划、竞争和展示些什么呢？

6. 顶层危机：合众国的末世危情

19世纪70年代中期，堪萨斯州的农业劳动者针对自身生存状况无奈申诉说："在天堂，我们信任。在堪萨斯，我们控诉。"[①] 如此这般的"控诉"怨气，弥漫在"镀金时代"的美国"草根阶层"之中。1899 年，美国人埃德温·马卡姆（Edwin Markham）发表了著名诗歌《拿锄头的人》（The Man With The Hoe），描述了"脸上写着时代的虚无""背上承载着世界的重负"的下层贫困阶层的悲苦状况，并在诗歌结尾对当时的社会"凶兆"和"巨大威胁"深感不安，抒发了对"顶层和底层严重脱节"的社会危机的忧愤之情：

啊，所有国家的主人、大老爷和统治者们，
未来将如何与此人（下层劳作者——著者加）结算？
在造反的旋风摇撼所有海岸的那一刻，
该如何回复他残忍的问题？
在沉默了千百年之后，
这无声的恐怖将起而审判世界的时候，
它将如何对待王国和国王，
对待那些把他塑造成现在这个样子的人？[②]

以 1873 年经济危机为发端，美国在 1884 年、1893 年、1902 年先后数次陷入经济萧条，而且一次比一次严重，工厂裁员，工人失业，引发了巨大的社会动荡。有这样一组数字和事实：

从 1873 年开始，3 年半的经济大萧条将一系列地方冲突激化成一场全国性的斗争；

1877 年，全国铁路工人大罢工揭开了美国产业工人愤怒的火山口；

1881 年虽然是经济回暖的一年，美国还是发生了 500 多起罢工事件，罢工人数超过 13 万；

1884 年，最引人关注的是纺织女工和制帽女工联合大罢工；

1885 年，纽约的制衣工人无论是男工还是女工（分别开会，共同行动）举行大罢工，《纽约世界》称这次罢工是"要求面包和黄油的叛乱"；

1886 年，全国"五一"工人大罢工，全国各地 11562 家公司的 35 万名工人举行罢工，底特律 1.1 万工人举行 8 小时的示威游行，纽约 2.5 万工人沿着

① （美）加里·M. 沃尔顿、休·罗考夫著，王珏等译：《美国经济史》（第 10 版），中国人民大学出版社 2011 年版，第 332 页。

② （美）弗雷德里克·L. 艾伦著，高国伟译：《美国的崛起》，京华出版社 2011 年版，第 58 页。

百老汇大街举行火炬游行，芝加哥4万工人举行了罢工；

1887年秋，近万名制糖工人举行罢工，其中90%是黑人和“劳动骑士团”组织的成员；

1891年，田纳西州煤矿公司要求矿工在“反工会合同”上签名，强迫工人必须发誓不罢工、同意用白条支付工资等，结果引发了武装起来的矿工占领矿区；

1892年，罢工风潮席卷全国：除新奥尔良总罢工、田纳西州煤矿工人罢工外，纽约布法罗铁路扳道工、爱达荷的科达伦铜矿工人也举行了罢工。科达伦罢工的特点在于，罢工者和罢工破坏者展开枪战，很多人死亡；

1893年，美国爆发了历史上最大的经济危机。金融诈骗增多，投机倒把、牟取暴利的行为猖獗，经济走向了崩溃边缘：642家银行倒闭，1.6万家公司破产。在当时的1500万劳动大军中有300万人失业；

1894年，伊利诺斯州普尔曼公司的铁路工人在芝加哥城外举行了最大的一次全国性罢工。

从1881年到1885年，每年平均爆发500次罢工，每年参加罢工的工人大约15万人。1886年爆发了1500多次罢工，参加者达60多万人。约翰·康芒斯在《美国工人运动史》一书中指出：非熟练工人阶级所发动的伟大运动的征兆，这场运动最终演化成了一场暴动……这一运动向人们展示了社会冲突的方方面面。每一次重大罢工中，工人们都表现出对资本的深切痛恨。①

令美国人深感不安的是，1892年的卡内基钢铁公司工人大罢工、1894年的普尔曼铁路工人大罢工、1902年的无烟煤矿工人大罢工……从纽约到费城，从芝加哥到匹兹堡，“一种文化的冲突以及阶级间的经济斗争仿佛正在把这个国家撕裂开来”②，而一个个工业城市成了风起云涌的劳工运动的“风暴眼”。其中仅为镇压1894年普尔曼罢工就出动了联邦军队1.4万人，这也是19世纪美国政府除南北战争之外最大规模的武力行动。③

无怪乎，“镀金时代”的社会评论家惠特曼曾经这样反思当时的美国社会：

“如果美利坚合众国也跟旧大陆各国一样，出现了数量巨大的贫困绝望、迁徙不定、工资菲薄的人群，就像我们近来见到的那种与日俱增的景象，而

① 参见（美）霍华德·津恩著，许先春译：《美国人民的历史》，上海人民出版社2000年版。
② 参见李颜伟著：《美国改革的故事》，北京大学出版社2009年版，第53—55页。
③ 丁则民：《美国通史》(第三卷)，人民出版社2002年版，第255页。

这必然会向肺癌胃癌一般慢慢地，然而不断地侵蚀它们的肌体——那么我们共和主义的试验尽管表面上有许多成就，实际上仍然是一个惨重的失败。”①

面对这种“造反的旋风”和“无声的恐怖”，西奥多·罗斯福总统在20世纪初发出“要么一起沉沦，要么一起上升”的呼号，对顶层执政阶层进行了严厉的警告。

既然拥有“塑造”国家和国民的巨大权力，就要担负起顶层治理的责任和义务！反之，国家、民族和社会必将陷入腐败高发期的泥沼中沉沦不前。**成也顶层，败也顶层；大治靠顶层，大乱由顶生——这就是现代国家和政府治理的超级“路径依赖”**！

四、顶层“空心化”和顶底脱节：权力透支的恶果

一名自私自利的领导人，一个不顾其公共服务职责的政府，可能会制造一种法律不能禁止他自己或统治阶层自肥的环境。

——（德）约翰纳·伯爵·兰斯多夫

腐败，说到底就是滥用公共权力谋取私利。然而，权力有大小之分，腐败有轻重之别。**从万历皇帝、乔治三世到格兰特总统，中、英、美三国彼时的执政者都在腐败方面“亲力亲为”“躬身入局”，这也正是腐败高发期的核心标志。**握有国家至高权力的政治顶层一旦陷于腐败泥潭，则其破坏性和杀伤力是难以预料的。我们可以假设：底层腐败，可以靠顶层治理。然而，顶层腐败，又靠谁来治理呢？

1.“什么是顶层”与“为何是顶层”

——什么叫顶层？

拥有顶级权力的人，就叫顶层。“君主、领袖、罗马共和国的元老院。总统和总理们都扮演着此类角色。”② 具体地说，顶层既可能是个体（执政者），也可能是群体（执政党）。西方学者分析社会阶级时一般不提资产阶级，而是采用“上层阶级”（the upper class）或“统治阶级”（the ruling class）等

① （美）艾伦·特拉登堡著，邵重、金莉译：《美国的公司化——镀金时代的文化与社会》，中国对外翻译出版社1990年版，第59页。

② （美）玛格利特·利瓦伊著，周军华译：《统治与岁入》，第2页。

概念。[①] 到了18世纪，“在英国等级社会的金字塔上，上院贵族始终居于顶层，而国王或女王则是金字塔尖上的一颗最耀眼的明珠。”[②] 爱德蒙·伯克还曾强调：“在各色公民所组成的一切社会里，某类公民必定是在最上层。”[③] 美国的情况是：“到了19世纪初期，……上层人物同样‘主宰着所有事物——不仅政治事务，而且还有经济、社会和道德事物。’”[④]

当然，除了国王、教皇和贵族等传统特权阶层之外，新兴的权贵阶层也不容小觑。比如，卡尔·德格勒指出：“爬到社会顶层的人们……甚至在被称为白手起家时代的19世纪70年代，原来也并非从底层干起的穷苦农村青年或未受过教育的年轻移民；相反，他们是些拥有相当特殊机遇因而可以升到社会顶层的人。”这些“新的暴发户”迅速崛起后，“通过全国各地旧豪门与新富户的联盟，实业家们越来越像是一个拥有自己独特文化规范的统治阶级”[⑤]。到了20世纪30年代，美国学者伯利和米恩斯的一项权威研究表明，两千个私人控制了美国工业的一半，现代的总经理跟从前的国王和教皇相类似。他们甚至认为，把工业社会的总经理当作传统社会的亚历山大大帝来研究，要比把他们作为亚当·斯密书中小商人的后代来研究会收获更多。[⑥] 还有人指出，“长久以来，统治者——无论是宗教上的，军事上的，还是政治上的”，会逐渐成为“他自以为与世长存”的“抽象的存在体”[⑦]。

顶层的重要性不言而喻。1828年，詹姆斯·费尼莫尔·库珀在《美国人的观念》一书中指出：“伦敦的上流社会必然会为英国——事实上是为整个大英帝国——的语言的发音定下调子，这是显而易见的。因为这个上流社会是由这样一些人组成的，这些人的风度、出身、财富和政治地位，使他们成为众人向往的对象”。而这就是作为不列颠社会“文化中枢”的“国王的英语”。美国学者詹姆斯·麦格雷戈·伯恩斯指出，人类社会“诸种社会改革和政治改革，即使是那些最终动摇了现存秩序基础的改革，也常常是由社会结构的顶部而

---

① 周琪：《美国的上层阶级》，《美国研究》1996年第3期。

② 阎照祥：《英国近代贵族体制研究》，第281页。

③（英）爱德蒙·伯克著，何兆武等译：《法国革命论》，商务印书馆1998年版，第64页。

④（美）阿密泰·艾乔尼著，陈银科等译：《美国首府政治腐败内幕》，河南人民出版社1992年版，第165页。

⑤（美）艾伦·特拉登堡著，邵重等译：《美国的公司化：镀金时代的文化与社会》，中国对外翻译出版公司1990年版，第70页。

⑥（美）伯利、米恩斯著，甘华鸣等译：《现代公司与私有财产》，商务印书馆2005年版。

⑦（法）雅克·阿塔著利，吴方宇译：《国家的破产》，北京联合出版公司2011年版，“导言”。

不是由社会结构的中层或下层集团所发动的”[①]。按照美国大法官奥利弗·温德尔·霍姆斯的说法，也许革命总是由“贵族式的、自以为比群众更懂得群众利益——毫无疑问也确是如此的人领导的”。

但正如美国学者丹尼尔·布尔斯廷所指出的那样：“如果乔治·华盛顿在今天我们的心目中显得缺乏光彩的话，那有一部分是因为我国后来的民主偏见使我们闭眼看不见事实真相，视而不见华盛顿时代弗吉尼亚的光彩。要使我们自己相信，那些出身弗吉尼亚的共和国伟大缔造者们，竟然是在贵族政治、奴隶制度和传统教会的土壤上培育成长的人，这确实是非常困难的。”[②]

顶层的破坏性也不容小觑。国际货币基金组织的阿贝德和达乌迪在研究了转轨经济后指出，上层腐败（grand corruption）的一种重要表现形式是“国家捕获（state capture）”，即“公共部门或私人部门的个人、群体或企业为了其自身利益，通过向政府官员提供非法的、秘密的个人报酬来影响法律、规章、法令和政府其他政策的制定”；与之相对应的是作为下层腐败（petty corruption）主要表现形式的“行政性腐败（administration corruption）”，即“通过向政府官员或非政府的参与者提供非法的、秘密的个人报酬方式，使得政府或非政府的参与者故意扭曲现行法律、规则和规章的执行”。我国学者则认为行政垄断（administrative monopoly）也是一种转轨经济所特有的上层腐败形式，随着转轨的结束，行政垄断腐败也相应减少。[③]美国学者奥尔森对美国工会、行业集团、农会、卡特尔和国会院外压力集团的研究[④]，揭示出上层腐败即“国家被捕获”的现实存在。

在研究苏联解体的过程中，美国学者大卫·科兹和弗雷德·威尔发现正是“来自上层的革命”导致了苏联的解体。撼动苏联体制根基的，恰恰是苏联内部占统治地位的党—国精英，以及他们自上而下发动的带来经济灾难的休克疗法或者说新自由主义的转轨策略。在由戈尔巴乔夫改革产生的新的政治条件下，大部分位居国家要职的苏联党—国精英，以及其他重要的官方组织，从拥戴社会主义转向了拥戴资本主义，是由于他们认识到从社会主义转变成

① （美）詹姆斯·麦格雷戈·伯恩斯著，刘李胜等译：《领袖论》，第 218 页。

② （美）丹尼尔·布尔斯廷著，中国对外翻译出版公司译：《美国人开拓历程》，第 159 页。

③ George T. Abed and Hamid R. Davoodi, “Corruption ,Structural Reforms, and Economic Performance in the Transition Economies”，转引自过勇著：《经济转轨、制度与腐败》，社会科学文献出版社 2007 年版，第 278—281 页。

④ 参见（美）曼瑟尔·奥尔森著，陈郁等译：《集体行动的逻辑》，三联书店上海书店 1995 年版。

资本主义能使他们变得更加富有。[①]

——什么叫顶层权力？

顶层权力是指以国家、政府和社会公益之名治理国家（即实施顶层治理）的高端权力。斯宾诺莎强调："只有最高掌权者才有权利决定何者为善，何者为恶，何者正当，何者不正当，也就是说，决定每一个人或全体国民必须做什么或不做什么。由此可见，制定法律，在具体的案件中对法律的意义有争议时解释法律，以及裁定该案件是否违法犯罪，这些权力都是仅仅属于最高掌权者。"[②] 亚当·斯密甚至说道："国王和议会的最高权力究竟高到什么程度，谁都不能确说。"[③]

顶层权力有怎样的"权力谱系"？

借鉴鲍明钤先生在《中国民治论》中的研究成果，以下六种权力可谓顶层权力：（一）公布法律及任免之权；（二）外交权；（三）兵权（军队统帅权、宣战权、戒严权）；（四）赦免权（免刑、减刑及复权等）；（五）发布命令权；（六）对于立法机关之权（否决权、解散议会权、编制预算权等）。之所以说这些权力具有"顶层性"，是因为其内涵性质、行使过程和实际结果都具有高端性、权威性、全局性，非一般公职人员的一般公务行为可以比拟。从抽象行政意义上讲，顶层权力的行使状况和实际效果，是国家兴亡、政府强弱和社会安危的主要决定因素。顶层权力用得好，利国利民；顶层权力用不好，祸国殃民。古今中外，概莫能外。

顶层权力和顶级利益往往联系在一起。正如美国学者说的那样："国民收入的显著增长并不意味着所有的阶级都同样地得益。普遍的繁荣所带来的收益确缓缓地淌下来一些，但其大部分在顶层被吸收。"[④] 当然，我们应当记取这样一句名言："权力导致腐败，绝对的权力导致绝对腐败。"[⑤] 比如，美

---

① （美）大卫·科兹、弗雷德·威尔著，曹荣湘等译：《来自上层的革命：苏联体制的终结》，中国人民大学出版社 2008 年版。

② （荷）斯宾诺莎著，冯炳昆译：《政治论》，商务印书馆 2003 年版，第 36 页。

③ （英）坎南编，陈福生等译：《亚当·斯密关于法律、警察、岁入及军备的演讲》，商务印书馆 1997 年版，第 89 页。

④ （美）斯塔夫里阿诺斯著，吴象婴等译：《全球通史：1500 年以后的世界》，上海社会科学院出版社 1992 年版，第 306 页。

⑤ （英）阿克顿著，侯健等译：《自由与权力》，商务印书馆 2001 年版，第 343 页。

国学者在研究和反思本国腐败高发期时指出："企业控制两党领导层的现象在镀金时代有增无减。……人们在 19 世纪 80 年代后期把参议院称为'百万富翁俱乐部'，当选的议员代表了铁路和保险公司、煤炭、钢铁、棉花等企业的利益。他们的所作所为也是名实相符的，如提高关税、增加付给政府证券持有人的利息，加大对承包商的补贴等。"①

——顶层权力有哪些？

顶层权力是最高级别的公共权力，比如外交权、战争权、国家预算决定权、政府要职任免权、公共政策决定权等。如斯宾诺莎认为，最高掌权者的权力是安排缔和与宣战所需的一切措施，诸如城镇的建立与设防，军队的募集，军职的分配，有关命令的颁布，缔和使节的派遣与接见，最后，还要为以上所有这些公用开支筹款征税。法国人邦雅曼·贡斯当在 19 世纪初提出，政府手中的权力有四种，即大臣手中的执行权、代议会议手中的立法权、法院手中的司法权以及国王手中的王权。托克维尔则在研究 19 世纪上半叶的美国政治时指出："在人民之间，每个人民只是一个个人，而一个国家为了便于联合对外，则特别需要一个统一的政府。因此，联邦政府被授予媾和、宣战、缔结商约、征集军队和筹建舰队的专权。"② 区别于公民私权的政府"专权"，是典型的顶层权力。

从历史上看，统治者统治，也即统治者是国家机构的首脑，确定并执行国家的政策和管制措施，影响特定政治实体和国家公共产品的供给。而且，一直以来，无论是否合法，统治阶级们都控制着周围的土地、女人和财富，以积累盈余、资助军队和巩固权力。洛克则强调国王的主要职能是执行法律，而国王享有的专有权（prerogative）构成了"拥有执行权的君主的裁量权"，即为了公众福利，不受法律限制，有时甚至违背法律而依据裁量行为的权力。拉斯韦尔直白地指出："权势人物是在可以取得的价值中获取最多的那些人们。渴望获得的价值可以分为尊重、收入、安全等类。取得价值最多的人是精英（elite）；其余的人是群众。"③

——什么样的人才能掌控顶层权力？

这不好说。从历史上看，有的是靠暴力，有的是靠血统，有的是靠民意。

---

①（美）艾伦·特拉登堡著，邵重等译：《美国的公司化：镀金时代的文化与社会》，第 176 页。

②（法）托克维尔著，董果良译：《美国的民主》（上卷），商务印书馆 1997 年版，第 128 页。

③（美）拉斯韦尔著，杨昌裕译：《政治学》，商务印书馆 2006 年版，第 3 页。

比如，英国18世纪的“蓝血阶级”，是以高贵血统掌控国家权力的身份象征；再比如，19世纪的美国，政治分赃制代表了“上层阶级垄断政府职位的年代”①。从格兰特到胡佛的先后5任总统都靠摩根财团的资助上台，《华尔街日报》说摩根本人作为“华尔街主神”“在1901年重新组织了这个世界”。洛克菲勒则通过资助共和党并与国会领袖联姻来干预政治，以致共和党“就像洛克菲勒基金会一样几乎完全从属于洛克菲勒家族”②。1896年，共和党人麦金利靠各大财团支持竞选获胜后，组成了一个被称为“百万富翁俱乐部”的政府：国务卿是全球首富的密友，内政部长是纽约公平人寿保险公司董事长，陆军部长是大银行家摩根的法律顾问。因此，美国学者认为“社会上层阶级是一个以创收性资产的所有权和控制权力为基础的经济阶级”③。

——现实生活中如何界定顶层？

顶层有时候是通过血脉来界定的，比如明朝覆灭之后，弘光皇帝所建立的南明被奉为“正统”的延续，似乎只要皇家“骨血”尚存，那么，正统王朝犹在。

顶层有时候时通过圈子来框定的，比如乔治三世登基之后，一心恢复“王政”，集结了一批忠于王室的托利党人，组成了“国王之友”政府，其成员无不位居要津。而且，他们拥有君权，因为君权是他们所有财富和爵位的最尊贵的用具和护身符。他们通过儿子、金钱收买和势力影响占有了下院。他们拥有教会和政府、陆军和海军。他们拥有国内外所有官职。

顶层有时候时通过区域来划定的，比如在美国1790年到1800年的首都费城，“市场街——费城一条东西向主干道——将城市最上层社会与不那么‘正宗的’阶层一分为二”，不同身份和地位家庭决不混居杂处，“到19世纪30年代的时候，这些界限已经被划定了，而且没有多少外界人士能够指望获准跻身费城的选举阶层”④。

但可以肯定的是，从17世纪到19世纪，从万历皇帝、乔治三世到格兰特总统，身处3个不同国家权力顶层的执政者，在勤廉治国方面，交出的是

① 周琪、袁征著：《美国的政治腐败与反腐败》，中国社会科学出版社2009年版第1—2页。
② 参见（美）柯里帕特里克·塞尔著，河北大学外语系英语专业等译：《权势的转移》，商务印书馆1976年版。
③（美）威廉·多姆霍夫著，吕鹏等译，《谁统治美国》，译林出版社2009年版，第25页。
④（美）约翰·弗兰奇著，陈小白译：《强盗资本家》，第5—6页。

极其相似的不合格答卷！

谈到 17 世纪明朝的政治顶层，人们的反思一如黄宗羲所问：“为天下之大害者，君而已矣！”把皇帝置于“人民公敌”的“靶位”上公然挞伐。万历十七年（1589 年）十二月，大理寺评事雒于仁上了一道挞伐万历怠政“硬伤”的《酒色财气四箴疏》。黄仁宇在《万历十五年》中评述道：雒于仁估计上书的时候顺便把遗书也写好了。问题在于，朝臣们总是怀揣遗书论政治事，岂不正是“国将不国”的征兆？

谈到 18 世纪英国的政治顶层，温斯顿·丘吉尔公允地指出，乔治三世“善于处理琐碎小事，而对基本原则和重大问题却难以驾驭”，是一个根本无力“废除大量的闲职，遏制腐败之风”[①] 的不称职者。1780 年春，查塔姆派议员约翰·丹宁（John Dunning，1731—1783 年）提出议案，正告“国王的势力已经在增长，仍然在增长，但应该被削弱”。结果此案竟以 233 票对 215 票在下院通过，一度沉重打击了乔治三世的个人统治。因此，有学者认为“英国宪政的特点不在于政府与反对派之间的对抗，而更多在于议会和行政当局之间的合作。这种合作有利于领导阶层中最重要而且也是最‘消极’的那一部分人，他们是职位和高官显爵的候选人，通常也是郡和城镇的主宰者”[②]。实际上，这些“职业政客”之所以“消极”保守，正在于国王的“‘庇护制’和分配实惠和职务”成了“使得大臣能在下院获得多数支持”的政治分赃而已。

谈到 19 世纪的美国，人们指出“在社会的上层，商界巨头是主宰牛肉、钢铁、铁路和石油产业的投机家，他们居住在奢华的宫殿和城市的高级住宅区里”；而且，“占据着商界、工厂和工厂生活的托拉斯和垄断企业在国家经济中变得更为重要。运作有序的财富统治着政治，呼风唤雨，政治腐败成了大商业和大政治老板之间每日的风流韵事”。

历史如烟，腐败如火。当人们看到腐败高发的乌烟瘴气四处弥散的时候，因贪政的烈焰炙烤得社会濒临爆炸的时候，似乎总不禁想找到这烟火之源。

然而，面对被腐败烟雾笼罩的“人类社会大厦”，那最初的火苗是从哪里燃起和蔓延开来的呢？是从顶层？还是底层？

1902 年 10 月号的《麦克卢尔杂志》刊登了美国黑幕揭发运动的“旗手”

---

① （英）温斯顿·丘吉尔著，薛力敏、林林译：《革命的年代》，《英语民族史》第 3 卷，第 724—725 页。

② （法）雅克·索雷著，黄艳红译：《18 世纪美洲和欧洲的革命》，第 210 页。

林肯·斯蒂芬斯的深度报道《圣路易斯的特威德时代》。斯蒂芬斯在深入调查19世纪90年代以来该市的腐败内幕后指出：

在每个城市里，社会阶层高的——经营者——是腐败的根源，但他们很少被追查被抓住，所以我们不能充分了解麻烦从何而来。因此，大多数城市将归罪于政客和无知堕落的贫民。

1905年，英裔美国小说家亨利·詹姆斯在费城观光时发现：

（费城）有两个截然不同的世界。一个是高高在上的上流社会……；另一个是与之相平行，是一个在很大程度上整个儿是为抢劫和掳掠而被组织起来的、十足满足官员胃口的最难以置信的城市居民社会。①

巧取豪夺的强盗大亨、金融资本家是“上流社会”的象征，贪污腐败的地方政客则是“城市居民”的代表——他们共同组成了“为抢劫和掳掠而组织起来的”的社会顶层。

“从上层开始的”或说“社会高阶层的”腐败，这就是19世纪的美国出现腐败高发期的“烟火之源”。17世纪的中国和18世纪的英国也大体如此。因此，托克维尔指出：“无论是贵族国家还是民主国家都有非常可鄙的人当上国家首脑。……在偶然掌权的人物的腐化行为中有一种粗野庸俗的东西在把腐化行为传染给大众。”②

更为关键的是，在通过“政治机器”控制了社会运转之后，那些腐败的上层通过有组织。的犯罪行为，使得腐败迅速合法化、社会化。威尔·欧文（Will Irwin，1873—1948年）深入调查了芝加哥的情况，好几万芝加哥人与有组织的犯罪集团有牵连，这是一支浩浩荡荡的大军，从夜贼、劫匪、销赃的、制造伪币的、赚外快的、拉皮条的、妓女、酒吧女郎、出租车司机、酒吧招待、敲竹杠的、贩毒的、拿油水的、收税员、打手、刺客、（贪污的）警察、贪赃枉法的法官和政客、给工会和企业出面的人、加上形形色色的赌棍，还包括买赛马彩票的、骗人上当入局的和保险掮客。而基本的社会格局犹如是一场群魔乱舞的“政治舞会”：

下层市民戴着面具嬉戏，上流社会人士则不怀好意地坐在包厢里欣赏

① （美）约翰·弗兰奇著，陈小白译：《强盗资本家》，第39页。
② （法）托克维尔著，董果良译：《美国的民主》（上卷），第251页。

表演。[①]

顶层的权力是可以递延的，顶层的利益也是可以放大的。就在华尔街作为美国“运转轴”的“镀金时代”，在金融大亨们为“把繁荣（或者看上去像繁荣）的成果分配到少数人的口袋里”[②]而“发明”的诸多方法中，就包括建构起一个接一个层叠起来的金字塔式公司王国，然后由“顶端公司”的拥有者拿走“最大份额的利润”。于是，19 世纪末的美国开始成为“世界上第一个由大企业支配经济的国家”[③]。

也许，这些关于顶层的观察思考并不仅仅适用于 19 世纪，也不仅仅局限于美国。

2. 顶层贪政 & 怠政：权力透支的两大魔咒

从 17 世纪到 19 世纪，上述 3 位位居顶层的“政治差班生”治理国家的共同特点是：透支！透支！再透支！

——万历皇帝享国 48 年，穷奢极欲，颐指气使，不但严重透支了肥胖不堪的自家身体，还极度透支了风雨飘摇的帝国财政！

——乔治三世在位 60 载，大举挥金操控议会，极力搜罗“国王之友”，毕生渴望恢复“王政”、复兴王室、重振王权，然而，“愈治愈乱”的执政实绩给他开了个大玩笑，丢掉了北美沃野千里的殖民地不说，自己也在晚年成了神经错乱的“疯乔治”，或许是被过度政治争斗透支了支配理性的大脑神经。西方学者甚至认为他即位的 1760 年是“英国近代贵族寡头体制的顶点”。[④]

——格兰特总统任期 8 年，因“对有钱商人的喜爱”而威信扫地，成了金融大鳄劫夺千万散户投资者的帮凶，但他竟想破华盛顿的开国之例，成为历史上首位 3 次出任总统的人。虽然他曾在南北战争中所向披靡，但那些枪林弹雨似乎也“透支”了他的智商、情商和财商，最终沦为最失败的美国总统之一。

权力透支实际上有两种情况：一是过度使用权力、滥用权力的“外部性

---

① 参见（美）威尔·欧文《第一选区舞会》，载展江等译：《新闻与揭丑——美国黑幕揭发报道经典作品集（Ⅰ）》。

② （美）弗雷德里克·L. 艾伦著，高国伟译：《美国的崛起》，第 130 页。

③（美）理查德·雷恩著，何俊志译：《政府与企业：比较视角下的美国政治体制》，复旦大学出版社 2001 年版，第 18 页。

④ David Spring，“*The English Landed Estate in the age of Coal and Iron,1830—80*”，转引自阎照祥：《英国近代贵族体制研究》，第 167 页。

透支”，造成“少数人”的暴政和贪政；二是行权者自身的智力、体能等方面的“内生性透支”，如同久病之人生气全无，行将就木，形成无可救药的“怠政黑洞”。而权力透支的两个必然后果是：其一，顶层执政者愈来愈脱离其执政基础，愈来愈脱节于社会底层，成了岌岌可危的孤家寡人；其二，顶层执政者愈来愈脱离其执政责任，愈来愈缺乏执政智慧和执政能力，沦为历史的笑料和失败的过客！

更为重要的是，**一旦顶层出现了权力透支（贪政）、智力透支（怠政）等情况，将很难通过一般性政治机制进行救济**！“一个政府的首脑如果被腐败所操纵，那么他就无法令人信服地保持忠诚，他也因此丧失了吸引投资者的条件”，这就是“上层政治腐败的危害”。[1]因此，古往今来，不论是从正面研究治国之道，还是从反面探寻亡国之失，都对顶层治理格外重视。

因1837年出版《法国革命》而闻名的英国史学家卡莱尔（Thomas Carlyle，1795—1881年）在初次听到中国科举制度的情况后，竟被这种靠教育“选取官员和新任的统治者”的做法“激起了无限的好奇心”，因为“没有任何一种征服、制度、革命、社会机构或设施”能像中国那样“尝试”这种“治理和行政管理”方式。其原因是：

智慧的人位于事务的顶端：如果一切制度和革命有目的的话，这便是它们的目的。因为真正智慧的人，正像我一直断定和相信的那样，是有高尚心灵的人，真实、正义、人道和勇敢的人。让他执政，一切都会得到。不取用他，尽管你有黑莓一样繁多的制度，在每一个村庄都有议会，也将一无所获！[2]

然而，中晚明的各位皇帝着实配不上卡莱尔的这番激赏之论。恰恰是因为有了这个贪得无厌的万历皇帝，普天之下所有的制度资源和人力资源才如同投入“黑洞”，终将“一无所获”并且无法挽救。

回看人类历史，正如卢梭在《社会契约论》中尖锐指出的那样，专制体制的常态是整个统治阶层“宁愿冒着由婴儿、怪人或傻瓜来当首脑的危险，但不愿意为了选择好国王而发生纠纷”[3]。即便是在民选政治年代，西方的民

---

①（德）约翰纳·伯爵·兰斯多夫著，清华大学公共管理学院廉政与治理研究中心译：《腐败与改革的制度经济学：理论、证据与政策》，第69页。

②（英）卡莱尔著，张峰、吕霞译：《英雄和英雄崇拜——卡莱尔讲演集》，上海三联书店，第275—277页。

③（法）卢梭著，何兆武译：《社会契约论》，商务印书馆1980年版，第98—99页。

主制度也可能导致腐败加剧，由利益集团利用民主机制争权夺利形成分赃式资本主义（Booty Capitalism）政体，导致竞争性民主遏制腐败的机制失效。① 每一次民主竞争的结果，改变的都只是“城头大王旗”，不变的是掠夺型政府的治理结构和施政结果。

如果民主制陷入分赃式利益团体执政的循环，不但不能遏制腐败，反而造成社会动荡和灾难。如海地、印度尼西亚、菲律宾、苏丹等在“第三次民主化浪潮”中实行西方民主制度的国家，多数没能在民主化过程中解决政府的腐败问题，反而出现了更严重的腐败乃至社会混乱。② 东欧和俄罗斯等从社会主义向资本主义转型的国家，在亦步亦趋地实行西方式民主后腐败问题依然深重。这些国家一旦陷入腐败、低效等政治危机，就如同周期性的经济危机一样难以从根本上加以解决。令人遗憾的是，时至今日，“好多国家的命运都由一个人或少数人的贤愚不肖决定之，与其他的因素都无关系”③。

这就是深层次的执政危机！这就是顶层腐败的危机！

一旦愚者、贪者或不称职者位于公共事务的“治理顶端”，即便有再多再好的制度，也将一无所获！伊丽莎白一世时期，英国王室法学家曾精心包装出著名的国王“一身二体”理论，即国王同时拥有与“凡人”无异的自然之体和“指挥人民，经营公共幸福”的政治之体。但古往今来的事实证明，“君主毕竟也是人，也会心血来潮，也有七情六欲和私利偏好，……君主的私人利益可能导致他们……从事勒索行为或者为私人目的而使用公共财富”。当出现了顶层腐败的时候，统治者的“政治之体”会成为滥权自肥的僵尸躯壳，与贪婪羸弱的“自然之体”并无二致。

何况，正如黎塞流红衣主教在《古代政权》一书中所强调的，为了国家的缘故，有时候必须用“紧急设想”代替确切的真理。④ 从顶层到底层，一旦所有的公职人员都在肆意透支权力，都在用完全基于私欲私利的“紧急设想”谋夺公共利益，日渐背离“为民服务”的“确切真理”，何愁腐败高发期不如期而至？

---

① 谢志岿著：《错误的民主观念与现实的民主路径——对中国特色社会主义民主道路的理论思考》，《政治学研究》2009 年第 6 期。

② Larry Diamond, “The Democratic Rollback: The Resurgence of the Predatory State.” Foreign Affairs,March/Apri,l 2008.

③ 黄仁宇著：《蒋介石的历史地位》，载《现代中国的历程》，中华书局 2011 年版，第 217 页。

④ 转引自（美）斯坦利 · I. 柯特勒著，刘末译：《美国八大冤假错案》，第 315 页。

顶层权力透支即顶层腐败的形成和泛滥，为害最烈、遗毒最广、治理最难，这正是腐败高发期的核心标志，是区别腐败高发期与非腐败高发期的分水岭。

3. 顶层“空心化”的危机及其救济

顶层腐败的后果自然是顶级的严重。“简单地说，驾驭国家的政权代表者手中的权力一旦失去控制，甚至到了破坏统治阶级利益的时候，国家就要衰落了。”① **顶层腐败所造成的危机，只有顶层才能自救，或者说通过自我革命加以救济**。否则，势必在顶层无所作为、无力施救的“空心化”危机中不断直面严重的社会冲突，乃至人亡政息、改弦更张。

17—19 世纪三国顶层危机比较列表

危机事项	17 世纪的明朝腐败高发期	18 世纪的英国腐败高发期	19 世纪的美国腐败高发期
顶层权力	皇帝怠惰	国王专断	总统失职
顶层财富	靠专制和掠夺	靠世袭和特许	靠垄断和欺诈
顶层职位	科举制	恩赐制	分赃制
顶层信仰	钱财至上	王权第一	富人优先

要避免顶层透支和顶层腐败，当然需要从顶层着眼，持续进行有效管用的顶层设计、顶层变革、顶层治理、顶层创新。

从自身定位来说，如同英国的格雷爵士和迪斯雷利、美国的两位罗斯福以及德国的俾斯麦等政治家，“贵族化或出身贵族的改革者，由于被位高权重和服务大众的典型道德观念所激励，由于没有导致相互倾轧的经济上的动机，由于时常有一种享受其他人所不能分享的特权的犯罪感，以及怀有也许群众不能及时得到让步便会危及自己特权的畏惧，因此，他们是现代社会中理想的改革者之一。有时他们远远走在自己周围的许多中产阶级和工人阶级中有影响的人物前面，那种令人心碎的场面便呈现在人们面前：富裕的、孤傲的改革者自以为是地向冷漠迟钝的农民和怀有敌意的工厂工人兜售他的政治货色，而这正是为了农民和工人的利益”②。黑格尔在谈到古代中国时，也曾就“帝国的行政管理”有过十分透辟的论述：

---

① 魏鉴勋著：《衰落论——兴盛界限阐微》，辽宁人民出版社 1997 年版，第 94 页。
② （美）詹姆斯·麦格雷戈·伯恩斯著，刘李胜等译：《领袖论》，第 218 页。

天子实在就是中心，各事都由他来决断，国家和人民的福利因此都听命于他。全部行政机构多少是按照公事成规来进行的，在升平时期，这种一定的公事手续成了一种便利的习惯……但是做皇帝的却须担任那个不断行动、永远警醒和自然活泼的“灵魂”。假如皇帝的个性竟不是上述的那一流——彻底地道德的、辛勤的，既不失掉他的威仪而又充满精力的——那么，一切就将废弛，政府全部解体，变成麻木不仁的状态。因为除了天子的监督、审察以外，就没有其他合法权力或者机关的存在。政府官吏们的尽职，并非出于他们自己的良知或者自己的荣誉心，而是一种外界的命令和严厉的制裁，政府就是靠这个来维持它自己。①

从技术实现来看，正如黄仁宇在研究了资本主义自 16 世纪以来的兴起历程后所指出的：

每一个国家经过一段奋斗之后必须将其上层结构（superstructure）改组，以便迎合新法制，通常也要翻转其低层结构（infrastructure），以便产生能够互相交换（interchangeability）的局面，更要经过一段司法与立法之改革，才能使上下之间密切联系。②

这是对上层建筑之于经济社会“反作用力”敬畏有加、善待有加的必然要求。然而，实现这种理想中的上下良性互动谈何容易？ 17—19 世纪的世界史表明：**执政者一旦久居顶层，就会不同程度地被贪政和怠政这两个最大的“执政魔咒”侵扰！而且，只贪不怠，国家尚有回天转世之盼；只怠不贪，民众或存勉强度日之机；既贪且怠，恐怕徒剩国破家亡之虞。**

---

①（德）黑格尔著，王造时译：《历史哲学》，三联书店 1956 年版，第 170—171 页。

②（美）黄仁宇著：《资本主义与二十一世纪》，三联书店 1997 年版，第 32 页。

第二章　官员蜕败：不负责的“执政团队”

——为什么会出现“无官不贪”的舆论放大效应？

在精英们看来，在国家衰落的时期搜括财富并维持权力的稳定对他们而言是较好的策略。在某种程度上，这类阶层可能从腐败交易和税收政策中获得租金。

——威廉·塔布

18世纪的一位俄国沙皇曾感叹道：“统治俄国的不是我，而是数以万计的官吏。”[①] 执政体系中的官员队伍是公共权力的代理人，本应是济世安民的责任主体，但却可能成为蜕化变质的高危人群。在17—19世纪的三段典型的腐败高发期中，一个共同的现象是“公权代理人”变成了“私欲代言人”！本应对中央政府和社稷苍生集体负责的执政团队，沦为“集体不负责”的政治食利基层。一旦他们“……开始追逐金钱，以之作为获得尊严的手段或者尊严的替代品”，将发现“财富非常容易得到，而且他们处在获得大量财富的最有利位置”[②]。

就腐败高发期而言，官员颓败即执政团队的系统性腐败有三个基本表现和一个辅助特征，即高层官员不负责、中下层官员乱作为和官场风气败坏，再加上军队腐败。我们看到，不论是在明王朝的阁部制下，还是在不列颠的责任内阁制或是在美利坚的总统内阁制下，与权力核心分享治权的高官要员蜕败的轨迹如此相似：从“集体负责”变为“集体不负责”。

官僚阶层的腐化蜕变，是腐败高发期的第二个重要特征。17世纪的资本萌芽，使得大明王朝的官、吏、僚们“掉进钱眼”，成了一心取利的盗贼团伙。

① 转引自（美）詹姆斯·麦格雷戈·伯恩斯著，刘李胜等译：《领袖论》，第360页。

② （美）玛格利特·利瓦伊著，周军华译：《统治与岁入》，第94页。

18 世纪的英国，由于庇护制、恩赐制作祟，政府的首相几乎都是不称职者。19 世纪的美国，总统居然组成了“腐败内阁”。如果说张居正是 17 世纪中国官场“能干能贪”的“两面人”的典型，那么，可以说诺斯勋爵则是 18 世纪“能力不足”的不作为型腐败的代表。“点击”这些官员腐败的“群像”，我们发现的是权力和利益的不当“链接”。在国家现代化过程中，官员自身的趋利动机和滥权行为是腐败高发的关键内因。

一、帝国高层的“张居正现象”：帝师本为“两面人”

做官只有两件事：为国家干事，为自己营私。二者俱做不得，真极痴极蠢人。

——（明）朱国祯

1640 年（崇祯十三年），万历皇帝的孙子崇祯以一纸诏书，为张居正平反，恢复了这位中兴名臣的政治生命。4 年后，崇祯以一条白绫，在景山上结束了自己的生命。而张居正的身前身后事，恰恰是明朝官治状况的最好写照。

1.“能干，能贪”：干事不干净，干净不干事

有明一代，封建帝国的文官制度日显成熟。明初为了加强中央集权，废丞相，设相当于皇帝秘书班底的内阁，首席内阁学士称首辅。张居正作为少年万历的首辅大臣，既充当了名义上的帝师，还担任了事实上的宰相。历史上留下了许多关于首辅大臣张居正严厉教诲万历皇帝的记载，似乎一再显示出这位中兴名臣以儒家正统化育圣上的忠心矢志。而万历皇帝在登基之初也确实对这位“帝师”言听计从。据《万历起居注》的不完全记载，在 107 个月当中，张居正接受万历和李太后等的赏赐达 208 次。[①] 当万历酒后失态，其母李太后不但责骂有加，甚至交与《汉书》的《霍光传》以惕厉之。这无非是托借汉朝辅臣霍光曾废立皇帝的故事，凸显与之名位相似的张居正的威严。

然而，“则今之所谓良，民之所谓蠹也”——这位以考成法、一条鞭法等大刀阔斧的改革带来帝国回光返照的名臣，却实实在在是一位知行分离的“两面人”：

这一面，他对小皇帝严加管束，不许其奢侈享受，要求其克勤克俭；那一面，

---

① 田澍著：《腐败与弊政：张居正施政的另一面》，《西北师大学报（社会科学版）》2001 年第 6 期。

张居正在生活上妻妾成群，在京师建造了一座豪华官邸，在老家历时三年才建成的太师府第耗资达20万两白银（自掏腰包还不足1/10），神宗不但亲笔为他书写了堂匾、楼匾、对联，还拿出一笔内帑赞助，于是全楚官员纷纷效仿出资献贿。

这一面，他为了减少官员出行招待冗费曾颁布《给驿条例》，严禁官员因公外出超用车马，严禁借出差旅游会友，严禁利用职权沿途索礼受礼，严禁向乡里进行摊派，严禁官员及其家属非公外出、奔丧使用官立驿站等；那一面，张家的仆人甚至亲友的仆人却可以任意向地方官索用车马船只。

这一面，是"惩贪污以足民"，严格要求各级官吏厉行节俭、勤政为民；那一面，是张居正回籍葬父，不仅有锦衣卫等护送，且所乘坐的是真定知府钱普特意制作送上的"三十二抬大轿"。此轿前半部是起居室，后半部是寝室，两旁有走廊，各立一童子左右侍候，为之焚香挥扇。戚继光还派保镖护送。行经各地，不仅地方官一律远迎，就连当地的藩王也打破传统出府迎送，与之行宾主之礼。

这一面，他严格科举制度，并曾禁止子弟、家人结交官场；另一面，却为其子孙谋求进身阶梯，三个儿子一状元、一榜眼、一进士。万历五年（1577年），张居正次子张嗣修廷试本排在二甲。后万历将其改列为一甲第二名榜眼，并对张居正说："先生大功，朕说不尽，只看顾先生的子孙。"① 万历带头作弊，帝师欣然接受，遂使科场风纪大坏。万历八年（1580年），其子张懋修被万历封为状元，当众翰林前往祝贺时，张居正别有深意地说："昌吾后者，非今日二子，还是第四个小儿方能继我江陵。"② 为"官二代"索官之野心溢于言表。由此，"自居正三子连登科制，流弊迄今"，阁臣吕调阳、张四维、申时行和吏部尚书王国光等人的子弟也都一荣俱荣、沾光上第。结果，"自故相子一时并进，而大臣之子遂无见信于天下者"③，官场弊风愈演愈烈。

这一面，他攻击政敌结党营私，甚至以结党之名置政敌于死地，并且《大明律》也严令禁止"在朝官员交结朋党"④；那一面，为夺权上位，不惜名节巴结冯保等宦官，先后送给冯保名琴七张，夜明珠九颗，珍珠帘五副，金三万两，

---

①《万历邸钞》万历五年三月壬寅。

② 李乐：《见闻杂记》卷10。

③《明史》卷70《选举志》。

④《大明律》卷2《职制》。

银二十万两，“其他珍玩尤多”[①]。当冯保给自己修好生圹（墓穴）后，张居正亲笔给他写了《司礼监秉笔太监冯公预作寿藏记》，字里行间，极尽阿谀奉承之能事。因此，史载“居正固有才，其所以得委任专国柄者，由保为之左右也”[②]。同时，张居正“知天下不附己、思以考察劾之”[③]，仅在1581年就利用考核之机对南北两京331名官员同时予以降级或免职处分，一个重要原因是4年前其中许多人反对他贪恋权位而不丁忧离任为父守丧。

这一面，是谆谆告诫万历皇帝修习道德文章，以圣人心目行事修身；那一面，张居正却是一个十足的好色之徒，抗倭名将谭伦、戚继光等都曾为其搜罗房中秘方。以至于王世贞在《嘉靖以来首辅传》说他“得之多御内而不给，则日饵房中药，发强阳而燥，则又饮寒剂泄之，其下成痔，而脾胃不能进食”，沈德符在《万历野获编》说他：“以饵房中药过多，毒发于首，冬天遂不御貂帽。”原来道貌岸然的“张先生”是一个纵欲无度的登徒子，据说戚继光也要给他送来“胡姬”（少数民族美女）以谢赏识之恩，结果这位中兴名臣年仅57岁便被色欲夺去了性命。

张居正经常挂在口头上的一句话是：“我非相，乃摄也。”其意是，我并非一般意义的首相，而是代替皇帝摄政的人。有人曾制作了黄金对联：“日月为明，万国仰大明天子；丘山为岳，四方颂太岳相公。”把张居正（号太岳）和“大明天子”相提并论，“僭越”如此，张居正却也安之若素。

居正做官前，家中只有田数十亩。他死后被抄家时，据《明史》载，得“黄金万两，白金十余万两”，没收的财物折合近二十万两白银，另有良田800万亩。身为一品大员，月俸不过87石米，即使不吃不喝，一生薪俸加起来，也只有约2万两白银。其他那些来路不明的财富，自然是“见光死”的不义之财。

对这种表里不一、知行分离的“张居正现象”，生于万历朝、仕于崇祯朝的徐芳一语破的：

坐而听其言，善也；起而察其行，已非矣。朝而献其言于朝，又莫不善也；夕策名而其人已异矣。[④]

---

① 佚名：《天山冰水录》附录《籍没张居正数》。
② 《明史》卷305《冯保传》。
③ 转引自朱子彦：《论明代的内阁与党争》，《社会科学战线》1996年第1期。
④ 徐芳：《悬榻编·三民论》。

“能干能贪”为什么屡见不鲜？

张居正首先“能干”，以一己之力，竟能为中兴之举。张居正也“能贪”，以革新之名，未少行徇私之事。这种“能干能贪”的现象似乎不只是历史人物的专属。时至今日，仍有一些人拿出鲁迅先生的名言来为此类人物辩解：再完美的苍蝇始终是苍蝇，再有缺点的战士始终是战士。当然，“干”与“贪”的矛盾确属客观存在，比如倘若干得再好，却不被认可，难免发生心态波动。问题在于，能干者“小贪”言行露头之时，若能以当头棒喝，令其正心修行，迷途知返，亦未尝不可；能干者既能干、又干净，并以“干净干事”的风习濡染左右，则善莫大焉。关键在于：一是建立起防止“能干者贪”的预警机制，能够在过程中“治未病、治初起、纠小错”；二是完善“干净干事”的保障机制，让勤廉者在舆论、晋升、待遇、名誉等方面“不吃亏、得实惠、有后劲”。

这就是“道德人”模型的崩溃——纸上的、嘴上的伦理规范，因与现实的行为、利益和环境“两张皮”而无法实现。“居上位以矫亢刻削为风裁，官下位以逢迎希合为称职，趋爵位以奔竞辨谀为才能，纵货贿以侈大延纳为豪俊。世变江河，愈趋愈下。”①彼时官场，衰退之风真是令人不寒而栗。据明清之际江西宁都学者魏禧所载，潮州总兵刘伯禄的一番言论被认为是“一武夫骂杀百千士夫”的“精妙之语”：

明末人最是皮厚，掐之无一点血出，故于君亲一毫无情。②

顾炎武则明确提出：“人之不廉而至于悖礼犯义，其原皆生于无耻也。”③官员一旦不觉羞耻，自然是无所不用其极。张居正更是被视为“为私利而一意孤行的典型人物”④。但即便如此，张居正还只是个“能干能贪”的权臣而已，至少还曾有短时间将国库“扭亏为盈”的政绩。他身败之后改革亦被废止，由于万历皇帝怠于政事，此后的内阁首辅平庸无为，致使整个统治阶级腐败不堪，朝廷官员结党营私，相互攻讦愈演愈烈，王朝衰颓之势日益明显。

---

① 赵贞吉：《三几九弊三势疏》，《明经世文编》卷254。

② 魏禧：《魏叔子文集·外篇》卷7，《答李元仲》。

③ 顾炎武：《日知录》卷13，《廉耻》，黄汝成集释本。

④ 参见蒋星煜：《汤显祖对张居正之认识及其在剧作中之曲折的反映》，载《中华文史论丛》第二辑，上海古籍出版社1983年版。

张居正之后的内阁虽然在才具政绩方面无法望居正项背，但在贪贿方面确是有过之无不及。如《万历邸钞》载大学士张位“黩货如蝇，每次讨缺不下数十，多者千金，少者数百金”；沈一贯的家中“货财如山，金玉堆积”，朱赓靠贪贿“富至八百万”。就在内阁大员以纳贿之名传遍朝野之间，各种社会矛盾急剧发展起来，一发而不可收，直至最后灭亡，再也没有一个能人志士脱颖而出力挽狂澜。

黄仁宇先生在《万历十五年》一书中指出：“张居正的不在人间，使我们这个庞大的帝国失去重心，步伐不稳，最终失足而坠入深渊。”这似乎表明，张居正作为内阁代言人的“强人政治”格局，以及明朝专制政体的一种畸形表现，也是帝制衰朽的一个危险信号。其根本危害在于，“两面人”之风盛行，使得伪君子位列帝国政界高层。“所号为君子者”，“上不足取信于君，下不足服天下之公论，而正直仁恕之士则不屑身于其间”。[①]

2. 治国不如“治生”，官场即是商场

国家机器的正常运转离不开各级官吏。古人对官吏的解释是：官，宣也，管也，意为发号施令；吏，理也，治也，意为供官驱使的办事之人。官吏分言有别，合言则通。“吏治的败坏，就是官僚制度衰败的征兆。”[②]明中期以后，吏治大坏。万历时刑部左侍郎洪朝选曾指出，“今天下之危机莫甚于仕”。在“德治 + 官治”的封建专制体系中，官吏腐败既是最常见的政治现象之一，也是造成“历史周期率”的主要原因之一。

中晚明一个巨大的社会变化，是作为官僚统治核心价值基石的传统“义利观（重义轻利）”的瓦解。从“君子喻于义，小人喻于利”到“何处非用钱之地，何官非爱钱之人？”[③]，从坚守“君子不言利”到坦言“夫利者人情所同欲也，同欲而共趋之”[④]，身系社稷安危的满朝文武如同掉进“钱眼儿”一般，一个个成了“汲汲营利”的行家里手。“缙绅士夫多以货殖为急”[⑤]，除了食君之禄的职业之外，大家都在忙着做买卖逐利赚钱，这是数千年未有之现象。

一个典型案例是张居正死后代为内阁首辅的张四维，他来自商人世家，并与另一出于“官商之家”的兵部尚书王崇古结为姻亲（张四维之母为王崇古二

① 魏禧：《魏叔子文集 · 外篇》卷 1，《续续朋党论》。

② 魏鉴勋：《衰落论——兴盛界限阐微》，第 105 页。

③ 张岱：《石匮书后集》卷 1《列帝本纪》。

④ 张瀚：《松窗梦语》卷 4《商贾纪》。

⑤ 黄省曾：《吴风录》，续修四库全书本。

姐）。张四维的父亲张允龄、叔父张遐龄、弟张四教、岳父王恩、妻兄王海等均为山西商人。王崇古的父亲王瑶、伯父王现、长兄王崇义、从弟王崇勋、舅父沈廷珍、姐夫沈江也都系山西商人。且张、王两家均为大商，主要进行粮食、绸布、盐业等边境贸易。两家联姻真可谓是“门当户对、大富大贵”。

王阳明更是以大师硕儒的口吻为士大夫终日狗苟蝇营于“治生”正名道：

但言学者治生上，尽有功夫则可。……果能……调停得心体无累，虽终日做买卖，不害其为圣为贤。何妨于学？学何贰于治生？

“治生”一词源于司马迁《史记·货殖列传》，本意泛指谋生、营生。由于孔子把义、利之分上升到君子、小人之别的政治高度来注解，使得“治生”问题成了千百年来文人士大夫讳言的敏感话题，最多是“天知地知，你知我知”，暗地为之，不便言之。但到了明朝中后期，“出仕专为身谋，居官有同贸易”①，官场成了商场，身为朝廷命官“终日做买卖”也无妨“为圣为贤”，真乃千古未有之仕风大变！万历年间湖广按察佥事冯应京说：“阜财通商所以税国饷而利民用。行商生贾，治生之道最重也。”②既然当官是为了治生赚钱，那么，“治生不宵于谋利”之类的官德教义就可抛入故纸堆中了。

但是，“诸公竞营产谋利”，只能而且必须依靠其特殊的地位和手中的权力。王守仁曾慨叹当时官场风气日堕：“今世士夫逐功名甚于市井刀锥之较，稍有患害可相连及，辄设机阱、立党援以巧脱幸免。……曾不以为耻，而人亦莫有非之者。盖士风之衰薄至于此而亦极矣！”③清初陆陇曾言：“本朝大弊只三字，曰例、吏、利。”彼时的大明官吏更是如此，纷纷循例贪墨、以权谋私。

——欺行霸市，夺田自肥

在万历的爷爷嘉庆朝做到礼部尚书兼翰林学士的董份，为人贪险，在官攀附权贵，居乡广占田地，“富冠三吴，田连苏湖诸邑，殆千百顷。有质舍（即当铺）百余处，各以大商主之，岁得利息数百万。家畜僮仆不下千人，大航三百余艘”④。他还利用部分家财大放私债，集地租剥削与高利贷剥削于一身，其家在乌程、乌江占有数万亩土地，是浙江南浔屈指可数的乡宦。这董份在

① 计六奇：《明季北略》卷13《罪臣责己》。
② 冯应京：《月令广义》卷2，《岁时》、《授时》、《商贾》。
③ 王守仁：《王阳明全集》卷22“外集四”，《送别省吾林都宪序》，上海古籍出版社1992年版。
④ 范守己：《御龙子集·曲洧新闻》卷2，四库全书存目丛书，第162页。

购买土地时无所不用其极，甚至采用灌醉“老学究”朱应元的方式低价骗取其田产，“以时价之半立券，……（朱）颓然大醉，收价又不及半而去”[①]。万历二十二年，董份之孙董嗣成提出惩戒家奴，弄清土地纠纷是非，结果引起湖州民众抗议，害得被万历派去处置的右副都御史浙江巡抚王汝训和巡按御史南昌彭应参，因处置“群体性事件”不当俱削籍为民，连举荐王汝训、彭应参的吏部尚书孙丕扬和都御史衷贞吉都受到牵连。

“远臣”和“近臣”如何结成贪贿的利益共同体？

晚明以后，内阁大臣几无廉臣。御史钱一本曾说，“以远臣为近臣府库，又合远近臣为内阁府库，开门受贿自执政始。”所谓“远臣”是指地方各级官吏，“近臣”则指京师各衙门官吏，他们都要向内阁大学士行贿。[②]在地方，人脉直通“大内”的豪强仗势欺人，侵夺民田比比皆是：“大同、宣府诸塞下腴田，无虑数十万（顷），悉为豪右所占。畿内八府良田，半属势家。”[③]由此，形成了以内阁首辅为核心、中央和地方官吏上下勾结的政治贪污集团和利益输送网络。明朝实行地方官三年一次进京朝觐的制度，地方官需向中央汇报工作并接受考察。这成了“远官”奔走行贿、“近官”大发其财的好时机，因此明人把朝觐之年称为“京官收租之年”。这种现象在当代美国也有所呈现。据美国司法部公布的近20年的统计数字，联邦政府的腐败案发率最高，地方政府次之，州政府最少。当然，这并不是因为州政府比前两者更加清廉，而是由于许多州首府坐落在偏僻小城，使得舆论监督和监察部门感到鞭长莫及，相当数量的腐败事件得以瞒天过海。而且，数量可观的财政收入取径各州首府后流向联邦政府，然后再由联邦政府通过转移支付或合同形式返给各州，这使得州政府官员会在“联邦转移支付多是由本州以外纳税人缴纳”的心态下减弱中饱私囊的自制力。更重要的是，州政府公职人员的自律以及行政官员对其下属行为的监督和审查力度远低于联邦政府，因此也为“安全”的腐败打开了大门。[④]

① 丁元荐：《西山日记》卷下，四库全书存目丛书，子部 242—252 页。
② 王春瑜主编：《中国反贪史》下卷，第 895—896 页。
③ 《续文献通考》卷 2。
④ 张宇燕、景富筠：《制度缺陷造就美国式腐败》，《中国改革》2007 年第 3 期。

此外，斗倒了权势熏天的严嵩并在万历朝任过大学士的徐阶，“有田数十万”，按当时的低限每亩产量一石、米价一石值银三分计算，每年收成折银可达10万余两。尽管大学士的一年俸禄不足银300两，但徐阶大学士有了这样的家底，自然可以乐享清誉，不与严嵩父子同流合污！

——诡寄、投献，偷税漏税

有明一朝，百姓的税负日沉一日，官员的田赋优免特权却水涨船高。根据万历三十八年（1610年）《优免新例》，在京一品大员竟然可以优免田赋10000亩，即便一个乡科的在京九品官也能优免1200亩土地。这既从一个侧面印证了土地兼并之严重，也给“诡寄”（“有田之人尽寄官户”[①]名下以求优免）、“投献”（庶民将田产奉献给官僚而自充佃户以逃避徭役）提供了政策便利。于是，那些已经官袍加身者便可“凭朝廷优免之厚恩，阴食吾民之膏髓”[②]，甚至将所寄之田据为己有，成为富甲一方的大地主。尚未任官者也不必着急，“故士一登乡举，辄皆受投献为富人”[③]，这样的好买卖打着灯笼也难找啊！

更重要的是，这些“官商”侵占田产，以致土地“尽归巨室，而小民之户田稀矣”，不但使得按田课税的“一条鞭法”流于形式，也使得以分散化的小块土地禁锢亿兆庶民的“帝王术”濒于失效，为“流民社会”和农民起义的最终形成埋下了祸根。

——放高利贷，牟取暴利

明初规定，“凡公侯内外文武官四品以上官，不得放债”。然而，看到那些典业经营者“一日而得千金无喜色，一日而挥千金无吝荣”，这些“汲汲求富”的官员们岂能善罢甘休！万历时巡抚湖广都察院右副都御史秦耀，令“家奴开设典当在无锡、苏、常各处者十余铺，每铺不啻二三万金”[④]，俨然成了一位资本雄厚的大商家！其实，明洪武末年政府就明确规定了法定利息率，月息不得超过三分，年息不得超过36%，且“年月虽多，不过一本一利”。然而，官员们“大放私债”可不管这些，“今自都司卫所、布政司、按察司、

---

① 顾炎武：《天下郡国利病书》卷22，《王思任均徭全书序》，四部丛刊三编本。

② 陈子龙：《明经世文编》卷222，聂豹《应诏陈言以弭灾异疏》，第2328页。

③ 陈义中编校：《海瑞集·附录》，黄秉石《海忠介公传》，第560页。

④ 康熙《衡州府志》卷19，“艺文志补遗”，沈鈇《劾贪婪抚臣疏》。

府州县官悉令弟侄子婿于所部内倚官挟势买卖借贷，十倍取民”[①]，简直就是“人吃人”的敲诈勒索！

嘉、隆、万三朝名臣王世贞就有大量经营典当生意的“质舍”，在取利平平的年头仍能岁入30万金之多。王世贞号称明代文坛盟主、史学巨匠，并从明末起曾一度被认为是《金瓶梅》实际作者（兰陵笑笑生为化名）。倘若没有锦衣玉食的上流社会生活，恐怕难有这样的闲情雅致吧？！值得一提的是，中国的金融业虽然发育较早，但终究不能发展成现代银行，且看这些官家巨富的行径就不难明晰：一方面他们聚敛钱财，另一方面“大放私债”，这些“地下钱庄”肆意啃噬着国家的金融根基。

——违法经营，破坏专卖

明代对盐、茶、海外贸易实行国家专卖的“禁榷”制度，但这只能禁住、唬住平头百姓，反倒给官员们提供了谋取重利的特权。官府不让百姓干的，就是最有利可图的！比如利用官船夹带私盐，“以百而夹带至千，以千而夹带上万，展转兴贩，漫无纪极”[②]，既不用物流成本，又能够到处倾销，这钱赚得多么惬意！更有一些官员为了在最短时间赚到钱财，又懒得四处贩盐行商，索性倒卖起政府特批的贩盐许可“盐引”，如大同的官员“每占盐一引，则可不出大同，坐收6钱之息”，“夫一引得银6钱，积而千引，则可坐致600金”[③]。这又是何等好生意！倒倒批文，财源滚滚！风气一开，吏治败坏。

此外，明政府和蒙古等族在边境指定地点开互市（马市），以茶、丝等中原之物换取马匹、杂畜等边地特产，但严禁出售硫黄、兵刃、盔甲、弓箭等军备物资，这本是维护边防安全、加强民族交流的重要手段，如今也成了“将官苟图贸易牛马之利……以违禁等物擅自通市”[④]的场所。治生之风席卷边军，无非是凭借武力“折阅物价，以贱易贵”，闹出些欺行霸市的丑行；但长此以往，将士无心戍边卫国，兵刃火器可做贸易，士气锐减、军功全无，一旦边防真有战事，不要说上阵御敌，恐怕只能在挥舞着“大明造”的兵刃的铁骑强兵前，惶惶间于“手无寸铁”中跪地求饶了！

---

①《明仁宗实录》卷5，永乐二十二年十二月癸丑。

②陈子龙：《明经世文编》卷85，韩文《韩忠定公奏疏·题为恳乞停止卖盐织造事》，第762页。

③陈子龙：《明经世文编》卷246，胡松《胡庄肃公奏议》，第2587页。

④《明神宗实录》卷472，万历三十八年六月辛巳。

3. 潜规则泛滥的利益共同体：海瑞为何“被腐败”

正所谓“习俗移人，贤者不免，群相蹈之”。当官只为财，做官才有财，为了保住官位，就得按照共同的游戏规则做人、办事，这就是大家心知肚明的潜规则。“道德既可以替代法律，礼仪也可以装饰行政。在这种情形之下，其所标榜的道德，也就浮泛而不着实际。”[①]更重要的是，明朝中后期世风日下，主要是由仕风衰颓引起。正如何良俊所说：“今之仕宦，有教士、长民之责者。此皆士风、民俗之所表率。苟一倡之于上，则天下之人群趋影附、如醉如狂。”[②]以下试举几例：

——相与招待之风

迎来送往，是官官相交的基本礼数。清代学者周亮工（1612—1672 年）著有《书影》10 卷，该书卷 9 记载了海瑞幼女的一则故事：“相传海忠介有五岁女，方啖饵。忠介问饵从谁与。女答曰：僮某。忠介怒曰：‘女子岂容漫受僮饵？非吾女也，能即饿死，方称吾女。’女即涕泣不饮啖。家人百计进食，卒拒之，七日而死。异哉，非忠介不生此女！”故事中的海瑞历来是闻名遐迩的清官，连家人也背上了清廉不阿、宁死不贪的盛誉。

然而，管得住家人的“海青天”，却在招待过往客人的问题上不敢稍怠。海瑞在做县官时明令要求：“宁可刻民，不可取怒于上；宁可薄下，不可不厚于过往”；原因是“百姓口小，有公议不能自致于上；过客口大，稍有不如意辄颠倒是非，谤言行焉”，而且“厚客非出乎己身，取之百姓之身为之也”。这分明是不计成本，拿着民脂民膏来供养来往官吏。正所谓：“习惯会以极为迅捷的速度摧毁正义感或公正观。”[③]在官场的“吃喝风”“迎送风”中，“海青天”也不得不入仕随俗、逐流随波了。

更有甚者，万历年间的除夕时分，南京城中给兵马司行贿送礼之人竟然造成交通拥堵，使得“食盒塞道，至不得行”。至于平日里的吃喝之风泛滥，“纳贿受赂，公行无忌”，也已到令人发指的地步。据明人所载，官场吃喝招待“穷山之珍，竭水之错，南方之蛎房，北方之熊掌，东海之腹炙，西域之马奶，

---

① 黄仁宇著：《<赫逊河畔谈中国历史>开场白》，载《现代中国的历程》，第 260 页。
② 何良俊：《四友斋丛说》卷 4。
③（英）弗雷德里希·冯·哈耶克著，邓正来译：《自由秩序原理》下册，三联书店 2003 年版，第 93 页。

真昔人所谓富有小四海者，一筵之费，竭中家之产不能办也”。[①]

——请托奔竞之风

万历三十一年（1603年），吏科都给事中项应祥条陈八事，其第五项即为“士习卑陋之极”：“近来士风，燕居讲究，罕闻名节。对客聚谈，无非势利。彼门可托，此户可依。甚至乞哀昏夜，骄人白日。变幻闪烁，不可方物。”[②]新官甫任，即需向京官行贿。由于贿赂风行，京城竟然出现了一批专门向新任官员放债以行贿的高利贷者，时人称为“京债”。有的新太守上任，“有京债十人随入衙中”[③]，专司放贷托贿之事。奔走请托，无非是行贿送礼交接人脉，谋取肥缺厚禄。所谓“士方其未得也，奔竞苟且，不知有义命。故其既仕也，攫拿贪渎，但知其有利禄”[④]。由于官员整日忙于联络交往，对公务自然敷衍应付，其结果如万历年间都察院左副都御史丘樗所言：“迩来虚文日增，实政殊鲜。士风渐靡，吏治转污。远而海滨，近而辇毂，愁苦萧条之状岁异而月不同。”

一时之间，“仕途如市，入仕者如往市中贸易，计美恶，计大小，计贫富，计迟速”[⑤]。由于各路官员争相贿赂，使得掌控官员任免和考核大权的吏部门前车水马龙，“海内金帛奇货相望涂巷间”，简直成了各种名贵礼品的集散地。天启年间的吏部尚书周应秋终日忙着“与文选郎李夔尤鬻官分贿”，由于按官职大小索贿的收益可得每日万两白银，一时人称“周日万”[⑥]。到崇祯元年，吏科给事中韩一良曾奏疏曰：

臣所闻见，督抚也，非五六千金不得；道府之美缺，非二三千金不得；以至州县并佐贰之求缺，各有定价；举监及吏承之优选，俱以贿成，而吏部之始进可知也。

如此将帝国官位明码标价，造成京城官场“变乱旧格，贿赂肆行”[⑦]。崇祯皇帝不得不命人侦缉京师贿赂交结之情并处犯科者以重罪。结果朝臣们非但

---

① 谢肇淛：《五杂俎》卷11。
② 《明神宗实录》卷385，万历三十一年六月己酉。
③ 杨士聪：《玉堂荟记》。
④ 杨士奇等：《历代名臣奏议》卷170，《选举》。
⑤ 《周忠介公烬余集》卷2《与朱德升孝廉书》。
⑥ 文秉：《先拨志始》。
⑦ 《明史》卷306《张綵传》。

不加收敛，“后更不托人，往往见时面致通刺，一揖之后，托言以诗、史相质，出诸袖中”，即改用当面出击之法，以免所托中人走漏风声。请托者将行贿称为“请教”，并将行贿物品以暗语称之：“凡银曰拙作，金曰新作，珠曰小作。受者会其意，即纳之袖中，以此贿愈甚而上不知也。”①在“无官不贿遗”“无守不盗窃”的风气下，“君臣上下，怀利以相接，遂成风流，不可复制”②。万历二十五年（1597年），学者冯从吾撰文反思说：“世道隆污，系士风厚薄。而返薄还厚，倡之者当自士大夫始。使士大夫而犹然不倡，则于齐民何责焉？”

——钻营“外放”之风

“内重外轻”原本是明朝吏治特色，也自然成为仕途升迁门道。大家在争当“京官”的同时对州县官职不屑一顾，“人中进士，上者期翰林，次期给事，又次期主事”；“其视州县守令，若宛鸟鸾之视腐鼠。一或得之，魂耗魄丧，对妻子失色，甚至昏夜乞哀以求免。”然而，在万历实行“考选法”之后，由于“台省二地，非评博中行及外知推不得入，于是外吏骤重，而就中邑令，尤为人所乐。盖宦橐之入，可以结交要路，取誉上官。又近年乙酉科以后，令君悉充本省同考，门墙桃李，各树强援”，“而三甲进士，绾墨绶出京者，同年翻有登仙之羡，亦可以观世变矣”③。

可见，万历以后的进士们热衷于外任县官，一来是朝廷选人用人的导向变了，进士需以其为晋身之阶；二来还可到地方搜刮钱财、结交关系，为今后的仕途准备“硬资本”和“软人脉”，何乐而不为？州县“香”与“臭”的变化背后，反映的无非是政治资源配置的重心迁移和人们的心理变化。19世纪90年代，法国社会心理学家古斯塔夫·勒庞在《乌合之众》一书中就“从众心理”评论道：个体一旦参加到群体之中，由于匿名、模仿、感染、暗示、顺从等心理因素的作用，个体就会丧失理性和责任感，表现出冲动而具有攻击性等过激行动。彼时大明宦海，加官晋爵者载沉载浮之间，相互传递感染的正是一种“丧失理性和责任感”的恶性功利心理。

——优劣“倒植”之风

早在万历爷爷嘉靖时，就有人指出官场时弊：“夫躁竞者进，则恬退者

---

①《归庄集》卷10《杂著·随笔》。

②顾炎武：《日知录》卷13《名教》。

③沈德符：《邑令轻重》。

远，而贤、不肖倒植，教化陵夷，风俗坏败，而沦胥以溃矣。”[①]这种优劣“倒植”的官场逆淘汰现象，到了万历时期日甚一日。王阳明无比感慨地说：“人在仕途，如马行沼田中，纵复驰逸，足起足陷，其在驽下，坐见沦没耳。”而仕途沉浮的关键是“跟对人”。特别是由于万历后期，“帝怠于政事，章奏一概不省，廷臣益务为危言激论，以自标异。于是部党角立，另成一门户攻击之局”[②]。为了结党营私，当时的各路言官纷纷依附阁臣或部臣，以私见卷入党争，“或一事而甲可乙否，或一人而朝由暮跖，或前后不觉背驰，或毁誉自为矛盾，是非淆于唇吻，用舍决于爱憎”[③]，一切谏议、弹劾均从党人利益出发，不顾是非曲直，沦为阁部斗争的吹鼓手。

由于齐、楚、浙、昆诸党的核心人物都是御史、给事中一类的言官，加上同僚、同乡、门生及亲信党羽聚众成势、形成门户，在党同伐异中使得整个朝廷“若市井喧哄”。万历末年，东林党人李三才的入阁事件及其引发的举朝纷争，是朋党之争的典型案例。

当时，阁臣叶向高、吏部尚书孙丕扬和东林党领袖顾宪成等人极力推荐李三才入阁，但其他党派的人拼命抵制，楚党官员徐兆魁弹劾李三才“奸贪大著，浑身污秽”；浙党官员邵辅忠参奏李三才是“大奸似忠，大诈似直”；东林党人则同声共气，大举赞颂李三才“廉直淡薄，勤学力行”之类。由于“朝端聚讼，迄数月未已”，使得各党人之间相互对立，结果“从此南北党论，不可复解”[④]。清初学者因时相近，对晚明的党争之祸见解颇深，认为当时“所号君子者，其始类能廉洁劲直，崭崭然取大名于天下，言人所不敢言、为人所不敢为。及其名日盛而权日归，则异己者去之唯恐不亟。欲去异己，必先植同己。门生故吏，荐引称誉之方不遗余力，使布列于朝廷。于是同己者众，而其去异己也愈力矣。从吾党者虽其人有可斥、可杀之罪，则必率众而援之，曰是正类也，其罪可原也。不从吾党者，其人虽有可用之才、可赏之功，则必排抑之，曰是邪类也，不可令其得志。”[⑤]正、邪的标准混淆，黑、白的界限模糊，势必导致朝廷在危难时刻“无人可信”“无人可用”。

---

①袁袠：《世纬》卷下，《抑躁》，丛书集成初编本。

②《廿二史札记》卷35《明言路习气先后不同》。

③《张太岳集》卷36《陈六事疏》。

④《定陵注略》卷9《淮抚始末》。

⑤魏禧：《魏叔子文集．外篇》卷1，《续续朋党论》。

官场之上如何形成“劣币驱逐良币”的效应？

劣币驱逐良币(Bad money drives out good)为16世纪英国伊丽莎白造铸局长格雷欣（1533—1603年）提出，也称“格雷欣法则(Gresham’s Law)”。据他观察，消费者保留储存贵金属含量高的货币(undebase money)，而使用成色低的货币(debased money)进行市场交易和流通。久而久之，实际价值较高的“良币”即硬通货渐为人们所贮存离开流通市场，实际价值较低的“劣币”即软通货反而充斥市场。同样，官场上的腐败现象也是如此：那些贿赂公行者往往人脉广远，财雄势大，成为党羽云集的官场领袖；而不肯贪污受贿、损公肥私的清官廉吏却只能吃苦受穷，人人避之唯恐不及。当易发高发的腐败如瘟疫一样蔓延，在“众人皆贪”的时候，独善其身者往往被贴上异己分子的标签。结果，坚持原则者无处容身，为避免被排挤出局，不得不放弃原则同流合污。最后，清官廉吏越来越少，生存越来越难。这就是“劣币驱逐良币”的原则在起作用。

此外，晚明官吏们作为“领取全职薪水的专业管理群体，把行政官职视为等级秩序内完全可以互换之物”①。据时人描述，“朝廷发饷，朝出度支之门，暮入奸臣之府”②，明后期一派贿赂公行之景象。另据顾炎武记载，“万历以后，士大夫交际多用白金，乃犹封诸书册之间、进自阍人之手。今则亲呈坐上、径出怀中，交收不假他人，茶话无非此物。衣冠而为囊橐之寄，朝列而有市井之容。”③这些饱读诗书的达官贵人已经彻头彻尾“商人化”，习惯于金钱“交际”和现货“交收”，搞得仕风不古、人心大坏。

“所谓特权者的习惯，是和法相抵触的习惯”，“是习惯的不法行为”④。然而，这就是明朝的官员习惯和宦海规矩，久行无碍，便取代了“明规则”和“显制度”，成为普遍遵循的行为准则和道德准绳。这就是“人情社会”中官僚腐化的必然结果，正如费正清所说：“政府作为有组织的‘贪污集体’……官员们靠我们今天称之为‘系统化的贪污’来谋生，而这种行为有时变成了

① 李约瑟、黄仁宇著：《中国社会的特质——一个技术层面的诠释》，载《现代中国的历程》，第7页。
② 万斯同：《明史》卷20，中华书局1974年版。
③ 顾炎武：《日知录》卷3，《承筐是将》。
④《马克思恩格斯全集》卷1，人民出版社2001年版，第142—143页。

敲诈勒索。这是错综复杂的私人关系制度必然出现的伴生物，而每个官员必须和他的上司、同僚和下属保持那样的关系。”①

4. 忠诚度集体“归零”：文臣爱钱，武将怕死

据说岳飞有一句名言：文官不爱钱，武官不怕死，则天下太平矣。然而，据《明史》记载，有明一朝长达270余年的统治之中，可称“清官”者只有250人。之所以贪官无数，令朱元璋发出“我欲除贪赃官吏，奈何朝杀而暮犯”的浩叹，原因或许并不复杂：**做官的利益太大、风险太小！或者说，不干事、只捞钱的官太好做，想干事、不捞钱的官太难当！**

当时的官场，即如赵贞吉在《三几九弊三势疏》中所云：“以言不出口为淳厚，推奸避事为老成，员巧委曲为善处，迁就苟容为行志，柔媚卑逊为谦虚，虚默高谈为清流，论及时事为沽名，忧及民隐为越分。居上位以矫亢刻削为风裁，官下位以逢迎希合为称职，趋爵位以奔竞辨谀为才能，纵货贿以侈大延纳为豪俊。世变江河，愈趋愈下。” 早在宪宗朝时，就有“纸糊三阁老，泥塑六尚书”的嘲讽之语。到万历的孙子崇祯一朝，更换阁臣和首辅如同走马灯，17年间共换用阁臣多达50余人，已到了无人可用、无人可信的地步。顾炎武在谈到晚明吏治腐败时说：“今日士大夫才任一官，即以教戏唱曲为事，官方民隐置之不讲。国安得不亡？身安得无败？”

如果说张居正的“能干能贪”尚能于国些许“有利”的话，那么，一种不负责、不作为的官场恶风就只能是贻害无穷了。“中国社会的价值观和原则支撑着传统中国的政治结构。这种政治结构建立在一个基础之上，即所谓的公共福利必须高于个人私利。如果这一点被抛弃，这个辽阔帝国的官僚制管理就会完全坍塌。”② 因为对于腐败集团化的官僚们而言，来自上层官僚的监督和考核将形同虚设，“当这种腐败遍及整个政府机构时，非对称信息就失去了意义”③，即便是东厂、西厂这样的特务机构和恐怖政治手段也难挽狂澜于既倒。

万历四十二年（1614年）六月，孝定皇太后下葬。当时大雨如注，棺材遇水越来越沉，“肩重难胜”的抬棺者只好撂了挑子，停棺于路。当今圣上

① （美）费正清著，张理京译：《美国与中国》，商务印书馆1987年版，第84页。
② 李约瑟、黄仁宇：《中国社会的特质——一个技术层面的诠释》，载《现代中国的历程》，第17页。
③ （英）锡德里史·桑福德主编，许建国等译：《成功税制改革的经验与问题》，中国人民大学出版社2001年版，第69页。

之母大葬，弄出这等晦气之事，竟还是坏在了一个“贪”字！原来，抬棺“夫用三千”，这执事经办的太监却中饱私囊，“折价用八百”，力所不逮何足怪哉！事情的结果，兵部“发昌平军助之”，才把棺材勉强抬到了陵地。①

问题在于，贪则贪矣，这些太监竟然敢“太岁头上动土”，把黑手伸向了皇帝家的丧葬费！

这只能说明两点：一是国家的政局到了腐败的顶点，二是皇帝的基业到了朽败的边缘！

此外，事后并无一人受到查处，也暴露出“断头政治”的衰朽无能。实际上，万历是最宠信这些阉人的，但这些人却丝毫不会感恩戴德，而是抓住一切机会专发“皇帝财”。如万历中期光禄寺年费用高达30余万两，宦官利用采办宫中物资之机大肆索贿。无怪乎万历的孙子崇祯在痛斥阉党头子魏忠贤时愤而怒骂之：“将我祖宗积蓄贮库传国异珍异宝金银等朋比盗窃几空！”②

新制度经济学创始人、诺贝尔经济学奖获得者诺斯曾说过：“虽然统治者尽力去监督，但无论哪一个组织机构，其代理人都不完全受约束，他们的利益并不完全与统治者一致，统治者在其代理人头上或多或少耗费一些垄断租金。”③但是，如果说这些臣子们视官位公职为发财营利之牌照，要想在官场上捞得“盆满钵满”，起码得保证大明王朝这家“国营老厂”的存续，才能有上下其手徇私舞弊、中饱私囊的机会吧？

可是，这些“治生如盗”的高官大员，早已顾不得那许多了，“一闻国政，便作奸欺”④，什么仁义道德，什么伦理纲常，都拿去和孝定皇太后她老人家一同陪葬了吧！

明亡后自杀殉国的末代户部尚书倪元璐曾经借张居正改革失败的事例指出：

自神庙中江陵相以健败，后之执政者阴擅其柄而阳避其名，于是乎以瞶眊为老成，以顽钝为谨慎，以阴柔为和平，以肉食素餐为镇定，一切疆事、朝事置之度外，而日与传灯护法之流弥缝补苴，以固其富贵。⑤

---

① 许重熙：《宪章外史续编》卷11，台湾学生书局民国75年影印本，第900页。
② 转引自杜婉言：《明代宦官与明代经济》，《中国史研究》1982年第2期。
③（美）道格拉斯·C. 诺思著，陈郁等译：《经济史中的结构与变迁》，上海人民出版社2002年版，第27页。
④ 顾炎武：《日知录》，中华书局1994年版，第251页。
⑤ 倪元璐：《倪文正公全集》，书牍，卷十九，第1页。

为什么“党祸”为患反映的是“核心缺位”？

中晚明之后，党祸不断。自万历始，出现了齐党、楚党、浙党、宣党、昆党、东林党等“六党”（前五党在朝，后一党在野），到天启朝还出现了“阉党”。朝臣结党暴露3大问题：一是皇帝无能。万历皇帝连续20余载深居简出，政事疲怠，在“国本之争”“福王就国之争”“三王并封之争”等问题上争讼纷纭，莫衷一是。“故其时，不患其不言，患其言愈多，而国事愈益淆乱矣。”① 许多大政方针久议不决，空废笔墨口舌，导致朝政每况愈下。二是臣子营私。如“六党”得名均以地名（如宣城、昆山等）有关，一般是朝廷大臣串联同乡，党同伐异的结果。“所爱者虽不肖必留，所憎者虽贤必去。”② 非同乡同党，即便明知对方言之有理，也不惜颠倒黑白加以驳斥；反之，即便罪大恶极也要拼死力保。“明至中叶之后，建言者分曹为朋，率视阁臣为进退，依阿取宠则与之比，反是则争。”这使得官员们整日互相攻击，无暇务实理政，官场风气一蹶不振。三是吏治失效。皇帝无能，大臣失和，使得身居大内的宦官得以专权滥权。“百数十年间天下之病，小人中于伪，君子中于虚。君子虚美相高，无实学以拨天下之乱，故小人益务于伪，不可救止。”③ 最典型的是天启朝魏忠贤以“九千岁”之名执掌朝纲及其阉党独大。由于魏忠贤势焰熏天，对政治对手采用残酷手段进行恐怖打压，“所杀不可胜数，道路以目”。除东林党人尚能顶风抗争外，其他五党多归附阉党。魏忠贤及其爪牙肆意妄为，“一手障天，流毒缙绅”，活活断送了重振朝纲的最后余想。此外，由于东林党人缺乏斗争策略，加剧了“鱼死网破”局面。后人评论道：“东林一派，始以务为名高，继乃酿成朋党。小人君子，杂糅难分；门户之祸，延及朝廷。”④ 说到底，党祸横行表明统治阶级内部政治分裂，也反映出权力顶层缺乏威信和治理能力。

能臣张居正（江陵相）以“健败”，关键是败在过于刚健、锐意除弊、

① 赵翼：《廿二史札记》卷35《明言路习气先后不同》。

② 文秉：《定陵注略》卷9《癸巳大计》。

③ 魏禧：《魏叔子文集·外篇》卷8，《彭躬庵文集序》。

④《四库全书总目》卷172，集部，别集类25。

苛求作为，因此，后世官僚们十分默契地选择了“老成”的“阴柔”之道，纷纷争当明哲保身、庸碌贪渎的政治过客。于是，正如美国学者所说：“皇朝由于个别统治者本人的腐化堕落和贵族集团与共同宦官之间的宫廷斗争而遭到削弱。这种腐化堕落和派别活动，暗暗破坏了中央权力，助长了官僚机构的腐败。”①

公元1775年（清乾隆四十年）十一月初十，清政权稳定一百三十余年之后，清高宗借表彰明朝忠臣之名特颁上谕，命大学士舒赫德、于敏中等依据《明史》《历代通鉴辑览》《大清一统志》等，编纂《胜朝殉节诸臣录》，将有名有姓的1600余位为明捐躯的忠臣良将载于青史。时隔一年，乾隆又命国史馆在国史内另立“贰臣传”，记下那些明末“遭际时艰”而不能“临危受命”，“辄复畏死幸生、腼颜降附”的大臣。

实际上，“明季死事诸臣多至如许”的数字掩盖了一个真相，那就是李自成闯进北京，殉难的官员不过20余人，“余辈博带峨冠尽化为雉翎绿帽”，争相投顺者倒是有4000余人，其中更不乏先归降大顺、后投靠大清的“辄复畏死幸生”之辈。无怪乎时人归庄在诗中感慨，这些朝臣“媚似狐狸贪似狼，年来士气大堪伤”！再以明军为例，洪武二十五年（1392年）京军军官总数是二千七百四十七员，到60多年后的景泰七年（1456年）突增三万余员，翻了十一倍；到万历时武职竟达八万二千余员。“军日减而官日增”，“官增则冗费愈多，国库愈匮，并且养的是不能战的军，添的也是不能战的官”②。那些济济于庙堂之上的顶层人士，已是如此寡廉鲜耻的狐狼之辈、无用之人，亡国之日何忧不至？

明朝既亡，流亡于日本的知识分子何倩在《大明论》中反思说，“崇祯非比暴厉昏淫之君，可谓睿哲文明之帝乎，然而国坏者何？北方州郡，荒旱水灾相继而作，百姓困苦，啼饥号寒，流离琐尾，不可胜数。当此之时，臣无直奏其事，君不闻民之苦，而民不思为逆者寡矣”，“崇祯之所以亡也，实谓大臣之误也”。同样流亡日本的林上珍在《清朝有国论》一文中更是直言不讳：崇祯迅速亡国“罪在庸臣”。美国学者也有同样的思考：“造反作

---

①（美）斯塔夫里阿诺斯著，吴象婴等译：《全球通史：1500年以后的世界》，上海社会科学院出版社1992年版，第72页。

② 吴晗：《明朝大历史》，第109页。

明朝的军队为何会“无兵可用”？

明初军屯制度完备，其时全国军屯土地90多万顷，军队粮饷基本自给，军事力量亦相当强大，正规军人数空前（据《明史》载洪武二十六年（1393年）约有180余万，朱棣时约有270余万），军事装备远胜前代（有独立的火器部队神机营），肃清南北各地割据势力等军功显著。然而，至明中后期却出现军队严重缺员、军力大幅下降，乃至无兵可遣。其根本原因还是腐败。如由于势家、军官侵占，屯军田数不足，生产不敷食用。万历时，畿辅一带军屯田被成国公朱允祯等占去9600余顷。[①] 崇祯中，孙传庭查得西安四卫旧有屯军24000人，田2万余顷，“田归豪右，军尽虚籍”[②]。屯军无田可种，或屯田收入不足糊口养家，只得另觅出路。如贫军逃亡，较富者贿买官校后经商谋利，或回原籍岁交常例。还有的“买闲”，即军士每月给将官纳贿200余钱，便可不操不点去干其他营生。甚至每匹马每月纳300余钱，亦可“买闲”拉去搞运输赢利。而将官为贪污士兵饷粮，也故意纵放士卒逃离。凡此种种，使军营“半属空虚”，军籍有名，实际无兵。明中叶以后，不仅军额耗减，而且战斗力下降。以明初最强的京营为例，由于明中后期皇室和大臣随意征用军士作私家工役，无暇训练，军纪废弛。且京营“多世胄纨绔，平时占役营军，以空名支饷，临操则肆集市人，呼舞博笑而已”[③]，沦为“吃空饷者”儿戏之地。嘉靖二十九年（1550年），俺答兴兵大举南犯大同，直逼北京城下，守卫的禁军“仅四五万，老弱半之，又半役内外提督大臣家不归伍，在伍者亦涕泣不敢前”[④]。崇祯时虽屡次要求练兵，但京营每日亦只能集合二三百人。积弊至极，军事失败只是迟早的事。

为一种斗争技巧，只是在中央政权的边缘，尤其是当中央官僚体制处于解体的时候才会奏效。”[⑤] 明末的流民社会和农民起义中，我们看到的是大明官吏那“既贪且庸”的污劣群像。尤金·莱昂斯曾经写道：

---

①《明史》卷232《王国传》。
②《明史》卷262《孙传庭传》。
③《明史》卷89《兵一》。
④《明史》卷二零四《丁汝夔传》。
⑤（美）伊曼努尔·华勒斯坦，路爱国、丁浩金译：《历史资本主义》，第38页。

达于极端的专制主义意味着在一个垄断一切生活手段与意见表达手段、工作与娱乐、报酬与处罚的国家里，有几十万甚至几百万的大小独裁者。集权的专制统治，必须通过一个被授权的“人的机器”以发生作用。这个“人的机器”就是一个等级官僚制度的金字塔。每一级的人对上级卑躬屈节，对下一级则傲慢专横。[①]

尽管皇帝们曾经端坐在帝国权力金字塔的顶层，然而，历史已然写就，后人或许记不住几个投降的臣子，但却难以忘记万历“隔空”将孙子崇祯送上景山上吊的结局。

这，就是顶层的危机。

二、“诺斯怪圈”：不负责任的责任内阁和失败的首相

组成政府的行动者有其自身的利益。这些利益来自于制度性权力，并得到制度性权力的支持。

——玛格利特·利瓦伊

“18 世纪既是内阁政府出现的时代，也是提出公职法案以努力维护国会与执行部门之间权力分割的时代。”然而，与英国首位政府首相罗伯特·沃波尔爵士的内阁制（ministerial system）密不可分的是，“这一时期的重大政治问题是在政治中运用‘权势’的问题，即贿赂选举人和收买平民院成员以获得多数成员对内阁的赞许。这种权势体系可以视为执行部门和立法部门之间的第一个联系，它构成了近代发展中的内阁政府模式的基础”[②]。作为责任内阁制的重要标志和人格化载体，第一位现代意义上的首相沃波尔不但通过支付秘密佣金来控制大多数衰败选区，紧握官职任命权，而且还让其儿子在政府里挂名并用公款在巴黎挥霍享乐。[③]可以说，首相原本是责任制内阁之首，却每每成为不负责任的高官要员的政治集团之核。当然，不负责任有两种情况：一种是主观上消极怠惰不愿负责，另一种则是客观上能力缺失负不起责。在热衷于复兴王权的英国国王乔治三世看来，首相是内阁和群臣之首，必须掌

① 转引自（英）伯特兰·罗素，吴友三译，《权力论》，商务印书馆 2008 年版，第 207—208 页。
② （英）M.J.C. 维尔，苏力译：《宪政与分权》，三联书店 1998 年版，第 67 页。
③ 季正矩：《英国现代化过程中的政治腐败》，《当代世界与社会主义》2009 年第 6 期。

控在自己人手中，他根本不理会那些限制王权的议会法案，也不避讳政治收买的游戏规则，一手包办了从贵族中任免内阁大臣的权力。然而，“用人不准”的毛病却几乎一生相随，如丢掉北美殖民地的首相诺斯就是如此，成为不列颠政治史上“负不起责”的典型人物。

历史总是充满嘲讽的：接受国王恩赐最多、与国王最亲近的贵族却对国王的政事损害最大——这，就是“诺斯怪圈”。

1. 贵族之“贵”：国王要用的“自己人”

责任内阁制或者说贵族内阁制在乔治三世统治期间得到了很大发展。从1760年登基到1820年驾崩，享年81岁又239天的乔治三世在位59年又96天。如此漫长的统治时间，足够他做很多想做的事情。其中，既有在位时间最长的“好”记录，也包括丢掉北美殖民地这样的“国耻”，以及创纪录地先后换用了15任首相。在1771年出版的《关于英国政制的历史论文》中，作者强调对于一个撒克逊政府来说，必须有三样东西：枢密院、法院和一个赋予了执行权的首席执行官。而首相作为“在一般结构上非常漂亮而在一些重要的组成部分上有缺陷的”撒克逊政制的“首席执行官”，无疑是帝国政事的舵手和举国政风的向导。因此，首相以及阁员当然是乔治三世最为看重的政治资源。

为政之要，首在用人。贵族（aristocracy）统治即“由高贵出身和占有丰裕财富的人治理的政府”，是乔治三世的核心统治基础。而那些要想在政坛上崭露头角的人，必须是拥有土地和爵位的贵族或其子弟。乔治三世的爷爷乔治一世从德国来到英格兰的时候，就曾情不自禁地为英国贵族拥有的巨大财产和贪婪感到惊奇。因为在不列颠，“除劳动者的经济权力而外，其他一切经济权力，归根结底都是能够决定（如果必要的话用武力决定）谁可以在某些土地上立足并有所投进和有所汲取的权力”[①]。如英国历史上公认的第一位首相沃波尔继承的遗产就包括在诺福克的9处庄园和在萨福克的1处庄园，每年地租收入达到2169英镑，由于每年地租上涨最后高达每年8000英镑。[②]

由此，英国贵族成为这样一群权贵阶层，“他的经济地位使他能自由地

① （英）伯特兰·罗素著，吴友三译：《权力论》，第86页。
② （英）乔治·马尔科姆·汤姆森著，高坚等译：《英国历届首相小传》。

从事政治活动，使他能为政治职能而生活……在一个农业国里，纯粹的贵族都是靠地租为生。在欧洲唯一有这种贵族阶级的国家就是英国”[①]。即便是在较低层次的公职上，也需要有一定的财产限制。如1744年，担任治安法官职务的财产资格从地产收入20英镑增加到100英镑。陪审员的资格也大大提高，从年收入40先令提高到16英镑。更主要的是，“英国贵族‘贵’就贵在大量的土地占有和世袭的政治特权”[②]。一个上院议员虽然无薪，但却享有诸多实惠，如他们每年可享有免费邮资1000英镑，可用于非议会方面的私人通信，把盖好邮戳的信封送给亲友或是拿去出售。财产“身家”决定政治“身价”，这就是最根本的不列颠游戏规则。

为了维护贵族传统的奢侈生活方式，从17世纪中期以来，贵族官员们就不得不寻求正常收入之外的其他岁入。除了直接的受贿、因拥有国王授予的“提名权”而在爵位和官职提升或买卖中得到好处费之外，还包括因包税权、专卖权、专营权等国王授予的特权而获得的收益，因海军大臣及其之下的海军军官的特殊身份而私分战利品、采买军备物资获得回扣、虚报士兵人数骗取国家军费、参与走私谋取暴利等。这些收入的取得都与腐败行为相关，或者说获得这些收入的过程就是实施腐败行为的过程。[③]早在乔治三世上台前一年的1759年，富兰克林通过对英国考察而得出的印象是，英国到处都是行贿受贿、营私舞弊的丑闻，“绝对的腐败在这个古老国家的所有等级的人们中流行，从头到脚都完全堕落和腐败了”。

1688年光荣革命之后，贵族的权力反而得到扩大和巩固，一直到1832年议会改革之前，英国仍然是土地贵族执政掌权的“贵族时代”。恩格斯评论道：“在英国，资产阶级从来没有掌握过全权。甚至1832年的胜利，也还是让土地贵族几乎独占了政府所有的高级职位。”贵族阶层牢牢保持着政权，其成员充斥着议会，垄断了内阁。乔治三世所竭力笼络的“国王之友”，就是其中的骨干力量。因此，1784年，查尔斯·詹姆斯·福克斯曾主张在挑选内阁成员时，平民院（即下议院）应当拥有否决权。而皮特则认为这一主张是图谋把国王的执行权转移到下议院来。同一年，乔治·劳斯也谴责了

① （德）马克斯·韦伯著，姚曾廙译：《世界经济通史》，上海译文出版社1981年版，第94页。
② 阎照祥：《英国近代贵族体制研究》，第275页。
③ 龚敏：《1560—1640年英国财政状况与贵族和官员的腐败》，《历史教学问题》2005年第4期。

那种由立法机关来挑选执行官即政府阁员的观点，因为下议院提名内阁大臣就会丧失要求大臣负责的可能性，因为这时“不会剩下任何能对有罪者提出指控的人”。

“圈子政治”如何成型？

18世纪的英国是贵族的黄金时代。那些赫赫有名的贵族们相互联姻，结成了从政治到经济的特权庇护网和利益共同体。18世纪前期，约有20家名门望族，如丘吉尔氏、戈多尔劳氏、斯宾塞氏、配位姆氏、沃尔波尔氏、卡文迪会氏……联姻通婚，结成了错综复杂的关系网，控制了政府、议会和军界许多要职，形成了掌权两代的辉格党老帮派。18世纪中叶，斯坦豪普氏、皮特氏、格伦维尔氏、利特尔顿氏、温德汉氏、菲齐罗伊氏和西莫尔—坎威尔等7家显贵结成“亲戚圈”，为乔治·格伦维尔在1763年组阁创造了条件。18世纪晚期和19世纪初，人丁兴旺的格伦维尔家庭先后有7人得到爵位，其间又与多家贵族联姻，在政府和议会中组成了人多势众的“格伦维尔派”，迫使王室于1806年召请格伦维尔的儿子组建“荟萃内阁”。据统计，18世纪81位公爵的102次婚姻中，53次是同贵族之女结成伉俪，占52%；28%的伯爵和19%的子爵成为贵族女婿。在19世纪，这三个贵族等级的“内婚率”分别为32%、29%和19%。1700—1900年，大约40%的贵族继承人在贵族之家得到配偶。由于英国贵族在居民中比例很低，选择配偶还要受到财产、年龄、教派和党派等条件的限制，若不是出于特定目的，他们之间的通婚率不会如此之高。[①]“血浓于水”——这是最原始但最有效的政治游戏规则，靠血缘连接起“权力圈子”始终是维系特权的最佳选择之一。

有趣的是，方今被称为“责任政府”的制度，在当时却受到攻击，被认为是与责任制相对立的。因为如果“执行机关”和“立法机关”的联系如此紧密，以至于两者一起对政府行为负责，实际上等于无人负责即无人行使相对独立的“控制职能”。法国人贡斯当在19世纪初曾指出，如果所有的政府部长和下属官员都成为议员，议院将不再是人民的代表了，而是将成为“国王的一

① 阎照祥：《“光荣革命”后英国贵族集团的若干特征》，《河南大学学报（社会科学版）》1996年第6期。

个理事会”[1]。在这种政制格局下，政府要员实际上处于“人人负责又人人不负责”的状态，因为国王作为“理事长”自己负总责，这种机制是一种公共权力分配机制，而非执政压力分散机制。[2]

法国史学家亚力克西·托克维尔曾指出，“18世纪的英国，尽管其中有若干重要的民主因素，但它实质上是一个贵族国家，因为它的法制和习惯向来是按照贵族的要求建立起来的，并随着时间的推移而逐渐占据了统治地位和依照自己的意志去指导公共事务”。[3]乔治三世为了在大地主贵族集团中笼络“国王之友”，不择手段地将大量贵族任命为行政、司法、军事和地方管理的各个职位上。这其中，国家最高权力机构——内阁的控制无疑是最为重要的。据统计，1721—1832年的22位首相（即名义上的首席财政大臣）中，13人是上院贵族，6人是贵族之子，1人是贵族之孙；仅公爵就有5人，这些“贵族首相”大都家世久远，同历代王室关系密切。当他们掌握了最高行政权之后，往往借用国王名义，收买下院议员，在议政立法过程中达到私人目的。

此外，像大法官、枢密大臣、侍卫大臣和掌玺大臣等荣誉职位，照例由贵族领衔；像殖民事务大臣、印度事务大臣、苏格兰事务大臣等，习惯上也非贵族莫属。内阁其他要职也往往被“国王之友”充任，如18世纪负责外交事务的44名阁员中，28人是大贵族，10人是贵族之孙，6名平民外交家成为新贵，剩下的仅5人未入上院，但也大都获得乡绅称号。[4]然而，贵族圈子就这么大，可供选用的人就这么多，遇人不淑、用人不准危机往往是在不经意间发生的。特别是当时实行长子继承世袭贵族封号、封地和财产制度，其他子嗣则没有资格。以至于18世纪的英国文豪约翰生就曾讽刺说幸亏英国奉行长子继承制，“这使一个家族只出一个白痴”。

表1　18世纪英国贵族数目变化表（当年1月1日）

年份	1700	1710	1720	1730	1740	1750	1760	1770	1780
数量	173	167	190	189	183	187	181	197	189

① （英）M.J.C. 维尔，苏力译：《宪政与分权》，三联书店1998年版，第193页。
② 李念培、孙正达：《英国》，世界知识出版社1987年版，第4页。
③ （法）托克维尔著，董良果译：《美国的民主》上卷，商务印书馆1997年版，第289页。
④ O.F. Christie, The Transition from Aristocracy, 1832—1867，转引自阎照祥：《英国近代贵族体制研究》，第99页。

表 2　18 世纪汉诺威王朝的贵族上院构成表

年份	国王	公爵	侯爵	伯爵	子爵	男爵	主教和大主教	总计
1714	乔治一世	23	2	74	11	67	26	219
1727	乔治二世	31	1	71	15	62	26	222
1760	乔治三世	25	1	81	12	63	26	224

资料来源：J. 坎农《贵族世纪：18 世纪的英国贵族》，剑桥 1984 年版，第 15 页。

英国社会是一个天然的贵族社会，贵族天然是社会的主人。[①] 但今天的人会说，国王为什么总是用不称职的贵族做首相，这不是自毁长城吗？

其实，国王并不是分不清贤愚忠奸，而是容易患上一种识人用人的“选择性近视”。因为他看人的焦点集中于一处：忠心。至于什么盖世雄才，什么经国伟略，在政局平稳、政权在握的情况下不但不是好东西，反而意味着对君威王政的威胁。因此，那些皓首穷经的青年才俊们总是感慨怀才不遇、时不我予，甚至要骂几句“老天瞎了眼”之类的话泄泄私愤，但这根本无济于事。

因为游戏规则很简单：在如选美般选材的政治秀场里，国王最先看到的是忠心，最易看到的是忠心，最愿看到的还是忠心。在乔治三世看来，沃尔波尔等人的问题不是“不能干”而是“太能干”，因为“首相不应该成为权力的源泉，而仅仅是一个下属集团的领头者；首相应该成为君主的代言人，而非像沃尔波尔和皮特那样成为国家政策的独裁者”。[②]

至于贵族中的“忠臣”是不是“良相”，这还算是个问题吗？大不了换人——戴假发的贵族有的是！这，就是乔治三世最看重的用人之道。

他登基后所乐于提携的，除了大内近侍、愚忠之人，就是宠信之臣。或许，贵族把持政坛的现实逼得他不得不如此。正如培根所说，“那些在贵族世家中第一代晋入此阶层的先人，多是些才高志强而品德不够清白的人，因为不是黑道白道并用的话，很少能有什么飞黄腾达”[③]。既然如此，乔治三世用行动作出了最简单而又最响亮的回答：宁用最忠心的笨蛋，也不用最精明的能人！

---

① 参见钱乘旦、陈晓律：《在传统与变革之间》，浙江人民出版社 1996 年版。

② 转引自刘金源：《论乔治三世前期英国王权加强的原因》，《英国研究》2011 年辑刊。

③（英）弗兰西斯·培根著，何新译：《培根论人生》，上海人民出版社 1983 年版，第 105 页。

如何通过“帕金森定律”来读解屡治不绝的吏治腐败？

帕金森定律(Parkinson’s Law)是官僚主义或官僚主义现象的别称。1958年，英国历史学家、政治学家西里尔·诺斯古德·帕金森(Cyril Northcote Parkinson)出版了《帕金森定律》一书，阐述了机构人员膨胀的根源和结果。即不称职的官员有三条出路：一是主动让贤；二是请能人相助；三是找两个水平更弱的人当助手。第一条路会丧失权力，第二条路会“养大”对手，因此，只有第三条路可行。于是，就形成了能力平庸者高高在上发号施令、更平庸者执行的管理架构。两个无能的助手更是上行下效，再为自己找寻更加无能的助手。如此类推，形成了机构臃肿、人浮于事、效率低下的“漏斗型”领导体系，机构虽如金字塔般叠加，人员膨胀、忙碌不堪但组织效率却日益低下。这条帕金森定律不仅在官场中频频出现，在很多组织中都能看到，且有一些推论。如：冗员增加定律——官员数量增加与工作量毫无关系，而是源于每个官员都希望增加忠心的下属而非能干的对手；骑墙派决定定律——在组织中的竞争双方势均力敌之下，不是竞争对手而是中间派成了左右政局的主角，甚至造成一些不称职的人起到了决定性作用；鸡毛蒜皮定律——大部分官员并不能驾驭复杂局面和把握重大决策，因此往往通过对细枝末节的斤斤计较来“遮丑藏拙”，这使得组织议决事项越重大，讨论的时间越短；反之，时间越长，程序越繁，导致不作为、慢作为、懒作为之风蔓延。

1770年，乔治三世继位10年了，下院已有190名所谓“有官职的议员”，这些人在议会则身为立法者，在政府则身为执法者，形成了一个听命于君主的“国王之友”派。“他们把国内所有痛恨辉格党家族的贵族式统治的人士团结在国王和他们自己的周围，于是，乔治三世得到许多‘国王之友’的支持，这些人忠心耿耿，渴望权力，急于帮助他‘赶走老帮派’”[①]。在这种情况下，“政府之友”派终于偃旗息鼓了。爱德蒙·伯克经历了18世纪60—70年代的这场政治动荡，目睹了“国王之友”推助乔治三世为所欲为和“政府之友”的沉沦，他十分辛辣地指出：

---

①（英）温斯顿·丘吉尔著，薛力敏、林林译：《革命的年代》，《英语民族史》第3卷，第719页。

许多贵族也十分乐意去充当吹牛拍马者、搬弄是非者，帮闲混饭者，导人行恶者和小丑一类的角色，去做一些最卑贱、最恶毒的人才可能做的事情。由于缺乏正规的训练，加上早年的习惯和一些潜伏的残存尊严，他永远不可能赶上一个意大利侍臣、一个江湖术士，一个巧言令色的骗子，一个赌棍或此类行当中的任何一个老练之徒。①

10年间，乔治三世先后炒了5任首相，而乔治·格伦维尔、查理·汤森德、格拉夫顿等“下课”者无一例外的都是“国王派”大员。或许，乔治三世频繁更换的短命首相确实不乏庸人笨伯，但更重要的是他在颐指气使中制造了一种“气场”：得不到国王的信任和赏识，谁也别想恋栈高位。托克维尔曾指出，“英国是由那些主要的土地所有者进行管理和统治的”，“在欧洲大陆每一个确立了封建制度的地方，贵族最终都变成了种姓，惟有在英国又重为掌权阶级”②。

1770年，尽管“美洲尚未发生流血冲突，但帝国解体的种种危机已经摆在目光敏锐的人们面前。乔治三世经历了十二年阴谋党争之后，终于找到一位顺从听话的首相”③。这位国王与议会都可以双双接受的理想人物，就是乔治三世童年时的朋友诺斯勋爵（Lord North）。

2. 诺斯的“致命错误”和殖民地上的“国企腐败”

要知道，“国王之友”派的头子乔治三世小时候，在11岁之前不曾读过书，到了20岁写出来的字仍像小孩子。常和他一起玩的小朋友之一是未来的诺斯勋爵。

英国贵族向上流动的两个途径是：国王的恩宠和有利的婚姻。诺斯显然是靠前一个途径。他的父母常对儿子说：诺斯，见到小乔治王子时要向他鞠躬，称呼他陛下。与他玩游戏时必须想法让他赢，千万不要动手打他。只要能讨他喜欢，有朝一日就能谋个挂名好差事，你父亲也能从男爵升为伯爵。

这种驯顺的关系一直延续到他们成人之后。诺斯在1763年的《北方不列颠人报》事件中初露头角，带头提出指控该报第45期煽动叛乱的议案，此后又竭力支持乔治三世的北美殖民政策。乔治三世赐给他嘉德勋章，还曾替他

① （英）爱德蒙·伯克著，蒋庆等译：《自由与传统》，第188页。
② （法）托克维尔著，冯棠译：《旧制度与新大陆》，商务印书馆1992年版，第69页、121页。
③ （英）温斯顿·丘吉尔著，薛力敏、林林译：《革命的年代》，《英语民族史》第3卷，第728页。

一次还清2万镑的私人债务，对一个私人财产收入每年只有2500英镑的人而言，等于免去他全家牢狱之灾。“王恩”如此浩荡，首相自然唯国王之命是从。

当然，他也深谙投桃报李之道。乔治三世的小弟弟坎伯兰公爵亨利曾经是个热衷勾引有夫之妇的风流客。但有一次，亨利不幸栽在了大臣高富诺的脚下。由于他与高富诺之妻通奸而被告上法庭。最终，亨利向高富诺赔偿一万英镑，并负担三千英镑的诉讼费。因为无钱应付，他只好跑到皇兄跟前哭诉。因为拿不出钱，坎伯兰公爵就将被下狱。情急之下，乔治三世只好命令首相诺斯筹钱来给自己的弟弟擦屁股，以避免王室的丑闻扩散。①

如今的网络语言总结：男人女性化，女性宠物化，宠物贵族化，贵族没文化。这句话用来形容乔治三世时期的英国朝野十分恰切。诺斯勋爵就是这样的典型的“宠物贵族”。世人公认诺斯是个“风流潇洒的美男子”②，表面和蔼可亲，忠诚老实，但是性格软弱。

事实上，他正是有主见的君主愿意使用的那种首相，因为可以通过他们在议会推行不得人心的政策。这就是诺斯勋爵的命运。如果说能够生逢盛世，诺斯可能是一个令人满意的首相人选。但是在美洲危机那样剧烈的风暴中，他的弱点很快就暴露出来。他不善于处理突然出现的政治问题，对随之产生的战略问题甚至更加无能为力。

有的报纸议论说，选中诺斯证明国王愚蠢——一个笨蛋被另一个笨蛋选中。当时，19岁就已打破议会规例晋身下院议员的激进派贵族查尔斯·詹姆斯·福克斯（Charles James Fox），确实常在背地里叫乔治三世“笨蛋”。脾气温和的诺斯勋爵被乔治三世称作是“他的最后选择”，后来有历史学家却认为诺斯是“英国历史上最坏的一个首相”。但平心而论，诺斯的入仕道路堪称完美：

首先是教育背景出色，他自1742年至1748年受教于伊顿公学，其后就读牛津大学的三一学院，并在1750年取得该校的文学士资格。毕业曾游历欧洲并入读莱比锡大学。

其次是职业经历丰富。诺斯1753年返回英格兰，并自1754年至1790年间在下议院担任议员。在“纽卡斯尔—皮特联盟”期间，他从1759年开始在

① （日）海野弘《世界丑闻史》，林焕军译，第174—175页。

② （英）温斯顿·丘吉尔著，薛力敏、林林译：《革命的年代》，《英语民族史》第3卷，第728页。

财政部获任一些较次要的职位；1766 年在查塔姆内阁与乔治·库克（George Cooke）共同出掌军队主计长一职，并被委任为枢密院顾问官；1767 年 12 月，诺斯继查理·汤森德（Charles Townshend）出任财政大臣。

可以说，诺斯堪称贵族子弟中的精英分子。

作为托利党首领，诺斯上台执政达 12 年（1770 年 1 月—1782 年 3 月）之久，一直是乔治三世各项政策的忠实支持者，组成清一色的“国王之友”政府。由于当时“首相只是被当作一个政党首脑看待，国王可以置首相的建议于不顾”[①]。乔治三世完全直接控制了政府决策大权，而诺斯只是他的驯服工具。

这种情况是 18 世纪中后期的英国政制使然，“内阁是对国王负责的，但是长期来看，内阁又依赖在国会中保有多数的支持”。在《当前的争论》中，埃德蒙·伯克就指责内阁，认为它已经进入国会以实施其全部纲领，“剥夺了国会控制国王的一切可能性”。换言之，虽然名义上的责任内阁制已经确立，但在国王的权杖下，首相只是国王和议会多数派之间的一个信使，所传递的其实根本不是自己的意志。

对于倒霉的诺斯首相来说，他执政前半期一直被北美殖民地独立的呼声所困扰，后半期又试图平息美国独立战争，但英军在约克镇一仗的惨败最终打破了他的梦想。成也萧何，败也萧何。诺斯失意政坛的霉运，还是和自己的贵族同僚息息相关。

何谓官员竞争中的“不负责任原理”？

负责任的人需要担负的责任越来越多，出问题的概率也就越来越高；相反，不负责任的人出概率的机会少，而且还可以在别人“试错”之后“收拾残局”，既成为幸存者，又有反面教案做指引而减少了出错概率。

说来话长，英国从 16 世纪就形成了用封号爵位褒奖那些积极殖民的冒险家的传统，此后这一做法有增无已。如斯图亚特王朝的枢密院成员和国务大臣乔治·卡弗特于 1621 年派人前往北美洲的纽芬兰，创建了一小块被称为费里兰的殖民地，他在 1625 年被晋封为男爵。七年之后，费里兰拓展为归属英王的马里兰殖民地，其子赛西留斯获得了政府颁发的马里兰特许状，获得

① （美）拉塞尔·阿莫斯．柯克《保守主义传统》，载肯尼思·W. 汤普森编《宪法的政治理论》，第 52 页。

了约 1100 万英亩土地的全部管辖权，成为该殖民地上的国王代表和全权统治者。他将广袤土地分为 60 个封建式大庄园，分赐亲族好友并收取“代役租（quitrent）”。1661 年，卡弗特男爵的孙子查理被王室政府任命为马里兰总督，延续了一段祖孙三代因北美殖民光宗耀祖的故事。

可以说，在国内捞取政治资本，到海外进行资本变现，形成了一个十分便捷的利益传送带。或许是因为商业经济和资本力量的侵袭，许多王公贵族都成为“吃殖民饭”的官商。如 1667 年成立的非洲探险公司，实际上是一个黑奴贸易的殖民公司，其董事会竟然以王室要员为首，包括 3 名公爵、1 名女伯爵、7 名勋爵和 27 名爵士。[①] 这与明朝的“皇店”“官店”有着相近的逻辑，都是用政治特权换取商业特权的产物。只不过这英格兰的岛国上土地有限，贵族们不像明朝的达官显宦把生意做在家门口，只好到海外去寻觅发财致富的商机而已。至于头脑灵活的英格兰贵族还因参与金融投机而成为“股票贵族”，则表明“英国贵族和资产阶级相互渗透的程度使英国的社会状况看起来要比中欧和东欧的社会状况先进 150 年”[②]。

诺斯执政期间的最大失败来自于对东印度公司的错误政策扶持。东印度公司是英国近代历史上的一个特殊产物，可以说是最早的“国营企业”（详见第六章）之一。在腐败和贪污的影响下，尽管 9 年来该公司的雇员仅在孟加拉居民身上就为自己搜刮了近 300 万英镑的财富[③]，但该公司在 18 世纪 70 年代遭遇到破产危机，英国政府被迫出面挽救。

在诺斯首相主持下，英国国会通过了一项没有引起议员和朝野过多关注的法案，授权东印度公司将其大量积压的茶叶直接运往美洲殖民地，并且不交进口税，由它的代理人予以经销。这个法案等于给了东印度公司在北美倾销茶叶的垄断权。诺斯对此曾颇为得意，因为他主观臆断地认为这批比北美商人走私茶便宜一半的茶叶一定会让北美人民心满意足，然而事与愿违，由此历史开始转折。[④]

令诺斯始料不及的是，这样一来，从英国海关运输茶叶的美洲船主们将

---

① （特）艾里克·威廉斯著，陆志宝等译：《资本主义与奴隶制度》，北京师范大学出版社 1982 年版，第 45 页。
② Roy Porter, English Society in the Eighteenth Century, 转引自阎照祥：《英国近代贵族体制研究》，第 158 页。
③ （英）温斯顿·丘吉尔著，薛力敏、林林译：《革命的年代》，《英语民族史》第 3 卷，第 759 页。
④ 单富粮、肖彬延：《论英国对北美殖民地的税收政策》，《沈阳大学学报》1990 年第 2 期。

面临破产的威胁，为他们销售茶叶的经纪人也将遭遇失业的危险。在这种情况下，北美殖民地的激进反对派开始以“爱国者”自称，并公开谴责宗主国侵犯了殖民地人民的“自由”。

这可是一个危险的信号，因为尽管此前发生过火烧缉私船的暴力行动，以及英国驻军枪杀市民的波士顿“惨案”等事件，但都被悄然平息下去。殖民地驻伦敦代表的核心人物本杰明·富兰克林甚至在 1773 年写下了这样的话：

我们当中似乎有些人主张立即分裂，我认为，如果谨慎行事，我们会由于力量不断壮大而达到巩固的地位，我们的要求也就必然得到满足；反之，假如在条件尚未成熟时发动斗争，我们就可能失利，被镇压下去……在统治者和被统治者之间，统治的失误和侵犯权利的行为不足以成为发动叛乱的原因。

约翰·迪金森在《农民来信》中也曾说道：“让我们像顺从恭敬的孩子们一样行事，而可爱的父母只不过是打了我们一记不当的耳光。让我们向父母抱怨，但是要用折磨人的语言而同时又是尊敬人的话语来诉说我们的抱怨。”①

然而，在软弱的诺斯政府不断祭出“昏着”的时候，殖民地的“爱国者”们开始了坚决的反抗行动。潘恩对寄生在北美殖民地人民身上的英国贵族们嗤之以鼻：“他们是一窝雄蜂，既不采蜜，也不营巢，或者只是为了过骄奢淫逸的生活。”②

1773 年 12 月，当首批东印度公司的中国产茶叶被运到波士顿时，50 名激进派分子乔装改扮成北美土著莫霍克人的模样，到三艘茶船上捣毁茶箱，并把价值 18000 英镑的 42 箱茶叶全部抛入茫茫大海。次日，未来的美利坚共和国第二任总统约翰·亚当斯写道：

昨夜有三船武夷茶被倒入大海。……这是独一无二的壮举。我无限钦佩爱国者的这一崇高的行动。销毁茶叶的行动如此大胆、果断而坚定，必定会产生深远的重要影响，因此我不禁视之为历史上的一个里程碑。不过，这次行动只是袭击了物资，再发生类似的行动就可能造成流血事件。许多人希望港口漂着像茶叶箱那样多的死尸。

不难看出，殖民地人民的立场已经发生了 180 度的大转弯，而英国政府却执意在强硬镇压的单行道上越走越远。乔治三世十分坦率地表明了自己对

① S.E. Morison “A Concise History of American Republic”.
② （美）潘恩，马清槐等译：《潘恩选集》，商务印书馆 1981 年版，第 291 页。

殖民地人民独立革命的不容：

我的一些臣民竟然助长一些美洲殖民地不幸产生的犯上倾向，我对此感到非常震惊。我完全相信国会的智慧，将坚定不移地实行它为了支持大不列颠的立宪权利和保护英国贸易利益而提出的措施。①

1773 年波士顿倾茶事件发生后，老皮特曾经在演说中痛斥以诺斯为首的征税派："我敢冒昧地说，你们不能征服美洲。"② 但诺斯只是一意服从国王，并不顾免税派的再三劝告辩解道："行使我们征税权利的最适当的时机就是当这种权利遭到否认之时。妥协就是投降。如果现在不维护宗主国的权威，就是永远放弃宗主国的权威：只有到美洲匍匐在我们脚下的时候，才能完全撤销关税。"③

很多人认为，对国王亦步亦趋而又无能的诺斯是"失掉美洲的那个人"。如果用一句话来总结诺斯政府的主要工作的话，那就是：对内伸张国王个人的权力，对外保持对殖民地的高压。

北美独立战争就是在这个政府的高压政策下爆发的，结果造成内外危机重重。正是在负不起责的诺斯任首相期间，美国人民在华盛顿领导下，开展了独立战争，从而结束了英国的殖民统治。

据说俄罗斯的凯瑟琳女王曾不屑一顾的评论说：与其像英王乔治三世那样允许美洲独立，我还不如对准自己的脑袋开枪。但"和事佬"诺斯可没这个勇气，而是总在议会辩论时打瞌睡或像是在打瞌睡。一次，一个正在慷慨激昂的猛烈攻击他的演说者不得不停顿下来，气愤地指责道：在帝国危机四伏之际，我们的尊贵勋爵居然在酣睡！话音未落，诺斯睁开一只眼睛说：上帝保佑，但愿如此！看来，这位首相不但颇懂绥靖怀柔之道，还深谙明哲保身之术，何必要与政见不同者一般见识，大家不都是国王的臣民吗？

19 世纪初，乔治·康沃尔·刘易斯爵士曾提出内阁制政府应成为"最高立法机关的常务委员会"的著名观点。④ 但对于当时的诺斯勋爵来说，他只是"国王事务的常务委员会"的看守，因为他的最高使命就是维护乔治三世，

① （英）温斯顿·丘吉尔著，薛力敏、林林译：《革命的年代》，《英语民族史》第 3 卷，第 724 页。
② （英）乔治·马尔科姆·汤姆森著，高坚等译：《英国历届首相小传》，第 60 页。
③ （美）W. 欧文著，张今等译：《华盛顿传》，新华出版社 1984 年版，第 145 页。
④ （英）M.J.C. 维尔，苏力译：《宪政与分权》，三联书店 1998 年版，第 202 页。

而这或许才是他最大的错误。

其实，要不是反对派的强硬态度掩盖了全国的真正情绪，诺斯政府早就垮台了。

3. 无能的政府和无力的军队：不作为就是腐败

原本，不列颠及其北美殖民地之间的军事冲突本应毫无悬念。

正如今日之美国人所评论的那样：在签署《独立宣言》时，先人们是以生命做赌注的。当时的英国，是世界上最大的军事强国，它要对付的，只是一群小地方的农夫而已。

本杰明·富兰克林的话绝不是开玩笑：要么一起被吊死，要么单独被吊死。假如反叛的美洲民兵在战场上被击溃的话，那鼓动他们独立的领袖们，是一定被吊死的。

然而，事实证明富兰克林是有些过虑了。在诺斯这位无能首相的带领下，貌似强大的不列颠政府和军队如群龙无首的散兵游勇，顾此失彼地丢掉主动，接二连三地丧失先机。

保罗·肯尼迪在《大国的兴衰》一书中将其归结为能力不足：“当伦敦同北美殖民者之间的争吵变为公开的武装冲突时，英国所处的地位在许多方面都比 1739 年或 1756 年虚弱。造成这种结果的很大一部分原因归结为个人素质。”[①] 此时的英格兰，几乎到了无人可用的尴尬境地，暴露出腐败高发期中两个十分常见的弱点：一是文官无能，二是军官无用。

——用人腐败导致文官无能

1776 年 7 月，《独立宣言》传到了纽约，纽约人大为振奋，他们立即推倒国王乔治三世的铜像，把它熔化为 42000 枚子弹，以备即将来临的战争。[②] 这既表现出了殖民地人民的向心力和执行力，也似乎成为不列颠远征军最终结局的一个先兆。

由于 1776—1783 年战争的战场是在北美殖民地，遥远的距离、通讯的障碍和后勤保障的困难等，使得不列颠遭遇了 18 世纪以来任何一次战争都未曾遇到的战略问题：“英国部队在北美所需要的每一块饼干、每一个士兵、每一粒子弹，都要经过 3000 英里的大洋运来。”至于英国政府中，不论是诺斯

---

① （美）保罗·肯尼迪著，陈景彪等译：《大国的兴衰》，第 111 页。

② （美）芭芭拉·埃仑莱希著，仇直译：《他们的乔治和我们的乔治》。

本人，“还是其他任何一位政治家，都不能提供全国性的领导，也提不出首尾一致的大战略”。

在国际上，英国外交的失败暴露无遗。“伦敦发现它自己不仅在欧洲是孤家寡人，而且到了1780年，还要面对一个可疑的武装中立联盟（俄国、丹麦、葡萄牙）以及一个充满敌意的联合省。而这时，英国在对付北美的暴动和法国—西班牙联合舰队方面已经是力不从心、疲于奔命了。”[①]

1777年秋天，对英国王室和政府灾难将至的第一个前兆出现了：伯戈因将军在萨拉托加投降。从那时起，诺斯便开始不断向国王乞求辞职，尽管他在三年中不断自称完全不适合留在他的职位上充当战争领导人，而不是积极地承担起治政治军的使命，但是都被乔治三世拒绝了。也许，乔治三世不给诺斯打退堂鼓的机会，真实的原因是无人可用，亦无人可信。

在国内，英国除了乔治三世的一意孤行和一个屈从国王的国会，没有多少人了解大西洋彼岸发生了什么事。乔治三世派到北美的殖民官员早已成为集体腐败的参与者，除了激起殖民地人民的反抗怒火之外，他们的所作所为只有贪污受贿。比如，当时的殖民地土地成了“热门货”，不论是南方种植园主、新英格兰农场主、握有巨资的宾夕法尼亚商人，还是英国的贵族和商人都染上了“土地投机癖”，每个人都挖空心思想在殖民地弄到土地。因此，每个拥有点土地处理权的官员都随时有机会贪污受贿，搞偏袒亲私的秘密交易，甚至是公开盗窃。[②]殖民总督更是把土地转让变成了公然索贿的契机，把政治管辖权直接等同于经济掠夺的工具。这使得貌似强大的英国军队在殖民地始终“接不上地气”。

即便是在战争期间，英国国内也是众说纷纭。伯克曾如此描述当时的情景：“……商人背叛了我们，也背叛了他们自己。……他们当中的主要人物源源不断地得到合同、汇款和各种买卖，不知疲倦地压制别人的意见。……他们全体或大多数人嗅到了有利可图的战争所散发出的腐臭气味。”在慢作为、懒作为的诺斯内阁治下，殖民地的战火始终激发不出不列颠同仇敌忾的热烈舆论。

尽管乔治三世认为“战争与维持英国的荣誉密不可分”，在18世纪70

---

①（美）保罗·肯尼迪著，陈景彪等译：《大国的兴衰》，第111—113页。

②孔庆山：《美国早期历史上的政治腐败述论》，《河北师院学报（社会科学版）》1994年第4期。

年代末“国内骚动不断扩展的时候”，仍然坚持给“伦敦的舰队发出了层出不穷的任务”。但事倍功半，直到“1780 年后，这个国家的大部分人不希望继续打仗，乔治三世完全孤立。甚至在上院中也很早就出现了反对他的人”[①]。

最终，“议会谴责英国在美国的军事溃败是由于君主的经济低效和财政管理不善”[②]。1780 年 4 月 6 日，辉格党议员约翰·唐宁（John Dunning）在议会下院讨论各地请愿书时提出一项“削弱王权”的动议，尽管立即引起激烈争论，但不少独立的乡绅议员表示支持，认为 1777 年萨拉托加惨败后，乔治三世不顾民众意愿，甚至违背诺斯的辞职意愿继续留任其内阁，加剧了国内外的危机。最终，下院以 233 ：215 票的微弱多数通过了唐宁决议。随后，政府表示下院有权检查并纠正王室开支中的种种弊病，并将公布下院议员所获王室薪俸的数额。随后，唐宁趁热打铁提出一项动议，即内阁应公布其成员从王室薪俸中所获报酬数额，宫廷的下等官员将不能担任下院议员，该动议又以 215 ：213 的微弱多数通过。[③] 显然，诺斯的失败使得他的政府声名狼藉，主张改革的反对派势力随之加强。更为不利的是，“由于乔治三世的干预，由于围绕北美殖民者事件的激烈争辩，政治派别的纷争益发加剧，国家也因此而分裂了”[④]。

——军队腐败导致军力空虚

乔治三世甚至孜孜不倦地亲自过问战争的具体监督工作，但他无力使各个大臣的行动协调起来，而且这些大臣“各个才力平庸”。一个典型人物是乔治三世选中的陆军大臣乔治·杰曼勋爵。他担负着协调各支前往殖民地英军的重任，然而，因为在 20 年前德国的一次战斗中拒绝率领骑兵冲锋，军事法庭早已宣布他不适合在军内服役。无怪乎丘吉尔会评论说：在这场有乔治三世在幕后亲自操控的殖民地战争中，“英国的战略方针从来没有如此漏洞百出，每一条军事原则和信条都遭到违反或忽视”[⑤]。如在美国人引以为豪的考彭斯（Cowpens）大捷中，革命军之所以能够上演以少胜多的战争奇迹，完全是因为英国正规军的傲慢轻敌所赐。

---

① （法）雅克·索雷著，黄艳红译：《18 世纪美洲和欧洲的革命》，第 213 页。
② （美）玛格利特·利瓦伊著，周军华译：《统治与岁入》，第 138 页。
③ 参见刘金源：《论乔治三世个人专制终结的原因》，《苏州科技学院学报（社会科学版）》2013 年第 6 期。
④ （美）保罗·肯尼迪著，陈景彪等译：《大国的兴衰》，第 111 页。
⑤ （英）温斯顿·丘吉尔著，薛力敏、林林译：《革命的年代》，《英语民族史》第 3 卷，第 738—739 页。

那是1781年1月，富家子弟和正牌“牛津生”巴纳斯塔·塔尔顿（1754—1833年）率领4000名不列颠正规军，对一支七拼八凑、士气低落的2000余人的南方革命军穷追不舍，欲一举歼灭为快。塔尔顿虽然以马刀劈砍术精湛闻名，并被革命者称为“血腥的班恩”，但却严重低估了殖民地散兵游勇的奋争之气和奇兵之道。

当时，为了保存实力，革命军将领纳萨内尔·格林（1742—1786年）决定兵分两路，与敌周旋。当塔尔顿率部在考彭斯即将追上由丹尼尔·摩尔根少将（1736—1802年）统领的西路革命军时，一条大河截断了退路，且考彭斯地区是一片地势平坦的牧场，前方没有任何天然屏障，眼见着仅千余人的革命军即将陷入寡不敌众的灭顶之灾。

但是，“老摩尔根”决定改变与美军“先面对面排好队形对射，再发起刺刀冲锋决定胜负”的标准战法，因为这种情况下火力占优、骑兵完备、人员精整的英国正规军往往是胜多负少。他大胆采用了用民兵在开阔地诱敌深入，将战斗力强的大陆军、老民兵和骑兵隐藏在一处小山包后，作为奇兵出击消灭对方有生力量的破釜沉舟之计。

果然，当塔尔顿率领的1000余人的精锐先头部队孤军深入、立足未稳时，便采用了先分批次冲锋打散革命军、再用大部队围捕歼敌的惯常战法，但其轻敌之举引发了灾难性后果：先是贸然出击的骑兵分队遭到重创，后是继续冲锋的步兵团遭遇伏击。

一时间英军阵脚大乱，当塔尔顿命令残余骑兵冲锋解救战友时，大部分骑兵见大势已去，竟然拒绝执行命令。塔尔顿只得率领50名骑兵做最后一搏，结果差一点要了自己的命。一小时后，英军先头部队全军覆灭，阵亡约200人，被俘652人，塔尔顿仅率少数部下侥幸逃生。

“考彭斯之战”虽然历时不过一小时，但在美军史上却堪称经典，摩尔根也被誉为“美国独立战争中，英美双方将领中唯一一位具有原创战术思想的人物”[①]。由此，美军终于有了一套能够和英国正规军对阵的合理战术，此后格林将军用相同战术在吉尔福德科豪斯、尤陶泉两处重创英军，迫使康沃利斯退入纽克敦固守待援，而随后的纽克敦大捷则是为世人熟知的历史转折。

---

① 郭彩虹：《考彭斯大捷——影响美国独立战争命运的经典之战》，《环球军事》2008年第12期。

英国军队腐败如何泛滥成灾？

英国军队中允许买卖下级军职自中世纪以来就广为存在。1700年后，职业常备军出现，使贵族子弟可避免费时长久的军阶升迁，直接成为不高于中校的军官，大大缩短晋升时间。如18世纪末，骑兵中校的职位售价5000多英镑。在乔治三世执政的1769年，27%的上将、16%的中将和10%的少将是上院贵族。102名步兵团上校中，32人是贵族或贵族子弟，半数以上是贵族直系亲属。18世纪的23名海军大臣中，16人是上院贵族，1人是王室亲王，2人是贵族之子。而且，亲情利害关系对当时英国军中升迁至关重要，如沃尔夫、威灵顿等纷纷创造了32岁官至将军的神话。海军是军队腐败重灾区，“不言而喻，海军是可以买官爵的”[①]。在詹姆斯二世时期，有人以40条纯金的代价向海军传奇人物、海军局书记塞缪尔·佩皮斯买官。而重金购买职位的军官们会利用一切职务便利回收成本，如在采购军需品时私吞、窃取海军物资，有人甚至从国王的船只中偷出大炮卖给外国商人，导致“污秽、组织不善、医疗服务的缺陷”等非战斗因素致死英国将士，倒是“战死沙场是一种小风险”[②]。如1793—1815年间，英国死亡的海员80%是因疾病或事故，仅6%—7%死于法国人之手。士兵们生存环境恶劣，出海后除了咸牛肉、饼干和朗姆酒就没什么“珍贵”食品了。[③]当时，英国水兵工资比商船船员低很多，因为商船主用2—3倍高薪争夺海员，而拖欠克扣工资竟是防止水兵逃跑的措施，有的水兵要到七八年后才能拿到参战欠薪。因此，很多英国人即便当水兵也不愿为国服役，而是加入待遇更好按时发薪的荷兰海军，以至英荷海军相遇，竟能听到两军甲板上的人都在说英语。而且，“从18世纪开始，豪绅和船东这两个阶层已控制了英国政府，不论是内阁大臣还是海军将领，都不愿在水兵工资的敏感问题上触怒他们”[④]。

值得一提的是，乔治三世派出的败军之将塔尔顿并没有死在北美，而是

① （英）D. 豪沃思著，伍江译：《战舰》，海洋出版社1984年版，第84—89页。

② （英）温斯顿·丘吉尔著，薛力敏、林林译：《革命的年代》，《英语民族史》第3卷，第124—125页。

③ （英）J. R. 希尔著：《英国海军》，海洋出版社1987年版，第7页。

④ Stephen F. Gradish, “Wages and Manning : The Navy Act of 1758” ,The English Historical Review Vol.93, No.336,（Jan,1978）,pp.64—65.

活着返回了英国，日后竟然继续在军中升至陆军上将。

乔治三世的顽固不化与刚愎自用，加上大英帝国拥有丰沛的财务与其他资源，原本认为英国出兵北美殖民地将会迎来一场“速胜”。

战争的背后是金钱的较量。当战火引燃之后，北美殖民地面对着君主专制和贵族专制这“两种古代暴政的肮脏残余”①，几乎陷入弹尽粮绝之境。如在1780年冬天，华盛顿的部队因为一些人家境贫寒而发生了哗变；大陆会议和各州发行的数亿美元纸币贬值95%；通货膨胀造成物价暴涨，1775—1780年每吨铁的价格上涨了95倍之多。大陆军的总司令华盛顿不但没有任何报酬，还在战争期间自己搭上了高达8500英镑的花费。

但乔治三世的远征军所陷入的窘境，再次反证出英国王室和政府是多么腐败无能。这已是英国史上规模最大的远征军，有3.2万名配备齐全的军人登陆纽约地区，其间还不断增援，而且有当时全球最庞大且装备最精良的海军，其中有半数人员随时准备提供支援。

为了确保胜利，乔治三世还调来超过3万名雇佣兵。而且，在1781年之前，由于英国完全掌握制海权，英军及其大炮得以在美国海岸反复地登陆、上船、再登陆，另外，英军在北方的新斯科细亚、西印度群岛及南方的百慕大设有舰艇基地。这似乎使英国可以在一场对殖民地非正规军的“吊打式”战争中笑到最后。

但是，“皇家海军全面削弱，它的某些海军将领同建造军舰的原本一样没有经过什么风雨”②。如当1778年法国决定参战时，英国决定放弃对法国的严密封锁策略，这虽然有助于减少英军军舰的损失，但在战略上是个极大的失误：这实际上等于是拱手让出了制海权，由于不能有效控制法国海岸的“西方出入通道”，即便英国本土向直布罗陀、西印度群岛和北美沿岸派遣更多援军，也无法阻止法国人派遣舰队到那些遥远的战场上去。

这无异于慢性自杀，因为“风帆时代”的基本规则是：谁掌握海洋，谁就掌握了陆上的战场。③到了1779年，英国皇家海军竟然已经失去了对英吉利海峡的控制权。1781年在切萨皮克外的一场遭遇战中，格雷夫斯率领的英

---

①（美）潘恩著，马清槐等译：《潘恩选集》，第6页。
②（美）保罗·肯尼迪著，陈景彪等译：《大国的兴衰》，第111页。
③参见（美）阿尔弗雷德·塞耶·马汉著，范利鸿译：《海权论》，陕西师范大学出版社2007年版。

国舰队在与德格拉斯率领的法国舰队处于数量上的劣势，从而造成英军陷于困境，导致了康沃利斯指挥的约7000名英军在约克镇兵败投降。

当诺斯勋爵接到这个消息后一反和蔼可亲之常态，在屋里踱来踱去，痛苦地哀号道：“哦，上帝啊，全完了！”在执政12年之后，他将作为失败者离开了下议院。1782年2—3月，反对派议员连续提出两个不信任案，迫使诺斯下台。[①]3月27日，诺斯正式辞职，他成为英国历史上第一位因议会提出不信任动议而辞职的首相，英国人至今仍常用“诺斯勋爵”一词来比喻被迫“下课”的政治高层。

一个或被忽视的历史细节是：当一年前那7000名英军向华盛顿领导的美军投降的时候，曾于10月19日举行了一个受降仪式；奇怪的是，向美军投降的英国军队竟然鼓乐声隆。英军投降的队列在行进中依然步伐整齐，并且还创作了一首“主题曲”——《颠倒的世界》：

如果花朵在蜜蜂的身后嗡嗡直响，
如果船都在陆地，
如果教堂都在大海上，
如果小马都骑着人，
如果嫩草都能吞吃母牛，
如果猫都被老鼠追得团团转，
如果妈妈为了一点钱都把孩子卖给坏女人，
如果夏天变成了春天，
如果春天变成了夏天，
那么，这个世界就成了颠倒的世界。[②]

其实，唱着“投降者之歌”的大多数军人并不甘心举手投降。因此，在受降仪式前一小时，一个英国军官写下歌词，并找了一个会谱曲的人作曲，唱出了不愿投降的心声。这首在10分钟之内就创作成名的《颠倒的世界》貌似投降歌曲，实则以幽默的口吻表达了对“非正规”的大陆军的嘲讽。

然而，这种浪漫的抗议方式根本于事无补，帝国上层的昏聩和军界要员的无能，只能让不列颠的军旗在北美殖民地独立自由捍卫者面前蒙羞。其实，

---

① 阎照祥：《英国近代贵族体制研究》，第168页。
② 转引自王吴军：《投降者的歌曲》，《现代青年·细节版》2010年第12期。

早在1777年，英、美军队在战场上激烈交战之时，辉格党政治家皮特就曾在英国下院公然宣称："我是英国人，但若我是美国人，当外国军队踏上国土之时，我绝不放下手中的武器——绝不，绝不，绝不！"[①]当此言成谶、英国战败之后，乔治三世不得不黯然承认帝国失去了光辉。

1782年3月的一个傍晚，下院议员们在潇潇暮雨中等候马车的时候，看见诺斯走下台阶。他对他周围浑身湿透、充满敌意的议员们深鞠一躬说："先生们，这就是参与秘密的好处。"说完，便乘车扬长而去。[②]

据说诺斯曾表示"被称为首相的这个动物"没有地位，并在战争结束后轻描淡写地辩解道：自己成为首相之时美洲战争已在进行，这场战争不是由他造成，而是整个国家、议会和人民的战争。诺斯政府垮台后，乔治三世仍希望扶植"国王之友"派组阁，并向大法官瑟洛勋爵（Lord Thurlow）抛出橄榄枝，但瑟洛并无意收拾残局。[③]乔治三世失去了最后一根救命稻草，只能极不情愿地任命辉格党人罗金厄姆上台组阁，"但在乔治三世造成的一系列失败中，英国政治结构中的个人迷信已经消失殆尽"[④]。

尽管"谁失去了美洲"众说纷纭，但有一点似乎很明确：在那个"寡廉鲜耻的时代"，不负责任的诺斯首相不会是第一个，也肯定不是最后一个。

三、总统的"腐败内阁"

在这种国家，财富是间接地但也是更可靠地运用它的权力的，其形式一方面是直接收买官吏；另一方面是政府和交易所结成联盟。

——恩格斯

1848年，法国人托克维尔指出，一直有两种不同的立宪政府制度：一种是国王不会有错，由他的大臣负责；另一种如同美国那样，执行机关首脑自己直接负责，但他可以"自由行动。"[⑤]应当说，建国初期的美国总统内阁制确实令人耳目一新，随着华盛顿总统提名任用汉密尔顿、杰斐逊等人以及"绅

① Leonard Cowie. Hanoverian England 1714—1837.London: Bell&Hyman Limited, 1967. p.343.
② 参见（英）温斯顿·丘吉尔著，薛力敏、林林译：《革命的年代》，《英语民族史》第3卷，第751页。
③ 刘金源：《论乔治三世个人专制终结的原因》，载《苏州科技学院学报(社会科学版)》2013年第6期。
④（英）温斯顿·丘吉尔著，薛力敏、林林译：《革命的年代》，《英语民族史》第3卷，第767页。
⑤（英）M.J.C. 维尔，苏力译：《宪政与分权》，三联书店1998年版，第195页。

士政府”的运作，“自己负责”的“天使”政治家给新大陆上吹来了不同于腐败的旧制度的政坛清风。

然而，过了多半个世纪之后，格兰特以“常胜将军”的姿态入主白宫，如同运转司令部一样拨弄着手中的政治转盘，大批军中好友被提升为政府高官。然而，尽管格兰特有了“自由行动”的便利，但在扫除愈演愈烈的官场贪腐问题上，早已失去了战场上冲锋陷阵的威名。本应当成为联邦政府道德楷模和行为典范的总统内阁，却是贪污腐败成风，连副总统都被爆出受贿的丑闻，成为美国历史上声名狼藉的“腐败内阁”。

1. 丑闻，从未远离过格兰特政府

格兰特的8年任期被称为“史上最腐败的八年”，“他的好友、亲戚或战友，常常明目张胆地侵占公家资金，类似的丑闻愈演愈烈，对他的执政造成了许多困扰。即使证据确凿，格兰特还是替这些骗子开脱，天真地接受他们的解释，阻止对他们进行检控”[①]。其内阁大员们的低劣政治品行集中地代表了19世纪中后期美国政治的腐败烈度。

要知道，英国人曾经对新大陆寄予厚望。18世纪末，来自北安普顿郡的民兵少校约翰·卡特赖特活跃在英格兰议会改革的第一线，获得了“改革之父”的称号。这位多产作家以大量精力抨击了英国君主制和贵族制的政府体系，并且把新生的美国视为改变腐败政府的希望。他不无讽刺地写道，在美国不会发现人们“如同丑角一样，从内阁一下跳到了立法机关，又从立法机关跳到内阁；在这里似乎是执行指导员，而在那里又成了大众的代表……此刻，向人民颁发草率和狡诈的公告；下一刻又作为人民的代表就他们自身的表现而致辞并大唱赞歌”[②]。卡特赖特把美国政府视为区别于乔治三世时期内阁制政府的理想模型。假如卡特赖在天有灵，恐怕会因格兰特的“腐败内阁”而收回自己的成见。

因为人们普遍认为：“格兰特政府所特有的东西，就是‘政治丑闻’。”[③]国会对腐败问题的调查数量在格兰特总统任期（1869—1877年）直线上升。

---

①（美）艾伦·维恩斯坦等著，胡炜等译：《彩色美国史》（中卷），第312—313页。

②转引自（英）M.J.C. 维尔，苏力译：《宪政与分权》，三联书店1998年版，第110页。

③ Robert Maranto: *Politics and Bureaucracy in the Modern Presidency: Careerists and Appointees in the Reagan Administration.* Connecticut: Greenwood Press, 1993, p.15.

根据《国会对行政部门的控制（Congressional Control of Administration）》一书作者的统计，在格兰特总统时期，国会进行了37项有关管理不善的调查。后来成为总统的众议员詹姆斯·加菲尔德曾指出：格兰特挑选内阁官员是用挑选自己的军事幕僚的模式，根据他们和他的融洽的私人关系，而不是根据他们在国家中的声望和公众的需要，因此他比任何其他总统都更多地降低了阁员们的品德。①

于是，从总统身边蔓延开来的高层腐败，导致这一时期的政坛出现了公共伦理的严重倒退。特别是在1873年经济危机爆发后，腐败丑闻也相继爆发。"在这些耸人听闻的事件中，最著名的是1869年9月杰伊·古尔德和詹姆斯·费斯克哄抬黄金价格案（格兰特的小叔子负责阻止联邦黄金流入市场）、1874年财政部长威廉·理查森辞职案（与税务官约翰·桑伯恩合谋，允许桑伯恩留下一半税款）和印第安怪圈案（以国防部长威廉·贝尔克耐普为首的一帮官员，其中包括总统的弟弟，通过授权建立印第安贸易站获取回扣）。"② 以下，我们略陈一二。

在"联合太平洋铁路公司股票丑闻（即动产信贷公司事件）"中，挖土机制造商、马萨诸塞州众议员奥克斯·阿姆斯为修建铁路而组建了一家动产信贷公司（Credit Mobilier）。该公司在修建铁路过程中通过错综复杂的债务清偿、超额支付、收受回扣等，从联邦政府骗得到大量的补助，使铁路修建预算从5100万美元增加到9350万美元。其中，相当一部分被支付给了国会议员。由于力图对国会立法施加影响而贿赂政府官员，结果使得副总统凯勒·考尔法克斯和他提名的继任者亨利·威尔逊和众议长詹姆斯·G.布莱恩等人声名扫地。

为了阻止国会调查，公司的董事们和奥克斯·艾姆斯把价格不菲的大量公司股票分发给了政府高官和国会议员。美国学者指出，"动产信贷公司事件是'镀金时代'最肮脏的铁路丑闻之一"。许多有影响力的议员都成了该公司的股东，尽管其母公司联合太平洋铁路公司的财政状况不佳，但仍然坚持每年给"议员股东"们分红，分红率有时超过"投资"的300%。随着《纽约太阳报》在1872年大选前的报道和此后的议会调查，这个牵涉众多华盛顿

---

① 张国庆著：《总统们》，第105页。

② （美）艾伦·维恩斯坦等著，胡炜等译：《彩色美国史》（中卷），第313页。

高层的丑闻逐渐公之于众。1873 年的一份国会报告也指出，联合太平洋铁路公司“以 1000 万美元的投资实现了 2300 万美元的利润，并且这些现金再融资后，在股票方面有着 5000 万美元的利润”[①]。其中，众议员詹姆斯·加菲尔德（James A. Garfield）虽卷入其中，但却成功地否认控罪，保住了议员席位，并在 8 年后当选美国总统。

为什么开国元勋麦迪逊会说“人非天使”？

詹姆斯·麦迪逊（James Madison）曾说过这样的格言：人非天使，如果他们是天使，政府也就没有存在的必要。美国的国父们对“天使政府”和“圣人官员”存有极大的质疑。事实也是如此，尽管华盛顿总统选择了“品德适当”的绅士来充任政府要职，但其任命的财政部长汉密尔顿在担任这一职务之前，曾帮助建立了美国“实用制造商协会（the Society of Useful Manufactures）”；在担任财长之后，又曾劝说纽约银行向这一集团提供低息贷款。这种现任政府要员的游说行为在后来将受到国会调查。此外，在美利坚合众国诞生后不久，就有两名美国参议员、两名众议员、一名最高法院法官和其他两名高级法官，以及一些著名政治人物卷入到后来成为密西西比州和亚拉巴马州的一些土地的交易丑闻中。[②]当格兰特这样的“常人”代替华盛顿这样的“圣人”入主白宫，更多的“汉密尔顿们”充斥内阁，犹如流感般传染扩散的高层贪腐风似乎并不难理解。毕竟，大家都不是天使。

接下来，财政部成了丑闻持续发酵的政治“沼气池”。首先是众议院在 1864 进行的调查表明，财政部长威廉指定的特别代理人约翰·桑伯恩，在负责征收拖欠税款中倾吞国库资金。根据私下的协议，桑伯恩所收取的手续费高达所征税款的 50%，在所收取的 40 多万美元欠款中，他得到了其中的一半左右。这场丑闻导致了财政部长的辞职。此后，因为被查出批准为一些政治家征收超额的国家税，财政部长 W.A. 理查德森被迫辞职。后来新任命的财政部长 B.H. 布里斯托又被揭露出与著名的“威士忌酒帮事件”难脱干系。在该

① （美）加里·M. 沃尔顿、休·罗考夫，王珏等译：《美国经济史》（第 10 版），中国人民大学出版社 2011 年版，第 358 页。

② 参见周琪：《美国的政治腐败和反腐败》，《美国研究》2004 年第 3 期。

事件中，受贿的财政部官员利用对蒸馏威士忌酒的征税权，诈骗和侵吞政府资产，数百万家国税款不翼而飞。而牵涉其中的格兰特私人秘书奥维尔·巴布克却被格兰特运用特赦权予以赦免。在这一桩大丑闻中有 110 名参与密谋者被证明有罪。

这种“连锁式”丑闻如同“多米诺骨牌”此覆彼倒。在外交领域，出使巴西的美国公使诈骗了巴西国家 10 万美元后逃跑，出使英国的公使又以自己的名义在英国骗租了一个矿山，搞得美国政府的国际形象大打折扣。1875 年，由于司法部长的妻子和内政部长的儿子被指控接受作为影响这两个政府重要部门政策的“报酬”的贿赂，导致这两名内阁要员辞职。

1876 年 3 月，众议院弹劾陆军部长威廉·贝尔克耐普，指称他在对西部地区军队营地服务商店的人事任命工作中（通过妻子）接受贿赂，并参与了出售印第安邮政贸易船交易等不法勾当。起初，商人们的钱是贡献给贝尔克耐普的贪婪的妻子的，而在这位“贪内助”死后，贝尔克耐普“继承”了这笔“孝敬”。但贝尔克耐普毕竟是在战争中混过的，狡猾的他被审讯之前就提出了辞职，而格兰特又运用自己的权力批准了他的辞呈，使他免于弹劾和制裁。[①]

于是，在一系列政治“暗疮”被捅破之后，汉密尔顿曾经在建国之初预言的情形成为现实：“事情果然不出所料，联邦的措施未得到执行；各州的懈怠情形逐渐达到极端，终于阻止了全国政府的所有车轮，使它们可怕地停顿了下来。”[②]

根据“陀螺原理”，飞旋的陀螺一旦停下来，就会失去重心，就会跌倒，要想保持其运转，就要让它不停地旋转，而这光靠自身的动力是不行的，必须有外力的介入。行政监督就是迫使政府运行起来的原动力。要让联邦官员像陀螺一样有效运转，就必须注入源源不断地监督之力。然而，“镀金时代”的美国官场，在监督“软约束”的风气之下，“国家事务与私人事务之间的分野被完全打破”，公共道德与商业伦理之间的界限越来越模糊，那些华盛顿的要员“……之所以就任职位，似乎就是因为他们希望获得将帮助他们取得更高职位的钱财”。

---

① （美）玛格利特·利瓦伊著，周军华译：《统治与岁入》，第 94—95 页。

② 转引自（美）沃尔特·李普曼著，阎克文等译：《公众舆论》，上海人民出版社 2002 年版，第 221 页。

2. 政风败坏之后：利益成了官员的“上帝”

在格兰特政府时期，不但围绕白宫的政治丑闻接连不断，州政府和地方政府的丑闻也是此起彼伏。[①] 正所谓“上梁不正下梁歪”，之所以这种腐败政治之风能够弥漫开来，关键还是在于总统任人唯亲的用人之道和提供政治庇护的“慷慨”之举。

正如罗素所说：“最成功的民主政治的政客，就是成功的废除民主，并成为独裁者的那号人物。”[②] 格兰特刚刚入主白宫，就以“政党分赃”的形式任命一名政治亲信在纽约海关任职。之后，又因为亲信的唆使导致黄金炒作引发的“黑色星期五”危机。这种“用亲护短”的作风一直是军人出身的格兰特的政治“标签”。当哥伦比亚特区首席长官参与合同诈骗的丑闻被揭发，格兰特总统挺身而出，在特区给他安排了另一个要职。

要改变这种腐败政风，人们只能期望是在格兰特下台之后。“1876 年大选是从格兰特对任职期间的丑闻进行道歉开始的。民主党把腐败问题当作资本，提名纽约州长塞缪·蒂尔顿为总统候选人”，共和党人则提名“共和党能够找到的‘最干净’的候选人”鲁德福德·海斯为候选人。[③] 纽约州长蒂尔顿是民主党能够找到的“最廉洁的民主党人”，因为他曾成功打击了纽约坦慕尼协会领导人威廉·玛西·特威德；而俄亥俄州长海斯则在竞选中强调了自己在内战中的英勇行为，这一成功的竞选策略被称为“挥舞血衣”，它也是共和党在 19 世纪的主要选战方式，它能提醒北方投票人并暗示民主党和分裂主义的关系。

最终，经过这场激烈选战，海斯在妥协、交易和丑闻中当选总统。但白宫易主毕竟给了人们一线希望，以至于“每一位诚实和爱国的公民都哭喊着……跑向总统，催促他全力恢复政府机构的纯洁性”[④]。

然而，人们所熟悉的丑闻还是接踵而至了：1878—1880 年，在星号邮路（即不通火车轮船的邮路）案中，邮政部次长柏莱第及其党羽与参议员多尔西及承包商相勾结，通过大肆提高西部偏远地区的邮费以从中牟利，贪污盗

---

① Paul P. Van Riper: *History of the United States Civil Service*. Evanston, Illinois: Row, Peterson and Co., 1958,p.74–75.

② （英）伯特兰·罗素《权力论》，吴友三译，商务印书馆 2008 年版，第 31 页。

③ （美）艾伦·维恩斯坦等著，胡炜等译：《彩色美国史》（中卷），第 314 页。

④ John Jay: *Civil Service Reform. North American Review*, CXXVII（September, 1878）,p.287.

窃了国库数百万美元。共和党的要人们纷纷为他们开脱罪责，以至于华盛顿很难找到审判这个案子的陪审员。尽管后来找到了，但一些陪审员被收买，结果除了一个次要人物被判罪外，其余的人均告脱罪。1882年，财政部文官、共和党纽约州司库牛顿·考蒂斯就因征收巨额政治性捐款，被判有罪并罚款1000美元。①

这就是政风蜕败的“多米诺效应”：由好变坏易，如走下坡路；由坏变好难，难于上青天。

格兰特从白宫退下来后，成为一家金融投资公司的大股东，但却不幸遭到了破产的命运，自己还欠下一大笔债。最后，格兰特只好写回忆录来以版税还债。1885年7月24日，在完成自己的回忆录两个月后，格兰特因长期抽雪茄而导致的喉癌去世。

曾在19世纪末担任纽约著名的“政治机器”坦慕尼协会要职的理查德·克罗克，在接受纽约立法委员会有关其受贿的调查时，有过一段著名对话：

“你正在为自己的钱袋子而奔忙，是不是？”调查者问。

“我一直是这样，就像你们一样。”克罗克回击说。

这就是“镀金时代（1870—1900年）”的美国政治：公职是获取权力的牌照，权力是赚取钱财的工具，而利益就是所有政治家的“上帝”！

其实，美国建国之后的官员腐败经历了一个由低到高的曲折发展历程。建国之初的几任美国总统和众多国会议员具有较高的道德情操，同时政府规模较小，财政资源匮乏，腐败机会较少。

19世纪以后，随着美国经济的快速发展，西部拓荒运动的推进，产业革命的萌动和城市化进程加快，政府职能迅速扩张，公共财政支出相应增加，西部土地投机、政党分肥、党魁操纵选举和控制政府谋取私利的腐败现象滋生蔓延并持续了很长时间。②美国人乔治·赛耶曾经将1876年总统大选之后的半个世纪称之为“美国贿赂的黄金时代”，原因是：

美国政治从未像如今这般腐败，所有的办公室都被收买，几乎所有的人都难保廉洁，几乎一切神圣的原则都被践踏。③

---

① 黄贤全、王孝询：《美国政治与政府调控》，中国社会科学出版社2008年版，第118页。

② 孙哲、赵可金：《美国国会对腐败问题的治理》，《清华大学学报（哲学社会科学版）》2009年第2期。

③ George Thaye. *Who Shakes the Money Tree?* New York : Simon & Schuster, 1973,.p.37.

“利益冲突”的概念何以在19世纪后半期建立起来？

利益冲突（conflict of interest）一词最早出现于1843年。美墨战争后，美国国会成立了墨西哥战争索赔委员会（the Mexican War Claim Commission），处理在战争中遭受财产损失的人的赔偿事宜。一个名叫加德纳（Gardiner）的人声称自己的银矿在战争中被毁而提出了赔偿要求。参议员托马斯·科温（Thomas Corwin）在该委员会上为加德纳充当了律师。但调查表明，这是一个欺诈性的要求。虽然此时科温已从参议院辞职，准备担任财政部长，但仍在国会和媒体中引起了轩然大波。这一事件调查结束后，国会于1853年通过了一个针对财政部欺诈行为的法律，禁止任何官员（包括国会议员）因代表私人主顾向联邦政府提出赔偿要求而得到报酬。1864年6月，国会通过了另一项禁止联邦政府官员和雇员（包括国会议员）通过提供与对美国政府的诉讼有关的服务而得到报酬。① 由此，这些关于防止利益冲突概念在19世纪后半期被建立起来，因为公众担心：如果公共官员和雇员在与自己的财政利益直接或间接有关的问题上采取行动，就存在滥用公职或表现为滥用公职的可能性。在官员道德沦丧和公职腐败问题上，“我们所犯的一大错误就是过高地假定了人类的诚实性”②。到了20世纪，公职人员的私人利益与公共利益之间的冲突渐被视为治理腐败的核心问题。

按照当时的惯例，每个对特定职位感兴趣的人必须缴纳一大笔“献金”才能如愿以偿，而这往往是一整年的收入。如纽约的“行市”是：一个法官职位需1.5万美元；一个国会议席需4000美元；市参议员席位需1500美元；入选州参议院需600—1500美元。③ 南北战争之后，按价花钱“购买”各级政府公职已经变得司空见惯。

19世纪中后期的美国，社会达尔文主义、拜金主义和极端个人主义盛行，以粗俗追逐物质利益为目标的风潮迅速蔓延，政客们“检验政治上成功与否

① 周琪、袁征著：《美国的政治腐败与反腐败》，第26—27页。

② （美）卡尔文·伍达德《威廉·布莱克斯通爵士与英美法理学》，载肯尼思·W·汤普森编《宪法的政治理论》，第104页。

③ （德）W.桑巴特著，赖海榕译：《为什么美国没有社会主义？》，社科文献出版社2003年版，第59页。

的标准变成了金钱，不再是典型的政治家们原先追求的纯粹自我表现或为公众服务及荣耀”[①]。可以说，“利益政治”而非“原则政治”成了官员从政的唯一指针，官员的个人私利和公职所代表的公共利益发生了前所未有的巨大冲突。利用西部大开发中的土地投机大发横财，利用政府承包合同进行肮脏交易，利用职权大肆侵吞联邦补贴……各级政府官员把发家致富视为“第一要务”。在企业家想方设法收买国会议员的同时，有10%的国会议员在公开地腐败。

政坛上充斥着权钱交易、捞取“现货”的铜臭气，甚至于没有一丝一毫等待“期货”的耐心。当铁路大亨杰伊·古尔德与另一个铁路巨头科里尼厄斯·范德比尔特展开伊利铁路收购战时，古尔德竟然随身带着装有50万美元现钞的旅行箱，他的策略就是用现金直接收买议员和官员。他的“砸钱”举动被当时的一位编年史作家记录下来，称其造成了“最令人发狂的和极度刺激性的后果，以至于使廉政机构的领导人花了许多年来消除这种后果”。无独有偶，杰伊·古尔德在与银行家皮尔蓬·摩根争夺奥尔巴尼至萨斯奎哈那铁路的控制权时，除了曾向某些法官和政治家行贿并对立法机关进行腐蚀，还雇用了大批壮汉组成“部队”以相互抗衡。[②]这场被称为“萨斯奎哈那战争”(Susquehanna War)的闹剧亦被认为是一场“歹徒冒险式的战争”，充满了商人唯利是图和政商勾结肆无忌惮的野蛮气息。

面对如此乱象，当时身居白宫的执政者非但没有以身垂范的勤廉之举，也并不打算改变利益至上的官场之风。可以肯定的是，“整个19世纪下半叶美国没有出现一位出色的总统或政治家”[③]，以至于卡内基这样的“强盗大亨”可以公然宣称政府部门都是些“平庸之辈”：一个有能力的人应该去办企业，只有在经济上失败的人才会去搞政治。因此，政府的公信力和权威性日薄西山，“企业权力”日渐强大，成为社会主宰。卡内基甚至明确提出，应该由工业巨头操纵的“经济政府”代替平庸政客占据的“政治政府”。

其实，这种官场颓风并不是空穴来风。在格兰特的前任安德鲁·约翰逊

① (美)理查德·霍夫施塔特著，崔永禄等译：《美国政治传统及其缔造者》，商务印书馆1994年版，第167页。
② (美)加里·M.沃尔顿、休·罗考夫，王珏等译：《美国经济史》(第10版)，中国人民大学出版社2011年版，第340页。
③ 肖华锋：《美国黑幕揭发运动研究》，上海三联书店2007年版，第44页。

主政期间，美国为了从俄国人手里买下阿拉斯加，总共支付了720万美元。只不过，俄国人只拿到了703.5万美元，其余16.5万美元被用来游说和贿赂那些反对收购的议员。[①]要知道，美国人以平均每英亩2美分的价格拿下阿拉斯加，不论其地缘战略价值，单只算计性价比就可谓世界上最廉价的土地交易！然而，这16.5万美元贿金似乎表明，腐败有时候似乎确实是一种有助于实现政治决策的“润滑剂”，无怪乎约翰逊的继任者们纷纷效仿。

3. 美军的非典型腐败：以海军为例

1876年美国发表《独立宣言》100周年之际，在大不列颠发表的一份题为《海上列强和它们的政策》的全球性调查报告中，并没有把美国包括在海上列强之中。它提到的15个国家中，包括了一些人们今天有可能认为显然不是海上列强的国家，如巴西、土耳其、秘鲁和奥地利。报告中对美国舰队提到的只是它的舰炮“在全世界受到责备并且已经陈旧无用”，而且“它的装甲系统的设计是不正确的”。调查报告的结论说：“美国海军在最近几年遭到如此忽视，是令人惊奇的。”[②]

又过了5年，即在1881年出炉的另一份题为《世界上的军舰和海军》的调查报告中，在值得介绍的海上列强名单中增加了葡萄牙、希腊、埃及、中国和日本5个国家。但就美国而言，由于海军“目前的衰落”，对它进行详细的考察是毫无意义的。

“黑暗年代”——这是当时用于描绘美国海军羸弱状况的专用术语。虽然今天的美国全球霸权以强大海军为重要基础，但1865—1898年的历史仍然是美国军方不堪回首的伤心往事。

内战后，美国海军执行对外政策要求的两项主要使命：保障外交利益；保护航运安全。尽管人们都希望战后裁减海军以节约资金，但却极少有人能预料到其规模和速度。在1865年，美国海军尚有671艘现役军舰和7000名现役军官、51500名现役士兵。但在两年之后，433艘军舰退役，其中的大部分都被出售；军官队伍减少5000人、士兵减少将近40000人。由于军费缩减和腐败公行，大多数舰只都已废旧不堪而得不到更新补给，逐渐成了过时的“样

---

① 张国庆著：《总统们》，第102页。

② （美）斯蒂芬·豪沃思著：《驶向阳光灿烂的大海：美国海军史1775–1991》，世界知识出版社1997年版，“第十八章”。

子货”。

1869年，尤利塞斯·S.格兰特将军就任总统，“镀金时代”[①]的用人腐败亦从行政部门渗透到军队系统。格兰特委任阿道夫·E.博里为海军部长。博里是一个既无从政经验又无海军知识的人，唯一不缺的就是钱。而这正是格兰特看重的。但问题在于海军部不仅重要，而且是专业性极强的地方。最终，博里这个有钱的门外汉在担任了3个月的名义部长职务后，主动辞去了傀儡之职。

此后，海军部长的另一继任人理查德·W.汤普逊基本上不了解舰艇，甚至从未在舰艇上待过。据说，他第一次“冒险”登上军舰并朝下看时，陡然惊呼道：呵，这东西居然是空的！

这个有些荒诞的笑话或许言过其实，但它却从一个侧面反映了海军部长们在“黑暗年代”的无能，更折射出当时美国军人在社会上日渐衰微的公信力。

上梁不正下梁歪。美国海军官兵成了军人荣耀的职业抹黑者。如在1870年的维拉法朗奇[②]，每当一艘摇摇晃晃的、历尽艰辛的美国舰只入港后，舰上的官兵就尽情地喝酒、赌博、跳舞、看戏、玩女人……既然联邦政府和海军部长们不善待这支军队，那么士兵们有什么理由来维护军队的名誉呢?

关于海军在公众中威信衰退的预言，业已成为现实。1882年，亨利·乔治评论道：美利坚合众国不再需要对它海军的嘲弄，就像一个温顺的巨人不再需要包了棉花的棍棒和锡做的刀剑一样。因为当时的美国海军，仅拥有14艘铁甲舰（大多数是内战时的低舷铁甲舰）和少数几艘木制船，甚至没有一艘军舰装备有口径超过5英寸的滑膛炮。

衰败的海军成了政治腐败的牺牲品。军舰的修造维修费用被克扣，军舰被出售；经费短缺的现役军舰越来越破败不堪，人们逐渐产生了海军不再必要的观念。

军队的腐败问题历来是一个敏感问题。何况如果不把美国海军的腐败与糟糕海军部长人选、败坏的海军士兵作风等联系起来，似乎上述的内容算不

① “镀金时代”指19世纪末南北战争（1861—1865年）结束至20世纪初“一战”爆发，得名源于马克·吐温和查尔斯·沃纳1873年出版的一部长篇小说。该书借对一位企业家兼政客的描述，揭露了西部投机家、东部企业家和政府官吏“三位一体”掠夺国家和人民财富的腐败黑幕，暗喻那一发展阶段表面繁荣所掩盖的腐败风气、道德沦丧和潜在危机。后来，“镀金时代”这一形象化概念成了美国崛起前夜的时代之代称。

② 法国南海岸离尼斯不远的一个小港口，当时被用作美海军地中海支队的物资仓库和中转站。

上什么腐败。

然而，就在这“非典型腐败”的背后，我们仍然能够隐约看到吏治腐败、政策失败的影子。衰败的美国海军，当然是因为失败的将领和失败的治军政策造成的。这就如同后来美国海军的崛起一样，必须依赖于正确的人和正确的道路选择。马汉的第一部和最著名的著作《海上力量对历史的影响（1660—1783 年）》是在 1890 年发表的，恰好处在“镀金时代”的末期和美国崛起的前夜。

这部改变了美国海军历史和海军战力的著作提示我们，改变军队的“非典型腐败”，或许并不那么困难。当然，前提是必须发生改变，特别是人的改变。

官员“集体不负责”甚至比集体腐败更可怕

政治不再是为公的事业，而是一种营利的职业，乃至一夜暴富的生意，这就是历史上经常可见的“腐败高发症候群”之一。各级官员作为财政供养的“公仆”，本应集体负责即担负起治理国家的分解责任，但却出现了集体不负责的乱象：一是“能力不足”无法负责，二是忙于贪腐无暇负责，三是失去信心不愿负责。我们看到：诺斯勋爵的无能失去了美洲的土地，格兰特的“腐败内阁”失去了美洲的民心。总之，执政体系中处处是得过且过的政客，“上不为下负责，下不对上尽责”，这样的组织文化如同一个“政治黑洞”，即便再有雄心壮志之英才，经世致用之良策，也将被吸进其中化为乌有，直至所有能量消耗殆尽，根本难以强国富民。

第三章　政策失败：掠夺性的国家财税

——为什么分配不公和物价腾贵等被贴上腐败的政策标签？

在某种意义上，赋税的历史就是实体国家缓慢建设的历史，是各个国家努力使自己摆脱封建政权以来机制和束缚的历史。它是统治者克服前进道路上障碍的历史，是统治者面临的抵制自己野心的历史。

——加布里埃尔·阿尔当

除了领土管辖权、社会管理立法权之外，“国家权力的第三个要素是税收权”。[①]赋税是政府运作的基础，财税政策是一国经济体制的重要内容，也是深受国家政治体制影响的治理工具，“而且国家通常是通过（强迫地或者以其他方式）征税把自己建立起来”[②]。制税权、征税权、司税权等从属于主权和治权，因此税权的滥用只是权力透支的一种延伸。统治者的权力透支，往往造成的是国家陷于财政危机和破产边缘。孙中山先生曾说过，“政”是众人的事，“治”是管理，“政治”就是管理众人的事。“以策治政”的财税政策作为最重要的政治实践载体之一，往往直接外化为对公共权力行使、公共资源配置、公共资金使用的顶层设计和制度安排，牵涉到最广大国民的切身利益。“政府通过正式的法律和合法税收渠道敛聚起大量资本，但这些资本却变成容易到手的猎物，受到虽然非法而事实上却不受限制的对公共资金的大规模倾吞。”[③]特别是由于“偷盗公共收入以及相应的腐败的私人税收程序”，使得承担服务均等化、收入再分配等职能的财税政策失败（特别是掠夺型政府治理方式的出现），即国家核心政策的失败、失序、失效，是腐

① （美）伊曼努尔·华勒斯坦著，路爱国、丁浩金译：《历史资本主义》，第29页。

② （美）查尔斯·蒂利著，魏洪钟译：《民主》，上海人民出版社2015年版，第139页。

③ （美）伊曼努尔·华勒斯坦著，路爱国、丁浩金译：《历史资本主义》，第30页。

败高发期中的另一个重要标志。

财政政策失败有三大关联综合征：一是国家破产；二是杀贫济富；三是税改失败。在17—19世纪的三段腐败高发期中，赋税和财政政策的失败是中、英、美三国的一个共同现象。腐败总是要和资财钱物挂钩的，只有把公财变成私利，才可能形成腐败网络的利益支撑。17世纪，明朝的“一条鞭法”改革最终导致了严重的胥吏腐败和两极分化；18世纪，英国的“印花税”改革最终引发了北美殖民地的独立运动；19世纪，美国的市政预算管理“黑洞”成了官商勾结窃取公共资金的“天赐良机”。于是，国家的财税政策失败了，国家的政府官员腐败了。

一、“一条鞭”抽痛了谁

中国封建帝制以治税权、治吏权、治礼权等核心权力而建构起集权专制体制，于明清之际达于巅峰。财税政策作为基本国策，完全由皇帝来作出裁决；治税、征税的权力，亦掌握在皇帝一人之手。这就是哈耶克所说的“家族式国家（a household state）”，“在这种国家中，‘家长’控制着社会的大多数收入，他根据他所认为的社会成员需求或应当得到满足的需求的数量和品种来分配这些财富”[①]。在古代中国的千年长河中，曾先后历经徭役地租制、田租口赋力役制、租庸调制、两税法和一条鞭法等五大主流税制变革，但其本质上并未脱离自然经济税制和以农业税为主体的赋税结构。明代州县地方政权有赋税征收、地方治安、宣扬教化、生产建设四大职责，而尤以钱粮赋税为第一要务。[②]

有明一代，上至大内，下迄小吏，头上都有一个紧箍咒。这就是钱粮。用今天的话说，就是国家的财税收入。决定官员政绩观的是钱粮，因为地方官员在税收征管上承担着沉重的财政责任。如朝廷一再强调“九年考满就便铨注，任内钱粮完足，方许给由”、“令天下官吏考满迁秩，必严核任内租税，征解足数，方许给由交代”，征解税粮成为官员考课的硬指标，直接关系到地方官员的仕途前程。万历的“矿税”暴政罪大恶极，据估计他往各地派出

① （英）弗雷德里希·冯·哈耶克著，邓正来译：《自由秩序原理》下册，第13页。

② 马金华：《制税权·政体·税收制度》，《税务研究》2010年第2期。

矿监税使，当时全国进入北京的正常赋税是1461万两，而他私人的这种额外的搜刮，包括他底下的爪牙贪污的，达到了1700多万两。而曾经令国库盈余的“一条鞭法”改革亦成为虎头蛇尾的失败案例。

1. 帝国破产：失败的货币化税改与“抱金饿死”怪相

明朝的国家财政收入体制经历了从实物赋税向货币赋税、从繁杂税制向简约税制转变的过程。一般来说，“贵金属将显示经济生活逐渐上升的趋势”①，原始的货币化经济容易催生“强者愈强，穷者愈穷”的经济形态。由于吏治腐败、朝政朽坏，明中央政府未能及时建立起强有力的财政制度，导致财政管理纰漏丛生，在收、管、支等方面流失十分严重。②

以“收”而言，由于明中后期向货币财政体制转轨中，吏治废弛，政以贿成，官吏及猾民的侵欺舞弊导致田赋征收难以完额。一方面，官员“十分考成”之法有名无实，统治者对官员征不满额的行为“务为姑息”，官员“宽至七、八分，即为上考”③，各级官员的执行力大打折扣。“官以八分为考”的实际绩效考评机制导致20%—30%的赋税流失。万历三年曾实行的“于拖欠七分之中，每年带征三分”的追补欠税之法亦成为一纸空文，“轻宝易匿”的税银成了贪渎成风的官吏们上下其手、中饱私囊的最好财源。另一方面，豪强缙绅大肆兼并土地，抗赖粮赋，占地最多、获利最丰，却成为“产无赋，身无徭，田无粮，廛无税”的特权阶层，把赋役负担转嫁到弱势农民头上。“小民或以十分之四五当十分之差，或以十分之六七当十分之差”，结果造成农民不堪重负沦为逃离乡土的流民，国家的可用税源与日剧减。张居正在万历时曾痛斥时弊道：“私家日富，公室日贫，国匮民穷，病实在此。”④

在“管”方面，“杂然而收，泛然而用”的粗放式管理方式，难以适应货币化税改之后的财政体制运转。一是政出多门，中央各部寺均可随时向地方加派。如户部“虽有会计之虚名，而无量入为出之实政”，且皇权独揽，户部尚书只是扮演了皇帝财政顾问的角色，其他5个部都在某方面卷入财政管理，任何一个大臣即便职责不在、学非专长也可随意提出财政事务的批评

---

①（法）费尔南·布罗代尔著，施康强、顾良译：《15—18世纪的物质文明、经济和资本主义》第三卷，第192页。

② 史五一：《试析明后期财政危机的根源》，《安徽师范大学学报（人文社会科学版）》2002年第5期。

③《辑瑞陈言》卷1。

④《张太岳集》书牍6。

建议，甚至某县要从产地运进多少食盐都要由皇帝决断。[①] 在一条鞭法之外，“鞭外有鞭，条外有条”的情形屡屡发生，形成了“地方一日未乱，则加派一日未已”[②] 的恶性循环。而且，按惯例地方衙门只需按中央要求交纳赋税额数，对其办税过程中的收支状况并无统一审核。再加上当时官府“日用之费悉仰给于里民，……虽尺布斗粟，民悉供焉，里长因缘加派。大抵官取其一，里长取其二……有巡抚、巡按、巡茶、巡盐、苑马、寺乡、粮饷、即中，名目甚多，乡民衣服粗完者，王府籍其后，以贿脱免；则厅卫籍之，又以贿免。”[③] 不论衙门还是军卫均肆意征管加派，局面纷扰不堪。二是田赋折银混乱，导致中央财政收入下降。

田赋货币化的一个严重后果是，税粮的折银价和粮食的市场价之间出现了明显的“剪刀差”。如明正德年间金花银的折价是每石 2 钱 5 分，市价高于折价 1 倍。到嘉靖年间，金花银折价涨至每石 5 钱，而江南粮价涨至每石 9 钱。由此推算，明政府每征收 1 两税银实质上相当于少收了 8.8 斗税粮[④]，中央财政收入实际处于下跌通道之中。万历多次加派军饷，看来也有赋税欠逋、财力不足等方面的客观原因。当然，这些无疑都是国家税政失效和国家能力衰颓的具体表现。

就“支”来说，官方消费的恶性膨胀映射出帝国财政的畸变形态。特别是货币化赋税消解了实物赋税“量入为出”的物质基础，等于是打开了皇帝“寅吃卯粮”的透支消费闸门。如执掌宫廷酒醴膳馐的光禄寺，“先时止用十二万余，至正（德）嘉（靖）时，用至三十六万，犹称不足”。早在万历爷爷当政的嘉靖时期，岁入不抵岁出之半的情况已是常态，如 1553 年京边岁用骤增为银 573 万两，而当时太仓岁入只有银 200 万两。[⑤]

万历皇帝为了满足自己的奢靡消费欲望，成了随意侵占国库的“苦主”：万历六年，他下令太仓库每年向内府进送“买办”之银 20 万两；万历十二年，又以“内库缺乏，命取太仓银二十万”；万历十六年，再以“赐赏繁多，内库不给，于太仓银二十万进用”。据史料记载，万历初年户部岁额 1461 万两、

① 黄仁宇：《十六世纪明代中国之财政与税收》，三联书店 2001 年版，第 374—377 页。
② 杨士聪：《玉堂荟记》卷 4。
③ 《皋兰县志》卷 9。
④ 参见史五一：《试析明后期财政危机的根源》，《安徽师范大学学报（人文社会科学版）》2002 年第 5 期。
⑤ 蔡美彪等著：《中国通史》第 8 册，人民出版社 1996 年版，第 294 页。

内库岁入600万两[①]，皇帝的个人开支相当于国库开支的41%，尽显国家财税支出结构重度畸形之弊。由此，“腐败加之宫廷生活愈来愈奢侈，意味着终究靠生产劳动供养整个帝国组织的农民所负担的赋税更繁重了”[②]。

值得一提的是，明正统二年（1437年），朝廷宣布“驰用银之禁”，拉开了“朝野率也用银”即国家货币化的帷幕。这使得被压制的财富欲望和资本芽苗逐渐爆发出来，也把明初统治者为垄断财富、推行纸钞的禁令彻底打破。130年后，万历之父穆宗登基不久，便于隆庆元年（1567年）批准了福建巡抚涂泽民的奏请，“准贩东西二洋”，境外白银开始大规模流向中国。[③]据统计，1570—1644年从美洲共计约有12620吨白银流入了中国。以至于丹尼斯·弗莱恩和阿拉图罗·热拉尔德兹提出，“世界贸易”在1571年即隆庆五年诞生。[④]然而，在银本位、货币化的冲击之下，金钱迅速成为社会生活的主宰，在推动大一统的商品经济系统扩容的同时，也引发了“当今之世，无人不穷，穷于银也”的灾难性后果。

荷兰东印度公司总监雅恩·皮特森·科恩曾在一次演讲中得意地“解密”了从事亚洲贸易的秘密：“只要有了船，我们就有了最重要的香料。那么会失去什么呢？毫无所失，只要有些船，再用一点水注入水泵引动。”[⑤]有学者从这种无本万利的买卖中受到启发，把西方向中国输入白银比作“把水流注入油井”，采出来的是如石油般宝贵的物质财富。流水一样源源涌入的是一种“饿不能食、贫不能居”的贵金属，流出的是对资源和人力超限榨取而产出的丝绸、瓷器、茶叶、蔗糖等。中国学者为此提出：“正是白银，使统治者加大了对下层民众剥夺的强度，助长了聚敛和腐败的水平，以前所未有的速率消耗着社会成长的机能。白银推动着经济的轮子飞转，像抽水机一样把底层的财富抽向高处，阶级与地区之间的贫富分化空前加剧。”[⑥]

法国学者布罗代尔也曾指出：“贵金属涉及全球，使我们登上了交换的

---

① 张学颜：《万历会计录》卷1。
② （美）斯塔夫里阿诺斯著，吴象婴等译：《全球通史：1500年以后的世界》，第72页。
③ 参见（美）彭慕兰(Kenneth Pomeranz)著，史建云译：《大分流：欧洲、中国及现代世界经济的发展》，江苏人民出版社2003年版。
④ 万明：《明代白银货币化：中国与世界连接的新视角》，《河北学刊》2004年第3期。
⑤（德）贡德·弗兰克著，刘北成译：《白银资本——重视经济全球化中的东方》，中央编译出版社2000年第，378页。
⑥ 李宪堂：《白银在明清社会经济中生发的双重效应》，《河北学刊》2005年第2期。

最高层。”[①] 这在国际上最终导致了中国民族经济沦为西方附庸的严重后果，在国内则引发了以“赋税折银”为根本变化的“社会转型综合征”。随着白银从明朝官方非法货币向合法货币的过渡，白银货币化在整个社会和各个角落全面铺开，引发了一系列制度变迁和社会变迁。中晚明“屯田之法尽坏”，军费开支恶性增长以及边卫御敌能力急剧下降，是诸多负面变迁中尤为值得研究的案例。

明初实行严密的军屯制度，一度在永乐年间平均每年可收屯粮1030石[②]，当时国家年均田赋为3182万石。军屯岁入相当于当时国家田赋收入的32%，可谓“养兵百万，不费朝廷一钱。”然而，由于军队日渐腐败，各级管屯官肆意兼并屯田，盘剥屯军，导致屯军不断逃亡，屯粮从永乐元年（1403年）的2345万石锐减为正德元年（1506年）的104万石。国家不得不拿出巨额白银军费以支付军饷，边饷节节攀升，由弘治、正德年间的40余万两猛涨到万历后期的近400万两[③]，这也成为明朝财政危机、国家破产的一个根源。如明后期为取得战事胜利“三饷”加派，其临时性征税总额高达1630余万两，已相当于原有赋税额的65%，[④] 无疑是竭泽而渔的败军亡国之策。或可一提的是，虽然都是由军费剧增引起了财政危机，但中国的军事行动主要是防御性的，与英国用于扩张和争霸等进攻性军事行动造成的经济动荡完全不同。[⑤]

此外，白银只不过是一种货币等价物，并不能够自动换来边塞的商品流通和生产繁荣。当境外白银源源涌入中国，在边际效应递减规律的作用下，“美洲白银的光辉时代无疑于17世纪中叶结束了”[⑥]。尤其是社会出现通货膨胀，银贱物贵，米谷等实物相当匮乏，市场一片萧条之时，危机就到来了。

万历四十八年（1620年），辽东经略熊廷弼就曾上疏道：边地“米粮踊贵异常，蓟米每斗值二钱二分，粟米、黄豆每斗值二钱五分，稻米每斗值七钱，青草碗口大束值一分，每五六束不得马一饱，且无买处”[⑦]。

---

① （法）菲尔南．布罗代尔著，顾良、施康强译：《15至18世纪的物质文明、经济和资本主义》第2卷，第192页。
② 梁方仲：《中国历代户口、田地、田赋统计（乙表46）》，上海人民出版社1980年版。
③ 史五一：《试析明后期财政危机的根源》，《安徽师范大学学报（人文社会科学版）》2002年第5期。
④ 王廷元：《“三饷”加派考实》，《安徽师大学报（人文社会科学版）》1983年第1期。
⑤ 李新宽：《制税权·财政危机·赋税结构》，《东北亚论坛》2005年第3期。
⑥ （法）费尔南·布罗代尔著，唐家龙等译：《菲利普二世时代的地中海和地中海世界》，商务印书馆1998年版，第81页。
⑦《经辽疏牍》卷4。

亚当·斯密也注意到："从1630年至1640年，或1636年左右，……白银价值相对于谷物价值的降低，从来没有达到过这种地步。"[①] 关键在于，白银单位价值下跌，同样数量的小麦和劳务必须支付更多的白银才能取得。

天启三年（1623年），刑科给事中解学龙就曾十分犀利地指出朝廷赋税体制积弊甚深："民作奸以欺漕军，军作奸以欺漕官，官作奸以欺皇上，经数奸转换之手，米化为糠秕沙土，……是化有用之六，为无用之一。"

在17世纪这种"欺君罔'税'"的弊政之中，明朝更加风雨飘摇，从根本上失去了乾纲重振的最后一线希望。正如哈耶克所说："也许令人感到更为可怕的是通货膨胀所产生的更为广泛的心理效应，它在整个社会中传播着对长期观点的漠视和对眼前利益的追求，而且值得我们注意的是，这种鼠目寸光的倾向已经支配了公共政策的取向。"[②]

崇祯元年，左光斗对朝廷发帑金100万两与辽东将士作饷一事评论道："今日辽东之患，又不在无银，而在无用银处，……纵是富人，未免抱金而死，……不及数月，辽必无民，安能有兵？"朝廷"竭内地之财以供边，愈加而愈不足"[③]。

一面是税收不上来的窘境，一面是钱花不出效果的尴尬，换来的只是"抱金而死"的悲剧和军事失败的宿命，表明国家存续的财政根基已经朽坏。一位威尼斯商人曾说过：金属不管是黄的还是白的，"都是每个政府的神经，决定政府的脉搏跳动，构成政府的精神和灵魂，赋予政府的存在与生命……它能主宰一切……有了它，也就有了一切，没有它，一切都会变得死气沉沉"[④]。只不过对于晚明皇帝而言，失去了赋税基础的"白银帝国"同样将变得"死气沉沉"。

2. 胥吏猛于虎：帝国财政失血的吏治"伤口"

明初为保护小农经济，曾由官方建起便于统计土地和赋役的黄册和鱼鳞册。但到了明中期以后，由于政以贿成、贪风日炙，每10年统计一次的地丁编审工作被严重破坏，地主豪绅疯狂兼并土地，勾连税吏逃避赋役，导致"无田之家而册乃有田，有田之家而册乃无田，其轻重多寡，皆非的数。名为黄册，

---

① （英）亚当·斯密著：《国民财富的原因和性质的研究（上）》，陕西人民出版社2001年版，第233页。
② （英）弗雷德里希·冯·哈耶克著，邓正来译：《自由秩序原理》下册，第113页。
③ 《明武宗实录》卷422。
④ （法）费尔南·布罗代尔著，唐家龙等译：《菲利普二世时代的地中海和地中海世界》，第694页。

其实伪册也”[1]。在“有地无立锥而籍逾顷亩者，有田连阡陌而版籍无担石者”的情形之下，赋役制度的破败成为国家衰败的一面镜子。张居正改革之所以有所起色，关键是通过“一条鞭”抓住了帝国财赋这个“扭亏点”。

说到一条鞭法，最经典的定义见于《食货志》：“一条鞭法者，总括一州县之赋役，量地计丁，丁粮毕输于官。一岁之役，官为佥募。力差，则计其工食之费，量为增减；银差，则计其交纳之费，加以增耗。凡额办、派办、京库岁需与存留、供亿诸费，以及土贡方物，悉并为一条，皆计亩征银，折办于官，故谓之一条鞭。”梁方仲先生曾将一条鞭法的特征归纳为合并编派、合并征收、用银缴纳、官收官解等。各项税粮合并，采用统一的税则；各项差役合并；役归并到田赋中一体征收；赋原则上不再征收实物，役也由原来的力差、银差兼征改为统一纳银；在征收方式上由民收民解改官收官解，纳税人只需要交纳税银，至于田赋运送、差役征募均由官府负责。

在实行一条鞭法以前，无论赋役都是依据丁粮多少分为不同等则进行征纳，但是这种累进制的税收原则遭到了豪门大户的激烈抵制，由于豪强与税务经办人员的合谋，导致大量本应由富户承担的义务转嫁到贫民小户身上，相当一部分普通纳税人破家失业，最后也严重危及政府的财政基础。“即便是在货币经济中，估算收入和监控支出的交易费用也特别高。尤其是在缺乏精妙官僚机构的社会里，代理人腐败和滥用职权的机会非常多。”[2]因此，针对直接与帝国税源发生联系的胥吏腐败的情况，一条鞭法放弃了累进税制，采取了近似于一刀切的比例税制，希图通过矫枉过正的措施，改变豪民猖獗逃税、小民不堪重负的状况。

简言之，**一条鞭法试图打破的是执政体系边缘和末梢的次级代理人腐败**。

费正清指出：“随着岁月的推移，帝国政府的利益与代表该政府的个人利益发生了矛盾。统治阶级能够逐步增加他们的田地，并采取各种手段来不缴田赋，如销毁税册，官方默许或伪造法律证件。这就产生了一种恶性循环，使仍纳赋税的农民土地增加赋税负担，而同时政府又很可能需要增加它的岁收。这样，越来越少的一部分土地要缴纳越来越多的税。结果就发生了农民

---

①《天下郡国利病书》原编22册。

②（美）玛格利特·利瓦伊著，周军华译：《统治与岁人》，第131页。

骚乱。”[①] 李约瑟和黄仁宇在谈到传统赋税体系也曾指出，“由于税收是直接从普通民众那里征收，国家自然极其讨厌那些有能力截留基层生产者收入的中间基层”，然而“各层面无休止的侵吞贪污倾向”[②] 历来是一大税政弊端。

实行“一条鞭”改革之后，至少从理论上讲：针对里胥书手收受贿赂篡改田等之弊，不再区分官田民田、简化甚至统一田等，索性取消不同的纳税等则，所有田亩只按每亩粮食产量缴纳田赋，可以整齐划一的税率堵塞确定田赋纳税等则中的舞弊行为；针对赋税折纳或征收折色以及采用不同折纳比例产生的税收征管者从中渔利之弊，以法定的折合比率一体征银，可避免折纳环节的贪腐漏洞；针对劳役编派中不同役差轻重不均而产生的豪民避重就轻之弊，取消按户丁等级编派劳役，将所有差役合并征银，可使所有人户按统一标准承担劳役；等等。

“胥吏之蠹”如何蛀蚀执政体系？

基层官吏腐败的最大恶果是造成“底层碎片化”：即那些生存在乡、镇、村、街上的芸芸众生，被人为割裂成一个个由贪官恶吏把控的势力范围，既得不到顶层政权和上层官员的护佑和救济，同时也不得不在分割的土地上、分化的社群中苟活残喘。其中的一个深层原因是：中央政府与地方政府历来是一对矛盾结合体，京官与地方官也素来有一种复杂的共生关系。在京城位居要津只是一种政治资本，要谋取经济资本就必须假手地方。一来京官虽居庙堂之高，但身处天子脚下，要想上下其手中饱私囊无异于火中取栗；二来官场早已形成了一种潜规则：地方官虽处江湖之远，但如同有自己捞取实惠的“采食邑”和“国中国”，所以京官一方面可以为地方官结交政脉、考选等提供门径，同时也需要到地方去经营产业、变现利益。于是，这些长于乡土、盘踞本地的底层胥吏，就成了“上天入地”的权力掮客和利益中介，也成了专制政权下“碎片化社会”的权贵门房和职业打手。

黄仁宇研究认为，一条鞭法代表了16世纪明代管理者试图获得一种理想

---

① （美）费正清著，张理京译：《美国与中国》，商务印书馆1987年版，第78页。

② 李约瑟、黄仁宇：《中国社会的特质——一个技术层面的诠释》，载《现代中国的历程》，第9页、第7页。

财政状态的努力。其实，从嘉靖十年三月御史傅汉臣进言倡行一条鞭法以来，其施行区域已从南方扩大至北方，屡兴屡废。但总的看来众议沸腾，如支持者宣称一条鞭法赋税均平、舞弊困难、征输便利，反对者认为征银于农不利、容易侵吞等。由于万历首辅张居正锐意图之，一条鞭法才得以成为通行全国的稳定制度。

一条鞭法执行之初，“自条鞭之法行，则夏税、秋粮、均徭、带征，确有定额。里胥无由飞洒，奸豪无从规避，简易均平”。然而在现实面前，“这些官僚机构并没有被统治者完全控制住，官僚自利行为也没有彻底消除掉，结果往往是设计成统治者偏好最大化的政策，却扭曲成使官僚机构本身受惠”[①]。“一条鞭”抽得越响，官员们愈加上下其手不断自肥，帝国政治肌体的4道伤疤就愈加清晰痛楚：

——“预算外”乱加派

一条鞭法的破坏，突出表现为额外增派，万历十五年六月，户部覆礼科右给事中袁国臣等题奏：“条鞭之法，有司分外又行增派，挠民殊甚。”《通鉴》说：“自嘉靖以来行一条鞭法，颇称简便，然诸役冗费名罢实存，有司追征如故。”结果“粮长里长之名罢而其实存，诸役仍至复佥农民，法行十余年，规制顿紊，不能尽遵行也”。当时对一条鞭法失效的总结即是有治法无治人，认为一条鞭法不失为补偏救弊的良法，但是由于官吏贪得无厌，不严格按税法征收税银，巧立名目多征羡耗，具体承办税务的吏胥为使征得的税银落入私人囊中，又不惜在税银之外复活已被明令取消的各种劳役，最终导致律法失效。《续文献通考》卷15总结说：“大抵历代立法各有因时制宜之深意，而奉行不善率以病民，吏胥纵其奸，而闾阎受其困，虽复处除之诏屡颁，其及于民者能几何矣？苟无治人，虽以三代之良法，不足以致治。”迨至万历末年加增辽饷、剿饷、练饷等，非但一条鞭法无法施行，明廷之财政也终告破产。

——“预算内”滥征收

譬如因税法规定纳银，而银两熔铸过程就产生了所谓“火耗”，于是地方官府纷纷向纳税人收取额外的费用，号称弥补熔铸的损耗，火耗成为地方聚敛的一个巧妙的手段，也成为纳税人沉重的负担。唐朝诗人杜荀鹤曾经有

① 林毅夫：《关于制度变迁的经济学理论：诱致性变迁与强制性变迁》，载R.科斯、D.诺斯等著《财产权利与制度变迁》，上海三联出版社1991年版，第399页。

诗云："任是深山更深处，也应无计避征徭。"横征暴敛必然导致民生艰困，使得基本生活和再生产难以为继。而且，"赋税和强制征用改变了产权结构，从而降低了对从事生产性活动的刺激作用"①，导致了社会生产率的下降和税源枯竭、税基流失。对于统治者来说，这是类似饮鸩止渴的自戕式弊政。虽然"只要统治者提供了公共产品，并且只要求约定的款项作为回报，他们就能使自己成为剩余索取者，并将征收的额外岁入用于自己的目的"②，但是横征暴敛终归难以久持，竭泽而渔必然自招祸患。

——异化的银本位

一条鞭法事实上正式确立了明朝中央政府的银本位货币体系。黄仁宇认为一条鞭法的失败还有技术上的原因。中央政府既没有建立一个区域性的银库，也没有一个通常的采买机构。一条鞭法简化了税收征管但是并未简化税务结构，虽然纳税人可以按易知由单上总的税额缴纳税银，但在地方政府的账目上，所有税目却一一保留、无法化简，官方文移更为复杂。中国整个税收结构和税收指导思想仍以农业税为主导，与一条鞭法的银本位之间形成"落差"。如一条鞭法的推行使农业税额增加，因为连门摊税、酒醋税、房地契税、渔课乃至一些商税都摊入田赋，使原本由商人承担的税收改由农民负担，因此被指责为"厚末病农"③。在黄仁宇看来一条鞭法的实施如果要带来某种确定的进步，就要求整个税收系统的根本性变革，包括政府预算体系以及金融体系的变革，而实际上这一变革并未发生，因此一条鞭法所产生的变化不仅是有限的，而且注定要失败。

更为关键的是，在脆弱的帝国财税体系中，赋税货币化是一柄双刃剑，虽然有利于减民负、增岁入，但也引发了一个始料未及的"消费拉动"效应。④时人顾起元记载道：

役累重时，人家畏祸，衣饰、房屋、婚嫁、宴会务从俭约，恐一或暴露，必招扳累。今则服舍违式，婚宴无节，白屋之家，侈僭无忌，是以用度日益华靡，物力日益耗蠹。⑤

---

① （美）道格拉斯·C. 诺思著，陈郁等译：《经济史中的结构与变迁》，第 130 页。
② （美）玛格利特·利瓦伊著，周军华译：《统治与岁入》，第 105 页。
③ 参见李新宽：《制税权·财政危机·赋税结构》，《东北亚论坛》2005 年第 3 期。
④ 永谊：《白银秘史》，重庆出版社 2011 年版，第 59 页。
⑤ 顾起元：《客座赘语》卷七。

一方面人们的税负减轻，感觉到没有后顾之忧的百姓受侈靡世风影响，纷纷加入到“高消费”的行列，有的不惜“借贷费用，习以为常”①，或者是“人无担石之储，然亦不以储蓄为意”②，在衣食住行等方面的超前消费、奢侈消费、炫耀消费泛滥成风。一条鞭法的颁行使晚明社会终于走向了一个“日益华靡”的高消费时代，对社会风气的转向事实上起了一个推波助澜的作用。一条鞭法从嘉靖年间在部分地区试行到万历年间在全面范围内大面积推广，在时间上恰好对应了晚明奢靡之风从起步阶段的和风细吹到极盛时期的狂风大作，这显然不是一种偶然的巧合。③

另一方面，由于白银作为显性财富的符号化、货币化刺激，使得好货拜金的扭曲价值观盛行，甚至发展到“何处非用钱之地，何官非爱钱之人”④。传统的礼义廉耻价值观一文不值，“才见黄金皆兄弟，忽看白刃起仇雠”的实用主义价值观甚嚣尘上。顾起元当时就曾指出，“一条鞭法”以银纳税之后，从代朝廷征税的“粮长”到纳税的农户都变得不再爱惜粮食，粮食越来越少，农民出售粮食换取银钱的过程中还要受商贾盘剥，逐渐成了不能养活自己的“不自聊者”。此外，实施货币赋税使得农民从实物赋税中解脱出来，可以采用加种经济作物的方式来增加产出，出现“桑稻争田”在所难免。

等到国家需要征收粮食扩充军需、补给边镇的时候，商贾们又以高价出售粮食，造成国库白银大量流失。威廉·阿特威尔在研究了1470—1650年的明朝经济后指出，500年前张居正新政失败的致命弱点在于在大规模进口白银的大背景下，改革过于依赖外贸、过于依赖世界货币市场供应。⑤还有些史学家认为“一条鞭法”加剧了城乡“二元化”和社会贫富差距加大，逼迫农民造反求生，甚至可以把明朝灭亡的责任记在“税改”失败的张居正身上。

实际上，“一条鞭法”无非是一个“减（民）负增（国）税”的政策，

---

① 周玺：《垂光集》卷一，《论治化疏》。

② 王士性：《广志绎》卷4，《江南诸省》。

③ 张和平：《一条鞭法与晚明社会的奢靡之风》，《中国社会经济史研究》2004年第3期。

④ 张岱：《石匮书后集》卷1，《列帝本纪》。

⑤ 参见（英）崔瑞德、牟复利著，张书生等译：《剑桥中国明代史（1368—1644）》，下卷，中国社会科学出版社2006年版。

但今天从政策绩效的角度来看，短期增加了国库的白银收入是其“一利”，却同时存在侵蚀长期税基、影响粮食安全、引发奢侈消费、扩大贫富差距、激化城乡矛盾等“数弊”。两害相权取其轻，两利相权取其重。这样的政策选择显然是不经济、不明智的，至少是考虑不周、应对不详的。虽然这对张居正有些吹毛求疵之嫌，但这在某种程度上正是万历税改失败的根源。

——衰退的控制力

韩毓海指出，由于当时的官僚阶级和士大夫阶级不善财政，甚至耻言财政，这种风气终明一代泛滥不治造成的结果，就是国家在与国内的豪强商人和大地主的博弈中必然失败。① 一条鞭法以前的税法希望能建立一种按支付能力的高低承担税负的公平机制，一条鞭法则是在前法无法有效实施的情况下的补救之法。“代理人与选民在瓜分某些垄断租金时存在着共谋。”② 前法之所以失效，是豪民的抵制，里胥的弄巧，后法的失效表面看起来更多的是政府机构自身的问题，官吏的不廉、行政能力的欠缺等等。但根本的原因却是一致的，即国家没有足够的能力在与利益集团的斗争中推行律法。

由于一条鞭法使税收征管权集中于地方政府，对于薪俸微薄的州县官员无疑会产生巨大的诱惑，通过加收羡余，州县官可以得到更多可支配收入，这成为他们破坏税法的动机。官收官解对政府的工作带来更大的压力，地方官吏在变法中面临更多的责任，也同时得到了更多的权力。换言之，他们此时拥有了从变法中分一杯羹的机会。由地方官员和他们的属下所构成的这样一个利益集团，在破坏新法的过程中谋得了自家私利，搞垮了国家财政。

3.“法久则弊”现象与“黄宗羲定律”

和明中叶以前的税收制度相比，一条鞭法并没有改变赋税的总额，或至少目的不在于此。类似一条鞭法的“并税制”改革是一个典型的零和博弈，它仅仅改变了赋税征收的方式，尽管在短期内有“向来从弊为之一清”的政绩效果，但却并未实际上改变纳税人的税负承担。“即便采用一条鞭法，许多县的税单仍然保留着各种各样的条目以及混乱的税率，只是每个单个的土地所有者的赋税总额合并了而已。”③ 特别是由于朝廷不断加派苛捐杂税，“条鞭既并杂范而

① 韩毓海：《五百年来谁著史》，九州出版社 2010 年版，第 123 页。
② （美）道格拉斯·C. 诺思著，陈郁等译：《经济史中的结构与变迁》，第 27 页。
③ 黄仁宇：《16 世纪中国的军费》，载《现代中国的历程》，第 100 页。

征之矣。故原编存留，所以免杂泛之役。今皆裁作正赋起运，则杂泛不得不更派。是故，征愈急则银愈贵；银愈贵则谷愈贱；谷愈贱则农愈困；农愈困则田愈轻。田者民之所依，国之所宝也。而积轻之势，至有弃如敝屣者，有视如毒螫者”[①]。

在封建社会的自然经济条件下，“农”为邦本，“耕读为上”是核心价值观。费正清研究指出：“人口的密集使精耕细作成为必要并给它提供条件。这种经济一旦建立，就凭着其惯性继续发展。”[②]不论是大地主，还是小佃户，无不以土地和农桑为安身立命之本、养家糊口之源。然而，在不堪重负之下，往日的良田沃土成了如今的“敝屣”“毒螫”，地主抛弃田产，农民逃离家园，“邦本”尽失，国将不国。

传统中国的税法和税改，其目的在于维护既存的统治秩序，最吃紧的任务是维持社会安定。而在中国自成一体的农业帝国体制和集权国家形态下，国家治税权无可争议地归属于皇帝，虽然有官僚集团的牵制，但税率、税种的变更任由皇帝一人恣肆而为，具有与英国税权归属议会明显不同的“强权收入”特征。然而，这种“集权治税”帝国仍不免有两方面积弊：

一是“新法速朽”问题，即由于传统 国家从未将社会发展作为国家的任务，自然法律的目的也并非促进社会之发展，往往出现极为常见的“法久则弊”现象。[③]类似一条鞭法这样的税改新法在颁行之始，或许可以起到缓解社会危机的作用，但时间一长，就自然地产生了各种弊病，背离了立法者的初衷，失去了法律的应有效力。

二是“良法难行”问题。如李约瑟和黄仁宇所说，中国古代帝制的“结构缺陷”是“在顶端的帝王权威与中层以下的大量纳税人之间，存在着一个管理真空地带”[④]。强大的利益集团与软弱的执行机关结合到一起，法律的有效性就面临着严峻的考验，软弱的执行机关无力推动法律的实施，而强大的利益集团将迫使执行机关向他们让步，代价是利益集团向执行机关中的相当一部分人员提供现实的个人利益，最终的结果多半是法律成为一纸具文，而作为“邦本”的百姓所承受的苛捐重税依然如故。

---

①《清经世文编·户政田》。

②（美）费正清著，张理京译：《美国与中国》，第31页。

③付春杨：《明代一条鞭法之兴衰——立足于法律实效的分析》，《社会科学家》2007年第3期。

④李约瑟、黄仁宇：《中国社会的特质——一个技术层面的诠释》，载《现代中国的历程》，第11页。

这就是明末清初的重要思想家黄宗羲（1610—1695年）在《明夷待访录·田制三》中指出的税制“三害”：

斯民之苦暴税久矣，有积累莫返之害，有所税非所出之害，有田土无等第之害。

“三害说”是指历代赋税每改革一次，税就加重一次，而且一次比一次重；农民种粮食却要等生产的产品卖了之后用货币交税，中间受商人的一层剥削；不分土地好坏都统一征税。由于赋税沉重，明中叶以来出现了十分严重的流民现象。

所谓“流民”，就是无产无业的流亡人口，主要是由破产农民、失业手工工人及逃兵等组成。明朝中叶的流民潮来势之猛，范围之大，均属空前。全国13个省是无省不有大量流民，北直隶、南直隶、山东、山西、河南、浙江、福建、湖广、云南等地尤为严重。据明朝的官方统计，开国一二百年之后的全国户籍人口反倒出现了大幅度“负增长”现象，朝廷的官员不禁发出“国初户口宜少而多，承平时户口宜多而少，何也”[①]之疑问。

事实上，在明代科学家徐光启关于“夫三十年为一世”的人口自然增殖理论，并非是国家人口真的减少了，而是大量人口因不堪重赋苛政而逃亡，成了不在户籍之上的“黑人”。明朝的最高统治者对此现象并不讳言：“户口之盛衰，足见国之治忽。其盛也，本于休养生息，其衰也必由土木兵戎。”[②]然而，尽管明政府多方着力试图安置解决流民问题，甚至不惜动用武力，无奈国家的财富分配和赋税结构已然“定格”，处于重压之下的黎庶小民只能为了苟活而此起彼伏地踏上流亡之路。

而且，在明晚期的土地兼并狂潮之下，长江以南的大多数自耕农几乎绝大多数都沦为佃户，如江浙地区“有田者什一，为人佃作者十九”[③]。那些靠力耕苟活的佃户为求生存，只得忍受高额地租盘剥，“私租之重者至一石二三斗”，有的甚至高达两石者。[④]这些“无立锥之地”的佃农在朝廷“一条鞭”的抽击下“旧伤未愈”，不料又在地主的苛苦盘剥下“平添新痕”。

---

①《明世宗嘉靖实录》卷102。
②《明会要》卷50。
③《日知录》卷10。
④《阅世编》卷1。

赋税弊政如何导致国家破产？

中国古代历史上的税改大都时兴“并税制”思路，即把从朝廷到基层的明暗正杂诸税（赋、役）等“悉并为一条”，“一切总征之”。同时，朝廷往往给百姓下发“易知由单”（即法定税目表），允许农民照单纳税并抗交税单外的杂派。如历史上的“征一法”“一串铃”“一条鞭”“地丁合一”等，莫不如此。[①]然而，人们发现每搞一次“并税”改革，就会催生一次杂派高潮，使税政改革流于形式。学者们用公式列出：两税法 = 租庸调 + 杂派；王安石役钱法 = 两税法 + 杂派 = 租庸调 + 杂派 - 杂派；一条鞭法 = 王安石税法 + 杂派 = 两税法 + 杂派 + 杂派 = 租庸调 + 杂派 + 杂派 + 杂派……其通用公式为 $b_n=a+mx$。其中，b_n 为经过 n 次改制后的新税额，a 为原始税额，x 为杂派，n 为税改次数。[②]在累进的算术级数下，芸芸草民陷入“越改越累”的重税怪圈：改革前，税种繁多且有官吏上下其手，但这些税种几乎囊括了国家可征收的税种，使后来者难以再立新目；然而，并税改制后，尽管“正税”中已把以前的杂派合并了，但统治者很难抑制在单一赋税外重新加派的“冲动”。赋税实际上是国家和国民之间的一种信用契约。当古代王朝开始横征暴敛，等于把黎民百姓逼上无法“履约”之境。此外，地主劣绅与收税官吏串通一气，把自己列入免赋役的档册，使国家税政被蛀蚀一空。如唐朝天宝十四年（755 年），全国免税户占全国总户数的 1/3，免税人口竟占全国总人数的 5/6 以上，大规模逃税使唐初的“租庸调”制由衰而垮，也让“替富人完税”的底层民众不堪重负。此时，“皇帝成了恶人，官僚成了坏人，胥吏成了敌人”——国家机器失去了公信力，过去的“父母官”变成掠夺型国家的刽子手。“迎闯王，不纳粮”的李自成农民起义，实质上就是在帝国税制的“死穴”上插了一把钢刀，在一呼百应中埋葬了朱明王朝。

于是，大江南北的佃户斗争势如洪水而起。苏州等地的佃户甚至成千上

---

① 秦晖：《并税式改革与“黄宗羲定律”》，《农村合作经济经营管理》2002 年第 3 期。

② 参见王家范、谢天佑《中国封建社会农业经济结构试析》，载《中国农民战争史研究辑刊》第三辑，上海人民出版社 1983 年版，第 28 页。

万人相约"勿得输租业主，业主有征索，必沉其舟毙其人"[①]。由地租而引发的强势地主和弱势佃户的矛盾冲突，成为晚明社会的又一座"活火山口"。而这些"沉舟毙人"的佃户有着浓厚的"仇富、仇官"情节，不但屡屡成为抗租、罢市、闹衙等社会暴动的参与者，而且还充当了白莲教起义和李自成、张献忠等农民起义的生力军。

可以说，守土劳作、"税自所出"的佃户原本是帝国赋税体系的脆弱草根，当"民困财竭，一遇大荒，流移过半"，连他们也加入到流民行列，那么，大明王朝几乎等同于被"连根拔起"、飘摇无期。再加上万历矿税之害，那些穷凶极恶的矿监、税使所到之处，"如沸鼎同煎，无一片安乐之地，贫富尽倾，农商交困。流离迁徙，卖子抛妻"[②]。"流民社会"的形成，一方面破坏了国家的正常赋税基础，另一方面又给社会稳定造成极大的不确定风险，为最终酿成明末大起义埋下了伏笔，也成为王朝衰败的明显征兆。

当代学者们依据黄宗羲的观点而总结出了"税久则弊"的"黄宗羲定律"：历史上的税费改革不止一次，但每次税费改革后，由于当时社会政治环境的局限性，农民负担在下降一段时间后又涨到一个比改革前更高的水平，即黄宗羲所称之"积累莫返之害"。实际上，国家的税收不降反增，国家的税源亦压缩到弱势群体身上，由于"富家隐藏逃户，辟地多而纳粮少，故积有余财而愈富；贫家地少而差役繁，故典卖田宅，产去税存而愈贫"[③]，造成了"穷人替富人缴税""越富越少缴税"的恶性循环。而衰败的国家和朝廷一方面是熟视无睹，另一方面在自上而下的怠政黑洞中也已无力回天。"帝国的整个财政机构太过陈旧，难以应付由全国性的紧急情况所引发的种种问题。"[④]而且，由于皇帝是行政者、立法者、执法者的结合体，也是制税权、司税权的源头，一旦皇权的专制性和掠夺欲突破了赋税极限，则将重复"农民起义——统治初期轻徭薄赋——财政大为好转——国家经济繁盛——统治者骄奢贪逸——财政危机出现——苛捐杂税繁重——农民起义爆发"的发展模式。[⑤]最终，**税政之弊导致了民生之艰，民生之艰引发天下大乱，这是帝制衰亡和官治衰败的一个基本规律。**

---

① 崇祯《吴县志》卷11。
② 《明神宗实录》卷376。
③ 《明英宗实录》卷66。
④ 黄仁宇：《倪元璐：新儒家官僚的"现实主义"》，载《现代中国的历程》，第73页。
⑤ 马金华：《制税权·政体·税收制度》，《税务研究》2010年第2期。

税权滥用是权力透支的具体表征

皇帝家天下，财富甲天下。万历在搞垮国库的同时，内库即自己的“小金库”却是异常充盈。这种极端不正常的财富分配状态的形成，依托的是集制税、征税、司税、用税诸权于一体的治税权。治国须治税，反腐防滥税。健康、可持续的财税政策是决定执政安全的重要因素，也是折射施政行为亲民度、廉洁度的特殊参考。税收法定原则即对国家征税权力进行法律规制，是现代国家法治的重要特征，依法治税具有依法治国的先导性作用和基础性政策含义。要想长治久安，规避腐败之患，必须把税权关进制度的铁笼。

二、失败的印花税法案与“独立战争”的失败

权力也统治着财产。这就是说：财产的手中并没有政治权力，甚至政治权力还通过如任意征税、没收、特权、官僚制度加于工商业的干扰等等办法来作弄财产。

——马克思

一位法国政治家在评论英国的税收政策时曾揶揄道：“税收的艺术在于从鹅身上拔毛最多而不让它叫唤。”[①]英国是世界上最早完成工业革命的国家，同时也曾是由此造成的贫富分化和分配不公最严重的国家之一。因此，从英国由“税收国家”向“福利国家”的转型过程中，我们可以看到“税收暴政”如何代表了腐败的政治、如何激化了社会的矛盾，也可以看到税收杠杆如何找到改变社会公平正义格局的关键支点。

1. 国王的破产和政府的透支

“18 世纪的英国是一个财政国家和战争国家。”[②]政府为了应付战争的巨大军费开支和平衡财政与税收的关系，采取了“透支型”财税政策：先通过政府举债支付战争开销，然后再通过和平时期的征税分期偿债。“正是这种需要成了 17 世纪末和 18 世纪初所谓的‘财政革命’的背景”，“发展出

① Norman K. Risjord ,“America: A History of the United States”,New Jersey ,1985,p.118.

②（美）玛格利特·利瓦伊著，周军华译：《统治与岁入》，第 150 页。

了一套复杂的银行和信贷系统”[①]。政府对长期信用的经营使其如同一家“巨无霸”公司，具体做法是：将政府信用分为活期公债（unfunded debt）和定期公债（funded debt）两种。前者是用于临时开销的短期信用，分为陆军债券、海军债券、武器债券等不同类别；后者是一种由特定的直接税做担保的长期信用，在战争结束后赎回成本更加昂贵。

不列颠政府采取透支国家赋税的方式所打的如意算盘是：在战争期间保证了应急所需（短期），在和平时期降低了利率成本（长期）。“这种一边大量借钱，一边大量花钱的双向体制就像是一个风箱，给西方资本主义制度和民族国家本身的发展吹风打气”。[②]如在美国独立战争期间，财政大臣威廉·皮特（William Pitt）于1786年创设了偿债基金（Sinking Fund），并且在随后的7年的和平时期内，用预算盈余成功降低了政府债务。[③]在1793—1815年英法拿破仑战争期间，英国从金融市场陆续筹集了4.4亿英镑的贷款，在战争的最后几年里，英国政府每年借款超过2500万英镑，使得英国在资金上占有了令“拿破仑极为惊诧”的决定性优势。《鲁宾逊漂流记》的作者丹尼尔·笛福在1710年的《公共信用的论文》中说：“因为公共信用是国家的而不是个人的，它既不取决于一件事情，也不取决于一个人……但取决于政府”[④]。此外，正如托马斯·潘恩在1791年所指出的：

公债本身不是金钱，准确而言，它也不是信用。就其效力而言，它在纸面上创造了与借款数相等的金钱数额，通过施加税收来支付利息，从而维持该虚拟资本的生命力，并将年金享受权兑现为市场上流通的书面凭证（纸币）。如若需要给出任何信用的话，就是由人民来支付税款，而不是课税的政府。[⑤]

① （美）保罗·肯尼迪著，陈景彪等译：《大国的兴衰》，第72页。
② （美）保罗·肯尼迪著，陈景彪等译：《大国的兴衰》，第73页。
③ Michael D. Bordo and Eugene N. White, “A Tale of Two Currencies: British and French Finance During the Napoleonic Wars”, The Journal of Economic History Vol. 51, No. 2, (Jun, 1991) ,pp.304—307.
④ 转引自（法）雅克·阿塔利著，吴方宇译：《国家的破产》，第25页。
⑤ （美）托马斯·潘恩著，田飞龙译：《人的权利》，第95页。

表 1 英国战争期间的支出和收入（1688—1815 年） （单位：英镑）

年度	总支出	总收入	借款补差额	借款占支出的百分比
1688—1697	49320145	32766754	16553391	33.6
1702—1713	93644560	64239477	29405083	31.4
1739—1748	95628159	65903964	29724195	31.1
1756—1763	160573366	100555123	60018243	37.4
1776—1783	236462689	141902620	94560069	39.9
1793—1815	1657854518	1217556439	440298079	26.6
总计	2293483437	1622924377	670559060	33.3

资料来源：（美）保罗·肯尼迪著，陈景彪等译：《大国的兴衰》，第 77 页。

透支型政府或者说负债型政府，事实上是在透支民众的赋税。所谓英国崛起中的“金融革命”和“财政—军事国家”的转型，只不过是用民众赋予的公共信用再向民众举债的资本游戏。从上表 1 可见，不列颠国库从来都是入不敷出的。保罗·肯尼迪在《大国的兴衰》中分析道：“如果国家的证券没有历届议会及其征收附加税的权力作担保”，“那么这场‘金融革命’就很难成功。”因此，当政局动荡、岁入不敷的时候，政府的营税空间和偿债能力难免会受质疑，人们的信心难免受到冲击，进而引发金融债券市场的波动。直至今日，美债危机和欧债危机屡屡将全球经济拉入衰退期的事实，仍在向世人揭示国家财税政策失调乃至失败的巨大风险。

在近代西方的崛起中，“政府与臣民之间在扩大国家征税权方面的制衡特别重要。我们已经看到，每个新兴民族国家都在拼命争取更多的收入”①。在透支型财税政策下，为保证战争机器正常转动，政府的第二个办法是被迫采取通货膨胀（发行新货币、银行券、指券等以支付政府账单）的方式来应付。但几乎接踵而至的每一次财政危机都使货币越印越多，同时贬值的幅度越来越大。当英格兰银行无法抗拒政府把贷款和补助金大量汇往国外的双重压力，或者在私人积攒金银和饥馑之年，寅吃卯粮的总危机就将爆发。如 1797 年，英格兰的银行停止了对私人顾客兑付黄金，而无法兑付的银行券就事实上被转换成了有效货币。结果，“纸镑”的贬值如约而至，其最低线到了面值的

① （美）道格拉斯·C. 诺思著，陈郁等译：《经济史中的结构与变迁》，第 167 页。

71%，直到 1817 年才回弹到 98%。[①]

通货膨胀的潮流延续至今。根据一项从 1913 年到 1958 年这 45 年间货币贬值情况的统计，如果不同国家的个人在 45 年里每年都拿出实际价值相等的一笔钱储蓄起来，则 45 年过去后，在瑞士其货币的实际价值还剩下 70%，美国和加拿大约为 58%，英联邦中的大多数国家以及“英镑集团（sterling bloc）”中的其他成员国可保持在 50% 上下，在法国和意大利则仅余 11%—12%。[②] 可以说，今天人们已经把全球范围的通货膨胀潮流视为当然，对其可能具有的掠夺性政策含义也已习惯性地逆来顺受。

人们常说：一部货币史就是一部通货膨胀史。英国人舒克保—伊维林（G. Schuckburgh-Evelyn）的统计表明，1050—1800 年英国物价提高了 20 倍。而据布朗和霍普金斯（E.H.P. Brown and S.V. Hopkins）的统计，在 1050 年到 1980 年的 930 年间，英国的消费物价上涨了 308 倍。如果分段统计，则在 19 世纪之前有 2 个物价飞涨期：

表 2　乔治三世执政期间英国南部消费物价指数（1451—1475=100）

年份	十年平均数	期末值
1761—1770	711	714
1771—1780	807	730
1781—1790	839	871
1791—1800	1067	1567
1801—1810	1487	1670
1811—1820	1569	1353

资料来源：丁鹄《读西方通货膨胀史杂记之二》。

一是 1511—1631 年，消费物价指数从 97 涨到 682，120 年间消费物价水平上涨了 6.03 倍，每年递增 1.6%；二是在乔治三世执政后的 1761—1813 年，消费物价指数从 614 上涨到 1881，52 年间上涨了 2.06 倍，每年递增 2.2%（见表 2）。第一次通胀期是“最硬货币”的通货膨胀（the inflation of the hardest money），即发现新大陆后廉价贵金属涌入欧洲，使得西班牙掀起的物价上涨

---

①（英）艾瑞克·霍布斯邦著，王章辉等译：《革命的年代》，国际文化出版公司 2006 年版，第 126—127 页。

②（英）弗雷德里希·冯·哈耶克著，邓正来译：《自由秩序原理》下册，第 101 页。

潮散播全欧，使英国物价提升6倍并不再回复。

第二次通胀期则主要是因美国独立战争和英法拿破仑战争等政治因素而起，政府执行通货膨胀政策，使得物价腾贵、翻了两番。从历史上看，统治者从前嫌金银价值不够稳定，想找到一种稳定的“管理通货”；现在实行管理通货了，又存心使之贬值以便达到自己的经济目的，但却往往发现搬起石头砸自己的脚，每每落得不可收拾的地步。[①]

或许其中的秘密正如哈耶克所说：

“预算需求过去一直是周期型通货膨胀的主要根源”，“如果预算赤字（a budget deficit）是通货膨胀的根源，那么财政收入以超过个人收入的比例增加，便有可能因此而弥补预算赤字”。[②]

这无异于公开的掠夺。此外，通货膨胀既有助于政府减轻财政负担，如因提供退休金的沉重财政负担而通过降低币值来“减压”；又有利于为扩大政府的控制权提供重要的理由，如需要有关部门实施导致住房的租金限制措施（rent restrictions）、食物补贴措施以及管制价格和控制开支等。

因此，人们常常将通货膨胀比作吸毒，不过这种累积性通胀（cumulative inflation）烧掉的可是大家的钱，透支的也是大家的未来。人们通常以为英国经济学家凯恩斯（J.M.KeyneS）是个道地的通货膨胀论者。其实直到1930年出版《货币论》（Treatiseonmoney）时，他还是个主张通过管理通货以达到货币购买力稳定的学者。根据诺贝尔经济学奖获奖者费里德曼的研究，凯恩斯死后才发表的最后一篇论文，还可证明他甚至是反对爬行的通货膨胀的。哈耶克更是坚决反对持续性通货膨胀（continuous inflation），因为“即使像每年3%这一似乎小幅度的价格增长都意味着它会使物价水平在23年又6个月中翻一番并可能在一个人一生的工作年限内达致四倍”，“通货膨胀会使中等收入的人士越来越难以靠自己的收入安度晚年；通货膨胀不鼓励储蓄却鼓励负债；而且，通货膨胀经由摧毁中产阶级而在彻底的无产者与富裕者之间造成了一道危险的鸿沟，这可以说是经历了长期通货膨胀的社会都具有的一项可怕的

① G.F. Warren and F.A. Pearson, “Gold and Prices”; J.K. Galbraith, “Money, Whence it came, where it went”; 转引自丁鹄：《读西方通货膨胀史杂记之二》，《上海金融》1981年第4期。

②（英）弗雷德里希·冯·哈耶克著，邓正来译：《自由秩序原理》下册，第83页。

特征，而且也是这些社会动荡不安的根源”[①]。

“财政腐败”意味着政权建设出了什么问题？

17世纪中期，作为拥有最高财政权的英国财政大臣实际上处于被架空的状态，财政部内的几个部门彼此独立，相互倾轧，政府财政来源被分别掌控在几个委员手中。[②]1688年的光荣革命中，重新设置英国财政署以负责监督向国库输送岁入。这是一个或被忽视的重要事件。到1714年，该署被改组为财政委员会。该委员会由首席财政大臣和三个财政委员组成，控制着整个政府的财政运作和维持政府运作的各种资金，其实权掌握在财政大臣手中。后来，首席财政大臣发展成为实际上的内阁首相。财政制度的改革似乎是“在平稳中胜利地完成了，从中看不到任何一条线索”[③]。然而，它却关系到现代政府运作的根基。控制了“钱袋子”，对于治理国家的意义一点也不亚于控制“印把子”“枪杆子”和“笔杆子”。这正是乔治三世急于控制首相任免的原因，因为这就等于控制了政府的“钱袋子”。有了财政控制权，就有了大腐败的可能；反之亦然。可以说，财政腐败是政权建设的致命伤。

对这个在金钱和战争之间崛起的岛国来说，北美独立战争和英法七年战争的一败一胜，带给乔治三世国王的绝不仅仅是一失一得、一悲一喜。“然而战争的绵长和开支的沉重，都使始料未及的，而伴随而来的公共债务的增长速度，更是叫人头晕目眩，甚至吓坏了大多数最繁荣、最富有和最善于理财的国家。”七年战争中，以英国和法国为代表的欧洲两大交战集团，在欧洲、北美洲、印度等广大地域和海域进行了争夺殖民地和领土的战争。在通过政府主导战争构筑商业和贸易霸权方面，“没有一个国家更能响应商人阶级的要求，没有一个国家更能警觉战争的商业涵义”[④]。战后，最终确立了英国的海上霸权。结果是法国和他殖民地的贸易，从1755年的3000万里尔降到1760年的400万里尔。

---

① （英）弗雷德里希·冯·哈耶克著，邓正来译：《自由秩序原理》下册，第111—112页。
② 赵红《17世纪末至18世纪初英国国债制度化论纲》，《东北师大学报（哲学社会科学版）》，2003年第6期。
③ （法）布罗代尔著，顾良等译：《15—18世纪的物质文明、经济与资本主义》，第579页。
④ （意）齐波拉主编，徐璇译：《欧洲经济史》第3卷，第178页。

值得一提的是，英法七年战争（1756—1763 年）是法国革命战争前欧洲各主要国家都相继卷入的最后一次大规模战争，包括 30 余次会战，由于参战国家众多，温斯顿·丘吉尔认为这才是真正的第一次世界大战。然而，正如丘吉尔所说："没有什么胜利能给这些黑暗的年代增加光明。"[①] 这场大战的胜利固然使英国建立了一个空前庞大的殖民帝国，也使英国债台高筑，欠了 1.3 亿英镑战争债务。此外，1756—1763 年，英国在北美的开支达 798 万镑，而在 1740—1775 年共支出 1619 万镑。而英国当时一年的财政预算还不到 1000 万英镑。战争一结束，英政府就开始遣散海军，并消减海军的军费开支，而 1763 年七年战争后英国的公债已达国内生产总值的 140%。[②] 从法国手中抢夺了大片的海外领地之后，为了统治管理新地区，需要舰队和士兵，英帝国开支大大增加。

所幸的是，英国在乔治三世执政后期开始了工业革命，持续增长的经济并没有在腐败的政局中崩溃。比如生铁产量从 1788 年的 6.8 万吨猛增到 1806 年的 24.4 万吨，到 1811 年更是增加到 32.5 万吨。英国的产品出口额也从 1794—1799 年的 2170 万英镑增至 1804—1806 年的 4440 万英镑。特别是英国生产率和财富的增长，有助于英国政府支付因战争造成的重负。如关税和消费税收入，从 1799 年的 1350 万英镑猛增至 1815 年的 4480 万英镑，而新征收的所得税和财产税的收入，则从 1799 年的 167 万英镑增加到 1815 年的 1460 万英镑。这也证明了托马斯·潘恩的观点："战争在所有地方都是那些参与公共资金的分配与开支的人的共同收获。它是在家园内部进行征服的艺术，其目的在于增加收入；由于没有税收，收入就不会增加，所以就必须为开支制造借口。"[③]

实际上，英国政府在 1793—1815 年，从直接和间接税中获得了高达 12.17 亿英镑的收入。"英国人被课征的捐税超过了 18 世纪的官僚们可以想象的极限，而且国债几乎增长了一倍"，这使得"版图较小，人口较少"的不列颠勉力承受住了战争的巨大消耗。然而，在 1793—1796 年的西印度群岛战斗中，由于公共卫生和保障极差使得疫病流行大量减员，付出了昂贵的代价：4 万人死亡，4 万人丧失了战斗力，这一数字超过了英军在西班牙半岛战争中

① （英）温斯顿·丘吉尔著，薛力敏、林林译：《革命的年代》，《英语民族史》第 3 卷，第 806 页。
② （法）雅克·阿塔利著，吴方宇译：《国家的破产》，第 27 页。
③ （美）托马斯·潘恩著，田飞龙译：《人的权利》，第 46 页。

的伤亡总数，这些战役还至少耗费了1600万英镑的巨额军费。英国的战略既无效果，又如此颇费钱财，因此，当1797年英格兰银行停止支付现金之时，英国海军在斯比特海德和诺尔两地发生了哗变，“这两个事件动摇了、至少暂时动摇了英国整个战略体系的根基”①。

因此，政府在举债、通货膨胀之外，不得不采取了第三种最为直接、也是“空前而又不祥的步骤”，即开征所得税（1799—1816年），靠直接税来支付战争费用。但即便如此，国债仍然从1793年的2.38亿英镑，猛增到1816年的8.76亿英镑，而每年的债务偿付额也从1792年的1000万英镑增加到1815年的3000万英镑，这一数字甚至比1792年政府的总支出还要多。②而这种举债透支行为的社会后果非常严重。“由于专制政府的真实目标在于税收，一个如此组成的（英国）政府将比直接的专制或完全的自由国家取得更多的收入，因而从利益角度出发，它会同时反对后两者。”③我们知道，英国之所以有能力以金本位制度作为最后偿付保证来发行巨额公债，除了金融资本家、银行家作为“战争贩子”的经济支撑之外，还有一个重要的政治原因，即债权人或者说“公债持有人”可以影响代议制政府，和政府博弈议价。④

早在1694年，威廉·帕特森，一个之前在西印度群岛积累了财富，定居阿姆斯特丹后移民至伦敦的苏格兰人，向英国政府建议通过银行发行公债来资助对法国的战争，而“最富裕的英国人将成为这笔公债的股东”。这个获批新成立的英格兰银行总督公司有120万英镑的股份，成为历史上第一家“中央银行”。英格兰银行的核心理念就是把国王和王室成员的私人债务转化为国家永久债务，由全民税收做抵押，由英格兰银行来发行基于债务的国家货币。这样一来，国王有钱打仗或享受了。⑤此后，一如罗伯特·布思比男爵所说的那样：“政府可能会更迭，可英格兰银行的行长却永远不会易人。这是一个拥有权力却不承担责任的典型例证。”⑥

---

①（美）保罗·肯尼迪著，陈景彪等译：《大国的兴衰》，第119页。

②（英）艾瑞克·霍布斯邦著，王章辉等译：《革命的年代》，第127页。

③（美）托马斯·潘恩著，田飞龙译：《人的权利》，第46页。

④ Michael D. Bordo and Eugene N. White, “A Tale of Two Currencies: British and French Finance During the Napoleonic Wars”, The Journal of Economic History Vol. 51, No. 2,（Jun, 1991）,pp.304—307.

⑤ 详见宋鸿兵编著：《货币战争》，中信出版社出版2007年版。

⑥（美）丹尼尔·B. 贝克编，王文斌等译：《权力语录》，第1页。

接下来，“所有欧洲的王子们一个接一个地因剧增的战争而破产”，如普鲁士王子弗雷德里克·纪尧姆在去世后留给其子弗雷德里克一世一笔 2000 万银圆的债务。英国公债则在 1715 年的西班牙王位继承战争后达到了国内生产总值的 50%。因此，1752 年，大卫·休谟在《关于贸易的论文》中说：公债成为社会的一个重要风险。1770 年，亚当·斯密则在《国富论》中写道：在国债积累的某个特定水平上，……尽管经常是通过所谓的偿清，公共收入总是被洗劫一空。

更为糟糕的是，透支型财政政策及其公债的实际效果非常严重，英国学者形象地说：

它像一个漏斗，通过它，主要由居民支付的税收以越来越高的比例，转移到“公债持有人”这一小小富有阶级的腰包中。于是，贫民、小商人和农民的代言人如科贝特（William Cobbett），便开始在报刊上发动雷电般的抨击。[①]

这些人实际上是以往国家“包税人”行当的继承者，只不过把过去的包税营生变成了更加稳定、更为持久的放贷买卖。也可以说，过去的包税人就是今天升级版的国家债权人，直接向国民征税的“体力劳动”，演化成了直接向国家放债的“资本游戏”，其劳动强度大幅下降，其利润空间呈几何级数增加。

在近代以前，西欧各国多实行包税制，由包税人代表国王进行征税。如诺斯在《西方世界的兴起》中就曾举过一个例子：“君主以得自税收或关税的岁入充作抵押，而贷方则为意大利人。卢卡的里卡尔迪就是这样在一二七二年至一二九四年借给了爱德华一世（用作征服威尔士和其他军事开支）三十九万二千镑。国王按照惯例把他们的税收包出去。当时关税由贷款人控制作为偿还的一个来源。”[②] 在法国，自中世纪以来法兰西王国的财政活动就被一小撮包税人“把持”，“不仅征收烟草税和盐税的包税商贪污受贿，就是那些征收人头税之类直接税的教区税收员、地方税收官也就是假公济私。他们每一个人在将钱交给上一级机关之前，都截留下自己的‘折扣’，每个人还获取当初为购买官职所付代价的 5% 的利息”。因此，“这样一个松散的、随意凑合的机构从骨子里就是腐败的，纳税人的许多钱财都落入了死人的腰

---

①（英）艾瑞克·霍布斯邦著，王章辉等译：《革命的年代》，第 127 页。

②（美）道格拉斯·诺斯等著，历以平等译，《西方的兴起》，华夏出版社 1999 年版，第 41 页。

包”[①]。包税制和官僚制结合起来，必然导致效率低下、腐败从生，使得“包税人”成了暴发户。

长期担任英国政府经济官员的查尔斯·达维南特（Charles Davenant）在1689年出版了《论英国的公共收入与贸易》一书，揭示了包税制失败的内在原因。由于“完全的包税是把某种税的全部收入都包出去，只收取固定数额的租金”[②]，必然导致包税人私下从国库中赚取巨额财富。而亚当·斯密也在分析法国包税制后指出：归入政府的税收，还不到所征的一半。

今天的人经常说：金融资本家绑架了政府。这种公开的绑架和劫夺得以制度化，要拜18世纪西欧入不敷出的国王们所赐，他们就如同是将国家的灵魂出卖给银行家的浮士德。而对在公债交易中扮演中介角色的巴林银行（Baring）和罗斯柴尔德家族银行（House of Rothschild）的国际金融家来说，“国家债主”的黄金时代在战火纷飞中到来了。如仅在1794—1804年，向英国的军事同盟国放贷的规模即高达8000万英镑，其直接受益人就是国际金融机构和英国的金融机构。随着1778年荷兰银行的破产，“资本主义的‘心脏’最终横跨了北海定居在英国首都”[③]。

2. 杀贫济富：少数人对多数人的掠夺

英国“议会治税”体制开启于13世纪。1215年，约翰王在贵族势力联合教师阶层、骑士群体和城市市民的反抗之下，不得不签署了大宪章，明确不经贵族和骑士组成的“大会议”同意，国王不得额外征税的原则。因此，大宪章被称为“英国自由的奠基石”。英法百年战争期间，议会曾在1339年和1344年两次拒绝了国王的增税要求，并迫使国王同意由一个委员会来监督王室开支。1688年光荣革命之后，议会治税、税权分散发挥了重要的经济作用，也为君主立宪政体奠定了基础。

18世纪，英国首相即第一财政大臣，或者说财政大臣是事实上的政府首脑。从中可见财政政策在国家治理中的重要地位。英国不但在世界上率先实现了向资本主义的转型，而且其财税体制和财税政策也适应国家向“财政—军事国家”的转型而得到调整。当时，“所有的政府和政治家们都被如何增

---

① （美）保罗·肯尼迪著，陈景彪等译：《大国的兴衰》，第77—78页。
② （英）查尔斯·达维南特著，朱泱等译：《论英国的公共收入与贸易》，商务印书馆1995年版，第70页。
③ （法）雅克·阿塔利著，吴方宇译：《国家的破产》，第27页。

加税收，以支付正在进行的和以前进行的战争所困扰。即使在和平时期，维持其军队也要耗费国家财政收入的40%—50%，而在战时，国家支出总额远远超过平时，军费要占总支出的80%甚至90%”[①]。但由于自中世纪以来就形成了“议会拥有税权”的传统，因此国王征税与议会限税的矛盾一直存在。

政府信用和财税健康对于国家崛起及执政安全的意义何在？

18世纪，英国首相诺斯勋爵曾把英格兰银行称为英国宪政的组成部分。亚当·斯密也说英格兰银行“不是作为一个普通银行在起作用”，“而是作为国家的一个大蒸汽机在起作用”[②]。西方经济史家常常将英格兰银行建立、公债发行以及金融业的变革合并称为“金融革命”。而现代初期西欧各国为争夺霸权所频频发起战争，军费和国债的增加导致政府不得不为了避免“破产”而透支公共信用。现代第一个霸主西班牙之所以衰败，在很大程度上是因为承负了一笔相当于10至15年的岁入的巨债，每年需付的利息就大大超过了政府岁入的一半。[③]而英国从17世纪末已经发展成了“财政—军事国家”，到18世纪则中央政府权力得到进一步增强，其基础就是税收管理和金融政策的改革，特别是“政府通过累积永久性国债而筹集借款的能力”。整个18世纪，对外冲突给英国岁入和政府财政施加了巨大压力。西班牙王位继承战争（1702—1714年）、奥地利王位继承战争（1739—1748年）、七年战争（1756—1763年）和美国战争（1775—1784年）期间，军费日增导致政府开支骤涨：18世纪的政府年度开支增加了15倍。从1695到1795年，英国年度债务偿付支出从60万英镑（以不变价格计算）上升到680万英镑，1816年的利息费用是1790年的3倍。这种执政方式的巨大转变，即从传统的“税收国家”向现代“透支政府”的转变，靠的正是“对国家信用的成功依赖”以及对“政府权力关系的改变”。因此，现代国家为确保避免财政“破产”需要两个条件：“足够有效的筹措贷款的机构；在金融市场上维持政府的‘信誉’。”[④]

---

① （美）保罗·肯尼迪著，陈景彪等译：《大国的兴衰》，第80页。

② （英）阿萨·勃里格斯著，陈叔平译：《英国社会史》，中国人民大学出版社1991年版，第188、189页。

③ 杰弗里·帕克著，贝昱等译：《1500—1730年欧洲现代金融的产生》，载卡洛·M.（意）齐波拉主编《欧洲经济史》第二卷，商务印书馆1988年版，第490—491页。

④ （美）保罗·肯尼迪著，陈景彪等译：《大国的兴衰》，第73页。

不过，正如博林布鲁克在18世纪中期所说的那样，“大不列颠国王是最高的管理者……最高的司法权位于贵族院（即上院）。平民院（即下院）是这个国家（nation）的大陪审团；由他们来决断民族的费用并据此提供补给。”[①]乔治三世一旦通过贿选和收买控制了议会，就等于“回收”了议会治税权，因此其在恢复王权的过程中实行的进攻性军事行动和扩张性财税政策畅行无阻。国债制度特别是中央银行——英格兰银行的成立，使得现代透支型政府找到了财税政策基石和体制转型基础。此后，“对一个民族而言，有可能被强加税收或同意被施加税收但却没有获得对应的公共服务”[②]。

马克思曾经指出，“在中世纪，权力、自由和社会存在的每一种形式都表现为一种特权，一种超脱常规的例外。在这里不能不指出这样一个经验事实，就是这些特权都是以私有财产的形式表现出来的”[③]。如前所述，这种情况在光荣革命之后并没有实质性变化，财产“身家”仍然是政治“身价”的度量衡。18世纪中后期的英国，“贵族院……完全是由世袭财产和世袭名望所构成的；……而且终于成为对一切财产进行再分配之唯一的审判官”[④]。他们利用政治特权和立法控制，将国家的税政政策玩弄于股掌之间，使其丧失了国民收入调节的应有职能，成了权贵阶层进行“合法的抢劫”[⑤]的法制手段。

因此，英国的赋税结构基本上是农业税逐渐减少，商税和间接税逐渐占主导地位。“岁入增强了统治者的能力，使他们能够精心建立国家机构，将更多的民众纳入这些机构的治理范围内。”[⑥]随着英国开征商品税和消费税，“看不见”的间接税更容易隐藏在价格里，故而不易引发直接的社会冲突。[⑦]

贵族在18世纪通过征收消费税把最大的税收负担转嫁给了广大的普通民众。如在1692—1713年的大部分时间里，土地税即土地贵族们所承担的

---

① （英）M.J.C. 维尔，苏力译：《宪政与分权》，三联读书1998年版，第68页。
② （美）托马斯·潘恩著，田飞龙译：《人的权利》，第98页。
③ 《马克思恩格斯全集》第一卷，第381页。
④ （英）爱德蒙·伯克著，何兆武等译：《法国革命论》，第67—68页。
⑤ （英）威廉·葛德文著，何慕李译：《政治正义论》第2册，第385页。
⑥ （美）玛格利特·利瓦伊著，周军华译：《统治与岁入》，第2页。
⑦ 李新宽：《制税权·财政危机·赋税结构》，《东北亚论坛》2005年第3期。

赋税被固定在4先令上。而且，土地税只占到贵族收入的20%，在国家总收入中的比例约只占25%。[①]这使得英国贵族保持了对土地和财富的垄断地位。一个关键原因是，由于贵族地主阶层长期把持政府，长期的低额土地税使得大地主受惠不浅。如1646年全国土地税总共247万英镑，到了1778年可耕农田大为增加，且地租增加了一倍，但全国土地税反而下降到195万英镑。[②]

在那个年代，富有阶层仅仅在国家处于紧急状态时，通常是受到战争威胁时，才会被政府要求捐输财物。类似今天的个人所得税这样的直接税（如古代的人头税）仅仅是对最贫穷的阶层征收，“它会给人带来被认为社会地位低下的耻辱”，因此，在几个世纪里，在对富有阶层征收直接税时，被视为作为国民的代表向国王敬献的“礼物”。[③]正像亚当·斯密所说：

有大财产的存在，就有大不公平的存在。有一个巨富的人，同时至少必有500个穷人。少数人的富裕，是以多数人的贫乏为前提的。[④]

英国政府从18世纪中期起开始重点征收消费税，从繁荣的工商业和消费活动中获取高收益。在那个时代，“英国也深受行政腐败之害。进入18世纪以后，税收官员以其征税‘开支’为借口而索取大量费用，并且在将所征收的资金上交到财政部之前赚取利息，这些都绝非个别现象”。特别是“公共资金被许多经手官员侵吞，税收到达财政部所花费的时间过程助长了机会主义”[⑤]。那些取代了包税制（tax-farming）下包税人（farmers）的税务官们，几乎个个是“漫天要价”、上下其手的贪渎分子，因为“公家的钱总是黏在经手官员的手头上”。

有一组数字可以提供一个旁证：1708年，在财政机构的4780名全职雇员中，负责消费税的有2247名，负责关税的有1839名。1782—1783年，在全部7222名全职雇员中，负责消费税的增加到4908名，负责关税的有2205名。

---

① 转引自欧志雄、舒小昀：《1688—1783年英国贵族阶层分析》，《湖北师范学院学报（哲学社会科学版）》2003年第2期。

② 参见（美）潘恩著，马清槐等译：《潘恩选集》，第289页。

③（美）派普斯著，蒋琳绮译：《财产论》，经济科学出版社2003年版，第278—281页。

④（英）亚当·斯密著，郭大力、王亚南译《国民财富的性质和原因的研究》（下卷），商务印书馆1981年版，第272页。

⑤（美）玛格利特·利瓦伊著，周军华译：《统治与岁入》，第140页。

可以说，从1713年直到所得税创设的1799年，向“沉默的大多数”征收的消费税都比其他税源的地位高得多。

政府如此热衷征收消费税，或许还有另一个隐情，那些可以在议会中因税负而咆哮的贵族如同动物园里的老虎和狮子，相比而言，向老百姓征收消费税，如同剪羊毛、拔鹅毛那样，不会遭到激烈的反对和抗争。

威廉·葛德文依据当时的经济资料统计指出，英格兰的土地税收入比一个世纪前减少了50万英镑，但每年由社会所有民众负担的消费税却比17世纪末增加了1300万英镑。尽管消费税是一种选择税，但却成为让广大民众“分摊”国家税负的一种有效形式。这使得王室和政府的税收政策“乃是一种把富人的负担转嫁给穷人的企图”①，也是一种官员偷窃国家的体系。

尽管英国政府曾经尝试对奢侈品（如马车、银器、美发粉、钟表和仆役等）征收直接的财产税，但到18世纪90年代末，“对财政机构的修修补补”已经远远不能解决财政危机。国家的财政状况十分糟糕，截至1783年底，国会拨出的军费中有4000万英镑用途不明，公债达到2.5亿英镑，“政府信誉很低，内阁不受信任”②。关键在于，在“税收法定”“议会制税”的幌子下，“下议院主要管一切公务，因为有关款项的法案只能由下议院提出”，只要控制了下议院，就等于有了独揽税政的渠道。

1793年，英法拿破仑战争爆发。首相皮特曾想用传统的税收如消费税等来支持战争，并从1797年开始对某些奢侈品（马、仆人、发粉和窗户）进行三重征税，即按消费大小和查定所得的多少，依其支付内容分三种进行纳税。但原本计划的450万英镑税入却仅征收到200万英镑，因此，带有所得税色彩的“三级税”在财政上“是一次惨败”③。这表明增加消费税是在不恰当的地方征税，把税负转移给了消费者。而大量的英国商业财产是属于制造者，而非消费者，这促使小皮特在“三级税”的阴影里开始研究直接所得税计划，并直接导致了1799年直接所得税的出现。

“累进税制的问题，最终乃是一个伦理问题”，“对个人所得税采取某种累进制，很可能可以证明为是一种对间接税制（indirect taxation）之影响进

① （英）威廉·葛德文著，何慕李译：《政治正义论》第2册，第385页。
② （英）温斯顿·丘吉尔著，薛力敏、林林译：《革命的年代》，《英语民族史》第3卷，第775页。
③ 毕竟悦：《18世纪个人所得税的诞生及其宪制背景》，《中国政法大学学报》2010年第5期。

行补偿的途径”[①]但这出扭转“杀贫济富式”税政的好戏要到19世纪再上演了，在当时，权贵阶层垄断财富和权力的制度依然如故，于是19世纪的人道主义者伦纳德·霍布豪斯依然发出了强烈的质问：“绝大多数人生下来除了他们能靠劳动所挣得的东西外一无所有，而少数人生下来却拥有超过无论哪个有功劳的人的社会价值的东西，对于这种情况我们应不应该默认？”[②]

当时的社会改良者提出了调整税制的温和主张，即“全部的税收负担……应当依‘支付能力’（ability of sacrifice）来分配，而依托累进税率可收所得税的方法能够最好地达致这个目的”。但这种不欲求“改变收入分配制度”的改良计划却遭到了抵制，重则如Turgot所说，“人们应当处决该计划的草拟者，而不应当枪毙这一方案”；轻则如约翰·斯图尔特·穆勒所说，累进税制是“一种温和的抢劫形式”。因此，“先在法国大革命期间，此后又在1848年革命前夕的社会主义运动期间，累进税制都被明确地宣称为一项对收入进行再分配的手段，但却遭到了人们断然地否弃”[③]。可以说，英国当时的税收政策代表的是典型的“少数人掠夺多数人”的政治体制和权贵利益，“垄断、重赋和没收的结果是贸易和商业的衰落。不受皇室影响的仅有领域是教会、政府部门和贵族”[④]。

正如时人所说的那样，少数权贵不断标榜的是：“在我们家庭中延续我们财产的这种权力，……使得我们的弱点屈服于我们的德行；它甚至于把仁爱移植到贪财上面来。家庭财富的，以及伴随着世袭占有而来的（与之最为有关的）显赫名望的享有者，就是这种传递过程的天然保护人员。”[⑤]这种“传递”和分配国家财富的过程，打造了扭曲的税收杠杆，事实上传递的是政策腐败的余波。

托克维尔则以18世纪臭名昭著的《谷物法》等法令实施情况为例，一语道破了乔治三世时代英国税政以及王室政府执政方式的内在弊端：

英国的立法常为富人的福利而牺牲穷人的福利，使大多数权力为少数几个人所专有。结果，今天的英国集极富与极穷于一身，其穷人的悲惨处境与其国力和荣誉形成鲜明的对照。[⑥]

---

①（英）弗雷德里希·冯·哈耶克著，邓正来译：《自由秩序原理》下册，第92—93页。
②（英）霍布豪斯著，朱曾汶译：《自由主义》，商务印书馆1996年版，第94页。
③（英）弗雷德里希·冯·哈耶克著，邓正来译：《自由秩序原理》下册，第73—74页。
④（美）道格拉斯·C. 诺思著，陈郁等译：《经济史中的结构与变迁》，第172页。
⑤（英）爱德蒙·伯克著，何兆武等译：《法国革命论》，第647。
⑥（法）托克维尔著，董良果译：《美国的民主》上卷，第267页。

"税改杠杆"如何扭转社会严重不公和缓和"腐败观感指数"？

19世纪末的英国税改引起巨大反响。1894年，在自由党财政大臣哈考特主持下，自由党内阁开始征收遗产税。尽管这次税率只占拥有100万英镑以上家产者财产总量的8%，但权贵们恨之入骨，称自己经受了"比置身断头台和吊死在路灯杆上较为缓慢、较少痛苦的毁灭"。此后，1909—1914年该税率增加到15%，1919—1930年达到40%，1930—1934年增至50%，1939年涨到60%。由于税款需付现，如一些地主筹集不到应付的巨额税款，则可最长延期8年付款，但须支付8%的欠税年息。对少数权贵阶层而言，遗产税"旧伤未愈"，又添上了"一战"期间加征累进所得税的"新伤"。该税种的主张者提出，要运用国家立法力量和行政职能调整社会财富分配和消费，"剥夺有产阶级不劳而获的收入，用来增加工人阶级的工资收入或增加公共收入"，如设立养老金制、社会保险等提高社会消费和保障水平。进入20世纪，新自由主义理论家强调，政府征税时要将"劳动所得"和"非劳动所得"区分对待，对作为维持生活和生产必需的劳动所得，政府不必过多征税；对与社会生产脱节的非劳动所得，政府应征收高额税收，而且首当其冲应当针对那些靠不动产维持优裕生活的地主阶级。"税收杠杆"立竿见影，土地权贵的财富垄断局面迅速扭转。1809—1879年，英国88%的百万富翁是大地主，到1880—1914年，同一比率下降到33%并持续下滑。1923年，第17任德比伯爵抱怨道："眼下税收如此之高，或许我应该称自己为政府的收税人。"①针对少数人的税改调控，对缓解多数人对社会的不满起到了作用，也使人们对英格兰政治和政府的"腐败印象"有所改观。更重要的是，"绝对税率（the absolute rates）的这种变化，当然彻底改变了这个问题的性质，使其不仅在程度上发生了变化，而且在性质上也发生了变化，……而累进税制的支持者们也开始转向诉诸最早对它的那种证明，亦即视其为一种能使收入得到更加公正分配的手段"②。换言之，税收政策具有了更大程度上的公平政治含义。

① 阎照祥：《英国近代贵族体制研究》，第248—250页。

② （英）弗雷德里希·冯·哈耶克著，邓正来译：《自由秩序原理》下册，第77页。

生活于乔治三世治下的著名诗人雪莱（1792—1822年）素来十分关心时政，他在观察研究了1784年以来贵族骤增和政府腐败的基本政治格局后，十分深刻地指出了腐败与税政之间的内在联系：本国代议制度的“不完美体制”造成大权旁落，“少数贵族分子”掌控的政府改变了威廉三世的大臣们创设的、靠贷款来增加税收的办法，结果造成了巨额的公共债务。他对忝居高位的所谓“无畏亦无瑕疵”的贵族深恶痛绝，认为他们是专干琐屑勾当的奴才，要不是靠债款的赌博，就是靠为政府效犬马之劳，或是干些邪恶的营生而获得了“公众债主”的称号。这些“少数派”并非是“文明社会的哥林多式建筑上的柱头”，反倒是只会损害华丽雕塑的“芜莠杂草”[①]。

问题在于，当少数人成了“公众债主”，当掠夺性税负政策无法改变，那么，作为社会税源“基数”的多数人只好沦为入不敷出的债务人了。值得一提的是，英国自第二次世界大战结束以来的发展极大地强化了所得税的累进性质，以至于整个税负都具有了累进性质；此外，在补贴和服务方面，通过对公共开支所做的再分配，使得社会最低阶层的所得也增加了22%。

3. 一次失败的税改

英国本土的税收弊政，不仅是国内骚乱的根源，还最终点燃了北美殖民地一场抗税风暴的火苗。正如托马斯·潘恩所说：“回顾英国政府的历史，关于其战争和税收，任何一个观察者如果不是因为偏见而盲目，或者因为利益而歪曲，都会宣布税收不是为了支持战争而进行征收，恰恰相反，战争是为了税收而发动的。”[②]从某种程度上说，从免税到征税、从轻徭薄赋到税负高压，最终把北美的殖民者逼上了独立革命的道路。

1607年，英国弗吉尼亚公司在詹姆斯敦（Jamestown）建立起第一个北美殖民地。从17世纪初叶到1733年，英国人先后在北美大西洋沿岸殖民并建立了十三个殖民地。尽管一个半世纪里英国在北美获利甚丰，但在18世纪60年代之前，美国从未在北美殖民地真正行使过税权。英国在北美的官僚们常常苦于无处领取薪水，如北卡罗来纳总督加布里埃尔·约翰逊在1746年写道，自己的薪水拖欠了8年；在南卡罗来纳，英国政府还被迫从西印度群岛的税

① （英）雪莱著，杨熙龄译：《雪莱政治论文选》，商务印书馆1981年版，第148—149页。
② （美）托马斯·潘恩著，田飞龙译：《人的权利》，第46页。

收中付给总督薪水。[①] 七年战争后，英国虽然债台高筑，但为了庇护北美殖民地，作为母国还要派驻 1 万名士兵，以对付印第安人和法国人，这给英国国库造成了超过 42 万英镑的支出，以便维持军队和弥补殖民地的行政费用。[②]

殖民地的经费亏空充其量只是帝国财政堤坝的小"管涌"，更大的财政危机时刻影响着不列颠国王的睡眠和心情。因此，除了挖空心思搞到稳定的国库岁入，实在无法令大不列颠王国政府正常运行。因为"作为一个合法使用强制力的垄断者，国家可以扩张它的影响范围，使之远大于最小国家的影响范围"[③]。从 17 世纪开始，枢密院开始下设处理专门事务的常务委员会，机构不断增多，随之人数不断膨胀，而行政官员的薪俸、年金等各项收入都必须由王室政府来提供。[④]不堪重负的王室也早已开始明码标价出售贵族头衔。在都铎王朝时期，国王就曾经利用宗教改革的名义掠夺教会和修道院的财产，并通过征收教士首年俸和什一税来增加王室岁入，因而被史学家称为"掠夺的时代"。[⑤] 据美国学者劳伦斯·斯通统计，仅在 1603—1629 年，国王和近臣就从卖官鬻爵中获利 62 万英镑，但这点收益对于缓解财政困难无异于杯水车薪。[⑥]

在谈到中国古代实行捐纳买官制度时，有人指出："捐途多而吏治益坏，吏治坏而世变益亟，世变益亟而度支益蹙，度支益蹙而捐途益多，是以致乱之道。"[⑦] 这种"卖官越多，政府越穷"的悖论，在彼时不列颠已成积重难返之势。到了乔治三世执政的时代，尽管王室财政入不敷出已成常态，但迫于敕封爵位的泛滥和反对派的压力，靠售卖官爵弥补岁入不足已不现实，以至于 18 世纪 90 年代上院新封的 50 名贵族中，仅有 1 人属于破例拔擢。换言之，他必须找到能够让自己安心"索取国家岁入剩余"的那个人。

因此，当"帝师"布特伯爵为了填补政府的财政窟窿而实行臭名昭著的"果酒税"，遭到英伦人民强烈反抗而垮台后，"国王之友"派干将乔治·格

---

① （美）吉尔伯特·C. 菲特等著，司徒淳等译：《美国经济史》，辽宁人民出版社 1981 年版，第 62 页。
② 丁则民等著：《美国资本主义 1607—1800 年》，三联书店 1956 年版，第 72 页。
③ R. 科斯、D. 诺斯等著：《财产权利与制度变迁》，上海三联出版社 1991 年版，第 395 页。
④ 龚敏：《1560—1640 年英国财政状况与贵族和官员的腐败》，《历史教学问题》2005 年第 4 期。
⑤ Macculloch, Diarmaid, (ed.) The Reign of Henry VII, Macmillan Ltd., 1995.p.83.
⑥ Stone, Lawrence. *The Crisis of Aristocracy ,1558–1641.* Abridged Edition, Oxford. Oxford University Press,1967.p.60.
⑦《清朝续文献通考》卷 93。

伦维尔在 1763 年上台，陷入了“治国先治税”的习惯性思维。这个由帝师推荐、国王钦点的继任首相，背负着沉重的帝国财政负担，产生了一个“想当然”的想法：羊毛得出在羊身上，即英国作为宗主国保护着北美，那么殖民地就应担负一些赋税。于是，一种强制性、强硬派的格伦维尔税收政策应运而生了。

1763 年，格伦维尔在乔治三世的支持下，通过议会发布法令，在哈利法克斯建立海事法庭，以打击北美商人走私，并进行关税征收。此后，通过 1764 年《糖税法》、1765 年《印花税法》，格伦维尔政府运用宗主国的治税权对北美持续施加高压，造成了 18 世纪中叶的巨大历史转折。

尽管人们普遍认为，格伦维尔智识粗浅、思维迟钝，但其仕途却反倒比大多数“明白人”顺利得多。在乔治三世继位之初，他仅担任海军司库，但在布特晋升为首相时荣升国务大臣，并在布特离职时成为其继承人。不到 3 年实现三级跳，格伦维尔主要是靠家族势力和优越的贵族社会关系。

格伦维尔家族是白金汉富有的地主，有贝德福公爵的强大选举势力作为后盾。一个化名为“朱尼厄斯”的人在匿名信中写道：“我敢说，他收买并出卖了全国的一大半代表！”[①] 他叔叔科巴姆勋爵让他以格伦维尔家族控制的选区之一白金汉的议员身份进入议会任职。在以后 30 年里，他一直占据着这个职位。他在 36 岁时同托利党的温德姆家族的一个成员结了婚。乔治·格伦维尔的弟弟是埃格雷蒙勋爵，更重要的是，他妹妹赫斯特嫁给了政坛强人威廉·皮特。而且，格伦维尔还是个十分善于缔结姻亲网络的贵族家长，他的 7 个子女中，不仅出了 2 个伯爵，还有 4 个与贵族结成秦晋之好。到了第三代，格伦维尔家族的贵族亲戚有增无减，它与坦普尔、皮特、利特尔顿等家族结成了一个著名的亲戚关系网，“其中每一个成员都会尽力照顾其他成员的利益”[②]。同时代的人甚至形象地将其家族比作是“一窝贪得无厌的鱼鹰”。

乔治三世即位后，格伦维尔迅速同国王的两大宠臣布特勋爵和腓特烈·诺斯结成联盟。之所以用这支“鱼鹰家族”的代言人做首相，或许是面临政府破产的乔治三世急于让忠心的格伦维尔为他平衡赤字。而且，乔治三世发现他是起得最早、睡得最晚的大臣，每天花费大量时间来研究工作的细节。“在

① （英）温斯顿·丘吉尔著，薛力敏、林林译：《革命的年代》，《英语民族史》第 3 卷，第 719 页。
② （英）乔治·马尔科姆·汤姆森著，高坚等译：《英国历代首相小传》，第 48 页。

英国曾支撑着政府行政部门的那种贪婪”[①]面前，格伦维尔似乎显得手脚要“干净”得多。

历史有时候是惊人的巧合，在1806年小皮特去世之后，格伦维尔之子威廉·温德汉姆·格伦维尔受命组成了所谓的荟萃内阁（1806—1807年），然而由于乔治三世要求小格伦维尔内阁就天主教解放问题[②]做出一个有约束力的宣言，结果导致了激烈的关于内阁负责制的性质的讨论。[③]这个内阁维持了14个月，被国王乔治三世称为天主教徒的格伦维尔辞职了。他说：“我因摆脱首相职务而感到无限的快慰。”不同的是，如果说小格伦维尔首相只是在宗教政策上与国王持有不同政见，那么，老格伦维尔首相则是在对国王的亦步亦趋中犯下了弥天大错。

不怕遇到笨蛋，就怕遇到无比认真的笨蛋。在乔治三世的权力大幕徐徐拉开之后，“格伦维尔拒绝充当‘幕后大臣’的角色”[④]，曾担任海军司库的他开始了自己的税务“精算”，因为只有“开源”才能恢复财政平衡。他反复向乔治三世说明了增加殖民地税收的计划，在一次口头汇报的时候，忍无可忍的乔治三世把他轰走了，原因不是计划本身，而是厌恶他的啰里啰嗦和没完没了。[⑤]他所津津乐道的无非是这样几个问题：向谁收税？用什么名目收？收多少？

首先，安内加攘外，磨刀霍霍砍向殖民地。当时，由于国家被战争绑架，英国本土税负高达20%，人均已达12—18先令，只好把目光投向殖民地。而且，英国议会有着对高税收的警惕传统，“对于下院议员来说，牺牲他们的生命要比打开他们的钱袋容易些”[⑥]。在相当长的时间里，英国更多的是依靠直接税而不是间接税，如英国的土地税在18世纪大部分时间里没有任何特权阶层能免交，以及“无形的”对某些基本产品的货物税等。[⑦]

---

① （美）罗伯特·J. 摩根《制定者们失去的世界》，载肯尼思·W. 汤普森编《宪法的政治理论》，第29页。

② 1801年，英王乔治三世执政期间正式吞并了爱尔兰，但根据英国法律，天主教徒不可出任公职，使得爱尔兰天主教徒并未得到平等的公民权。爱尔兰的天主教徒和英裔的新教徒剑拔弩张，每每爱尔兰面临内战的危险。后英国首相威灵顿于1829年主持通过了《天主教解放法》，取消了对天主教徒的一切政治歧视，给予爱尔兰天主教徒以平等的公民权。

③ （英）M.J.C. 维尔，苏力译：《宪政与分权》，第203页。

④ （英）温斯顿·丘吉尔著，薛力敏、林林译：《革命的年代》，《英语民族史》第3卷，第719页。

⑤ （英）赫伯特·乔治·威尔斯著，朱凤余译：《图释世界史》，新世界出版社2011年版。

⑥ （英）尼尔著，聂文杞译：《女王伊丽莎白一世》，第364页。

⑦ （美）保罗·肯尼迪著，陈景彪等译：《大国的兴衰》，第75页。

然而，史料表明，17 世纪末之后英、法两国的赋税总额分别为 1500 万和 1600 万英镑，但当时两国国民生产总值分别为 6800 万镑和 16000 万镑。也就是说，赋税总额各占其国民生产总值的 20% 和 10%，当人们“看到英国臣民缴纳的巨额贡赋之后，应该认为生活在法国真是大幸”[①]。因此，“税收官的粗暴行为给他们自己造成了可怜的形象。每个英国人的家就是他自己的城堡”[②]，以抗拒收税官的横征暴敛。相比之下，殖民地的内部税向来很轻，人均不过 3 先令，只有约英国本土 1/5。

其次，征收关税。蹩脚的税务理论家格伦维尔认为：一来关税不是人头税，应该不会犯众怒。因为殖民地为避免移民“用脚投票”跑到别的殖民地，形成了轻徭薄赋的特殊传统，通常一年每 100 英亩土地才交 2 至 4 先令，几乎是象征性的。二来殖民地海关管理混乱，走私严重，关税大量流失。如果加强管理，打击走私，调整税种，一定能带来可观的收益。因为就当时的情况看，北美殖民地将因税政问题与英国“专制主义”发生对抗，似乎难以“从纯粹的物质要求来解释他们对伦敦的挑战”，“他们谴责的税收只占贸易额的 3%，而且殖民地的国内生产总值已经占到英国的一半”[③]。

1764 年，格伦维尔政府正式颁布《种植地条例》（也称《食糖法案》）。这个法令取代 1733 年的《蜜糖法》，本质上是一部贸易保护法案，禁止进口外国的甜酒，并对进口的蜜糖征收附加税。为弥补西印度群岛种植者的损失，将外国所产食糖关税从每 112 磅 5 先令提高到 1 镑 2 先令；此外，对于酒、丝绸、咖啡以及其他奢侈品都要征税。英国朝野左看右看，上看下看，觉得这些税负担不重，又主要是针对外国产品，应该没什么大问题。但是，他们高兴得太早了，“1764 年的《食糖法案》开启了一场法律、政治和经济战的序幕”[④]。

政治是现实的，现实是残酷的；税政理论和税收实践是两码事，海军的司库和国家的财务是两码事，格伦维尔的“税法新政”遭遇了彻头彻尾的失败。

从财务上看，他高估了帝国的关税收益。原来估算每年收益可达 4.5 万英镑，但实际远低于这个数字，就是到了 1768—1771 年，每年进口糖蜜关税还

---

① 转引自（法）菲尔南·布罗代尔著，顾良、施康强译：《15 至 18 世纪的物质文明、经济和资本主义》第三卷，第 440 页。

② （英）温斯顿·丘吉尔著，薛力敏、林林译：《革命的年代》，《英语民族史》第 3 卷，第 684 页。

③ （法）雅克·索雷著，黄艳红译：《18 世纪美洲和欧洲的革命》，第 12 页。

④ （法）雅克·索雷著，黄艳红译：《18 世纪美洲和欧洲的革命》，第 13 页。

仅有 1.4 万英镑。

从实践上看，他低估了北美走私商人的抗税动机。食糖在北美是一项大宗走私商品，新英格兰的商人十之八九是走私商人。对于当时的北美首富汉考克家族来说，原来每年自家的产业要从法属西印度群岛进口 150 万加仑的蜜糖，按食糖法的规定，这一项他每年就要交 3.75 万英镑的税。但是如果没有食糖法的话，他只需用 2000 英镑来贿赂税吏，两者的差距是 3.55 万英镑。

1754—1763 年，英国在北美 13 州的总支出，平均每年也只有 30 万英镑，这可是包括“七年战争”战时费用在内的额度。可见 3.75 万英镑是一笔多大的巨款。马萨诸塞 1690—1702 年几次发行纸币，总量也只有 8.2 万英镑，由此也可以推断 3.75 万英镑是个什么量级。而且，殖民地商人需要赚取硬通货以偿还英国债主，唯一的办法就是用他们的货物在西印度群岛的法西两国属地换取糖浆。因此，《食糖法案》在“大西洋两岸都出现了不能令人满意的后果”，英国商人也担心他们的美洲债务人出现“金融方面的新波动”[①]。

在巨大的利益鸿沟面前，格伦维尔的税务新政不流产才怪。当《食糖法案》酝酿之际，北美就开始请愿了。公布后抗议之声此起彼伏，响彻北美。马萨诸塞等 8 个殖民地议会通过了抗议书。

税收不够，那就再辟税源。格伦维尔和他的助手查尔斯·汤森德绞尽脑汁，想到了印花税。

1765 年 3 月，格伦维尔政府颁布《印花税法》（Stamp Act），开始向包括北美的殖民地征收直接税。无怪乎 18 世纪爱尔兰著名思想家乔纳森·斯威夫特曾经讽刺说：英国统治者和伦敦的议会政客们是“用商店老板惟利是图的精神为别的民族制定法律”[②]。

印花税是历史上非常有名的法案，该法案规定一切印刷品、报纸、海报、小册子、执照、租约、法律文件、船只入港证、学生毕业文凭、扑克、广告等都须加贴印花税票。1765 年 11 月 1 日《印花税法》正式生效。这个法案在英国议会讨论时几乎没有经过辩论就通过了，因为一来格伦维尔计算过，这个税说起来很大，实际很轻，人均仅有 1 先令，税额很小；二来所征税款完全拨归殖民地防务、保护与安全之用，英国不从里面拿一分钱。但仅此一项

① 参见（英）温斯顿·丘吉尔著，薛力敏、林林译：《革命的年代》，《英语民族史》第 3 卷，第 723—724 页。
② 艾德蒙·柯蒂斯著，江苏师范学院翻译组译：《爱尔兰史》下册，江苏人民出版社 1974 年版，第 570 页。

法令，估计可使英国在国内印花税总额30万英镑的基础上，每年再增加约5万镑收入。

然而，这个税收法案犯了众怒，因为这是一种对所有人的人头税，开了一个“在殖民地征收直接税”的坏头；而且，印花税必须以黄金交纳，使得殖民地商人更难以黄金来弥补对英的贸易逆差。因此，北美殖民地掀起了抗税潮。那些分发印花的税官还受到袭击，他们的办公室和家宅遭到抢劫。人们用柏油涂在税吏身上，黏上鸡毛，游街示众。一些革命性组织如自由之子社、自由之女社在各殖民地纷纷成立起来，同英国官吏开展持续斗争。尽管当时英国在北美征收的多为间接税或关税，甚至算不上苛捐重税，但乔治·华盛顿在《印花税法》公布之后写道：

《印花税法》激起了殖民地人民当中爱思考的人士的议论。他们认为这种违反宪法的征税方法是对他们自由的卑鄙进攻，而且大声疾呼地反对这种侵犯人民权利的行为。①

这种事态发展的后果无疑相当严重，正如托马斯·潘恩在批评19世纪中后期英国财政政策时所指出的：“一件事情在源头处是错误的，后续修正并不能使它正确；常常也发生这样的情形，那些后续的修正以一种方式所产生的危害正好抵消了以另一种方式所产生的益处。……补救方案将变得和病症一样坏，甚至更糟。”② 由于格伦维尔的北美税改“在源头处是错误的”，其后招致更大的挫败和更糟的结局只是时间问题。

4. 政策失败的代价：失去一个后来叫美国的地方

埃格特森认为，统治者需面对三方面的制度约束：“第一个因素来自国内外的竞争对手，即取决于统治者被替代的可能程度。由于各集团之间替代可能性有差别，因而他们抵制征税的能力就有差异，结果统治者采取价格歧视，这显然是理性的。第二个因素源于国家代理人的投机倾向，而国家不得不雇佣他们来提供公共服务和收税。第三个因素涉及各种度量成本，特别是度量税基的成本。在上述三个条件约束下统治者使自己的福利最大化。”③ 格伦维尔的一个试图使政府岁入最大化的失败税改，最终招致不列颠在一个近于不

① （美）W. 欧文著，张今等译：《华盛顿传》，第129页。

② （美）托马斯·潘恩，田飞龙译：《人的权利》，第47页。

③ （冰）思拉恩·埃格特森著：《新制度经济学》，商务印书馆1996年版，第288—289页。

毛之地的北美殖民地上蒙羞。

独立战争原本是一场毫无悬念的赢家游戏，因为北美殖民地没有常备军，华盛顿要把居民组成的队伍“改造成正规军”和“保障军需”[①]都举步维艰。然而，乔治三世的军队在七年战争中打赢了法国正规军，却在北美殖民地输给了装备和人员良莠不齐的游击队。这就是政策失败的典型案例。

英国政府的北美税改失败，其原因是多方面的，但以下三个方面至关重要：

——乔治三世和“国王之友”征税派一意孤行，缺乏强有力的纠错机制

格伦维尔被公认“胆大有余，见识不足”，当他强推北美新税政的时候，从来没有认真评估过其可能的负面政策效果。公布《食糖法案》时，他只是宣称“把国家的收入提高……用于支付对殖民地的防务、保卫和安全的开支是正当的和必需的”[②]。当1765年《印花税法》以205 ∶ 49的压倒性优势在下议院获得通过后，格伦维尔的新政“快感”膨胀到了极点。殊不知该法一出，引燃北美一片抗税之星火。

更麻烦的是，格伦维尔还是个“用暴政推行税政”的“立法狂”，迷恋于用政策“组合拳”来实现个人意图。格伦维尔政府在《食糖法案》实施同年还颁布了《通货条例》，禁止北美殖民地发行纸币，这虽然有避免英国债主在北美的债务贬值的效果，却引发了殖民地的经济衰退和巨大抗议浪潮；在颁布《印花税法》的同时颁布《驻兵条例》，规定北美驻军在住房不够时可占用公房和民房，老百姓必须无条件提供食宿，为“谁不交税，就住谁的房、吃谁的饭”埋下伏笔。

用今天的话说，一个政策刚出台就行不通，马上再用新法案来“找补”，用叠床架屋的办法来推行新政，至少说明：一来政策的预研究不够科学；二来对政策的施行后果准备不足。比如，北美殖民地的抗税风潮，很快就形成了祸及本岛的蝴蝶效应。“任何一种有关社稷安危的国家政策的成功与否、绩效大小取决于各种主客观的因素。”[③]除了时机、背景、愿望、动机之外，具体操作原则和实施方式上的处置不当常常导致统治者的安邦定国大计彻底失败。其实，富兰克林与理查德·杰克逊在1760年出版的《论大不列颠拥有

---

① （法）雅克·索雷著，黄艳红译：《18世纪美洲和欧洲的革命》，第26页。

② （美）吉尔伯特·C. 菲特等著，司徒淳等译：《美国经济史》，第135页。

③ 王晋新、姜德福：《现代早期英国社会变迁》，上海三联书店2008年版，第94页。

殖民地及兼并加拿大和瓜德罗普的好处》一文中就已建言："美国市场通过消费英国的工业品将为英国工人提供更多的就业，并且将使母国的人口增长十倍。"[①]

英国政坛并非没有明白人，如沃尔波尔早就提出在殖民地课税是最为敏感的问题，并说自己不敢触动这根神经，因为"只有比我大胆而且不那么赞成通商的人才会冒险采取这种措施"。按照他的见解，与北美殖民地通商，扩大英国制成品的输入，肯定会有一半利润流向英国国库。沃尔波尔不无精明地说道："这也等于向他们征税，不过征税的方式更符合它们自己的宪法和法律而已"[②]。但在北美掀起抵制英货运动后，英国对北美贸易急剧下降，造成大批工人失业，如曼彻斯特每 10 个工人中就有 3 个被解雇。结果在英格兰本土，"英国商人是最有效的反对势力，他们发现法案影响他们收回商业债款，于是攻击它违背大英帝国的真正贸易利益，并说它是对殖民地财力的威胁"[③]。特别是北美商人和企业主扬言，印花税不除，欠款不还。这些欠款可不是小数字，高达 400 万英镑，超过当时英国和平年份国家财政预算的一半。这些欠款不还，许多英国老板将遭遇灭顶之灾。

罗伯特·布思比男爵说过："一名政治家的成败取决于其结果。他的政策如果失败了，那么他就得下台。这也许是不公平的，但这仍然具有合理性。"[④]由于税政失败，短命的格伦维尔政府倒台了。

正如孟德斯鸠所说："不断有经验告诉我们，每一个拥有权力的人都易于滥用权力，并尽其最大可能地行使他的权威。"[⑤]尽管格伦维尔在北美殖民者的抗议高潮中被迫下野，但英国政府却一直延续着错误的高压政策，而且愈走愈远。

1765—1766 年的罗金汉政府虽然宣布废除了印花税，但却不甘心失去北美控制权，于 1766 年 3 月 18 日发布《公告令》，声明英国有权处置殖民地的一切事物，为后来的汤森德强硬治税提供了口实。

继罗金汉后出任首相的老皮特由于常患中风而大权旁落，财政大臣查

---

① （美）丹尼尔·布尔斯廷著，中国对外翻译出版公司译：《美国人开拓历程》，第 179 页。

② （英）W. 欧文《华盛顿传》，新华出版社 1984 年版，第 123 页。

③ （英）温斯顿·丘吉尔著，薛力敏、林林译：《革命的年代》，《英语民族史》第 3 卷，第 724 页。

④ （美）丹尼尔·B. 贝克编，王文斌等译：《权力语录》，第 1 页。

⑤ 转引自（英）M.J.C. 维尔，苏力译：《宪政与分权》，第 72 页。

理·汤森德实执牛耳，并于1767年敦促议会作出几次法令，对北美征税，史称《汤森德法案》。汤森德曾在下院演说中公然宣称："我不知道国内税与外地税有任何区别，它是没有差别的区别，完全是胡扯；如果我们有权课这一种税，就有权课那一种税"；"我敢征税，我就要这样做"[①]。其中，1767年6月29日的一条税法规定，对输入北美的玻璃制品、纸张、铅、茶叶、颜料等皆课以进口税，并且英国关税官有权进入北美殖民地的任何房间、堆栈、商店、居所及其他地方搜查违禁品及漏税走私货物。

接着执政的首相格拉夫顿公爵如出一辙，任命在税收问题上态度强硬、不肯妥协的希尔斯波洛为北美事务大臣，他们于1768年7月6日通过议会发布《枢密院关于建立四个殖民地附属海事法庭的命令》，规定在哈利法克斯、波士顿、费城及查理斯顿设立海事法庭以处置漏税走私事宜。同时，英国政府派出14艘军舰到波士顿行使法令。[②]

等到1770年诺斯勋爵执政时，北美殖民地对宗主国的高压税政已经到了忍耐的极限。其实，诺斯刚刚上台的时候，鉴于北美人民的强烈不满情绪，为缓和矛盾，曾取消了除茶叶之外的全部商品税，仅保留了对茶叶每磅3便士的征税，但这已经于事无补。1770年4月，北美抗税风潮日甚一日之际，英国政府不得不取消了所有的汤森德税项，但内阁仍然以5∶4的票决保留了茶叶税以显示君权国威，并象征着英国议会对殖民地的征税权。征税派的总后台乔治三世支持更强硬的措施和更大的税压："木已成舟，殖民地必须屈服或者胜利。"

——国内政局动荡，两党政治矛盾激化，给殖民地的抗议提供了"机会缝隙"

18世纪英国著名法学家布莱克斯通曾有过一个著名的机械类比，将国王、贵族院和平民院比作"力学上的三种不同力量"，它们"联合推动政府机器朝着一个方向，不同于任何一种力量的自身运动将指向的方向；而是同时朝着一种每个单一力量都有份、却是由所有力量共同形成的方向"。这种僵持格局在德·洛尔米于1771年出版的《英格兰宪制》一书中被称为"均势（equalibrium）之美德"。然而，一旦这种貌合神离的利益政治格局遭遇巨大

---

①（美）吉尔伯特·C. 菲特等著，司徒淳等译：《美国经济史》，第137页。
② 单富粮、肖彬延：《论英国对北美殖民地的税收政策》，《沈阳大学学报》1990年第2期。

外部冲击，往往会迅即显露出分崩离析的丑态。在风雨飘摇之际，英国国内就北美税政分化成两大政治派别。而“政府的不稳定以及联盟的流动和争吵也模糊了谁对什么负责的这一认识本身”[①]。

“英国的混乱和英国政府对帝国的管理不当也与此有一些关系。”[②]征税派基本都是“国王之友”，力主保持“强权硬征”的帝国权威。免征派以老皮特、罗金汉、伯克、福克斯等新老辉格党人为代表，主张政府停止课税、与殖民者握手言欢。埃德蒙·伯克（Edmund Burke，1729–1797 年）在美国革命前夕，一再呼吁撤销为殖民地人民反对的《印花税法》，希望英国作出让步，与殖民地和解，并且“把爱尔兰人式的抨击的矛头指向乔治三世的美洲政策，指向他的大臣因而实际上也就是指向国王自身”[③]。因为，“格伦维尔内阁被指责为不得人心的比特勋爵的影子”[④]，而比特（即布特）勋爵正是国王的老师和太后的情人。只不过，这样“刺耳”的声音乔治三世是充耳不闻的。

1765 年印花税法公布时，老皮特也曾大声疾呼，声称“美洲人是英国人的后代，不是英国的杂种”，应当加以公正对待，将印花税即刻取消。[⑤]这些来自国内上层的抗议之声，使得格伦维尔如坐针毡，甚至有失体面地公然责难：“美洲各殖民地敢于煽动叛乱，根子在本议院的派系。”

由于两派斗争日趋激烈，逐渐分化为“宫廷党”和免税派两大阵营，成为两党政治的雏形。一方面，“宫廷党”即征税派在乔治三世的支持下玩火自焚，最终在世人面前丢尽了脸；另一方面，免税派在反征税的论战中更加团结一致，初步形成了针对国王为首的“宫廷党”的党派理论。“政策是交易的结果，交易的一方是统治者，另一方则是构成政治实体的形形色色的集团。”[⑥]这些理论与殖民地的激进派相互呼应，使得乔治三世的北美治税权逐渐丧失了合法性。

——政治腐败与横征暴敛激发出北美殖民者的“身份焦虑”和独立意识

18 世纪 60 年代以来，英国政府为显示其权威，再三对北美施加税压。在英国税收政策的刺激下，北美殖民地人民的族群意识被逐渐“培养”起来。

① （意）G. 萨托利著，王明进译：《政党与政党体制》，商务印书馆 2006 年版，第 198 页。
② （美）丹尼尔·J. 布尔斯廷著，中国对外翻译出版公司译：《美国人建国历程》，第 487 页。
③ （美）拉塞尔·阿莫斯·柯克《保守主义传统》，载肯尼思·W. 汤普森编《宪法的政治理论》，第 49 页。
④ （英）温斯顿·丘吉尔著，薛力敏、林林译：《革命的年代》，《英语民族史》第 3 卷，第 720 页。
⑤ David Burner ：“An American Portrait: A History of the United States”, New York .1985.p.94.
⑥ （美）玛格利特·利瓦伊著，周军华译：《统治与岁入》，第 12 页。

或者说，正是宗主国越举越高的治税铡刀，激发起原本分散自治的殖民地议会和民众反抗“外来”经济压迫的共同心理和普遍情感。此外，“英国国内政治的紧张关系导致大臣们将殖民地总督的职位作为报酬赐给那些紧跟他们的人，而那些人对管理殖民地既不胜任，也毫无兴趣。这些挂名总督（例如弗吉尼亚总督）往往只是领干薪，而把实权交给代理人。所有这一切造成英国政策含糊不清、犹豫不定，因而为美国形成有效的治理中心开辟了道路”①。

在此之前，小约翰·亚当斯一直“为不列颠人这个称呼感到无上光荣”，然而印花税打破了他的昔日梦幻，自己如同被“高傲的英格兰”抛弃的可怜的孩子。

1765 年 10 月，南卡罗来纳的克里托弗·盖茨登在反印花税集会上慷慨宣称：“现在没有什么新英格兰人，没有纽约人，在北美大陆上的是我们美国人！”1771 年，菲利普·福莱诺以《一首献给美国日益增添荣耀的诗》，将“America（美国）”这个词确立和沿用下来。而早在 1764—1765 年，弗吉尼亚议会已作出决议，认为未经同意和没有自己的合法代表，人们就不应交纳英国议会强加在自己身上的税务。1769 年，弗吉尼亚议会所通过的一系列新法案中，断言弗吉尼亚人有征税权，引发了其他殖民地的迅疾响应，表明治税权问题已从经济政策转向政治斗争，反英意识日渐清晰。②甚至可以说，正是英国政府失败的税收政策催生了一个未来的合众国。

其实，为了推行《食糖法案》，格伦维尔政府规定持有空白拘票的皇家官员，有权搜查嫌疑的房舍，这已经触及了“美国人”的底线。格伦维尔自以为这些“强权治税”的施政理念很高明，但在北美人眼里，英国政府成了欺压殖民地的暴政策源地，军队成了侵犯人民自由的暴徒集团，税官成了不择手段的地痞无赖。

正如雪莱所鞭笞的那样：“英国政府从建立之初到现在，其变化的方式证明它目前的形式是不断适应已有原则的结果。这种变化一方面表现了人民为了争取自由而进行的持续的斗争；同时也表现了……把土著的产业分配给了寡头集团，这种寡头统治从来没有间断过加紧压迫、鼓励愚妄和专制的努力。”③一开始，“美洲的精英反感伦敦的‘腐败’，但由于历史先例的教训，

---

①（美）丹尼尔·J. 布尔斯廷著，中国对外翻译出版公司译：《美国人建国历程》，第 487 页。

② Norman K. Risjord，“America: A History of the United States”,New Jersey ,1985,p.117.

③（英）雪莱著，杨熙龄译：《雪莱政治论文选》，第 55 页。

他们担心被这个腐败政府镇压”。因此，富兰克林等人还代表殖民地到英国枢密院进行辩护，但最终不得不在现实面前“放弃了同这个腐败政权联络的念头”[①]。

说到底，乔治三世国王的破产，除了经济上的象征意义之外，还有政治上的连锁反应。1757年，被乔治三世派往美国的劳登勋爵发给本土的报告中说：“每当国王发出号召，这个国家总是不响应。”[②]尽管亚当·斯密提出，“一国国民，都须在可能范围内，按照各自能力的比例，即按照各自在国家保护下享得的受益的比例，缴纳国赋，维持政府”[③]。但在远隔重洋的北美诸地，他所鼓吹的平等、便利、确定和经济等四大赋税原则却很难得到切实执行。

特别是由于乔治三世的一意孤行但“对基本原则和重大问题却难以驾驭”，错误税政的“钟摆”还在惯性地晃动之中不断刺激着殖民地人民的神经。如1767年，在新内阁中留任的查尔斯·汤森德不顾反对，提出对美洲进口的纸张、玻璃、铅和茶叶征收进口税的提案。这进一步激起了殖民地“地位较高的商人”的反抗，他们认为“在贸易领域进行有组织而有节制的反抗会使英国政府清醒过来”。

1768年，波士顿首富约翰·汉考克的帆船“自由”号在被皇家海关官员拦截搜查时，就曾引发了强行救走该船的事件。而为了反对英国政府向殖民地征收进口税，殖民地还空前团结地对英国货物成功进行了有计划的抵制。到1769年，英国向美洲的出口额下降了二分之一。最终，英国国会仍然以1票之差通过了修改后的税案：取消原先设计的进口税，但茶叶除外，英国将以每磅茶叶收取3便士关税的形式保持其对殖民地的宗主权。然而，这却为1773年“波士顿倾茶事件”埋下了伏笔，也为1774年费城召开的美洲大陆会议奠定了反抗暴政的基调，甚至成为英政府对殖民地压制升级乃至导致1775年列克星敦打响“独立战争第一枪”的导火索。[④]

当北美殖民者终因抗税而造反，“如今乔治三世对格伦维尔及其朋友的统治感到不满，为国内日甚一日的混乱和不满所震惊”[⑤]，他甚至重新启用了辉格党人罗金厄姆侯爵来组阁“救火”。在格伦维尔下台之前，他的“税收新政”

---

① 参见（法）雅克·索雷著，黄艳红译：《18世纪美洲和欧洲的革命》，第15—17页、第35—37页。
② （美）丹尼尔·布尔斯廷著，中国对外翻译出版公司译：《美国人开拓历程》，第417页。
③ （英）亚当·斯密著：《国民财富的性质和原因的研究》（下卷），商务印书馆1981年版，第384页。
④ （英）温斯顿·丘吉尔著，薛力敏、林林译：《革命的年代》，《英语民族史》第3卷，第726—730页。
⑤ （英）温斯顿·丘吉尔著，薛力敏、林林译：《革命的年代》，《英语民族史》第3卷，第724页。

给北美殖民地的人们找到了发起独立战争的最好理由。事实上，格伦维尔所能做的原本就十分有限，帝国的财政基础和政策空间已经被逼入了死胡同。因为正如托克维尔所说：“英国是由那些主要的土地所有者进行管理和统治的”，土地贵族“不仅在财富上而且在权力上首屈一指，在他们身边成长起来的新贵族只能模仿他们的富有，而无法超越他们”[①]。

托马斯·潘恩被引述最多的政治学著作是《人的权利》，但或许被人忽略的是，实际上他在这篇经典中提出了关于累进土地税制的设计，并且列举了大量统计资料，揭露了英国贵族如何通过国家税收制度和国债制度，不择手段地转嫁本国的经济危机和榨取钱财。他十分深刻地指出：

通过不完善和任意的选举而产生的议会不过是被假定接受国民的信托而掌管国家的钱袋；不过根据英国议会的组成方式，它倒像一个既是抵押人又是抵押权人的人；在滥用信任的情况下，它又是针对自己的刑事裁判官。如若对预算方案进行投票的人是接受预算的同一批人，且那些投票的人对那些预算的支出负责，那么这就是自己对自己负责，《错误的喜剧》，以沉默的哑剧作结。[②]

正是在对乔治三世腐败税政的犀利攻击中，不列颠王权和英格兰政府的遮羞布被无情地扯落在地！

公平治税的福利国家缓解了国民的“腐败焦虑症”

公平正义是社会和谐稳定的基石，公平治税是促进社会公正与财富共享的强大杠杆。税政不公会造成国民税负和痛苦指数增加，进而有可能演变为一种挥之不去的“腐败痛感”。尽管英国有过各种税改失败的教训，但其在西方工业国家中率先建立了相对健全的社会福利保障制度和健康的税收体系，特别是通过较为完备的个人所得税和财产税缩小了国民收入差距，使得财富分配严重不公的紧张状态得到调整和缓和。底层民众对政治经济制度的不满情绪得到缓解，使得政治和社会保持了稳定局面。

再加上殖民地人民对宗主国税收“铡刀”忍无可忍，华盛顿不惜任何代

① （法）托克维尔，冯棠译：《旧制度与新大陆》，商务印书馆 1992 年版，第 69 页、第 119 页。
② （美）托马斯·潘恩著，田飞龙译：《人的权利》，第 45 页。

价维护大陆会议政府以及作为手段的军队，他确信只要打一场持久的消耗战，英国自然会因厌战从而承认其存在，这将为协商吹响序曲，且一定要以独立为终止符。

历史证明，华盛顿是对的。那么，到底谁错了呢？

三、市政腐败：无预算的公共资金黑洞

国家像是恶棍的化身，攫取着他人劳动果实。

——伊曼努尔·华勒斯坦

公共财政制度是国家政治制度中最重要的组成部分之一，其重要性不亚于选举制度、议会制度和政党制度。然而，19 世纪的美国各级政府是没有预算的政府，这种“看不见的政府（invisible government）”必然是“不负责任的政府（irresponsible government）”。城市政府作为联邦政府的缩影，其财政状况和财政管理处于明显的低端管理水准。一方面，随着城市化加速，城市规模扩大，城市经济繁荣，城市人口密集，城市政府所掌控的公共资金也成倍增加。但在 18 世纪英式自由市场关于“看不见的手”的放任思潮影响下，没有配套管用的资金预算和财政监管的城市，就如同一个大家族中持家无方的家庭主妇，只能把人们引向破产败家的境地。更何况，还有那些合谋起来窃取市政资金的腐败官员和不法商人环伺周围，用“看得见的手”整天干着巧取豪夺、偷鸡摸狗的勾当。

1. 城市之耻：国家穷，商人富

19 世纪最后 20 年到 20 世纪 30 年代，是欧洲向美国大量移民的高潮期。近 50 年里，经过纽约爱丽丝岛移民局进入美国的欧洲移民多达 1000 多万人，今天美国 2/5 的人口都与当时入境的移民有关。纽约地区仅 1870 年到 1900 年人口就翻了一番，达到 343.72 万人。经济发展也从制造业转向银行业和合资公司。人口的大量增加和纽约市经济的快速发展，使纽约市迅速膨胀。1898 年，纽约市已经下辖曼哈顿、布鲁克林、布朗克斯、昆斯和瑞奇蒙德 5 个区，和今天的纽约市规模不相上下。

然而，与城市化快速发展极不相称的是，城市财政体系有着巨大的漏洞，充满着政界与商界相互勾结“抢劫”公共资金的“城市之耻”。

财政预算是政治控制和行政管理的决定性因素，预算文件和审计报告的质量反映的是民主政治的程度。[①]但在早期美国宪法中对政府预算制度并未作出规定，直到1800年才开始规定财政部要向国会报告政府的财政收支，但也不过是一个对财政收支的汇总情况而已。

实际上，政府预算制度的雏形是在17世纪的英国产生。在英格兰的资产阶级革命中，议会控制了国家的财政权，并在1689年《权利法案》中规定财政权永远属于议会，要求君主、皇室和政府的开支都要规定一定额度，不得随意使用，这种在一定法律制度保证基础上的国家财政分配关系就是公共预算。[②]美国从英国殖民地发展为独立的合众国，其政治经济制度基本上是参照英国而建立的。

就财税政策而言，到18世纪中叶之后，最为重要的就是“议会至上”的决策机制和对财政预算权的议会控制。[③]财政社会学的奠基人鲁道夫·戈德沙伊德（Rudolf Goldscheid）曾指出：**“预算是国家祛除了所有误导性意识形态外衣之后的骨架。”**[④]但由于当时奉行的是“管得最少的政府就是最好的政府”的自由放任原则，“城市规划和预算在政府里是一门闻所未闻的艺术”[⑤]。

直到20世纪初，在美国，所谓预算不过是一堆杂乱无章的事后报账单。对政府某部门的拨款只是一个总数，开支分类是没有的，细目也是没有的，不准确，更谈不上完整。在这种情况下，美国虽然号称民主，民众实际上根本无法对政府行为进行有效监督。结果，腐败现象屡禁不绝。

当时，市政府的雇员发工资都是现金支付，也没有账。城市维修工程没有开支记录，市政府也没有公共财产记录，公有资产的流失屡见不鲜。贪污受贿最严重的领域包括土地批租、公共服务（如清洁、垃圾处理的发包）、公共工程（如街道、交通体系、下水道等基础设施建设的发包）、政府采购（如市立医院、济贫院的采购）。[⑥]

---

① （美）爱伦·鲁宾著，叶娟丽等译：《公共预算中的政治：收入与支出、借贷与平衡》，中国人民大学出版社2001年版，第88页。

② 吴肇基：《公共部门预算与财务和原理》，中国戏剧出版社2001年版，第150页。

③ 张定河：《美国政治制度的起源与演变》，中国社会科学出版社1998年版，第146页。

④ 转引自（美）玛格利特·利瓦伊著，周军华译：《统治与岁入》，第6页。

⑤ John A. Garraty , Historical Viewpoints: Notable Articles from American Heritage , Vol. 2 since 1865 , New York ,1987,p.113.

⑥ 徐阳光：《预算国家：财政法治的理想——源自美国的经验与启示》，《环球法律评论》2009年第03期。

“城市经理制”如何阻遏市政腐败？

19世纪末，为了改革腐败低效的市政管理体制，美国的改革派创造了两种替代“弱市长”制的方案：委员会制和城市经理制。[①]委员会制一般由5人集体组成市议会，分别担任市各行政管理部门的负责人，再从中选出一名委员任市长，但其权力并不比其他委员大多少。委员会制打破了传统的分权学说，将行政权和立法权集中在一个小团体手中。同时，委员会制还将创制权、复决权、罢免权等作为城市政治机制的组成部分，以保证市民“无差别”地参与政治、监督政府等。到1917年，采用这种方法管理的城市达到500多个。[②]虽然委员会制有利于建立一个统一的责任制政府，提高了工作效率，但也存在委员各自为政、“滚木头”表决（即互相支持涉及本部门利益的计划并投票通过）等弊端。因此，改革者又创造了城市经理制，即在超党派选举产生小型市议会后，由其选聘一个专家担任城市经理，市议会负责制定政策和法令、批准市政预算等，负责监督市经理但不得随便干涉市政事务。市经理成为单一的行政首脑，领导市政各部门编制年度预算，执行市议会制定的政策。市议会和市经理的关系有些类似公司的董事会和首席执行官，较好地体现了民主和效率的原则以及专家治理精神。因此，到1923年，已有300多个城市采用了市经理制。[③]阳光是最好的防腐剂。委员会制和城市经理制都意在打破“政治老板”对市议会和市政府的控制，让以市政预算为基础的公共资金在阳光下运行，让市政府成为“看得见的政府”，从而有效封堵市政资金流失的“黑洞”。

更重要的是，“对政府的财政政策的反应中逐渐形成所有权结构，只鼓励那些不受国家影响也对社会没有产出的活动，而阻止个人去从事各种生产性活动”[④]。说白了，扭曲的财政政策就是鼓励人们巧取豪夺、不劳而获。

其实，18世纪的苏格兰哲学家大卫·休谟（1711—1776年）就首次提出了类似“公用地悲剧”的公共产品供给问题，他写下了一个关于“公共草地

---

① 张淑华：《美国社会转型时期的“城市病”及其治理》，《广西社会科学》2007年第8期。

② （美）詹姆斯·M.伯恩斯等著，陆震纶等译：《民治政府》，中国社会科学出版社1996年版，第1121页。

③ （美）阿瑟·林克、威廉·卡顿著，刘绪贻译：《一九00年以来的美国史（上）》，中国社会科学出版社1983年版，第91页。

④ （美）道格拉斯·C.诺思著，陈郁等译：《经济史上的结构和变革》，商务印书馆1992年版，第149—150页。

排水问题”的故事：两个邻人同意去排掉他们所共有的一片草地的积水，虽然每个人“不执行自己任务的直接后果就是把整个计划抛弃掉”，但每个人又都想找借口“使自己省却麻烦和开支，而把全部负担加在他人身上”[①]。

以休谟的理论观之，当时的美国城市财政恰似一片谁都不负责任的“公共草地”。如当时的纽约市虽然是一个公共机构，但其管理类似一个私人商业公司。说它是公共政府实体，是指它行使着传统的政治权力来维护公共安全、稳定和防疫，并且通过立法来规范地方事务。说它是私人法人实体，是因为它从事着许多与财产权有关的活动，包括获得或出租公用设施和运输系统、发放债券、用合同管理商品和服务。[②]

于是，“焊接政府各部分需要产生大量的腐败，支撑所有政府形式的支出立即压到了整个国民身上，最终成了一个委员会式的政府；其中，政策建议人、执行人、赞成者、证立者、负责的人和不负责的人都是一伙的”[③]。会计和预算的不完整准确使得城市债务及支出大量增加，让市政腐败有了阔绰的“钱袋子”作来源。

1898 年，纽约市花掉的钱已相当于整个纽约州花费的 5 倍；超过全美所有州支出的 1.33 倍；是美国联邦政府支出的 1.14 倍；其债务超过了所有州的债务总和。在 1898 年至 1900 年，纽约市的支出又增长了 17%，到 20 世纪初，纽约市已成为美国最大的单一公共财政支出机构。在“坦慕尼协会”腐败集团的控制下，纽约市经过 19 世纪 80 年代较为平稳的发展之后，从 90 年代开始，城市债务飞快上升。到 1896 年，纽约市债务达到了 1.86 亿美元。同样，支出亦在增加。1874—1894 年，纽约的支出增加了 400 万美元。然而，在接下来的三年中，每年支出增加了几乎 1100 万美元。

2. 该向谁收税：痛苦指数为何增加

2004 年，对时任总统小布什不满的芭芭拉 · 埃仑莱希在一篇评论中写道：“把 1776 与 2004 做过分的比附，固然是愚蠢的。签署《独立宣言》的人，所不满于国王的主要原因之一，是赋税的沉重。与此恰成对比的是，我们的税倒是轻了—至少对富人们如此：战争的庞大的开销，都转到了我们子孙的

① （英）大卫 · 休谟著，关文运译：《人性论》，商务印书馆 1980 年版，第 578—579 页。
② 参见高新军：《预算民主，重塑美国政府》，《中国改革》2008 年 第 10 期。
③ （美）托马斯 · 潘恩著，田飞龙译：《人的权利》，第 102 页。

头上。”[①] 尽管美国是在抗击宗主国税收暴政的独立革命中建国，但不合理的赋税政策同样是这个年轻大国的一道难以愈合的“内伤”。“大量的研究表明，在整个美国历史上，财富的分配一直都是高度集中的。在 19 世纪，大型港口城市里，1% 的上层人口占有了 40%—50% 的财富。在 20 世纪的长河中，情况没有多大改变”。[②] 其中，不合理的财税政策堪称罪魁祸首。

美国民权委员会的一份报告指出：“对于保持政府运作而言，征税权是最重要的一项权力。”[③] 其实，美国建国之初，汉密尔顿就曾指出：“我们徒然增加了许多税目，我们徒然试行了一些新的征税办法。公众的期望已一律化为失望，国库空空如也。”[④] 丰盈的税收和充实的国库固然是执政之基，但问题是收什么税、向哪些人收？皮尔特罗・维里（Pietro Verri）认为，一个国家可能因为两种课税方式而被打败：一是税收款额超过国民能力而且与总财富不相称；二是税收款额在总量上虽然与国民能力成比例，但其分配却不尽合理。[⑤] 如果说明王朝和不列颠的政府失败大致属于前一种情况，则可以把“镀金时代”乃至延续至今的美国财政危机看作是后一种情况。

实际上，独立战争胜利后，北美各殖民地在建立联邦政府时出于对中央集权的恐惧，设计了一个“跛脚”联邦。联邦的根本缺陷在于没有征税权，除了宣战、外交、建立军队、管理货币等职能外，国会只能依靠各州拨款、出售西部土地或发行债券来筹措经费。这似乎有些对联邦权力过度制衡（check and balance）的味道。

没有人天生喜欢纳税。美国人更是如此，那场以“无代表权，不纳税（No taxation without representation）”为口号的独立战争，实际上就是一场抗税革命。

独立之前，美国已有了比较完善的税收系统，为独立战争的胜利打下了物质基础。尽管税制结构在各殖民地之间变化很大，但有五个税种是被广泛使用的：人头税（Capitation taxes）、财产税（Property taxes）、雇员税（Faculty taxes）、关税（Tariffs taxes）和货物税（Excises taxes）。有意思的是，虽然 1765 年反抗宗主国征收印花税导致美国独立，但美国宪法在征税方面沿袭了

① （美）芭芭拉・埃仑莱希著，仇直译：《他们的乔治和我们的乔治》。
② （美）威廉・多姆霍夫著，吕鹏等译：《谁统治美国》，第 23 页。
③ （美）佩吉・史密斯著，郭旻天译：《悲剧遭遇：美国原住民史》，第 541 页。
④ 转引自（法）托克维尔著，董果良译：《美国的民主》（上卷），第 253 页。
⑤ 转引自（美）哈维・罗森著，平新乔等译：《财政学》，中国人民大学出版社 2000 年版，第 296 页。

英国的制度。在整个19世纪,联邦政府的财政收入主要以关税和少量货物税(酒税)为主，偶尔会有一些出让公共土地的收入。在建国后的80多年中，联邦一直未对个人征收所得税。

1861年，美国南北战争开始的时候，联邦政府的税收约为7500万美元，但次年的战争开支高达5亿美元，岁入仅够约15%。因此，绝大部分开支要靠发行公债。林肯总统面临的窘境是：如果不增税，政府将破产。因此，国会当年即通过了美国历史上第一个开征累进制个税的法案（The Revenue Act of 1861），规定年收入600—10000美元征税3%，超过1万美元为5%。由于战争后期联邦军费已达每天200万美元，国会不得不二次加税，将5000美元以上收入的税率增至5%，5000—10000美元7.5%，1万美元以上10%。所谓“覆巢之下无完卵”，富人们在蔓延到家门口的战火中放松了手中的钱袋：由于年收入600美元以下的人免税等原因，只有10%的富人家庭须缴纳所得税，而这些社会上层控制了国民总财富的70%。①

然而，内战硝烟刚刚散去，联邦政府就在1872年以“违宪”之名取消了作为直接税的个人所得税，转而把税源转向了所谓针对烟、酒等“罪过享受”的消费税。

当然，这只是富人影响下的国会收紧钱袋的托词，因为将国家税源集中于作为间接税的消费税不利于低收入阶层，是显而易见的税负转嫁。表面上看,富人们的消费要比穷人多,但其缴税额与收入的比例会远远低于穷人阶层。而累进制所得税的税政效果恰好相反。

因此，在“镀金时代”后期的平民主义、进步主义运动风潮中，改革派人士纷纷指责税政积弊，要求政府重开所得税、降低消费税。尽管国会曾象征性地在1894年做出了开征累计所得税的尝试，规定对4000美元以上所得征收2%的个人所得税，但反对者将官司诉诸最高法院，控告联邦政府征收直接税“违宪”。在当时的“大财富优先”的社会氛围和司法体系中，最高法院“十分明智”地顺应了富人的主张，作出了不利于联邦政府的裁决。

此后，在1909年通过关于所得税的宪法第十六条修正案时，财阀集团再度发起强大的舆论斗争，声称它是“一种阶级性的立法”，会使人们用煽动

① 小夏：《美国个税制度的变迁》，《南风窗》半月刊2007.2（上）。

性的言论来影响公民，并会延缓工业的发展等。[①]所得税甚至还被贴上了体现共产主义和社会主义原则的意识形态标签。

1879年，美国人亨利·乔治出版了《进步与贫困》一书，对“在促进富裕的过程中是什么造成了贫穷”的问题进行了反思。他认为，财富分配不平等主要是土地所有权不平等，要解决这个问题，必须通过征税手段，将征税对象从传统的一般消费品和性质不同的各类非实体中解脱出来，将征税的重点放到被垄断的土地上来。也就是说，对作为“全部财富的来源和全部劳动的场所”的土地征收土地税。他说道：“我作为简单而最有效的纠正办法而提出的建议将提高工资，减少犯罪，提高道德情操，纯洁政府，把文明推向更高的境界——它就是把地租化做国家的税收。”因为“地价税在所有税中最为公平和平等，它只落在从社会得到一种特殊和巨大利益的那些人头上，并根据他们所得利益的大小按比例征收”[②]。

亨利·乔治的主张就是对作为富人主要实物性财产的土地征收重税，用以补偿下层贫苦民众，以防止贫富差距扩大。他从财税政策视角出发，对社会显失公平发出了这样的警告：

只要现代进步所带来的全部增加的财富只是为个人积累巨大财产，增加奢侈，使富裕之家和贫困之家的差距更加悬殊，进步就不是真正的进步，它也难以持久。这种情形必定会产生反作用。塔楼在基础上倾斜了，每增加一层只能加速它的最终崩溃……把理论上人人平等的政治制度建筑在非常显著的社会不平等状况之上，等于把金字塔尖顶朝下竖立在地上。[③]

就是这样的金字塔，使得富人持续享受着更多的财政实惠和政策倾斜。尽管人们一致认为，“政府所制定的税率、贫困线和社会福利计划，长期以来都是以社会认为的那种公平为依据。如皇家税收委员会所说的那样：‘为了与全社会承认并接受的公平分配看法一致，政府不仅需要累进税制，而且还需要税率更陡峭的税制。’”[④]。但是，当政府的税收政策非但不是增进社会公平，反而是加剧了贫富分化的时候，大概没有什么描述比“税政腐败”

---

①（美）德怀特·L.杜蒙德著，宋岳亭译：《现代美国》，商务印书馆1984年版，第187页。

②（美）亨利·乔治《进步与贫困》，吴良健等译，商务印书馆1995年版，第340—341页、第354页。

③（美）亨利·乔治《进步与贫困》，吴良健等译，第17页。

④（英）西蒙·詹姆斯等著，罗晓林等译：《税收经济学》，中国财政经济出版社1988年版，第89页。

更加合适的了。

税收以公平为原则，它至少包括两个层面的公平：一是横向公平，即同一收入阶层税负相当；二是纵向公平，即不同收入阶层拉开档次，多收多税。因此，“应不惜一切代价坚决抵制恢复资本利得和普通所得的税收差别待遇。……对资本利得税需要的另一改革是把从赠予和遗产方面转移来的未实现的资本所得包括在税基内。这一改革有助于减少在转移财产时的锁住效应并能消除横向不公平之源”①。

然而，如西方经济学家阿瑟·奥肯认为，公平与效率存在着“交替关系”，为了效率就要牺牲某些公平，而为了公平就要牺牲某些效率。②在美国富人和穷人间关于公平与效率的拉锯战中，直到1913年，历经老罗斯福、威尔逊等改革派总统的不懈努力，美国才通过宪法第十六条修正案赋予国会征收所得税的权力，最终作出了体现公平原则的税政选择。1921年，还首次把已实现资本利得视同一般所得征税，成为消除富人避税安排的重要因素。1932年，罗斯福推行新政时，曾对富豪大幅加税，最高税率一度升至75%，以至于人们说总统每天的餐桌上都在吃“烤百万富翁”。因此，美国学者指出：“累进税制本身是新政自由主义（New Deal Liberalism）这一覆盖面更广的价值观的一部分。它代替了强调政府在经济中只应扮演有限角色的观念。”③

累进税（progressive tax）即税收占课税基础的比率是递增的，如个人所得税占个人收入的比重随着收入的增加而递进。正如比尔德所说：“任何特殊法案的表面目的，固然都可以说是在于‘公共的福利’；但是公共福利只是一种无形的存在；除非我们知道哪些个人凭借这一名义得到了利益，公共福利便是毫无意义的。”④如美国民主党近年来一直批评前布什政府的减税政策是杀贫济富式的“罗宾汉逆转（Robin Hood Reversal）”。收入和贫富差距越拉越大，美国的贫困率（poverty rate）居高不下（参见表3）。

---

①（美）约瑟夫·A. 佩契曼著，钟晓敏、杨军辉译：《美国所得税的改革》，《浙江财经学院学报》1991年第2期。
②（美）阿瑟·奥肯著，王奔洲等译：《平等与效率——重大的权衡》，华夏出版社1988年版，第122页。
③（美）约翰·朱迪斯，马霖译：《民粹主义大爆炸》，中信出版社2018年版，第5页。
④（美）查尔斯·A. 比尔德著，何希齐译：《美国宪法的经济观》，商务印书馆1984年版，第109页。

累进制所得税的艰难揭示了怎样的政策博弈轨迹?

现代个人所得税诞生于18世纪末英法拿破仑战争期间，曾被称为“击败拿破仑之税”。个人所得税是实现国家“收入均等化”的重要经济手段。有个共识不言自明，“即社会上的不公正现象应当通过采取恰当的税收措施而加以纠正。经由累进税制（progressive taxation）进行再分配的做法，渐渐地也被人们普遍认为是一种正当之举”①。但美国曾在1861年尝试征收的个人所得税，却在1872年被废止。美国联邦政府从1913年开始征收个人所得税，并通过了修正宪法后的首部个人所得税法。如果说英国18世纪推行所得税遇到的是巨大的理念障碍，那么，美国在19世纪个税难征的原因是巨大的利益冲突。因为对前者来说，在当时让富人接受放弃部分个人财产和“以税收交换保护”②的观念实属不易。但在19世纪的美国，更主要的是逃避税负责任在起作用。从英国古典经济学派创始人威廉·配第（William Pety，1623—1687年）开始，就把公平作为税制基本原则。亚当·斯密也提出“税收公平要求每个人所支付的税款与他从公共资产中得到的利益成正比”。今天，个人所得税已从次要税种跃升为主体税种。其已占整个联邦税收45%左右，是财政收入贡献率最大的税种。③税收公平与效率历来是一对矛盾，通常的情况是：要么强调公平，牺牲效率；要么强调效率，牺牲公平。二者必居其一。④个税结构应当是倒金字塔型，即塔底是富人，缴纳大头；塔尖是工薪阶层，缴纳小头。关键是，比例税制（proportional taxation）“并不能铲除收入金字塔的顶层，而铲除收入金字塔的顶层则恰恰是累进税制的主要功能所在”⑤。

2009年美国“克拉克经济学奖”获得者伊曼纽尔·塞斯汇总了美国国税局公布的纳税材料，建立了一个横贯百年的长期收入分布数据库，结果发现1931年以来美国的高收入者收入分布呈现U型特征：美国收入较高的10%

---

①（英）弗雷德里希·冯·哈耶克著，邓正来译：《自由秩序原理》下册，第71页。

② 霍尔姆斯、桑斯坦著，毕竞悦译：《权利的成本——为什么自由依赖于谁》，北京大学出版社2004年版，第144页。

③ U.S. Office of Management and Budget, Budget of the U.S. Government, Fiscal Year 2006. Historical Tables(Washington :GAO,2005),p.30—34.

④ 高培勇：《美国治税思想发展趋向剖析》，《涉外税务》1989年第11期。

⑤（英）弗雷德里希·冯·哈耶克著，邓正来译：《自由秩序原理》下册，第73页。

的人口收入占国民收入的比重达到了20世纪30年代大萧条以来的最大额48.5%。特别是自20世纪80年代以来，少数人收入份额的快速上升趋势，表明收入不平等程度加剧。[①]美国联邦所得税从20世纪60年代肯尼迪·约翰逊时代开始出现重大转折并进入到减低税率的通道，然而，塞斯对1960年、1970年、1980年、1990年、2000年和2004年等年份从低到高不同收入组的平均税率做了统计，发现最高的1%收入阶层的税率下降幅度最大[②]，表明其从减税中获益最多。

表3　1993—2007年美国不同收入组实际年收入增长率（%）

时间	平均收入增长率	最高1%组收入增长率	其他99%组收入增长率	总增长额被1%组攫取的比例
1993—2006	2.2	5.9	1.3	50
1993—2000（克林顿主政）	4.0	10.3	2.7	45
2002—2006（布什主政）	3.0	10.1	1.3	65

资料来源：Piketty and Saez，转引自时成玉、张彤玉：《税收对美国高收入阶层的影响与启示》，《经济与管理研究》2010年第7期。

在美国财税史上，还有一个不为人注意的细节，那就是其间财产税的3起3落：在1798—1801年、1814—1816年和1861—1863年都曾短暂征收过国家财产税。[③]亚当·斯密曾经指出："当财产易主时，由死者转到生者或由一个生者转到另一个生者时，就往往要对这些财产征收这种性质的税即必然要攫取其资本价值的某一部分。"[④]因此，政府为调节社会财富分配和收入差距，可以对财产征收一般财产税，也可征收遗产税、继承税和赠予税等，如英国曾称遗产税为"死亡税（Death Duties）"。英国历史上为了开征房屋税（House tax），起初按照家中炉灶数征收炉灶税（Oven tax），后来还曾改为按房屋窗户征收窗户税（Window tax）。[⑤]特别是由于个人所得税并无法调节因存量财

① 参见宋小川：《美国税收制度累进性质的减退对贫富差距扩大的影响》，《财经科学》2008年第10期。
② Thomas Piketty and Emmanuel Saez . How Progressive is the U.S. Federal Tax System? A Historical and International Perspective. Journal of Economic Perspective,2007（21）.
③ 王智波：《美国财产税制度的演化：进程、原因与启示》，《广东社会科学》2009年第5期。
④（英）亚当·斯密著，唐日松等译：《国富论》，华夏出版社2005年版，第613页。
⑤ 财政部税收国际比较课题组：《英国税制》，中国财政经济出版社2000年版，第136页。

富造成的贫富差距，因此财产税作为直接税，对于因继承、赠予等方式造成的收入分配不均，具有明显的调剂作用。

但是，所谓的“经验证明，直接税不能征收到很大数目的。即使在政府财力十分雄厚的国家，如英国，主要的收入还是靠间接税”[①]。时至今日，财产税仍然被美国公众舆论视为“最糟糕”和“最不公平”的税种之一，处于选民前后矛盾的愿望之中。一方面，选民希望减税，另一方面，选民又希望政府提高公共服务水平。因此，政府面临这种非理性的矛盾，被迫通过税收操控来建构一种名义税收低于其实际税负水平的“财政幻觉”。而这种“财政幻觉”又违背了税收确定性原则（如公平、简便和可控等），结果加剧了财产税信誉的下降和政治生命的衰弱。[②]

今天的美国，许多如同当年废止财产税、所得税的行为仍在继续。如1997年互联网泡沫乍起初现的时候，克林顿就曾悄悄签署了一项法律，将资本收益率从28%减低至20%，降幅高达30%。布什上台后签署了20年来美国最大的减税计划，大幅降低了所得税最高税率，并逐步取消了仅由富人承担的房地产遗产税，并第二次削减了股息税和资本增值税，都在让收入最高阶层获益。可以说美国的减税政策使得高收入者收入增速远远大于中低收入者，造成收入不平等更趋严重，这也正是次贷危机发生的源头之一。[③]而且，由于美国宪法并无限制国债发行的条款，因此国债规模在不受约束中大幅膨胀。从20世纪50年代到60年代，公众持有的联邦债务以8%的速度增长，从1960到1970年，该速度达到了20%，而70年代的增速达到150%，80年代达到215%，国债规模不断加速扩大。[④]

直至2011年的“美国之秋”，在风起云涌的“占领华尔街”运动中，普通民众仍然是以抗议分配不公和贫富悬殊为目标。正如保罗·克鲁格曼所说：“对于一国经济来说，最重要的、能对大多数人生活水平产生影响的因素为生产率、收入分配和失业。……然而，我们的经济政策对这些影响大趋势的

---

① （美）查尔斯·A. 比尔德著，何希齐译：《美国宪法的经济观》，第119页。
② 参见甘行琼：《美国地方政府的收支限制及反思》，《中南财经政法大学学报》2010年第4期。
③ 时成玉、张彤玉：《税收对美国高收入阶层的影响与启示》，《经济与管理研究》2010年第7期。
④ （美）安塞尔·M. 夏普等著，郭庆旺等译：《社会问题经济学》，中国人民大学出版社2000年版，第354页。

因素几乎是漠不关心。”[①]可以说，美国政府主要考虑的是经济增长、通货膨胀、预算赤字、贸易逆差等因素，税收政策的首要因素是预算目标而非分配目标。即便是为了平衡高额遗产税和赠予税的免税机制，也不过是让富豪有一个选择慈善捐助换取免税的途径，等于用45美元购买了100美元的声誉。[②]

“收入不平等是，而且一向是，美国社会结构的一个重要组成部分。”[③]美国学者Smeeding通过实证分析指出，1979至2002年OECD（经济合作与发展组织）国家中，美国的收入不平等程度最高。其原因在于美国制度以及缺乏为低收入家庭做出支出性努力。和其他发达国家相比，美国的再分配力度是最小的。因此，Smeeding得出了这样的结论：

美国之所以有高于其他国家的不平等和贫困率，是因为我们选择了更多的不平等和贫困。[④]

根据哈耶克的观察，当累进税制在19世纪末德国的“社会改革”中被率先实践后，英、美这两个“盎格鲁—撒克逊国家”在近20年后分别采纳了递进所得税制，税率分别达到了在当时令人惊异的数字：8.25%和7%。然而在此后的30年里，这些数字却又分别激增至97.5%和91%。更重要的是，“渐渐地，人们再度普遍接受了这样一种观点，即捍卫对全部税收实行累进等级制度所能依据的唯一理由就是改变收入分配的可欲性，而且此种辩论也不需要有任何科学的论证，相反它必须被视为一种明确的政治要求，这即是说，它必须被看成是一种企图把一种由多数决策所决定的分配模式强加给社会的努力”[⑤]。可以说，累进税制作为财税政策工具有了更加明确的指向，即实现社会公平正义和减少社会性掠夺。但在现实生活中，人们往往不得不面对相反的情况。

据统计，20世纪90年代美国政府有权征税的地方政府实体有87000个，平均下来每个地方政府管辖3400人。[⑥]美国1994年版《联邦税法》的条文，

---

①（美）保罗·克鲁格曼著，王松奇译：《预期消退的年代——美国90年代经济政策》，中国经济出版社2000年版，第3页。

②参见李培林：《发展慈善事业，构建和谐社会》，《中国社会科学院院报》2005年5月25日。

③（美）托马斯·戴伊著，梅士等译：《谁掌管美国》，世界知识出版社1980年版，第55页。

④ Timothy M. Smeeding .2005. “Public Policy, Economic Inequality , and Poverty: The United States in Comparative Perspective”, Social Science Quarterly. 86.pp.955—983.

⑤（英）弗雷德里希·冯·哈耶克著，邓正来译：《自由秩序原理》下册，第76—77页。

⑥转引自王智波：《美国财产税制度的演化：进程、原因与启示》，《广东社会科学》2009年第5期。

共有205章，1564节，大开本、小字号，厚达1400多页。而作为联邦税制不可分割内容伴随发行的《1994联邦税则》，更是有5卷之多，仅前4卷关于联邦所得税的税务细则就已厚达6400多页。联邦国税局在发行480种税务表格之外，还发行几百种税务表格填写指导书，这是一种每卷都有1英尺厚的3大卷说明书。每年，国税局都要向1亿多位纳税人寄出约800亿页的表格和填写说明书，将它们一页页接起来可绕地球28圈！每年为印刷这些表格和说明，就需砍伐30万颗大树。

除了政府部门之外，美国税制催生了税务服务业，如《1994年1040表格税减免大辞典》，仅要目索引就有19页之多。而且，只有在繁复的税制之下，美国参议院财政委员会、众议院法制委员会才能继续掌控税法起草修订的话语权，让各方讨好他们；两院议员、常驻华盛顿的院外活动家才有围绕税法博弈的空间和本钱；全国几十万税务律师、税务会计师才会有金饭碗。如果采取了均税率那样的简单税制，使用了任何人在几分钟就可填好的明信片式报税表格，这一切将不复存在。[①] 一个当代美国笑话说明了这一点：

一个人对名目繁多的税收不堪忍受，想一死了之，即将跳楼前想起还要缴纳遗产税，不得不打消了轻生的念想。

3. 谁来看管没有锁链的“钱袋子”

1814年，来自弗吉尼亚州卡罗林县的美国参议员约翰·泰勒出版了《美国政府原则和政策研究》一书，激烈反对了被他称为“证券和庇护者贵族制”的银行金融利益集团及其所掌控的“新贵族制”政府。泰勒认为，与英国的封建贵族制相比，新的“证券和庇护人”的新贵族制的邪恶远远超过土地世袭权力制的邪恶，因为新贵族制为了用财富（封建贵族从其土地上获得财富）来支持这种制度，就必然要求有“一种永久的和压迫性的税收”。当这种贵族控制了政府时，就会把“一个民族划分为两个利益集团，并以最合某个集团胃口的方式来处置另一集团”。这就是每一种坏政府的最根本的邪恶，因为它将一种特殊利益置于优于普遍利益之上的地位。从今天的美国实际情况来看，不能不佩服约翰·泰勒的先见之明。因为他点出了金融资本阶层即“证券和庇护者贵族”们获得特权和财富的体制根源。

---

① 王则柯：《美国联邦所得税：繁浩税制的沉重代价》，《珠江经济》1997年第6期。

当然，与一两百年前不同的是，现在的美国政府需在预算制度下运行，许多在当时可以用来贪污盗窃国库资金的手法必须更新换代，比如“次贷危机”中那些华尔街金融家的欺诈伎俩。

在政府活动中，“花钱”与“做事”总是相对应的。预算体现了政府在国家生活中的作用，既是现代政府用以保持或改变行动的重点，也是协调政府行动的各领域和提高政府效能的最重要手段之一。① 但在19世纪的美国，一级政府并没有一份详尽而统一的预算。这样，民众和议会都无法对政府及其各部门进行有效的监督，为贪赃枉法留下无数机会。

1909年，城市审计员Herman Metz在美国统计联合会的一次演讲中，明确指出了4年来他所发现的城市预算中的7大基本缺陷②：

1. 预算数据弄虚作假，缺乏具体的统计证明材料；
2. 预算统计资料多为单栏登记，做到最好的也仅仅是双栏登记；
3. 预算的分类未能适应工作的需要；
4. 预算补贴并未依据功能进行分离；
5. 预算审定程序极不规范；
6. 预算抵押支离破碎；
7. 预算受害者极端无知。

正是由于有了这么多的管理漏洞，从地方到联邦的财政体系才会变得千疮百孔。反之，如果把这些问题倾向全部来一个180° 的大转弯，就等于是为公共基金加上了一道道具有保险功能的锁链！

托马斯·潘恩曾形象地说：“国家的钱袋就是合租之物，人皆可攀。”③ 预算改革的目的就是要把“看不见的政府”变为“看得见的政府”。“看得见”，人民才有可能对它进行监督。在这个意义上，预算是一种对政府和政府官员“非暴力的制度控制方法”④。

---

①（美）加布里埃尔·A.阿尔蒙德等著，曹沛霖等译：《比较政治学：体系、过程和政策》，上海译文出版社1987年版，第292页。

② 转引自（美）W. Bartley Hildreth著，张超译：《论预算改革的长期必要性》，载《复旦公共行政评论》2008年第四辑《公共财政与政府改革》。

③（美）托马斯·潘恩著，田飞龙译：《人的权利》，第45页。

④ 参见王绍光：《美国“进步时代”的启示》。

“直接民主”为什么会失效?

19世纪，美国大量官员由人民直接选举。据统计，在俄亥俄州，每个公民平均每年要参加22个选举。[①]而在1909年之前，波士顿的选民要选举的官员竟然达到97人之多。[②]这导致一种尴尬境地：靠民主选出的并非是品行端正和能力出众的人才。因为面对如此之多的候选人，选民们可能连号都对不上；面对如此之多的选举，选民们早已失去了耐心。于是，那些居心叵测意在操控选举并垄断公职的“政治老板”就有了巨大的作弊空间。

城市历史学家亚历山大·卡劳（Alexander Callow）形象地说，当时的城市政府拥有的是“一堆破烂和补丁”，是毫不协调的支离破碎的权力拼凑起来的烂棉被。[③]以纽约为例，市政府的工作由16个相互独立的部门分别管理，有的部门下设多达18个局。关键在于，每个部门都有自己的预算，都直接和州议会协商其财政来源。直到19世纪末，纽约市的征税原则还是“以支定收”。

财政方面的决策机构由8人组成，包括：市长、总会计师、市政委员会主席和5个区的区长。前三者每人有3票权力，曼哈顿和布鲁克林的区长每人2票，其余3个区的区长每人1票。对预算的审议只是在每年的11月1日前，在由总会计师提出的年度大致预算的基础上，由上述决策机构和市政委员会用15至20天时间来审议，并举行听证会。由于时间紧、缺乏专业知识等原因，这种审议大多流于形式，造成很多财政拨款并不符合实际支出部门的需要。

事实上，纽约市财政有很高比例的支出是固定的，所以留给“市估算和分配理事会”自由支配的资金很有限。例如，1886年纽约市有60%的资金分配不在市政府的控制之下。1902年也只有17%的资金可以由纽约市来支配。更为严重的是，在1898年，纽约州议会发现纽约市的财政预算缺失了很多项目，尤其是没有包括道路建设资金和债务管理，从而造成这种预算既不完整准确、又不及时。这样的会计制度无论对私人生活还是公共管理，都是无用的。诚如一位美国学者所言：

---

①（德）W.桑巴特著，赖海榕译：《为什么美国没有社会主义？》，第52页。

② James Bryce: The American Commonwealth (New York, 1914)(I)p.663.

③（美）托马斯·科斯纳著，万丹译：《资本之城》，中信出版社2004年版，第117页。

与政党的纲领和大多数议会立法相比，预算中包含的内容带有更高的具体行动的可能性。没有钱无法办事，试图要办的事都包含在预算中。如果有人要问，谁得到了政府能给的东西？那么，一定时期的答案，就记载在预算之中，如果政治被看作是在决策中谁的主张取得胜利的冲突，那么预算记载的正是这种斗争的结果。①

考虑到美国“镀金时代”城市老板对市议会的全面控制，通过市议员这些“投票机器”来堂而皇之地窃取国库、骗取预算是轻而易举的事情。美国学者因此犀利而直白地指出：“他们大都是流氓，抢劫城市的财富，像买卖铁路股票一样买卖选票。”② 特别是美国会计制度的缺位在早期美国城市是相当普遍的现象，它导致了城市行政当局在城市管理发展方面的结构性失调和政策性失败。

预算民主有助于带来政治清明和社会公正

预算权是一项重要的实体性权力，也是影响财税政策的重要方面。有人说，预算权已是美国国会最重要的权力，它是“牵制平衡的宪政大厦赖以矗立的中柱……如果这一中柱动摇，大厦必将倾覆”③。如果国会不通过预算，政府就有可能因失去经费而关门。如果预算决策过程被特权阶层和利益集团肆意“绑架”，将会带来危及全社会的“深度腐败”。

四、透支的治税权

这个时代充斥着各种各样的年金、彩票和不可赎回的债券，而发源于这个时代的征税是最为有害的。

——法兰西斯

前台是政策失败，后台是政治腐败。财税政策失败的核心是治税权的失范、失控。换言之，即在国家政治生活中，决定征税的权力掌握在谁手中，何种政治社会力量来决定赋税结构、征收数量和征收对象等。“国家间的许多差异，

① （美）加布里埃尔·A. 阿尔蒙德等著，曹沛霖等译：《比较政治学：体系、过程和政策》，第 292 页。
② （美）沃浓·路易·帕灵顿，陈永国译：《美国思想史 1620－1920》，吉林人民出版社 2002 年版，第 776 页。
③ 蒋劲松：《论现时美国的宪政危机》，《美国研究》1993 年第 3 期。

本身就是国家政策的结果。”[①] 政策是人制定的，人是可操控的。政策是人执行的，人是善变通的。因此，在“政治人”的操控和变通下，好政策可能变形走样，坏政策可能难以禁绝。政策失败往往与政治腐败互为表里。可以说，虽然政策失败不一定意味着政治腐败，但政治腐败一定离不开政策失败。

从 17—19 世纪，国家税政大权的掌控者经历了 3 次转型：大明王朝，税权由皇帝掌控；大英帝国，税权由议会掌握；美利坚合众国，税权由国会掌控。简而言之，三国的治税变化是：皇帝个人掌控——少数人（贵族）掌控——有钱人（财阀）掌控。现代公共财政制度的建立，实际上就是一个为治税权寻找边界、建立规范、加强监控的过程。政因财立，政以财行。治税权是重要的公共权力，“税收——公共财政——公共服务”是政府现代治理的基本路径。赋税政策或者说财政政策作为国家政策体系中的重要支柱，集中而鲜明地反映了国家治理能力。可以说，财税政策水平是执政能力的风向标，财税政策效果是执政安全的晴雨表。正如哈耶克所反思的那样，当年，Beveridge 报告以及整个“英国国民健康服务”体制的基础所设计的福利国家所要打击的是“五大恶魔”，“尽管我们历经各种努力而在克服贪欲、疾病、无知、贫穷以及懒惰五大旧恶魔的方面只取得了些许成就，但是当我们的主要危险来自于通货膨胀、积重难返的税制……的时候，我们在未来与这些新恶魔进行的斗争中去可能会表现得更糟，因为在这场斗争中，个人仅凭其自身的努力是无从摆脱这些危险的，而且政府机构的过度膨胀势头也只可能加剧而绝不可能减缓这些危险”[②]。

---

① （美）玛格利特·利瓦伊著，周军华译：《统治与岁入》，第 2 页。

② （英）弗雷德里希·冯·哈耶克著，邓正来译：《自由秩序原理》下册，第 70 页。

第四章　体制衰败：逆淘汰的公职选授

——就业市场的“二代现象”是否意味着特权腐败？

在那些努力争取有利的优越地位的人眼前放置一个既体面又有利可图的职位，那么他们就会不惜一切地去得到它。

——本杰明·富兰克林

体制是治理机构、治理人员和治理规则的结合体。“所有历史体系要生存下去，就要给这个体系的骨干分子以报酬。”①而给予公共职位，是政府体系对执政骨干最重要、最有效的“报酬”方式。晋人有诗云：“世胄蹑高位，英俊沉下僚。”说的是无德无才的权贵子弟盘踞权力上层，而德才兼备的贫寒子弟却倍遭冷遇，没有发挥治国才能的机会。如果说财税政策失败给腐败者提供了“财源”，那么，他们还可能通过垄断配置公共职位而不断制造“人祸”。17—19世纪中、英、美三国，分别以封建科举制、国王恩赐制和政党分赃制作为主要的公共职位的配置机制，但是都十分相似地出现了政治机会结构梗阻、民意表达机制坏死、英才吸纳体制失效等共性问题。这就是腐败高发期的又一个显著标志。

公共职位配置解决的是执政团队的来源和取向问题，也是最大的体制问题。腐败高发期中，人的配置出现极大扭曲。明朝的八股取士意味着科举制度进入到死胡同，一大批仕途失意的文人成了“艳情文学”的著名写手；英国的恩赐体制造成了统治阶层的“近亲繁殖”，热衷加官晋爵的贵族们是社会丑闻的源泉；美国的政党分赃体制则带来集体腐败，大部分有才能者选择从商，并成为豢养政府内庸才的“金主”和“老板”。

---

①（美）伊曼努尔·华勒斯坦著，路爱国、丁浩金译：《历史资本主义》，第96页。

一、科举体制及其“士—仕”结构的解体

近世所谓道德，功名而已；所谓功名，富贵而已。

——（明）王阳明

从一定程度上说，明朝是中国历史上士大夫最不重名节的朝代。“明初从造士、选士到养士实现了对知识分子彻头彻尾、彻里彻外的管制。这是一个无志气、无锐气、无朝气、无生气的王朝。”[①] 仕风败坏、士风堕落与世风衰颓交织并起，使得晚明朝野是一片乌烟瘴气。传统的儒家思想、修齐之道聊胜于无，犹如一个病魔缠身的老朽之人，只能勉强维系着奄奄一息的苟活状态。

1. 士人“亚腐败”泛起与国家干部储备的破坏

孔子说：“士志于道。”孟子曰：“故士穷不失其义，达不离道。”许慎在《说文解字》中对“士”定义道：“士，事也。”清人段玉裁注曰：“凡能事其事者称士。”《白虎通义》亦称：“士者事也，任事之称也。”就社会传统的角色定位而言，士人是修身齐家的读书人，也是未来治国平天下的从政者；在个体上是安贫乐道的“社会良心”，在群体上也被看成是济世救民的朝廷梁栋。从“士”到“仕”，是读书人的梦想。由“士”入“仕”，则是国家给读书人设计的基本出路，如同与天下士子“签订”了一份格式化的“耕读之约”：朝廷免除读书人的农耕之苦，读书人奉还朝廷的则是饱学之身和治世之策。

倘若朝野纲纪井然、政风肃然，“看得懂现在”且“信得过未来”的天下士人自然可以安心读书。然而，在“千里做官只为财”的年代，“士方其未得也，奔竞苟且，不知有义命。故其既仕也，攫拿贪黩，但知其有利禄”[②]，何处可容得下一张安静而干净的书桌？

士人阶层实际上是明朝统治者精心设计的一个“中间层”，是顶层官僚和底层民众之间的平衡器和稳定器。一方面，他们作为国家“后备干部”源源不断输送到政治体系中，实现了国家顶层和社会上层的动态平衡；另一方面，他们作为社会底层人士的“意见领袖”和“公共教师”而存在，可以起到缓

① 谢景芳：《理论的崩溃与理想的幻灭——明代中后期的仕风与士风》，《学习与探索》1998 年第 1 期。
② 杨士奇等：《历代名臣奏议》卷 170，《选举》，文渊阁四库全书本。

和矛盾、收纳人心的功效。狭义概念上的“士人”主要是指尚未取得功名的下层生员，属于国家的储备人才资源；广义概念的“士人”则还可包括进入官僚队伍的上层缙绅（以及致仕回乡的“退休干部”）。**士人是未来的顶层仕人，仕人过去是底层士人。**

在这国家人力资源的顶层官员和底层士子之间，统治者设计了一个重要的联系纽带：科举制度。中国古代社会顶层治理之所以延绵千载而不绝，一个重要原因是自春秋战国便建立了封建官僚体制[①]，并且形成了“学而优则仕”的官员输送机制。明朝统治者基于社会教化、文化控制和吏治建设等需要，广建官学并放开了入学条件和科举资格等固有门槛，使得梦想“朝为田舍郎，暮登天子堂”的读书人前赴后继。然而，“最后结果是形成一种制度：从理论上说，官职之门向一切有才之士敞开，但实际上却有利于那些有足够财力进行多年的学习和准备的阶层”[②]。

据明末顾炎武的统计，全国的生员已达50万人之多。各州县学校的生员是一股不容小觑的政治力量，对地方官员施政影响甚大。万历四十二年（1614年），礼部右侍郎何宗彦指出：“迩来士风日颓，法纪陵夷。以猖狂为气节，以结党为豪举。”[③]举贡生员或为将来之显宦，地方官也不敢或不愿得罪。黄省曾对此颇不以为然，认为“今之人也，操觚以试，竞先以取，莫不群然思高其家者也”。王世贞更是直言不讳说，这些士子“莫不以仕为贾”。

为求功名利禄，士人们竞相“启奔竞之门，开请托之路”[④]，通过非正当竞争来谋一官半职。“今天下之最可忧者，莫甚乎士习之燥竞。”[⑤]一时间，“科举嚣争，富贵熏心”[⑥]。在晚明的奢侈化消费之风中，原本应当是正统礼教卫道士的读书人竟成了堕落蜕化的排头兵。

士人聚会招妓已成当时惯例。万历时，茅元仪（字止生）到南京，组织了“秦淮大社”，“尽四方之词人墨客，及曲中之歌伎舞伎，无不集也。分明结伴，

---

① 即为工业革命之英国所学袭并在西方国家发扬光大的现代文官制度之鼻祖。
② （美）斯塔夫里阿诺斯著，吴象婴等译：《全球通史：1500年以后的世界》，上海社会科学院出版社1992年版，第69页。
③《明神宗实录》卷524，万历四十二年九月戊寅。
④ 万历《金华府志》卷10，《学政》。
⑤ 袁袠：《世纬》卷下《抑燥》。
⑥ 黄宗羲：《明夷待访录》，《学校》。

递相邀招，倾国出游，无非赴止生之社者。止生之名，遂大噪，至今以为美谈”[①]。朱承采在万历甲辰中秋“开大社于金陵”，引“秦淮伎女马湘兰以下四十余人”作乐，导致“白下人至今艳称之”。康海则在生日邀名妓百人作乐自娱，号称“百年会”[②]。

“厌常喜新，去朴从艳，天下第一件不好事”，“至万历十一年间，学道巡湖，民生俱红丝束发，口脂面药，廉耻扫地”[③]。往日一向以礼义廉耻自励的读书人，也参与到了这股华服艳裳、争奇显怪的潮流之中。时人记载，“二十年来，东南郡邑凡生员读书人家有力者，尽为妇人红紫之服外披内衣，姑不论也。余对湖州太守陈公（幼学）曰：‘近日老朽改得古诗一首。’太守曰：‘愿闻。’余曰：‘昨日到城郭，归来泪满襟，遍身女衣者，尽是读书人。’”[④]。真可谓：士风大坏，仕风大坏，世风大坏。

相对于握有权柄的朝廷命官而言，这些士人所出现的道德沦丧和贪渎败坏，可谓是一种十分盛行的“亚腐败”。往日士大夫所谓的“清操风骨”已被“利令智昏”所取代：“士大夫一中进士之后，则于平日同堂之友，谢去恐不速；里中虽有谈文论道之士，非唯厌见其面，亦且恶闻其名。而日逐奔走于门下者，皆言利之徒也。”[⑤]顾炎武曾著《生员论》极言生员之弊。明朝冯梦龙的《古今谭概》里引有这样一首讽刺诗：

秀才学伯是生员，
好睡贪鼾只爱眠；
浅陋荒疏无学术，
龙钟衰朽驻高年。

更有甚者，生于万历朝、仕于崇祯朝的徐芳曾著有《三民论》一文，十分犀利地指出了当时“士人商人化”之弊：

今天下之士，未有不汲汲于利者也。夫果其汲汲于利也，而可谓之士乎？吾直以为商焉而已。故今天下之士，非士也，商也。

徐芳看到士人“今之贤者一二，而其流为商者千百也。夫果流为商者

① 周亮工：《书影》卷 2 。
② 钱谦益：《列朝诗集小传》。
③ 李乐：《见闻杂记》卷十。
④ 李乐：《见闻杂记》卷九。
⑤ 何良俊：《四友斋丛说》卷三十四。

千百也，而可谓有士乎”。于是，在传统的士农工商“四民”中，由于士商合流，已经没有士人这个阶层，只有“三民”。这完全是制度设计使然，士人“自其束发读书之时，所以劝之者不过所谓千钟粟、黄金屋，而一旦服官，即求其所大欲”[①]，最终导致“准官僚”们是一茬不如一茬。因此，“尽管官职不是世袭，但整个皇室和士绅官僚的统治机构仍会像车轭一般紧勒在农民的脖子上”[②]。

实际上，“士—仕”路径本身并没有错，但问题在于：如果把科举变成灌输理学道统的工具、禁锢文化思想的枷锁，那么，选拔人才的导向必然出现偏差。“自明科举之法兴，而学校之教废矣。国学、府学、县学徒有学校之名耳。考其学业，科举之法外，无他业也；窥其志虑，求取科名之外，无他志也。”表面看来，天下士人归附，然而朝廷得到的却有不少是除了功名利禄之外心无旁骛的废人。

长此以往，应试化、功利型科举制度的另一个恶果是造成“通用型地方官员的可以互换之原则，意味着专业人才（水利工程、数学家、天文学家、医学家）总是被搁置一边而很少能身居高职”[③]，一面是来往士子如过江之鲫，一面是遇有急难险重之政务却是朝中无人可用。

2. 八股取士：流于失败的顶层设计

通过科举制度广纳英才，使得熟读精通儒家思想的士人得以进入到为国家效命的“人才通道”，原本是一个十分高明的统治策略，也是“大一统”的封建王朝得以绵延千载的重要体制基础。

“天地位焉，万物育焉。”在皇朝帝国，在最基本的“身—国”同治思想和“官—民”二元化结构中，处处体现了等级制和分层治理的特点。就社会底层的“民”来说，最基本的社会治理结构是将黎民百姓分为四类：士农工商。其中，“士”被认为是“秀民”，居于“四民”之首。因此，**治理顶层的要害是治官，而治理底层的肯綮是治士。**

明朝统治者在历代帝制的基础上作出了重要的结构性调整：

一是在顶层，废宰相，皇帝直接对六部，实现了皇权专制的集大成；

① 顾炎武：《日知录》卷13《名教》。
② 李约瑟、黄仁宇：《中国社会的特质——一个技术层面的诠释》，载《现代中国的历程》，第10页。
③ 李约瑟、黄仁宇：《中国社会的特质——一个技术层面的诠释》，载《现代中国的历程》，第7页。

二是在底层，改科举，以八股经义取士，实现了吏治建设的大变局。

八股取士是一种吸纳社会英才的制度设计。维福里多·帕瑞托曾经提出过著名的“精英流动论”，即如何“将新鲜的人才和专家推向最高职位”。然而，统治者和被统治者的关系通常是俯视的，这种关系“绝不会颠倒过来”[①]。实践中，八股文很难承担起“推高精英”的功用，因为朝廷和士人的“俯视关系”使然。

八股文也称“时文”“制艺”“制义”“八比文”“四书文”，是明朝考试制度所规定的一种特殊文体。文体有固定格式，由破题、承题、起讲、入手、起股、中股、后股、束股八部分组成。八股文专讲形式、淡化内容，文章的每个段落死守在固定的格式之中，连字数都有定制，读书人能做的只是按照题目的字义敷衍成文。这使得格物致知、匡世济民的儒家道统渐行渐远，如时人所说，“今之教子读书，不过取科第，其于立己不问也”[②]，读书求取“千钟粟”“黄金屋”“颜如玉”“衣簇簇”的功利思想不胫而走。

八股文的题目全出自《四书》：《大学》《中庸》《论语》《孟子》，而且文字要模拟圣贤口吻，叫作“代圣贤立言”。士人从研习八股文中受到了儒家伦理道德的“洗脑”。他们浸淫于经典著作，陷于“但患其不行，不患其不明”[③]的教条之中，服膺儒家“修身治国平天下”的理论，并以此作为人生的言行准则。然而，正如海瑞上书万历的爷爷嘉靖皇帝所解释的实情：“‘嘉靖者，言家家皆净而无财用也’。……天下之人不直陛下久矣！”统治者的虚伪早已被世人“看穿”。当政者物欲横流、男盗女娼，却要天下士人温良忠孝、克己复礼，反倒培植了一大批“口惠而实不至”的伪君子，酿成了言行分离、表里不一的龌龊士风。而且，《四书》章句固定不变，数百年里，每一章、每一节、每一句都作过了题目，已经被一代又一代的士人做的滚瓜烂熟。

正如王阳明所反思的：“则今天下所大患者，岂非记诵词章之习！”[④]市面上的八股“范文汇编”甚是畅销，忙于押题背文的士人无不是生吞活剥的

---

① （美）詹姆斯·麦格雷戈·伯恩斯著，刘李胜等译：《领袖论》，第 28 页。

② 谢肇淛：《五杂俎》卷 13。

③ 邵廷采：《明儒王子阳明先生传》，《思复堂文集》卷 1。

④《王阳明全集》卷 7，《文录四》，《别湛甘泉序》。

快手，早已疏于研读经典文章背后的微言大义。万历内阁大学士沈鲤针对功名利禄思想大行其道的危害说：“以故后学小生，当其蒙养未雕未琢，已先以富贵利达，荣身饱家之计薰渍其心胸肺腑，由斯以往，何所不至。”①

八股取士分三级考试。一是童生考生员，俗名“秀才”，只考《四书》八股文。二是乡试（在本省）考举人，首场考八股文。三是会试、殿试（进北京考）考进士，首场也考八股文。除殿试而外，府、省、京城三级考试中，因首场作八股文，考官评阅取全看首场，首场若不入眼，二场、三场所写的论、判、案等形同废纸。于是，八股文成了考场“胜经”。“天下岁试南宫者无虑数千人，而得者不过十之一二。”② 学子写八股的功力对于仕途而言，有如商家的资本对于买卖之重要。

为了考取功名，士子们“一科复一科，转瞬而人已老矣，不能为我患”，这不啻是一个“意在败坏天下之人才，非欲造就天下之人才”③的巨大资源浪费。而且，“四民之业，惟士为尊，然无成则不若农贾”④，“无成”士人即科场失意者甚至不如务农或行商。表面看来，统治者将“士”作为“四民之首”，摆在了社民等级的顶层，但实际上这是对“仕人”（科举有成者）而非“士人”的推崇，因为现实当中“不读书登第，不足以保妻子”⑤。

“科举嚣争，富贵熏心”⑥，有明一代既是八股文的全盛时期，也是知识分子史册中最为悲凉无奈的一页。

吴敬梓《儒林外史》第十一回写道：“八股文若做的好，随你做什么东西，要诗就诗，要赋就赋，都是一鞭一条痕，一掴一掌血。”事实上，八股取士的科举制度的最大危害是禁锢了知识阶层的思想、活力和血性，等于是精心打造了一幅锁定知识分子毕生人力资本的“金手铐”。

天下士人整日忙于读经诵典、八股行文，自然无暇针砭时弊、讽古刺今，更不会离经叛道、唇枪舌剑。因此，“也正是这一制度遏制了创造力，培育了一味顺从的性格。只要中国仍相对地孤立在东亚，它就会继续提供稳定性

---

① 沈鲤：《亦玉堂集》卷 6《沈氏家训序》。
② 归有光：《震川先生文集》卷 19，《曹子见墓志铭》。
③（清）冯桂芬《改科举议》，《校庐抗议》卷下。
④ 李维桢：《大泌山房集》卷 306。
⑤《海瑞集》卷下，《海忠介公传》。
⑥ 黄宗羲：《明夷待访录·学校》。

和连续性。但是，随着生气勃勃的西方的侵入，它转而起了阻止中国人作出有效的调整和反应的作用，直到 1905 年最终被彻底废除为止”[①]。

《儒林外史》所写的范进，一开始考了二十多次，连个秀才也未考上，直到五十四岁还考秀才。但也有的人，考中秀才，多年又考不中举人；考中举人，多年又考不中进士。所谓“三十老明经，五十少进士”，多少风华少年就在这八股文字中变得垂垂老矣，毕生一无是处。

清代徐大椿有讥刺士人的《道情》说：

读书人，最不齐。烂时文，烂如泥。国家本为求生计，谁知道变做了欺人技。三句承题，两句破题，摆尾摇头，便道是圣门高弟。可知道，《三通》《四史》是何等文章，宋皇、汉祖是那一朝皇帝？案头放高头讲章，店里买新科利器。读得来肩背高低，口角嘘唏。甘蔗渣儿，嚼了又嚼，有何滋味？辜负光阴，白白昏迷一世。就教他骗得高官，也是百姓、朝廷的晦气。

“骗得高官”成了精通八股的目标，“学不谋食”[②]的士人成了求官趋利的“学痞”，那么，“八股骗术”作为科举取士的预设制度功能也就逐渐被阉割了。

“今天下之士奔竞之习未止，而廉退之节少见”[③]，晚明官僚阶层的集体无能，不能不说是拜八股之害所致。**“皇帝骗士人，士人骗高官，高官骗皇帝”——最终形成的是一个误国误民的“零诚信”政治生物链。**

以士阶层对利的终极追求、围绕利的人际关系处理以及在行政过程中的贪墨行为等而论，简直与盗贼无二。[④]无怪乎顾炎武《日知录·拟题》愤而指出：“愚以为八股之害等于焚书，而败坏人材，有甚于咸阳之郊所坑者但四百六十余人也。”甚至有人认为，明代亡国，就是用八股试士的缘故。据记载，“崇祯末，有人拟一仪状云：‘谨具大明江山一座、崇祯夫妇两口，奉申贽敬。晚生文八股顿首。’贴于朝堂，亦愤世疾俗之忠言也”[⑤]。后来的甲申之变，崇祯自缢之举，令这一仪状有如社稷覆亡的谶语。

其实，统治者的这种治士攻心之术早就被人看穿，晚清思想家冯桂芬在

---

① （美）斯塔夫里阿诺斯著，吴象婴等译：《全球通史：1500 年以后的世界》，第 69—70 页。

② 颜元：《颜习斋先生言行录·教及门》。

③ 李贤：《古穰集》卷 3，《拟上执政书》。

④ 牛建强：《明代中后期士风异动与士人社会责任的缺失》，《史学月刊》2008 年第 8 期。

⑤ 吕留良：《东庄诗集·真进士歌》自注。

其《改科举议》中写道：

明祖以枭雄阴鸷猜忌驭天下，惧天下瑰伟绝特之士，起而与为难；以为经义诗赋，皆将借经于读书稽古，不啻傅虎添翼，终且不可制。求一途可以禁锢人之心思材力，不能复为读书稽古有用之学者，莫善于时文，故毅然用之。其事为孔、孟明现载道之事；其术为唐宗英雄入彀之术；其心为始皇焚书坑儒之心。抑之以点名、搜索防弊之法，以折其廉耻；扬之以鹿鸣、琼林优异之典，以生其歆羡，三年一科，今科失而来科可得，转瞬而其人已老，不能为我患，而明祖之愿毕矣。意在败坏天下之人才，非欲造就天下之人才。

士人是国家的基本干部储备。“今夫天下之不治，由于士风之衰薄。”① 一旦国家的考试制度出现“硬伤”，国家的后备干部资源发生质变，终将使得“国无人可用”“人无所可信”。那些毫无信仰、一心求官的所谓知识分子，“目不睹壁垒之形，口不计钱谷之数，所赖博涉古今、略知经画而又多不究心，一日离草茅，或内管机密、外掌会计以御侮而生财，无怪乎其自误而误国也”②。对于国家而言，上层仕人撑不住，下层士人不靠谱，根本形不成治理国家的执行体系。

更重要的是，“自科举之法行，人期速效，十五而不应试，父兄以为不才”③，家长们和青少年只知背诵《四书》，“依经按传”写八股、考功名，把整个民族的未来人力资源消耗在与国计民生无益的无效教育活动之中，其贻害不可谓不广远。

3. 海瑞悖论：“没错，没用”与弃儒从商

万历年间，常州府无锡人顾宪成和弟弟顾允成有一段著名对话：

弟一日喟然发叹。予问：何叹也？弟曰：吾探今人讲学只是讲学耳？予曰：何也？曰：任是天崩地陷他也不管。予曰：然则所讲何事？曰：在缙绅只是明哲保身一句，在布衣只是传食诸侯一句。予为俯其首。④

“天崩地陷也不管”的学问，“天崩地陷也不管”的官员，却能够“明哲保身”“传食诸侯”，可悲亦可叹。然而，这就是明朝科举体制僵化、异

① 王守仁：《王阳明全集》卷 22，《外集四 · 送别省吾林都宪序》。
② 归庄：《归庄集》卷 3，《送黄蕴生会试序》。
③ 《清经世文编续 · 学校下》卷 56。
④ 顾宪成：《先弟季时述》，《泾皋藏稿》卷 22，文渊阁四库全书本。

化后的必然结果。

实际上，明初朱元璋为钳制国士，曾于洪武十五年（1382 年）命礼部制颁学校禁例 12 条，勒石立碑以昭告天下。其第 1 条即严令“生员非干己之大者，毋轻诉于官”；第 3 条要求“军国政事，生员毋出位妄言”；第 5 条申明“凡讲说须诚心听受，毋恃己长妄为辩难”。

学以致用，本是治学正道。然而，在八股取士、科场舞弊等负面影响之下，**学的不管用，学的不能用，学的不必用，使得“学”与“用”、“知”与“行”的矛盾对立日趋尖锐，使得文人士子在学用分离、知行不一的扭曲中日渐远离了治理国家的实际需要。**这使得读书人在悲观失望之余，纷纷抛除济世救民之志，大兴及时行乐之举。

而且，实际上“为考试入选所必需的多年寒窗苦读，是普通农民不能逾越的障碍。……这样，地主、士大夫和官员都是统治阶级的组成部分。有土地又有剩余农产品的家庭，能够让他们的儿子有余暇攻读成士。士人熟读诗书后可通过考试做官。官员可以用他们从官僚衙门里得到的油水外快维持优裕的生活并置田买宅”[①]。明代士人代表、“公安三袁”之一的袁宏道曾有过如下表白：

然真乐有五，不可不知：目极世间之鲜，口极世间之谭，一快活也。堂前列鼎，堂后度曲；宾客满座，男女交舄；烛气熏天，珠翠委地；金钱不足，继以田土，二快活也。箧中藏万卷书，书皆珍异；宅畔置一馆，馆中得真正同心友十馀人，人中立一识见极高如司马迁、罗贯中、关汉卿者为主，分曹部署，各成一书，远文唐宋酸儒之陋，近完一代未竟之篇，三快活也。千金买一舟，舟中置“鼓吹”一部，妓妾数人，游闲数人，泛家浮宅，不知老之将至，四快活也。然人生受用至此，不及十年，家资田地荡尽矣。然后一身狼狈，朝不谋夕，托钵歌妓之院，合餐孤老之盘，往来乡亲，恬不知耻，五快活也。士有此一者，生可无愧，死可不朽矣。[②]

斯时斯地的大明江山，可谓满是随波逐流、混世消沉的“浮世绘”。因此，也形成了一种中国历史上的常见现象：每每要改革图强，就要到经典中寻找“说法”，似乎老祖宗提供了解决问题的所有药方。就连愤世嫉俗的东林党人，也

---

① （美）费正清著，张理京译：《美国与中国》，第 35 页。
② 转引自曹亚瑟：《且说晚明的“人欲”》，《书屋》2010 年第 7 期。

是以加强儒家教育和道德来作为革新政局的解药，这是一种典型的路径依赖。

——一方面，学的没有用，解决不了实际问题

就准备效力国家的诸多“准官僚”们而言，虽然个体可以从儒家经典文献和道统准则中获得“内圣”的精神依据，但却解决不了一个根本问题——在“外王”即治理国家的实践当中，要直面的是钱粮、狱讼、边防等具体事务，也就是要承担作为国家机器之体现的财政、税政、法政、军政等职能。要处置的是各种突发事件，而不是延续承平之治；要协调的是各种利益关系，而不是宣讲既定道统。那些儒家经典中济世安民的教条，实际上成为一张张打给读书人的“白条”。比如明朝中后期逐渐形成了翰林官员把持内阁的局面，然而，“翰林之官……其选也以诗文，其教也以诗文，而无他事焉。夫用之为侍从，而以诗文，犹之可也。今既用之平章，而犹以诗文，则岂非所用非所养，所养非所用乎？”[①]

——另一方面，学的无法用，改变不了现实环境

圣人贤人留下的都是如何“修身齐家治国平天下”的文章，而仕途宦海却充满了如何养家糊口、明哲保身之类的实际考验；经史子集中都是教人“立德、立言、立功”的道理，而现实生活中成功的恰恰都是无德、无言、无功之人。这些人“苦穷则靡所不为，……处则燥热，仕则贪婪，无一可者也”[②]。那些令读书人梦破心碎的“潜规则”，早就绑架了大明的科举制度。

这就如同海瑞的为官生涯一般，虽号称清廉，却不得不遵守官场迎来送往等潜规则；虽刚正不阿，却根本无益于政风的扭转；虽是帝国官员的榜样，却没有人真正效仿。其做人做事，一是“没错”，完全符合臣伦朝纲；二是“没用”，实在难以整肃朝纲。就官场总体状况来说，“朝向特定目的的动机会迫使一个人去谋求官职，但是，不同官职的结构、风险和机会——即政治环境，对这种动机的效果起着塑造作用”[③]。所以海瑞罢官也罢，被皇帝重新启用也罢，根本于事无补、与国无用。这就是**海瑞悖论**。

海瑞后人弃儒从商，则从另一个侧面印证了晚明“士—仕结构”的解体。曾经铁腕整治“官二代”的海瑞，万难预想自己的子孙将来会富甲一方，更

---

① 高拱：《论养相才》，《明经世文编》卷 302。

② 李开先：《闲居集》卷 10，《荆川唐御史传》。

③（美）詹姆斯·麦格雷戈·伯恩斯著，刘李胜等译：《领袖论》，第 145 页。

难以想象的是自己的子孙会在帝国危亡时刻，开着巨轮进行团伙走私。

明代进士梁云龙在《海忠介公行状》中给世人还原了一个庞大的琼州海氏豪门的本来面目。尽管海瑞没有亲儿子，可是他的侄子海鹏考中举人，官梧州通判；侄孙海迈，举人出身，官处州推官。据梁云龙披露，海瑞堂弟海珥的二儿子海中适被过继给海瑞。海中适生有一子名海述祖。海瑞死后，皇帝赠封他太子太保，谥忠介。

海瑞的继子海中适是典型的“官二代”，尽管头顶海瑞的光环，可对科举仕途没有任何兴趣。或许是海瑞的清贫让这个“官二代”对科举失望，利用家族在广州市舶司海口总口的影响做起了贸易生意。而且，海中适的堂姐夫梁云龙已是正三品的兵部左侍郎，堂兄海鹏也已经是掌管粮运、水利、屯田、牧马、江海防务等事的通判。海中适抓住机会在琼州府海口关口大做走私生意。海瑞用一生的自律赢得了廉洁奉公的名声，自己过继的儿子在家族权力的光环下积累财富，依然无法走出“官二代”蜕变的怪圈。

海中适的儿子海述祖自然受到了熏陶，也没有心思读四书五经了，“官三代”在“官二代”积累财富之后，转变成了“富二代”。在爷爷海青天的光环下，在海氏家族的权力影响力笼罩下，海述祖将海中适的走私事业发扬光大。这位“富二代”在完成了财富积累之后在彼时琼州堪称首富。他“斥其千斤家产，治一大舶”[①]，当起了拥有巨船的航运家，专门为走私商人贩运货物牟取暴利。

按照朱明王朝的规定，造海船只能由官家负责，民间只能造打鱼船一类的小船。当时造一艘十丈长的海船，成本在五百两黄金以上。因此有人评论道，海瑞用自己一生的品行将海氏家族推向了贵族阶层，“官二代”的海中适借助海瑞的影响力，成功蜕变成为富甲一方的商人，“富二代”的海述祖进一步将海氏家族推向了财富的巅峰，财富之中权力成为发酵的春药，权力与财富掩盖了血腥与阴谋。[②]

但从另一个角度看，可以说这是科举制度的悲哀，“没错，没用”的海瑞已经被后人当作捞钱的幌子，一心求富的“二代”“三代”们，早已不相信也不愿再死心塌地报效朝廷。

---

① 钮琇：《海天行记》。

② 李德林：《从官二代到富二代的成功蜕变》，《中国商界》2011 年 3 月号。

二、庇护体制及其恩赐官员的沉沦

在行政范畴内，除了官僚制度及外行主义（dilettantism）外，我们别无选择。

——马克斯·韦伯

科举制难逃被口诛笔伐的宿命，但却被外国学者称为“中国的第五大发明”。在中国人多对科举加以批判的20年代，早年便出洋、长期接受西方教育的孙中山说出的话石破天惊：“现在欧美各国的考试制度，差不多都是学英国的。穷流溯源，英国的考试制度原来还是从中国学过去的。所以，中国的考试制度，就是世界中最古最好的制度。”① 而源自中国的文官制度成为英国权力结构中的一个重要组成部分，它与英国的军事、教育制度一起，被称为19世纪英国制度上的三大成就。但是，在乔治三世统治时期，“基于国王为了任命提名人的权利而用岁入和工作机会给贵族和其他个人以酬劳的情况，对受贿的指控大量存在”②。以中国科举制度为蓝本的文官制度尚未建立，如同《新编剑桥世界近代史》所指出的那样，从1688年到1832年乃至更晚一些，“国家和军队的一些重要职位通常都由贵族担任”，进入政府公职的道路只有一条：寻求庇护者的恩赐！

1. 从国王恩赐到政党恩赐

“在英国，18世纪的结束如同其开始一样，都伴随着对混合政体和均衡政制的赞美。”③1688年“光荣革命”使英国终于正式确立了资产阶级君主立宪制，但是由于1688年“光荣革命”实现的是“新兴的中等阶级和封建地主之间的妥协”，如恩格斯所指出的是把“俸禄和官职这些政治上的战利品留给了大地主家庭”，英国官员的录用制度实行的仍是带有封建色彩的“官职恩赐制”，国王、大臣或贵族议员仍掌握直接任命官员的权力。

大卫·休谟在其论文《论议会的独立》中宣称，平民院的潜在权力如此巨大，以致只有使用影响力，才能防止下院成为政府的唯一有效部门。对休谟来说，“平民院的权力本身就必然要求有一个授官制（system of patronage），通过这种制度，国王和贵族院可以自卫”。对于志在恢复王权的乔治三世来说，庇

---

①《孙中山先生演说集》，民智书局1926年版，第35页。

②（美）玛格利特·利瓦伊著，周军华译：《统治与岁入》，第135—136页。

③（英）M.J.C.维尔，苏力译：《宪政与分权》，三联书店1998年版，第93页。

护体制下的官职恩赐不仅“可以自卫”，还能带来最有效的“影响力交易”：国王收买了被授官者的忠心，国家付出了公共职位和公共资金（薪俸）。

庇护体制在英国有着悠久的历史传统。如汉密尔顿所说：“英国任用官员之权则完全操在国王手中，英王不但可以任命各种官员，且可创设各种官职，随意分封贵族爵位，或使之升官。”[①] 这种庇护政体最为典型、最为重要的政治功能包括三个方面：

——恩赐官职，分配政治资源

“这个体制与其说与党派制度相连，还不如说与集团、或曰与那些可能成为内阁成员者联系紧密”，“各种施加影响手段也促成了这种局面的形成，如‘庇护制’和分配实惠和职务等等”[②]。可以说，“庇护（patronage）制构成了近代早期的英国社会”[③]。如伊丽莎白时期除了教会管制外，就有大约1200个职位被用于赏赐给绅士们，由于有重复占用职位的情况，因此伊丽莎白统治的任何时期都至少有1000名绅士获得官职。斯图亚特时期，由于行政机构的扩大、海军人数的增加和王室实行出售官职政策，英国官职数量成倍增加。[④] 当乔治三世的曾祖父乔治一世从德国选帝侯成为英格兰国王时，就带来了以核心“小圈子”为轴心的政治运作机制。当时，“在政治方面，关于德国‘帮’的消息颇多”[⑤]。以乔治一世为首的“国王帮”，包括他从德国带来的谋臣伯恩斯多夫和博特默尔、他的私人秘书、胡格诺派人物罗伯特恩。

光荣革命后，内阁和上院通过庇护制加强了对下院的控制，如借用国王恩赐权、提供年金等方式拉拢收买议员，扩大亲国王和政府的政治势力。经常出现的情况是：“赏赐的数量与速度远远不能满足国王的臣仆与企求者的希望，以至他们常常感到急不可待、垂头丧气甚至不满。”[⑥] 这主要是因为，担任官职可以带来大笔稳定的收入。如在17世纪末开始政府收入有了较大幅度增长，一些重要官员的收入也水涨船高。1747—1753年，国务秘书的年均薪金是5780镑，到1762年乔治三世执政后这一职位的价值达到了每年

① （美）汉密尔顿等著，严欣淇译：《美国宪法原理》，中国法制出版社2005年版，第93页。
② （法）雅克·索雷著，黄艳红译：《18世纪美洲和欧洲的革命》，第210页。
③ Peck, Linda Levy. Court patronage and Corruption in Early Stuart England . Boston. Unw in Hyman, 1990.p.3.
④ 龚敏：《论近代早期英国庇护制的变化和构成》，《唐都学刊》2006年5月第22卷第3期。
⑤ （英）温斯顿·丘吉尔著，薛力敏、林林译：《革命的年代》，《英语民族史》第3卷，第675页。
⑥ 肯尼思·O.摩根著，王觉非等译：《牛津英国通史》，商务印书馆1993年版，第250页。

8000—9000 镑。[①]

此外，那些经政府要员提名、被国王直接任命并一贯支持宫廷和政府的大主教和主教们，是乔治三世和首相手中最有分量的政治筹码之一。乔治三世即位后，通过教区和教职调整，把“政治忠心”作为遴选主教的最为看重的因素，使得绝大多数主教成了“国王之友”，令政府可以在上院的主教圈子里稳获 20 票，因为知恩图报的主教们“抱成一团，支持任何带有宫廷气味的提案”。

——赐封爵位，犒赏政治精英

在詹姆斯一世和查理一世时期，出现了滥封贵族、骑士封号、新设从男爵爵位、甚至明码标价出售贵族爵位现象。詹姆斯登基的那一天，就赐封了 432 名骑士；他即位的第一年，骑士的数量就翻了两番。他甚至将空白的贵族封赐特许状赐给宠臣，以便其售卖爵位。查理一世在 1641—1642 年，每年就赐封了 100 名骑士。伊丽莎白 44 年统治时间里共赐封骑士 878 名，斯图亚特早期赐封了 3281 名骑士。[②]

1760 年前，英国仅有 174 名贵族，而乔治三世仅在 60 年代就赐封了 42 名贵族，借以培植党羽、控制上院。[③]18 世纪 80 年代以来贵族封赐加速，使得在传统土地贵族之外，一些廷臣、军人、文官、外交官、党派赞助者因各种“政治效劳”而得到国王和首相的“荫庇”并获得爵位封号。在 1770—1785 年，就有 2 名大使进入上院，而在 1750—1783 年，共有 47 名上院新贵是来自地产不足 3000 英亩的“中产阶级”。在 1800 年的 267 名贵族中，113 人是在 1780 年以后获得爵位的。

特别是由于光荣革命后英国政坛党派斗争始终不息，恩赐官职和分配干薪成了宫廷和政府结党营私、拼凑上院稳定多数的有效手段。研究表明，1739 年支持政府的 95 名上院贵族中，74 人得到了官职和干薪，而反对派 74 名贵族中仅有 8 人有此幸运。18 世纪 50 年代的 180 多名世俗贵族中，除若干王室贵族、12 名天主教徒、11 名未成年人和 2 名犯有过失者无权担任官职外，余下 153 人中约有 90 人担任了宫廷和军政职务，还有 10 人从宫廷直接领取

---

① 王晋新、姜德福：《现代早期英国社会变迁》，第 120 页。

② Stone, Lawrence. *The Crisis of Aristocracy ,1558–1641*. Abridged Edition, Oxford. Oxford University Press,1967.p.38–43.

③ 王觉非：《近代英国史》，南京大学出版社 1997 年版，第 283 页。

补助金。[①]

可见，恩赐官职制和皇权荫庇制是英格兰政治传统中的核心部分。“庇护人—被庇护人”的关系是英格兰普遍存在的潜政治制度。[②]“以贿赂、庇护和其他物质激励的形式存在的正向激励，来源于政府赋予的权利和设置的项目。”[③]靠极强的“个人依附关系”[④]和政治庇护，国王和他的贵族以及贵族和他们的附庸被连接成网，一代又一代的国王得以通过分配官职、威信和财富来维系自己的统治集团。

——封赏特权，共享政治利益

“权力的两个必备条件就是动机和资源。二者是相互联系的。缺少动机，资源的力量就会减少；缺少资源，动机就会成为空谈。二者缺少任何一个，权力就会崩溃。”[⑤]对于权力欲望极强的国王来说，动机不是问题，资源也很现成，这就是他们所掌握着的特权。如让贵族官员获得出口特许状、包税权和垄断经营权等，与国王一道共享庇护制下国家经济生活中最重要的权力。官员们一旦获得出口特许状，意味着他们可以不受禁止出口商品的法律的限制；一旦获得包税权，则有高额的中间利润可以赚取；一旦获得垄断经营权，则可尽享某种新工艺、新产品的生产和流通专营之利。

从詹姆斯一世开始，由于政府财政不能满足贵族官员的收入要求，封赏特权成为王室弥补贵族收入不足和维系行政管理的重要手段，出现了封赏特权范围日渐扩大、享受特权人数逐渐增加的趋势。“国王维持议会服从的手段主要是以工作机会的形式操纵选择性激励。国王任用的私人占议会席位的一定比例，但是‘国王的朋友’议席的最大构成部分，则来自于国王利用其恩赐所换取的选举支持。”[⑥]

在 1761 年大选中，在乔治三世的授意下，558 名下院议员中仅有约 300 人没有得到政府提供的职位、合同或年金。而且，为了打压辉格党人，急于“赶走老帮派”的乔治三世立即剥夺了首相纽卡斯尔公爵替国王分封官职的权力，

---

① 参见阎照祥：《英国近代贵族体制研究》，第 102—103 页。
② 龚敏：《论近代早期英国庇护制的变化和构成》。
③（美）玛格利特·利瓦伊著，周军华译：《统治与岁入》，第 21 页。
④（法）马克·布洛赫著，张绪山译：《封建社会》，商务印书馆 2004 年版。
⑤（美）詹姆斯·麦格雷戈·伯恩斯著，刘李胜等译：《领袖论》，第 12—13 页。
⑥（美）玛格利特·利瓦伊著，周军华译：《统治与岁入》，第 136 页。

并且把许多官职恩赐给他自己的支持者。[①]

从“白金汉现象”看英式“官爵批发商”是如何运作的？

詹姆士一世的宠臣乔治·维利尔斯（George Villers，1592—1628年）在1617年、1618年、1623年连续获授白金汉伯爵、侯爵和公爵，晋升之快令人咋舌。由于他英俊潇洒，并在法国学过音乐舞蹈、骑马决斗之术，这些成为他日后政治生涯的最大资本。1614他与国王詹姆士一世首度相遇，随即受到国王的恩宠，甚至成为控制了宫廷职位的全英最大恩主。他庇佑过的著名人物包括著作作家、政治家、哲学家、法学家弗朗西斯·培根和坎特伯雷大主教威廉·劳德等。从1616年以来，白金汉公爵连续多年滥用职权，公开出售爵位。通常只需将5000—20000英镑不等的现金交给他，就可谋得上院贵族爵位。1624年，弗兰西斯·利克为一男爵爵位给了他8000英镑，于是他给詹姆士一世的呈文中写道：“这是一位绅士，名为弗兰西斯·利克爵士。他同样还有一副哲人心肠；此男爵爵位只值8000英镑；如您封他为男爵，他将把现款付臣；您若无异议，臣已备好特许状，请您签署。”在这种厚颜无耻的赤裸交易下，爱尔兰事实上成了白金汉公爵为所欲为的殖民地。在1618—1622年，他在该地出售了9个上院贵族爵位、11个从男爵爵位、4个骑士称号、1个官职、1个枢密院职位，共获利24750英镑。另据统计，在1615—1628年，因出售上院爵位共获取35万英镑，王室拿到了15万英镑，其余大都被白金汉公爵侵吞。由于其卖官鬻爵的劣迹，白金汉也被认为是英国历史上著名的奸臣。[②]可见，上级庇护者升迁得越快，其庇护资源越多，可提供的职位越多，“批发”官职获得的收益越大。

此外，公共职位“经纪人”也是庇护网中的重要角色。不列颠非国家性质的私人庇护网络，由庇护人（patron）、被庇护人（client）和经纪人（broker）的三角关系构成。国王作为最大的顶层庇护人，所庇护的范围最大、效力最强。如伊丽莎白时期，大约有2500名政治精英得到女王的庇护。庇护网中的角色

① （英）温斯顿·丘吉尔著，薛力敏、林林译：《革命的年代》，《英语民族史》第3卷，第719页。
② 参见阎照祥：《英国近代贵族体制研究》，第45—46页。

是互动、互换的：除国王之外，上一层的被庇护人通常是下一层被庇护人的庇护人，往往还充当经纪人的角色。伊丽莎白女王在统治期间共收取监护费650000镑，但是监护权的购买者和监护土地的承租者却付出了4倍以上的数目，也就是说大部分钱财流入到经纪人的腰包，而这些人大都是王室和政府官员。伊丽莎白女王的宠臣伯利勋爵则每天要收到来自他的被庇护人的60—100封信件。①

当然，基本的潜规则是国王庇护的人在政治上蹿升的速度最快。如罗伯特·卡尔1607到1614年只用了7年时间就从宫廷绅士成为萨莫赛特伯爵，而乔治·维利尔斯则是1615年由阿博特大主教引荐入宫，1616年被赐封为骑士，1617年被赐封为白金汉伯爵，1618年被封为白金汉侯爵，1623年被封为白金汉公爵，在"如此短的时间里获得了如此多的荣誉、名声和财富"。②

"统治者能够，而且会定期地，利用政府职位和项目以收买忠诚。"③正是在公开的国王恩赐之下，英格兰形成了王室为中心的、连接地方的个人庇护网络。其封赐范围主要限于贵族小圈子，受封对象限于王室成员、宫廷宠幸、政府要员、高级军官和政党骨干，但一般政府官员和平民不在其列。而且，当时人们并不认为恩赐制是腐败的，因为这种形式仅限于大贵族和政府高官，其合法性来自于君主，君主是通过恩赐制来实行行政的，这甚至成为英国政治的一大特色。"乔治三世继位在英国的政治生活中引起了深刻的变化。在原则和法律上，国王在决定政策、选择大臣、任用官员和确定支出的问题上仍有决定性的影响和权力。"④因此，西方学者指出："恰恰是数目众多的这种既体面又赚钱的职位，才使得英国政府如此动荡不安。对这些职位的争夺，是在其中产生派别的根源。"⑤

大卫·休谟在18世纪中期曾对国王的影响力作出如下记述：

国王有如此之多的职位可供任命，以至于一旦得到下院中诚实且无私的那部分人的帮助，国王必将控制全体议员的决议……我们可以给这种影响力

① Smith, Alan G. R. *The Government of Elizabethan England*.London. Edward Arnold(Publishers)Ltd.,1972.p.62.

② Russell, Conrad. *The Crisis of Parliament, England History 1509–1660*. Oxford. Oxford University Press,1971.

③（美）玛格利特·利瓦伊著，周军华译：《统治与岁人》，第16页。

④（英）温斯顿·丘吉尔著，薛力敏、林林译：《革命的年代》，《英语民族史》第3卷，第718页。

⑤（美）罗伯特·J.摩根《制定者们失去的世界》，载肯尼思·W·汤普森编《宪法的政治理论》，第33页。

取我们喜欢的名字，也可以用腐败和依附关系这样的歧视性称呼来叫它。[①]

然而，“在1770—1780年代，由于各种关于权力实施及个人权利之间的理论之间的对抗，不列颠诸岛已被深刻地扰动了”[②]。乔治三世着力挽留的恩赐制余晖，将随着“对腐败的和缓劝诫取代了那些严格的特权”[③]而暂时收敛，直到在19世纪政党政治的地平线上重新升起。

19世纪中叶之后，英国成为典型的两党制国家。执政党领袖逐渐取代了国王，演变为国家和政府的实际领导人。“国王恩赐制”也正式演变为“政党恩赐制”，成为培养和拉拢本党新贵，在上院拼凑多数议席的重要手段。

此外，1883年《取缔选举舞弊和非法行为令》颁布后，公开的财政捐助受到限制，两党遭遇到经费紧缺问题。于是，英国官爵制度史上出现了一个“二位一体”的深刻变化：一方面，一些财阀巨富进入到贵族上院，拉开了贵族平民化的大门；另一方面，这些新贵们挥舞钱袋成为政党赞助人，开启了商业化政治的时代。前者以制铁业资本家乔赛亚·格斯特1880年成为温伯恩勋爵为标志，并随着商业银行家罗斯柴尔德勋爵（首位犹太贵族）和亚瑟·吉尼斯、亨利·奥尔索普、米歇尔·巴斯等三位啤酒商人的接踵而进一发不可收。由于上院贵族（peer）和啤酒（beer）谐音，社会上出现了对“啤酒贵族”的嘲讽。但这些新贵可以用献金换取地位，如犹太银行家西德尼·斯特恩、制造业者詹姆士·威廉森等人，在1899—1905年期间共向自由党捐款27.5万英镑。

最终，“两党用爵位换取富豪财政支持的做法使大批资本家进入上院”。据统计，索尔兹伯里侯爵和巴尔福先后任首相的10年间，共有62名保守党支持者被封为上院贵族。19世纪80年代保守党在野时，该党议会负责人诺斯科特（1818—1887年）曾专门写信给本党赞助人说：将牢记他们对保守党的恩惠。有了“金主”的政党政治开始被贿选“附体”。如而1886—1895年任保守党首席督导员的阿格斯·道格拉斯负责不择手段贿买本党支持者，以至其自传于半个多世纪后出版仍无法披露此类事实。

到了1910年的大选中，保守党和自由党的竞选经费都达到空前的100万英镑，迫使获胜者必须分封更多赞助者以筹措活动党费。当然，两党竞相“以

① （美）玛格利特·利瓦伊著，周军华译：《统治与岁入》，第136页。
② （法）雅克·索雷著，黄艳红译：《18世纪美洲和欧洲的革命》，第227页。
③ （美）拉塞尔·阿莫斯·柯克《保守主义传统》，载肯尼思·W.汤普森编《宪法的政治理论》，第55页。

爵位换经费”被视为典型的腐败行为，受到舆论广泛的批评。

据说，由于敕封过滥，使得贵族院由“兑水威士忌”变为“变味的啤酒”，连国王乔治五世在签署授予贵族封号的饬令时，都有意把鼻子捂起来以表示不满。[①]

2. 议会的衰败

18 世纪的英国议会分为上下两院（贵族院和平民院）。上院议员是 26 名英国国教会主教和 200 名世俗贵族；下院的 558 名议员中 1/5 来自各郡，每个郡年纳税 40 先令的自由持有农可选举 2 名代表，其他的下院议员多由各城镇选举产生的乡村绅士充任。[②] 因此，从 17 世纪末开始的一百多年间，土地贵族和商业寡头们把持议会轻而易举。

“提名权”何以成为腐败“含金量”最高的权种之一？

从英国都铎王朝后期，伊丽莎白一世女王就把官员任用和提拔的提名权授给了她的宠臣们。由此，这些宠臣就有了向女王推荐官员名单并收取被荐举人少量谢金的机会。到了詹姆斯时期，这种情况变本加厉。1615 年，国王开始公开出售爵位，并把提名权作为对大臣的收入补偿。比如，詹姆斯授予阿拉贝拉·斯图亚特增设和提升贵族爵位的提名权。威廉·卡文迪什就向她支付了 2900 镑，以通过她的提名而成为新贵。[③] 后来，大臣们通过提名和报批骑士、出售男爵爵位等方式获利已成司空见惯。可见，对于权力行使者而言，公职、爵位和官员的提名权是换取钱财的最好资本之一。提名环节，是配置公共职位（爵位、荣誉等）的第一道关口。如果这一关为腐败交易大开绿灯，那么，官员的质量可想而知。时至今日，在干部人事工作中，利用提名权搞腐败的问题仍然比较突出。

在当时的 202 个有权选派议员的城镇选邑中，很难找到有两个以上城镇选举权完全相同。有的城镇规定一切“自由民”都有选举权，有的规定只有交纳济贫税者才有选举权，还有的只准市镇机关成员参加选举。有些城镇还把选举权附属在几块特别的房产上，谁占有它就能得到一张选票。然而，当

① 参见阎照祥：《英国近代贵族体制研究》，第 264—268 页。

② （法）雅克·索雷（法）雅克·索雷著，黄艳红译：《18 世纪美洲和欧洲的革命》，第 208 页。

③ Stone ,Lawrence, The Crisis of the Aristocracy, 1558—1641, (abridged ed.)Oxford , Oxford University Press,1967.pp.50—51.

时的选举权又非完全基于财产，在许多相当穷的人有选举权的同时，即使很有钱的商人、工业资本家若不具备某种名分，也没有选举资格。

当然，这种荒诞的选举制度的根本目的，就是不顾一切把选民数限制在最低水平上。苏格兰各郡的选民勉强超过 2500 人，但其中一半以上是由大贵族指定，13 票就足以确定爱丁堡的当选者是谁。直到 1831 年，英国选民仅占人口总数的 2.5%，可见选举通道之狭小到了何等地步。

恩格斯在评论 18 世纪英国政治制度时曾讽称上院为“退休政界人物的养老院”，“上院议员的权力不表现在上院而表现在下院”。[①] 贵族操纵议会选举进而控制下院议员，使下院变成他们手中的“一个不依赖于人民的关门的中世纪同业工会”。

18 世纪中叶，上院的 51 名贵族和下院的 55 名议员操纵着 192 个议席的选举。[②] 无薪的议员们来自一个十分狭隘的家族圈子，要么自己有不菲的地产收入，要么有大地主富豪资助撑腰，否则根本无望染指。而且，依赖于大地主们的下院“并非真正是由选举产生的”，几个候选人竞争一个议席的情况非常罕见：“1760 年到 1800 年，这种情况只占各郡席位的十分之一。众多城镇的席位成为产业，可以出售或代理”；“相似的构成模式、军队代表所占的重要比例（1790 年有 85 名议员来自军队）、商业利益和地产利益之间的日益融合，这些都强化了议会的封闭排外倾向”[③]。

正是依赖这种朽败的选举制度，英国下院的许多议员来自贵族，或者是贵族至亲。1760 年，由上院贵族控制的下院议席达到 205 个，占下院议席总数的 42%。1784 年的 558 名议员中，有上院贵族之子和爱尔兰贵族 107 人，另有 84 名从男爵，16 名从男爵之子，18 名从男爵的外孙，11 名从男爵的女婿。若连同各级贵族的孙子、侄子、侄孙和外甥等，总数约占下院人数的一半以上。而且下院也有浓重的贵族色彩，许多议员来自贵族家庭或是贵族亲属。如在 1784 年的议会选举中，贵族之子和爱尔兰贵族把持的下院议席为 107 个。但在当选的议员中还有 26 个贵族的孙子或外孙，1 个曾孙或曾外孙，12 个侄子或外甥，1 个侄孙，5 个兄弟，3 个姻兄弟，1 个堂兄弟或表兄弟，19 个女婿。

---

① 《马克思恩格斯全集》第一卷，人民出版社 1972 年版，第 684 页。
② 王觉非：《近代英国史》，第 194 页。
③ （法）雅克·索雷著，黄艳红译：《18 世纪美洲和欧洲的革命》，第 208 页。

如果再加上这些人，则总数为175人。除了以上这些人，还有数百人与贵族有亲戚关系，或者是在贵族的赞助下当选的，两者加在一起超过下院议员总数的70%。[①] 正如议会改革宣传家亨利·弗勒德在1790年所说："下院是一个二流的贵族机构，而不是大众代议制机构。"[②]

在这种情况下，议会成了世袭贵族进行政治分肥的场所，贵族阶层形成了依靠衰败的议会加官晋爵、买官卖官的政治传统。特别是英国第一位首相罗伯特·沃尔波尔（Robert Walpole）及其同伙通过操纵英国议会来统治英国，政府的官员在很大程度上是通过金钱交换和政治庇护而被录用的。"只要议院还充作通往各部和内阁的垫脚石，它就仍然是追求的目标。"因为"在不列颠那伟大的、缓慢流动的政治生命中，它充当了政治雄心的焦点，成为政治上升渠道有序化的手段"。而政治传统是"议员职位的组织化，建立了政治雄心在其中流动的那些渠道"，"它往往还是通往上议院、行政闲职和军事委员会的垫脚石"[③]。当然，不管他们获取议员席位的手段如何，是通过效忠"国王之友"，或者是使用金钱，或者是曲意逢迎那些政治世家。

1749年，切斯特菲尔德勋爵在给儿子的信中十分直白地写道："如果你想在国家中成为一个人物的话，你必须在那里（即议院）成为一个人物。"置身议院之外就等同于置身世界之外。在贿赂公行的风潮之下，曾在光荣革命中担负着制衡王权重责的英国议会已今非昔比，早已丧失了把国王送上审判席和断头台的任何可能，而只是成为权贵阶层买官鬻爵的俱乐部或高谈阔论的清议馆。

3. 选举的衰败

公众的自由总是在他们之间拍卖的；一方买，一方卖。

——卢梭

人身依附关系和家族的存留是欧洲封建社会主义的基本特征，[④] 只不过，这一点在不列颠体现得更加充分而已。实现这种依附关系的政治基础是"收买制"，即洛克所批判的权贵阶层通过"选举中的腐败"，"努力安排一些

① 程汉大：《英国政治制度史》，第223页。

② 转引自阎照祥：《英国近代贵族体制研究》，第93页。

③（美）詹姆斯·麦格雷戈·伯恩斯著，刘李胜等译：《领袖论》，第146—147页。

④（法）马克·布洛赫著，张绪山等译：《封建社会》，商务印书馆2004年版，第704—705页。

公开支持他个人意志的人”[①]的做法。

英国资产阶级革命之后，国会的选举仍然维持在中世纪沿袭下来的选区中进行。当时，作为农业社会遗制，除了一些人少地薄的“袖珍选邑”之外，与土地“锁定”的一大批“腐败选邑”充斥着英国政坛，“选举城镇的名单自1678年之后就没有修订过”[②]，根本难以适应工业革命后的社会流动格局。

——18世纪中叶，丹维兹这个海岸城市由于地形变动早已沉没北海海底，名义上的30名选民早已迁居他地，但却还保留下院席位，每逢选举，一家富豪就指派数名选民们乘船出海去行使“神圣的投票权”；

——博塞尼已成了只有3家农舍的小村，其居民却有权选出两名下院议员；

——老萨拉姆（Old Sarum）早已成了一片荒凉的山地，仅存数座旧房舍，选民7人，但照样向下院选送2名议员。盖顿（Gatton）仅有两名选民，因此每逢议会选举总能轻松“当选”为议员。

大地主们则顺理成章地垄断了这些“腐败城镇”的选举，把自己的人堂而皇之地“选进”下院。

18世纪中叶，下院中差不多有一半的议员是从“衰败城镇”选出来的。“在代表过多的南方地区中包括了许多只有很少人口的‘朽镇’，这既是腐败的根源，也产生了‘大量对国家意图来说是多余的东西’。”[③]相反地，经过工业革命，有些昔日的荒野已经成为烟囱林立的大城市，在下院中无一席之地。

直到19世纪初，英格兰的202个选邑中，仍然有40—50个人口数在100—200，14个人口数在50—100，20个人口数在20—50，4个人口数在10—19，有1个镇只有5名居民，另外有2个根本就无人居住。18世纪末，“人民之友社”在其调查报告中指出，来自英格兰和威尔士的513名议员中，有70人代表着几乎没有选民的选邑，90人来自不超过50名选民的选邑。像康沃尔郡在工业革命之前被划分为2个选区和20个选邑，但到工业革命后期人口剧减，几乎所有选区都没落，但仍能选送44名议员。

与之形成鲜明对比的是，工业革命中崛起的许多新兴工业城市，尽管人

---

① （英）M.J.C.维尔，苏力译：《宪政与分权》，三联书店1998年版，第61—62页。
② （法）雅克·索雷（法）雅克·索雷著，黄艳红译：《18世纪美洲和欧洲的革命》，第208页。
③ （美）詹姆斯·麦格雷戈·伯恩斯著，刘李胜等译：《领袖论》，第146页。

口众多却议席寥寥。如全国经济文化中心伦敦加上近郊索思沃克、米德尔塞克斯等选区，人口已达百万，总共却只有 10 个议席；而兰开夏郡人口高达 130 万，却只能选送 2 名议员。曼彻斯特、伯明翰、利兹等新兴工商业中心，人口均超过 10 余万，却根本一个席位也没有。

到 18 世纪时，下院的地位空前提高，因而被视为步入政界、升官发财的阶梯。所以在选举议员的时候，由于各种政治集团都想把自己的人推到议院中，造成议员选举中操纵选举、贿买选票等丑行迭出。

许多人不惜花费巨资收买选民，议院的议席实际上成了标价的商品，价格不断上涨。1689 年，8 镑 6 先令可买一个议席，但到 1727 年，一个伯爵为买这个议席却花了 900 镑。[①] 乔治一世时，该价格涨至 1500 英镑，到了乔治二世时又上涨到 2000 英镑。[②] 大选区选民较多，花费也水涨船高。威廉・嘉雷爵士在肯特郡的两次大选中共花费了 22000 英镑。1754 年牛津郡的竞选费用竟然高达 40000 镑。贝德福德郡的议员戈斯特维克在 1698—1713 年的竞选费用达 26700 英镑，因此他负债累累，导致其子女之后尽数变卖家产并离家出走。[③]1807 年，约克郡的一个议席竟卖到了 10 万镑。

一些财力雄厚的贵族为拉选票不惜抛撒金钱。1784 年的议会选举中，格罗夫那斯勋爵在参选中仅招待选民的吃喝费就花掉了 8500 镑；法尔默斯勋爵为 3 个议席花费了 9000 镑；蒙特勋爵为 6 个席位花了 13000 镑，蒙塔古勋爵为了 2 个席位花了 4000 镑。[④]

一些市政当局竟把出售议席作为一项收入。连国王乔治三世都被动员起来成为“拉选票的头号绅士”，“尽管并不存在国王直接向投票者行贿的证据，但是国王确实通过提供免费啤酒和食物、特殊的事件以及恩赐，影响了选举的结果。而且众所周知地，国王还利用贵族头衔作为施恩的手段”[⑤]。

在当时的不列颠，“最坚决反对这种收买制的是亨利・圣约翰・威斯康特・博林布鲁克。……在如实引述了对手们的关于收买必不可少、收买是‘政府运转的润滑剂，使管理更为平滑容易’的一些观点之后，博林布鲁克说，

---

① 王觉非：《近代英国史》，第 194 页。

② 参见蒋孟引：《英国史》，中国社会科学出版社 1988 年版。

③ 参见阎照祥：《英国近代贵族体制研究》，第 115—116 页。

④ A.S. 特伯维尔：《18 世纪的议会上院》，转引自王晋新、姜德福《现代早期英国社会变迁》，第 123 页。

⑤（美）玛格利特・利瓦伊著，周军华译：《统治与岁入》，第 136 页。

这些人以一种荒谬卑鄙的方式表述了英国的政制”[1]。恩格斯也在揭露英国议会选举腐败时说过：这里所有的人，没有一个人能够说自己不是靠贿赂而是由选民自由地选出来的，贿赂的规模从来还没有像现在这样大，城市代表的席位完全公开拍卖，谁出的价钱高，就卖给谁，这些俱乐部就像做生意一样地进行交易，你出多少英镑，就保证给你一个什么位置。

虽然 18 世纪时英国曾颁布了一系列旨在消除腐败、维护选举公正性的法律，但由于法案漏洞百出，都是既得利益者之间妥协的产物，因而未能发挥实际的作用。如 1729 年反贿赂法规定，候选人在选举令公布之后如用金钱贿赂选民，则取消其候选人资格，并罚款 5000 英镑。这等于承认了“在选举令公布之前和以非金钱方式收买选票”的合法性，因而也不受惩罚。[2] 因此，贿选之风非但未能制止，反而愈演愈烈。

再加上竞选费用高昂，权贵阶层收买选民和政府的干预，使许多财力不济者望而却步，打消了参选念头，导致许多选区甚至没有竞选。据统计，1722 年所有 314 个大小选区中，还有 158 个举行了竞选，约占到半数；到了乔治三世执政的 1761 年，仅有 61 个选区进行了竞选活动，还不到选区总数的 20%。相应的，郡选骑士议员占据下议院的时间大为延长，如 1705 年其平均参与议会活动的时限是 11.5 年，到 1790 年则延长至 23.91 年。

由于许多穷人拥有选举权，这就为地主贵族们收买选票提供了便利条件。一张选票值多少钱，都有明码标价，于是便出现了一手交票、一手交钱的现象。由于社会上贪污受贿成风，拥有选票的穷人往往将手中的选票视为捞钱的法宝，争相向标价最高的政治商贩出售。

每逢大选的时候，各投票点大吃大喝，杯盘狼藉，选民们喝得醉醺醺的，一派腐败公行的混乱景象。当时的文坛名士詹姆士·博斯韦尔在一首题为“议会”的讽刺诗中，赫然写着“议员们各买选票儿，有的许假愿，有的出假钱”的句子。土地贵族们正是依靠手中的钞票来换取急需的选票，而穷人又是依靠手中的选票来换取急需的钞票；选民们卖选票，议员们卖议席，政府通过收买手段可以控制议会。

18 世纪初的大选中，达什伍德爵士向其支持者每人支付 30 英镑，并向其

---

① （英）M.J.C. 维尔，苏力译：《宪政与分权》，三联书店 1998 年版，第 67—68 页。

② 季正矩：《英国现代化过程中的政治腐败》，《当代世界与社会主义》2009 年第 6 期。

妻女赠送礼品；贝德福公爵的代理人公开声称选民“知道选票将要买卖”，除了以每张4基尼（旧时英国货币单位，等于21先令或1.05英镑）收买400张本方阵营票，还将以高于对方20基尼的价格收买对方的每一个选民；有的豪门地主因在家里招待乡民，地板都被络绎不绝的来客踩坏。驰名欧洲的绝代佳人——德文希尔公爵夫人乔治亚娜·斯潘塞（1757—1806年），不惜采取对底层选民赔笑的手段为著名辉格党人福克斯尽力拉票，她拥抱亲吻屠夫的漫画和花边新闻被报刊广为转载。①

在这种系统性的“贿选政治”中，国王和贵族寡头们牢牢地控制着国家政权。因此，“舆论认为议会不代表英国，那些‘腐败’手腕——现在正被乔治三世利用——影响整个政治界的声誉”②。

4. 公职的衰败

17世纪后半期的资产阶级革命胜利后，确定了资产阶级立宪君主制，议会成为国家最高权力机关。议会通过了一系列法令来削弱王权，力图使国王在许多方面听命于议会。然而，正如恩格斯所指出的那样，“在英国，资产阶级从未独掌全权。甚至1832年的胜利，也还是让土地贵族几乎独占了政府的所有要职”③。国王及其枢密大臣仍然保有其相沿成习的任免政府官吏的特权，这就是“恩赐官职”制。

“根据悠久的传统，下野的政客不必再出席国会，而是应该退居他们的领地，等待国王的恩宠和政府的肥缺。”④头顶着恩赐的光环，政府的官员们既可以不问功绩“一起晋升”，而且一旦被任命就可以“终生任职”。一个“绅士”被举荐到政府的审计委员会中工作，然而事实是“他确实既不能读，也不会写，他几乎是个白痴。但是要想把他从这个岗位上撤掉，那可能是天大的难事”⑤。

买官卖官、收取求官者的贿赂成了有恩赐权的人的固定收入。1718年，麦克尔斯菲尔德勋爵被任命为大法官。每当他任命一名新法官助理时，都会得到一大笔谢礼，而新法官们也会想办法弥补“损失”。这也正是工业化以

---

① 参见阎照祥：《英国近代贵族体制研究》，第115—116页。

② （法）雅克·索雷（法）雅克·索雷著，黄艳红译：《18世纪美洲和欧洲的革命》，第210页。

③ （德）恩格斯《社会主义从空想到科学的发展》，《马克思恩格斯全集》第1卷，人民出版社1956年版，第684页。

④ （英）温斯顿·丘吉尔著，薛力敏、林林译：《革命的年代》，《英语民族史》第3卷，第725页。

⑤ D. B. Eaton ,*Civil Service in Great Britain,* 转引自程西筠《由恩赐官职到择优取士——十九世纪中叶英国文官制度的改革》。

来社会系统“同建立在成本核算基础上的商品生产挂钩”[①]的一个具体表现，作为公共职位的“批发/零售商”，堂而皇之地获得了特权制度的“政治红利”。握有官职恩赐权的人均为大臣和部门负责人，他们录用官员主要依据私人关系、是否对他忠心以及能否得到好处。

恩赐制的随意性使得英国的吏治成为最为腐败的领域。在庇护制的笼罩下，官员录用不是看其能力和知识水平，而取决于有恩赐权的人的意志。首相沃波尔不但通过支付秘密佣金来控制大多数衰败选区，紧握官职任命权，而且还让其儿子在政府里挂名并用公款在巴黎挥霍享乐。议员格伦维尔竟然将掌玺处秘书的职位预定给他四岁的亲戚。这种情况也在学校中普遍存在，在英国国教会的庇护下，大学里“不是根据才能而是根据权势决定学位的分配和奖学金的发放。院士职位成了变相的养老金，这样的养老金是不问工作成绩如何而终生发放的”[②]。

文官系统是恩赐制泛滥的重灾区。文官录用权主要掌握在国王、宫廷权贵和各部长官手中，一些高级文官通过特许证书获得职位后，还可以任命下级官员。1797 年，英国政府共设行政机构 75 个，雇用了文官 16267 人，其中高级文官大部分来自贵族乡绅家庭。在恩赐制和荫庇网的影响之下，文官系统相当紊乱，文官录用无据可依，要人指定、举荐是最佳捷径。“私人关系和个人感情就成了官职获取的关键因素，关系网在行政部门纵横交错。”[③]那些与国王和政府核心小圈子关系密切的贵族乡绅亲属，最容易占据要津和获得干薪闲职。如 1813 年下议院特别委员会全面调查政府文官设置状况时，发现各部门仍有闲职 242 个，当年需领取的薪金近 30 万英镑。

对长期流行于英格兰政界的腐败的荫庇制，乔治三世时代的著名政治思想家爱德蒙·伯克（Edmund Burke，1729—1797 年）直截了当地讽刺说：从默默无闻的状况通向显赫的道路不应该弄得太容易，也不应该是一桩过于理所当然的事，因为荣誉的殿堂应该坐落在卓越之上。[④]

当时，除了公共职位的公开恩赐之外，显官要员的私人荫庇也是公共职

---

① （美）丹尼尔·贝尔著，赵一凡等译：《资本主义文化矛盾》，三联书店 1989 年版，第 25 页。
② （英）寇音《英国文官制度发展史，1780—1939》，转引自程西筠：《由恩赐制到择优录士》。
③ 阎照祥：《英国近代贵族体制研究》，第 103—104 页。
④ （英）爱德蒙·伯克著，何兆武等译：《法国革命论》，第 66—67 页。

位的重要配置方式。如英国第一任首相罗伯特·沃波尔曾持续攻击乔治三世时期的腐败政治空气，但在其身故后，其长子、次子和幼子都在政府担任闲职，年薪分别高达 7000、3000 和 3400 英镑。①

由于实行长子继承制，那些贵族家庭的父兄总是会想方设法安插提携家族的男性非长子成员，使次子、幼子们很容易在政界、军界、文官系统、教会和地方上获得肥缺要职。这个趋向在 18 世纪中期以后尤为明显。如第一代白金汉侯爵的胞弟托马斯获任斯特伦特南区法官，年薪达 2316 英镑；克雷伦登伯爵的胞弟查尔斯·维利尔也获得了一份同样薪酬的美差。克雷伦登伯爵的另一个胞弟乔治则担任了海军审计官和国王寝宫侍卫官，年薪达到 3300 英镑。威灵顿公爵的弟兄韦尔斯利·伯尔更是在财政部造币局的职位上，每年可获得 12450 英镑的高薪。

乔治三世就是利用“国王通过授职权影响平民院和支配贵族院那样一种权力”②来大量分封近臣，形成了国王之友派。然而，在直接或变相的庇护制和恩赐制的体制之下，这些政府官员实际上只对获得公职感兴趣，对于履行公职是漠不关心乃至无能为力。

反对英王乔治三世和英国政府的爱德蒙·伯克曾经说过：骑士制度的时代已经过去了，随之而来的是诡辩者、经济学家和精于算计者的时代。比如，当乔治三世任命“帝师”布特为首相之后，立即解除了财政大臣亨利·莱格（Henry Legge）的职务，而安排其苏格兰同乡巴林顿（Barrington）为继任者，但巴林顿因缺乏财政管理能力而根本难以胜任。此后，又把苏格兰人菲利普·卡特里特·韦伯（Philip Carteret Webb）提升为财政部律师（Treasury Solicitor）。以至于同时代人声称：在布特政府中的“是有史以来最糟糕的财政大臣了”③。

英国在广阔殖民地委任的总督等职位，也成了恩赐的“重灾区”。正如丘吉尔所说的那样，“国王把海外职务看作是给他的臣仆的难得恩典，英国政府则把海外职务视为对它的支持者的赏赐。因此，在整个殖民地的统治

---

① Albert Goodwin ed., *The European Nobility in the Eighteenth Century Studies of the Nobility of the Major European States in the pre-Reform Era*, Harper Torchbooks ,1976, p.7.

② （美）拉塞尔·阿莫斯·柯克《保守主义传统》，载肯尼思·W. 汤普森编《宪法的政治理论》，第 56 页。

③ Horace Walpole, *Memoirs of the Reign of King George III*, New Haven: Yale University Press, 2000, p.50.

机构中散发着英国社会生活的腐败气味”。总督、顾问、法官和其他官员均由国王以恩赐方式任命，而非为了治理殖民地的需要而选用。当时的一位历史学家评论说：“美洲是大不列颠为腐败的议员和失宠的朝臣开办的一所医院！”①

与此同时，议会选举制度腐败不堪，使得政坛出现了一些掌握着议席和官职的大贵族。如在18世纪中叶两次出任首相的纽卡斯尔公爵，年轻时就能够支配7个郡中18个选区的议员选举。纽卡斯尔公爵的佩勒姆家族的传统势力中心是萨塞克斯郡，郡内名门大户与之结亲甚广，使他成为名噪一时的“萨塞克斯之王”。说白了，他就是18世纪典型的通过操控选举来配置政治资源的“选举区贩子”②，有些类似国人所说的“地下组织部长”。每逢大选，各选区都会给他寄来大量函件，以讨取获胜的“秘诀”，以至于他需要组建一个秘书组来处理各地选务。在一首广为流传的恭维纽卡斯尔公爵的祝酒辞中，人们在觥筹交错间说道：

公爵的臂膀像他的胸膛那样宽广，
公爵的恩情像他的酒杯那样满当；
公爵是您的头脑，
——您决不可胡思乱想；
是他赐予您自由、肉类和食粮；
公爵是您的全权代表
——您的声望惟他可以仰仗。③

尽管乔治三世即位后，纽卡斯尔公爵失宠被免相职，但他仍然不停地收买选民和议员。1768年3月，在他行将就木之际，仍然以函告方式向福德镇地方官、陪审团和市民推荐了两名候选人，并且相信历来“尊重其意愿”的人们会“尽力而为”。

恩格斯曾经指出，1688年的政变实现了“新兴的中等阶级和以前的封建地主之间的妥协”，但把“‘俸禄和官职’这些政治上的战利品留给了大地主家庭”。其中，任用政府官员的大权就把持在国王和贵族的手中。国王、

---

①（英）温斯顿·丘吉尔著，薛力敏、林林译：《革命的年代》，《英语民族史》第3卷，第701页。
②（美）詹姆斯·麦格雷戈·伯恩斯著，刘李胜等译：《领袖论》，第211页。
③ A.S. Turberville, The House of Lords in the Eighteenth Century, 转引自阎照祥：《英国近代贵族体制研究》，第114页。

首相以及贵族议员们有权直接任命官吏。

前有车，后有辙。到了乔治三世时代，通过“出售政府职位换取选票”[①]，把几乎所有政府官员的任免权都控制在自己手中。与他的祖父和曾祖父不同，他呈现出个人专断、任人唯亲的猛烈势头，其党羽“国王之友”还四处散布“爱国君主论”和“无党派”思想，以打压作为反对派的辉格党人。

1779 年 12 月，罗金厄姆侯爵和里奇蒙公爵在上院发言，公然攻击“恩赐制”，要求大幅削减国王年金。但这种抗议之声被乔治三世的恩赐之光迅速掩盖。人们为了求得一官半职，争相使用腐败的手段来买通恩赐者。于是，买官卖官、收取求官者的贿赂成了有恩赐权的人的固定收入。为了把持官位，甚至出现了盛极一时的请人代官现象。1780 年的一项调查发现，竟然有请人代职 30 多年而不亲自到职的官员。

1786 年海军部审计员米德尔顿宣称：“在海军部收取佣金早已是固定习惯，因此被人们视为是恩赐者的法定收入的一部分。”在海军造船厂谋得一个文官职位需付 200 至 300 英镑。恩赐制和混乱的管理使得文官队伍素质低下，充斥着无能之辈，发生大量假公济私、贪污挪用的现象。如审计系统因审计人员专业素质太低又不负责任，根本起不到任何审计监督的作用，而且其自身账目混杂、贪污贿赂等行为十分严重。那些被派到北美的殖民政府官员，更是把“海关诈骗”变成了一种司空见惯的寻常事。[②]

吏治中的体制性腐败导致国家管理的无序和低效。在北美独立战争时英国就因此大吃苦头，因政界、军界要员的失职无能严重影响了战事。北美殖民地的人民一直把英国的制度看作腐败的制度，当北美殖民地人民对英国的抗议发展成为革命高潮后，他们对乔治三世及其大臣腐败的谴责更趋激烈。[③]

这种恶果持续到克里米亚战争期间，由于陆军部的官员既庸碌无能而又玩忽职守，造成部队伤亡巨大，前线缺乏最基本的药品和后勤供应，军粮不能及时运到，导致前线将士频频因伤重不治或饥饿致死。

---

① （美）玛格利特·利瓦伊著，周军华译：《统治与岁入》，第 147 页。

② 孔庆山：《美国早期历史上的政治腐败述论》，《河北师院学报（社会科学版）》1994 年第 4 期。

③ 周琪、袁征著：《美国的政治腐败与反腐败》，第 1—2 页。

18世纪末的英式“改革”是如何发生的?

1782年，在北美殖民地遭受了失败的乔治三世解除了首相诺斯的职务，并开始实施伯克关于“经济改革”的建议。“公共审计的现代化和合理化使得大臣成为带薪官员，他们的财政行为置于英格兰银行的监控之下。”特别是乔治三世任用了辉格党人小皮特（Pitt）作为政府首脑，在其当政的20年间“英国经历了某种开明专制”，行政机构的重组工作得到推进，议会改革也被提上议程。然而，这些“改革行动不是‘革命性’的，因为它仅限于下院代表比例的更为平等化。对英国宪政的尊重仍然不可动摇。人们只是想清除宪政中的‘弊端’，最大胆的改革者也只是梦想着使议员成为人民的代表”[①]。这种渐进式的改革虽然“并没有改变社会秩序”，但却比较务实地维持了变革、发展和社会稳定之间的平衡。还有人认为，伯克所谓的《经济条例》可以说是英国历史上第一个文官条例，“它获得通过并成为制约伯克所说的腐败的强有力的手段。他想要制约腐败，从国王手中夺取授职权并把政治任命规范化”。当然，理想的状况是“一种职位制约另一种职位，并因此削弱存在于授职过程中的腐败权力”[②]。

此外，在恩赐制的“指挥棒”下，社会人力资源出现了严重的恶性“逆流”。一些养尊处优或体弱多病的年轻人，认为政府部门工作舒适轻松，薪酬优厚，还有退休金作为生活保障，于是纷纷削尖脑袋找门路混进政府找寻“铁饭碗”。“那些其才能使他们没有希望在其他职业中取胜的人——因为在那些职业中他们必须同他们的同年代人竞争——和那些天性懒惰或体质虚弱而不能够积极奋发的人就被安插当文官。在这里他们只需花很少的劳动，不冒风险，就能够找到一个荣誉的谋生之道。”[③]生活在乔治三世时代的思想家威廉·葛德文就曾指出：

当君主政体和贵族政体最盛行的时候，出现一种同他们紧密结合的原则，尤其是同后者联系得更为紧密，那就是门第优越论。这种原则乃是对于理性

① （法）雅克·索雷著，黄艳红译：《18世纪美洲和欧洲的革命》，第223页。
② （美）拉塞尔·阿莫斯·柯克《保守主义传统》，载肯尼思·W.汤普森编《宪法的政治理论》，第56页。
③ 《英国历史文件（English Historical Documents）》，转引自程西筠：《由恩赐官职到择优取士——十九世纪中叶英国文官制度的改革》。

和正义的最大侮辱。[①]

5.“贵二代”：有恩赐之职，无感恩之心

贵族要维系其统治地位，必须实现两个方面的垄断：一是土地和财富的垄断，二是公职和特权的垄断。根据哈罗德·J. 拉斯基的统计，直至1801—1831年，71个英国内阁大臣级官员中仍然至少有52人是贵族阶级的儿子。[②]

这种衰败腐朽的政治体制，在乔治三世时代的诗人那里遭到了公然而无情的奚落。电影《魂断蓝桥》中那首《友谊地久天长》风靡世界，流传至今，其歌词作者、苏格兰民族诗人罗伯特·彭斯（Robert Burns，1759—1796年）在乔治三世登基前一年出生。他曾在题为《不管那一套》的诗作中写道：

官衔只是金币上的花纹，
人才是真金，
不管他们那一套！
……
你瞧那个叫作老爷的家伙，
装模作样，大摆大摇，
尽管他一呼百诺，
尽管他有勋章绶带一大套，
白痴还是白痴！
管他们这一套那一套，
一个有独立人格的人
看了只会哈哈大笑！
国王可以封官：
公、侯、伯、子、男一大套。
光明正大的人不受他管——
他也别梦想弄圈套！
管他们这一套那一套，
什么贵人的威仪那一套，
实实在在的真理，顶天立地的品格，

① （英）威廉·葛德文著，何慕李译：《政治正义论》第2册，第369页。
② （美）拉斯韦尔著，杨昌裕译：《政治学》，第8页。

才比什么爵位都高！[1]

“海外腐败”是如何发生的？

18世纪英国在北美殖民政府的“海外腐败”是国内政治腐败的延伸。在当时的官僚制度下，被派到北美殖民地的总督们大都素质很差，道德沦丧。他们在国内经济上破产，政治上毫无前途，而且都十分清楚自己的任期既短暂又不稳定。他们之所以被派驻海外主要是得益于政治庇护的“上线”：或是通过殖民地官员的任命来回报其“下线”在政治上的归附和支持；或是帮助在政治上和经济上濒临破产的“下线”走出困境。因此，这些殖民官员大多把家属留在英国，根本不打算久留。他们漂洋过海到殖民地的目的就是发财致富。总督集政治、经济、军事大权于一身，成为殖民地的“土皇帝”。他们利用贸易许可证和特许权的发放中饱私囊，如1742年至1767年任新罕布什尔州总督的本宁·文特沃斯借政府要求他为皇家海军提供该州优质木材之机，把最好的木材转让给自己的弟弟，再由他的弟弟转卖给海军，获利甚巨；他们通过对殖民地土地的处理权徇私舞弊，如纽约州的托马斯·汤干、本杰明·弗莱彻、劳德·科恩布里、威廉·柯斯比和乔治·克拉克等多任总督，公然无视法律和皇家政策，把数百万英亩（一英亩约合6市亩）殖民地授予挂名的持有者，条件是总督个人得到出售土地收益的1/3到1/2作回扣。劳德·科恩布里总督的卡约德罗塞拉斯土地转让证转让的土地竟达80万英亩，哈德堡土地转让证转让的土地达惊人的200万英亩，甚至比康涅狄格州还要大。[2] 海外权力鞭长莫及，对英国政府负责成为一句空话，导致执政体系的“神经末梢”几乎失去控制。

在近代英国社会中，官职是许多人所向往的，因为当“官”有利可图。根据明文规定，官员所拿的工资并不高。但实际上，官员们的“外快”收入却相当可观。“如果为王室服务而枯竭了他们的收入，那么这种服务同时还是他们财产、庇护和权力的源泉。”[3] 各级官员利用职权去索取钱财，美其名

①（英）彭斯著，王佐良译：《爱情和自由》，人民文学出版社1987年版，第77—78页。

② 参见孔庆山：《美国早期历史上的政治腐败述论》。

③（英）R.B. 沃纳姆编，中国社会科学院世界历史研究所组译：《新编剑桥世界现代史》，中国社会科学出版社1999年版，第176页。

曰收取“服务费”。无钱的人是休想叩开官府大门的，行贿受贿的现象十分普遍。但在 18 世纪的英国，这却是官员的正当收入。通过这一途径，这些官员通常有相当于正当收入数倍乃至数十倍的灰色收入。这无异于一种世袭的政治特权。正如威廉·葛德文所说：

特权是一种限制，它使少数人，而且只能是这些少数人，由于他们出生的偶然性而能够取得某种地位。它用一种无法逾越的障碍来扼杀其他人的一切雄心壮志。……特权使少数幸运儿几乎独占大自然普遍赐给它一切子女的恩惠；它把压迫其他人的工具交到这些少数人的手里；它使他们充满虚荣并且给他们一切鼓励，使他们傲慢并对别人的感情和利益漠不关心。[①]

作为“恩赐官职”的受益人，有没有一颗对国王和国家的“感恩之心”并不重要，重要的是一旦进入到庇护体制和恩赐官职的“保护伞”下，腐败的官员极易逃脱应得的惩罚。在英国最为典型的近代行政部门海军部中，由于帝国海上霸权靠海军支撑，王室的青睐和庇护的传统使得海军军官们获益匪浅。[②] 特别是 16 世纪“价格革命”引发通货膨胀后，原本不高的海军军官收入更显微薄。于是，从 17 世纪中后期开始，海军部已然成了利用职权大搞“创收”的特权部。时任海军部长、国王宠臣白金汉公爵每年通过收取打捞失事船只专营权使用费等方式，可以从职位上获得 3 万到 4 万英镑的岁入。[③] 尽管议会根据调查结果多次对白金汉提出腐败指控，但均被其“恩主”詹姆斯国王予以驳回。至于海军中流行的收取军备供货商回扣、虚报兵员冒领薪俸、窃取倒卖海军物资和参与走私等腐败行为，又在白金汉的庇护下大行其道。因此，即使有关腐败行为的证据再充分，在庇护制下的调查和监督也会流于形式。

在这种情况下，不负责任的政治空气日渐浓厚。在伊丽莎白时代执掌相权数十年的塞西尔“宁愿将政府中的官职留于贵族担任，也不愿意惠助那些与他一样出身微贱的人上学受教育，以防他们跻身于政府官员之列”[④]。

---

① （英）威廉·葛德文著，何慕李译：《政治正义论》第 2 册，第 375 页。

② 龚敏：《1560—1640 年英国财政状况与贵族和官员的腐败》，《历史教学问题》2005 年第 4 期。

③ Hebb, David D., ‘Profiting from misfortune : Corruption and the Admiralty under the early Stuarts’, in Cogswell , Thomas and Lake, Peter ,(ed.),Politics, Religion and Popularity in Early Stuart Britain, Cambridge, Cambridge University Press,2002. p.111.

④ （英）阿萨·勃里格斯著，陈叔平译：《英国社会史》，第 127 页。

此外，在英国历史上，自治城市有着悠久的传统，它们不少是从中世纪的自由城市发展而来的，其共同点是得到过王室的特许状，有权选举自己的市政官员，由市政官主持管理城市内部事务，还有权选举自己的市长。但随着时间的推移和历史的发展，自治城市的市政官往往为城市豪门所控制，视市政如家政。于是，市政府机构成为城市上层手中的工具，父子、翁婿、兄弟、连襟接二连三地进入市政当局。他们只关心自身的利益，无力应付日渐繁杂的城市事务，更与近代民主精神完全相悖。虽说市政官的统治也不乏有效者，例如利物浦城市当局，但作为一个整体，旧式的城市自治体是以低效、封闭为特色的。这些市政衙门往往成为某些私人的囊中之物，缺乏公开性与透明度；不能随着城市的发展转变职能，只为城市有产者利益着想，不关心城市大众的福祉，与城市的建设与发展严重脱节，与时代格格不入。

于是，这时英国城市政府或已沦为某些私人的产业，或停留在农村统治体制下，无法为日益扩展的城镇提供服务。① 英国人莱尔（J.C.Ryle）在19世纪中期于《家庭珍宝》（Family Treasury，1866—1867年）月刊上发表的系列文章中说：

许多市镇陷于腐朽，各阶层公然行贿受贿，毫无廉耻可言，这就是英国100年前的政治状况。

三、政党体制及其“分赃”模式的混乱

在这个共和国获得权力的真正方式是贿赂那些任命官员，获得官职后则利用职权实现自我野心和满足个人的报复欲望。

——乔治·F. 霍尔（美国参议员）

18世纪末英格兰的国王恩赐制逐渐转型发展为政党恩赐制，到19世纪的美利坚则进一步演化为政党分赃制，对公共职位的占有和分配变得空前活跃。因为“在美国，1787年宪法的制订和一个新的国家政府的建立，对机会结构产生了深刻的影响。不仅建立了一个类似于英国的两院立法制度，而且还有一个潜力强大的行政与国家司法制度，他们带来了大量的政治机会”，“与

① 陆伟芳、余大庆：《19世纪英国城市政府改革与民主化进程》，《史学月刊》2003年第6期。

不列颠那种狭窄的政治渠道相反，合众国的官员太多了和太容易得到了”。[①]资产阶级的政党政治在美国历史上发育得也很早，而正是由于美国民主政治中两党制的出现，引发了十分严重的腐败现象，并且一直沿袭了80多年，在美国历史上留下了令人印象深刻的一页。这就是美国乃至世界政治史上十分有名的“政党分赃制”及其引发的公职人员腐败潮。

1. 从绅士政府到党阀政府

历史是一本教科书，只不过人们经常不愿去翻看它。而美国总统大选的历史，决定了美国总统的更替，也决定了美国政治的走向。如1828年总统大选把安德鲁·杰克逊送进白宫，就被普遍认为是19世纪美国政治与社会的一个转折点。在此之前，正如美国历史学家范瑞普所说，“美国联邦政府形成之初，美国政府是当时世界上最有能力的公共机构，当然，它也是最少受到腐败侵扰的机构之一”[②]。

华盛顿等开国领袖以身作则，使得联邦政府如同是“绅士和天使”们聚会议事的圣殿。华盛顿强调“政府的公共人事管理机构和官员……必须是有道德和有能力的”[③]，甄别“胜任”的政府官员主要通过“家庭背景、教育水平、社会威望”[④]。实际上，当年的清教徒们不远万里来到北美殖民地，就是为了建立一个与欧洲大陆不同的“没有腐败和专制统治的社会”。那些清教徒选举的地方官和管理公共财政的官员被称作“看得见的圣人”，必须具备严格的宗教虔诚和道德修养。

美国建国之初，从新英格兰到佐治亚州，人们都是从乡绅上层阶级的成员中挑选诚实正直的人来担任公职。[⑤]华盛顿不仅任命了像国务卿杰斐逊、财政部长汉密尔顿等一些声誉卓著的政治家，即便对次要官员的任命，也注意酬赏军功、调和派别，并避免招致个人私心或地区偏袒的任何怀疑。[⑥]托马斯·杰斐逊把他们称为是以“‘才华和道德’或‘智慧和德性’著称”的“自然贵族”，

---

①（美）詹姆斯·麦格雷戈·伯恩斯著，刘李胜等译：《领袖论》，第148—149页。

② Paul P. Van Riper : History of the United States Civil Service. Evanston , Illinois : Row , Peterson and Co.,1958 , p.11.

③ David H. Rosenbloom : Century Issues of The Pendleton Act of 1883 : The Problematic Legacy of Civil Service Reform .New York : Marcel Dekker ,INC. ,1982, Part Preface , P.v.

④ David A. Schultz , et al : The Politics of Civil Service Reform .New York : Peter Lang Publishing , INC. ,1998, p.25.

⑤ 孙哲、赵可金：《美国国会对腐败问题的治理》，《清华大学学报（哲学社会科学版）》2009年第2期。

⑥（美）摩里森等著：《美利坚共和国的成长》第2册，天津人民出版社1978年版，第567—568页。

“对于一个秩序良好并且公正的共和国来说，他们是最合适的政治领导资源”。但是，应当防止政治生活被两种“华而不实”的贵族所支配：一是基于出身（封建继承）的贵族，二是基于财富（资本的力量）的贵族。因为这两种“虚伪的”贵族“皆不能造就一个为人的社会本性的实现所需要的公正的共和国”[①]。

然而，“绅士政府”和“天使官员”终有从历史上消失的那一天。当他们躺在墓穴中之后，党派政治彻底改变了政坛风习，“绅士”和“天使”成为墓志铭中的尊称，而“财富贵族”“资本力量”以及权贵“党阀”的雄起成为美国政治的标志性事件。

一个明显的变化是，那些代表本党竞选美国最高行政长官职位的总统候选人，一旦当选就迅即成为为本党猎取分配公共职位的“党阀”。这正如汉密尔顿所曾预言的那样：“总统为迁就人情，以苟延其任期，结果必致牺牲其公职。”[②]

在党阀政治之下，选任官员基本上成了党同伐异的“分赃”游戏，公共职位成了政党组织的黏合剂。这也印证了马克思的政治判断：“那些争夺统治权而相继更替的政党，都把这个庞大国家建筑物的夺得视为自己胜利的主要战利品。”[③]而与权力和利益密不可分的官位公职就是选战结束后的主要战利品，分赃制则是分配战利品的官方机制。在分赃制的风气之下，品行低劣的职业政客开始活跃起来，联邦官员的官僚化、腐败化现象也开始增多。如来自密苏里州的参议员托马斯·本顿一到华盛顿任职，就充当了“美国皮毛公司”老板约翰·阿斯特的私人“立法代表”，每年收取一笔数目惊人的贿赂。本顿为“美国皮毛公司”做的第一件事就是在参议院肆意攻击陆军部下属的“印第安人贸易局”，后者因向印第安人提供布匹等生活用品，与前者构成了竞争关系。时任美国第5任总统詹姆斯·门罗甚至也接受过阿斯特的5000美元贿金，结果他宣布取消前政府颁布的有关皮货贸易的限制性法令，为“美国皮毛公司”扫清赚钱的障碍。[④]

到了第18任总统尤利塞斯·辛普森·格兰特，更是把政府的“肥缺”

---

① 参见（美）加勒特·沃德·谢尔登《杰斐逊先生的政治理论》，载肯尼思·W. 汤普森编《宪法的政治理论》，第137—139页。

② （美）汉密尔顿等著，严欣淇译：《美国宪法原理》，第89页。

③ 《马克思恩格斯全集》第8卷，第216页。

④ 黄贤全、王孝询：《美国政治与政府调控》，第95页。

视为本党的囊中之物，这也引得当时的人们议论说：格兰特政府把美国的税务部门变成了本党竞选的“加油站”。由于各届总统及其政府均视公职为安置党徒亲信的肥缺，造成联邦政府官员急剧膨胀，尸位素餐者大有其人。1792—1861 年，美国人口增长了近 10 倍，但联邦文官竟然增长了 50 倍。

1800 年是美国的一个大选年。这次大选进行得十分激烈，最后民主共和党人托马斯·杰斐逊经众议院投票，以一票多数当选美国第三任总统。1801 年 3 月 3 日，即将卸任的总统、联邦党人亚当斯在离任前夜，仍试图把许多本党人士紧急塞进政府和法院，以削弱对方势力。当时这批官员的任命书已经签署，但尚未发出，因此在历史上留下了“星夜受命人”的典故。

杰斐逊入主白宫后，发现在 600 个总统直属文官中，只有 6 个是民主共和党人。因此，他不得不在就职演说中以“我们都是共和党人，我们都是联邦党人”为说辞，并将自己的官员任命原则确定为两党成员的“适当分享（Moderate participation of office）”原则。据美国早期官制史家卡尔·R. 菲什的统计，杰斐逊在 8 年任期内罢免了 443 名总统直属文官中的 109 名，其中还包括 40 名“星夜受命人”。由此，开启了“政党分赃制”先河，使之在相当长时期内成为美国政治录用的基本方式。“但由此产生的结果却是：一进行新的选举，全体联邦官员的命运就好像处于悬而不决之中。”①

美国学者阿里·胡吉邦这样描述这种政治上的“走马灯”现象和政权易手带来的“大换血”：“在民主党政府下面几乎只使用民主党人，正如在共和党政府下面没有民主党人一样。”② 其实，早在 1787 年制宪会议期间，来自弗吉尼亚的乔治·梅森就曾指出，假如没有“限制委托官职的屏障，那么制定者们就为在这方面可以在大不列颠看到的那种贪污腐败、以权谋私和滥用权力现象大开方便之门”③。随着美国两党政治的不断成型，政党分赃制在美国的“方便之门”豁然洞开。

1829 年第七任总统安德鲁·杰克逊就职后更公开倡导这种“胜者分赃”的作法，在美国联邦政府实行官职“轮换制”，排斥异己，以党派亲信封官，使政党分赃制得以确立。可以说，杰克逊所标榜的以民众政治为核心的“民

---

①（法）托克维尔著，董果良译：《美国的民主》（上卷），第 144 页。

② 转引自张淑华：《美国社会转型时期的文官制度改革》，《常德师范学院学报（社会科学版）》2000 年第 5 期。

③ 转引自（美）罗伯特·J. 摩根《制定者们失去的世界》，载肯尼思·W. 汤普森编《宪法的政治理论》，第 34 页。

主政治”来改变选官授职方面的“精英政治”，标志着“绅士政府”时代的寿终正寝。

从“逆淘汰”看老党魁为何要暗杀新总统？

美国内战结束后，政治老板或曰“党魁”势力的崛起是一道独特的政坛风景。这些党魁控制着各级政党组织，并利用自己所掌握的公共职位来笼络党羽，培植了一个以自己为中心的政党核心集团即“政治机器”。党魁及其亲信开动专司“分赃”的“政治机器”，收获的是选票和选举获胜的结果，左右的是地方乃至全国的政局。1880 年的大选中，也就是在“政党分赃制”实行了 80 年后，参加总统竞选的候选人詹姆斯·加菲尔德立志废止“政党分赃制”。加菲尔德的名言是：“政党分赃制”下的政客就像拦路抢劫的强盗，只不过政客掏出的不是手枪而是求职书。加菲尔德如愿以偿地当上总统还没几天，还没来得及废除臭名昭著的“政党分赃制”，便被一个怀恨在心的求职未遂者开枪刺杀。据说，加菲尔德就是因为未按党棍康克林之意分配职位而被密谋暗杀。当时美国舆论认为，是“政党分赃制”谋杀了总统。这是一个“官杀官”的故事，只不过仍属官场“逆淘汰”的极端案例。

杰克逊声称：“所有官员的职责都是简单明了的，任何有知识的人都能很快掌握它。……没有一个人享有任何比另一个人更多的当官的固有权利。”[①]这无异于为政党分赃制提供了堂而皇之的理论根据。据《环球报》当时的统计，到杰克逊上任的第二年（1830 年），在联邦政府 10093 名官员中，有 919 人被撤职或更换了职务。在他的 8 年任期中，共罢免了总统直属文官 612 名中的 252 名，高达 41%。而在联邦政府所有官员中，有 10% 的人被免职。[②]

不过，替换那些被杰克逊所罢黜的“杰斐逊派”官员的杰克逊党人，大都不是什么随意挑选的普通民众，而是上流社会人士及其子弟，甚至不乏腐化无能的腐败分子。杰克逊所任命的纽约港税务官塞缪尔·斯沃特伍特，就是个盗窃国家公款 120 万美元的贪污犯，却在案发后逃往欧洲得以逍遥法外。

---

① （美）摩里森等著，南开大学历史系美国研究室译：《美利坚共和国的成长》第 2 册，天津人民出版社 1978 年版，第 851 页。

② 转引自黄贤全、王孝询：《美国政治与政府调控》，第 98 页。

因此，美国史学界一般都把杰克逊称为政党分赃制的“开山鼻祖”：“杰克逊使分赃制度牢牢地附着于联邦政府，从此以后，尽管对行政部门屡加改革，却一直未能彻底根除那种制度。”①

这种制度在1832年正式定名。那一年，纽约州参议员W.L.马西（William Learned Marcy，1786—1857年）说了一句经典的政坛常用语：

在政治上要像在爱情上、战争上一样公平，战利品属于胜利者所有。

政党分赃制（Spoils system）由此正式得名。在分赃制下，官职是用来“作为商品和动产付旧账和施行新恩惠的”。既然官职是致富的手段，而且任期有限，于是在有限的任期中就是“不捞白不捞”了。②如果说商人追求的利润最大化，那么，政治分赃也使得游戏规则进入到“快鱼吃慢鱼”的商业化时代。在任命政府官员时，优先考虑的是党派或私人的利益，而非履行公职的能力。

从此之后，每当新总统上台，就要大换血、大清洗。1841年，辉格党人威廉·H·哈利逊入主白宫后，立刻把民主党人都赶下台。1845年，民主党人詹姆斯·波尔克当选总统后，又把辉格党人撤换殆尽。以后的几任总统都是“一朝天子一朝臣”，成了以公职犒赏党徒的名副其实的党魁。到了1865年，政党分赃制已经普遍流行。它的基本特征如党阀支配重要官职的任命、官职轮流坐庄等，已十分明显。③

从绅士政府到党阀政府，有两个大转变：

一是政府职位膨胀。从1792年到1861年，文官职位增加了63倍多，从780人增加到49020人。内战以后，发展更快，在1881年增加到10.7万人。

二是人员素质下降。政府官员的公信力严重缺失，一位传记作家詹姆斯·帕顿辛辣地讽刺说：“事实会证实，政府供职者是具有如下三种品性之一者，即冒险家、无能者或无赖汉。”④

于是，从19世纪20年代后期到80年代，美国出现了一个政府官员最严重的腐败时期。特别是在美国南北战争之后，出钱购买联邦政府公职的现象比比皆是。布赖斯勋爵发现美国政治中的内聚力是“渴望公职，并把它作为

---

①（美）摩里森等著，南开大学历史系美国研究译：《美利坚共和国的成长》第2册，天津人民出版社1978年版，第852页。

② 钱建立：《19世纪晚期美国文官制度的改革》，《考试周刊》2009年第25期。

③ 王锦瑭：《美国文官制的改革》，《世界历史》1985年第3期。

④ 转引自黄贤全、王孝询《美国政治与政府调控》，第102页。

一种获利的手段”。国会议员们手里有几百个可任命的联邦职务，他们可以拿这些职务来对政治上的支持者论功行赏。大量联邦、州和地方政府的官员都想要用权力来交换填满钱袋的机会，强大的私人利益集团能够轻而易举地收买公共官员。

更为不利的是，公众对官员腐败的宽容度越来越高，对腐败的政府习以为常。美国历史学家对这一现象的描述是：“几乎在所有的地方，旧道德标准都被破坏了，对于许多人来说，诚信似乎离开了公共生活。”①

2. 从政党恩赐到政党分赃：买官卖官的现代“升级版”

“拥有政府职务的任命权，是政治集团财富和影响力的主要来源。”②分赃（分肥）的最大特点在于获胜的执政党任命公职不以能力大小为准，而以效忠程度为据。③所谓“党同伐异”，政党分赃制作为一种选拔官员的人事制度，其强调的是政治立场即文官对政党的忠诚和顺驯，而不论其能力和情操的高低，这实质上是封建时代臣子臣民对君主皇帝效忠的一种“变种”。如在林肯政府下，1639 个总统直辖官员，有 1457 个被免了职。无怪乎《美国独立宣言》主要起草人和开国元勋、民主共和党的创始人托马斯·杰斐逊，在痛斥政党之弊时竟然说道：“如果不与某个政党一起就不能进天堂，我宁愿永远不进天堂！”

在政党分赃制之下，不仅执政党要谋一党之私，各级官员个人的腐败更是变本加厉。政治录用的标准主要是看他们在竞选中是否做出过“贡献”，因此实际上演化为相当直接的权钱交易，执政党对大选中的支持者、赞助人投桃报李，论功赏爵；这些人做官之后，便以权谋私、中饱私囊。加之任期有限，官员行为趋于短期化，腐败行为近乎掠夺。因此，美国学者理查德·怀特在其专著《共和的象征——重建时期和镀金时代的美国（1865–1896 年）》中提出：“腐败弥漫于政府和经济。”他认为，“镀金时代”的财富来自于政府补贴和内幕情报，以及最重要的，获得这些恩惠所必需的腐败。而且，腐败不是体制的扭曲，而是体制的命脉。这一“腐败体制”的重要污染源，就是与美国政治社会一同被“镀金”的政党分赃制。

---

① 周琪、袁征著：《美国的政治腐败与反腐败》，第 25—26 页。
② （美）艾伦·维恩斯坦等著，胡炜等译：《彩色美国史》（中卷），第 361 页。
③ 刘绪贻、李世洞主编：《美国研究词典》，中国社会科学出版社 2002 年版，第 1089 页。

从 19 世纪 30 年代开始，分赃制下的官员获得公职后，要向本党“捐献”薪水的 2%—7%，作为政党的活动经费。如果拖延或抗交，轻则收到恐吓信或被列入黑名单，重则被免职而丢掉饭碗。林肯总统就曾劝说过那些不肯如约“捐献”的文官们。[①] 因此，人们对于分赃制表现出极高的容忍度。因为“对行贿受贿不能过分强烈谴责，对政党分赃制也不能过分严厉抨击，因为这些都是特定情况下实行控制的工具”[②]。为了保住职位，许多人只好“知恩图报”，主动“纳贡”。

这就使得 18 世纪的英式政党恩赐制更加组织化、机制化，特别是有了经济链条传送党派利益，逐渐发展到进行“制度化”买官卖官、公开化“寻租设租”的政党分赃制。

应当看到，“所有成熟的工业国家都需要一个能干的全国性政府官僚机构，它雇佣一支有专业技能、能力出众的公务员队伍，足以胜任规制经济及回应城市人口各种需要等任务”[③]。但在政风衰颓的 19 世纪下半叶，这恰恰是一个几乎“无法实现的任务”。美国南北战争时期，在指挥千军万马与南方叛军艰苦奋战的林肯总统的身边，经常跟着一群“跑官要官”的“金主”。搞得这位伟大的总统不胜其烦、狼狈不堪，一次林肯忍无可忍指着办公室外成群的求职政客愤愤地说：分赃制对共和国的危险可以比叛乱还大。

恩格斯对美国政党分赃制的实质进行了犀利的批判：“正是在美国……两个轮流执政的大政党中的每一个政党，都是由这样一些人操纵的，这些人把政治变成一种收入丰厚的生意，拿合众国和各州议会的议席来投机牟利，或是以替本党鼓动为生，而在本党胜利后取得相当职位作为报酬。……在那里可以看到两大帮政治投机家，他们轮流执掌政权，用最肮脏的手段为最卑鄙的目的运用这个政权，而国民却无力对付这两个大的政客集团，这些人表面上是替国民服务，实际上却是统治和掠夺国民的。”[④]

---

① Ari H oogenboom，O utlawing the spoils：a history of the he civil service reform movement 1865–1883，Urbana，Illinois U niversity P ress，1961，p.210.

②（美）梅里亚姆著，朱曾汶译：《美国政治思想》，商务印书馆 1984 年版，第 19 页。

③（美）伊丽莎白·桑德著，陈永杰译：《美国进步时代对中国的启示：三种代理模式》，《公共行政评论》2010 年第 4 期。

④《马克思恩格斯选集》第 2 卷，第 335 页。

文官制度如何提升了美国官吏素质?

从19世纪60年代开始，一些有识之士开始用文官制对朽败的分赃制进行“救济”。1865年12月，共和党议员托马斯·艾伦·詹克斯提出了一个以英国经验为蓝本的文官改革法案，提出文官选录必须经过公开的竞争考试并择优录取。詹克斯法案是后来的“彭德尔顿法案”的雏形。1872年3月，文官委员会制定了新的文官分类规则，将国家文官分为四级四类。该委员会还在财政部进行改革试点，在2286人参加的考试中录用了428人。[①]1883年，国会通过了《彭德尔顿法》，标志着以考绩制为核心的美国现代文官制度初步建立。1883年，《彭德尔顿法》初次实行时，量才录用者只占整个文官的11%；到1930年，已达75%。据美国学者P.D.范里伯统计，从1884年1月到1896年6月，联邦各部门通过竞争考试的文官中受大学教育的达到10%—13%。1897年度，考试录用被任命到华盛顿的666个文官中，159个上过大学。而直到1952年，美国18岁以上的成年人中只有不过15%的人进过大学。[②]由此可见美国官员的文化素质得到迅速提升。该法案颁布之初，考试录用的文官职位只占联邦总职位的10%（约1.5万个），但到1900年为止，实行考试录用的文官职位约达10.6万个，接近联邦所有文职雇员的50%。[③]1896年6月财政年度末尾，铁路、邮局所出差错不到6年以前所出差错的1/3。[④]随着科学技术的发达，联邦政府越来越需要具有专门知识的人才，考绩制一定程度上提高了公职人员专业化程度。如在1900年联邦政府录用专家和科技人员330人，占每年平均录用总数的3.43%；到1930年，录用专家和科技人员2491人，占每年平均录用总数的5.26%。

为了给对手制造执政障碍，美国两党开始了公职“扩容”竞赛。每当政党即将下台之际，为了把本党人马“冻结”在各个重要公职上，不惜以增设大批闲职的方式扩大文官队伍，既扩大本党政治版图，又造成下届政府束手

① 张友伦、李剑鸣：《美国历史上的社会运动和政府改革》，天津教育出版社1992年版，第165页。
② 转引自张淑华：《美国社会转型时期的文官制度改革》。
③ 张友伦、李剑鸣：《美国历史上的社会运动和政府改革》，天津教育出版社1992年版，第165页。
④ 卢汉桥：《略论十九世纪美国文官制度改革》，《求索》1985年第1期。

束脚。“即使在各州政府和各县、市政府的用人上也全为分赃制所笼罩。”[①]结果是机构臃肿不堪，十羊九牧，许多人尸位素餐，浑浑噩噩。

以纽约海关为例，由于纽约港既是美国3/4进出口货物的集散地，又是大批商旅必经之所。因此两党都竞相把党羽亲信安插在那里，使得纽约海关成为机构庞大、效率低下、问题扎堆的“政府病”的典型。1877年，当海斯总统在舆论强压下不得不派出以约翰·杰伊为首的委员会进行调查时，发现这里不仅是贪污、贿赂和盗窃的渊薮，而且是人浮于事、服务恶劣、顾客怨声载道的灾区。为此，杰伊提出至少减员1/6以增效节流。

然而，“从奴才里选人才”的政党分赃导致了严重的“任人唯党、任人唯亲”[②]，促使公职人员结成利用公职谋取分享利益的关系网和利益链。在两党作为政治利益集团“轮流坐庄”的政治格局下，执政党一上台便尽力利用所掌握的权力攫取包括公职在内的公共资源，把政治分赃作为巩固执政基础的特殊“堤坝”。如在1881年以前的5年中，纽约海关平均每天罢免人数超过1人，罢免总数等于雇员总数的2倍之多。[③]由于内阁更换频繁，政府官员和其他公务人员处于极不稳定的“漂浮”状态，官员们时刻担心被免职，“混日子”的思想相当严重。工作中无从积累从政经验，也无法保证政策的稳定性和连续性，既没有什么责任心，更谈不上积极性和创造性，行政能力普遍低下，大大降低了政府行政效率。如美国1874年支付的税收成本分别为法国、德国、英国的3、4、5倍。

与政党分赃连在一起的，是官场的“逆淘汰”现象。有真才实学者无缘公职，名声不佳者充斥政府，使得官员质量每况愈下，政府效率与日俱减。如曾在1845年任海军部长的历史学家乔治·班克罗夫特就曾无奈地指出：“海军部里充斥着最懒惰的文职官员，他们领取高额工资而对工作却玩忽职守。”在1873年，有人发现邮政大楼内堆满积压的邮包，连寄给副总统的邮件也被积压了好几个月。据美国学者阿里·胡吉邦统计，当时作为联邦政府主要收入来源的纽约海关，因为职员的无能和浪费，每年的损失高达1200万美元至2500万美元。

---

① 张金鉴：《各国人事制度概要》，三民书局1981年版，第129页。

② 孙哲、赵可金：《美国国会对腐败问题的治理》，《清华大学学报（哲学社会科学版）》2009年第2期。

③ 转引自黄贤全：《美国文官改革运动》，《山东师大学报（社会科学版）》1992年第5期。

由于均沾政治“分赃”利益的都是党羽亲信，即便发生了腐败案件也必须包庇到底。有效的监督和严格的惩治只不过是美好的政治宣言，那些深陷丑闻者只需要主动“辞职”就可迅速脱身。如纽约海关是当时政治贪污的一个典型，税务司托马斯·墨菲最后在巨大压力下不得不请辞时，格兰特总统作为其“恩主”自然是“十分遗憾”地接受这份相当于特赦令的辞呈。[①]

事实上，由于公共职位盛行的是分赃制和“逆淘汰”，美国“镀金时代”社会人才分布悄然发生了“公弱私强”的变化。“这个时期，由于大部分有才华的人都开始从商，政府职员通常都是庸才，根本不知道怎样处理高速工业化发展带来的问题。大部分人和美国的企业家关系密切，靠大亨们的贿赂生活，不可能有效地调节商业活动。”[②]这种人力资源流向的异常状态带来了严重的后果：

一方面，大批巧取豪夺的野心家、冒险家成为经济生活的主宰，而政府及其官员却在作壁上观；

另一方面，掌控了经济资源的“强盗大亨”们转而追求政治盟友和更多特权，形成了资本配置权力、老板控制政局的利益共同体。

这使得社会的两大主要经济组织（公司）和政治组织（政党）日渐远离了为大多数人谋福祉的应有作用，而日渐沦落为让少数人享受特权的“俱乐部”和“游乐场”。

从根本上说，政党组织是分赃制的幕后总指挥，政客是分赃制的先锋战士，或者说为了谋求利益，政客、政党、议员甚至总统都是分赃制的受益者或支持者，他们都是美国国家机器的直接或间接操纵者。[③]1884年民主党在总统大选中获胜后，克利夫兰上任后伊始便将总共12万名联邦雇员中4万共和党官员解职，而代之以民主党人。4年之后，共和党人哈里森当选总统，在上台之后也随即撤除了3万名民主党人的官职。[④]

在两党轮流执政的政治周期中，公共职位被作为“赃物”加以轮流分配。因此，每次竞选之后，成千上万的钻营之徒就来到华盛顿，而新当选的总统及

①（美）莫里森等著：《美利坚共和国的成长（上）》，第1013页。
②（美）艾伦·维恩斯坦等著，胡炜等译：《彩色美国史》（中卷），第363页。
③黄贤全、王孝询：《美国政治与政府调控》，第121页。
④张淮、周密、宗建亮：《美国“镀金时代”的腐败问题研究》，《生产力研究》2008年第15期。

其内阁，则在几周时间里把官职分配给他们的亲信和党徒。[①] 美国之所以一度盛行政治分赃，正是因为“利益政治”格局下以公共职位为权力筹码的体制使然。

1877 年，海斯总统发布命令，在纽约市海关总署实行招收雇员考试制度。他之所以把纽约市海关总署作为文官考试制度的改革试点，原因在于其在联邦政府机构中以腐败和低效而臭名昭著。在政党分赃制的庇护之下，如果申请进入纽约海关总署并谋到一份海关检查员的公职，申请人必须不惜重金去购买它。根据所获职位的高低，所付的价格从 2000 美元到 5 万美元不等。

因此，“特威德事件和格兰特丑闻之后，公务员改革成为最重要的问题”[②]。海斯总统也在当选后将公务员改革作为国内政务的首要行动。1877 年 6 月，他颁布行政命令，禁止联邦政府职员参加任何与政党有关的社会活动，试图逐步切断政府公职与政党分赃之间的联系。一年之后，他还解雇了收受贿赂的纽约港海关税务员切斯特·阿瑟，因其在几年间共收受 5 万美金贿赂，相当于总统的工资。尽管如此，立法预防与惩治打击“两手抓”的海斯总统仍然未能说服顽固的议会通过一个全面的公务员法案。

直到 1883 年，姗姗来迟的新法案（《彭德尔顿公务员制度改革法案》）才提交到总统办公室。签署这份美国反腐史上标志性文件的，正是时任总统切斯特·阿瑟——那个因受贿被解职的海关税务员，“使其成为美国历史上最具讽刺意义的事件之一”！

而且，即便是在后来美国实行了文官考绩制之后，公职遴选过程在相当长的时间里也并非像其所标榜的那样公平公正。

格兰特早就曾在国情咨文中无奈承认：“现在的任命制度不能为公职找到最好的人，常常是合适的人也难找到。”[③] 美国学者观察研究的结论是：尽管“量才任用”被官方宣传成一种“官方善行”，但事实上“量才任用制下能晋升的仍是非常少的少数”。即便不考虑“量才任用的计分”和可比性是否可靠，仅从职位结构来看，占 80% 的中等合格者中至多只有 1/4 的人能够获得高报酬的职位，并且有明显的证据表明：制度化的量才任用制帮助了少数人，但更多的人在其“掩护”下依靠家庭社会地位获得公共职位，这使得“特

① 孙立勇：《美国西部开发与腐败》，《正气》2008 年第 12 期。

② （美）艾伦·维恩斯坦等著，胡炜等译：《彩色美国史》（中卷），第 361 页。

③ 黄贤全：《美国文官改革运动》，《山东师大学报（社会科学版）》1992 年第 5 期。

权等级伪装成才能方面的等级”[①]。

也许，这表明人的问题始终是最为复杂、最为核心的问题，因人事问题而引发的腐败始终是腐败治理最为困难、最为艰巨的领域。

1881年，新当选总统加菲尔德因共和党内派别斗争关系等原因，在分配职位中没有按照某些党内“大佬”如纽约参议员罗斯古·康克林的意愿行事，竟然被人暗杀。文官改革家卡尔·舒尔茨后来曾不无遗憾地写道：政党分赃制“已经杀死了我们两位总统，一个哈利逊是忧郁而死的，另一个加菲尔德是被枪杀的”[②]。

其实，加菲尔德并非因反对分赃而死，恰恰是因为实施分赃而亡。由于他是在共和党内保守的康克林派支持下当选的，但却在就任后即将纽约市海关税务员的肥缺给了党内温和派领袖、缅因州参议员詹姆斯·布莱恩手下的一名中尉。这一“过河拆桥”之举令康克林大为光火，甚至试图在参议院阻止这一任命。此后，人事任命方面的矛盾愈演愈烈。

在和康克林对抗数月后，加菲尔德准备离开华盛顿前往新泽西海滩避暑，但却在巴尔的摩和波托马克车站遭到保守派分子的枪袭。刺客名叫查尔斯·古提奥，之前虽曾多次前往白宫要求获得职务但均遭拒绝。结果，加菲尔德最终因败血症而死，阿瑟登上总统宝座。“几乎没有人相信阿瑟和保守派会把古提奥治罪，但是的确有人期望康克林执掌行政大权。然而事实证明，一个死掉了的加菲尔德比活着的他更有助于推动改革的进行。”[③]特别是古提奥因为索要公职未遂而变成杀人狂的故事，促成了阿瑟总统最终签署了1883年的公务员改革“彭德尔顿法”。

当然，后来经过文官制度改革，美国的选官授职随着考绩制的推行而大有改观。然而，那些由总统任命的要员，包括部长、助理部长、州际贸易委员会和联邦储备局的头头等重要职位，还包括海关税收员、国内税收员和邮政局长等一大批官员，这些人仍然属于政治任命。在外交部门，一种特殊的任命和管理制度仍占优势。[④]而且，州和地方政府的考绩制远没有中央政府成

① （美）伊曼努尔·华勒斯坦著，路爱国、丁浩金译：《历史资本主义》，第86—87页。
② （美）A.B.哈特编《当代人讲述的美国史》（1929年版），转引自王锦瑭《美国文官制的改革》。
③ （美）艾伦·维恩斯坦等著，胡炜等译：《彩色美国史》（中卷），第362—363页。
④ （美）怀特著，孙澄方译：《美国行政动向论》，第180—181页。

功，“分赃制”传统势力强大的甚至延续到二战之后，到 20 世纪 80 年代仅有 60% 的州完全采用了考绩制，还有近 12% 的城市未采用考绩制。[①]之所以县域官制改革步调缓慢，主要是“县官吏甘愿安于现状领取薪水，而不愿改革现状从事冒险的竞争”[②]。一个基本的事实是：“在 19 世纪和 20 世纪现代工业飞速扩展的情况下，讨价还价的技能顿时成为通向飞黄腾达的捷径。”[③]

吏治腐败是最大腐败，吏治失败是最大失败

政治体制中最核心的环节之一，就是对顶层治理结构的总体规划和实际安排。具体而言，就是解决“人”的问题，如把什么人，放在什么位置上，发挥什么作用，等等。在 17—19 世纪，从明王朝的断头政治到不列颠的党派政治，再到美利坚的老板政治，都在选人用人的全局性、根本性问题上栽了大跟头，如明王朝付出了亡国的代价，不列颠付出了独立战争战败的代价。

四、人不行，政治体制再好也不行

快速发展的官僚组织将经历一个权力攀登者增加和保守者减少的过程。

——安东尼·唐斯

公共职位的配置状况是体制生命力的风向标。判断政治体制是否衰败的一个简便方法，就是看合适的人是否在合适的位置上，或者说不合适的人是否占据着位置。然而，人类社会选授公职的历史实践表明，不论是明朝的科举制，英国的恩赐制，还是美国的分赃制，都难免受到统治者意识形态的钳制，或是被世袭特权所束缚，或是被金钱势力所绑架，人们所期望的公平正义总是姗姗来迟。可以这样说，用人体制极为重要，因为一个社会要靠它来确立社会运行机构和公职人员任免及升级规则。政治体制再好，选不好人等于没用；人不行，政治体制再好也不行。

---

①（美）谢弗里茨等著：《政府人事管理：政治与过程》（1981 年版），转引自席来旺《美国行政系统官制的历史趋向》，《世界历史》1988 年第 1 期。

②（美）布鲁美治著：《美国县政府》，商务印书馆 1937 年版，第 6—7 页。

③（美）拉斯韦尔著，杨昌裕译：《政治学》，第 3 页。

第五章 社会颓败：两极化的“消费世界”

——社会不公和贫富分化如何诱发腐败泛化心理？

我们这个时代是一个堕落的过程；与50年前相比，现在的文化程度更低；而且在人类活动的每一个方面，这种衰退的证据都非常明显。

——T.S. 艾略特

有一个通俗浅显的比喻：腐败如同“臭豆腐”，闻起来臭、吃起来香。腐败高发期所怒放的“恶之花”，离不开特定的社会环境和社会土壤。“政治的腐败是国家衰落的标志，反映在文化上，则表现为腐朽。具体说，人欲的横流、颓废的宣泄与宗教的泛滥，成为腐朽文化的内核。国家、社会的衰落，使得‘理性化为无稽，幸福变成痛苦’。”[①]由于贪荣廉耻、弱肉强食、公平尽失，人们往往会产生“无官不贪，无处不腐”的腐败泛化心理。尽管“社会变革是一个连续的、极其复杂的过程，仅仅把不同历史‘时期’的生活方式、道德习俗进行比较，肯定太过单调”[②]，但从17—19世纪的三段腐败高发期之中，还是可以清晰地看到社会颓败的历史轨迹。

社会是国家和政府的母体，也是统治阶层和公职人员的栖居地。社会风气的颓败，对社会群体、个体都将产生负面影响：中晚明是一个“金瓶梅化”的末世社会，“笑廉不笑贪，笑贫不笑娼”成为普遍社会心理；18世纪的英国则被称为娼妓的“黄金时代”和“丑闻的时代”，伦敦和王室成了丑闻的来源地；19世纪的美国社会逐渐步入“镀金时代”，强盗大亨们打着“社会达尔文主义”的旗号巧取豪夺。老百姓虽然可以通过“食物骚乱”等群体性

① 魏鉴勋：《衰落论——兴盛界限阐微》，辽宁人民出版社1997年版，第129页。

② （美）弗雷德里克·L. 艾伦，高国伟译：《崛起的阵痛》，京华出版社2011年版，第116页。

事件实现一种“弱势博弈”，但更多的是在官、商等强势群体操弄的游戏规则中随波逐流。

一、《金瓶梅》即是真明史

自从阶级社会产生以来，人的恶劣的情欲、贪欲和权势欲就成为历史发展的杠杆。

——恩格斯

隆庆至万历年间，也就是朱栩钧父子当政的时候，被称为“第一奇书”的《金瓶梅》问世了。明末著名文学家冯梦龙将《金瓶梅》连同《三国演义》《水浒传》《西游记》合称“四大奇书”。鲁迅在《中国小说史略》中评论道：“（《金瓶梅》）作者之于世情，盖诚极洞达……无以上之。”毛泽东很看重《金瓶梅》，曾先后 5 次评价过《金瓶梅》，他还将《金瓶梅》定义为“谴责小说”，当作“明朝的真正的历史”来读。

1. 西门庆们的极乐世界

1956 年 2 月 20 日，毛泽东在听取重工业部门工作汇报时同万里等人的谈话中讲道：“《水浒传》是反映当时政治情况的，《金瓶梅》是反映当时经济情况的。”1959 年 12 月至 1960 年 2 月，毛泽东在读苏联《政治经济学教科书》的一次谈话中说：“在揭露封建社会经济生活的矛盾，揭露统治者与被压迫者的矛盾方面，《金瓶梅》是写得很细致的。”

其实，单从字面上看，中国第一部现实主义小说《金瓶梅》说的是宋朝的那些人和事，却普遍被看作是托古讽今，满纸都是鲜活的明人明事。或者说，《金瓶梅》打开了一扇浏览明朝社会腐朽乱象的窗户。

在《金瓶梅》里，吏治腐败主要表现为卖官鬻爵，贿赂公行，用金钱购买权力，用权力攫取金钱。朝廷的用人制度在金钱面前形同虚设，封建等级被金钱彻底摧毁。西门庆乃一介平民，因为给当朝太师蔡京送上了一份生日厚礼，就被蔡京安排在山东提刑所做了个理刑副千户，连西门庆的小舅子吴典恩也被安排做了清河县驿丞。[①]

---

① 王齐洲：《〈金瓶梅〉：社会转型期的人性考问》，《天津社会科学》2003 年第 1 期。

集官僚、恶霸、富商于一身的西门庆，是晚明富商巨贾的标本和化身。西门庆原是个破落财主、生药铺老板。他善于夤缘钻营，在县里包揽讼事，交通官吏，知县知府都和他往来。他不择手段地巧取豪夺，荒淫好色，干尽伤天害理之事。但由于有官府做靠山，特别是攀结上了当朝宰相蔡京并拜其为义父，这就使他不仅没有遭到应有的惩罚，而且左右逢源，步步高升。

当时的社会现状一如顾炎武笔下所述："高下失均，锱铢共竞；互相凌辱，各自张皇。……富者愈富，贫者愈贫。"①《金瓶梅》里，出现了新兴商人的群像：如杭州贩绸绢商人丁双桥（二十回）、扬州盐商王四峰（二十五回）、湖州贩丝绸商人何官儿（三十三回）、开银铺的白四哥（三十三回），以及扬州盐商王海峰、汪东桥、钱晴川（八十一回）等，他们都可谓是"富者愈富"的早期商业资本家（表1）。

表1　西门庆致富之"特权产业"简要列表

财源	经营内容	营利特点	时代背景
行商中盐	"开中"三万盐引，且比别的商人早掣取盐一个月（盐三百斤为一引，三万引可运盐九百万斤）	围绕官府有利可图的垄断行业	明代食盐实行"开中法"，为官僚、权贵等大盐商垄断，而一般盐贩、盐商只能从这种"囤户"手中分销获取余利
开张店铺	与乔大户合开绸缎铺，本钱五万两；绸绢铺，本银五千两；绒线铺，本银六千五百两；生药铺，用银五千两	围绕流通领域的热门商品	"皇店"、官店处处开，官员经商蔚然成风
放高利贷	违律放债，而且还贷取利高达五分	围绕金融领域违律取利的不法行为	明初规定："凡私放钱债及典当财物，每月取利并不得过三分，年月虽多，不过一本一利。"但放高利贷却是当时权贵经商获利的捷径

官府的特许经营权为西门庆带来了巨大的利益空间。"三分权力经济，三分关系经济，剩下来的四分才是货币经济。"② 人们往往用"无奸不商，无商不奸"来形容商人，在其作为官员的相对方而出现时，似乎总习惯把商人放在行贿人的角色上。

① 顾炎武：《天下郡国利病书》卷三十二。
② 黄仁宇：《〈赫逊河畔谈中国历史〉开场白》，载《现代中国的历程》，第264页。

明中后期，“不务仁义之行，而徒以机利相高”[①]的商人大有人在。如根据明朝“开中法”规定，如果想要合法贩盐，商人必须先向政府取得“盐引”。每引一号，分前后两卷，盖印后从中间分成两份，后卷给商人的，叫“引纸（盐引）”；前卷存根叫“引根”。商人凭盐引到盐场支盐，又到指定销盐区卖盐。这些国家专卖票证恰恰是西门庆们进入官方特许“暴利场”的入场券。

西门庆还大肆收取贿赂，小的如黄四送上“白米”一百石（即银一百两，明人行贿谓黄米为金，白米为银）；大的如放走谋财害命的苗青而受贿银一千两等。西门庆迎请宋巡按的一席酒，就花费了千两银子。西门庆在短短几年间所经营商业的总额，当在十万两之上。若再算上西门庆的不动产，估价该在二十至三十万两之间，这个数目在万历时，大体在全国该属于中贾。[②]

此外，政府采购也成为这些权贵商人的发财捷径。明朝中叶以后在营建方面采取了买办收购方式，因而出现了一批供应皇家建材的商人。每逢工部为皇室兴建或修葺一项工程，就是参与其事的大小官员一次损公肥私、冒领工料价款的天赐良机。宦官和工部官员靠受贿发财，商人靠宦官和工部官员营利，形成一个内外勾结的利益网络。如在明代万历二十四年（1596 年）重建乾清、坤宁两宫的工程中，主持的官员交结徽州木商王天俊等，“买木十六万根，勿论夹带私木，不知几千万根；则此十六万根木，逃税三万二千余根，亏国课五六万两”[③]。

贺盛瑞时任营缮司郎中，在主持该工程中节余九十万两白银，他既没向掌权太监送礼，也未与工部官员私分，结果反而被加上“冒销（虚报）”工料之罪名而罢官。于是，他写了一个“辩冤疏”向皇帝申诉，不料万历皇帝二十多年不理朝政，使其郁郁而终。贺盛瑞之子贺仲轼（生于万历八年即1580 年）曾任升刑部主事、郎中，根据父亲的笔记及生前口述，写了《两宫鼎建记》一书，详述他父亲主持施工的经过，并把那辩冤疏附在后面。[④]从这本著作中也反映出明代晚期营建皇宫极端腐朽的内幕，贪贿盗窃无所不用其极，成为当时社会政治状况的一个缩影。

---

① 李梦阳：《空同先生文集·贾论》。

② 霍现俊：《西门庆形象新探 》，《明清小说研究》1998 年第 1 期。

③ 贺仲轼：《冬宫纪事》，《宝颜堂秘笈》丛书，上海文明书局 1922 年版，第 3 页。

④ 雷大受：《谈〈两宫鼎建记〉》，《故宫博物院院刊》1987 年第 2 期。

资本主义萌芽时期的晚明社会，官僚商人和普通商人是处于一种不平等的地位进行贸易的。权商如同商业嗅觉灵敏的猎犬，在权力面前变成摇尾乞怜的走狗，猎取着特权庇护下的赃款和暴利。如西门庆之流，他们的特权越大，一般工商者经商的困难就越多。亦官亦商、半官半商的“西门庆们”，成了晚明社会最强势的利益集团。对于黎民百姓而言形同地狱的黑暗世道，对他们恰如光明灿烂的极乐世界！

这些骤富乍贵的“权商”，既是奢侈消费的引领者，也是社会颓败的主导者。在他们纵情声色、骄奢淫逸之际，色情文学在明正德、万历以后发展到空前绝后的地步。小说如《绣榻野史》《浪史奇观》《闲情别传》《昭阳趣史》《肉蒲团》等；春宫画册如《风流绝畅》《花营锦阵》《鸳鸯秘谱》《江南销夏》等，广为流传，影响甚大。“堕落的世风与堕落的文艺，相得益彰，构成了国家衰落期腐朽文化的主流，成为国家、社会衰落的明显标志。”[①]

这些字里行间和传神画笔“不离性事”的“畅销品”，并不单单是一些轻薄文人的无聊之作。相反，那些在中国文化史上占有一席之地的大家如唐寅、冯梦龙、李贽、仇英等，或书写，或绘画，或点评，“借男女之真情，发名教之伪药”[②]，成为色情文化的吹鼓手。“初学拈笔，便思污蔑世界，广摭诬造，非荒诞不足信，则亵秽不忍闻。得罪名教，种业来生，莫此为甚，而且纸为之贵，无翼飞，不胫走”[③]，“市民文人”和“通俗小说”的盛行，也成为中晚明尤为特殊的文化景观和社会怪相。李贽甚至鼓吹“成佛征圣，惟在明心，本心若明，虽一日受千金而不为贪，一夜御十女不为淫也”[④]。

色情文化是表，道德颓败是里。与资本主义的萌芽、封建礼教的萎缩和市民社会的勃兴联系在一起的，恰恰是顶层的政治腐败、底层的轻佻世风以及作为社会“中间层”的文人士子争相追逐“文化艺术商品化”的浪潮。与其说西门庆是被读书人“写”出来的，不如说他的故事是千百个商人“做”出来的。

2. 新的交往关系：士商相混与“蝇聚一膻”

明朝中后期，人们交往关系不依名教，功利主义色彩渐浓，人情淡薄的

① 参见魏鉴勋：《衰落论——兴盛界限阐微》，第133—135页。
② 冯梦龙：《山歌》“叙”。
③ 凌濛初：《拍案惊奇·序》。
④ 转引自吴存存：《明清社会性爱风气》，人民文学出版社2000年版，第66页。

风习日厚，人际交往“渐加以货币，遂至视多寡为厚薄”[①]。社会充斥着形形色色的贪赃枉法行为，人与人相处陷于极端不信任之中。

今天的诸多犯罪手法，如用假钱、碰瓷、骗婚、色骗、以残疾儿童行乞，冒充高官子弟招摇撞骗等都在明代蔚为盛行。当时有人写了一本《杜骗新书》，把好多骗钱的例子集合起来，教人防备。明代商人的旅行指南如《一统路程图记》《客商一览醒迷》，内容也都是如何防止受骗上当，怎么判断对方是否可靠，某个地方的风气如何等。[②]

在人心不古、“礼崩乐坏”之下，一个空前的世相悄然呈现：士商相混。不少达官显宦、文人学士不但抛弃了轻商贱商和“君子固穷”的传统观念，还竞相结交、恭维商人，形成了士与商、官与商结托交游的普遍风尚。[③]

——商人地位水涨船高

《汉书·食货志上》曰：“士农工商，四民有业。”这将“商”排在社会末流。朱元璋曾言：“若有不务耕种，专事末作者，是为游民，则逮捕之。”此时，明王朝继续奉行“重本抑末”政策。但到了明中叶，掌握着巨大货币财富的中晚明富商，迅速赢得了世人的趋奉。

明中叶，商人在徽州“昔为末富，今为本富”，休宁县“百姓强半经商”；盐商汇集的扬州“俗喜商贾，不事农业”；常州府靖江县“农人贱而商贾贵”；山东“不贱商贾”；河南睢宁“庙湾民庶，食货得流，后多富者”；陕西泾阳“民逐末于外者八九”；江西南昌“逐什一之利，趾相错也”；福建西北山区“乡有苎布之利，喜于为商”；山西汾阳府“民率逐于末作，走利为鹜”……大江南北，陷入行商坐贾的“生意潮”。清人沈垚说：元明以来“天下之势偏重在商，凡豪杰有智略之人多出焉，其业则商贾也，其人则豪杰也”[④]。给商人贴上了“豪杰”的标签。就连清雍正皇帝也曾评价道：“山右大约商贾居首，其次者犹肯力农，再次者谋人营伍，最下者方令读书。”这表明在社会上传统四民已经排列为“商农兵士”[⑤]，读书人的地位可谓一落千丈。

对士人的礼遇更是每况愈下，富商“人家有宾客，动辄费数千金，乃不

---

① 《古今图书集成》《明伦汇编》《交谊典》卷3《交谊部》。

② 南炳文：《海瑞廉洁反贪典型的再思考》，《北京青年报》2011年8月2日。

③ 黄瑞卿：《明代中后期士人弃学经商之风初探》，《中国社会经济史研究》1990年第2期。

④ 沈垚：《落帆楼文集》卷24，《黄席山先生七十寿序》。

⑤ 崇祯《靖江县志》卷10，《风俗》。

能损百千奉其师友”[①]。而原本颇具师道尊严的“馆师”与“工匠”“瓦匠”一道被称为“学匠”。[②]而且，有货币权力和财富能力的富室巨商以“能蓄书画及诸玩器盆石花木之类”为流行时尚，“谓之爱清，……大率欲招致朝绅之好事者，往来壮观门户”[③]。

商人社会地位的变化，使一些原来重农贱商的封建士大夫也开始热衷于商业。一些儒生士子在这股“竞事商贩”潮流的影响下，弃儒经商，以至于“虽士大夫家，皆以商贾游于四方”。

商人社会地位的提高，还表现在过去“文化人”不屑交往和联姻商贾的状况不再。“昔士大夫以清望为重，乡里富人，羞与为伍，有攀附者必峻绝之。今人崇尚财货，贿拥资厚者，反屈体降志，或订忘形之交，或结婚姻之雅，而窥其处心积虑，不过利我财耳，遂使此辈忘其本来，足高气扬，傲然自得。”“今世流品，可谓混淆之极，婚姻之家，惟论财势耳，有起自奴隶，骤得富贵，无不结姻高门，缔眷华胄者。”[④]人们的择偶标准已经完全为金钱所左右。通过婚姻明索财礼已是司空见惯，“当时（指嘉靖以前）婚娶，但论门阀，媒约定言，两不求备。今女家许聘，辄索财礼男家”[⑤]。

——士人“治生”异常艰难

前人谈及士人“本业治生”之道，主要有四类：即“取科第致富贵”“开门授徒”“签筒之役（即作幕僚）”和“童蒙之师”。[⑥]然而，到了明中后期，除了科举登第之外，靠后三者营生十分艰难。以至于以处馆授业为生的安徽歙县人李德远临终时“属其子春逢曰：我死为我大署其碣曰：‘贫士李仲明之墓’，死不憾矣”[⑦]。这些读书人大多以替人抄书，为乡里作庆吊、叙记、哀志之文，以及选编时艺等“下业”来谋取衣食。[⑧]许多风靡一时的艳情小说，也都是潦倒文人应市场之需，或受书商请托，基于牟利而为之，表明卖文为生的“为学者其好则贾而已”成为风潮。

---

① 朱国桢：《涌幢小品》卷3。
② 刘晓东：《晚明士人生计与士风》，《东北师大学报（哲学社会科学版）》2001年第1期。
③ 陆容：《菽园杂记》。
④ 董含：《三冈识略》卷63，《吴风俗十六则》；谢肇淛：《五杂俎》卷14。
⑤ 《名山藏》卷102《货殖记》。
⑥ 袁采：《袁氏世范》卷中《子弟当习儒业》。
⑦ 钱谦益：《牧斋初学集》卷66《李德远墓表》。
⑧ 刘晓东：《明代士人本业治生论》，《史学集刊》2001年第3期。

“贫者，士之常。”士人生计的贫困化在中晚明表现得十分突出。“惟读书之士，至今日而治生之道绝矣。田则尽归富人，无可耕也；牵车服贾则无其资，且有亏折之患；至于据皋比为童子师，则师道在今日贱甚，而束修之入仍不足以供俯仰。”[①]读书人“业儒固善，然猝不成名，不若业贾，可朝夕养生”[②]，“万般皆下品，惟有读书高”的声誉换不来柴米油盐。通过代人请托官府、代人考试、“业贾营商”等方式，“耕读传家”的传统方式被突破殆尽，“学者治生为急”的功利思潮方兴未艾。理学家李塨痛切指出：“今则士风益颓矣。有名声者，亦率同气不和，见利忘义。”

——“以利相交”蔚然成风

明代商人王文显说：“夫商与士，异术而同心。故善商者，处财货之场，而修高明之行，是故虽利而不污，善士者引先王之经，而绝货利之途，是故必名而有成。故利以义制，名以清修，各守其业，天之鉴也。”[③]但现实中的情况却没有这样美好，儒士与商贾都有对方需要的东西。如蒲州盐商展玉泉靠行贿数百金，谋得了一个驿丞的小官。于是，十分得意地叫来儿子接管盐业并嘱咐说：“我仕矣，得间或视尔。”意思是自己做官的同时还监管着儿子的营生；同行们更是羡慕他“荣其贾而能仕。仕而不失其世业”。

此外，虽然“儒为名高，贾为厚利”，但脑袋满满的士人和口袋满满的商人还是找到了走到一起的理由。原本“谋道不谋食”的文人士子，开始“屈尊”与其交往；而当时盛行的借贷形式——“放官吏债”[④]，更是成为商人地位上升的典型例证。那些挥金如土的富商纷纷“喜交士大夫以为干进之阶”[⑤]，无非以财货吸引文人“多与之游”来附庸风雅，并且凭借雄厚的资本开始“与缙绅先生列坐抗礼”[⑥]。而那些屈就降节的士和官，无非是因趋钱附利而乞助于“富儿敌国”的商人。

明代中后期，士人卖文求生已是平常之事。“专以卖文为活”者草拟三篇序文，可得“润笔千金”，何乐不为？明人的文集中，不少人都不遗余力

---

① 戴名世：《戴名世集·种杉说序》。
② 吴宽：《匏翁家藏集》卷 8，《戴母庄氏墓志铭》。
③ 张正明：《明清晋商资料选编》，山西人民出版社 1989 年版，第 110 页。
④ 参见韩大成：《明代社会经济新探》，第 196 页。
⑤（清）昭梿《啸亭杂录》卷 2，《附录》。
⑥（明）张岱：《陶庵梦忆》卷 5，《诸工》。

地为商人撰写赞、寿序、文序、碑铭、传记、墓表、祭文等行状，并给商贾冠以“征君”“封君”“隐君”“府君”“舍人”“处士”等令名雅号。像归有光、祝允明等名士无不深谙此道，受人托请，获利颇丰。弗洛姆曾说过：“推动人的行为的最强有力的力量，来自人类生存的条件。”[①]金钱魔力如此之大，上至天理，下至人伦，无不为之“倾倒”。

从某种程度上说，“士与农商常相混”[②]这种新型社会交往关系的出现是“富而求贵”的商人们寻求社会地位的一种奢侈性、炫耀性消费方式。正所谓：“人情，贵则必骄。”晚明的奢靡生活与其说是一种“思想解缚”即人们开始尽情享受富足的生活，倒不如说它更像是某种心理宣泄，其情形几近于招摇过市，消费行为“从不露山、不显水一变而为此时的专为露山、专为显水”，从而使得讲排场、讲攀比甚至求新奇、求怪异成了世风变迁的显见特征。[③]

3. 越礼逾制的世风

吏治和礼制是中国封建统治者用于治理国家的两大法宝，前者维系政治领域的稳定，后者维系社会领域的太平。然而，吏治腐败对礼制倒退起到了推波助澜的作用。仕风之堕落，也带动了世风之败坏。万历十六年前后，余继登在为北直河间府交河县县志作后序时写道：“弘、正以前，俗尚敦朴，士以质行相高，野无惰农，市无淫工，商贾无绮靡之奉，下不敢干上，少不敢僭长。今何如矣？美衣偷食，即诵法孔氏者犹然，无论商贾。农弃业为贾，贾弃业为游食。……甚者子凌父，弟凌兄，小人凌君子，富凌贫，少凌长，俗至无礼而恬不知怪，转相效焉，世变江河莫可挽也。”[④]

一个尤为突出的标志是，明初用于规范社会成员行为的烦琐礼法普遍遭到僭越突破。明初“风尚诚朴，非世家不架高堂，衣食器皿不敢奢侈……万历以后迄于天崇，民多世富，其奢侈乃日甚一日焉”[⑤]。从官员到士人都在追求奢华享受，“逞逾制犯禁，不知忌也”[⑥]。如张岱所说“好精舍，好美婢，好娈童，好鲜衣，好美食，好骏马，好花灯，好烟火，好梨园，好鼓吹，好古董，

① （美）E. 弗洛姆著，孙恺祥译：《健全的社会》，贵州人民出版社 1994 年版，第 22 页。
② 归有光：《震川先生文集》卷 13，四部丛刊本。
③ 张和平：《一条鞭法与晚明社会的奢靡之风》，《中国社会经济史研究》，2004 年第 3 期。
④ 余继登：《交河县志后序》，《淡然轩集》卷 5，文渊阁四库全书本。
⑤ 乾隆《震泽县志》卷 25，《风俗序》。
⑥ 张瀚：《松窗梦语》卷七，《风俗纪》。

好花鸟”，而刺激感官的艳情小说业、娼妓业、春宫画、房中术、娈童风等更是盛行不羁。张居正曾经感叹：“今风俗侈靡，官民服食，俱无限制。”①

统治者虽三令五申、严加整饬，无奈人心不古，大势已去，“是皆僭拟无涯，逾国家之禁者也”，“朝廷禁止之诏屡下，而奢靡僭用之俗自如”②，颓风已难挽矣。彼时华夏，“人多轻薄习，乡无谦厚之风，长幼失序”③，“矜严礼法之家”④已不多见。“勋戚宗绅，竞尚侈靡”⑤，个中原委还是出在了京城和“上面”。

早在万历的爷爷嘉靖执政之时，吏科给事中胡应嘉就曾上了一道“敦节俭”的奏章，其中说道：

> 京师，四方之极远，通所取则者也。今诸贵人不宜共德，相高而兢（竞）逞侈心于冶艳之观，甲第连云，舆马耀日。始犹贵戚、中宫为之，而今渐染及儒绅矣。海内仿效，糜财殚力。

“豪门贵室，导奢导淫”，全国看“京师”，全民看“贵人”。这等于是从社会上游打开了一道“泄洪”的闸门，滚滚而下的便是“导奢导淫”的洪流：

——在**“衣”**方面，原本是“明季服色，俱有等级”，“士女服饰，皆有定制”⑥。到了万历年间，苏州城里“不论富贵贫贱，在乡在城，俱是轻裘，女人俱是锦绣，货愈贵而服饰者愈多”⑦；河南汝宁府是“厌常斗奇，巾袭晋唐，衣杂红、紫，竞相慕好，汰侈无已，实为妖服”⑧；浙江各地是“男子服绵绮，女子饰金珠，是皆僭拟无涯，逾国家之禁也”；山西地界是“斗丽夸多”，“风气渐浇，人心滋巧”⑨；南京服饰则是“殊形诡制，日新月异”，“白屋之家，侈僭无忌”⑩……大江南北，一时间争奇斗艳，奢风四起，愈刮愈盛。

且不说《大明律》中对于君臣官民衣着材料、式样、尺寸等方面的规定是否合理，也不论其所遵循的“贵贱之别，望而知之”的“衣冠政治学”是

---

① 张居正：《张文忠公集》，《陈六事疏》。
② 周玺：《垂光集》卷一，《论治化疏》。
③《古今图书集成》《明伦汇编》《交谊典》卷 26《乡里部》。
④ 李诩：《戒庵老人漫笔》卷 3。
⑤ 乾隆《长治县志》卷八，《风俗》。
⑥ 姚廷遴：《历年纪》下，载《清代日记汇抄》，第 165 页；张翰：《松窗梦语》卷七《风俗纪》。
⑦ 钱泳：《履园丛话》卷 7“骄奢”。
⑧《古今图书集成》《方舆汇编》《职方典》卷 474。
⑨ 崇祯·山西通志卷 29。
⑩《客座赘语》卷 7。

否正当，但仅就服饰僭越背后所渗透的尚奢鄙俭、崇富轻贱的社会心理而言，无疑是反映了中晚明后期的社会病态心理。不仅巨室豪强崇尚鲜衣华服，“……多巨室大豪，若家僮千百者，鲜衣怒马”①；贫乏之人也纷纷“强饰华丽，扬扬矜诩，为富贵容”②。以至于“今不论下贱，凡有钱者任其华美，云缎外套，遍地穿矣”③，“负贩之徒，道而遇华衣者则目睨视，啧啧叹不已”④，直把“金玉其外”的华服锦裳作为“成功人士”的社会评价标准。更有甚者，“嘉靖辛丑壬寅间礼部奉旨严行备省大禁民间云巾云履，一时有司视为要务，不敢虚行故事，人知畏惮，未有犯者。不意嘉靖末年以至隆万两朝深衣大带忠靖进士等冠唯意制用，而富贵公子衣色大类女装，巾式诡异难状”⑤。为标新立异不惜“男扮女装”，到了丑态百出的地步。

——在**“食”**方面，穷奢极欲、大排筵宴成为社会常态。时谚云：“开门七件事：柴、米、油、盐、酱、醋、茶。”千家万户赖以存续的“七件事”无一不是关乎饮食。据《如梦录》所载，当时市面上“一切蔬菜俱全”，“各样肉菜俱全”，“海菜俱全”，还有“各样美酒”“各品芽茶”及“各样南北鲜果”“各样糖果”，只要家中有钱尽可随便享用。在人口稠密的都会甚至出现了厨师云集的专门市场“厨役市”，“凡有酒席，来此招顾”，足可见民间饮宴之隆盛。

万历二十二年（1594 年），杨东明在其所著《救荒图说》中对民间“率多侈靡”的“吃喝风”做了记载：“迎神赛会，揭债不辞。设席宴宾，倒囊奚恤。高堂大厦，罔思身后之图；美食鲜衣，惟顾眼前之计。”这分明已不是“民以食为天”的正常饮食，而是巧立名目举债消费、寅吃卯粮透支消费的欲望游戏了。明人叶梦珠在《阅世编》中记载时人家宴，“一席之间，水陆珍馐，多至数十品”，为满足口腹之欲，其靡费可见一斑。无怪乎“中外臣僚士庶之家，靡丽奢华，彼此相尚，而借贷费用，习以为常”，很多人是“打肿脸充胖子”，宁可负债也要逞一时之快。

——在**“住”**方面，明初提倡的“宫室有度”法则形同虚设。如明初除

---

① 王士性：《广绎》卷四，《江南诸省》。
② 张翰：《松窗梦语》卷 7《风俗记》。
③ 姚廷遴：《历年纪》下，载《清代日记汇抄》，第 165 页。
④ 归有光：《震川集》卷 3《庄氏二子字说》。
⑤ 李乐：《见闻杂记》卷二。

对官员按品级明确了房屋建造的规制，还曾规定：庶民所居房舍，从屋虽可有十所二十所，但不许过三间五架，不许用斗拱及彩色装饰等。然而世风日变，所谓“高楼飞阁连云起，画栋雕墙拟帝里”①，一种追求豪华浮夸的建筑风格流传开来，大江南北无不竞相效尤。时人为装饰房屋，不惜以“一石之奇，辇自数千里；一花之异，购之数百金”②。“富者田连阡陌，岑楼相望”不说，还竞相“营别墅……为屋如千楹，缭以周垣，荫以佳木，园池蔬果，触目成趋”③，屋宇的住宅功能退居其次，建筑的炫耀色彩日渐浓烈。

当时，“士大夫家不必言，至于百姓有三间客厅费千金者，金碧辉煌，高耸过倍，往往重檐兽脊如官衙然。园囿僭拟公侯。下至勾栏之中，亦多画屋矣”④。不少人热衷于“率为楼台、园囿、池沼，以相娱乐。近水则为河亭游舫，蓄歌伎，弄丝竹，花晨夕月，酣燕不绝”，对那些勤俭居家且“朴鲁而不为放达者，则群起而非”⑤，分明是一派是非颠倒之景象。房屋居宅之有形“国制”荡然无存，由俭入奢、由奢而僭之风则在无形当中深入人心。

——在**“行”**方面，明朝作为等级社会亦在交通工具的使用以及规模、形制等方面有严格规定，如在京三品以上者可以乘轿，四品以下不得乘轿，“五府管事，内外镇守、守备及公、侯、伯、都督等，不问老少，皆不得乘轿”⑥。因此，“国初进士皆步行，后稍骑驴。后弘、正间，有二三人共雇一马者”⑦，而且“乡官虽至任回家，只是步行”⑧。然而，在“脂粉气”和“铜臭味”充斥朝野的晚明，人们对交通工具的利用也日渐奢华，违礼逾制也就势所不免。

明代中后期松江的何良俊对此作过详细记录：“尝闻长老言，祖宗朝，乡官虽见任回家，只是步行；宪宗朝，士夫始骑马；至弘治正德间，皆用轿矣。……今举人无不乘轿者矣。……今监生无不乘轿矣，大率秀才以十分言之，有三分乘轿矣。其新进学秀才乘轿，……盖因诸人皆士夫子弟或有力之家故

① 张昉：《匏客集·蓬蒿行》。
② 王当世：《梅花书屋文集》卷6。
③《如梦录》关厢纪第7。
④ 顾起元：《客座赘语》卷五，《建业风俗记》。
⑤ 郑廉：《豫变纪略·自序二》。
⑥ 张廷玉等：《明史》卷六十五《舆服志一》。
⑦ 谢肇淛：《五杂俎》事部二卷十四。
⑧ 陈瑞：《明朝中后期社会生活中越礼逾制现象探析》，《安徽史学》1996年第2期。

也。”① 不但如此，“至优伶之贱，竟有乘轩赴演者”，一副高人一等的做派。

中晚明的改革为何必然失败?

明中期以后，最有影响力的改革有两次：一次是张居正在国家层面的务实改革；另一次是王阳明在社会层面的务虚改革。然而，这是两次必然失败的改革。如前所述，张居正改革的失败标志着国家利益调整机制的萎缩。张居正的改革，核心是一种赋税结构调整和财政体制革命，企图在“不伤筋动骨”的情形下使国家政权获得新的底层支撑点，然而，业已形成的官僚集团的逐利风潮和土地兼并，使得这种顶层设计如昙花一现，根本没有土壤得以存续。王阳明改革的失败标志着国家意识形态调控的瓦解。王阳明作为一个奇人，生前功名显赫却十分落寞。倒是隆庆二年，皇帝再诏赠为“新建侯”，谥“文成”，颁铁券。穆宗皇帝在券文中说：“两间正气，一代伟人，具拨乱反正之才，展救世安民之略。”尽管如此，一两个人的力量在社会大潮中好似沧海一粟。在无法有效进行利益调整的顶层设计和集体不负责任的执行机制之下，明王朝只有走向灭亡这一条路。

长此以往，“习以为常，利厚官高则是能品”，一股追逐荣华富贵、贪恋金钱、爱慕虚荣的社会风气弥漫全国。作为社会栋梁的士人亦莫能外，如书画大家徐渭为浙闽总督胡宗宪代写《镇海楼记》得润笔费220两后，马上到老家买地10亩、建房22间，并颇带炫耀性地命名为“酬字堂”。虽然逾越封建礼制的行为在某种程度上带有进步开化的色彩，但其所引发的价值混乱乃至道德滑坡却不容小觑。“人情以放荡为快，风气以侈靡相高”，世风、仕风和士风都到了颓败不堪的边缘。

于是，“人无担石之储，然亦不以储蓄为意。即舆夫仆吏奔劳终日，夜则归市肴酒，夫妇团醉而后已”②，分明是今朝有酒今朝醉，浑浑噩噩不可终日。社会底层的穷门小户也不顾经济实力进行攀比消费，“与富者斗豪华，至倒囊不计焉”③，“毋论富豪贵介，纨绮相望，即贫乏者，强饰华丽，扬扬

---

① 何良俊：《四友斋丛说》卷三l‘五《正俗二》，中华书局1959年版，第320页。

② 王士性：《广志绎》卷4《江南诸省》。

③ 崇祯：《郓城县志》卷7《风俗》。

矜诩，为富贵容”[①]，最终沦为权贵和金钱的双重奴仆。一言以蔽之，晚明奢靡之风恰如时人所说：“此乱象也。”[②]

二、“斯密之谜”如何破题

只有少数社会制度是自觉地设计的，而大多数却只是作为非人类行为所设计的结果而成长的。

——波普尔

18 世纪的英国，乡村扩展为城镇，人们的居住习惯又改变其就业状况，英国开始走进“薪酬经济（wage economy）时代”。在工业革命推动下，资本主义的迅速发展使英国进入到工业社会。如马克思所说，工业社会“是英国现代各种关系的基石， 是整个社会发展的动力”。但是，工业社会也是一个与农业社会不同的“矛盾混合体”，逐渐步入到利己与利他、物欲与道德、诚信与效率等矛盾冲突对立的社会发展阶段。普通民众“为了逃避法律的制裁、逃避税收或是官员们滥用权力，只有靠行贿、给回扣或者干脆搞走私”[③]。由此，社会的衰败堕落风行一时。

1. 利己与利他：亚当·斯密的困惑

18 世纪是贵族斗富争雄的世纪，一个集中的体现是兴建豪宅、相互攀比。第四任德文希尔公爵重建查茨沃斯庄园花费了 4 万英镑。罗金厄姆侯爵一面费时 20 余年，耗资 8.3 万英镑修建温特沃斯·伍德豪斯庄园，又一面花费 10 万英镑建造奥德利·恩德府邸。有的贵族庄园本来十分豪华，主人只因式样过时而不惜拆掉重建。伯特·亚当仅仅为了改建其庄园门廊，就耗资 5000 英镑。

据调查，17 世纪末，上院贵族的府第平均有 34 个房间，到了 18 世纪的贵族大庄园经常是有上百个乃至更多房间。1765 年建成的卢顿庄园的园林就占地 900 英亩。1776 年考克家族继承了霍尔克汉庄园后，将之扩充到了 1800 年的 3000 英亩。而 18 世纪 80 年代第十一任诺福克公爵的格雷斯托克园林占地 5000 英亩，超过了占地 4000 英亩的劳瑟园。

---

① 张瀚：《松窗梦语》卷七，《风俗纪》。

② 李乐：《见闻杂记》卷十。

③ Peck, Linda Levy, Court Patronage and Corruption in Early Stuart England ,London , Unwin Hyman Ltd.1990.p.136.

18世纪中叶，拥有5处豪宅的斯宾塞一家，堪称贵族奢华生活的代表。春季，议会开会时，他携家眷住在伦敦格罗斯维诺大街的家以免奔波之苦；夏季，他又阖家移居伦敦郊区的维姆鲍顿公园的别墅以避暑休闲；秋季，举家赶往北安普顿郡的皮奇雷庄园狩猎玩娱；冬季，英格兰阴冷潮湿之中，全家留居于拥有300余年历史的奥尔索普老宅，感受着温暖和舒适。这些庄园还是党朋聚会庆典的理想场所。如1789年乔治三世病情好转时，托利党贵族就在各地大张旗鼓地饮宴庆贺。[①]然而，就在这些权贵们一掷千金、穷奢极欲之时，社会上的大多数人却生活在贫困线上。

18世纪后，在政治领域恪守传统"小政府"的"无为而治"。在经济领域，亚当·斯密等人宣扬的"自由放任"取代重商主义而深入人心，几乎成了英国经济生活的金科玉律。人们"追求自己的利益，往往使他能比在真正出于本意的情况下更有效地促进社会的利益"[②]，人们深信市场这只"看不见的手"会自然地调节和推动社会经济的发展，视国家干预为对政治自由和市场经济的粗暴干涉。[③]然而，资本主义快速发展中出现了大量使用妇女和童工、收入分配两极分化、道德沦丧、矛盾激化等社会现实。历届政府频频颁发"劳工令""贫困救济令"，软硬兼施；流民凄苦的境遇，官府衙役的凶恶吼喊，"救济院""赈济所"纷纷开张，构成了现代初期英国社会的"独特历史画面"。[④]

以儿童为例。挣扎在贫困线上的低收入者把子女视为资本品，而非消费品，孩子们受教育年限降低了，过早地担负起养家糊口的重任。在工业重镇兰卡郡，工人们理所应当地认为，子女在12岁时就应该离开学校到工厂里工作。在提高学龄方面，到19世纪英国仍然落后于德国和瑞士，因为雇主和受雇者都认为半工半读的儿童是工业经济的重要成员。[⑤]

1839年的一份报告说，兰卡郡包括欧德姆和阿希敦在内的地区，拥有10万以上人口，却没有一所为贫困学生设立的公立日校。19世纪上半叶的南威尔士，50个成年男子中没有一个人识字。这种情况导致国民整体素质下降，支撑经济社会发展的人力资本与物质资本不匹配，使得经济发展缺乏"后劲"。

---

① 参见阎照祥：《英国近代贵族体制研究》，第218—221页。
② （英）亚当·斯密著，郭大力等译：《国富论》下卷，商务印书馆1983年版，第27页。
③ 陆伟芳、余大庆：《19世纪英国城市政府改革与民主化进程》，《史学月刊》2003年第6期。
④ 王晋新、姜德福：《现代早期英国社会变迁》，第49页。
⑤ （英）哈孟德夫妇著，韦国栋译：《近代工业的兴起》第二卷，商务印书馆1959年版，第233页。

此外，高收入阶层与低收入阶层对教育投资额的“鸿沟”越拉越大，又使得贫富差距难以通过公共教育进行救济。

英国工业革命时期的社会状况为何被称为“迈达斯之祸”？

18世纪英国工业革命所带来的巨大社会变迁超出了任何人的想象。在一个奉行自由放任和物欲横流的国家，加速工业化和城市化的到来引发了一系列社会灾难。英国史学家哈孟德夫妇用“迈达斯之祸”来形容这段历史。[①] 迈达斯是希腊神话中的人物，梦想自己能够点石成金，但最后达成目的后却几乎饿死，连正常的爱情都无法拥有。当时的英国社会，与经济快速发展、城市迅速扩张相对应的负面情况包括：城市管理混乱失序，贫富严重分化，公共卫生状况恶化，环境污染严重，腐败和欺诈横行……与腐败相关的一个反思视角是，政府放任自流、无所作为，对社会混乱、问题丛生而得不到及时解决负有推波助澜的过失。因为，一个“坏社会”，无论如何是不能与一个“好政府”联系起来的。可以说，如果不能通过有效的社会救济、福利保障和分配调节等公共机制缓解社会矛盾、强化公平正义，我们有理由把这样的政府称作是纵容了“迈达斯之祸”的腐败无能的“恶政府”。

资本家不能给予工人必要的劳动安全保障，工伤事故不断，严重危害工人的身体健康和人身安全。“1841年受命调查煤矿工业的皇家委员会提出的报告，使得整个英国感到震惊。报告揭露出煤矿里种种野蛮景象：雇佣妇女和儿童，工时之长达到残酷的程度，没有安全设施，卫生条件和道德状况普遍很差，令人恶心。关于这个报告的讨论以及其他工业揭露出来的类似状况，几乎立即在英国文学里反映出来，它们分别从道德和美学的观点出发，不断地掀起批评工业主义的浪潮。”[②]

对此，政府本应通过劳动立法和社会救济等进行积极干预。但当时的英格兰总体上主张“自由放任是一般原则”[③]，信奉“管得最少就是管得最好”的“守夜人”政府原则。而资产阶级并不把失业工人和穷人当作人来看待，

---

① 参见高德步：《经济发展与制度变迁：历史的视角》，经济科学出版社2006年版。

②（美）乔治·霍兰·萨拜因著，盛葵阳等译：《政治学说史（下册）》，商务印书馆1986年版，第772页。

③（英）约翰·穆勒著，胡企林等译：《政治经济学原理（下卷）》，商务印书馆1991年版，第539页。

认为贫困是由于“个人懒惰”所致，因而应由“个人负责”[①]。

1834 年，在工业资产阶级的推动下，政府制定了一部《济贫法》。这部法律规定，在各地建立济贫院，凡无生活来源、需要社会救济者必须进入济贫院。但是被救济者在济贫院内被迫从事繁重体力劳动，里面的生活条件又极为恶劣。“如果接受救济的人生活得同自食其力的人一样好，那么这种救济制度就会从根本上使所有人丧失勤奋努力、刻苦自励的精神，如果真的实施这种制度，那么作为其补充，就需要一种有组织的强迫劳动制度，来迫使那些没有自立动机的人像牛马那样干活儿。”[②]可见，这部《济贫法》实际上把“救济穷人”变成了一种“惩治穷人”的手段，其最终目的是为了摆脱济贫税负担和为资本主义生产提供充足的劳动力来源。

1759 年，亚当·斯密出版了平生第一部著作《道德情操论》。他在这部修正增补三十余年直至谢世前一年才定稿的大作中，阐明了个人怎样控制自私以及怎样建立一个“好”社会。

1776 年，也就是美国独立战争爆发的同一年，亚当·斯密出版了平生唯一的一部经济学专著《国富论》。在这本被喻为经济学圣经的著作中，他却对人的自利性做了尽情阐发。

亚当·斯密虽然被封为现代资本主义革命和自由市场经济的思想“教父”，但却毕生试图以《国富论》打造一个理想的物质世界，以《道德情操论》建设美好的精神家园。无奈的是，这些美好的理念在18世纪的英国属于典型的“奢侈品”，因为道德沦丧、情操蜕化是社会的主潮。

正如埃里克森所说：“只有在新的更为广泛的道德标准盛行时，旧的道德标准才肯做出牺牲。”[③]尽管斯密试图从“经济人”假设出发控制利己主义[④]，但却留下了两个“亚当·斯密之谜”：一是“价值悖论”，如作为对生存价值极高的必需品的水价格却很低，而钻石等奢侈品使用价值不高但价格昂贵；二是“价值冲突”，即人类在社会经济生活中的“利己”与“利他”的矛盾现象，如贩奴生意中英国实现了原始资本累积，但却制造了无数黑奴的噩梦。

---

① 程汉大著：《英国法制史》，齐鲁书社 2001 年版，第 415 页。
② （英）约翰·穆勒著，胡企林等译：《政治经济学原理（下卷）》，商务印书馆 1991 年版，第 559 页。
③ （美）詹姆斯·麦格雷戈·伯恩斯著，刘李胜等译：《领袖论》，第 86 页。
④ （英）亚当·斯密著，蒋自强译：《道德情操论》，商务印书馆 1998 年版，“序言”。

2. 因富而“贵”：从奴隶贩子到英国绅士

曾几何时，对商人的歧视是一种“刻板成见”，莎士比亚笔下那个贪得无厌的威尼斯商人就是典型。而贩卖黑奴的生意确实是17、18世纪大英帝国崛起的一个重要原因，其背后正是“不列颠商人”的繁忙身影。时至今日，英国时任首相布莱尔也不得不对英国在贩卖奴隶时代的角色公开表示“深深的悲伤”。

在18世纪，英国人已经建立了一整套跨大西洋的贩卖黑奴运行机制。从1700年到1810年，英国商人从非洲向北美贩卖了约300万奴隶。有些历史学家说，贩奴贸易为英国创造了大量财富，为现代资本主义制度奠定了一块基石。英国的一些城市，比如布里斯托，伦敦，利物浦，就借助贩奴贸易而繁荣起来。

英国在美洲的奴隶贸易，最初就是由1588年成立的英国非洲公司所垄断。18世纪初，英国取代了一切竞争者，成为全世界最大的黑奴贩卖国。18世纪大西洋奴隶贸易达到顶峰时，英国议会公然投票支持。贺拉斯·沃尔波尔曾评论道：“英国上院——这个自由的庙宇，新基督教的堡垒，一直在冥思苦想寻找办法以便更有效地进行可怕的黑奴买卖。”①

据统计，从17世纪中叶到18世纪中叶，英国商人从这项血腥买卖中获得了惊人利润，通常可以有百分之一百到一千的暴利。仅在1783—1793年的10年，英国奴隶贸易中心利物浦的奴隶贩子们就贩运了30万名黑奴，共赚取了至少1亿5千万英镑。②布里斯托尔因为是奴隶贸易和蔗糖贸易的中心，才在18世纪的前75年中成为英国的二等城市。当地有位善于分析者写道：“这城市中没有一块砖不是用奴隶的血凝成的。豪华的宅第、奢侈的生活、穿特殊制服的仆人都是财富的产物，而这种财富是用被布里斯托尔商人们买卖的奴隶的苦难和呻吟制成的。”③

世易时移，随着商人在数量和财富上的双向增长，18世纪的奴隶贩子们在金钱的光环下成了衣着光鲜的绅士。要知道16世纪的人们仍然认为绅士有辱身份，然而商人即便成为绅士仍要靠积累资金、买田置地，然后脱离商业

---

①（特）艾里克·威廉斯，陆志宝等译：《资本主义与奴隶制度》，第39页。

② 王民同：《英国经过工业革命发展成为近代工业强国》，《昆明师范学院学报》1979年第1期。

③（美）斯塔夫里阿诺斯著，吴象婴等译：《全球通史：1500年以后的世界》，第280—281页。

才能成为绅士。[1] 可是 17 世纪后这种态度发生了转变，商人即便不置产转行也能在城市里做绅士。不少城市的政权开始为商人寡头集团所垄断，伦敦就是一个典型。

正如笛福在 18 世纪初的观察和记录："在英国，商业虽然同绅士地位决不相容，但却创造了绅士。在一两代以后，商人的儿子，不然，至少是他们的孙子，变成为一些和悠久世家出生的人们同样好的议员、政治家、枢密院顾问、法官、主教以及各等级的上流人士。"[2] 商人的经济地位和社会地位都在与日俱增，开始在各种场合如同乡绅阶层佩戴纹章那样显示身份，如在马车、住宅窗户乃至葬礼上都公开使用某种特殊标志，有些人甚至因表现过头而声名狼藉。[3]"英国商人在发财致富之后每天都到家谱纹章院，搜寻其先祖的纹章，以便将它绘在马车上，刻在门牌上，嵌在家具上，或是雕刻在新宅的门墙上"[4]，力求找寻到一个"高贵祖先"并且让世人周知。

这种炫富尚奢的社会风气自 17 世纪以来与日俱增。有的商人当面向贵族宣称："这个王国里商人到处都是，拥有巨大的财富，享受自由的快乐。我本人运输着各种商货，赚取了业绩不俗的一千镑。由于我的富足，现在在这片土地的每个角落里，我毫无疑问地被看成一个聪明而高贵的人获得了极大的尊敬和赞许。"[5] 暴发户托易斯·多尔曼在新宅邸落成后，选择了这样一句古典名句来作装点：

无齿者嫉妒进食者的牙齿。[6]

在大英帝国新贵"进食者"们面前，传统贵族阶层不得不低下高贵的头颅。伏尔泰在寓居英国时记录了商、贵并处的情形，"一个英国贵族的小儿子决不轻视贸易。内阁大臣汤森勋爵有个兄弟甘愿在伦敦商业区做商人。在牛津勋爵统治英格兰的时期，他的小弟弟则在阿勒颇做代理商，并且不愿回来而死在那里"。此外，自 17 世纪以来商人与贵族的联姻开始热络起来。"英国

---

① Lang,R.G., "Social Origins and Social Aspirations of Jacobean London Merchants",in Economy History Review.,1974,Vol.27,p.47.
② （法）保尔·芒图著，杨人楩等译：《十八世纪产业革命》，商务印书馆 1997 年版，第 105 页。
③ Grassby , Richard , Business Community in 17-th century England, pp.247-258.
④ 维尔纳·桑巴特《奢侈与资本主义》，上海人民出版社 2000 年版，第 17 页。
⑤ Manley , Lawrence（ed）, London in the Age of Shakespeare , London , 1986 , p.82.
⑥ （英）阿萨·勃里格斯著，陈叔平译：《英国社会史》，第 129 页。

贵族，自革命以来即被发财欲所迷住，他们怀着嫉妒的心情看着金融和商业资产阶级在他们下面壮大起来。他们以一种奇特的，由骄傲与贪得二者结合着的心情来恨那些有钱人，并力图通过婚姻去同他们结成姻亲借以利用他们的财富”[①]。

社会风气败坏到底是谁之过？

在18世纪中叶，塞缪尔·约翰逊博士（1718—1784年）仍然在为富有而体面者连夜的酗酒行为感到痛心疾首。甚至到了1780年，著名游记作家阿瑟·扬仍然认为本国上流人士举止粗鲁，贵族乡绅们“狂欢、争吵、辩论、殴斗”，使人难堪。[②]至于说整个社会的道德沦丧、传统丢失和礼仪退化等，更是激起一些有识之士早在17世纪末就成立了所谓的“移风易俗会”，试图以法律的力量来矫正堕落不堪的社会风气。丹尼尔·笛福（Daniel Defoe，1660—1731年）就曾断言，上流社会的荒淫无耻和道德败坏是导致英国社会普遍道德滑坡的主因：“恶性由宫廷蔓延到全国，乡绅和贵族的家庭成了恶习并行的渊薮，他们终于在这些大人先生的保护下变得气焰万丈，向全国实行全面反扑；而我们这些穷苦的平民，一向总是容易为我们的地主和士绅的榜样所支配，也确实已经被他们的榜样诱上了伤风败俗的道路。现在如果要遏止全国的渎神和恶性的洪水，正需要你们这些英国的贵族和乡绅们做出榜样，否则一切都将徒劳无功。”[③]榜样的力量是无穷的，好榜样如此，坏榜样亦如此。

一个透视18世纪社会消费风潮的窗口是人们的服装发式。“挥霍是当时的时尚”，18世纪流行的是五光十色的紧身上衣、假发和灯笼裤。“这是一个以时髦为荣、追求享乐的欲望日益复杂以及人们要用极大努力来有效满足这些欲望的时代。”[④]当时，有社会地位和中产阶级的女性至少要穿3件衬裙，假若少于3件就会引得人们觉得她很可怜，而且显示她不检点或贫穷。[⑤]而上流社会的女子发饰更为夸张，为追求形制高大的发型，除了用假发填充，还

① （法）保尔·芒图著，杨人楩等译：《十八世纪产业革命》，第105页。

② 参见阎照祥：《英国近代贵族体制研究》，第209页。

③ （英）笛福著，徐式谷译：《笛福文选》，商务印书馆1984年版，第44页。

④ Asa Briggs , A Social History of England , Butler and Tannrt Ltd , London ,p.174.

⑤ （美）Alison Lurie 著，李长青译：《解读服装》，中国纺织出版社2000年版，第121页。

用金属框架来支撑，加以各种饰带、羽毛、假花、纱网等来装饰，有的甚至在上面装饰着小型的房子、树木、动物乃至整整一条军舰！[①]

由于假发、饰发费用昂贵，她们就不得不为了保持发型而很少洗头。为了应对来自社会中下阶层的冲击，上流社会不惜进行炫耀性消费来维护社会地位，购买服饰是一掷千金，珍珠、天鹅绒和丝绸等装饰费用不菲，使得这些人成了把“全部家当穿在身上”[②]的人！

“人们以衣着来评断和对待陌生人是很顺理成章的事。那是一个服饰象征等级的真实世界。”[③]在中下阶层“向上流社会”看齐的时候，为了追求贵族化的外在风度，就必须投入大量钱财用于添置服饰，沦为富人奢靡消费风格的盲目崇拜者。特别是对于“日富而骄”的新兴工业资本家和商人阶层来说，积累了钱财还必须享受到尊荣。因此，他们开始“在城郊也建立宽敞的别墅，家中陈列的摆设，他们学贵族的样，骑马打猎，放鹰养犬”[④]，并把虚荣浮华的风气传播到整个社会。

3. 食物骚乱：群体性事件中的强势博弈和弱势博弈

18 世纪的英格兰，面包是普罗大众的主食，一般家庭要用 70% 的开支来购买面包。[⑤]然而，每当谷物价格上涨，老百姓就可能填不饱肚子，他们或是阻止本地谷物运到外地，或是夺取谷物、面粉和面包等并以“公平价格（just price）”卖掉，或是巡访农场主以督促他们出售囤积的谷物，或是迫使地方官员干涉谷物流通等，形成了“食物骚乱”这种 18 世纪英格兰民众表达社会抗议的主要方式。

在当时的社会骚乱中，食物骚乱占到2/3，并在1740—1800年达到高发期：1740 年、1756—1757 年、1766—1767 年、1772—1773 年、1783 年、1792—1793 年、1795 年和 1800 年等年份均爆发了少则数十起、多则上百起的食物骚乱运动。[⑥]虽然一些官方史书中对其以“暴民造反”一笔带过，然而，这种

① 张乃仁、杨蔼琪：《外国服装艺术史》，人民美术出版社 1992 年版，第 212 页。

② A.l.Roese , The England of Elizabeth: The Structure of Society , p.255.

③（美）Alison Lurie 著，李长青译：《解读服装》，第 105 页。

④ 钱乘旦、陈晓律：《英国文化模式溯源》，上海社会科学院出版社、四川人民出版社 2003 年版，第 291 页。

⑤ Randall Nielsen . Storage and English Government Intervention in Early Modern Grain Markets [J]. The Journal of Economic History , 1997,(1).

⑥ 周立红：《论 1740—1800 年英格兰食物骚乱》，《史学月刊》2005 年第 1 期。

表达不满情绪的集体行动却暴露出政府在民生问题上的不作为、慢作为。一个诺福克郡劳工愤怒地谴责了贵族乡绅野蛮圈地造成的生计维艰：“你们为所欲为，抢走了穷人的公用地权利，犁掉了上帝让它长草的土地，而穷人却全靠草地来养牛、养猪、养马，当然还养驴。……你们想发财，却让所有人挨饿。”①

17世纪下半叶后，在重商主义思潮的影响下，英国政府实行了以市场为导向的自由放任经济政策，对谷物、面粉和面包等采取自由流通、不加干预的政策。一方面，1663年、1769年等政府相关法案允许和鼓励中间商人（the middlemen）自由流通谷物及其制品，使得跨区域买卖和囤积成为受法律保护的行为。另一方面，当遇到歉收年份、物价飞涨、甚至有人垄断谷物流通等突发情况时，中央政府仍然坚持谷物自由流通原则，把市场调控的主动权交给了地方法官和地方共同体。②商人们的囤积（forestall）、独占（engross）和倒卖（regrate）等不轨行为不受限制，导致食品市场处于极大的不确定性之中。如跨地区的大谷物市场虽然逐渐兴盛起来，但地区的公开市场却逐渐衰微下去。

更重要的是，掌握着政策的官员和操控着市场的商人可以十分方便而默契地进行交易。特别是当时英国内地商业关系仍然是完全中世纪式的状态，直接与生产者接触的中间商阶级自然成为“最重要、最有钱的阶级”。在大谷物市场形成之后，由于英格兰各地的度量单位差别很大，不利于商人的结算和经济效率。于是，在大商人的推动下，政府通过了一项旨在全国推行8加仑1蒲式耳的温切斯特量度单位的法令。然而，温切斯特量度单位比旧的度量单位小，对汉普郡等地的老百姓意味着“大斗出小斗进”，过去能买到9加仑谷物的钱，如今只能买到8加仑的粮食。那些为了每日温饱而苦苦挣扎的穷人，将因为这一政策变动而少1天的口粮。而地区公开市场的消失，则给商人控制市价提供了便利。一个顾客如果想买到一块奶酪或半块熏猪肉，他得到的肯定是无礼的回答：“有个伦敦承包商已经买走了。”③因此，失望

---

①（英）E.P. 汤普森著，钱乘旦等译：《英国工人阶级的形成（上）》，译林出版社2001年版，第258页。

② R. B. Outhwaite. Dearth and Government Intervention in English Grain Marhets, 1590–1700[J]. The Economic History Review, 1981,(3).p.389.

③ E. P. Thompson .The Moral Economy of the English Crowd in the Eighteenth Century[J].Past and Present, 1971,(50).p.101—103.

的他只好赶到零售商店购买价格昂贵的食物，通过市场买到价格公平的货品的渠道实际上已经被堵塞了。

这就是拥有资金、价格、信息等方面优势的大商人们的“强势博弈”：以市场之名，行垄断之实；你可以到市场随意购买，但价格只有一个！

强者固然恒强，弱者自可反抗。食物骚乱作为一种典型的因民生问题引发的群体性事件，就是“作为社会弱势群体的平民在现存政治结构之内与当局进行讨价还价的一种社会抗议形式”[①]，或者说是一种典型的“弱势博弈”行动。一如19世纪发生在美国的全国性工人和农民运动一样，“这些由弱势者（less advantaged）推动的运动，希望以集体保障型的结构性补救措施，来弥补新工业经济造成的共和权利及保护的丧失”[②]。比如：

——制造不利于商人的传言

由于民众感到被奸商盘剥，对食品市场“中间商人”的怀疑愤恨情绪与日俱增。如1795年有人借谷物歉收和经济萧条，炮制了商人秘密向法国出口粮食的谣言，结果导致愤怒的民众制造路障，拦阻运载谷物的马车等社会骚乱。[③]从18世纪50年代开始，一个关于“黑心磨坊”的传言更是广为流产，说的是磨坊主在面粉中掺进了橡子、豆类、骨头、白垩粉、剁碎的麦秆和马粪，卖给百姓的都是“黑心面包”。[④]这种社会信任关系“断裂”之下，当伦敦阿尔比恩蒸汽磨坊发生火灾后，市民甚至在街头载歌载舞以示庆祝。

——由妇女出面发挥特殊作用

食物骚乱作为18世纪英国下层民众对社会不公的集体抗争，自然少不了妇女、老人乃至儿童的身影。特别是妇女在家庭生计受到威胁时，往往会成为冲在一线反对中间商人的生力军。如1740年反对农场主贩运谷物的妇女骚乱中，她们喊出了“只要我们不死，粮食就不能运走”的响亮口号。在纽卡斯尔的一次小规模骚乱中，一个自称为“简·博基将军”的妇女鼓动起一群妇女起事抗争。[⑤]最终，妇女们在呼声中从马车上卸下了粮食，取得了1740年食物骚乱的胜利。

---

① 周立红：《论1740—1800年英格兰食物骚乱》，《史学月刊》2005年第1期。
② （美）伊丽莎白·桑德著，陈永杰译：《美国进步时代对中国的启示：三种代理模式》。
③ E. P. Thompson .The Moral Economy of the English Crowd in the Eighteenth Century[J].Past and Present, 1971,(50).p.100.
④ E. P. Thompson .The Moral Economy of the English Crowd in the Eighteenth Century.pp.97—98.
⑤ （英）爱德华·汤普森著，沈汉等译：《共有的习惯》，上海人民出版社2002年版。

——采取公开而克制的集体行动

如1740年诺里奇的骚乱者们在星期四清晨通过号声相互聚集，在打着旗幡的人率领下，兵分几路奔向不同的农场主家，迫使他们把谷物带到市场上出售。骚乱者在行动之前还会公开请求地方当局干预谷物流通，严惩中间商人。如果政府当局不作为，他们就会“自己做点什么以使家庭免于饥饿”。如1795年汉德波罗的骚乱群众将被拦截的一车面粉按每夸脱（1.136升）40先令的价格公开出售后，还把不少于15夸脱的面粉钱给了当地巡警以获得他们的支持。[①] 虽然食物骚乱是“一种社会脱序形式”，但结束时人们还总是要大喊一声“上帝保佑国王！”以表示并不敌视最高当局。

无怪乎E.P.汤普森在《18世纪英格兰民众的道德经济学》一文中指出，食物骚乱是“由物价高涨、中间商人的不法行为及人们的饥饿引发”，反映了穷人对富人操控市场及不轨经营行为的“选择性重建”。这种朴素的“穷人道德感”和“穷人市场观”，是那个金钱至上年代的“稀缺资源”；然而，它却掌握在大多数社会底层的手中，并成为因民生危机引发社会冲突的关键因素。

4.“杜松子酒之靡”

“No gin，No King！”[②]

这是18世纪伦敦街头市民喊出的响亮口号，因为当时的英国政府准备采取用高额征税的办法来限制酒水销售。而“以自由之杯酗酒”的下层民众，立刻从意识形态的高度发出了抗议的声音。

伦敦是当时欧洲的时尚之都，引领着整个英格兰的消费潮流。在英格兰向消费性社会转变的过程中，一种原产于荷兰的高度蒸馏酒——杜松子酒（gin，又称作金酒）成了伦敦大街小巷最畅销的商品。不幸的是，这种畅销货“成为转型时期社会弊病的隐喻，喻指整个社会处于完全没有出路的矛盾之中”[③]。

小小的酒杯，成为下层民众堕落的标志。

18世纪英国进入城市化和工业化的快车道，但底层劳动者的工作环境、居住条件和生存状态却在持续恶化，失业、待业或不完全就业是一种社会常

① 周立红：《论1740—1800年英格兰食物骚乱》。

② 意为“没有杜松子酒，就不要国王！”。

③ 许志强：《伦敦“杜松子酒之靡”：社会转型与酗酒问题》，《史林》2011年第1期。

态，无数人挣扎在都市赤贫生活的边缘。特别是在炊烟袅袅的传统社会向煤烟滚滚的工业社会转型过程中，底层民众赖以生存的农业社会体系分化瓦解，新的社会调控机制又尚未建立。以至于绝望的农村雇工们发出这样的哀叹：

如果生命可以用金钱来买的话，

那么富人可以活，穷人就该死。[①]

在“等死”的过程中，廉价而浓烈的杜松子酒无疑是底层劳动者们麻痹神经、缓解愁苦的最佳慰藉品。乔塞克·塔克在 1745 年宣称，“下层人民”完全堕落了，他们在用自由之杯酗酒。这意味着懒惰、沉沦和毫无节制。然而，穷人们可不这么想，在一首《“日内瓦夫人”死亡之歌》中这样回应：

乞丐竟然也能享受富人的专利，

大着胆儿喝酒恰似他们的上层阶级。[②]

这就是 18 世纪的英国，下层民众模仿绅士，绅士模仿贵族，贵族模仿宫廷。当时的人批评道：“在社会上很难找到这样一批人，他们在天性的特点上会比英格兰或其他什么贵族阶级更加堕落到普通人格之下。”[③] 那些作为英国古老特权阶层的贵族们，在冬春两季议院闭会时，或聚会暖室，豪饮狂赌，或纵马驱犬，猎狐逐兔。

辉格党著名政治人物查尔斯·詹姆斯·福克斯（Charles James Fox，1749—1806 年）在少年时就曾欠下 3 万英镑赌债，一生赌债总数高达 16 万英镑。福克斯年仅 19 岁的时候就已经打破议会规例晋身下院，自 18 世纪后期任下议院议员长达 38 年之久，但由于其生活相当不检而被乔治三世敌视。特别是乔治三世还认定其长子威尔士亲王乔治因福克斯的影响而变得奢侈放纵，结果多次坚拒及阻止福克斯出仕政府。

德文希尔公爵夫妇的赌债也高达十多万英镑，完全是一副“今朝有酒今朝醉”的混世做派。风和日丽之时，贵族们常常聚集在伦敦、巴斯（埃文郡的旅游胜地）等地，赛马斗鸡，其游娱玩乐的开支之大令人惊愕。如 1759 年，罗金厄姆侯爵仅在驯养猎狗骏马方面就耗费了 4586 英镑。1770 年，金斯顿公爵在霍尔姆—皮埃尔庞特为马厩和马匹花费了 560 英镑，如果加上养马人、

① （英）艾瑞克·霍布斯邦著，王章辉等译：《革命的年代》，第 263 页。

② 转引自许志强《伦敦“杜松子酒之靡”：社会转型与酗酒问题》，《史林》2011 年第 1 期。

③ （英）威廉·葛德文著，何慕李译：《政治正义论》第 2 册，第 370 页。

驯马人和九名跟班等人的花费，以及在纽马基特赛马场和职业骑师俱乐部的开销，已经是穷人眼中的天文数字了。[①]

当上流社会在宽敞明亮的豪华房间里优雅地品味葡萄酒和白兰地的时候，下层民众为什么不可以聚集在肮脏、简陋的杜松子酒馆中豪饮这廉价的烈酒？

1736 年，全国近 40000 家出售杜松子酒的小酒馆，伦敦占了近一半。[②]根据当时的《Gentleman’s Magazine》的记载，到了 18 世纪中期，伦敦约有 1/15 的房屋是出售杜松子酒的小酒馆或小旅店，这一比例在市中心区如圣加尔斯区能高达 1/4。运往伦敦的小麦，约有一半用于酿酒。英国人均酒水消费量也从 1700 年的 0.33 加仑达到 1743 年的 2.2 加仑。“喝得醉醺醺的男男女女们横七竖八地躺在街道上”，似乎整个国家整天都泡在了杜松子酒中，危害是显而易见的。

穷人一旦嗜酒如命又无力购买，只能通过偷盗、抢劫等方式满足酒瘾。大批劳动者因酗酒而丧失劳动力乃至生病死亡。以至于有人在一本《控诉烈酒（The Trial of the Spirits）》的小册子中这样反问：“一个民族的强大和富庶取决于其大量的健康劳动力。倘若这些得不到维系的话，去哪里招募士兵？土地谁来耕种？又有谁去生产和经营呢？”

当然，不应忘记酒精中毒既是贫困的结果又是贫困的原因。在饥馑年头中，狂饮并未按照公共灾难的增加程度减少着，工人们继续喝着杜松子酒，可是他们家里只有面包和发霉的马铃薯来养活子女。

然而，更令人始料不及的是，当政府颁布禁酒令并规定检举一个非法售酒商可获 5 英镑奖金后，那些举报人却被与他们一样的底层民众予以“残酷斗争，无情打击”。有的人被“暴民”攻击致死；有的被沿街示众并被人投以石头、粪便和烂菜叶等；有的被浑身涂满焦油并插上羽毛进行游街；有的被埋进煤灰渣堆里以示惩罚。1738 年，甚至发生了数千人要求把躲进治安法官维德尔家中的举报者交出来的群体性事件，直到军队出现才勉强平息。[③]

这就是举报人得不到保护的“多数人的暴政”，只因为社会转型期的底层民众无法从酒精的麻痹中解脱。杜松子酒是他们唯一可以想象和得到的奢

---

① 参见阎照祥：《英国近代贵族体制研究》，第 161 页。

② Jessica Wamer, *Craze Gin and Debauchery in An Age of Reason*, New York Four Walls Eight Windows, 2002 ,p.41.

③ Jessica Wamer, *Craze Gin and Debauchery in An Age of Reason*, New York Four Walls Eight Windows, 2002 ,p.170.

侈品，他们在酒杯中拥有短暂的快感，在酒馆外只有无尽的痛苦。

5. 娼妓的“黄金时代”

1759年，一本新书《芬妮·希尔回忆录》出现在欧洲的书店，这是妓女芬妮的回忆录，由英国小说家约翰·克莱兰代笔。这位芬妮小姐是风流圈里的知名人物，曾经是声讨乔治三世的“叛乱者”约翰·威尔克斯的情人，约翰在他的诗歌《女人论》中专门写过《醒醒，我的芬妮》一节。芬妮在回忆录里添油加醋地记录了她与约翰·威尔克斯等这些在伦敦政治舞台上闪闪发光的名人之间的趣闻。《芬妮·希尔回忆录》最初出版时，并未受到太多人的关注，当芬妮在次年因有伤风化入狱，才为这部冷门小说烧上一把火，引致盗版横行。

18世纪的欧洲是浪荡子、享乐主义者的时代。由于17世纪的欧洲，清教徒主义盛行，压制人们一切正常的欲望。因此，随着英王查理二世的复辟，先前那种出于自我保护的动机而形成的谨慎世风一扫而光，性的风气特别活跃起来。在这一时期，伦敦有大量妓院、酒吧以及其他色情场所，里面住满了妓女。①

娼妓曾经在16、17世纪被视为洪水猛兽，受到驱逐和镇压，1560年日内瓦甚至处决了两名“违背上帝旨意”的妓女。②然而18世纪却成了“欧洲卖淫的黄金时代”，卖淫业的兴盛和妓女人数的增加到了空前的程度。劳伦斯·斯通在《英国的家庭、性与婚姻1500—1800》中写道：“性欲从基督教久远钳制中释放出来。18世纪中叶时兴起一新理想，这新理想包含了肉体欢乐。”社会对卖淫业的宽容度空前高涨，伦敦成了一座堕落的城市。18世纪之前对妓女在衣着、人身方面的限制已不存在，她们也不再被和麻风病人等同视之，而是可以从事“公开的卖淫”③。很多妓女白天是裁缝、刺绣工和洗衣女等，与良家妇女难以区分，但到了晚上便“还原”为袒胸露乳、倚门卖笑的本色。

妓女们的营业区也逐渐从城市边缘地带转到了城市的繁华区，如伦敦的彭得克瓦斯太太的妓院、夏洛蒂·海斯的修道院、阿芙洛拉、弗洛拉和“秘密祭奠”的圣殿等。当时的伦敦人口不足百万，却有妓女5万人之多，卖淫、

---

① 范心玥、亦水：《妓女回忆录》，《时代教育(先锋国家历史)》2010年第3期。
② 金彩云：《近代早期欧洲妓女问题研究》，《北方论丛》2010年第2期。
③《马克思恩格斯选集》第4卷，人民出版社1972年版，第62页。

嫖娼充斥整个社会。[①] 妓女们公然在公共展台、宴会、教堂、剧院、公园以及人群密集的地方拉客。每当夜幕降临，伦敦等城市的中心地带更是妓女云集。

18 世纪的伦敦妓院可以举办私人聚会，设施完备，服务也很周全，各方面都显示出妓院老板很有管理经验。卖淫业的颓废浪荡之风蔓延开来，悄然侵袭着整个社会的道德底线。特别是随着清教主义束缚的解脱，两性关系的淫乱已是见怪不怪。在每年 5 月的狂欢节后，仅有 1/3 的女孩回到家中仍然是处女；而伦敦 100 名男人中，以处男之身走进教堂的，或许不到 10 人。男子和妓女的交往不一定跨阶层（妓女不一定都来自社会底层），女家庭教师成为有钱男子的情妇在当时也是很普遍的，甚至还有上流社会的少女当妓女的记载。直到 20 世纪 20 年代，还有这样一件事：一个近卫队军官被引到伦敦上流住宅区一家妓院的厢房，却发现自己可爱的妹妹坐在床边准备接客。

对职业妓女宽容度和价值观的变化，表现在社会生活的方方面面。比如 18 世纪的妓女们常常成为公众的关注焦点，“1750 年时市场已壮大到足以容纳大批色情杂志进驻”[②]。有关妓女们醉酒、斗殴的新闻，以及她们与社会名流的风流韵事、通奸、离婚等八卦消息都在历史上第一次登上了报纸，堂而皇之地成为大众茶余饭后的热门话题。小酒馆里充斥着女士和她们恋人的八卦；传单和小册子记录她们的一举一动；歌曲、诗歌和漫画都在表现她们。大众对八卦的热衷使得报道妓女们的消息成为一个“产业”，后来，妓女们干脆自己执笔，或者找枪手来写自传及回忆录了。有的回忆录甚至以丛书的形式出现，在上一册的结尾留有悬念，使得人们像读连载小说一样，难以自拔地沉浸其中。

对权贵阶层与妓女的丑闻津津乐道，似乎也使得公众对政治腐败司空见惯、逆来顺受了。1750 到 1760 年间，出现了很多描写名妓和名人隐私的传记，这些回忆录常常由男性执笔，锁定一位名人，大肆编造，因为编撰者清楚很多读者并不计较故事的真假，只要是名人的故事，越多隐私、越有趣越好。这些作品的思想倾向和描写手段，潜移默化中对人们习以为常的人生观、价值观、传统道德造成了一种冲击，甚至是一种亵渎。伯恩哈德·J. 哈伍德在《情色的黄金时代》一书中，把 17 世纪 60 年代到 19 世纪 90 年代称为黄色书籍、

① 赵文洪：《18 世纪英国的道德重建》，《学习时报》2002 年 4 月 1 日。

② （英）劳伦斯·斯通等著，刁筱华译：《英国的家庭、性与婚姻 1500–1800》，商务印书馆 2011 年版，第 345 页。

色情文学的黄金时代。毫无疑问，“《芬妮·希尔》是英国色情文学的一个起点，英国色情文学在18世纪得到繁荣”[①]。腐朽的生活方式和“将性爱活动以及情人情妇标准化的18世纪文学模式”[②]，如同“精神鸦片”一样侵蚀着下层民众，使得整个社会的精神家园一片荒芜破败。

据说，在美国的南北战争中，士兵们特别喜欢读芬妮的回忆录，但此书一再遭到英国和美国政府的查禁，有的书商借此发了大财，也有的书商因此入狱。直到1963年美国才通过了法院的裁决，允许该书在纽约出售。

三、社会如何被“镀金”

商业伦理与政治伦理是两种完全不同的文化，以至于一个企业家从政将会犯令政客们看来骇人听闻的错误，反之亦然。

——林肯·斯蒂芬斯

1873年，马克·吐温与查尔斯·杜德利·华纳合著出版了小说《镀金时代》（the Gilded Age），展示了美国“臭名昭著的政治和财政腐败历史”，书中许多角色“都是对当时美国名人的映射和讽刺”[③]。在“镀金时代”，工业与商业的巨大发展给美国带来了巨大财富，也造就了卡内基、摩根、洛克菲勒等一大批富翁，他们开始穿华贵的貂皮大衣，戴金光闪闪的首饰，甚至墙壁、地板、天花板、桌子也要镀金，肆意展示财富实力，寻找高人一等的感觉。在当时的第三大城市芝加哥，“几乎每件事都以金钱为基调”，新闻记者莱特纳称其为一个以“男人与男人及女人与女人之间为争夺职位和优先权、木棍和煤炭、面包和骨头时的冲撞、喧闹和吼叫”为特征的“令人着魔的地狱”[④]。这就是美国“镀金时代”的缩影和写照。

1.“镀金一代”：“硕鼠”变“大亨”

在“镀金时代”，“政治经济学家亚当·斯密和政治道德学家托马斯·杰斐逊的思想不谋而合，共同建立了适合于小企业家自然和谐世界的意识形

① （日）海野弘，林焕军译：《世界丑闻史》，第171—171页。
② （英）艾瑞克·霍布斯邦著，王章辉等译：《革命的年代》，第233页。
③ （美）艾伦·维恩斯坦等著，胡炜等译：《彩色美国史》（中卷），第357页。
④ （美）约翰·弗兰奇著，陈小白译：《强盗资本家》，第94—95页。

态”[①]。所谓“自然和谐”的社会思潮中，“穷小子变成大阔佬”的个人主义奋斗是最为典型的19世纪的“美国梦”。当时，从社会底层爬到社会最上层的只有两位偶像级人物，一位是政界的林肯，另一位就是商界的卡内基。美国内战结束后，一部题为《拓荒少年如何成为总统》的林肯传记竟然出了36版。小说家霍雷肖·阿尔杰一个人就写出了119个类似“从捡破烂变成大富翁”的故事。[②]美国社会学家查尔斯·德柏曾经明确指出：“十九世纪小说家霍雷肖·阿尔杰在他从穷人到富人的寓言中，神化了物质主义梦想。”[③]

理查·康尼夫曾在《富翁的物种起源》一书中说，“富翁”是一种叫“有钱人类”的文化亚种。而出生于1822年至1842年之间的人，就是被冠以“镀金一代”的“有钱亚种”。《世代：1584年到2069年的美国未来历史》一书的作者威廉·施特劳斯和尼尔·赫依指出：“他们成年时正处在一个经济动荡、大规模移民以及国民情绪日渐暗淡的世代。”铁路投机者杰伊·古尔德、金融大亨J.P.摩根和石油巨头约翰·洛克菲勒分别出生于1834年、1837年和1839年，他们因不道德的手段大发横财而被马修·约瑟夫森命名为“强盗资本家”。这些强盗大亨和“有钱亚种”无一例外，都是依靠不道德的手段，如操纵证券市场、压榨劳工和垄断经营等大发横财的工业或金融界寡头。

在“强盗资本家”横行无忌的美国，“该时期的主要特点之一，就是从政治上的自由主义过渡到工业上的自由主义”[④]。这种以自由放任为基调的“工业自由主义”思潮，在很大程度上成就了铁路、钢铁、石油等巨头的“发财神迹”。然而，诚如罗伯特·H.魏伯所说：“现在，一个堕落的世界正促使人们在旧的道德名义下干一些伤天害理的勾当，用个人的美德和邪恶来解释企业的成功和失败是最自然不过。”从棉纺厂绕线筒的童工成为美国钢铁业垄断者的卡内基，是达尔文和斯宾塞的适者生存理论的热衷者和坚决奉行者，他曾自述道：“不论我做什么……我的思想整个地在考虑在最短的时间内如何赚到最多的钱。”到了1900年，亿万富豪摩根的所有合伙人都因劳累过度

① （美）C.赖特·米尔斯著，杨小东等译：《白领——美国的中产阶级》，浙江人民出版社1986年版，第19页。
② 袁鹏：《论镀金时代美国社会思潮之主流》，《北方论丛》1997年第2期。
③ （美）查尔斯·德柏：《疯狂的美国：贪婪、暴力、新的美国梦》，何江胜等译，社会科学文献出版社2005年版，第232页。
④ （美）梅里亚姆：《美国政治思想》，朱曾汶译，商务印书馆1984年版，第4页。

而英年早逝。[①] 当铁路大王范德比尔特正在合并他在美国东部的铁路时，有人告诉他已经违反了纽约州的法律，他竟然令人惊奇地说道：

你们想想看，遵守纽约法律我能经营好一条铁路吗？[②]

他的孙子威廉在接管了家族事业后，很可能是当时世界上最富有的人。1882 年，一个驻纽约的记者声称，当自己询问这位小范德比尔特他的公司有何“公众效益”时，后者的回答是：

让大众见鬼去吧！[③]

这样的响亮回答，正无愧于这些财团大佬的名号：“强盗爵爷（Robber Barons）”[④]。也就是说，你得先做人人惧怕的“强盗”，才能成为人人尊敬的“爵爷”。只不过，按照美国人自己的说法，“镀金时代”的铁路大亨们似乎并不值得特别尊重，因为“他们往往十分粗鲁，精于算计，并且没什么文化”。[⑤]

石油大亨洛克菲勒为了榨取垄断利润更是不择手段，屡屡采用被亨利·D. 劳埃德喻为“拧螺丝（Turning the Screw，即施加压力）”的方式来兼并同业。克利夫兰一位继承了前夫一家炼油厂的寡妇曾恳求洛克菲勒先生放她一马，可怜可怜“没爹孩子的娘”。尽管当时洛克菲勒“含着热泪”答应了，可最后只给了她 7.9 万美元，换取了资产达 20 万美元的炼油厂。1885 年，纽约布法罗的一家石油公司控告以美孚石油公司为首的托拉斯，他们居然为了“企图破坏该工厂，贿赂工厂经理，把石油加热到能炸毁工厂的程度”。由于洛克菲勒惯用这些不正当竞争手段压制、扼杀和兼并竞争者而被称为“工业杀手”，但他宣称自己正在使混乱的工业变得“有秩序和有理性”，而工业方面进行竞争的观念才是“真正应该取缔的罪行”。[⑥]

到 1872 年底，洛克菲勒吞并了克利夫兰、纽约和费城的所有大炼油厂。到 70 年代末，美国石油总产量的九成出自美孚。[⑦]1880 年纽约的赫伯恩委员

① 李庆余、周桂银：《美国现代化道路》，人民出版社 1994 年版，第 156—160 页。

② Joe R. Feagin and B. Feagin, Social Problems: A Critical Power-Conflict Perspective, N.J. 1990, p.259. Louis Filler: The Muckrakers, California, 1993, p.13.

③（美）本杰明·沃特豪斯：《美国商业简史》，第 94 页。

④ 资中筠主编：《冷眼向洋：百年风云启示录》，三联书店 2000 年版，上册，第 201 页。

⑤（美）查尔斯·R. 莫里斯：《四国演义：卡内基、洛克菲勒、古尔德、摩根商业帝国与美国经济》，李宏强译，国际文化出版公司 2006 年版，第 76 页。

⑥（美）本·巴鲁克·塞里格曼：《美国企业史》，上海人民出版社 1975 年版，第 279 页、276 页。

⑦（美）查理斯·R. 吉斯特：《美国垄断史——帝国的缔造者和他们的敌人》，经济科学出版社 2004 年版，第 22 页。

会曾提交报告说，美孚石油公司“拥有并控制着与铁路相连接的各产油地区的输油管线……它运走了全部石油的95%……独吞和垄断了这宗大买卖”[①]。因此，当田纳西州纳什维尔市的一位石油经销商拒绝购买美孚石油公司的产品时，发现自己的货运业务被美孚石油公司秘密掌控，货物运费莫名其妙地涨了2到3倍，甚至企图绕经巴尔的摩—俄亥俄铁路及其他公路来运货也很快被“跟踪”破坏。[②]

原来，“炼油商和运输商秘密地联合成了一个足够大的团体”，使得“联合体之外的公司将无法持久地竞争下去”。如湖滨铁路公司（Lake Shore Railroad）给洛克菲勒的公司以“差别待遇”，而其他石油公司要想获得同等运价的前提竟然是“运油量必须和美孚石油公司一样大（约每天60个车皮的货运量）”。

于是，“铁路作为公共运输机构的职责”被忽略不计了，仅仅一年工夫其他的石油公司在高运价面前就变得获利甚微甚至一无所获。几乎整个克利夫兰的独立油业在8个月内就一蹶不振了，26个炼油厂至少卖出去21个，而美孚石油公司的日原油提炼量则在3个月内从不到1500桶飞涨到10000桶，一举占到美国原油冶炼量的1/5。[③] 在这种“强势博弈”格局下，原本投资达75000美元、每年平均投资回报率达30%的石油公司，在美孚的估价员那里只值45000美元，使得“低于半价收购”成为美孚迅速扩张的撒手锏。

请看这样一些数字：

1895年，全国有43家公司被合并，合并金额是4100万美元；

1898年，被合并公司达到303家，合并金额高达6.51亿美元；

1899年，被合并公司高达1208家，合并金额达到22.63亿美元。[④]

正是在近乎疯狂的兼并风潮中，“财富如无尽的江河一般，源源不绝地流入那些设立公司、修建铁路、开办电话电报和开发这个新工业帝国的天然

① （美）塞缪尔·埃利奥特·莫里森著，南开大学历史系美国研究室译：《美利坚合众国的成长》（下卷），第83页。

② Allen F. Davis and Harold D. Woodman:ibid,p.85.

③ （美）艾达·M. 塔贝尔《美孚石油公司的崛起》，载展江等译：《新闻与揭丑——美国黑幕揭发报道经典作品集（I）》，第279—291页。

④ 参见肖华锋：《美国黑幕揭发运动研究》，第19—20页。

资源的人们手中”[1]。而靠“自由劳动”[2]成为“未来资本家”的说法只不过是一种骗人的说辞。正如英国学者所指出的：“在盛行欺诈、贪污、受贿、诽谤的经济环境里，必要时开枪是竞争的正常现象，他们不能因顾及道德而略有迟疑。他们都是冷酷无情之人。若问他们是否诚实，大多数人会认为诚实与他们的生意无关，在生意场上应问他们是否精明。”[3]

贫富两极分化在19世纪的美国可谓登峰造极。1860年，仅占全美家庭总数0.016%的最富人家占有全国财富的3.6%；到了1890年，这一数字上升为9.6%。而根据国情普查局统计员于1893年披露的材料，当时9%的家庭占有全国财富的71%。另据统计，19世纪40年代，全美的百万富翁不足20位；但到了1910年，仅坐到美国参议院的百万富翁就要超过20位了。[4]其他的参议院“民意代表”，则几乎“清一色”都是铁路、冶金、石油等大型企业的代理人。随着财富的高度集中，美国社会中出现了一个以卡内基、洛克菲勒、阿斯特、摩根等工商巨头为代表的亿万富翁阶层。这个占美国家庭总数仅1%的阶层1913年的收入占全部美国家庭总收入的15%左右。[5]即便是1911年，美孚石油公司被依照美国最高法院判决拆分为39家独立企业，但洛克菲勒仍在这些企业总计98.336万股股票独占24.55万股，仅仅是将其过去在美孚石油公司的股份转换成了这些新企业的股份，难怪他听到判决后喃喃自语：“任何法院迫使一个人与自己展开竞争又会怎么样呢？”[6]

到19世纪90年代，绝大多数地方的铁路营运业务被六大铁路系统垄断，其中有四个部分或全部为摩根家族控制，另两个则为银行家库恩、洛布和康帕尼所操纵。南北战争前，J.F.摩根还只是一个银行家的儿子，其父替铁路公司推销股票赚取佣金；南北战争期间，摩根从一家军工厂以3.5美元的单价购买了5000支来复枪，然后以22美元的单价转卖给一位将军。这些来复枪都是次品，士兵开枪时甚至会损伤拇指。尽管国会的一个专门委员会曾在一家发行量不大的小报上提及此事，但一位联邦法官却认为这笔交易合法有效，

---

① （美）德怀特·L.杜蒙德著，宋岳亭译：《现代美国：1896~1946》，第27页。
② （美）艾登·特拉登堡著，邵重等译：《美国的公司化——镀金时代的文化与社会》，第64—65页。
③ （英）艾瑞克·霍布斯邦著，张晓华等译：《资本的年代》，国际文化出版公司2006年版，第191页。
④ Richard Hofstadter , The Age of Reform , New York ,1995 ,p.136.
⑤ （美）吉尔伯特·C.菲特等著，司徒淳等译：《美国经济史》，第593页。
⑥（美）查理斯·R.吉斯特：《美国垄断史——帝国的缔造者和他们的敌人》，经济科学出版社2004年版，第43页。

应该予以履行。此外，南北战争期间，为了逃避兵役，摩根还曾花300美元雇人代服兵役。约翰·D.洛克菲勒、安德鲁·卡内基、菲利浦·阿穆尔、杰伊·古尔德和詹姆斯·梅隆也都是如此。梅隆的父亲写信告诉他：

每个人都应当是爱国者，但他不必一定要冒生命危险或以牺牲自己的健康为代价。当然，很多人的生命并没有什么价值。

“马太效应”与腐败高发有何关联？

亨利·乔治（Henry George）[①]曾经指出这样的问题：许多社会财富流入这样一些个人和公司：他们拥有土地，拥有水、煤、油等自然资源，拥有蒸汽、有轨电车线路等特许经营权。这些资源和特权虽然最初并不起眼，可是随着人口的增长，对它们的需求就会加大，这些自然形成的垄断就会越来越有价值。而它们的升值仅仅是由人口增长创造出来的，因此应当由这部分人分享。而政府应当通过向土地、自然资源和垄断企业的价值征税而将升值部分收回。[②]《圣经新约·马太福音》说：“凡有的，还要加给他叫他多余；没有的，连他所有的也要夺过来。”1968年，美国科学史研究者罗伯特·莫顿（Robert K. Merton）首次引申出了“马太效应（Matthew Effect）”概念，来描述“对已有相当声誉的科学家做出的贡献给予的荣誉越来越多，而那些还没有出名的科学家则不被承认”的社会心理现象。此术语后为经济学界所借用，反映贫者愈贫，富者愈富，赢家通吃的经济学中收入分配不公的现象。这种现象往往会被贴上泛化的腐败标签。

19世纪后期至20世纪初，洛克菲勒的石油托拉斯（美孚石油公司）和摩根联邦钢铁托拉斯是美国最大的两个托拉斯垄断组织，而且都拥有自己的银行。美孚石油公司的大通银行和联邦钢铁公司的花旗银行还是当时美国九大银行中最大的两家。由此，两大财团控制了美国全部国民财富一千二百亿美元的三分之一。工业资本与银行资本的结合，形成为金融资本，也成为美国两党制度的支柱。1900年，卡内基以4920万美金的价格将他的钢铁公司卖给J.P.摩根。随后，摩根把卡内基的钢铁公司和其他的钢铁公司联合起来，组建了全美钢铁公司。

---

① 亨利·乔治（1839—1897）：美国经济学家，著有《进步与贫困》（1877—1879）、《社会问题》（1883）等，曾在1886、1887年连续参加纽约市长竞选。

② （美）林肯·斯蒂芬斯著，展江等译：《新闻与揭丑（Ⅱ）》，第400—401页。

为此，摩根花了1.5亿美金。那么，怎样才能保证所有这些股东和债券持有者分得股息呢？答案并不复杂：靠的是确保国会通过关税法，阻止海外钢铁进入本国市场；靠的是排斥竞争者，保持每吨28美元的价格；靠的是20万人高强度低酬劳的工作——一天工作12小时，薪水却只能勉强度日。

根据马修·约瑟夫森的研究，"'镀金时代'巧取豪夺的百万富翁都是些'强盗资本家'，这个术语使人们不由得想起对路过其领地的旅客进行抢劫的封建贵族"。约瑟夫森认为，这些强盗资本家对劳苦大众进行了压榨和剥削，他们的财富"主要是通过财务操纵和政治贿赂而积聚起来的"[①]。

有趣的是，**英语中"硕鼠（RATS）"一词颠倒过来就变成了"大亨（STAR）"**。可以说，"强盗大亨"绑架了美国公司，美国公司绑架了美国经济。

2. 财富丛林法则下的挥霍者

当时的工业巨头除少数人外热衷于挥霍财富，19世纪中上层阶级的性格特征之就是乐此不疲地"表达他们内心的自我陶醉，向社会传递其作为强者与成功者的信息"[②]。从现象上看，美国"在1860年，百万富翁仅有3个，1899年便有3800个了。这些人并不压抑自己的欲望，也不受古典传统的约束。他们爱好金碧辉煌，炫耀豪华排场；建造宫殿式的大厦；购买珠宝，聘请欧洲人来做他们的家庭教师；他们延请系谱家来考证他们世系；他们设立私人图书馆，收藏整套的装订华丽的书籍，借以表示他们有学问；招有爵位的欧洲人为婿来证明他们女儿的魅力"[③]。著名的黑幕揭发者大卫·格莱汉姆·菲利普斯曾对"强盗大亨"的生活方式和价值观念深表担忧，"那些游手好闲的巨大财富的拥有者正试图创造一个美国式贵族，其主要特征是奢侈、讲排场。具体表现在建巨大的住宅、雇外国佣人、在婚姻市场上购买贵族爵位、势利、公开慈善行为以示炫耀、人为地坚持一种显赫的社会地位……结果导致人与人之间缺少友谊、信任、爱和家庭"，其结果不但是"富人的下一代都被金钱所侵蚀"，而且还造成了社会风气的道德退化。[④]

---

① （美）约翰·弗兰奇著，陈小白译：《强盗资本家》，第271页。

② （美）埃利希·弗洛姆著，欧阳谦译：《健全的社会》，中国文联出版社1988年版，第90页。

③ （美）德怀特·L. 杜蒙德：《现代美国：1896—1946》，商务印书馆1984年版，第52页。

④ David Mark Chalmers , The Political and Social Ideas of the Muckrakers , New York , 1970 , p.81–82. 转引自肖华锋《美国黑幕揭发运动研究》，第36页。

索尔斯坦·凡勃伦在1899年发表《有闲阶级论》一书，提出一个人如果不想成为愚蠢可笑的粗汉，他就必须在趣味培养上下功夫，繁复的要求往往把绅士们的休闲生活变成了艰苦的学习过程——学习如何体面地过一种貌似休闲的生活。强盗大亨们可没有这样的耐性，他们只是热衷于建造豪华别墅，购置名贵家具和艺术珍品。纽约的第五大街、克利夫兰的欧几里得大街是百万富翁的汇集地，旧金山塔布山的法国别墅或英国乡间宅邸则是他们的度假地。他们竞相举办宴会、舞会来炫耀自己的财富，每次宴会至少花费10万美元以上，他们请来的贵宾往往骑着高头大马出入宴会厅或大饭店，直接在马背上品尝美酒佳肴，就连他们的坐骑也跟着享受美食与香槟。在另一些场合，客人们受到的款待甚至包括卷着数万美元的香烟和含有珍珠的牡蛎。①

——倾心于打造富丽堂皇的豪宅

戈莱特、贝尔蒙特和伯温德在纽波特的房子，弗拉格勒在棕榈滩的房子，古尔德在新泽西州莱克伍德的房子，怀纳德在费城附近的房子，菲普斯在匹兹堡的房子……19世纪末期的美国百万富翁纷纷开始建造王侯般的宅邸以显示有钱人的身份。其中，威廉·K. 范德比尔特的“大理石公馆”光是建筑、家具和装饰就花了约1100万美元，而他位于长岛奥克代尔的休闲别墅共有110间卧室、45间浴室，还包括一间可容纳100辆汽车的车库。乔治·W. 范德比尔特在北卡罗来纳州阿什维尔市的比尔摩特庄园则有40间主卧室，一个棕榈庭院，一间橡木客厅，一间印刷室，一间拥有25万册藏书的图书室等，这片园子最终覆盖了203平方英里，甚至需要雇用专门的林业主管来经营植被。1890年代中期，美国农业部长保罗·莫顿（Paul Morton）曾经以钦佩夹杂嫉妒的态度说：“他雇用的人比我手下的职员还要多，他花去的钱甚至超过了国会给农业部的全年拨款！”②

既然外国才有王公贵族，那么，这些美国本土的富翁就必须“不惜重金把一些根本不属于这里的东西带来”，通过外国家具和艺术品的数量来显示王者气派。那些豪宅中多得令人眼花缭乱的陈列品和各式各样的坛坛罐罐，都是来自英国、法国、德国、日本等全世界各个角落，显示出“美国的百万富翁们渴望过王侯一般的生活”。在轨道交通大亨查尔斯·耶基斯位于纽约

① 李庆余、周桂银：《美国现代化道路》，人民出版社1994年版，第90页。

② （美）弗雷德里克·L. 艾伦著，高国伟译：《美国的崛起》，第27—28页。

第五大道的耗资约200万美元的豪宅里，挂满了他从1889年后4年间从欧洲疯狂收购的140幅油画作品，以及堪称“最值得注意的十六、十七世纪的东方地毯”[①]。对于暴发户们的奢侈收藏行动，法国小说家保罗·布尔热评论道：“客厅的墙上有太多的挂毯、太多的油画。来宾室里则摆放了太多小摆设，太多的珍稀家具，餐桌上有太多鲜花、太多的植物、太多的水晶制品、太多的银器……总之，一切都太多了。”安娜·罗伯逊·波尔（Anna Robertson Burr）则形容钢铁百万富翁亨利·C. 弗里克（Henry C. Frick）回到家，如同是“端坐在哥特式华盖下的一个文艺复兴式的宝座之上”。

——热衷于追求帝王般的奢华享受

为了过上“帝王般的生活”，安德鲁·卡内基则在老家苏格兰购买了一片“斯基博”庄园，并将其扩展到32000英亩的规模，成为一个真正的“国王”。在他的城堡里，居住生活着两三百人。每天早晨，他和他的客人都会在8点钟准时被“卡内基风笛手”唤醒。这些风笛手会从很远的地方走进城堡，然后绕行一周，在卧室的窗下吹响起悠扬的风笛。片刻之后，这位世界级富豪就可以和客人们一起边吃着早餐，边欣赏“卡内基风琴手”演奏美妙的管风琴音乐。至于约翰·D. 摩根则是高尔夫球发烧友。在他位于纽约达里镇附近波坎蒂克山的有75幢建筑的庄园里，有一个私人高尔夫球场，以便他每天早晨可以在球场上打球；有70英里长的私人公路，以便他每天下午驾车在公路上休闲地兜风；有1000人到1500人不等的雇员，以便依季节不同为他提供无微不至的服务。在这些富豪家里，仆人们往往按等级秩序仿照英国的方式进行管理，以烘托出王室般的家庭氛围。

约翰·皮尔庞特·摩根则在纽约市麦迪逊大道291号拥有十来个仆人打理的豪宅，在海兰福尔斯的乡村别墅要比今天的美国乡村俱乐部还要大，在伦敦的联排别墅专门收藏油画，在伦敦郊区阿迪朗达克山区的乡村别墅是一座1000英亩的庄园，在乔治亚州海岸的吉柯岛俱乐部有一套私人公寓，在纽波特有一间“垂钓棚”，在巴黎的布里斯托尔酒店和罗马的大酒店有自己随时入住的专用套房……此外，他还有一艘300英尺的蒸汽游艇“海盗3号”，可以供他在大西洋沿岸或是地中海随意停泊；在尼罗河上有一艘私人蒸汽船，

---

① （美）约翰·弗兰奇著，陈小白译：《强盗资本家》，第202—207页。

为了他游览埃及而专门建造。当他想让“海盗3号”铺上和“海盗2号”一模一样的地毯，无奈地发现这样的地毯已经停产，于是他便下令纺织机装上老式模板，好让他定制的新地毯和原先的图案一模一样。

——迷恋于五光十色的会员式娱乐活动

1897年初，布拉德利·马丁（Bradley Martin）举办的一场舞会花费高达369200美元；斯坦福·怀特（Stanford White）则把纽约雪莉酒店活生生地改装成大特丽亚依宫内部的模样，摆上从法国运来的大理石雕像，让侍者们都穿着18世纪的制服、戴着假发，还把法国的伟大女演员雷琼娜和她剧团的成员请来献艺。科尼利厄斯·范德比尔特夫妇则在纽波特的休闲庄园举办了专场宴客演出，为此特地修建了18英尺高、25英尺宽的拱门；在庄园大道两侧设有射击场、黑人舞女、唱歌的女孩、木偶戏和朱迪滑稽戏，以及其他带有

“炫耀性消费”是腐败或“亚腐败”吗？

凡勃伦认为，财产的私人占有等资本主义的思维习惯源于人类的破坏性本能，尤其是其中的竞赛（emulation）倾向。在这种倾向的驱使下，对物质的占有产生了身份的差别，身份的攀比又进一步推动着占有。身份的最直接表现就是金钱，于是，“希图有所成就的倾向——作业［劳作］的本能——就逐渐发展成为在金钱成就上胜过别人的努力”。在显示身份、互相攀比的过程中，形成了诸如“所有物不可侵犯”之类的道德观念或制度。社会支配阶级的观念和习俗在阶级内部不断得到强化，同时也不断向其他阶级渗透，甚至强迫其他阶级接受，最终在全社会形成了支配性的思维习惯。凡勃伦对制度起源和发展的分析集中体现在对“有闲阶级”的剖析上。有闲阶级制度的特征是“炫耀性消费”（或炫耀性浪费）原则，“作为一个原则，可以说在某种意义上它是一个消极性而不是积极性的定律。它是一个制约性的而不是开创性的原则”。在“镀金时代”，钱挣得容易，花得也同样容易。当时的一次统计结果表明，美国人从国外购买如丝织品、刺绣品、珠宝、名酒之类的奢侈品上一年就支出了大约5500万美元。女性在“打扮自己的愚蠢愿望”上耗费的钱是男性在坏习惯上花掉钱数的3倍多。①

① （德）彼得·马丁、布鲁诺·霍尔纳格著，王音浩译：《资本战争》，天津教育出版社2008年版，第114页。

游乐园性质的展览；在两班木匠干了5天5夜搭建起来的临时剧院里，百老汇第一幕成功的音乐喜剧《野玫瑰》正在上演。为了这场演出，整个纽约的尼克伯克剧院关闭了晚场，以便领衔主演玛丽·卡希尔、埃迪·福伊等全班人马可以全身心投入。为了取悦范德比尔特和来宾们，就连第一幕的舞台布景也被运了过来。作为游客的法国小说家保罗·布尔热对此相当不解，因为一晚上挥洒重金只是为了让百十来对男女观赏一部音乐剧的片段，要是在百老汇完全能看一整部戏，并且效果毋庸置疑会好很多。

然而，这就是上流社会的生活方式，“毕竟这些有钱人的钱已经多得都不知道怎么花了，于是他们的生活其实都在参加一场比赛，比赛的内容就是看谁能够最有派头地一掷千金”[①]。富豪家的女主人都为自己能够招待一百多号人的晚餐而感到无比自豪，为在很短时间内准备好一场场“时髦的晚宴”和聚会而乐此不疲。请看摩根家为招待纽约“十二宫俱乐部”成员的一次晚宴菜单：牡蛎，汤，开胃食品，软蛤，羊肋排，水龟，帆背潜鸭，甜点，奶酪和水果；酒水方面，晚餐以雪利酒打头，接下来依次是莱茵葡萄酒、拉图堡葡萄酒、香槟酒和伍爵园葡萄酒，最后佐以科纳克白兰地和咖啡收尾。

而伦道夫·古根海默（Randolph Guggenheimer）则在1899年2月11日的晚宴上，向50位女士和先生们展现了如何迅速提高用餐环境的堂皇气派。他把古老的沃尔多夫—阿斯托利亚酒店的“桃金娘厅”改造成一座花园，里面摆放着盛放的玫瑰、风信子和郁金香，还有冷杉围成的篱笆；他甚至从动物园借来一些夜莺，和乌鸫、金丝雀一起在青枝绿叶间欢唱；6个穿着民族服装的那不勒斯人，一直不间断地用吉他弹奏着背景音乐。餐桌搁在藤架之中，来宾的头顶吊着爬满葡萄藤的格子架，脚下踩着嫩绿的草皮；菜单用金粉画在刮磨光滑的椰子上；为女士准备的扇子上描画着酒水清单。当晚，古根海默还制作了精美的香料盒，作为送给女士们的纪念品；而男士们的纪念品则是镶着宝石的火柴盒。

唯利是图的报纸也在“贪婪地”报道所谓“上层社会”的煽情生活方式，似乎其生活的唯一目的就是追求刺激和快感。“数以百万的美元，不管是赚

① 参见（美）弗雷德里克·L.艾伦著，高国伟译：《美国的崛起》，第32—34页。

来的还是借来的，都花在豪华的住宅和高档的家具上；为了一时的攀比，女暴发户把成千上万的钱花在丝绸、鞋带、钻石和所有昂贵却没有任何实际意义的东西上，而这些只是当时太多罪恶中微不足道的一部分。”①

媒体津津乐道的都是这样的新闻：某百万富翁为庆祝女儿降生，专门请来一支管弦乐队演奏助兴，同时送了她一条价值 60 万美元的钻石项链。这就是有钱人的俱乐部！这就是身份的界限和象征！那些在上流社会站稳脚跟的阔佬们，不遗余力地通过举办奢华的娱乐活动以巩固自己的社会地位，获得本阶层的认可。而在俱乐部外，又岂管洪水滔滔？

“在那年头，‘上流社会’这个词所代表的含义远比今天更为明确”，因为“1900 年的社会模式”的“阶层性似乎清楚得多，也简单得多”。② 以至于 1892 年的时候，沃德·麦卡利斯特（Ward McAllister）发表了一番著名的评论，说即便阿斯特夫人的舞厅只能容纳 400 人，那也足够大了，因为整个上流社会大约也就只有 400 人。

3. 另一半人如何生活

1900 年，安德鲁·卡内基拥有他那家大钢铁公司 58.5% 的股权，当年公司盈利 4000 万美元，他个人的收入必定超过 2300 万美元——而且是在无需缴纳个人所得税的前提下。从 1896—1900 年，卡内基先生的主营业务平均年收入是 1000 万美元，这还不包括从任何其他财产获得的收入。

与这些社会顶层相对应的是，美国社会底层出现了一个包括工人、农民、失业人员等的贫民阶层。当时，全体美国工人的年平均收入是 400—500 美元。也就是说，卡内基和一个为他干活的普通美国工人的年收入至少相差两万倍！

根据 1890 年的一项调查，美国约有 10% 的家庭全年的收入不足 200 美元，平均只有 156 美元。从 19 世纪 90 年代到第一次世界大战爆发时，美国人平均财富增长了 60%，然而工人们的同期购买力却下降了 5%。无怪乎弗雷德里克·L. 艾伦感慨道，“在世纪之交的时候，美国贫富之间的鸿沟是巨大的，这是不容争辩的事实”③。当年梁启超先生看到这种巨大的反差后曾写道：“杜

① （德）彼得·马丁、布鲁诺·霍尔纳格《资本战争》，王音浩译，天津教育出版社 2008 年版，第 124 页。
② （美）弗雷德里克·L. 艾伦著，高国伟译：《美国的崛起》，第 36—37 页。
③ （美）弗雷德里克·L. 艾伦著，高国伟译：《美国的崛起》，第 26 页。

诗云：‘朱门酒肉臭，路有冻死骨’，吾于纽约亲见之矣。”[①] 到了20世纪初，诗人卡尔·桑德堡（Carl Sandburg）这样写道：

股票是一份财产。

债券是一份财产。

机器、土地、楼房这些也是一份财产。

一份工作同样也是一份财产，

但是这些我没有，全部都没有。

乔治·基布·特纳则记载了那个时代“穷人的女儿”的悲惨境遇[②]：她们被称作“白奴交易（指贫困阶层年轻女子买卖）”的业内人士从廉租公寓中掠走，运送到地球上每一块大陆开始皮肉生涯；在1857年一项对纽约州6000名娼妓中抽取的2000名样本调查中发现，她们一半以上在“从业”前当过女佣；采购和出卖妇女这一行业成为贫民区“自治式政治”必不可少的一部分，就如同酒馆和赌博业一样……

查尔斯·达纳·吉布森（Charles Dana Gibson）则用他的画笔和系列讽刺画记录下了那个时代赤裸裸的贫富分化现实：经济上拮据的漂亮女孩，一直纠结着想要在又老又秃的百万富翁和让她心动、英俊潇洒却一文不名的年轻人之间作出选择；那又丑又矮的中年男人，总是极不情愿地被他的夫人和女儿拖去参加一场又一场的招待会，只因为他女儿希望能够在那里遇上一个货真价实的“如意郎君”……

1879年，纽约有贫民窟21000个，1900年便激增至43000个。[③]1890年，丹麦移民雅各布·里斯出版了纪实性作品《另一半人怎样生活》。他通过实地调查和摄影照片提醒人们，在美国肮脏、拥挤、阴暗的城市贫民窟里还生活着社会的“另一半人”。更重要的是，贫困家庭的孩子们往往放弃学业成为小贩，长期流浪在街道上，逐渐学会了欺骗、斗殴，沾染上种种不良习惯。在因为经济贫困而遭受伤寒、霍乱、白喉等疾病威胁的同时，这些“穷二代”也面临着青少年犯罪的威胁。

“穷二代”既是社会不公的受害者，反过来也成为社会堕落的追随者。

---

① 梁启超：《新大陆游记》，湖南人民出版社，1981年版，第44页。

②（美）乔治·基布·特纳《穷人的女儿》，载展江等译：《新闻与揭丑——美国黑幕揭发报道经典作品集（I）》。

③ 杨生茂、刘绪贻主编：《美国内战与镀金时代》，人民出版社1990年版，第298页。

他们中的不少人沦为对“城市老板”和富人阶层俯首帖耳的“灵魂出卖者”，“一旦闻到腐败的味道，就会一窝蜂地冲进市议会大厅，把难得的几个受尊敬的议员驱赶出去，然后把整个城市，其街道、码头、市场及它所拥有的一切出卖给那些贪婪的商人和行贿者”[①]。比如，在“政治老板”的操控下，参与选举的移民往往通过两个环节完成投票中的作弊：一是提供虚假名单，甚至“把死狗、儿童和不存在的人填充在选民名单里”；二是“按照交给他们的纸条上的名单，转着圈地一次又一次投票”，他们“还要依据纸条上的名字从一个投票站赶往另一个投票站，在往返的途中换衣服或者帽子”。[②]

纽约坦慕尼协会利用选举过程中的漏洞和民众的无知贪利，通过收买计票员虚报选票、直接向选民收买选票和重复投票等非法手段，获得选票优势以窃取市政公职。在1854年11月7日选举市长的投票中，第六行政区的爱尔兰人投给作为候选人之一的“城市老板”费尔南多·伍德的选票数量，竟然比该区登记选民总数还多400张。[③]通过贿选和其他的操控选举方式，坦慕尼协会一次次赢得选举并掌控了纽约市长职位，再借助市长的权力将其骨干安插到相关市政要职，以便贪赃枉法大发横财。1854—1871年，伍德3次当选市长，直接控制市政府6年之久；臭名昭著的威廉·马西·特威德则推选出4位市长，间接控制市政府11年。在此期间，纽约发生了历史上最为严重的市政腐败。而各州国会议员的选举欺诈问题也十分严重，如在1875—1895年发生了183起美国众议员选举的欺诈案件。亚拉巴马州州长在该州制宪会议上说，该州的选举“越来越糟糕，已经变成了一种很大的邪恶”。弗吉尼亚一位官员无奈地说：“选举中的欺骗导致人民道德沦丧”，为赢得选举而不择手段，“无助于对白人文明的保护”。[④]

因此，19世纪末20世纪初“黑幕揭发运动”的旗手林肯·斯蒂芬斯曾在《城市的耻辱》一书的导言中反思道：“美国人民糟糕的行政管理，是美国人民

---

① Lincoln Steffens , The Shame of Cities ,p.21，转引自肖华锋《美国黑幕揭发运动研究》，第180页。
② （美）林肯·斯蒂芬斯：《城市的耻辱》，邢锡范译，中国人民大学出版社2015年版，第130—132页。
③ （美）乔治·J.兰克维奇：《纽约简史》，辛亨复译，上海人民出版社2005年版，第119页。
④ C. Vann Woodward, *Origins of the New South,1877—1913*，转引自梁茂信：《外来移民与美国“镀金时代”的政治腐败》，《史学理论研究》2018年第2期。

自己造成的……贪赃枉法的风气就是美国的风气……人民不是无罪的。"①社会底层的人要和社会上层的人一样，对地方民主政府的堕落负责任。因为如果富人是"购买"腐败的话，那么，这些五毒俱全、无恶不作的"社会人渣"则是在"出售"腐败。

19 世纪末 20 世纪初，除了要被城市利益集团所收买，许多美国中产阶级甚至下层人民还要在价值观念和生活方式上为"强盗大亨"所左右。正如杰斐逊所说，"脱离有意义的公共生活"，"没有一个培养人的社会和道德能力的能动的公共领域"，"社会上大多数人就会变成可悲的纯粹机械物，就会变成只感觉到罪孽和痛苦的东西"②。目迷五色之间，他们对物质主义孜孜追逐，以超前消费和奢侈摆阔为荣，似乎能跟上流社会交往就"能让自己也跻身于精英的行列"。

人们对社会精英集会的入场券有着疯狂的热情，不管是聚会、地方协会还是豪门望族的年度舞会无不趋之若鹜，能够得到阿斯特夫人盛大宴会的一张请柬，"简直不亚于一张天堂的入场券"。因为，正如华尔街银行家亨利·克卢斯所描述的那样，他们所仰视的"另一些人"都在"从头到脚地投身于时尚的潮流，没完没了地举办和参加招待会、舞会和午后茶会，再配以雅致的马车，穿着纽扣鲜亮的制服的马车夫，穿着长筒靴的跟班、女仆和男仆，以及在大都会生活的其他附属物"③。可以说，**"强盗大亨"不但主宰了当时的经济生活，也主宰了当时的社会生活；不但主宰了物质生活，还主宰了精神生活。**

4. "金钱就是权力"："富二代"的婚事

爱默生对"镀金时代"的美国社会有过如此描述："（波士顿）比考恩大道和弗农山庄的大街小巷都弥漫着铜臭。在律师的办公室，在港口码头，到处可见这种卑鄙龌龊、浑浑噩噩的陈腐之气。"④除了可见的"陈腐之气"还不够，因为这些富可敌国的"强盗大亨"们的话语权被空前放大了，像卡

① （美）理查德·霍夫施达特著，俞敏洪等译：《改革时代：美国的新崛起》，河北人民出版社 1989 年版，第 173—174 页。

② 转引自（美）加勒特·沃德·谢尔登《杰斐逊先生的政治理论》，载肯尼思·W. 汤普森编《宪法的政治理论》，第 134 页。

③ 转引自（美）弗雷德里克·L. 艾伦著，高国伟译：《美国的崛起》，第 37 页。

④ 转引自张国庆：《总统们》，"工业文明综合症"。

内基所鼓吹的那样“由工业巨头操纵的经济政府代替平庸政客占有的政治政府”，他们甚至要成为社会和政府的主宰。用黄仁宇的话说，就是一个赤裸裸的“在数目字上管理（mathematically manageable）”的社会中：“即全民生活，都听金钱制裁。”[①]

当时，科罗拉多州的大富豪 H.A.W. 泰伯在丹佛市修建了一座新剧院。在视察新落成的剧院时，他发现走廊上挂着一幅莎士比亚的画像，心中大为不快，马上让人用自己的画像把它换了下来，并且嘲讽道：“莎士比亚为丹佛做过什么事情？”[②] 言下之意，他自己的所作所为才配得上人们仰视的目光和崇敬的心情。

如同 18 世纪的英国贵族乐于“屈尊”与新兴商人联姻一样，此时的美国也兴起了一种殊途同归的“跨国婚姻潮”。金钱成了衡量社会地位的真正价值尺度，那些家资巨万的美国女继承人纷纷成为外国贵族趋之若鹜的新娘。1876 年，第一桩重要的跨国婚姻发生在纽约的珍妮·杰罗姆（Jennie Jerome）和伦道夫·丘吉尔（Randolph Churchill）勋爵之间。19 世纪 90 年代，美式跨国婚姻即新富与旧贵的联姻十分流行。1913 年 11 月号的《麦考尔》（McCall’s）杂志上甚至开列了一份 57 桩知名跨国婚姻的清单，而就在杂志发行的当月，梅·戈莱特小姐嫁给了罗克斯堡公爵，婚礼当天人们挤满了圣托马斯教堂外的第五大道，争相一睹公爵和他新迎娶的公爵夫人。

1895 年 11 月 6 日，嘉德勋章骑士、马尔伯勒公爵查尔斯·理查德·约翰（Charles Richard John）与康斯薇洛·范德比尔特签署了这样一份婚约：

鉴于马尔伯勒公爵与康斯薇洛·范德比尔特之间所订立的这桩婚姻，总价值高达 250 万美元的 5 万份比奇克里克铁路公司的股票（其 4% 的年度分红由纽约中央铁路公司担保）将于今日移交给受托人。在与马尔伯勒公爵共同生活的时间里，康斯薇洛·范德比尔特应该把上述 250 万美元资产所产生的收入全部交给马尔伯勒公爵，直至马尔伯勒公爵生命终结的那一天……

这无疑表明“强盗大亨”们的新贵地位得到认同，因为身为贵族的亲王、公爵或伯爵们非常乐意在得到一位迷人女孩的同时还得到一大笔钱财。更有

① 黄仁宇：《〈赫逊河畔谈中国历史〉开场白》，载《现代中国的历程》，第 255 页。
② 李剑鸣：《大转折的年代——美国进步主义运动研究》，天津教育出版社 1992 年版，第 41—42 页。

意义的是，尽管是在与“腐败的旧欧洲”不同的新大陆，以金钱获得名望的美国新贵们还是认为“能跟贵族联姻就将给他们打上值得信赖的贵族印记”[①]。虽然美国《宪法》早就宣称“美国不授予贵族头衔”，但在这个传统上号称民主国家的上层阶层那里，拥有欧洲的“贵族徽章”并“做一个美国贵族并没有什么不好”。

而美国财阀威廉·阿斯特更是个用钱买爵位的著名“冤大头”。他于1890年到了英国，为了跻身贵族行列，迫不及待地公布所谓家谱，声称自己身上有法兰西和西班牙贵族血统。同时，他出资10万美元赞助了英国对布尔人的战争，出资25万美元资助牛津、剑桥和伦敦大学，又用77.5万美元资助慈善机构、医院、红十字会和其他公益机构，还为英国的党派大掏腰包搞赞助。直到1916年，经过20多年的努力，他终于成为男爵，圆了自己“先富后贵”的贵族梦。[②]

这倒是一个反讽的美国故事：当年华盛顿等人浴血奋战，就是为了把骑在头上的英国贵族们赶出家门，把那些象征特权的王室和贵族徽章踩在脚下；而当他们进入天堂多半个世纪之后，美国本土的“强盗大亨”们如此热衷于“攀附贵族女婿”，争先恐后地通过“富二代”的婚姻重新把贵族徽章别在自己的胸口。“这些富家子女正在形成一个庞大而不断壮大的阶层，而且只要我们打算建立一种贵族政府，它很可能就是从这个阶层中产生的。富人们为他们聚敛不义之财提供了种种遁词，其中之一就是他们为了他们的家庭、他们的孩子必须攒足钱。”“但是由于他们从小到大只知道玩乐，他们不会工作——‘不会’，而不是不愿意。他们不知道怎么做，除了游戏，他们什么也不懂，而且他们也学不会。”[③]

1901年，来自罗德岛州的美国参议院领袖和财政委员会主席纳尔逊·W.奥尔德里奇（Nelson W. Aldrich）的女儿嫁给了约翰·D.洛克菲勒（John D. Rockfeller）唯一的儿子和指定继承人。于是，“美国人民的主要剥削者通过婚姻和为他们这些剥削者服务的主要阴谋家结成了紧密的联盟”。可以说，“它是一个政治事件，也是一个经济事件。它为奥尔德里奇和财团的联合关系盖

---

①（美）弗雷德里克·L.艾伦著，高国伟译：《美国的崛起》，第40页。

② David Cannadine, *Decline and Fall of the British Aristocracy*，转引自阎照祥：《英国近代贵族体制研究》，第268页。

③（美）林肯·斯蒂芬斯著，展江等译：《新闻与揭丑（Ⅱ）》，第423页。

上了最后，也是最有力的印章”[①]。

于是，牧师纷纷成了“强盗大亨”的传声筒和代言人，“美国在创造财富的过程中，似乎正面临失去灵魂的危险”[②]。当时，费城的浸礼会牧师拉塞尔·H. 康维尔到处发表为“强盗大亨”正名的“遍地是钻石”的演说，同一演说辞竟然曾在美国东部和中西部地区反复演讲过 6000 次。他反复宣讲的就是：金钱就是权力，每一个好人都应该去追求这个权力！

1900 年，马萨诸塞的劳伦斯主教更是提出“神性与财富同在”的系统思想，鼓吹“财富仅仅归于有德行的人”[③]。原本靠压榨工人、使用童工、贿赂政客等不光彩手段巧取豪夺的“经济强盗”，却在宗教人士的传经布道中变成了“道德楷模”，成为上帝真正的“选民”和众人顶礼膜拜的偶像。

或许，这是源于这些大富豪的“**身份焦虑**”：财不义，名不正，言不顺，心不平。他们的巨大财富并不像诸多传记作品里描绘的那样，是一个普通人纯靠聪明才智白手起家。即便某些人的“第一桶金”或许是靠了些个人奋斗，但多数人真正搭上“财富快车”，使财富急剧增加还是要靠贿赂政客、巧取豪夺。[④] 因此，一枚贵族徽章就如同在商战中缴获的战利品一样，对他们来说丝毫不亚于华盛顿在战场上的一场大胜。

还有这样一个美国故事：

一个正为创业而苦恼的年轻人问询一个老富翁如何发财致富，老富翁回忆说：“那是大萧条时期，我的口袋里只剩 5 美分了，就买了个苹果，晚上在家把它擦得特别的亮。第二天，这个苹果被以 10 美分卖掉。我就以 5 美分的价格买来两个苹果，到晚上再把它们擦得特别的亮……”

年轻人若有所思，明白了勤奋创业的些许道理，但他还是礼貌地问道：“那后来呢？您一定……”

老富翁说：“哦，第三天，我继承了一笔遗产：200 万美元。”

富人还是富人，穷人只是穷人。恰如美国人所说：“新时代的英雄人物

---

① （美）戴维·格雷厄姆·菲利普斯《参议院的叛国罪》，载展江等译：《新闻与揭丑——美国黑幕揭发报道经典作品集（I）》，第 83 页。

② （美）理查德·霍夫施达特著，俞敏洪等译：《改革时代：美国的新崛起》，第 208 页。

③（美）塞缪尔·埃利奥特·莫里森著，南开大学历史系美国研究室译：《美利坚合众国的成长》（下卷），第 96—98 页。

④ 参见（美）霍华德·津恩著，许先春等译：《美国人民的历史》，第 214—218 页。

是那些金融大亨和工业巨擘。”[①]“镀金时代”的“强盗大亨”们就这样编织着财富的故事，改写着美国的历史，以及自己不再卑贱的血统。

退化的社会环境和文化心理纵容了腐败高发

利益共同体的产生，既需要官，也需要商，更需要一种社会舆论环境。从17世纪的“人欲说”，到18世纪的“国富论”，再到19世纪的“财富福音”和社会达尔文主义，充当了为政治贪腐、道德败坏披上思想文化“遮羞布”的作用。而当人们对腐败的“容忍度”越来越高的时候，也就是社会危机越来越严重的时候。反之，共建共享“零容忍”社会，是走出腐败高发期的长久之计。

四、腐败从真实高发到心理“泛化”

财富造就了呵护，呵护带来了奢侈，奢侈导致了纵欲，而纵欲是毁灭之母。

——约翰·斯梅尔

腐败高发可以从两个层面去观察：一个是物理层面，即腐败的发案率、涉案金额、涉案人数、腐败高发的领域、部门和岗位等，可以比较真实、客观地反映腐败易发多发的趋势、程度和性质；另一个是心理层面，即人们出于各种主客观因素的影响，产生了“无官不贪，无事不腐”的消极情绪和负面态度。腐败泛化心理的形成，原因比较复杂，但最为关键的是两条：其一，由于发现机制不强、打击力度不大或顶层治理决心不大等，社会中存在大量“腐败黑数”，人们认为被查出的腐败分子是“九牛一毛”，因此产生了腐败泛化心理，其实质是对执政者的不信任、不满意态度。其二，由于公共服务不均、收入分配不公和贫富差距过大等，处于弱势地位的社会集群将社会不公诉诸政治腐败，或者说把自己的生活艰难简单归结于腐败。如果说前者是一种失望状态，后者则是一种“移情”效果。总之，如果说腐败泛化心理是一个“畸形儿”，那么，社会不公、道德沦丧等就是其助产士。

① （美）亨利·S. 康马杰：《美国精神》，光明日报出版社1994年版，第58页。

第六章　现代腐败的三次变型和接力

——为什么说19世纪的美国代表了现代腐败之“原型”？

历史是一件无缝的天衣……这件历史天衣的变化往往是极其缓慢而难于察觉的。

——约翰·克拉潘

从某种程度上说，世人今天所能接触、知晓乃至想象的腐败行为，大都可以划入现代腐败的范畴。**现代腐败或者说现代意义上的腐败，主要是指现代工业社会中的新型腐败行为，实则是萌芽于17世纪、转型于18世纪并最终定型于19世纪。**现代社会实质是“工业社会（industrial society）”的同义语。特别是在农业社会（即传统社会）向工业社会的过渡时期里，伴随着工业化、城市化的进程和民主化、科技化的步伐，如同机器大生产给社会生产力带来的空前提升那样，现代腐败日益告别了权力掠夺的原始形态和暴力侵占的传统模式。换言之，一架更趋复杂、精密和有效率的“政治机器”，适应了工业、民主及科学等引发的政治社会生态变化，悄然实现了“腐败力”的“转型升级”。或许令人有些意外的是，在中、英、美三个国家之间，因为腐败所发生的联系比我们通常想象的要多得多。

从17世纪到19世纪，腐败高发期的演化中，腐败经历了从传统腐败向新型腐败、现代腐败的转型和定型。我们把明朝、英国和美国出现的腐败，称为山寨式腐败、教会式腐败和公司式腐败。如同经济领域从商业资本主义到工业资本主义再到金融资本主义的转变，政治领域和国家治理中的腐败变化也有其不可忽视的内在关联性。

一、转型之“型”：腐败演化的三个“轴心期”

无法预测性、人为的不确定性、碎裂，这些只是全球化秩序这个硬币的一面。在相反的一面是从全球相互依赖环境中产生的共享的价值。

——安东尼·吉登斯

沿着历史的轨迹和时间的河流，我们看到腐败高发期不断演化更替，腐败类型和基因不断“进化”变异。“所有的时代都是过渡的时代，都是持续和变革的混合体。”[①] 黄仁宇从“大历史（macro-history）”和“财政中心”来检视传统中国历史，我们则从20世纪对人类社会治理加以系统观照并进行“宏大叙事”，可以看到一个近三个世纪的现代腐败演化生成的“轴心期”。

1. 现代腐败的雏形、转型与定型：西方“先驱”的腐败完形

传统腐败（掠夺型腐败）在17世纪的大明王朝爆发贲张，专制集权、资本“芽苗”与乱世“人欲”一同疯长，从皇帝、大臣到宦官、胥吏，从巨商大贾到市井小民，从富庶江南到塞北边镇，贪婪奢靡的集体无意识和腐败狂欢最终搞得“国将不国”。

转型腐败（过渡型腐败）在18世纪的大英帝国博弈生成，在君主制、贵族制和民主制“三位一体”的“不列颠混合政体”之下，民主运动成了新兴资产阶级的变革“推手”“王政”的力量、政党的力量和资本的力量首度交会在工业革命的大熔炉，“贵族秩序依然存在，但采取了新的形式，金钱重于血统已经成为新的基石”[②]，隐隐发难而又处处显现的利益冲突成为王权折戟、王室蒙羞的大病灶。

现代腐败（发展型腐败）则是到了19世纪的新大陆，美国宪政政体“最主要的外在来源是英国”[③]，新生的宪政民主国家非但没有与腐败的旧大陆和旧制度划清界限，反而成为资本利益集团纵横捭阖的极乐世界，沦为精英阶层运用强势地位大搞政党腐败、政治腐败、行政腐败、司法腐败、立法腐败、金融腐败等的“试验场”……

---

① D.M. 帕利泽：《伊丽莎白时代：1547—1603年晚期都铎王朝统治下的英格兰》，转引自王晋新、姜德福：《现代早期英国社会变迁》，第5页。

② （美）巴林顿·摩尔著，拓夫等译：《民主和专制的社会起源》，华夏出版社1987年版。

③ （美）斯科特·戈登著，应奇等译：《控制国家——西方宪政的历史》，江苏人民出版社2001年版，第321页。

如果把 17—19 世纪在中、英、美三国的腐败高发期联系起来，可以看到一个从掠夺型腐败向发展型腐败过渡的历史轨迹。**明朝的掠夺型腐败是农业文明社会和君主专制政体下传统腐败的代表，核心是不加掩饰地掠夺和征敛；美国的发展型腐败是市场经济社会和资产阶级民主宪政下新型腐败的代表，核心是在貌似“民主公正的竞争中”垄断了发展的资源、机遇和利益；而英国的过渡型腐败则恰如这两极之间的转换形态，国王的专制滥权和商人的垄断特权兼而有之。**

美国学者斯塔夫里阿诺斯把 19 世纪后期工业革命先发国家展开的世界殖民称为“新帝国主义”，他认为其特点与罗马的传统帝国主义“简单、直接地剥削”完全不同：“传统的帝国主义包含剥削，但不包含根本的经济变化和社会变化。贡物仅仅归于某一统治集团而不归于另一统治集团。相形之下，新帝国主义迫使国家发生彻底的变化”，“将这种帝国主义与后来侵扰并改造整块整块大陆的那种帝国主义相比，就像将一把铲子与一台蒸汽挖掘机相比”[①]。这个精彩的比喻也适用于掠夺型腐败与发展型腐败。

万历皇帝作为传统的集权腐败者，如同雇佣矿监、税使拿着“铲子”打家劫舍的东家，但干的还是“力气活儿”，而“镀金时代”的强盗大亨们则相当于拥有众多由资本打造的“蒸汽挖掘机”，体面而高效地攫取着社会财富（见表 1）。更耐人寻味的是，从 17 世纪全球化浪潮渐起渐强以来，那些区域性大国之间在腐败问题上确乎有着十分紧密的联系。

英国人很早就注意到了中国这个“鸦片战争”中的东方对手的腐败问题：

1767—1776 年，亚当·斯密在撰写《国富论》时曾就中欧对比写道：“中国比欧洲任何国家富裕得多”，“中国……的高官巨豪，比欧洲最富裕的人，都有多得多的隶役。而且，这些大官富豪，持有过剩粮食，于是能够支付较大数量的粮食来交换那些产额甚少的珍奇物品，例如富翁竞求的金银宝石。”[②]——这似乎已经表明，17 世纪的英格兰人已经注意到了中国的贪腐奢靡之风。

① （美）斯塔夫里阿诺斯著，吴象婴等译：《全球通史：1500 年以后的世界》，第 316 页。
② （英）亚当·斯密著，郭大力等译：《国民财富的性质和原因的研究》上卷，第 182 页、第 197 页。

表 1　不同时期腐败对比表

类型	时代背景	腐败轴心	核心标志	基本特征
传统腐败（17 世纪）	封建社会中出现资本主义萌芽	专制集权	皇帝腐败：万历是贪政、怠政之源	①官员蜕败：官场“两面人”横行（张居正现象） ②政策失败：“一条鞭”法政策失败 ③体制衰败：科举体制及其“士—仕”结构解体 ④社会颓败：社会拜金及“金瓶梅化”
转型腐败（18 世纪）	新兴资产阶级及其革命勃兴	等级治权	国王腐败：乔治三世复辟“王政”、贿赂议会等	①官员蜕败：失败首相频出（诺斯悖论） ②政策失败：印花税法案政策失败 ③体制衰败：庇护体制及其恩赐官员的沉沦 ④社会颓败：社会矛盾引发“斯密之谜”
现代腐败（19 世纪）	资产阶级宪政民主国家建立	经济特权	总统腐败：格兰特总统的秘书腐败、亲属腐败、用人腐败等	①官员蜕败：内阁成员违法乱纪（“腐败内阁”） ②政策失败：市政公共资金管理失败 ③体制衰败：政党体制及其分赃模式的混乱 ④社会颓败：社会冲突及“镀金时代”来临

1798 年，英国经济学家马尔萨斯发表了《人口原理》（又译《人口论》），谈到中国社会时说：“这个世界上最富、最繁荣的帝国在另一种意义上却又是所有国家中最穷、最凄惨的。这个国家尽管地大物博，却养活不了它的居民。”因为“在整个政府以家长制管理、皇帝被尊为子民之父、法令之源的国家里”，一旦灾害和饥荒降临，“每当一个省份由于太旱或突发洪水而歉收时，大官们想动用公共粮食，但往往发现由于负责管理的下级官僚的贪污，粮仓已空了。于是进行调查和搜索，但总是不想把这种叫人不痛快的消息报告朝廷。当然最后作了奏闻，但得经多次转手，很多天之后才到皇帝那里”。然后，国家的要员们奉命会商“救民于水火”的办法，并在这“官员们能装出对人民最大同情的机会”公布朝廷的宣言式决定，“但不知多少的仪式拖延着它的执行，这就使灾民在救济到达之前，有充分的时间被饿死”[①]。——对“中式”胥吏腐败和制度执行不力的批驳可谓入木三分！

然而，英国人引以为豪的反腐败制度基石之一——现代文官制度，却实

① （英）马尔萨斯：《论中国人口的控制》，载何兆武等主编《中国印象——世界名人论中国文化》，广西师范大学出版社　年版，第 25—33 页。

实在在是源自中国的“舶来品”，即将科举制度加以引进创新的“改良货”。因为，“在延续了1000年的四个朝代中，孔夫子的中国主要就是由一个接受了高度训练的文官机构来统治的”，“国家不仅有一个精心设计的科举制度来迎合有声望的皇亲国戚的能力培养需要，而且国家努力把这一体制扩大到能包容那些有才干的平民，这一努力导致了几个世代中相当大的职业的和社会的流动性”。[①]

美国人更是从建国之初乃至未建国之前就对英格兰腐败的“旧制度”十分警醒：

1759年，来自北美殖民地的富兰克林到其宗主国英国考察，看到的是英国到处都是行贿受贿、营私舞弊的丑闻：“绝对的腐败在这个古老国家的所有等级的人们中流行，从头到脚都完全堕落和腐败了！”

1852年，曾任英国公使和第15任总统的詹姆斯·布坎南对曾任第14任总统的富兰克林·皮尔斯谈到国内官员的腐败问题时说，“我们必须采取措施严禁他们这种行为，否则我们的政府也很快就会变得像英国政府一样腐败”[②]。

可见，“美国殖民者和立宪者的经历给我们提供了一个可以说是百年一遇的机会。在这里，政治观念横越了3000英里的大洋，涉及具有根本重要性和广泛性的问题，并在一个公开的背景下导入一系列将决定一个新民族在今后那个世纪命运的政治决策”。具体而言，“怎样驯服这个贪婪、狡猾和无法逃避的权力之兽呢？英国是美国的样板”。甚至于为了和英格兰“温和均势”的政治制度相区别，美国开国者所设计的解决方法是：“利用人们之间的交互分裂而在政府内部建立起一种权力平衡，具体办法是设定一定的选举程序、任期和有关职位的权力，使得人与人之间天生的不和转化为政府中的摩擦和冲突。”[③]

然而，一个不以人的意志为转移的客观事实是，从腐败的演化周期来看，在传统社会向现代社会转型的过程中，腐败的形态、样式也发生了同步转型！

美国学者亨廷顿（Samuel P. Huntington）在《变化社会中的政治秩序》一

① （美）詹姆斯·麦格雷戈·伯恩斯著，刘李胜等译：《领袖论》，第153—154页。

② George Rrown T indall, A merica: a narrative history,New York :W.W.Norton&Company,1984,p.437.

③ （美）詹姆斯·麦格雷戈·伯恩斯著，刘李胜等译：《领袖论》，第153—154页，184—187页。

书中也曾提出“现代化的过程促进腐败”的论点。他认为，“腐败在一些社会中比在另一些社会中更普遍，在一个社会的某些时期比其他时期更普遍”。比如，19 世纪的美国比 18 世纪和 20 世纪的美国更腐败，18 世纪的英国比 17 世纪和 19 世纪后期的英国更腐败。[①] 我们甚至可以说，今天在网络时代我们所能够接触、所能够知晓乃至能够想象的腐败样式，在 19 世纪都已经有了基本“原型”。

20 世纪初，在反对第一次世界大战的背景下，英国著名哲学家伯特兰·罗素（Bertrand Russell）出版了《社会改造原理》一书。他试图提供一个较好的社会秩序的模型，并认为创造性的解放应当成为政治和经济改革的原则，基于此原则他勾画了一个“世界国家”和一套“理想的制度”：前者是通过经济结构方面和人生哲学方面的改革来解决诸多社会问题的“超级共同体”，后者则要求能够产生最大可能的创造性和最少的适合于保全个体占有性的那种制度。值得一提的是，罗素在书中提出了一个十分重要的观点：

许多人认为，西方进步的先锋——美国，在最完备的形式中表现出金钱崇拜。[②]

美国“最完备的形式”表现在政治、经济、文化和社会建设的方方面面，而现代腐败也在其“金钱崇拜”中表现得登峰造极。当代英国历史学家艾瑞克·霍布斯邦把 19 世纪称为“帝国的年代”，强调必须“了解和解释 19 世纪及其在历史上的地位，了解和解释一个处于革命性转型过程中的世界，在过去的土壤中追溯我们现代的根源”。霍布斯邦从宏大叙事视角出发“视过去为一个凝聚的整体”，声称自己“组织 19 世纪的中轴，是自由主义资产阶级特有的资本主义的胜利和转型”。更为关键的是，“与其他时期相比，帝国年代的不凡和特殊之处在于：在这个时代内部，不存在其他逆转的历史模式，或可逐渐破坏其时代基础的历史模式。它是一个全然内化的历史转型过程，直到今天它仍在持续发展”。而他认为，“与历史上的任何时期相比较，帝国的时代都更大声疾呼要求脱去神秘面纱”，尽管“这并不意味着它要求揭露或揭发贪污腐败（它所肇始的一项活动）”[③]。笔者认为，这是一个重要

---

① 转引自周琪、袁征著：《美国的政治腐败与反腐败》，第 15 页。

② （英）伯特兰·罗素，张师竹译：《社会改造原理》，上海人民出版社 2001 年版，第 71 页。

③ （英）艾瑞克·霍布斯邦著，贾士蘅等译：《帝国的年代》，国际文化出版公司 2006 年版，“序言”及“序曲”。

的理论贡献，即把贪污腐败或者准确地说是现代腐败视为在19世纪“所肇始”、所定型，并且这一“资本主义的胜利和转型”直到今天“仍在持续发展”。

正如潘恩在19世纪后期批评腐败的英国政府时曾经说的那样，我们“还需探询所谓的特权的起源、历史及其性质。一切都必须有一个开端，我们需要穿透时代与古代的迷雾去发现这样一个开端”①。进一步说，笔者对17—19世纪中、英、美等全球化以来“核心国家”②的腐败高发期的研究表明：**19世纪美国腐败高发期中的形形色色的新兴腐败形态，正是当今世界或者说现代社会中的腐败“原型”**！

2. 第二“轴心期”的到来

“历史看上去确实是一张无接缝的网。”③然而，在这张网织就的过程中，我们注意到全球化时代以来存在着“大国带动”现象，即明朝、英国和美国分别扮演了17—19世纪以来的“核心国家”角色，或主动或被动地成为初期全球化的主要驱动力量。

17世纪，明朝是世界白银的主要消费国，是世界贸易活动的重要集散地。保罗·肯尼迪在谈到明朝时指出：“在近代以前时期的所有文明中，没有一个国家的文明比中国文明更发达，更先进。”④而且，还有美国学者认为：“从14世纪中叶到19世纪欧洲人开始真正侵入中国为止，这整个时代是人类有史以来政治清明、社会稳定的伟大时代之一；传统的制度和习俗——农业经济、儒家生活方式、选拔政府官员的考试制度和身居北京的天子的受人尊敬的统治——一直在顺利地、令人满意地继续着。”⑤特别是由于“农业是整个古代世界的决定性的生产部门”⑥，可以说明朝仍然是传统农业文明（“前工业文明”）的巅峰和**古典农业革命**的代表。“中国仅依靠前现代科技水平的能源——风、水、太阳和体力”为庞大的人口提供了衣食住行，“同样令人吃惊的是……她维持着一个庞大和有效的国家官僚体系，一个强有力的法律司法制度，一

① （美）托马斯·潘恩著，田飞龙译：《人的权利》，第47页。

② “核心国家”即在全球化进程中的获益国家，与之相对的“边缘国家”则是指受损国家，参见（美）伊曼努尔·华勒斯坦著，路爱国、丁浩金译：《历史资本主义》。

③（美）哈罗德·J.伯尔曼著，贺卫方等译：《法律与革命——西方法律传统的形成》，中古大百科全书出版社1993年版，第2页。

④ （美）保罗·肯尼迪著，陈景彪等译：《大国的兴衰》，第6—7页。

⑤ （美）斯塔夫里阿诺斯著，吴象婴等译：《全球通史：1500年以后的世界》，第74页。

⑥ （德）恩格斯《家庭、私有制和国家的起源》，《马克思恩格斯全集》第21卷，第169页。

种令人注目的高层次的文化水平，以及一种文明的道德风尚”①。当时，欧洲以学生的姿态，从中国进口从茶叶、丝织品到科举制度。大明王朝的农业技术、纺织技术、水利技术等直到18世纪仍然领先，经济规模仍然是世界第一；江南的城镇化蔚为大观；商业经济和商人流动使得全国一体。

20世纪90年代以来，西方学者提出了“明清中国在世界领先论”：在15世纪到18世纪的世界经济发展中，明清中国无论是国内生产总值，还是人均产值及经济增长速度都居世界首位，而与整个西欧相匹敌，甚至成了世界的中心。17世纪的明朝仍然是世界头号大国和全球化初期的世界经济火车头。根据麦迪森的研究，直到1820年的世界GDP总量中，中国仍占到28.7%，比排名第二至四位的印、法、英三国的总和26.6%还要多。直到中国向日本割让台湾的1895年，中国的GDP排名世界第一才被美国取代。②德国著名经济学家贡德·弗兰克曾在《白银资本》一书中不无客观地指出，当时因为“中国需求白银，欧洲需求中国商品，这二者的结合导致了全世界的商业扩张”，“欧洲人不过是拿着美洲的白银，购买了一张乘坐亚洲经济列车的票，起先是一个三等厢，后来变为二等、一等，直到19世纪取代了亚洲成了火车头”。

——需要注意的是，随着资本芽苗的生长蔓延，作为传统农业文明“完形”的大明王朝出现了商业资本和商业资本家的影子。

18世纪，英国在**第一次工业革命**的蒸汽和煤烟中逐渐崛起，成为海上霸主，成就了殖民霸业。蒸汽动力在希腊化时代的埃及就已为人所知，但仅仅是用于开关庙宇大门。然而，它在英格兰却作为一种巨大的新能源被开发利用，使得“西欧和北美洲每人可能得到的能量分别为亚洲每人的11.5倍和29倍。这些数字的意义在一个经济力量和军事力量直接依赖于所能获得的能源的世界中是很明显的”③。特别是18世纪中叶以后，英国发展进入起飞阶段，且“一经起飞，便成绩斐然”④。1769年，哥拉斯哥大学的教具制造员詹姆士·瓦特制造出单向蒸汽机。1782年，他又试制成功双向蒸汽机。瓦特式蒸汽机很快成为适用于各种机器的动力机。随着蒸汽机的使用推广，英国的机器大工

---

① 拉蒙·迈耶斯著：《晚期中华帝国的习惯法、市场和资源交易》，载盛洪主编《现代制度经济学》上册，北京大学出版社2003年版，第324页。

② 参见（英）麦迪森著，李德伟、盖建玲译：《世界经济二百年回顾》，改革出版社1997年版。

③（美）斯塔夫里阿诺斯著，吴象婴等译：《全球通史：1500年以后的世界》，第287页。

④（法）布罗代尔著，施康强、顾良译：《15—18世纪的物质文明、经济和资本主义》第三卷，第425页。

业代替了工场手工业。工业革命的滚滚车轮，使得英格兰人靠技术进步实现了财富积累，并突破了马尔萨斯曾预言的“经济增长天花板”。

对于英国来说，18 世纪是经济增长、经济变革和中央政府权力增强的转型时期。历史学家通常都认为，1750 到 1830 年间的“持续的经济增长……彻底改变了西方人的生活方式和水平”。人口增长、工业和服务相对于农业的发展、城市化、持续的技术和组织变革，这些是整个西方世界在这一时期的特征。

到 18 世纪下半叶，英格兰市场同时完成了三项事业：主宰本国市场、主宰不列颠市场和主宰世界市场。[①] 可以说，18 世纪也是“西方崛起”的世纪，生产力有了“一个进入自驱动的发展的起飞”[②]。

——值得重视的是，随着第一次工业革命的勃兴，首先是商业资本主义获得了长足发展，工业资本主义也取得了辉煌成就。

19 世纪，美国在**第二次工业革命**的电力、内燃机和新交通工具的助力下，凭借着优越的资源禀赋和新兴国家的蓬勃朝气，一举成为世界头号工业国，并从此稳坐世界大国的交椅。“内战后，美国工业化的脚步不断加快。例如芝加哥这样的大城市以爆发式的速度发展。”[③]19 世纪 90 年代被美国史学家称为美国现当代历史的分水岭，“在分水岭的这一边，主要是一个农业国”，“在分水岭的那一边，是现代的美国，它主要是一个城市化的工业国家”。[④]19 世纪末，美国已经取得惊人的进步。西部开发已经接近完成，往日野兽出没，荆棘遍地的西部荒野，现在已经阡陌纵横、烟囱林立了。19 世纪 90 年代，美国国内经济相继超过德国、法国和英国，成为世界经济头号强国，并且再也没有让这头把交椅旁落他国。

——应当看到的是，随着第二次工业革命的兴起，金融资本主义继商业资本主义、工业资本主义后占据了主导地位。

与此同时，这三个国家的这三段时期，又都处于腐败高发期之中。比如，美国在 1870 年代的人均 GDP 相当于英国的 75.3%，但在加速工业化和城市化

---

① （法）布罗代尔著，施康强、顾良译：《15—18 世纪的物质文明、经济和资本主义》第三卷，第 429 页。
② （美）斯塔夫里阿诺斯著，吴象婴等译：《全球通史：1500 年以后的世界》，第 276 页。
③ （美）艾伦 · 维恩斯坦等著，胡炜等译：《彩色美国史》（中卷），第 349 页。
④ （美）亨利 · S. 康马杰著，南木等译：《美国精神》，第 63 页。

中逐渐开始经济“起飞（take—off）”。而美国内战后到第一次世界大战前，恰好也是美国学者公认的腐败高发的“镀金时代（The Gilded Age）”。在1871—1913年这个美国崛起的关键时期，美国年均GDP增长率达到3.94%，英国仅为1.9%；美国GDP总量增长了5.26倍，英国只增长了2.24倍；1860年美国的工业总产值不到英国的一半，到1894年已超过英国位居世界第一；到了1913年，美国人均GDP也首次超过英国，成为无可争议的世界第一经济强国。[①]

我们看到，**在第二次工业革命中，美国的腐败高发期与国家崛起期、经济起飞期、改革瓶颈期、文化转型期和社会动荡期高度重叠，甚至可以说是在腐败的阵痛中完成了国家的崛起和重组。**

全球化起潮以来，各国的腐败与反腐败不再仅仅是“内务”，而具有了全球意义。比如，英国东印度公司的管理人员把腐败的作风带到了印度，把贪腐的政治带到了美利坚。而中国的科举制度成为英国现代文官制度的学习对象，后来又成为美国的学习标杆。或许异于一般认识的实际情形是：腐败和反腐败并不是在某个国家中封闭运行、单生独存的，它至少从17世纪“世界史”形成后便有了开放的语境、相互的联系和比较的视角。

雅斯贝尔斯曾经把公元前800年至公元200年称为人类文明的“轴心时期（Axial Period）”，认为其间中国、印度和西方等三个地区主要的“文明史形成”。此后，“轴心期潜力的苏醒和对轴心期潜力的回忆，或曰复兴，总是提供了精神动力。对这一开端的复归是中国、印度和西方不断发生的事情”[②]。这对于我们认知全球化以来腐败的演化周期和变化规律具有重要的借鉴价值。

正如马克思所指出的，“世界史不是过去一直存在的，作为世界史的历史是结果”[③]。今天我们所熟悉的世界，我们所置身的社会，是从发端于16、17世纪的转型大潮开始逐渐演化成型的。近代以来，国际社会的共同转型期至少有一个，这即是马克思所说的“世界史”形成的时期。17—19世纪，正是世界总体上从传统社会向现代社会、从农业社会向工业社会、从封闭社

---

① 参见胡鞍钢：《中国经济实力的定量评估与前瞻》，《文史哲》2008年第1期。
② （德）雅斯贝尔斯著：《历史的起源与目标》，华夏出版社1989年版，第14页。
③ 《马克思恩格斯选集》第2卷，人民出版社1995年版，第28页。

会向开放社会转型的关键期。

正如英国学者所说："在世界历史上，一小撮欧洲国家和资本主义势力，在一直被人们称为'达·伽马时代'（Age of Vasco da Gama）的四个世纪里，建立起对整个世纪的绝对（尽管现在看来显然只是暂时的）统治，这个时代的黄金时期已指日可待。"[①] 在这个黄金时期，西方带动世界先后经历了第一次工业革命和第二次工业革命，这个时期可以看作是现代社会演化定型的"第二轴心期"，当今世界政治（如民主选举、代议制政府、政党政治等）、经济（如股份公司、跨国企业、全球市场等）、社会（如公益组织、城市社区等）、文化（如现代学校、新闻出版、文化产业等）、生态（如环境保护、污染治理等）等领域的基本形态、主要结构和功能都是在这一时期形成的。

美国学者斯塔夫里阿诺斯认为，西方是从1763年至1914年的一个半世纪里获得了对世界大部分地区的霸权，其关键在于科学革命、工业革命和政治革命这"三大革命"所提供的"不可阻挡的推动力"，而"工业革命的根源可在16和17世纪中找到"。[②] 问题在于，英、美等国在崛起和称霸的过程中，为何不约而同地遭遇到了腐败高发期？更值得追问的是，这些花样翻新的"西式"腐败的"根源"何在？

如果说雅斯贝尔斯所说的"第一轴心期"代表了古代文明、古典传统的精华，那么，可以说"第二轴心期"意味着现代文明的转型、现代社会的生成。历史表明，17—19世纪也正是传统腐败向现代腐败的"转型—定型"时期。或者说，这一"世界史形成"的时期正是现代腐败演化成型的"轴心时期"。 于是，我们听到1894年的美国普尔曼大罢工中的工人领袖声讨说："19世纪，对资本主义统治下的贫穷和暴力的反抗就是梦想有不同的世界。"[③] 而这一充斥着"贫穷与暴力"的时期与"第一轴心期"不同，充分展示出了腐败在"第二轴心期"易发高发的"爆发力"和对转型世界的"杀伤力"。

3. 腐败演化主轴：权力、利益的集中与分化

传统腐败转型过渡到现代腐败，只用了3个世纪。从17世纪集权专制条件下的掠夺型腐败，到18世纪工业革命时期的过渡型腐败，再到19世纪民

① （英）艾瑞克·霍布斯邦著，王章辉等译：《革命的年代》，第27页。

② （美）斯塔夫里阿诺斯著，吴象婴等译：《全球通史：1500年以后的世界》，第243页。

③ （美）霍华德·津恩等著，汪小英等译：《另一半美国史》，浙江人民出版社2017年版，第173页。

主宪政体制下的发展型腐败——现代腐败完成了演化生成和基本定型。

20世纪60年代，美国学者巴林顿·摩尔出版了一部风靡欧美文化思想界的名著：《民主与专制的社会起源》。摩尔在该书中对纷乱迷繁的全球性现代化进程梳理出3条主要的政治发展脉络：一是以英、美、法为代表的西方民主道路；二是以德、日、意为代表的法西斯主义道路；三是以俄国和中国为代表的社会主义道路。他发现，这3条历史轨道不但在其发展序列上是相互接续的，而且在因果链条上是辗转递进的。西方民主道路为德、日、意的法西斯主义开启了大门，而法西斯主义在俄国和中国的失败，又直接引爆了社会主义革命。① 这种在"宏观历史框架"中透视世界现代化进程的方法，与我们认识17—19世纪的3段腐败高发期可谓异曲同工。

如前所述，**如果说明王朝是传统腐败（掠夺型腐败）的"集大成者"，美利坚是现代腐败（发展型腐败）的始作俑者，那么，英格兰作为转型腐败（过渡型腐败）的开风气者，恰如两者之间的桥梁（见表2）**。我们看到，腐败高发期中三个层面的"大分裂、大分化"：

表2　17—19世纪中、英、美三国"大分化"情况对比列表

分化项目	主要表现		
	明王朝	英格兰	美利坚
顶层底层脱节对立	"流民社会"的形成	骚乱时代的来临	罢工风潮的形成
统治集团内部分裂	阁权与宦官对立、阁臣与言官对立	辉格党与托利党、"国王之友"与"政府之友"对抗	民主党与共和党以政党分赃方式竞争对抗
社会贫富严重分化	"西门庆"们甚嚣尘上	"城市病"和贫民窟泛滥	"镀金时代"强盗大亨横行

一是**上下分离**：顶层与底层（强势社群与弱势社群）的脱节对立，如17世纪明朝官僚集团与流民社会的严重对立；18世纪食物骚乱中英格兰底层民众与操控食物市场的权贵阶层的严重对立等。

二是**顶层分裂**：顶层自救能力衰退萎缩引发统治集团内部分裂党争，如晚明的党争、英格兰"国王之友"与"政府之友"的党争以及"镀金时代"

① 参见（美）巴林顿·摩尔著，拓夫等译：《民主和专制的社会起源》，"译者前言"。

共和党的分裂都是如此。英格兰作为现代政党的发祥地，辉格党和托利党的分裂提供了恶性党争的原始图景，如“由于乔治三世的干预，由于围绕北美殖民地事件的激烈争辩，政治派别的纷争益发加剧，国家也因此而分裂了”①。

三是**强弱分化**：顶层治理失败导致“特权经济”及其引发的严重贫富分化，并造成“弱肉强食”的社会丛林。暴富乍贵的明朝盐商、英国东印度公司的“国企腐败”分子和美国的“强盗大亨”等，代表了不择手段巧取豪夺的“强者”，他们与社会弱势群体的物质和心理距离越拉越远。如英国18世纪的名门望族都把自己的孩子送到少数几家最好的“公立”学校读书，然后这些青年绅士们将聚集到牛津和剑桥两所大学，即便只是为了打猎和欢宴。所有出得起一年至少一百英镑大学学费的权贵子弟们将形成一个特殊阶层，并由此“激化了社会的横向分裂，在财富不断增长和社会紧张关系不断加剧的时刻，社会的横向分裂是特别危险的”②。

值得一提的是，从传统腐败到现代腐败的转型、定型过程中，资本的主导地位和威权特征日渐明显。且看下图：

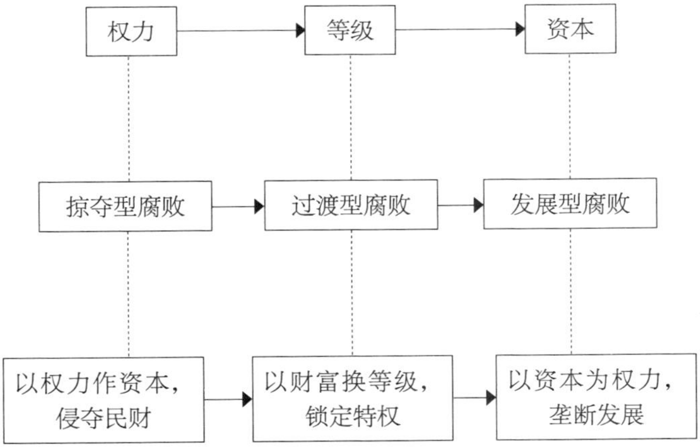

如上所示，权力和资本换了一个位置，如同马克思在谈到经济基础和上层建筑的关系时一样，也就是说，**曾经是权力垄断财富的传统掠夺型腐败，经历了以财富换取特权的过渡型腐败之后，逐渐演变为资本配置权力的现代发展型腐败**。这在17—19世纪“中式”“英式”“美式”3段腐败高发期的

① （美）保罗·肯尼迪著，陈景彪等译：《大国的兴衰》，第111页。
② （美）丹尼尔·布尔斯廷著，中国对外翻译出版公司译：《美国人开拓历程》，第207页。

演变中表现得十分明显。

18 世纪末，托马斯·潘恩在揭露英格兰国王和王室政府的掠夺性本质时提到，英国有一句俗谚："两人轮流骑一匹马——你骑一段再换上我"，意思是说：

当有两位旅者而只有一匹马时，就像国家的钱袋一样，不能同时搭载两人，于是出现了以下的实践：一个人骑上马行进两三英里，然后将马拴在门上，步行赶路；当第二个人赶到时，骑上马超越他的同行一两英里，然后拴上马，步行赶路——骑马，拴马，周而复始。[①]

这真是个关于特权"接力"的绝妙譬喻！那些历史上的权贵阶层和政治顶层就如同上述两位"轮骑者"一样，尽管时快时慢，却从未停下脚步。

正如美国学者所指出的那样：18 世纪的英国"在工业革命的曲折进程中，另一种形式的权力有了巨大的增长，并将对自由产生经济上的影响，远远超出过去的诸如牧师之类的'私有'权力。这就是资本家的权力，这种迅速增长的对满足和剥夺的控制，集中在私人企业家的手中"[②]。19 世纪的美国是"以英为师"，共同形成了西方崛起过程中的"盎格鲁—撒克逊体系"[③]，直至上演了后来者居上的历史好戏。

4. 腐败的制度和制度的腐败

正如我们在 17—19 世纪的中、英、美三国所看到的那样，制度性腐败是一个屡见不鲜的普遍问题。以赋税制度而言，这种和所有社会成员联系最为密切的基础性治理制度有两个明显的变迁趋势：

——**趋势之一**：在形成腐败高发期的过程中，赋税制度具有"杀贫济富"的特征，也就是事实上导致"合法的抢劫"。

——**趋势之二**：在走出腐败高发期的实践中，赋税改革具有"事半功倍"的效用，也就是整体上进行"公共的救济"。

从另一个意义上说，通过赋税制度来实施腐败、维护特权具有明显的"二重经济性"：

其一，通过一个制度，就可对不特定的多数人实行"格式化"规制；

其二，通过一次立法，就可实现这种选择性政策，其"公关"成本也仅

---

① （美）托马斯·潘恩著，田飞龙译：《人的权利》，第 45 页。
② （美）詹姆斯·麦格雷戈·伯恩斯著，刘李胜等译：《领袖论》，第 191 页。
③ （英）弗雷德里希·冯·哈耶克著，邓正来译：《自由秩序原理》下册，第 77 页。

仅是那些立法机关代表而已。

一如托马斯·潘恩所指出的那样："当我们调查在君主制和世袭的政府制度下的人的悲惨境地时，发现他们被一种权力从家里拖走，或被另一种权力驱赶并被那些比敌人课处的负担更加严重的税收搞得贫困不堪，很显然，那些制度是坏的，并且一场针对政府原则和构造的普遍革命就是必要的。"①

如何从《谷物法》之兴衰看"制度腐败"之顽固和"制度反腐"之艰难？

1672年，英国制定了限制谷物进口的《谷物法》。但在接下来的一两个世纪中，这项以保护农业为幌子的法律却沦为土地贵族维护特权利益的标志，也成为新兴工业资产阶级向腐败的旧制度发起冲锋的"切口"。《谷物法》已经存在了数十载，"似乎已经成为英国经济和社会制度中固定的一部分"，要改变它"英国很可能需要整整一个世代而不是几年时间"。1839年，科布登、布莱特等中产阶级代表人物领导的改革团体"反谷物法联盟"应运而生，以揭露和废除《谷物法》为目标，成为英国历史上第一个强大的院外政治压力集团。②1842年，这个联盟为推行改革运动筹集了5万英镑，当年的开支报告显示了它影响公众观点所作出的巨大努力：印刷并散发了超过900万份宣传品；举行了650次演讲会；向自治城市和乡村集会派遣了150多个代表团；在杂志上以广告形式发表了40万篇宣传文章，还有一大笔钱花在了租借演讲室、印刷、广告、租金、税金和薪金上。该联盟还注重发挥"把道德激情和公共关系技巧结合在一起的本领"，它邀请了700名牧师担任他们为贫民窟穷人服务的见证人。虽然"所有这些努力并没有立竿见影"，但终于使得反对《谷物法》的"集团的呼吁遍及全国"。由于该联盟影响力如此之大，以致辉格党和托利党中的大派别都转向支持它的立场，并且给国王、首相和政府以巨大压力。③因此，19世纪40年代，当可耻的《谷物法》寿终正寝，英国进入"阉割贵族特权的政治改革时代"，但从根本上终结贵族特权还是拖延到了20世纪。可见，"制度反腐"的路是多么漫长。

---

①（美）托马斯·潘恩著，田飞龙译：《人的权利》，第104页。

②阎照祥：《英国近代贵族体制研究》，第192页。

③参见（美）詹姆斯·麦格雷戈·伯恩斯著，刘李胜等译：《领袖论》，第215—216页。

首先看看赋税政策和制度的“杀贫济富”问题。对此，18 世纪晚期英国的著名政论家威廉·葛德文（1756—1836 年）曾经指出，“贵族政体是同所有制的不均紧密联系的”，而税政是其主要表现之一。葛德文根据经济统计资料指出，当时英格兰的土地税收入要比一个世纪前减少了 50 万英镑，同时由社会所用民众担负的年度消费税却比 17 世纪末增加了 1300 万英镑。葛德文认为，“不论事实如何，这乃是一种把富人的负担转嫁给穷人的企图，这就是立法精神的一个实例”[①]。在这种制度下，富人们没有抢劫的必要，因为他们可以利用法律和特权进行“合法掠夺”，并不会像穷人那样遭受“最不人道的处罚”。这种情况在 17 世纪的中国和 19 世纪的美国如出一辙。

再来看看税改对腐败缓解的“事半功倍”问题。在 19 世纪初期英国的“改革年代”以后，可耻的《谷物法》寿终正寝，英国近代税率更加注重考虑社会不同阶级群体的收入差异现状和贫富有别原则。如在反法战争的 1799 年，小皮特政府创立了现代意义上的所得税。其对上等阶层征收的 10% 的所得税，就是基于“共同但有区别”的获益原则：反法战争及其胜利将对富裕阶层提供更多保护，战争失败则他们的损失更大。同时，最穷的人则无须缴纳所得税。[②]

二、17 世纪的传统腐败爆发期：毛泽东为什么说看了《明史》“最生气”

只有从这一时期开始，我们才能充分认识中国当前的问题何以产生，而中国人又能如何利用知识、经济和情感解决它们。

——史景迁 (Jonathan　Spence）

研究腐败高发期从古代中国说起，既有历史的依据，也有逻辑的必要。诚如黑格尔所言：“历史必须从中华帝国说起，因为根据史书的记载，中国实在是最古老的国家。它的原则又具有一种实体性，所以它既是最古的、同时又是最新的帝国。……‘实体的东西’以道德的身份出现，因此，它的统治并不是个人的识见，而是君主的专制政体。”[③]

① （英）威廉·葛德文著，何慕李译：《政治正义论》第 2 册，第 385 页。
② 参见财政部“税收制度国家比较”课题组编著：《英国税制》，中国财政经济出版社 2000 年版。
③ （德）黑格尔著，王造时译：《历史哲学》，三联书店 1956 年版，第 160—161 页。

1. 传统之“型”：断头政治下的山寨式腐败

17 世纪，被西方史学家称为“中国近代史的开端”和“中华帝国的开放年份”。[①] 在此之前，“4000 多年中，中国人在欧亚大陆的最东端发展起一个独特、自治的社会。这一社会……以农业而不是商业为基础，由地主和官僚而不是商人和政治家统治。正是这一明显地自给自足、自满自足的社会认为世界上其他社会都是低下的、从属的社会”[②]。此后，曾雄强于欧洲的中国，发展开始减退，国力开始衰弱，国门开始闭锁。而随着西方世界开始兴起，旧中国的统治者将要在农业和工业两种异质文明的冲突中甘拜下风。

与现代社会人们所能接触、知晓的腐败不同的是，17 世纪晚明的传统“中式”腐败是发生在无视乃至没有公民权利的专制政体背景下。总体上看，**传统腐败是以财产侵占为主，以生活腐化为辅，这种腐败具有直接性、暴力性，往往表现为对下层人、财、物赤裸裸的强抢和血淋淋的豪夺。**

形象地说，这是一种占山为王的强盗式腐败类型，无异于杀人越货、火中取栗。西方学者对“中华帝国”的研究结果显示：“尽管对社会随时间变化而分化不能进行准确的数量度量，但中国一直是一个收入两极分化的社会。在社会的顶层，是一个富裕的阶层，他们只占人口总数的 2%，却占收入的 24%，处于社会底层的人，没有或只有少得可怜的土地，或许占大多数村子的家庭的 20% 至 25%。”[③] 顶层和底层的分化，是封建专制滥权的治理结构和社会形态的必然结果。

笔者认为，所谓传统和现代的关键区别在于两点：一是政治上看是否出现了“法治国家、政党政治和选举民主”协同并立的政治体制和运作机制，二是经济上是否出现了法治化的市场经济体制、产权制度和公司化治理结构。权力垄断集中和高度专制的政治体制下，传统腐败的极化、泛化现象十分突出。

用今天的观点来看，**山寨式腐败的最大特点在于：权力无边界，责任无底线，利益无保障。**

---

① 参见（美）芮乐伟·韩森著，梁侃、邹劲风译：《开放的帝国》，江苏人民出版社 2007 年版，芮乐伟·韩森基于农业和工业两种异质文明的冲突，将 1600 年定为中华帝国的“开放”年份，比传统的中国古代与近代的分界线（1840 年）早了近两个半世纪。

② （美）斯塔夫里阿诺斯著，吴象婴等译：《全球通史：1500 年以后的世界》，第 464 页。

③ 拉蒙·迈耶斯《晚期中华帝国的习惯法、市场和资源交易》，载盛洪主编《现代制度经济学》上册，北京大学出版社 2003 年版，第 326 页。

——官员们俸禄微薄，用官位自肥，但终难逃皇帝抄家；

——权力无边的皇帝可以明抢百姓家产，抄大臣的家；

——最后，流民起义，也可以抄皇帝的家！

集权专制的“苏丹化政治”有何危害?

所谓政府的“苏丹化”，是美国政治学家林兹引入政治社会学的一个概念，这种政治模式非常类似于古代“苏丹王”的统治，常被用来表征发展中国家现代化过程中时有出现的政治失控状态。政府“苏丹化”的特征包括：一是权力范围私产化，掌权者把治理区域视为为所欲为的私产或封建领地；二是权力行使无规则，权力者的个人意志就是法律；三是裙带关系网络化，官员任用不是根据正常的程序规则或标准，而是任用私人朋党、亲族纽带、甚至是黑社会式的团伙，在权力者与其任用的官员之间形成了以私人效忠为基础的关系网统治。

在这些贪渎庸碌的大明皇帝统治之下，中央和地方政府出现了严重的“苏丹化”倾向。酷爱历史的毛泽东通读过“二十四史”，对历朝历代的兴衰治乱、文治武功皆有研究和体悟。其中《明史》是毛泽东圈点最多、体悟至深的史书之一。

1964 年 5 月，毛泽东在一次谈话中说：“《明史》我看了最生气。明朝除了明太祖（朱元璋）、明成祖（朱棣）不识字的两个皇帝搞得比较好，明武宗、明英宗还稍好些以外，其余的都不好，尽做坏事。”[①]

万历皇帝就是这“坏事做尽”的“苏丹化君王”的典型，在他的“断头统治”之下，大明朝廷犹如一个强盗云集的山寨，不论长幼尊卑，无不以强抢明夺为能事。

2. 皇权勾连资本，天理遭逢人欲

问题在于，由史上出身最卑贱的皇帝开国并一度采取“剥皮实草”[②]的酷刑治理贪官的大明王朝，怎么就变成了让毛泽东“最生气”的腐朽乱世?

---

① 胡长明：《毛泽东 :< 明史 > 我看了最生气》，《党政干部文摘》2008 年第 7 期。

② 明太祖朱元璋是贫民出身，最恨贪官污吏，一旦贪官翻案，便以剥皮之刑重惩。赵翼《二十二史札记》卷三十三“重惩贪吏”条引叶子奇《草木子》云：“凡守令贪酷者，许民赴京陈诉；赃至六十两（白银）以上者，枭首示众，仍剥皮实草。府州县卫之左，特立一庙，以祀土地，为剥皮之场，名曰皮场庙。官府公座旁，各悬以剥皮实草之袋，使之触目惊心。”

读明史，发现两个令人耳熟能详的常见词：一是商人；二是资本。而且，“自神宗以来，黩货之风日甚一日，国维不张而人心大坏，数十年于此矣”[①]。明中后期，“缙绅士夫多以货殖为急”[②]。除了食君之禄的职业之外，大家都在忙着做买卖逐利赚钱，这是数千年未有之现象。在商人、资本、官商等关键词之间，给出了一些透析中晚明沧桑巨变的比较重要的线索。

如徐芳《三民论》曰：“夫商，携货而出、操母以致子也。”这是一个绝妙的譬喻，说商人们所经营的货币如同是母体，商人的本业就是让“银子下崽”。这道出了农业文明主宰的明王朝中，另一个将在19世纪的美利坚成为主宰的新生事物在初试啼声。它就是：资本。至于商人“操母致子”，无非是体现出了资本增值功能。但政府需要“先使未来钱”，而商人渴望“让银子下崽”，这使得官员和商贾之间有了一种源于资财的合作前提。至于后世资本家与政治家的联手，就是其高级形态而已。

再如《明实录》（正统五年一月丁卯）载：“给还盐商资本钞。时两淮都转运盐使司奏：各处纳米中盐客商，有永乐中候支，到今祖父子孙相代，尚不能得者，艰难百状。乞如洪武中例，给钞还其资本以便民。”这段史实表明商人从一开始就要和官府打交道、找生意，如果官府作梗，商人只能是“艰难百状”。因此，所谓的“官商勾结”恐怕并非都是商人的一厢情愿，而很大程度上是在权力经济形态下的无奈之举。

因此，**当大明帝国在时光长廊中邂逅资本的时候，发生了两个影响深远的巨大变化：**

其一，是名教无存，“天理”让位于“人欲”，穷奢极欲取代儒家道统而占据了人们的脑袋；

其二，是资本张目，“商人”勾连上“官人”，金钱利益置换道德文章而充斥着权贵的口袋。

顾炎武《天下郡国利病书》被梁启超称为“政治地理学”佳作，其中记载了万历朝时世“迥异”之状：“富者百人而一，贫者十人而九，贫者不能敌富，少者反可以制多。金令司天，钱神卓地，贪婪罔极，骨肉相残。”对于金钱财富的威力，这番描述堪称入木三分。当时的一首民歌唱道：“世间

① 顾炎武：《日知录》卷13，《贵廉》。
② 黄省曾：《吴风录》，续修四库全书本。

人睁眼观见，论英雄钱是好汉，有了他诸般称意，没了他寸步也难。拐子有钱，走歪步合款；哑巴有钱，打手势好看。”

万历十六年（1588 年），文人薛论道写了一组散曲《题钱》，其中有云：“人为你名亏行损，人为你断义辜恩，人为你失孝廉，人为你忘忠信。细思量多少不仁，铜臭明知是祸根，一个个将他务本。”[①] 为了金钱就可以完全不讲道德，利欲观念膨胀，背信弃义，胡作非为，整个社会疯狂到了极点。

明末人赵南星在其《笑赞》中讲了一个唐三藏西天取经的故事，说的是唐三藏到了雷音寺，迦叶长者索要小费，三藏只好将紫金钵给他。愤愤不平的猪八戒到释迦牟尼那里告了一状，没料到结果竟然是：

佛说：“佛家子弟也要穿衣吃饭，向时舍卫国长者请诸弟子下山，将此经诵了一遍，讨得了三斗三升麦粒黄金，你那钵盂算有多少金子？也在话下！”说得个猪八戒好似箭穿了雁嘴，恼恨恨地走出来说道：“逐日家要见活佛，原来也是要钱的”。

这个故事分明是托事讽今，用天国的拜金来暗喻尘世的龌龊。金钱成了社会权力重新分配的一般等价物，也成了宗法等级制度逐步消解的强烈腐蚀剂。[②]

然而，这“天国”与“人世”、“天理”与“人欲”之争确是众说纷纭。如明末清初学者陈确就曾直言：“人欲不必过为遏绝，人欲正当处即天理也”，“学者只时从人欲中体验天理，则人欲即天理矣，不必将天理、人欲判然分作两件也。”[③] 然而，实际操作中，从欲随心与枉法肆行难以区隔，纵情任性与贪渎滥权几乎不分。

陈确还代表时人心声痛切指出，士大夫“以治生为本”“治生尤切于读书”，“故不能读书、不能治生者，必不可谓之学；而但能读书、但能治生者，亦必不可谓之学。唯真志于学者，则必能读书、必能治生。天下岂有白丁圣贤、败子圣贤哉？岂有学为圣贤之人而父母、妻子之弗能养而待养于人者哉”[④]。

值得一提的是，与 18—19 世纪资本家在英、美两国的境遇不同，资本的

---

① 《石林逸兴》卷 3。

② 王齐洲：《<金瓶梅>：社会转型期的人性考问》，《天津社会科学》2003 年第 1 期。

③ 《陈确集·别集》卷 2，《瞽言一·近言集》。

④ 《陈确集·文集》卷 5，《学者以治生为本论》。

芽苗虽然在彼时大明的朝堂上和草野间疯长，但却始终未能如“第三等级”和“强盗大亨”那样成为社会的主宰力量。

首先，如马克思曾在《资本论》中指出的：“在中国……因农业和手工业制造的直接结合而造成的巨大的节约和时间的节省，在这里对大工业产品进行了最顽强的抵抗。”关于明人笔记小说《松窗梦语》中一些家庭手工业发展成资本主义作坊的论述，以及苏州等地所出现的“机户出资，机工出力”现象，虽然透露出早期资本家（机户）和雇佣工人（机工）的资本主义生产关系性质，但却始终是“星星之火，未能燎原”，没有突破农业社会的枷锁而健步走上工业革命、金融革命的道路。

其次，由于权力经济形态下的商人从未获得独立的政治社会地位，从骨子里仍然难舍“由富而贵”的渴望。如李约瑟和黄仁宇所说：“官僚思想对成功的商人家庭有着磁铁一样的吸引力，一如催眠一般。”“官僚制国家有它自己的推动力。如果对社会稳定的渴求超过了经济增长或普遍繁荣，我们不妨说，维持一个基本的农业社会结构，比从事甚至允许任何形式的商业或工业发展，更有利于朝廷和官僚士大夫”，这也是“中国缺少资本主义企业家”的政治原因。①

因此，17 世纪的明朝腐败高发期中，权力经济和商业经济的交错，商人阶层和权势阶层的博弈，犹如矗立在众匪云集的山寨周围的栅栏，包围着掠夺者打家劫舍的势力范围，同时也护卫着传统腐败的运作空间。

三、18 世纪的新型腐败转折期：第一次工业革命中的“城市病”和“国企腐败”

在英国历史上，从中世纪到现代早期的转变时期，过去封建发展的许多最典型特征发生了深刻而激烈的逆转。

——佩里·安德森

1687 年艾萨克·牛顿的《自然哲学的数学原理》出版，从哲理上告诉人类可以借助数学法则来解析世界，宣告了把原本是上帝所有的“原理”还给人类的新时代的发端。1690 年，约翰·洛克的《人性论》出版了，在牛顿解

① 李约瑟、黄仁宇：《中国社会的特质——一个技术层面的诠释》，载《现代中国的历程》，第 21 页。

析世界的运动“原理”之后，进一步说明了人心变化的“原理”。“像这类世界原理、人类原理一类的‘哲学’在18世纪涌现出来”①，使得整个18世纪都在旧神性和新人性之间辗转徘徊。R.J. 怀特在《18世纪的欧洲》一书中形象地说，18世纪是一个处在路易十四和拿破仑“夹板”之间的时代，并且将其前半期和后半期分别称为“理性的时代”和“丑闻的时代”。托克维尔则认为：“18世纪的英国，尽管其中有若干重要的民主因素，但它实质上是一个贵族国家。”②这就是18世纪，一个既革命又复辟、即光明又黑暗的时代，一个极不稳定、混沌不堪的时代！

1. 转变之“型”：党派政治下的教会式腐败

马克思指出：“l8世纪综合了过去历史上一直是零散地、偶然地出现的成果，并且揭示了它们的必然性和它们的内部联系。”对于英国来说，18世纪是经济增长、经济变革和中央政府权力增强的转型时期。“这是一场极其复杂的社会转变，它涉及权力问题、技术、土地所有权、经济结构、教育、身份标志以及荣誉和忠诚的概念。”③历史学家通常都认为，1750到1830年间的“持续的经济增长……彻底改变了西方人的生活方式和水平”。人口增长、工业和服务相对于农业的发展、城市化、持续的技术和组织变革，这些是整个西方世界在这一时期的特征。④

可以说，18世纪也是“西方崛起”的世纪。与此同时，18世纪也是一个革命的世纪。丘吉尔指出，继17世纪末的光荣革命之后，1755年的美国独立战争和1789年的法国大革命共同组成了近代以来对人类产生深刻影响的3次革命，“在发生这些政治革命的同时，……分裂英国的不再是教派分歧，而是以实际利益为目标的党派之争”⑤。党派政治的兴起，似乎一下子拉近了18世纪的英国与当今世界的距离。

然而，彼时的英国政党政治，与宗派政治乃至教派政治似乎更加贴近。1866和1867年间，英国人莱尔（J. C.Ryle）在《家庭珍宝》（Family Treasury）月刊上发表了一系列传记文章，“意在向广大民众全面展现100年前上帝所使

① （日）海野弘，林焕军译：《世界丑闻史》，第153页。
② （法）托克维尔著，董良果译：《美国的民主》上卷，第289页。
③ （英）劳伦斯·斯通：《贵族的危机》，转引自王晋新、姜德福《现代早期英国社会变迁》，第112页。
④ （美）玛格利特·利瓦伊著，周军华译：《统治与岁入》，第132页。
⑤ （英）温斯顿·丘吉尔著，薛力敏、林林译：《革命的年代》，《英语民族史》第3卷，第612页。

用并带动英格兰基督教复兴的主要牧师的生命、人品以及他们的事工”。他在其中提出了一个有意思的命题：“英格兰的福音侍奉已经堕落”的原因是“当今主流的教义和生命标准很低”，“政治上的考虑取代了其他重要的事情，铺张奢华，过分关注教区运作机制无关紧要的细节，这就扼杀了其他人的侍奉工作”。莱尔所回顾的一百年前，不列颠正是在乔治三世统治之下。之所以出现“政治上的考虑取代了其他重要的事情”，主要是随着新兴资产阶级作为“第三等级”登上历史舞台，人们越来越倾向于结成利益集团或政治集团（政党）来维护自身利益。而“主流的教义和生命标准很低”，恰恰如同 18 世纪的英式腐败高发期一般，是一种信仰和道德标准退化后的“教会式腐败”。

如同乔治三世用教职收买主教之后，形成了“王党”中最稳定最可靠的力量和托利党寡头统治的坚定支持者，原本应当给下层人民送去福音的神职人员却沦为国王的党羽。因此，在 19 世纪议会改革的风潮中，《贫民卫报》上甚至介绍了约克郡哈德斯菲尔德有 2 万多人举行焚烧主教画像的抗议仪式的情形，并刊登了一首韵文诗：

仁慈的上帝，惩罚贵族吧！
让倒卖选区者千夫所指；
仁慈的上帝，立即搭救我们吧，
让我们摆脱十一税和教会！①

18 世纪的资产阶级革命和工业革命，从政治和经济两大层面改变了传统的专制王权、农业社会的治理前提。这一时期的关键变化是，“在法国革命以后、19 世纪初的那些年间，开始形成了组织良好的辉格党和托利党”，“一些具有永久特性的负责任的政党”②登上了历史舞台。18 世纪初，英国政坛即出现了带有个人宗派特征的党派团体，如维护君主立宪制和贵族群体既得利益的“宫廷党（the Court Party）”和与之对应的“地方党（the Country Party）”。从 1714 年乔治三世的爷爷建立汉诺威王朝开始，部分辉格党人权贵实行了长达数十年的寡头统治。

“产生君主的方式有 3 种：一是不容争议的征服；二是极受尊重的继承权；

---

① 转引自阎照祥：《英国近代贵族体制研究》，第 97 页。
② （美）拉塞尔·阿莫斯·柯克《保守主义传统》，载肯尼思·W. 汤普森编《宪法的政治理论》，第 55 页。

三是介于两者之间的选举。”[①]1760年登基的乔治三世，既没有征服之功，也缺乏继承之威，倒是不得不时常面临选举之压。当时，辉格党分为四个派别：纽卡斯尔派、坦普尔派、格兰尔派和“布鲁茨伯里帮”，各派别均以地产广袤的贵族地主为首领。1762年5月，一心夺权的乔治三世迫使纽卡斯尔公爵辞去首相职务，一些失势的辉格党人不得不收身敛迹。当年的圣诞节，纽卡斯尔派的旧党成立了宴会俱乐部，这被认为是英国历史上第一个反对党——罗金厄姆派的发端。

借助于君主立宪制这个“政治母体”，18世纪英国的资本主义议会制、责任内阁制、政党政治等新生事物不断发育生长。尽管在乔治三世的强势干预下，实现了辉格党一党执政到托利党一党统治的“转轨”，但英国毕竟是进入到了现代政党政治和工业社会的快车道上。

从某种程度上说，政党和教会确有些异曲同工之处。不论是从组织、徒众、领袖等外在形态上，或是从党纲、教义等意识形态上，还包括活动方式、动员方式等方面，最初的政党和教派或说教会都有着很大的相似性。**18世纪的政党腐败也和历史上的教会腐败也有着很大的近似性：**

一是搞腐败是成体系的。政党从上到下有各级党的组织，教会从上到下也有教会组织。

二是搞腐败是要幌子的。教会以传递天国福音为表，政党以实现公众利益为名。

因此，托克维尔指出：“专制制度，一切全靠自己，决不能持久。只要你仔细考察一下，就会发现使专制政府长期兴盛的是宗教，而不是它的威吓力量。”[②]以臭名昭著的教会出售“赎罪券”为例。16世纪初，为了满足骄奢淫逸的教皇利欧十世（Leo X，1513—1521年）的需求，罗马天主教会在掠夺西欧各国人民钱财时，竟然宣布只要购买赎罪券的钱一敲钱柜，就可以使购买者的灵魂从地狱升到天堂。这与政党谋取政治现金如出一辙，只不过一个是献给天国福音的专门使者，一个是献给现世利益的职业掮客。

有这样一则故事：一名无耻的赎罪券推销员对人说：你投下银币，我已看见你父亲的左腿迈出炼狱的火焰，只剩右腿还在火里面，快继续加钱吧！那人只好说：不必了，我父亲是个瘸子，没有右腿。这就是教会腐败的真相：

---

①（英）温斯顿·丘吉尔著，薛力敏、林林译：《不列颠的诞生》，《英语民族史》第1卷，第100页。

②（法）托克维尔著，董果良译：《美国的民主》（上卷），第128页。

尽管干的是掠夺钱财的买卖，也要给自己套上引经据典、堂而皇之的“包装”。

丘吉尔指出，在这段时期里，“适合党派需要的鼠目寸光的观点损害了国家利益，破坏了政府的政策，为战争的继续进行铺平了灾难性的道路”，“国内气氛迅速发生变化，互相斗争的敌意让位于冷淡的宽容态度。根本原则已经不起主导作用，政治感情被政治利益所代替，社会生活由于单纯追求物质利益而开始堕落”，“政治斗争则成为辉格党内各派争夺权势和国王恩宠的手段”，而托利党人的“卑鄙行为”甚至“抵消了它为英格兰民族作出的重大贡献”。①

为什么掌控话语权对腐败者如此重要?

18 世纪的英国权贵阶级“一手硬，一手软”，一面在议会和政府把持执政权，又一面牢牢掌控着话语权。其惯常限制出版和舆论的举措是：1. 征收高额印刷税，通过大幅提高报刊售价使印数偏低。如 1789—1815 年，政府为限制民众受激进民主主义思潮影响，将普通报纸的印花税从每份 1.5 便士提高到了 4 便士。2. 政府出资办报并资助亲政府的报刊。政府办的《公报》资金最为雄厚，发行途径官私并用，印数高于任何报纸。如其平均印数从 1704 年的 6000 份增加到 1710 年的 8500 份。其中 5400 份发行社会，1087 份发放政府官吏，2000 份供图书馆留存。而同时的《每日新闻》只有 800 份，《伦敦邮报》《英吉利邮报》 等只有 400 份。发行量最高的《男士邮报》也不过 3000 余份。18 世纪后期，托利党政府几乎控制了所有发行量最高的报刊，如《季度评论》《泰晤士报》等的主编都能得到政府补贴。而一些经常抨击权贵的自由主义报刊，如边沁、密尔等人创办的《西敏士评论》《纪事晨报》等，不仅发行量少，欠缺经费，主编和编辑还经常跳槽。3. 严厉惩处煽动分子和诽谤者。如潘恩成为通缉对象，《人权论》被列为禁书。此外，英国贵族政府还利用灵活的宪制，以宣布终止《人身保护法》来公开镇压。如 1794 年和 1798 年至 1801 年，议会就两度终止该法，并通过了限制集会结社的法令。“伦敦通讯社”和其他激进派组织均被禁止活动。由此可见，要维持腐败的政治统治，还必须在思想和舆论上成为主宰。②

① （英）温斯顿·丘吉尔著，薛力敏、林林译：《革命的年代》，《英语民族史》第 3 卷，第 629 页、675 页。
② 阎照祥：《英国近代贵族体制研究》，第 204—205 页。

此外，国王的介入使得党派政治愈演愈烈。在1770—1820年的大部分时间里，乔治三世多次直接干预、支持和扶植了托利党权贵，由此造成了延续到1830年的托利党贵族寡头统治。例如，在1788年上议院的两次分组投票中，出席者分别为136名和120名，其中投票反对政府议案者分别为31名和32名，赞成者为88名和75名，可以说形成了营垒分明的两个比较稳定的政治集团。

相应的，这一时期的**新型腐败是以等级治权争夺（主要是资产阶级从国王和贵族手中争夺等级制特权）为焦点，以财产权、话语权争夺为补充。**然而，新兴工商业阶层要想获得传统地主贵族所拥有的尊严、特权和社会地位，必须以金钱为代价、地权为基础，必须按照既定游戏规则“出牌”。

在18世纪中期，一个商人要获得一份年收入达1000英镑的田产，大约需要花费3万英镑；而要成为一个拥有1万英亩地产、一所与身份相称的大庄园地主，则起码要有10万英镑的巨额资本。尽管如此，有产阶级不惜血本，不遗余力，争相跻身贵族地主行列。

早年在曼彻斯特经营棉花的乔治·巴特爵士（1766—1847年）通过股票投机暴富之后，虽然曾在年轻时作为工商业代表大肆攻击贵族特权、《谷物法》和长子继承制，但此后却屡次动用大量资本购买土地，努力想加入自己所曾痛恨的贵族地主行列。他不但为自己的儿子菲利普娶得了沃特帕克勋爵的长女，其三个孙女也都成为贵族之媳。他甚至在1823年执意重修家谱，努力证实其祖上血统高贵不凡。

经过不懈奋斗，在1828年乔治·巴特如愿以偿获得了从男爵封号。“棉花爵士”乔治·巴特只不过是商业资本家、银行家等新兴社会阶级的一个代表，他们通过购买土地、联姻贵族、谋求公职和资助党派等方式逐渐成为腐败旧制度下政治游戏中的参与者，并且把商业经营技巧毫不迟疑地渗透到政治领域。但即便如此，保守的英国人还是“从骨子里”对乍富新贵的“第三等级”抱有一定成见。比如丢掉北美殖民地的诺斯首相有一位妹妹，由于她与一名商人结婚，甚至遭家族摒弃而没有承认她的存在。

因此，正如丘吉尔所指出的那样：

政治腐败的现象迅速泛滥，使一些富有的理论家感到失望。这种腐败现象在某种程度上是凭着国王的保护来实现控制政府的辉格党制度造成的，另一方面也是由于新兴的商人阶级和业主阶级收买国会席位所致。东印度公司利益集团的暴发户也进入了国会。金钱势力打入政治领域的现象不仅扩大了舞弊的范围，也威胁着地主阶级的政治垄断。[①]

尽管“加强财富的垄断一直是贵族政体的帮凶所不断追求的最大目标”[②]，但这种腐败以新兴利益集团开始用“金钱势力打入政治领域”为新形态，因为“国会不是代表个人，而是代表‘利益集团’——地主集团，商人集团，甚至劳动者集团”[③]。可以说，18 世纪的英国国会就如同中世纪腐朽黑暗的教会，一面冠冕堂皇地维持着国王和政府的表面文章，背地里却进行着不可告人的腐败勾当。

但从某种程度上说，这种腐败开始注重现代道义或给自己披上合法性外衣，是一种教会式腐败类型。**这种带有转型色彩的教会式腐败的特点是：权力开始有了边界，对财产、财富的占有不能为所欲为，要经受新的阶级集团和公众话语权的挑战！**具体来说：一是权力大责任小，但开始有责任意识。比如诺斯首相因独立战争失败而辞职。二是权力大利益大，但开始有利益冲突。比如新兴资产阶级和传统贵族地主之间存在利益上的矛盾分化（见表 3、表 4）。

表 3　1688 年和 1803 年英格兰及威尔士贵族各阶层年收入表

各类贵族	1688 年			1803 年		
	户数	户年度收入（英镑）	总收入（英镑）	户数	户年度收入（英镑）	总收入（英镑）
上院世袭贵族	160	2800	448000	287	8000	2296000
主教	26	1300	23800	26	4000	104000
从男爵	800	880	704000	540	3000	1620000
骑士	600	650	390000	350	1500	525000
从骑士	3000	450	1350000	6000	1500	9000000
绅士	12000	280	3360000	20000	700	14000000
合计	16586	—	6275800	27203	—	27545000

① （英）温斯顿·丘吉尔著，薛力敏、林林译：《革命的年代》，《英语民族史》第 3 卷，第 771 页。
② （英）威廉·葛德文著，何慕李译：《政治正义论》第 2 册，第 375 页。
③ （英）温斯顿·丘吉尔著，薛力敏、林林译：《革命的年代》，《英语民族史》第 3 卷，第 771 页。

表 4 1688 年和 1803 年英格兰及威尔士贵族各阶层年收入百分比

阶层	1688 年		1803 年	
	户数	户年度收入份额	户数	户年度收入份额
贵族	1.2%	14.1%	1.4%	15.7%
中层	31.7%	59%	31.6%	59.4%
下层	67.1%	26.9%	67%	24.9%
合计	100%	100%	100%	100%

资料来源：H. Perkin， The Origin of Modern English Society，转引自阎照祥《英国近代贵族体制研究》，人民出版社 2006 年版，第 131—132 页。

责任制在英国政治体制是中如何确立的?

“在 18 世纪最后那些年间，许多重大的变化就一直发生着”，“乔治三世的权力正在被削弱，尽管他控制着贵族院以及新贵族议员的任命。”①内阁制的成功就是其中的重要变化之一。国王拥有的传统任命权与议会通过嗣位法规定的大臣负责制，一个直接的结果就是内阁制的创立。开始的时候，国王根据行政的需要或个人的喜好来任免贵族或大臣，每一个这样的官员都有自己的适当的部门，任何一个官员都不能干预别人的部门的事物。而接受国王任命的人不仅要对国王负责也要承担国王可能发生的错误，这样大臣后来就发展成为了首相。首相领导的内阁在开始的时候，并不如今天的集体责任制，而是个人责任制。但是，不论是个人责任制还是后来演化的集体责任制都是英国行政管理的一个重要特征。在行政管理方面，权力的占有者要对权力的所有者负责。随着工业化时代的到来，现代行政管理制度还没有确立，传统的责任制就会改变原有的形式来进行实质的更换，由国王只对上帝负责，到大臣对国王负责，在工业化过程中开始变为对国家或人民负责。也就是相对于国王的负责制走向形而上，而相对于人民的负责制则走向形而下。

1796 年，瑟尔沃尔评论道：“工业革命在加强人们的联系时，也在他们

① （美）拉塞尔·阿莫斯·柯克《保守主义传统》，载肯尼思·W. 汤普森编《宪法的政治理论》，第 55 页。

之中传播知识和自由，面对这种新型的交流方式，传统权威将失去其力量。”[①]同时，“18 世纪是一个十分露骨的时代，连王公贵族的排便、排尿、放屁以及通奸都会被描绘出来”[②]。或者说，信息开放、言论自由成为 18 世纪的又一重要特征。彼时的国王就如同中世纪那些靠出卖“赎罪券”发家致富的修道士一样，要在公道之名和贪腐之实之间维系一种动态的平衡。一方面，英国国王既要维持与议会的表面关系，另一方面又要大举贿赂议员；一方面，王室要允许新兴阶级发出声音，另一方面又要坚决压制那些反对派的声音。

革命的风潮当中，以什么样的名义来占有支配国家的治理权成为十分重要的“元问题”，于是，我们看到“民主”和“君主”在博弈中妥协，在妥协中博弈，形成了一种“顶层交易”的历史场景：一方面，国王不得不和议会做交易，另一方面，传统土地贵族利益集团也不得不和新兴工商业资产阶级做交易。如在 18 世纪英国自光荣革命之后所确立的“未经改革的政治制度（unreformed political system）”之下，腐败的选举制度为贵族乡绅和富豪阶层贿买选民和指定议员提供了巨大空间。

1787 年，一位研究议会史的学者根据一年前的议会选举估算：在 513 名英格兰和威尔士议员中，大约有 370 人是通过非正当手段当选的。[③]这些人一旦进入议会，必然会拿起手中的投票权和立法权，肆无忌惮地维护所代表的土地贵族、大商人集团的利益，而对其他阶层的利益可以置之脑后。如《谷物法》的通过就是明显的案例，体现了金权政治“先花钱收买议席，再通过议案实现利益”的基本原理。

总之，与明火执仗的腐败分子相比，不管是外交大政（如宣战），还是内政要务（如圈地），需要斡旋、可以谈判、允许交易——这不至少文明进步了一大步吗？总比引刃相向，逼人就范要绅士多了！

2. 蒸汽时代的“英国病人”及伦敦的“城市病”

英国于 1760 年左右开始了工业革命，然而英格兰民族却在滚滚蒸汽之中陷于迷失。恩格斯指出，18 世纪“英国当时所处的状况……像远古时代人似的对任何普遍利益和精神需求漠然处之，处在还没有社会、还没有生活、没

---

① 转引自（法）雅克·索雷（法）雅克·索雷著，黄艳红译：《18 世纪美洲和欧洲的革命》，第 239 页。

② （日）海野弘，林焕军译：《世界丑闻史》，第 155 页。

③ C. Cook and J. Stevenson, British Historical Facts,1760—1830，转引自阎照祥：《英国近代贵族体制研究》，第 112 页。

有意识、没有活动的社会幼年时期”[①]。这个时期的人们在精神和物质两个方面都遇到了“疾病”的困扰，前者突出表现在信仰和道德状况的退化，后者突出表现在城市文明程度的低下。

——英格兰民族遭遇精神危机

在乔治三世统治初期，著名律师和法学家布莱克斯通(Blackstone)出于好奇，到伦敦走访各大教堂，听各位有名的牧师讲道。结果，他发现这些牧师的布道内容中关于基督教的内容并不比西赛罗作品中的更多，而且根据他们的讲道，他很难判断他们是孔子、穆罕默德或者基督的门徒！这一时期正如赛克大主教（Archbishop Secker）在他的一篇指控中所描绘的，“公开宣称不信或蔑视信仰已成为当代的突出特征。上层社会放荡无度、蔑视原则，下层社会荒淫醉酒、不惧怕犯罪。这无视上天的污浊洪流若不止住，绝对会是灭顶之灾。”华滋博士也宣告说，在他那个时代，“人们心里和生活中，信仰衰败成了主流。这是所有将上帝的事业放在心中的人所观察到的一个令人悲哀的事实”。当年，布莱克斯通从牛津大学前往伦敦的“‘现实世界’寻找财富、权力和社会声望”之前，曾写下一首题为“一位律师与缪斯的永别”的诗：

我真是不幸，
我不得不离开恬静宜人的牛津，
湮没在那称为伦敦的灰暗而充满污秽的地方！
我的遭遇会怎样？
我真是不幸！[②]

康沃利斯大主教（Archbishop Cornwallis）在拉贝斯宫（Lambeth Palace）开舞会和盛大晚会，致使国王不得不亲笔给他写信干预，说“在信仰方面隐修、广行慈善的行宫里举行这些轻浮之事和虚妄的娱乐，这即使不是非法，也是完全不明智的”，要求他停止。因此，莱尔（J.C. Ryle）在19世纪中期说：“100年前的道德状况如何？可以这样说，决斗、奸淫、私通、赌博、诅咒、不守安息日、醉酒几乎不被认为是坏事。相反，那都是高层社会的时尚，

① （英）（德）恩格斯：《英国状况 十八世纪（一）》，《马克思恩格斯文集》第1卷。

② 转引自（美）卡尔文·伍达德:《威廉·布莱克斯通爵士与英美法理学》，载肯尼思·W.汤普森编《宪法的政治理论》，第71页。

沉溺其中的人不会被认为比其他人更坏。”因为“有足够多的证据表明，我说英国 18 世纪初的信仰和道德状况令人心寒，一点也没有夸张”，“从信仰和道德的角度来看，英格兰那时完全处于沉睡状态”。[①]

——英格兰城镇面临社会危机

城市问题专家刘易斯·芒福德曾说过：人类用了 5000 多年的时间，才对城市的本质和演变过程获得了一个局部的认识，也许要用更长的时间才能完全弄清那些尚未被认识的潜在特性。目前，在国际学者比较公认的现代化含义和标准中，“人口较高地向城市集中，整个社会日益以都市为中心组织起来”一般是社会现代化的首要标准。[②]作为第一个真正意义上的现代全球大国，英国乘着工业革命的蒸汽机车，成为世界上第一个迈进城市化门槛的国家。在享尽人类城市文明“先发性利益”的同时，又饱尝第一个城市文明“先发性灾难”[③]，这就使 18 世纪下半期英国“城市病”不约而至。

法国人曾在 16 世纪讥笑英国人，说英格兰的国土上除了伦敦之外，没有一个地方称得上城市。到了 18 世纪，英国人完全可以开出一个长长的城市名单了：除了利兹、曼彻斯特、利物浦、伯明翰和设菲尔德等五大工业城市的明星之外，还有布里斯托尔、埃克塞特、纽卡斯尔、赫尔和大雅茅斯等港口和商业城市的代表，诺里季、格洛斯特、诺丁汉等工业城市的典型，林肯、考文垂、伍斯特、莱斯特等工商并重的“郡级城市”的样板。[④]居住在 1 万人以上城市的居民占英国总人口的比例，从 1500 年的 3.1% 上升到 1650 年的 8.8%，到 1800 年已高达 20%，其城市化进程远远超过了西欧诸国。那些从产业革命时起发展起来的城市，却不断地扩大着，它们在十八世纪最后几年中的情形也正是它们一百年后的情形：丑陋、黝黑、被烟雾包围着，它们的那些建设得不好的郊区犹如畸形触须向各方面伸展着。

伦敦人口由 1500 年的 4 万发展到 1600 年的 20 万，1650 年 40 万，1700

---

① 参见（英）莱尔著，梁曙东等译：《英国复兴领袖传：新教著名人物传记》，“第 1 章：18 世纪初英格兰的信仰和道德光景”。

② （美）西里尔·E. 布莱克编，杨豫等译：《比较现代化》，上海译文出版社 1996 年版，第 216 页。

③ 李冈原：《英国城市病及其整治探析》，《杭州师范学院学报（社会科学版）》，2003 年第 6 期。

④ 林秀玉：《试论 15—18 世纪英国城市的转型》，《历史教学》2004 年第 7 期。

年57.5万，超过巴黎成为欧洲第一大城市。1750年左右达到67.5万。[①] 然而，就在伦敦作为"首席城市"风光无限的时候，因为住房短缺、就业困难、公共卫生、环境恶化等引发的"城市病"也悄然蔓延开来。正如1726年丹尼尔·丹佛所说的那样，伦敦是一座"古怪的城市"，作为当时英国城市化进程中一个具体而微的代表，由于一味追求财富而陷入富裕与贫困并存、繁荣与悲惨交织的怪圈。当时的"城市病"主要有：

一是住房难。城市中最常见的是一排排乱七八糟的一层或两层高的砖房，还有许多住人的地下室。这些叫作"小宅子"的房屋每所只有三四个房间和一个厨房，到处是垃圾，没有排水沟，只有臭气熏天的死水洼。[②] 恩格斯在《英国工人阶级状况》中就曾记载道，每个城市都有挤满了工人阶级的贫民窟。在加速城市化的过程中，英国城市成了"脏、乱、差"的代名词，成为全欧洲贫民窟的集中地。

二是环境差。工业革命时期，英国城市的两大主要污染源是工业废水和生活污水。流经利兹等工业城市的艾尔河等河流，"流入城市的时候是清澈见底的，而在城市的另一端流出的时候却又黑又臭，被各色各样的脏东西弄得污浊不堪了"[③]。而在英国纺织工业中心曼彻斯特，艾尔克河两边布满的制革厂、染坊、骨粉厂、瓦斯厂等随意排放脏水和废弃物，再加上还要接纳附近污水沟和厕所的排泄物，使得这条河奇臭无比。英国人视为生命之河的泰晤士河因工业革命时期的严重污染，水质迅速恶化，鱼类绝迹，成为直到20世纪中后期仍举世闻名的"臭河"。[④] 工厂排放的烟尘和硫化物等污染了空气，令呼吸系统疾病流行。以至于有人悲观地预言道：未来的英国除了烟囱密布，将"没有草地……，没有树木，没有花园"[⑤]。

三是童工多。他们的工作日持续到十四、十六乃至十八小时之多。保尔·芒图在《十八世纪产业革命》一书中详实地写道：大多数工厂给予四十分钟来吃主餐或仅有的一餐，其中约有二十分钟是被用来擦机器的。事故极其寻常，

---

① （英）罗伯特·杜普莱西斯著，朱智强等译：《早期欧洲现代资本主义的形成过程》，辽宁教育出版社2001年版，第87页、第234页。

② 高德步：《经济发展与制度变迁：历史的视角》，经济科学出版社2006年版。

③《马克思恩格斯全集》第2卷，人民出版社1965年版，第320页。

④ 黄光耀、刘金源：《成功的代价——论英国工业化的历史教训》，《求是学刊》2003年第4期。

⑤（英）阿萨·勃里格斯著，陈叔平译：《英国社会史》，第233页。

特别是在接近过长工作日的终了时，这时，儿童由于疲劳而半睡了，但还未离开工作，于是手指轧断了，四肢被齿轮碾碎了。拳头、脚踢、马鞭来打童工更是家常便饭。

整个工业革命期间，伦敦因“灾雾”频繁而被称为“雾都”，曼彻斯特是尽人皆知的“黑乡”，利物浦等新兴城市则出现了物欲横流、拜金主义盛行的“迈达斯的灾难”。1835 年，托克维尔曾这样形容不列颠的工业名城曼彻斯特：

从这污秽的阴沟里流出人类最伟大的工业溪流，肥沃了整个世界；从这肮脏的下水道里流出了纯正的金子。人性在这里获得了最为充分的发展，也达到了最为野蛮的状态，文明在这儿创造了奇迹，而文明人在这儿却几乎变成了野蛮人。①

英国在 18 世纪所率先遭遇的“城市病”，实际上是转型社会所必然付出的代价。其中的一个根本性问题是：当大量人力资源、产业资源向城市集聚的时候，到底应当按照什么方式来配置这些资源，应当产出什么样的公共产品，应当为涌入城市的人们提供什么样的公共服务和社会保障。

3.“国企腐败”的雏形：资本芽苗如何长成丛林

郎咸平曾经称荷兰东印度公司是“世界上最早的国有企业”。这家成立于 1602 年的特殊贸易公司，确实拥有政府的特许经营权和半官方色彩，被议会授权与其他国家签订条约，还可以自行组织雇佣军和发行货币。“这些特许状允许公司（常常是联合投机商组成的公司）在属于它们的世界的指定地区管理自己的事务；它们被授权制定自己的法律，并在自己的法院系统中加以实施。”② 然而，1600 年就成立的英国东印度公司，不但在成立时间上更早，而且发展后劲上更足，应当是真正的近代“国企鼻祖”。

特别是从 1652 年到 1674 年的三次英荷战争之后，英国作为战胜国夺取了“海上马车夫”的海外领地，英国东印度公司的全球市场自然而然地扩大了很多。值得一提的是，与明朝那些盐商、皇店不同的是，英式“国企”从一开始就体现了资本的扩张性，把产业扩张的触角伸向了海外。

---

①（英）欧文著，柯象峰等译：《欧文选集》，商务印书馆 1981 年版，第 196 页。

②（美）卡尔文·伍达德《威廉·布莱克斯通爵士与英美法理学》，载肯尼思·W. 汤普森编《宪法的政治理论》，第 89 页。

1600年12月31日，在英国枢密院授意下，为打破荷兰等国对东印度（对东方广大地区的泛称）贸易特别是香料贸易的独占，东印度公司宣告成立。这家最初股本只有3万英镑的股份公司，打着皇家特许状的旗号，初期主要以劣质食品换取胡椒、生姜、肉桂和丁香，运回欧洲牟取暴利。

1688年"光荣革命"之后，由于代表金融资本家、大商人和新贵族利益的辉格党人取得政治优势，一些没有执照的私商也要求享有在印度从事贸易的同等权利，在英国下院的支持下组成了"英吉利商人公司"。1702年，在英国政府的干预下，这两家公司合并成立了"英商东印度贸易联合公司"。① 从此，18世纪最初的40年中，由英政府撑腰的东印度公司在印度的势力进一步扩大，成为英国政府推行对外扩张政策的重要工具。② 以东印度公司的名义在前台活动，政府在幕后操纵的模式得到英国朝野的广泛支持。

18世纪初，随着英法为争夺贸易特权而进行的争斗天平偏向英国，东印度公司实现了自身角色的重要转换。1757年6月23日，武装大盗克莱武利用孟加拉省的内讧，仅以72人伤亡的代价取得了普拉西战役的胜利，为占领孟加拉公国和征服印度铺平了道路。克莱武率领东印度公司对印度最富庶的孟加拉公国的国库洗掠一空，抢走了5800万英镑及其他许多珍宝。③ 马克思曾经指出，英法七年战争和英国对孟加拉的占领使东印度公司由一个商业强权变成一个军事的和拥有领土的强权。此后，东印度公司由成立之初的海上冒险家的垄断贸易公司，变成了一个拥有军队、领土、宣战、媾和的权力机构，成为印度命运的支配者。

1773年，英国议会通过《东印度公司管理法》，规定此后由政府任命英属印度总督，公司在其统治地区重新建立一套统治机构，由政府"接管了东印度公司的政治权力"，从而使公司的政府属性更加鲜明。1784年，议会又通过《改善东印度公司和不列颠印度领地行政法》，规定虽然保留了东印度公司的垄断贸易特权，但处理印度一切重大问题的大权收归由政府任命的督察委员会，即马克思所说的"印度的主人是英国政府，而不是东印度公司"。

到了19世纪初，英国工业革命高歌猛进，海上霸业和殖民霸权如日中天，

---

①（英）莫尔顿著，谢琏造等译：《人民的英国史》，三联书店1958年版，第161页。

② 申晓若：《英国东印度公司的历史轨迹》，《内蒙古民族师院学报（哲社版）》1996年第1期。

③ 王民同：《英国经过工业革命发展成为近代工业强国》，《昆明师范学院学报》1979年第1期。

政府已不再需要东印度公司作为其代理人和“前台”工具了。1813 年，东印度公司的印度贸易垄断权被取消；1853 年，英政府又趁更换东印度公司特许权之际，剥夺了公司的用人大权，要求考选派驻印度的官员。1858 年，英国政府正式接管了印度事务，东印度公司寿终正寝。历经两个半世纪的变迁，英国东印度公司从特许商业机构演变为官商企业、殖民统治机构，在完成了政府赋予的特殊使命后被扫进历史的垃圾堆。

尽管如此，东印度公司及其腐败现象均可谓“盛极一时”。在英国社会，到该公司谋职一度是想实现“东方发财梦”的人追逐的首要目标。1767 年 1 月，回到英国的克莱武因个人聚敛财富等原因在下议院受到攻击，他如同一位为“不列颠国企”作出巨大贡献的职业经理人，为自己大言不惭地辩护说：“就我取得普拉西大捷之后的地位而言，我由于采取有节制的行动难道不应该受到歌颂吗？一位强大的帝王仰我鼻息，一个富庶的城市任我主宰，最富有的金融家争相博得我的欢颜，我走过一座座为我个人敞开的拱门，双手尽是黄金和珠宝。议长先生，我此刻对自己当时的克制感到吃惊。”于是，下议院甚至一致通过了一项决议：“罗伯特 · 克莱武勋爵为我国立下了丰功伟绩！”[①]

结果，克莱武男爵在其第一个任期（1755—1760 年）结束后，个人获得了 234000 万英镑的奖金和宏大的庄园，殖民官员的腐败之风亦由此大盛。在其第二个任期（1764—1767 年），克莱武还重建了殖民体制，授权东印度公司征收孟加拉和比哈尔的税款，印度君主仅获少量年贡。这在制造了双重殖民体制的同时，也为贪污腐败制造了巨大机会。

据统计，仅在 1760—1780 年的 20 年间，东印度公司用从孟加拉榨取的税款来收买供出口的印度商品，向英国累计输送了价值 1200 万英镑的商品，却没有花费英国人一个子儿。东印度公司从 1757 年占领孟加拉，到 1849 年征服整个印度，直到 1858 年 11 月被英国政府撤销的 100 年间，至少从印度搜刮了价值 1200 亿英镑的财富。当然，这还不包括其他的殖民收益，如 1822—1832 年从印度偷运到中国的 12 万箱鸦片，就流失了至少 1 亿元以上的白银。

① （英）温斯顿 · 丘吉尔著，薛力敏、林林译：《革命的年代》，《英语民族史》第 3 卷，第 758 页、第 761 页。

实际上，**英式“国企腐败”与明朝的“皇店经济”相比有了质的变化发展：从“顶层直销”变成了“委托经营”**。只不过，这家“半官半商”的超级贸易垄断公司，从一开始就被贪污腐败所包裹。

东印度公司的官员们以政府代表的身份来经商执业，垄断了印度最有利可图的贸易。在印度的英国人不必付出一个卢比的资本，却做着成千上万卢比的大买卖。如克莱武组织公司职员垄断了食盐、槟榔和烟草的贸易，压价收购高价贩卖，仅仅两年就捞取了67万英镑的利润。根据当时的风气，他还用贿赂的手段进入国会，取得了爱尔兰的一个爵位。① 而该公司先后20多年垄断了对中国的茶叶贸易，每年的茶叶销售总值达到400万英镑，但在广州进货的成本只有销售价的一半，其暴利可见一斑。② 在公司职员大饱私囊的同时，管理中的贪腐现象日甚一日，上上下下贪污成风，造成颇为严重的财务亏空，以至于到了18世纪中期未能履行每年向政府交纳40万英镑的义务。

四、19世纪的现代腐败定型期：第二次工业革命下“设计成偶然”的必然

美国人早就向欧洲世界证明，资产阶级共和国就是资本主义生意人的共和国。在那里，政治同其他一切一样只不过是一种买卖。

——恩格斯

1888年9月，恩格斯在《美国旅行印象》中写道：“美国是一个新世界，新不仅是就发现她的时间而言，而且是就她的一切制度而言……这个前进最快的民族对于每一个新的改进方案，会纯粹从其实际利益出发马上进行试验。这个方案一旦被认为是好的，差不多在第二天就会付诸实行。在美国，一切都应该是新的，一切都应该是合理的，一切都应该是实际的。”在这片崭新的人类社会“试验场”上，腐败行为的参与者也着实是“从其实际利益出发马上进行试验”，以“最快的”速度实现了现代腐败的发展演变及合理化。这就如美国总统富兰克林·D. 罗斯福所说的那样，“任何政治活动都不是偶

① （英）温斯顿·丘吉尔著，薛力敏、林林译：《革命的年代》，《英语民族史》第3卷，第757页。
② 转引自刘继兴：《试论英国东印度公司在印度的历史作用》，《华中师院学报》1983年第6期。

然发生的，如果真有，也是原本就设计成偶然的”[①]。至于那些看似“无心插柳”的设计者，实质上就是“强盗式资本家（robber barons）……这些资本家掌握了工业、运输以及营销部门，甚至政府”[②]。其实，这并不足怪，那些出席 1787 年费城制宪会议的代表们，最多除了 6 人之外，其余都是相当有地位和有财产的人的后代。[③]

1. 现代之“型”：老板政治下的公司式腐败

曾几何时，世人对新生的美国政府在告别腐败的旧制度方面充满期待。如 1789 年，英国皇家文学基金的创始人大卫·威廉姆斯在其《政治原则讲演集》中就曾谈到，英国本土以三权分立为基础的政府体系中的平衡概念是“幼稚和异想天开”的，“唯一的救济”是建立一个“一切权力滥用都可以为人民所纠正”的政府，而北美的例子给人们以某些希望，“依据精心计划而建立的共同体”或许可以提供这种救济。

然而，美国在南北战争结束之后，从战后重建（Reconstruction）到进步时期（Progressive Era）的数十年间，逐渐滑到了“镀金时代”。整个国家如同一间新落成的木质房屋，因为所有的金属把手和餐具都镀上一层金箔，显现出乍富初贵的、极不协调的浮华之气。

1870 年以后，科学技术的发展在美洲大陆上高歌猛进，各种新技术、新发明、新产品层出不穷，并被迅速应用于工业生产，为经济“起飞”提供了强大的科技引擎。当时，科技进步突出表现在三个方面，即电力的广泛应用、内燃机和新交通工具的创制、新通信手段的发明。在这第二次工业革命的浪潮中，美国人告别了不列颠的煤与火，迎来了新大陆的电和光。然而，**与英国 18 世纪中后期的腐败高发期同第一次工业革命不期而遇一样，美国 19 世纪下半叶的腐败高发期与第二次工业革命如影随形**。与之相联系的，是社会整体道德状况的退化，“从最高地位的总统到最下层的轮轴润化工，最恶劣、最肆无忌惮的欺骗时有发生”[④]。

这是一个经济高增长与贫富大分化并存的时代。1890 年，1/8 的人拥有全

---

① （美）A. 拉尔夫·埃帕森著，薛妍译：《看不见的手》，吉林出版集团有效责任公司 2010 年版，第 4 页。
② （美）伊丽莎白·桑德著，陈永杰译：《美国进步时代对中国的启示：三种代理模式》。
③ 周琪：《美国的政治腐败和反腐败》，《美国研究》2004 年第 3 期。
④ （德）彼得·马丁、布鲁诺·霍尔纳格著，王音浩译：《资本战争》，第 114 页。

美 7/8 的财富；10 年后，1/10 的人占有全国 9/10 的财富；百万富翁也从 1860 年的 3 个增加到 1900 年的约 3800 个。[①] 拥有经济强势的富豪大亨还要寻求政治强势。1880 年代，代表美国当时 38 个州的 76 名国会参议员中有 26 名百万富翁，其他的人也与铁路公司、冶金、石油等大商业多有瓜葛。[②]

这是一个快速工业化与高度垄断化交织的时代。仅 1897—1904 年，全美就发生了 319 次公司合并，资本总计 63 亿美元。J.P. 摩根在 1901 年合并了 10 家钢铁企业，组成了以卡内基钢铁公司为中心的美国钢铁公司，其所拥有的现金可以支付美国政府 1880 年的全部开支。洛克菲勒的美孚石油公司相继合并了 20 家石油公司，到 1904 年垄断了 80% 的国内石油贸易和 90% 的石油出口。[③]

这是一个高速城市化与市政衰败化同步的时代。1860—1900 年，百万人口的城市由 1 个增加到 5 个，50 万—100 万人口的城市由 2 个增加到 5 个，1 万—10 万人口的小城市由 84 个猛增到 402 个。1860 年，农业人口在全国人口中的占比高达 81.23%；1900 年，这一比例降至 60.23%。[④] 然而，“弱市长”体制下的城市腐败不请自来，“城市老板（boss）”通过政党的基层组织“政治机器（machine）”把持市政大权，大肆盗窃公共资金，通过市政工程、出卖特许经营权等方式徇私舞弊。

这是一个社会大动荡和精神大滑坡交替的时代。在不断释放生产力的过程中，美国如同一个满脸青春痘的毛头小伙那样活力迸发。但是，“美国人对新时代的到来既无经验也无精神准备”[⑤]，“弱肉强食，适者生存”的社会达尔文主义充斥着人们的头脑。而且，正如美国经济史专家研究指出的那样，主张自由放任的社会达尔文主义对大公司极为有利，比如“铁路公司及其他大公司以及金融界已经发现了自由放任学说是一件使用方便、威力强大的武器，既可反对政府管制，又可用来抵制公众要求实行社会福利的计划”[⑥]。

---

① 黄安年：《美国的崛起》，中国社会科学出版社 1992 年版，第 382 页；Arthur and Lila Weinberger ,The Muckrakers，New York: Simon and Schuster ,Inc.,1961,xiii.。

② 展江等译：《新闻与揭丑——美国黑幕揭发报道经典作品集（I）》，第 4 页。

③（美）卡罗尔·卡尔金斯主编，王岱等译：《美国扩张与发展史话》，人民出版社 1984 年版，第 244 页。

④ 黄安年著：《美国的崛起》，第 360 页。

⑤（美）H.S. 康马杰著，南木等译：《美国精神》，第 73 页。

⑥（美）吉尔伯特·菲特、吉姆·E. 里斯：《美国经济史》，司徒淳、方秉铸译，辽宁人民出版社 1981 年版，第 600 页。

“公司化国家”是如何运转的？

美国学者威廉·多姆霍夫认为，美国公司拥有大多数其他民主国家并不拥有的权力。一个基本的“公司指挥政府”的运作逻辑是：商界领袖们通过行使由他们公司组成的“企业共同体”的经济权力来影响政府官员的政策选择。“经济权力也赋予企业共同体针对民选和派任官员的直接影响力，因为如果企业对政府缺乏商业信心，一个城市、州或国家的经济增长和稳定在总体上就会陷入危险的境地。”比如，当他们感受到新法律或工会的威胁，可以转移或者关闭他们的工厂和办公室，而这势必影响就业率、税收、经济景气指数乃至民众支持率。因此，政府官员不给企业领导者他们想要的东西，就可能出现经济困难，而那时人们就会渴望新的政治领导人。由于官员不想失去职位，“政府必须去迎合商人”。通过这种方式，“超越投资功能的私人控制就为企业共同体内部的领导者们提供了一种结构性的力量(structural power)”，“企业共同体的纯经济权就能够影响政府。”①

1932年，美国学者伯利和米恩斯出版了经典著作《现代公司与私有财产》。他们的权威研究表明，两千个私人控制了美国工业的一半，现代的总经理获得了与国王和教皇相类似的权力。权力集中在这些庞大经济组织中，是同集中于中世纪教会或近代民族国家相类似的，因为权力如此集中就使公司能和国家分庭抗礼了。②而有“20世纪托克维尔”之称的英国史学家D.W.布罗根更是直言不讳道：

美国是一个很大很大的大公司，股东们都希望它不亏本。③

19世纪下半叶美国工业化、城市化加速发展，企业结构公司化成为当时经济发生质变的重要原因和最深层的社会变化。④时至今日，美国仍然是一个高度公司化的国家，60%的世界级企业来自美国，而其中相当一部分“百年老店”是在19世纪末建立起来的。大型垄断公司成为美国工业化革命的火车头，它们的出现标志着19世纪末美国从自由资本主义过渡到垄断资本主义，

---

①（美）威廉·多姆霍夫著，吕鹏等译：《谁统治美国》，译林出版社2009年版，第96页。
②（美）伯利、米恩斯著，甘华鸣等译：《现代公司与私有财产》，商务印书馆2005年版。
③（美）威廉·曼彻斯特著：《光荣与梦想——1932—1972年美国实录》，商务印书馆1979年版，第2分册，第415页。
④ 肖华锋：《美国黑幕揭发运动研究》，第8页。

并且带来影响至今的诸多“美国病”，诸如黑金政治、压力集团、金融危机等。更重要的是，“无论从纵向角度还是横向角度看，都称得上是怪物的大型公司的出现，使人们（从普通老百姓的角度看）觉得这些大型公司对自由和平等带来的威胁，与一度使人惧怕的全国政府相比，实在是不相伯仲，甚至有过之无不及。”①

事实上，“虽然（公司）所有权是离心的，但经济权力是向心的”②。国家的公司化和公司的国家化并行不悖，“因为公司具有一个宪政政府的所有基本要素”③。表面上看，公司有董事会和公司章程，市、州和联邦政府都有议会和宪法；公司股东在他们的领导人（银行家、经纪人、律师）的引导下履行投票权，政界的选举过程也受到幕后老板的支配；董事会选择公司的经营者，执政党提名参选的候选人……然而，最为关键的是游戏规则的同质化，所有的一切“不得不服从幕后老板们的意愿”。

经过了17世纪山寨式腐败的侵袭，接受了18世纪教会式腐败的洗礼，当人类进入到早期全球化的19世纪，一种更加精巧、更趋复杂的公司式腐败不期而至了，因为“在这新的社会秩序的中央，耸立着大型化、综合化的产业公司”④。其实，**如果追根溯源的话，美国的前身就是特许公司。公司化管理或曰公司式治理，是美国建国历程中积淀形成的最重要的“国家基因”之一。**美国学者研究指出，“几个早期的美国殖民地不是国家或政治实体，而更像是工商企业。这个时期公司的‘主人’是在经营管理方面有首要发言权的人。在这些公司消失之后，殖民地形成了政治制度”⑤。因此在美国，“有限公司并不是新鲜事物。实际上，资助弗吉尼亚和马萨诸塞初期殖民地的联合股票公司就是有限公司的一种”；且“内战前注册的公司基本上由各州立法机构创办，背后有国家资金的支持”⑥。公司化国家和公司化治理有两大特点：一是要求契约精神基础上的自由化经营；二是谋求产权明晰意义上的最大化利润。

---

①（美）伊丽莎白·桑德著，陈永杰译：《美国进步时代对中国的启示：三种代理模式》。
②（英）伯特兰·罗素著，吴友三译：《权力论》，第91页。
③（美）林肯·斯蒂芬斯著，展江等译：《新闻与揭丑（Ⅱ）》，第458页。
④（美）本杰明·沃特豪斯：《美国商业简史》，第118页。
⑤（美）阿密泰·艾乔尼著，陈银科等译：《美国首府政治腐败内幕》，第158页。
⑥（美）艾伦·维恩斯坦等著，胡炜等译：《彩色美国史》（中卷），第364页。

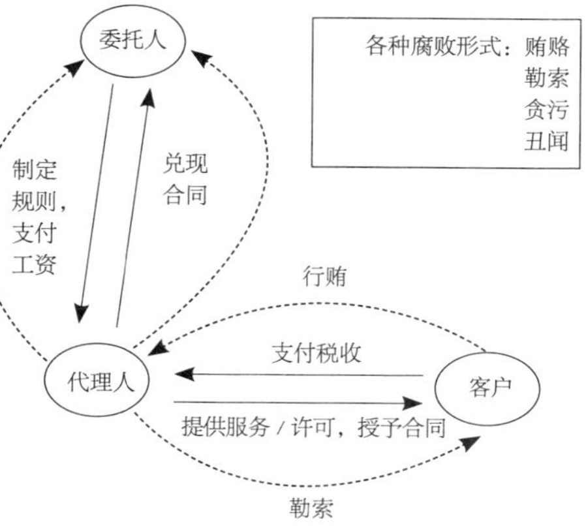

图 1. 委托——代理模型中的腐败

资料来源：（德）约翰纳·伯爵·兰斯多夫《腐败与改革的制度经济学：理论、证据与政策》，清华大学公共管理学院廉政与治理研究中心译，中国方正出版社 2007 年版，第 16 页。

就其本质而言，“经济权力与政治权力合一的制度比起两者分立的制度，处于更为发达的阶段，正如钢铁托拉斯比起互相竞争的若干小钢铁公司属于更发达阶段一样”[①]。而且，有“公司”就有“老板”，有“需求”就有“供给”，有“委托”就有“代理”。正如丹尼尔·布尔斯廷所指出的那样，“移民的政治，是个人需要的政治。重要的是工作、住房、食物和友谊．至于头头在关税上或在国外战争中的立场态度，那是无关紧要的”[②]。

这就是“老板政治”的真谛：谁能满足“顾客”的个体需求，谁就是政坛的“上帝”！谁能创造“政治供给”，谁就能垄断“政治市场”！

那些给美国这个移民国家打造“政治机器”、制定游戏规则的“老板”，用钞票、工作岗位、食物和亲情等换取了移民手中的选票，也就实现了某种“自我赋能”并成为制造批量化“美式民主”的隐形政治“超人”。

一定意义上讲，这种曾经兴盛于新大陆的新型腐败是在合法化光环笼罩下进行的。而且，许多人当时并不认为“以钞票换选票”是腐败，至多算是一种政治灰色地带的寄生现象。移民们作为特殊的政治参与群体，本身也更

① （英）伯特兰·罗素著，吴友三译：《权力论》，第 92 页。
② （美）丹尼尔·布尔斯廷著：《美国人：民主历程》，上海译文出版社 1997 年版，第 383 页。

愿意“抱团取暖”，把票“投”给那些和自己有某种联系、能给自己带来实惠的参选者，而不是那些夸夸其谈、与己无关的政治清客。奥勒姆指出：“人们有一种与参与相联系的特性，即有一种他们能够影响政治家和政治秩序的感觉，这种感觉有时被作为政治功效感。”① 当然，美式选举民主在塑型过程中还是有一套具有“政治功效感”的运行规则和运作机制的。只不过，正如很多黑社会组织要注册一些表面合法的公司来洗钱一样，这种“‘选主’替代民主”的操作过程似乎也预留了“政治洗白”功能。而与之相伴生的**现代腐败即“公司式腐败”更显得“大腐无形”：权力看似有边界，利益看似很透明，但少数人的特权和多数人的权利之间永远隔着一层可望而不可即的“玻璃天花板”**。

中国古人说：“大隐隐于朝，中隐隐于市，小隐隐于野。” 现代腐败的主体虽然仍然是那些掌权者及其身后的控盘者，但已经有了些“大腐大隐”的味道。“吃拿卡要”之类的蝇头小利不足取哉，要玩，就玩大的！

现代腐败是在经过改良再造的现代国家治理体系中发生的，其鲜明特点是由于执政者明确提出追求民主、实现人权等理念，腐败发生过程及其机理的欺骗性、隐匿性更强。然而，美国的有识之士反思道：“18 世纪 90 年代末……大体上看到的是一些行政、立法和司法部门一致的、协同的带有令人抑郁和往往是悲剧性结局的活动”②。正如我们所熟悉的那样，美国是在一群精英人士的顶层设计和整体规划中建国的，国家的权力结构和运作体系至少在理论上是按照防止滥权专制的原则来设计的，政府管理和政治运作至少是按照预防腐败的精神来设计的，然而，在“有宪政，有法制，有民权，有自由”的“山巅之国”，却出现了腐败的易发高发怪圈，不能不令人深思。

2. 资本配置政治，利益冲突频发

布罗代尔指出：“资本主义是一种上层建筑，它势必要向下延伸……就会侵占市场经济的领域。”③ 尽管如此，与那些在大明王朝打家劫舍的矿监、税使不同，进入资本社会所衍生的新型腐败更多的是发生在公共政策制定、

---

① （美）奥勒姆著，董云虎等译：《政治社会学导论——对政治实体的解剖》，浙江人民出版社 1993 年版，第 338 页。
② （美）斯坦利·I. 柯特勒著，刘末译：《美国八大冤假错案》，“序言”。
③ （法）费尔南·布罗代尔著，顾良等译：《资本主义论丛》，中央编译出版社 1997 年版，第 49 页。

公共服务提供、公共资源配置等过程中，由于不以赤裸掠夺、直接侵占个体公民私财为主要手段，其对经济社会发展的破坏力可能并不那么“显山露水”。

为什么美国人在“阿拉伯之春”后的家门口迎来“美国之秋”？

2010年12月的突尼斯社会动乱爆发以来，阿拉伯世界一些国家民众要求推翻本国专制政体的行动，被美国等西方媒体称为“和平抵抗运动”，并认为“阿拉伯之春”属于谙熟互联网、要求和世界其他大部分地区一样享有基本民主权利的年轻一代。然而，2011年9月份以来，美国本土在季节和政治上进入双重意义上的“美国之秋”。“占领华尔街”抗议活动最初曾被当作“玩笑”，但截至2011年10月10日，1083个城市出现“占领者”的示威活动。《纽约时报》10月9日刊登社论说，在经济不景气前，最富的1%家庭占有23.5%的财富，这是自1928年以来最高的，是20世纪70年代晚期的两倍多。公司利润（大多流向富人）所占经济比重达到1950年以来最高水平，而工人薪酬占经济比重处于50年代中期以来最低点。《华尔街日报》8日的专栏文章说，美国贫富不均日益严重是这场运动的重要原因。诺贝尔经济学奖得主斯蒂格利茨稍早前撰文说，美国现状是“属于1%，由1%所掌握，为了1%”。这背后的问题是美国民主已沦为一种金权民主，金钱力量深深扭曲和操纵政治过程与政策制定，所以该民主体制或无法解决重大社会问题。埃及金融研究中心学者塔哈·阿卜杜评论说：“华尔街只是吸引美国人愤怒和不满的一块磁铁，社会不公才是这场运动的根源。”加拿大《蒙特利尔日报》称，让华尔街和富人处处享受程序优待，从而轻易聚敛财富且不受惩罚的不是华尔街自己，而是美国政府，因此示威搞错了地点，不应在华尔街，而应到白宫门口。[①] 长期推崇金融资本主义的美国，正在慢慢地品尝金融资本主义所带来的苦果。社会分配不公，分配过度向金融资本倾斜，失业率高企，贫困群体的增加，中产阶级的生活质量下降，是引发“美国之秋”的深层次的经济学逻辑。[②]

---

① 《美国“占领者”最恨不平等》，《环球时报》2011年10月10日第16版。

② 吴智钢：《“美国之秋”的经济学逻辑》，《证券时报》2011年10月10日。

黑幕揭发运动者林肯·斯蒂芬斯在系统研究了“镀金时代”的美国腐败后指出，“一个典型的美国公民是商人，是坏公民。如果他是一个大商人，他不会忽视，而是忙于政治，而且干得有板有眼”①。他经过长期调查发现，这些“忙于政治的大商人”遍地都是，他们在圣路易斯向政客行贿；在明尼阿波利斯保护贪污分子；在芝加哥利用改革牟取私利；在纽约利用腐败资金击败好政府；在匹兹堡忙着筹划腐败；在费城与城市老板共敛财富……这些“伪善的骗子”才是“腐败的主要根源”。

这就是对 19 世纪历史巨大嘲讽：民主、法制、宪政、人权……这些美妙无比的政治理念越是深入人心，政党腐败、行政腐败、司法腐败、立法腐败、金融腐败……这些时人耳熟能详的腐败越是能大行其道！

如果说市场的最大功能在于“定价”，那么，19 世纪美式腐败的最大特点是给权力定价机制的出现：含金量高的权力当然价钱更高，表面看来，“小权力”“非核心权力”是可以还权于社会、还政于民众的，而且由于选举制、任期制等政治技术的发育和成熟，使得责任与权力的联系紧密了许多。然而，最大的问题在于：资本和权力联姻，权力和利益结盟！

1898 年，缅因州参议员威廉·弗烈伊说：“我们必须获取市场，不然我们就要发生革命。”从南北战争到 19 世纪末这段时间里，美国从一个农场分散的贫弱国家变成世界领先的经济强国，这一转变过程“将建立在缓慢增长的小型私有资本主义经济基础之上的美国经济连根拔起”②，代之以充满了大胆投资和全球视野的新兴经济。当然，正如俗语所说“拔起萝卜带出泥”，19 世纪“新美国”诞生的每一刻都与新的腐败演化如影随形地联系在一起。

马克思指出：“卑鄙的贪欲是文明时代从它存在的第一日起直至今日的动力；财富，财富，第三还是财富，——不是社会的财富，而是这个微不足道的个人的财富，这就是文明时代唯一的、具有决定意义的目的。”③而在美国这样一个政治游说极为普遍、竞选资金需求极大的政治体系中，“为政治输血”所导致的腐败的流行是一种必然。保守派传教士大卫·茵内雷伯纳说：

① （美）林肯·斯蒂芬斯著，展江等译：《新闻与揭丑（Ⅱ）》，第 357 页。
② （美）托马斯·科斯纳著，万丹译：《资本之城》，“序言”。
③《马克思恩格斯全集》第 21 卷，第 201 页。

“这就是美国政治的本质，没有钱是万万不行的，违法的事情天天都在发生。”[①] 据统计，2004 年美国用于政治游说的资金总额达到 21 亿美元，超过了美国政府每年发给低收入家庭的燃料补助费。在同一年中，总统候选人和议员候选人的竞选资金总额更是超过 30 亿美元。

在这些现代腐败演化的背后，有一双“看不见的手”在悄然操控，这就是资本意志或者说人格化的资本。正如英国历史学家克拉克（Sir George N.Clark）所说，这样的国度和经济制度“让资本家在社会型态中享有威权”。[②] 而“世界史形成”以来的历史告诉我们：**资本的力量积蓄到了 19 世纪，不但是经济的主宰、市场的主轴，还是政治的主导、顶层的主脑**！

1874 年，美国《国家劳工论坛（National Labor Tribune）》这样写道：美国人民曾一度是他们自己的统治者，“没有其他人能够或应该成为他们的主人”，而如今，“这个梦想已无法实现……这个国家的劳动大众……很快就会发现，资本就像专制王朝一样坚不可摧”！很显然，“大资本家已成为这个国家的标志”[③]。

进入 20 世纪之后，从 1971 年美国宣布美元和黄金脱钩以来，“新自由主义”开始席卷全球。但过去 40 年的全球化资本才是最大而主要的赢家。如同“占领华尔街”运动中的美国示威者说的那样，“我们都是那 99%”，全球化的成果的分配绝对而高度地有利于资本，穷人则未必一定如“穷者愈加穷苦”说的那样，但从经济增长中分到的“蛋糕”份额有限。这种大多数人都有“绝对获益”，但“相对获益”却少得可怜的情况，必然导致普遍的社会不满和抵制，酝酿着持续的危机与冲突。接连爆发的“阿拉伯之春”和“美国之秋”明确地告诉我们，最大的受益者是投机资本，以及和资本结盟的权力，全球范围内财富和权力的高度集中在少数人、少数集团的手里。这才是全球最大的失衡和全球危机层出不穷的根源所在。[④]

正如列宁所说，资本的累积和“集中发展到一定阶段，可以说，就自然而然地走向垄断。”于是，**在公域行政化和私域市场化这两大趋势的裹挟之下，资本成为公私两域的通行力量，公私两域成了顶级资本家的“通吃”平台。**

---

① 杨言：《美国每年揪出上千名腐败官员 议员高官是重点》，《世界新闻报》2005 年 12 月 23 日。

② 转引自黄仁宇：《<赫逊河畔谈中国历史>开场白》，载《现代中国的历程》，第 256 页。

③（英）艾瑞克·霍布斯邦著，张晓华等译：《资本的年代》，国际文化出版公司 2006 年版，第 192 页。

④ 庞中英：《对“美国之秋”的评论和感想》，新加坡《联合早报》2011 年 10 月 11 日。

托克维尔也在《美国的民主》一书中指出：“在财富也象权力那样集中于少数人之手并且永远为他们所占有的国家里，这个社会的财富大部分将永远为同样一小撮人所享用，而其余的一切人，则由于贫困、习俗和自我节制，而被排在这种享用之外。”①系统观之，从17世纪明王朝的掠夺性腐败到18世纪不列颠的过渡型腐败，再到19世纪美利坚的发展型腐败，最终完成了腐败由权力透支、权钱交易到资本与权力结合、资本配置权力的现代“转型”。

然而，我们只要稍作回顾就不难发现，全球化方兴未艾的今日之腐败，尽管形态各异、表象不同，但都能在19世纪的现代腐败“轴心期”中找到影子！大历史为我们展示出的是现代腐败演化的“美国变形记”，即**以政党腐败、立法腐败、司法腐败、行政腐败、金融腐败、公司腐败和商业贿赂等为外在形态的现代发展型腐败，历史上第一次在美国的“镀金时代”集中爆发并初定其型！**

①（法）托克维尔著，董果良译：《美国的民主》（下卷），第568页。

第七章 大国崛起的黎明和腐败高发的潮汐

——英、美如何从现代腐败高发期中崛起?

这种旧秩序是建立在让有钱人更有钱，让肉汁一滴滴地向下流入更低社会阶层的基础上。事实上，这是旧秩序的最后光芒。它的温暖是虚假的，它赖以建立的价值是非常不真实的，是注定要自我毁灭的，因为它加深并且加大了少数幸运儿与多数普通人之间的收入差距。

——弗雷德里克·L. 艾伦

美国政治学者亨廷顿在其代表作《变化社会中的政治秩序》中指出：18世纪和20世纪美国政治生活中的腐败现象就不如19世纪那样严重，18世纪的英国政治就不如17世纪和19世纪那样廉洁。18世纪英国和19世纪美国的腐败高发期，与两国当时工业革命的冲击、新财富的开发、新权力的创设、新兴阶级的出现，以及其对政府的新要求等多元因素之间有着必然联系。亨廷顿认为，这种激烈爆发的腐败是当时英美两国均缺乏有效的政治制度化的一种极端表征。到了18世纪末19世纪初，英国在英式腐败高发期的阴影中完成了第一次工业革命，成为海上霸主和号称“日不落”的殖民帝国；19世纪末20世纪初，美国在“镀金时代”的烟尘中实现了工业化、城市化，在第二次工业革命中成为世界头号工业大国。或许，这就是中国传统文化中所说的“否极泰来”。当然，这两个接踵而至的大国崛起的故事，是国家和政府成功“重组改制”的版本。与之相反，17世纪的明朝则在传统腐败高发期中成为“历史周期率”的注脚，上演了被彻底“清算”并最终“破产倒闭”的一幕。

一、腐败高发期：盛极而衰的拐点，或大国崛起之转折

贿赂和腐败是一个革命的过程，目的是建立一个不代表人民，而是代表一部分人，最坏的那部分人的权益的民主政府。

——约瑟夫·W. 福克[①]

一般而论，关于腐败高发期的常见说法是：腐败高发期是社会转型期的伴生物，是经济起飞期的副产品。然而问题在于，它如何与社会转型相伴？又怎样与经济起飞相生？

17 世纪是全球化的起潮期，马克思称其为“世界史形成”的时期。中国的明朝开始了从世界中心的“淡出之旅”，而在接下来的两个世纪中，英国和美国相继崛起。

18 世纪是英国崛起的世纪。“一个世纪间，一个以农耕经济为基础的小型岛国社会，将转变为‘世界的作坊’，并且成为一个全球性帝国。”[②]1769 年，哥拉斯哥大学的教具制造员詹姆士·瓦特制造出单向蒸汽机。1782 年，他又试制成功双向蒸汽机。瓦特式蒸汽机很快成为适用于各种机器的动力机。随着蒸汽机的使用推广，英国的机器大工业代替了工场手工业。工业革命的滚滚车轮，使得英格兰人靠技术进步实现了财富积累，并突破了马尔萨斯曾预言的“经济增长天花板”：

随着焦炭炼铁法、高炉加装鼓风设备等技术的广泛采用，英国的生铁产量由 18 世纪初的 1800 吨，增加到 1802 年的 25 万吨。1784 年，柯尔特又发明了搅拌炼铁法和钢的辗压精炼法，使锻铁生产率提高 15 倍。

由于蒸汽抽水机、凿井机、曳运机等煤炭工业技术的突破，英国的煤产量由 18 世纪中叶的 500 万吨增加到该世纪末的 1000 万吨。

根据英国海关的记录，1700 年离开英国港口的商船吨数不超过 31.7 万装载吨，到 1751 年就翻一番达到 66.1 万吨；到 1800 年则翻三番达到 192.4 万吨。

---

① 约瑟夫·W. 福克（Joseph W. Folk）：律师，政界人士，1900—1904 年任圣路易斯巡回检查官期间揭露了市政府的腐败，1905—1909 年任密苏里州长，1913—1914 年任国务院法务官。

② （美）卡尔文·伍达德：《威廉·布莱克斯通爵士与英美法理学》，载肯尼思·W. 汤普森编《宪法的政治理论》，第 82 页。

在1759年以前，英国没有一条运河，没有一条人工水道，然而，在不到30年的时间里，整个大不列颠的地面都开出了四通八达的航路。①

1761年，输入英国的原棉是400万磅，到1800年达到5600万磅；1796年英国制造棉布2100万码，到1830年增加到34700万码②；英国棉纱产量从18世纪30年代到80年代的50年间增加了1000倍③……

到18世纪下半叶，英格兰市场同时完成了三项事业：主宰本国市场、主宰不列颠市场和主宰世界市场。④英国在19世纪中叶，凭借其先进的生产技术、雄厚的经济实力、发达的交通运输和幅员辽阔的殖民地，形成了以其为中心的世界市场，并由此一跃成为第一个“世界工厂”。

据统计，在1782年至1852年间，英国经济的年均增长率达到3%—4%。而欧洲在农业社会中生产力每隔700年才能增长一倍，年均增长率只有0.1%。⑤英国达到鼎盛期的1860年前后，其钢铁产量占到世界的53%，煤和褐煤产量占到世界的50%，消费的原棉占世界原棉产量的50%；其现代工业的生产能力相当于世界的40%—50%或欧洲的55%—60%；其人均工业化水平是法国和美国的3倍，是中国和印度的15倍和20倍。

英国还始终保持着规模空前的强大海军，其战斗力基本上相当于除自身之外其他海军实力的总和。大英帝国号称“日不落帝国”，伦敦成为世界贸易中心、金融中心、政治中心和新闻中心。⑥正如马克思所指出的那样：“资产阶级在它的不到一百年的阶级统治中所创造的生产力，比过去一切时代创造的全部生产力还要多，还要大。”毋庸置疑，当时英国的崛起速度非常惊人。

——但不要忘了：这一切骄人的成绩，都有一个18世纪腐败高发期的背景。

19世纪是美国崛起的世纪。19世纪60年代，美国的工业发展还落后于英、法、德而位居世界第4。到了1894年，美国的工业生产总值与1860年相比增加了4倍，达到94.9亿美元；同一年英、德、法三国分别仅为42.6亿美元、33.5亿美元和29亿美元。因此，19世纪90年代被美国史学家称为美国

---

①（法）保尔·芒图著，杨人楩等译：《十八世纪产业革命》，第94—99页。
②管佩韦：《英国工业革命的后果》，《杭州大学学报》1980年第3期。
③赵秀玲、李春友：《英国工业革命世界影响启示录》，《发展论坛》1999年第7期。
④（法）布罗代尔著，施康强、顾良译：《15—18世纪的物质文明、经济和资本主义》第三卷，第429页。
⑤罗荣渠：《现代化新论续编》，北京大学出版社1997年版，第5页。
⑥参见（美）保罗·肯尼迪著，陈景彪等译：《大国的兴衰》，王之明《推荐序二：最后的大国》。

现当代历史的分水岭，“在分水岭的这一边，主要是一个农业国”，“在分水岭的那一边，是现代的美国，它主要是一个城市化的工业国家”[①]。西部开发已经接近完成，往日野兽出没、荆棘遍地的西部荒野，现在已经阡陌纵横、烟囱林立了。“19世纪后半期到20世纪初，在全球实力对比所发生的一切变化中，对未来最富有决定性作用的是美国的崛起，这大概是毫无疑问的。”[②]大国崛起的“美国故事”无疑是令人印象深刻的：

1800年，美国8000人以上规模的城镇只有6座，到1890年这一数字就猛增到448座。[③]巴利·W.帕森在其《美国经济史》中写道，1790年美国联邦政府首次人口普查时仅有5.1%的美国人是城市人，半个世纪后增加到11%，1890年增加到35%。[④]1860年，美国城市人口约500万；1900年增加到2500万，已占全国人口的1/3。大城市如费城的人口从1840年的10万人增加到1890年100万以上，同一时期小城镇如新泽西州的帕特森城人口从0.75万增长到6.8万人。[⑤]到1920年，联邦人口普查局正式宣布城市人口已占总人口的51.2%。[⑥]美国城市扩张从19世纪80年代开始，101个城市面积扩大了一倍以上。

1830年，美国第一条铁路巴尔的摩—俄亥俄铁路投入运营时全长仅有13英里；当年，全美铁路总长也只有23英里。到了1860年，美国的铁路总长达到30626英里，超过了英、法、德三国铁路的总里程之和。全国铁路网到1900年达到近20万英里，约占到当时全球铁路总里程的1/3，超过了欧洲铁路的总和。为修建该铁路网，美国大约共铺设了16000万条铁轨和钉入了大约46亿根钉子，而在每根钉子上至少要用锤子击打三下。一位兴奋地报道联合太平洋铁路建设的记者曾写道，“在山区高原上到处响起暴风雨般的锤击声”[⑦]。

1860年，美国煤产量为140万吨；到1884年，煤产量达到1亿吨。1880年，钢产量为100万吨；到1910年，钢产量上升到2500万吨。此时，电力开始

---

① （美）亨利·S.康马杰著，南木等译：《美国精神》，第63页。
② （美）保罗·肯尼迪著，陈景彪等译：《大国的兴衰》，第234页。
③ （美）J.布鲁姆等著，戴瑞辉等译：《美国的历程（下一分册）》，商务印书馆1988年版，第67页。
④ 转引自王金虎：《19世纪后期美国城市“老板”兴起原因探析》，《河南大学学报（社会科学版）》1996年第2期。
⑤ Alexander B. Callow Jr. American Urban History. New York,1982.p.110.
⑥ 刘绪贻、杨生茂主编：《美国通史（第四卷）》，人民出版社2005年，第28页。
⑦ （德）彼得·马丁、布鲁诺·霍尔纳格著，王音浩译：《资本战争》，第118页。

替代蒸汽动力，而生产电线离不开铜。美国 1880 年铜产量为 3 万吨；到 1910 年，铜产量已上升到 50 万吨。

19 世纪末，美国已是世界头号谷物生产大国和出口大国，成为“世界的面包篮”。1900 年，美国人均肉类产量为 168 磅，牛奶 822 磅，均居世界前列。内战时有 1 美元投入制造业，就有 7 美元投入农场、畜牧、农业工具和设备。内战后，经济的结构重心由农业转向工业，实现了从工场手工业向大机器工业的过渡，从劳动密集型经济向资本密集型经济过渡，小规模生产的经济变成由大公司控制的经济。1884 年，美国工业产值首次超过农业。

“1860 年，美国的制造业在全世界排名第四，到 1900 年跃居首位，其产品总量达到大不列颠、法国和德国的总和。”[①]1870—1913 年，美国 GDP 总量增长了 2.4 倍，占世界 GDP 总量的份额从 8.9% 猛增到 19.1%。这一时期的人均 GDP 达到 1820—1870 年的 1.39 倍，达到 1913—1950 年的 1.12 倍。1890 年，美国工业产值已位居世界第一，占到世界工业总产值的近 1/3，已成为世界最富有、最大的工业国[②]。

在 1850 到 1900 年的半个世纪内，美国国民财富从 70 亿美元增加到 880 亿美元。[③]据估计，1860 年美国只有 3 个百万富翁，而 40 年后却有了大约 3800 个，1/10 的人口拥有全国 9/10 的财富[④]。

——19 世纪，是美国全面赶超欧洲列强特别是大英帝国的崛起时期。但同样也别忘了：美国完成工业革命、经济开始“腾飞”的高速发展期，也出现了物质丰富和社会进步的“二律背反”，工业化、城市化的快节奏中也充斥着腐败泛化的不和谐音符。**在第二次工业革命中，美国的腐败高发期与国家崛起期、经济起飞期、改革瓶颈期、文化转型期和社会动荡期高度重叠，甚至可以说是在腐败的阵痛中完成了国家的崛起和重组。**

一个英国观察家在描述进入新世纪的美国时写道：“今天美国使来访者印象最深的是它惊人的物质发展。”[⑤]与此同时，法国人在 1905 年根据当时美国 45 个州的政治生态绘制了一幅美国政治地图，其中，政治清明的州只有 6 个，

---

① （美）艾伦·维恩斯坦等著，胡炜等译：《彩色美国史》（中卷），第 364 页。

② 杨家祺等著：《通往白宫的角逐——美国历届总统竞选实录》，国际文化出版社 1999 年版。

③ 吴于廑、齐世荣主编：《世界史·近代史编》下卷，高等教育出版社 2003 年版。

④ （美）林肯·斯蒂芬斯著，展江等译：《新闻与揭丑——美国黑幕揭发报道经典作品集（I）》，第 1 页。

⑤ （美）丹尼尔·布尔斯廷：《美国人——民主历程》，三联书店 1993 年版，第 182 页。

部分腐败的州有 13 个，完全腐败的州高达 25 个。[①] 或许，时任英国驻美大使、历史学家詹姆斯·布赖斯（James Bryce）对美国腐败问题的解释不无道理：

美国是一个年轻的国家，这些政治丑闻只是成长期的烦恼。[②]

二、现代化的“阿喀琉斯之踵”：腐败增加“痛苦指数”

1/3 的公民依然“住得很差、穿得很破、吃得很糟”。对这样的美国来说，“明天的世界”对那些仍然食不果腹、衣不遮体的民众来说有何意义呢?

——弗雷德里克·L. 艾伦

在古希腊神话中，阿喀琉斯是凡人泊琉斯和美貌仙女忒提斯的宝贝儿子。忒提斯在他刚出生时就将其倒提着浸进冥河，可被母亲捏住的脚后跟却不慎露在水外，全身留下了唯一的“死穴”。后来，阿喀琉斯被帕里斯一箭射中脚踝而亡。后人常以“阿喀琉斯之踵”来隐喻：再强大的英雄，也有致命的死穴或软肋。腐败高发，就是 18 世纪以来英、美两个崛起的大国的“阿喀琉斯之踵（The Achilles’ heel）”！

对于那些传统社会中为所欲为的既得利益者而言，腐败或许是巧取豪夺的保护伞，是特权地位的防护墙，甚至是他们安身立命的保障线。然而，对于社会底层的广大民众来说，腐败只能是引发社会分裂的导火索，导致社会病变的传染源。一个至关重要的问题是，即便经济社会发展仍然在踯躅向前，但广大黎庶百姓不但不能全面分享“发展红利”，反而在巨大生存压力下感到被掠夺、被抛弃的痛苦指数与日俱增。

对于现代腐败而言，虽然腐败者并不一定需要强盗剪径式的直接侵占，但是由社会不公、社会分化、社会壁垒等非传统因素引发的“腐败泛化”心理却伤害更大！**在这种腐败泛化的社会负面情绪之下，公共服务不完善、发展机遇不均等、社会福利不均衡等问题均被诉诸甚至等同于腐败问题，结果造成“无官不贪，无事不腐”的社会“误读”，并导致普遍性焦虑扩散和社会信任关系扭曲，随时可能因某个不测舆情而发生爆燃、断裂。**

---

① George E.Mower.. The Era of Theodre Roosevelt and Birth of Morden America.New.York:Harper & Row, Publishers, 1958,p.68.

②（美）林肯·斯蒂芬斯著，展江等译：《新闻与揭丑（Ⅱ）》，第 297 页。

18 世纪是英国开启工业革命，由农业社会向工业社会的过渡期，以及经济上的崛起期，但同时也是社会问题爆发期。当时的英国社会，贫富差距悬殊，社会风气糜烂腐朽，充斥着拜金主义、享乐主义、利己主义；权钱交易现象严重，政客们为攫取权力而不择手段。法律说到底只为有权人和有钱人服务到他们满意为止。贫苦大众只能充当“工业文明”新秩序的牺牲品。富人生活优雅高贵、富有情趣，许多穷人则在生存线上挣扎，有些人被迫去做盗贼。整个英国好似一辆越开越快的火车，乘客们心中的目的地完全不同，也没有人知道怎样让列车停下来进站。

英国工业化的加速发展期，叠加了贫富差距的急剧拉大期。在工业化带来的巨大财富面前，这种差距比世界上其他任何地方都更为明显。1700 年贵族拥有英国土地财富的 15%—20%，1780 年为 20%—25%。① 从 1776 年到 1818 年，英国的地租上升了 105%。到 1801 年，1.1% 最富有的人取得了国民收入的 25%。而且，这种财富分化趋势愈演愈烈，到 1848 年，1.2% 的最富阶层占有了 35% 的国民收入；相反，体力劳动者在国民收入的比例却从 1803 年的 42% 下降到 1867 年的 39%。后来成为英国首相的本杰明·迪斯累利不得不发出“英国可以分为两个民族”的惊呼：

两个民族：它们之间没有往来、没有同感；它们好像不同地带的居住者即不同行星上的居民，不了解彼此的习惯、思想和感情；它们在不同的繁育情况下形成，吃不同的食物，按不同的生活方式生活，不受同样的法律支配……穷人和富人。②

1790 年之后，即便土豆这个“1800 年前后的社会稳定剂”改善了食品供应状况，但仍有 1/3 以上的英国人生活在贫困线之下。③ 对于贫困家庭来说，一两间房子的小茅屋，几张木椅或藤椅，一张松木桌或橡木桌，一个简陋的壁炉，几支罐子和铁锅，这就是他们的住所和所有动产。④ 工人的贫困导致卫生和健康状况不断恶化，再加上占人口大多数的贫困人口无力接受起码的教育，从而出现了国民体质和文化素质的“双下降”。农业工人生活更为困顿，

---

① （英）阿萨·勃里格斯著，陈叔平译：《英国社会史》，第 207 页。

② 转引自（美）斯塔夫里阿诺斯著，吴象婴等译：《全球通史：1500 年以后的世界》，第 307 页。

③ （法）雅克·索雷著，黄艳红译：《18 世纪美洲和欧洲的革命》，第 241 页。

④ J. F.C. Harrison. Early Victoria Britain. Fontana,. 1979. p.114.

他们的工资仅相当于城市工人的一半左右，面包及土豆是他们的主食，至少要两周才能吃上一次肉食。①

著名史学家哈孟德夫妇尖锐地指出：

工业革命带来了物质力量的极大发展，也带来了物质力量相伴随的无穷机遇……但是这次变革并没有建立起一个更幸福、更富有自尊心的社会。相反，工业革命使千百万群众身价倍落，而迅速发展出一种一切都为利润牺牲的城市生活方式。②

在那个自由放任和物欲横流的社会中，对社会的不满情绪和各种犯罪率一同上升，而执政当局却似乎是熟视无睹。正如马克思在《共产党宣言》中所说："资产阶级在它已经取得统治的地方把一切封建的、宗法的和田园诗般的关系都破坏了；它使人和人之间除了赤裸裸的利益关系，除了冷酷无情的'现金交易'，就再也没有别的关系了。" 对于穷人而言，除了接受早死、贫困之外，没有什么"幸福"可言（参见表1、2）。即便如此，仍有人宣称：

掠夺少数人，确实只不过会对多数人的分配额给予一个不可思议之小的份额而已"，"让那些大财主们成为他们所愿望的东西吧，他们也有机会跻身于最优秀之林的，他们在最坏的情况下也会成为国家这艘船的压舱石。③

但是，19世纪的人道主义者霍布豪斯强烈地质问道："对财产是不是还有一种普遍的权利？一种经济制度，通过继承法和遗赠法使巨大的不平等永久存在，这种经济制度是不是根本就错了？"④

表1　英国居民平均寿命列表（1837.7.1—1843.6.30）

阶层	死亡平均年龄	五岁以上	五岁以下
士绅	47.39 岁	82.43%	17.57%
商人	31.63 岁	61.78%	38.22%
工人	18.28 岁	44.58%	55.42%

资料来源：L.C.A.Knowles：The Industrial and Commercial Revolution in Grate Britain during the Nineteenth Century.p.81.

① G. E. Mingay. The Victorian Countryside. London,. 1981.p.597.
② 黄光耀、刘金源：《成功的代价——论英国工业化的历史教训》，《求是学刊》2003年第4期。
③（英）爱德蒙·伯克著，何兆武等译：《法国革命论》，第67—68页。
④（英）霍布豪斯著，朱曾汶译：《自由主义》，商务印书馆1996年版，第94页。

表 2　18 世纪下半叶到 19 世纪初英国工人生活费和工资指数（1850 年 =100）

项目	1759—1768 年	1779—1788 年	1789—1798 年	1799—1808 年	1809—1818 年
名义工资	81	86	94	114	114
生活费	72	85	97	137	159
实际工资	112	101	98	83	72

资料来源：门德尔逊《经济危机和周期的理论与历史》（第 1 卷上册），人民出版社 1975 年版，第 302 页。

以下，我们不妨重点讨论一下 19 世纪美国的问题，看看“一个由大公司和铁路连接起来的全国性市场”，如何“在工人、农民以及下层中产阶级（lower middle class）等群体中制造了痛苦与失业”①。我们以联合国开发计划署的“人类发展指数”② 为评估工具，从预期寿命、教育水准和生活质量等 3 个核心指标来回溯检审一下当时的情况：

——人均寿命

1993 年诺贝尔经济学奖得主罗伯特·福格尔指出，尽管从 19 世纪中叶开始，最高预期寿命以每 10 年 2.24 岁的速度增长，但欧洲和美国在 19 世纪初花了 150 年的时间，才摆脱农村地区的平均寿命比城市地区低 15—20 岁的落后局面。③ 美国学者理查德·怀特在《共和的象征——重建时期和镀金时代的美国（1865–1896）》一书中指出：1880 年，美国出生的 10 岁白人男孩的平均寿命预计为 48 岁，平均身高预计为 5 英尺 5 英寸，远低于其革命时代的曾祖父的水平。同时，黑人的数字要更糟糕。美国《老年人口统计学与经济学》杂志曾在 2006 年给出了 20 世纪美国平均寿命的变化曲线：1900 年美国人的平均寿命只有 47.5 岁。④ “随着工业化在 70—80 年代的大规模扩张，数以百万计的半熟练工和新手在美国的制造业中找到了工作。但是他们工作的环境、生活的城市都十分危险、凄凉，只有极少数人能够生存下去。”⑤19

① （美）伊丽莎白·桑德著，陈永杰译：《美国进步时代对中国的启示：三种代理模式》。

② 人类发展指数（HDI，Human development index）是联合国开发计划署（UNDP）从 1990 年开始发布的衡量各成员国经济社会发展水平的指标，在三个指标基础上计算而成：健康长寿，用出生时预期寿命来衡量；教育获得，用成人识字率（2/3 权重）及小学、中学、大学综合入学率（1/3 权重）共同衡量；生活水平，用实际人均 GDP（购买力平价美元）来衡量。

③ （美）罗伯特·福格尔著：《中国人应改变养老方式》，《中国证券报》2005 年 6 月 4 日。

④ 池晴佳：《各国平均寿命变化曲线探因：穷国富国寿命差距惊人》，《青年参考》2010 年 3 月 14 日。

⑤ （美）艾伦·维恩斯坦等著，胡炜等译：《彩色美国史》（中卷），第 355 页。

世纪与20世纪之交，美国每年每50位工人中就有一位因工作事故而死亡或伤残超过四周以上时间。如果以全美人口为样本，大约每1000名美国人中每年有1人死于事故。1850、1860年代的宾夕法尼亚州东部的无烟煤矿中，每年有6%的工人死亡，有6%的人永久性伤残。1890年这一年，每300名铁路工人中就有1人在工作中丧生；在货运铁路司闸员中，每100位工人即有1位死于工作事故。[①] 著名经济学家理查德·伊斯特林因此认为，19世纪早期的经济腾飞没能带动健康和寿命的增加。由于人们搬家到城市，更多的疾病找上了他们，这些因素导致“人均寿命的停滞不前或慢速发展”。“死亡率革命”并没有在20世纪发生。毕竟，这取决于对公共卫生、劳动保护等系统的投资以及相关科学方法的传播使用。

——教育水准

南北战争之后，美国各州教育各自为政，加上各地贫富分化，教育质量相差悬殊，教育平等无异于一句空话。1867年，美国联邦教育署成立时，只有5名工作人员。“小政府”理念下联邦政府对全国教育的发展规划形同虚设。18世纪末，美国共有24所大学。到1885年，学生数在250人以上的大学仅有9所，大多数高校的学生人数在100人以内。20世纪初的时候，美国中学适龄的男孩、女孩中，进入中学读书的不到总数的1/10。根据一项估计，到1900年仍至少有170万儿童被雇佣为童工，其中大约有40%受雇于工厂、矿山、手工作坊或是纺织厂。[②] 在南方棉纺厂里，童工占到棉纺工人总数的30%以上。在北方的童工中，每有1000名年龄超过16岁（“老童工”的年纪）的童工，同时就有83名小于16岁的；而在南方这一数字之比为1000 ∶ 353；其中很多孩子只有八九岁乃至四五岁。[③] 这就是从“黑奴制度的罪恶之树”上嫁接出的更为可怕的“白奴制度”。对于这些“在白天或黑夜连续工作长达10到14个小时”的童工来说，没有接受任何教育就进入工厂工作，长期伤害大脑的劳作使他们失去了阅读能力。

——国民购买力

根据1889年劳工局的调查结果，丝绸厂雇用的年轻女工年收入仅为130

① （美）约翰·法比安·维特，田雷译：《事故共和国》，中国政法大学出版社2016年版，“导言”。
② 展江等译：《新闻与揭丑——美国黑幕揭发报道经典作品集（Ⅰ）》，第396页。
③ （美）埃德温·马卡姆《荷锄人的成长》，载展江等译：《新闻与揭丑——美国黑幕揭发报道经典作品集（Ⅰ）》。

美元，没有技术的普通男工为 384 美元，即使这两者加起来，也不够维持城市中一个家庭的基本生活。[①]“1897 年开始，巨大财富的积累和美国人民工资和薪水的降低都以惊人的速度进行着。”商业机构的报告显示，巨额的财富和无尽的工作，使得工资报酬在货币数量上恢复到 15 年前的水平，但购买力只相当于 30 年前的水平。而生活消费一直在上涨，比收入增长快得多。贫民和失业人数的数目甚至比萧条时期还要高。[②]“而在整个美国工业界，工人们觉得自己与劳动成果之间的距离越来越大。”[③]在摩根财团所属的无烟煤矿区，30 多万工人尽管工作条件极其恶劣，生命十分危险，但工资极其微薄，自 1880 年以后 20 年没有增加，到 1900 年平均工资仅 375 美元，比全国平均水平低 13.8%。[④]布鲁金斯学会的经济学家们通过精细统计后指出，“必须强调，收入分配不平等的现象正在加剧，至少是在最近十年里”。因为根据他们的测度，“按照 1929 年的物价，一个家庭年收入 2000 美元，只够提供基本的生活必需品”[⑤]。换言之，任何低于这个水平的家庭都意味着贫穷，而 60% 的美国家庭直到 1929 年仍处于“贫困线”之下！

1860 年，美国只有 3 个百万富翁；1900 年，美国的百万富翁大约有 3800 个，十分之一的人口拥有全国十分之九的财富。1900 年，安德鲁・卡内基拥有他那家大钢铁公司 58.5% 的股权，当年公司盈利 4000 万美元，他个人的收入必定超过 2300 万美元——而且是在无须缴纳个人所得税的前提下。从 1896—1900 年，卡内基先生的主营业务平均年收入是 1000 万美元，这还不包括从任何其他财产获得的收入。与这些富可敌国的社会顶层相对应的是，美国社会底层出现了一个包括工人、农民、失业人员等的贫民阶层。当时，全体美国工人的年平均收入是 400—500 美元。也就是说，卡内基和一个为他干活的普通美国工人的年收入至少相差 2 万倍！

根据 1890 年的一项调查，美国约有 10% 的家庭全年的收入不足 200 美元，

---

① (美) 加里・纳什等：《美国人民——创建一个国家和一种社会》(下卷)，北京大学出版社 2008 年版，第 596 页。

② （美）戴维・格雷厄姆・菲利普斯《参议院的叛国罪》，载展江等译：《新闻与揭丑——美国黑幕揭发报道经典作品集（I）》，第 90—91 页。

③ （美）艾伦・维恩斯坦等著，胡炜等译：《彩色美国史》（中卷），第 357 页。

④ 黄绍湘：《美国通史简编》，人民出版社 1979 年版，第 413 页。

⑤ （美）弗雷德里克・L. 艾伦著，高国伟译：《美国的崛起》，第 133 页。

平均只有156美元（见表3）。1890年，仅纽约市就有50万人居住在贫民窟。[①]从19世纪90年代到第一次世界大战爆发时，美国人平均财富增长了60%，然而工人们的同期购买力却下降了5%。无怪乎弗雷德里克·L.艾伦感慨道："在世纪之交的时候，美国贫富之间的鸿沟是巨大的，这是不容争辩的事实。"

表3　1929年美国家庭年收入状况（美国布鲁金斯学会统计结果）

收入标准	超过10000美元	超过5000美元	不足2500美元	2000美元以下	不足1500美元	1000美元以下
家庭占比	2.3%	8%	> 71%	60%	> 42%	> 21%

资料来源：（美）弗雷德里克·L.艾伦著，高国传译：《美国的崛起》，京华出版社2011年版，第133页。

对于经济发展而言，速度并不等同于质量。很多时候人们发现，漠视质量的发展速度带来的是灾难而非幸福。因为"过快的发展速度其实对任何人都没有好处。贫穷的城区沦为了致命的贫民窟，霍乱、肺结核等传染病在那里不受控制地蔓延。社会疾病，如犯罪、酗酒，蹂躏着那儿的居民"[②]。于是，面对经济快速增长的"美国奇迹"，有识之士发出了这样的质疑：

有什么措施能够对一种社会秩序，一种产生了数以千计的堕落事物——如同它那精美的亚麻布和细腻的薄棉布的副产品一样的堕落事物——的社会秩序有所补救？难道为了我们的文明，我们就非得付出这样的代价吗？[③]

三、"历史周期率"的一种修正："福利国家"及顶层的温和自救

如今在（19世纪）英国的政府制度中，"和谐"原则是占统治地位的原则。

——M.J.C.维尔

根据马克思主义基本原理，经济基础决定上层建筑，上层建筑对经济基础有反作用力。恩格斯曾指出：政治腐败对经济有很大的破坏力。说到底，腐败可以视为政治上层建筑对社会经济基础的恶性"反作用力"或曰负面作

① 黄绍湘：《美国通史简编》，人民出版社1979年版，第426页。
② （美）艾伦·维恩斯坦等著，胡炜等译：《彩色美国史》（中卷），第349页。
③ 展江等译：《新闻与揭丑——美国黑幕揭发报道经典作品集（Ⅰ）》，第407页。

用力。

英、美两国在18—19世纪先后崛起的过程中，腐败高发期都好似觊觎已久的不速之客那样不请自来。而且，英国通过产业革命使大工业在其发源地继续勃兴之际，全世界大工业亦开始发展，“它的历史不再是英国的历史，它的历史已成为欧洲的历史了，后来又成为全世界的历史”。在崭新的世界史大幕之下，各国之间的相互审视也有了全新的角度。特别是美洲殖民地的反抗运动的胜利，彻底“打消了18世纪英国人的自满心理，人们开始研究这场灾难的根源，‘改革’一词处处可闻。显然，英国政治制度的弊病促进了美洲殖民地的独立，对英国政体的完美性抱怀疑态度的人认真思考着殖民者攻击英国政府的论点”①。

同样，在一场真枪实弹的战争中对英国“旧制度”战而胜之以后，美利坚共和国的崛起在“全世界的历史”中增加了新的一页，也为恩格斯所说的“反作用力”带来了新的注脚。尤其是当“新美国”在“野蛮生长”中渐至“镀金时代”，美国人民进入到另一场关于治理腐败的“看不见硝烟的战争”，一些有识之士认识到美国到了必须有所改变的关键路口，因为愈加严重的市政腐败表明“城市中的小部分人玩了先腐败后改革的把戏”②。于是，人们在艰难时世中逐渐形成了难能可贵的深度改革共识，并在其后的进步时代协力实现了“再造美国”。

从某种程度上说，传统社会“人亡政息”的历史周期率有了新演化：**有效的顶层自救，可以实现国家从破产边缘的“资产重组”，恢复执政的合法性地位。**

当年，毛泽东在和黄炎培的著名谈话中已经指明走出腐败高发期的一条路径：让人民起来监督政府。可以说，这是一条自下而上的监督之路。

从英、美两国走出腐败高发期的历史可知，还有一条可行的路：那正是自上而下的改革之路——顶层自救，或者说通过理智的改革实现对腐败的顶层治理。

英国在19世纪走出腐败高发期，除了以文官制度对恩赐体制加以改革，废除封建残余势力对行政部门的垄断权之外，还依托于四项主要改革：

---

①（英）温斯顿·丘吉尔著，薛力敏、林林译：《革命的年代》，《英语民族史》第3卷，第771页。

②（美）林肯·斯蒂芬斯著，展江等译：《新闻与揭丑（Ⅱ）》，第390页。

——渐进的议会改革

议会改革是英国走向社会改革和经济平等的第一步。① “在18世纪末，旧的均衡政府的理论几乎无人察觉地汇入了一种新的均衡理论中，混合政体的理论让位给了议会政府的理论。” 这种新理论的中心主题是“和谐”，正如德拉姆勋爵在1838年所写道的那样：要“保证国家的各种权力之间的和谐，而不是冲突”，这成为19世纪上半叶政治改革大讨论的主要目的。② 英国在19世纪进行了三次与时俱进的议会改革，主要内容是取消“腐败选区”的议席、分配给新兴工业城市席位、放宽选民的财产资格限制等，其核心思想是扩大“投票者”，增大控制选票的难度，进一步消除了英国议会制度中的陋规积弊和腐败之风，打破了贵族在议会中一统天下的封闭局面。

——传统的审计制度

英国是近代审计的发源地，早在13世纪就建立了王室财政审计制度。1861年，英国开始在议会下院设立决算审查委员会，首次建立了统一、独立的审计机构。1866年颁布的《国库及审计部门法》（Exchequer and Audit Department Act）中首次建立了公共支出问责制度。议会授权支出，行政机关将支出纪录与账簿送请审计长审核，审计长审校并撰写审计报告提交议会。该法案规定审计长及其下属必须审核政府机关的每一笔交易。③ 19世纪中叶建成的市政厅在市政府经费上实行公开原则，定期公布账目和年度预算，进行账目审计，审察地方政府开支情况，审计员由市民选举产生，市镇司库受命对账目进行摘要，其备份由纳税人公开审查。④ 可见，19世纪的城市政府改革增强了城镇行政决策和日常工作的透明度。如今，英国国家审计署（National Audit Office）在其网站上称，其自身每1英镑的花费，就为英国纳税人节省了8英镑。⑤

——新兴的反腐立法

英国是世界上第一个制定专门反腐法律的国家。1889年，英国颁布了第一部反腐败法，即《公共机构腐败行为法》，该法令将“一切行使公共职能

① （英）莫尔顿著，谢琏造等译：《人民的英国史》，第317页。

② （英）M.J.C. 维尔，苏力译：《宪政与分权》，第199页。

③ 李香美译：《英国国家审计署绩效审计指南》，（台北）审计杂志社《审计季刊》1999年第19卷4期 。

④ Derek Freser.Urban Politics in Victorian England：The Structure of Politics in Victorian Cities[M].Leicester：Leicester University Press，1976.p.22.

⑤ 徐剑梅：《打击腐败是英国审计的重要职能》，《检察日报》2004年9月15日。

或法定职能的机构”均认定为公共机构，特别禁止公共机构的任何人员在与公共机构有关的任何交往过程中收受或者要求收受、同意收受任何形式的礼物、贷款、费用、酬劳或利益；同样，此类人员也被严格禁止在此类事务中承诺或提供任何形式的礼物、贷款、费用、酬劳或利益。此后，英国立法中开始出现反贿赂、反腐败法律，促使公共权力被关进更趋严密的法律笼子。

——广泛的社会救济

19 世纪上半叶，从卡图街密谋到滑铁卢事件，社会动荡不宁，城市发展和建设毫无规划可言，城市街道曲折狭窄，住房拥挤不堪，联排式、大杂院式和“背靠背”式房屋充斥新兴的大城市，利物浦与曼彻斯特的地窟、瓷器区以及伦敦的贫民窟令人触目惊心，公共设施则几乎等于零，且不用说公园、绿地、博物馆、艺术馆之类，连最基本的生活设施都谈不上。因此，城市发展本身的压力导致了城市政府改革。[①]1879 年，美国进步作家亨利·乔治的畅销书《进步与贫困》传入不列颠，销量很快超过 40 万册，书中揭露了资本主义发展造成的巨大贫富差距，主张用征收高额地税或土地公有等措施消除土地垄断和社会分配不公。亨利·乔治还曾周游英国以宣讲其理论。[②]于是，随着累进制所得税、社会保障、工会和就业促进等社会救济制度的逐步完善，“正是通过那些在大多数人看来只关涉微不足道的技术细节的一系列决定，济贫制度终于实现了向收入再分配制度的转变”[③]。

其他欧美强国在面对与英国类似的危机时都爆发过革命或内战，唯独英国国内没有发生大规模的社会动荡和战争。[④]英国的统治阶级在危机面前其实并不是无所作为，相反他们积极寻求变革，用“社会的力量去修正市场的力量”。“英国统治阶级以一种温文尔雅的绅士化风度，进行着一场接一场的改良运动。……改良的和风细雨同样也将诸种‘紧张’‘冲突’化险为夷，化难为易。”[⑤]

不列颠在“先发展、后治理”的艰难曲折中逐渐减轻了“城市病”之痛，成为世界各国中第一个实行城市社会保障体系、第一个制定“城市规划法”、第一个提出建设“花园城市”的国家。为解决工业变化引发的“革命性”问题，

① 陆伟芳、余大庆：《19 世纪英国城市政府改革与民主化进程》，《史学月刊》2003 年第 6 期。
② P. Adelmen, *The Rise of the Labour Party, 1880—1945*，转引自阎照祥：《英国近代贵族体制研究》，第 245 页。
③（英）弗雷德里希·冯·哈耶克著，邓正来译：《自由秩序原理》下册，第 50 页。
④ 参见（英）哈维、马修著，韩敏中译：《19 世纪英国：危机与变革》，外语教学与研究出版社。
⑤ 王晋新、姜德福：《现代早期英国社会变迁》，第 8 页。

逐步取消选举权的财产限制，扩大选举权，让工人、农民等弱势群体也享有选举权，使他们在代议机关也有能为他们利益说话的代表。正是这些代表的存在才迫使政府不得不着力解决弱势群体的教育、住房、养老、卫生医疗等和他们日常生活息息相关的实际问题，从而化解了社会矛盾。

而且，统治阶级认识到“如今政府的事务已经变得‘更为复杂和费力’，就必须找到一些便利的方法，以便政府的三个等级能以更大的同情和更多的相互接触来一起工作。如今在（19世纪）英国的政府制度中，‘和谐’原则是占统治地位的原则”①。温和渐进的变革“使英国既保留着政治腐败，又避免了较大的政治动荡”，使英国平安地度过了动荡不安的18世纪并“进入了19世纪自由主义的工业社会”②。

这或许有些讽刺意味，作为资本主义和工业革命原发地的英国，是在“一种追求传统社会主义目标的新方法”③中迈出了告别18世纪腐败高发期的蹒跚脚步。英国学者艾瑞克·霍布斯邦认为，到19世纪中期之后，革命并不是英国的主流。他形象地说道：

这几十年的社会革命就像英国的蛇一样：有是有，但不是英国动物里非常重要的部分。④

在一种温和渐进的变革氛围中，英国悄然完成了工业化、城市化和现代化的转型。“上层土地贵族并没有遭受灾难性的打击，但他们懂得了必须限制自己的权力。”⑤然而，尽管市场经济方兴未艾，“但是在……大不列颠，升入富有者阶层的机会却已变得越来越少，很可能是人类社会步入现代以来最少的时期”⑥。我们还将看到，十分类似的故事在“镀金时代”后期美国蹒跚走出腐败高发期时不断上演。不过，如美国学者所说，在社会调控和公共救济之下，“这种工人阶级的社会主义主要属于和平的或修正主义的种类范围：虽然工人们对阶级不平等不满，但他们也赞赏生活水平的不断提高”⑦。

---

①（英）M.J.C. 维尔，苏力译：《宪政与分权》，第203页。
②阎照祥：《英国近代贵族体制研究》，第178页。
③（英）弗雷德里希·冯·哈耶克著，邓正来译：《自由秩序原理》下册，第49页。
④（英）艾瑞克·霍布斯邦著，张晓华等译：《资本的年代》，国际文化出版公司2006年版，第204页。
⑤（美）巴林顿·摩尔著，拓夫等译：《民主和专制的社会起源》，第24页。
⑥（英）弗雷德里希·冯·哈耶克著，邓正来译：《自由秩序原理》下册，第91页。
⑦（美）斯塔夫里阿诺斯著，吴象婴等译：《全球通史：1500年以后的世界》，第307页。

因此，这又形成了**一个关于当代腐败治理的悖论：为走出 18—19 世纪的腐败高发期，英美等国事实上依靠的是以“个人收入社会化调节”为基础的“传统社会主义”目标和方法，但今天向“后发”国家们推销的却是以“社会收入个人化竞夺”为支撑的“传统资本主义”制度和道路。**

四、从“泰坦尼克定律”看先发国家的“腐败红利”

一些国家比另一些国家更有秩序的说法并不正确，因为所有的国家都是有秩序的和无秩序的，因时而异。

——索罗金

尽管主流观点公认腐败的“负效应（Negative Effects）”巨大，因为政治腐败必然导致政治衰败，政治腐败必将阻碍政治发展。但有人认为，政治腐败有时也能促进政治发展，甚至起到某种“正效应（Positive Effects）”。

如美国学者亨廷顿就曾指出，同样严重的政治腐败，有的导致政治衰败，但有的却未阻止政治发展，并把腐败放在现代化背景下加以分析研究。根据其观点，一定程度的腐败会成为一种可减少现代化阻力的“润滑剂”，而且腐败与改良还可能成为革命的替代物。正如一场重感冒对健壮青年和垂死老人的影响霄壤之别一样，虽然腐败存在于一切政治体系的一切发展阶段，但其在不同政治体系的各个具体阶段的扩张程度、表现形式、作用后果等都不可同日而语。[①]

小约瑟夫·奈（J.S.Nye）则指出，现实中政治腐败确实存在“有益或有害”两种效应，某些“个体失道行为（Private vice）”反而可能使公众受益，如腐败在俄罗斯和美国的经济发展中都曾引发“积极效应（positive factor）”。[②]

姑且不说这些有关腐败的立论是否客观公允，之所以产生诸多认识差异，主要还是因为对腐败现象的关注点和侧重点不同。如亨廷顿就认为，就经济发展而言，如果政府过于集权僵化，那么与其廉洁还不如腐败一点好。

英、美两国在腐败高发期中崛起的事实表明，全球化先发国家的腐败程度一点也不“逊色”于后发国家，但其却在道义上占得两大先机：

---

① 杨洪常：《政治发展还是政治衰败？政治腐败效应之争》，（台湾）《政治科学导论》2000 年第 12 期。

②（美）小约瑟夫·奈(J.S.Nye)：《腐败与政治发展：一个基于成本—收益的分析（*Corruption and Political Development: A Cost—Benefit Analysis*）》，http://www.jstor.org/view/00030554/di960945/96p0259c/0。

一是以胜利者的姿态指责别人，似乎易发多发的腐败乱象从来都与自己无关，那只是被宣称为“落后”国家、民族和政党的产物；二是以过来人的身份夸耀自己，而其目的大概主要是为推销其制度和意识形态等增加一些炫目的光环。

实际上，一如英国在腐败透顶的奴隶贸易、鸦片贸易中获得了资本积累，美国靠贿赂交易购得路易斯安那、靠欺骗印第安人而扩大了国家版图，这些率先经历了现代腐败高发期的国家获得了某种可以被称为“腐败孳息”的东西：

其一，18—19世纪的政治标准、舆论压力和今天不可同日而语，人们对政治腐败、社会不公的宽容度远远高于今天，而且乔治三世和英国政府可以把威尔克斯投入监狱，让潘恩在被通缉中流落异乡；其二，18—19世纪的商业规则、市场环境和法律规制也与今天大为不同，不论是国家还是个人进行巧取豪夺的违法违规成本都远远低于今天，而其利益和回报要远远高于今天，看一看与美国“强盗大亨”发迹史相伴随的立法腐败、司法腐败、行政腐败和金融腐败等就不难理解这一点。

这实际上隐含着一个悖论：**对于英、美等国，你已经无法拿今天的标准来评判他们昨天的腐败行为；对于后发国家，你又难以用英、美等国的昨天为今天遭遇的腐败问题辩解。**

这就如同西方诸强如今所炮制的“碳税”一样，似乎它们在工业化时期所排放的滚滚浓烟根本不存在，而那些劳动密集型国家既要消耗本国能源、原材料和人力资源为发达国家提供初级产品、消费品，还要被贴上“高排放”的标签而被课以碳税。贝克在《世界风险社会》一书中深刻指出：“风险的全球性并不意味着风险在全球是平均分布的。恰恰相反，环境风险的第一定律是：污染与贫困形影相随。”[①]对于后发国家而言，腐败的伤害如环境的污染一样，从来都是“雪上加霜”，具有倍增效应。

我们以“泰坦尼克定律”[②]的视角稍作阐述。泰坦尼克号沉船事故是西方航海事故之中影响最为深远的一次事故，其所引发的社会学思考引起了学术界的广泛关注。在对泰坦尼克号沉船事故中的幸存者研究中，学者发现乘客的社会等级差别与其生还概率高低是息息相关的（见下表4）。

---

①（德）乌尔里希·贝克著，吴英姿等译：《世界风险社会》，南京大学出版社2004年版，第6—7页。
② 景军：《泰坦尼克定律：中国艾滋病风险分析》，《社会学研究》2006年第5期。

表 4 泰坦尼克定律的依据——舱位等级与死亡和幸存的关联

舱位信息	各舱位人数	死亡数	幸存数	死亡率	幸存率
三等舱	699	527	172	75%	25%
二等舱	269	152	117	57%	43%
一等舱	319	119	220	37%	63%

据有关资料统计，当时泰坦尼克号一等舱船票最低价格是 30 英镑一张，最高价格为 870 英镑一张，相当于当时一辆豪华轿车的价钱。二等舱最低票价是 12 英镑一张，三等最低舱票价 3 英镑一张。泰坦尼克号的舱位的分类可视为社会等级的标志，乘客的舱位等级与生还概率直接相关，社会等级差异在巨大的突发灾难降临之时仍然决定着人们的命运，社会等级决定着风险的差异并决定风险降临之后的伤害差异，作为社会等级标志的舱位显然在这里成为生命存活的重要筹码。

巨轮“沉没”风险和政权“颠覆”风险有某种相似性。相应的，结合史实观察可以得出一个关于腐败风险和危害的推论：**在腐败引发的执政风险中，经济先发者受到的伤害相对较小，而后发者受到的伤害相对更大。**

实际上，尽管美国素来喜欢给其他一些国家贴上“腐败”标签，但是却难以回避本国的腐败现实，特别是其广受诟病的“隐性腐败”问题。美国前总统国家安全事务顾问布热津斯基深谙华盛顿政坛和商界的腐败内幕，在接受采访时曾直言不讳地指出：“华盛顿已沦为世界上最腐败的首都”，因为美国创造出了一种难以区分“非法”和“不道德”的文化，“这种文化使得一条重要的界限变得模糊起来，并且为那些即便不是违法但我认为是不道德的行为提供了巨大的弹性空间”，“利欲熏心的政府高官们无不争先恐后地追逐万能的金钱”。[①] 如果回忆一下腐败高发的“镀金时代”，相信读者对此不会感到太意外，这不过是商人集团收买支配官僚集团的“美式”腐败的一种当代延续而已。如果把布热津斯基的话“翻译”得直白一些，可以这样说：今天的美国依然很腐败，而且，越来越笼罩上了合法化的外衣！

相反，后发国家为了解决腐败问题，却每每要付出政权更迭、社会动荡的代价。瑞典学者 G. 缪尔达尔在 20 世纪 60 年代出版了《亚洲的戏剧：各国贫困考察》一书，他在对南亚地区的腐败现象进行研究分析后指出：腐败成

① 转引自张宇燕、景富筠：《当代美国的腐败——数据、案例与机理》，《国际经济评论》2006 年第 11 期。

了南亚各国政权频繁更迭和政治不稳定的主要根源。[1]这些国家的政权往往因腐败盛行和工商业不法行为猖獗而倒台。关键是利用揭露和惩治腐败的幌子，为专制政治铺平道路，为军事政变寻找借口，而借机上台的新政府大都不能消除腐败，不免遭受同样的命运。如此循环往复，国家发展、经济繁荣和社会建设始终得不到稳定的政治基础。

“拉美陷阱”和“中等收入陷阱”说明什么问题?

“拉美陷阱”主要是指20世纪70年代，拉美国家经济发展速度加快，但同时出现了贫富悬殊和社会两极分化，以及城市化、工业化过程中出现环境恶化、失业猛增、公共服务不足等现象。实际上，世界上很多国家在现代化进程中都曾出现“发展阵痛期”或“转型风险期”。当一国的国内生产总值（GDP)处于人均1000美元至3000美元时，即进入公认的矛盾高发期。世界银行在2006年《东亚经济发展报告》中首次提出“中等收入陷阱”的概念，代指一个国家人均收入达到世界中等收入水平之后，由于没能实现经济、社会发展模式的根本性转变，所出现的经济增长动力不足、经济发展停滞、社会矛盾和问题加剧等严峻局面。如拉美国家早在20世纪80年代初人均GDP就已经超过了3000美元，而直到2009年依然在3500至6000美元的水平上徘徊。由于社会的贫富差距、利益冲突、贪污腐败等问题的叠加效应，引起了社会动荡，由此即陷入“中等收入陷阱”。另据美洲开发银行研究报告，拉美国家城市人口的人均实际收入近年来低速增长乃至出现倒退，贫困人口总数达到2.27亿，占拉美国家总人口的44%，其中赤贫人口达一亿。可见，拉美一些国家落入“中等收入陷阱”的实质在于未能及时转变经济发展方式和调整国民收入分配关系。腐败问题进一步加剧了“中等收入陷阱”造成的社会危机。[2]

特别是从英、美两国走出腐败高发期的历史来看，国家腐败治理延续了“泰坦尼克定律”。如果把各国比作同一条船上的乘客的话，英、美等国就如同是泰坦尼克上的一等舱贵宾，而后发国家只能是三等舱船民，当腐败的惊涛骇浪

① 参见（瑞）G. 缪尔达尔：《亚洲的戏剧：各国贫困考察》第11章，《经济社会体制比较》1989年第3期。
② 杜传忠、刘英基：《拉美“中等收入陷阱”及对我国警示》，《理论学习》2011年第6期。

及其引发的灭顶之灾不期而遇，受到伤害最大的恰恰是三等舱中的“大多数”。

微软前董事长、总裁比尔·盖茨总是告诫他的员工：我们的公司离破产永远只差 18 个月。其实，政府既需要以信用为基础，也需要不断经营自己的信用以提高合法性基础。只不过与企业相比，除了经济信用之外，多了政治信用、法治信用等。事实上，与那些在市场大潮中浮沉的企业相比，在政治风浪中飘荡的政府从来都是脆弱而敏感的。

我们看到一个有意思的现象，从 17 世纪到 19 世纪，从东方到西方，三个主要的世界级国家——明王朝、不列颠和美利坚的政府，都处于“负债经营”乃至濒临破产的边缘。经济上，国库处于经常性赤字状态；政治上，处于各种军事冲突的漩涡；社会上，人民的反对之声此起彼伏。

从经济和法律上说，破产是在特定情况下运用的一种偿债程序。而从国家政治来说，300 年来的治权变革表明：**与“有国王，有议会”的英国和“无国王，有议会”的美国相比，“有皇帝（国王），无议会”的中国大明王朝被破产清算、倒闭停盘，进入了历史陈迹的展览柜。前两者在风起云涌的变革中通过资产重组、经营创新，实现了存续发展和内生变迁，避免了统治者被清算的宿命，并且直到今天仍在可持续运营。**

与经济上的严重亏损相比，政治上的资不抵债要可怕的多。这也正是经济危机中人们强调恢复信心最为重要的原因。

哲人说，历史的最大教训就是我们从不吸取历史教训。否则，我们的观察和研究就未免有南辕北辙之嫌，即经过了腐败高发期，非但未能迎来崛起转折，反而直面衰败拐点。

这就如同登山，倘若咬定牙关，坚持不懈，爬到顶峰，将是风光无限；反之，如果不堪重负，失去信心，半途而废，将是遗憾无穷！执政亦如登顶，不容半途而废。

可以肯定的是，任何时代的任何国家，在腐败问题上都不是“零风险”。历史舞台上的所有执政者，都要在腐败的挑战中“赶考、应试”。关键在于，以顶层治理的决心、智慧和勇气，战胜由贪政和怠政造成的顶层危机，实现官员治理、政策供给、体制改革和社会建设等共赢善治的良好“化学反应”。

第八章　蹒跚走出腐败高发期：以美国为例

——为什么维护执政安全须靠顶层自救？

既当总统，我就要实实在在像个总统。给我多大的权限，我就要把它用到家。我毫不在乎别人说我僭越；因为我清楚，这种责备是无稽之谈。

——西奥多·罗斯福

19世纪末，美国在第二次工业革命的高速发展中跻身世界工业强国之列，既在短短几十年里实现了“大国崛起”，也在其间遭遇到空前的社会危机。正如美国人自我反思的那样：“国家经历了也许是有史以来最广泛、最严重的经济与社会震荡。然而，我们几乎找不到一个基础去理解政府对此该如何行动。”[①] 在政府失灵、市场失灵和社会失序之后，似乎所有人都看不到未来的希望何在。“那些背叛了人民的领导者们，他们赢得了人们的信任和选票，但却不是领导一个城市和国家从事某项事业，而是利用这些谋取私利。所有的领导者都在这样做，无论是实业巨头、医生、律师，还是主编、牧师——所有的天然领导者都在使自己成功，而导致民主的失败。”[②] 于是，如何走出腐败高发期，完成对社会转型诸多弊端的救济和修正，成了一个关乎美国国运的巨大考验。

老罗斯福面对19世纪末的腐败高发期开出的药方是：理智而坚毅的改革。值得注意的是，他所给出的改革路径：“保障个人和民族发展的大动荡。”这是一种带有激进色彩的渐进式、系统性改革，也是一种充满政治智慧的顶层设计。1927年，罗斯福的硕大头像与乔治·华盛顿、托马斯·杰弗逊、亚

---

①（美）麦克斯怀特著，吴琼译：《公共行政的合法性——一种话语分析》，中国人民大学出版社2002年版，第93页。
②（美）林肯·斯蒂芬斯著，展江等译：《新闻与揭丑（Ⅱ）》，第546页。

伯拉罕·林肯等国父级人物并列，被雕刻在拉什莫尔山的美国总统纪念公园中，赢得了“与山川共存，与日月同辉”的至高荣耀。

人们常说“黎明前的黑暗”是最黑暗的。美国著名政治学家查尔斯·蒂利研究指出：“当我们仔细地考察19世纪的美国政治，我们发现大量的种族主义、本土主义、偏见、暴力、残酷的竞争和腐败。”[①]经历了腐败高发期的美国人认识到：工业化和城市化“打开了发展的潘多拉盒子”[②]，美国要是再不改变航向，就会最终陷于绝境。一位中国诗人曾写道：黑夜给了我黑色的眼睛，我却要用它来寻找光明。或许，能够让美国开始走出“镀金时代”的那一抹晨曦，就展露在西奥多·罗斯福入主白宫后的华盛顿上空。如同英格兰光荣革命成功仅需更换一位国王，美利坚的转机只需静待一个新总统的诞生。

一、顶层治理理念：理智改革，让国家危机“软着陆”

美国常常利用选举来巩固它被连年不断的抗议和骚动动摇了的体制。现在就是这样的一个时期。

——霍华德·津恩

1901年9月6日的泛美博览会上，一个名叫柯佐罗兹（Czolgosz）的刺客向美国总统麦克利打响了致命一枪。有些出人意料的是，这名得手的暗杀者“是一个美国出生的无政府主义者，他声言总统是工人们的敌人”[③]。更加令人意想不到的是，一个变革时代随之悄然来临，“这次变革的先遣队员竟然是一个无知而疯狂的刺客”[④]。随即，被政敌称为“该死的牛仔”的副总统西奥多·罗斯福（Theodore Roosevelt，1858—1919年）继任总统。对于改革者来说，罗斯福的意外就职无疑是一大福音，它使得“进步主义”改革运动开始进入联邦层面。[⑤]换言之，改革运动获得了顶层设计和系统推进的新机。从此，“在一个受缩减政府思维支配的政治体制运行了30年之后”，美国开始“在国家

① （美）查尔斯·蒂利著，魏洪钟译：《民主》，上海人民出版社2015年版，第94页。

② 参见（美）约翰·弗兰奇著，陈小白译：《强盗资本家》，第83页。

③ （美）罗纳德·赖特著，高岳等译：《其实你不懂美国》，第254页。

④ （美）弗雷德里克·L. 艾伦著，高国伟译：《美国的崛起》，第83页。

⑤ 马骏等编：《美国进步时代的政府改革及其对中国的启示》，上海人民出版社2010年版。

层面抛弃自由放任主义的信条，对国家经济规制以及新税收形式的认可……变得如此的不可抗拒”[①]。从其效果上说，“如果用类比的话，它们就像资本主义有机体的呼吸机制，吸进新鲜氧气，吐出毒化的废气”[②]。

有意思的是，美国历史上两颗射向总统的子弹都打出了意想不到的效果：前一次是1881年，总统加菲尔德被索要职位未遂者查尔斯·古提奥枪杀后，副总统阿瑟继任并于后来签署了美国反腐败的基础性法律《彭德尔顿公务员制度改革法案》；这一次，老罗斯福作为被刺总统的继任者，掀起了更加波澜壮阔的改革大潮。

1.“为新时代定下新基调”：拥有顶级权力，用出顶尖效果

20世纪初，美国记者威廉·哈德（William Hard，1878—1962年）深度调查了19世纪70年代以来的国会腐败内幕，并为那个“**国家利益第一次开始被个人利益覆盖的年代**”[③]而感到十分无奈：

这是美国历史上一个清晰时代的黎明。从格兰特就任到罗斯福就任的这些年里，美国一直在寻求一位也许不算伟大、但是能清晰标明在那个时代美国个人利益高于公众利益的人物。正是在这个年代里，自独立以来，个人第一次变得比公众重要，宾夕法尼亚铁路公司变得比宾夕法尼亚州还重要。

尽管格兰特之后的海斯、加菲尔德、阿瑟等总统都曾经努力有所作为，但却无法根本改变美国的状况，而克利夫兰更是阳奉阴违地站在了大资本家一边，本杰明·哈里森也是庸庸碌碌，美国的这种症状持续了30多年。而这些位居权力顶层的总统们的执政时期，也正是马克·吐温所说的“镀金时代”。

美国宪法第二条开头一句即是“行政权属于美利坚合众国总统”，这是对总统权威的最概括表述。然而，对于19世纪末20年代初的美国总统来说，其执政的舆论环境可谓空前糟糕，每天翻开报纸、杂志，都是各种各样的腐败新闻报道。对于入主白宫的人而言，每天必须接受“荷枪实弹”的媒体关于丑闻和斥责的信息“轰炸”。

在这种媒体环境中，第26任总统西奥多·罗斯福的“非典型履新”对于

---

①（美）伊丽莎白·桑德著，陈永杰译：《美国进步时代对中国的启示：三种代理模式》。

②（美）伊曼努尔·华勒斯坦著，路爱国、丁浩金译：《历史资本主义》，第16页。

③（美）威廉·哈德《“乔大叔”坎农》，载展江等译：《新闻与揭丑——美国黑幕揭发报道经典作品集（I）》，第110页。

美国的顶层治理而言，意味着19世纪“镀金时代”即将谢幕，而20世纪“进步运动”将要开场：

对于整整一代美国人来说，大多数人认为，罗斯福所通过的立法的影响，远远比不上他的人格和他的布道所造成的影响。这是罗斯福为新的时代定下了新的基调，而这个基调回荡在美国各地。①

1906年4月14日，华盛顿举办了隆重的美国众议院办公大楼奠基典礼。悬挂着各种彩旗的会场上，参众两院议员、内阁成员、最高法院法官和外国政府代表济济一堂。一番共济会仪式之后，海军陆战队乐队军号声宣告了奠基礼的开始。一个密封铜箱被庄严安放，里面装着《独立宣言》复印件、美国宪法和一套美分及邮票集品。

然后，老罗斯福总统发表了著名的演讲：《带粪耙的人》。

这，就是或许改变了美国国运的顶层设计预案。或者说，它至少发起了对某些危险的国家走向所进行的适度纠偏。

在这篇讲话中，老罗斯福为20世纪初的美国定下的“新基调”，既不乏重振国民信心的远大政治理想，也渗透了关于走出腐败高发期的顶层治理方略。

老罗斯福在1901年秋天入主白宫的时候，似乎并没有带给美国人太多惊喜。这个喜欢鼓吹“积极上进的生活”的战斗英雄，甚至一上台就公开宣布继续推行已故的麦金利总统的政策。然而，他最喜欢对孩子们说的口头禅是：“别退后，别犹豫，要敢打敢冲！”这个美西战争的立功老兵不会让美国等太久，不会令美国人失望，因为正如他所了解和宣称的那样：

在我们的政治、经济和社会体制中都存在许多重大罪恶，向它们展开坚决的战斗是当务之急。我们应无情地揭露和打击每一个恶人，无论他是政客还是商人，也应如此对待每一个邪恶事件，无论它发生在政治领域、经济领域还是社会生活中！②

伯特兰·罗素曾说过：“引起社会变革的，通常是极希望引起社会变革的那些人。”③在“改变美国”的问题上，曾在美西战场上率领骑兵作战的老

① （美）弗雷德里克·L.艾伦著，高国伟译：《美国的崛起》，第89页。

② 展江等译：《新闻与揭丑——美国黑幕揭发报道经典作品集（I）》，第66页。

③ （英）伯特兰·罗素著，吴友三译：《权力论》，第5页。

罗斯福绝不会纸上谈兵。在艰难复杂的社会现实面前，他深深知道原则和策略紧密结合的重要性。于是，他发出了这样的号令：

（一些人）通过非法或腐败的手段攫取并花费巨额财产。应该采取坚决的行动把每个这样的人从被他们辱没的职位上赶下去。揭露罪犯并缉拿罪犯，但要记住即使是对罪行而言，如果用煽情的、骇人听闻和虚构的形式来攻击它，则这种攻击对公众的思维而言也许比罪行本身更为有害。这是因为我认为对罪恶势力所进行的无止境的战争是一刻也不能停歇的，但我要求这场战争应当由理智和坚毅来指挥！[①]

有人说："党派、领袖和利益之争，同样也是观念之争。"[②]从某种程度上讲，老罗斯福总统的这一番"向重大罪恶宣战"的铿锵表白，既是对揭露腐败内幕、力主全面改革的"耙粪者（muckrakers，指调查披露腐败黑幕的新闻记者）"的政治忠告，也是一种对审慎有效、坚定有序的腐败治理策略的道德宣讲。老罗斯福深知这样的改革必须依托于美国人民的觉醒、支持和参与，要想赢得他们的心和手，必须首先赢得他们的耳朵和大脑。因为，对千百万普通民众而言，"对于意识形态，他们深恶痛绝，对于经济理论，他们也很不耐烦，道德鼓吹的影响却非常容易让他们接受"[③]。

更为重要的是，对贪腐者的厌恶、对腐败现象的揭露，实质上是一把"双刃剑"，用得不好反而可能自乱阵脚。

——首先，"如果整幅画都被涂成黑色而无其他色彩，那就没有据以从同一群人中找出无赖的色彩了。这样的画最终会导致道德上的'色盲'。受其影响，人们便会形成这样的认识，既没有人是真正的黑，也没有人是真正的白，他们全都是灰色的"。这样的结果只能是"要么生出愤世嫉俗的情绪，要么是对社会腐败现象漠然视之，或者让人甚至无法区分是非善恶。任何一种态度对整个国家而言都是一种难以估量的损害"。

——其次，"如果现在的动荡将导致永久的良性状态，则情绪应转变为行动，而且这一行动应被刻上真实、理智和自制的印记，这些是首当其冲的。一时冲动的改革也许没有多大好处。真正起作用的改革是那种能经历稳定、

① 展江等译：《新闻与揭丑——美国黑幕揭发报道经典作品集（Ⅰ）》，第 68 页。
② （美）詹姆斯·麦格雷戈·伯恩斯著，刘李胜等译：《领袖论》，第 210 页。
③ （美）弗雷德里克·L. 艾伦著，高国伟译：《美国的崛起》，第 89 页。

持续的发展过程的改革；强烈的唯情论只会导致前功尽弃”[①]。

如果把老罗斯福比作是20世纪初“美式改革”的总规划师，那么，这就是关于腐败治理的顶层理念设计：**走出腐败高发期，必须而且只能靠“理智而坚毅的改革”**！

由此，我们看到**美国进步时代的改革体现出一个明显特征：政府自上而下的强制性制度变迁主动寻求与社会自下而上的诱致性制度变迁发生互动，并且一直保持着主导地位。**特别是随着“重拾驾驭经济和社会活动的能力”，“政府进而自上而下地通过宪法的修正、法律的制定和修订、强化政府管制等一系列制度安排干预和调节经济和社会系统，帮助美国平稳度过了转型期可能带来的危机和矛盾”[②]。

美国著名学者、联合国和平奖获得者艾伦·维恩斯坦等人在总结美国“镀金时代”的历史教训时曾指出，“‘镀金时代’的政治家”之所以未能在美国城市化、工业化过程中化解社会转型矛盾，而是把注意力转向其他方面，主要是因为个人经历和能力素质所致。除了格罗夫·克利夫兰之外，“林肯和罗斯福之间的所有总统都是参加过联军、有着辉煌战绩的共和党人。鲁德福德·海斯和詹姆斯·加菲尔德都曾经是少将，本杰明·哈里逊曾任准将，威廉·麦金利在内战期间是一位年轻的少校。就连切斯特·阿瑟也曾经在纽约州民兵团任军需局长。‘镀金时代’的政客们不关心城市和移民问题的另一个原因，他们大多数人来自小城镇，对大城市问题的解决没有任何经验”[③]。

相比之下，在纽约有过多个公共职位历练的老罗斯福总统，似乎是把林肯缔造的南北统一的“新美国”引向未来的更好人选，因为“他本身拥有解决大事情的政治胆识”[④]。

由此，美国人进入到20世纪初的改革年代。因为“作为受益于拥有一个庞大的、农村的、以农业经济为主的联邦制共和国，在其头120年的历史里，美国对经济过程以及基础建设的规制，主要由地方政府负责”；现在，老罗斯福总统可以从联邦层面有所作为，“‘净化’政治过程以去除贪腐，重夺

---

① 展江等译：《新闻与揭丑——美国黑幕揭发报道经典作品集（I）》，第68页、70页。

② 陆欣瑜：《美国进步时代的治理及其启示》，《上海党史与党建》2011年第4期。

③（美）艾伦·维恩斯坦等著，胡炜等译：《彩色美国史》（中卷），第363页。

④（美）罗纳德·赖特著，高岳等译：《其实你不懂美国》，第255页。

政府以使其服务于更广泛的公共福祉”[①]。正如弗雷德里克·L.艾伦所说：

回忆过去，你会看到，一项又一项改革在那个时期出炉，大多数都是试验性的，或者是临时性的，它们的影响虽然不大，却很持久。[②]

2.“激进的反对”，还是“革命性的反对”

其实，改革的呼声早已此起彼伏。这种情况类似达尔所说：“在任何特定的国家内，政治冲突的温度是忽高忽低的。即使是最稳定的国家也可能有过一段骚乱和暴力的时候，有发生起义、弑君、内战的时候，即‘纷乱时代’。”[③]一时间，似乎不同的人设计了很多条“新路”，而且大家都宣称自己的路才是唯一正确的选择。比如，社会学家莱斯特·沃德要求实行“社会统治”，由政府干预经济、制定法律以保障公共利益；克罗利则主张“新国家主义”，倡导建立一个有权管制工商业、农业和工会组织的强有力的政府等。美国政府获得了转变“有限治权”模式，重塑政府权威的契机。但是，在这个泥沙俱下的变革年代，人们似乎很难达成真正的共识。

——有的人将矛头直指选举政治（这可是美式民主的基石）

1893年，蒙大拿州参议员E.D.马莰曾在州议会上慷慨陈词，指着意欲通过贿选成为美国参议员的“强盗大亨”克拉克说：“我不想看到一个通过强迫或欺诈获得选票的人代表我们州进入参议院，我要看到那个被选入美国参议院的人没有被欺诈、贿赂或腐败玷污。”[④]威斯康星州州长、著名的进步主义改革领袖拉福莱特则提出，民主的主要危险不是人民无法管理自己，而是其所选出的代表背叛了人民，“政治机器”控制是因为不正当的代表制度和选民的无知，而“打败党魁和帮派统治的唯一办法就是让人民完全了解真相”[⑤]。1895年，芝加哥的改革者和积极的公民成立了“市政投票人联盟”（Municipal Voters League），抗议市政府、州长及州议会在收受贿赂之后免费将城市公用设施（主要是公共交通）的特许经营权授予商业寡头。1897年，该联盟成功地控制了市议会并支持进步主义改革者卡特·哈里森当选市长。

但是，这种“技术型改革”的结果被证明是“时灵时不灵”。比如，在

---

①（美）伊丽莎白·桑德著，陈永杰译：《美国进步时代对中国的启示：三种代理模式》。
②（美）弗雷德里克·L.艾伦著，高国伟译：《美国的崛起》，第96页。
③（美）罗伯特·A.达尔著，王沪宁等译：《现代政治分析》，第100页。
④（美）C.P.康诺利《蒙大拿的故事》，载展江等译：《新闻与揭丑——美国黑幕揭发报道经典作品集（Ⅰ）》，第132页。
⑤ Russel B. Nye, *Midwestern Progressive Politics*. Michigan: Michigan State University Press. 1959 .p.206.

圣路易斯，民主党领导人为了拉到一些独立选票，决定喊出“改革”的口号，摆出了根除城市腐败的高姿态。他们还推出了一批似乎和以往政党推介之人有很大差别的候选人，从而丰富他们的政治纲领和改革团队。然而，事实却是“这些领导人并非真的要变革，两党并没有什么区别，只不过这帮无赖中当权的那些人分到了大部分赃物，在野的那些人便要求分得更多”①。而在1903年的纽约市选举中，建立廉租公寓管理局、街道清理局并推行一系列市政改革的改革派市长塞思·洛被选民抛弃，坦慕尼协会卷土重来。因为“商人们不要好政府，一如他们不想要代议制民主，人民不喜欢好人及好政府；或者我们可以说，他们不喜欢职业好人当政和不会屈服的好政府。他们都更喜欢‘坏’政府”②。

——有的人将问题归咎于贫富差距

1879年，出身于费城贫苦家庭但通过自学成为报社记者、经济学家的工人亨利·乔治出版了《进步与贫困》，旋即售出100万册，风行美国并畅销世界。该书表明：土地是财富的基础，而这一基础日益被垄断；取消其他杂税，仅保留土地税，就足以解决贫困问题，均分国内财富。1886年夏，农民联盟在得克萨斯达拉斯附近的克利本市召开会议，草拟了第一份平民党运动的文件，建议对铁路运费进行调控，对土地投机者课以重税，增加货币供应量。得克萨斯州平民主义者的重要领袖人物之一查尔斯·马库恩提出了一个对平民党纲领产生重大影响的计划——“国库分库计划”：政府应当建立自己的仓库，农民必须在政府的仓库里储藏农产品，并从国库分库领取凭证。这样，无须借助金币或银币，只要以农产品的数量为基础，就可获得美钞，从而得到更多的货币。当然，马库恩的国库分库计划能否实施取决于政府。由于两大政党没有采纳该计划，这就意味着政见独立的第三党事实上已告形成。

1896年7月9日，内布拉斯加州政治家威廉·布赖恩在民主党全国大会上发表了一篇著名的讲话，向“少数在密室里垄断了世界金融市场的金融大亨”发起猛烈挑战。这位第二天被确认为民主党总统候选人的“平民代言人”，随后提出了征收所得税、国有化铁路、增加货币供给等一系列主张。在全国

① （美）林肯·斯蒂芬斯《圣路易斯的特威德时代》，载展江等译：《新闻与揭丑——美国黑幕揭发报道经典作品集（Ⅰ）》，第144—145页。

② （美）林肯·斯蒂芬斯著，展江等译：《新闻与揭丑（Ⅱ）》，第356页。

性的“布赖恩恐慌”之下，石油大亨亨利·罗杰斯竟然声称“布赖恩的当选将使我们国家倒退一个世纪”[①]。当时，以男性改革者为主的政治进步主义主要关注于改革当时的政治游戏，而以女性改革者为主的社会进步主义则希望通过政治改革来实现更大的社会改革目标，实际上，她们不仅仅希望社会改革，还希望更多地从社会的需要以及最终目的来理解和设计政治与社会改革，更多地关注于民主制度的社会维度和国家的社会责任。例如，简妮·亚当斯（Jane Addams）宣称，没有面包就没有和平；社会福利改革者弗洛伦丝·凯莉（Florence Kelley）宣称，没有社会公正就没有民主。

——有的人直接诉诸起义行动

在社会矛盾十分紧张的情况下，“也有一些人认为，修修补补的经济改革是胆小怯懦的，是不合逻辑的，改革需要一次心怀不满的起义，用这场起义来彻底改变商业和工业的机构”[②]。如1894年6月，普尔曼客车公司的工人发动罢工，美国铁路工会予以支持。不久，以芝加哥为始发站的全天候运行列车全都停运。工人们掀翻货车车厢，阻塞铁路，将那些拒绝合作的机车司机赶走。曾在铁路行业担任律师的司法部长理查德·奥尔尼前往法院颁发罢工禁令。但罢工者不理会禁令，于是克利夫兰总统下令联邦军队开往芝加哥。7月6日，罢工者和联邦军队及州民兵发生了武装冲突。《芝加哥时报》报道说：交战之地仿佛成了屠宰场。被军队和警察枪杀的罢工者，犹如木头一般僵直地躺在地上。这天，芝加哥有13人被杀死，53人身受重伤，700人被捕。截至罢工结束时，约有34人死亡。芝加哥当局动用了1.4万名警察、民兵、军队，方才制止了罢工。组织成立了美国铁路工会的尤金·德布斯因藐视法院、违反禁令而被捕。出狱两年之后，德布斯在《铁路时代》中写道：

在社会主义与资本主义的大论战中，我支持社会主义，因为我赞同人道。长期以来，我们一直尽力诅咒这个金钱统治的社会。金钱政治不应当成为现代文明的基础。社会改革的时代已经来临——我们正处于一场大变革的前夜。

——也有人在继续宣扬“强盗福音”

“商人们控诉政客和政治是造成这些问题的罪魁祸首，提出用商人和商

---

① （美）约翰·弗兰奇著，陈小白译：《强盗资本家》，第225—226页。
② （美）弗雷德里克·L.艾伦著，高国伟译：《美国的崛起》，第97页。

业取而代之。”[①] 以卡内基为首的“强盗大亨”们主张把政府办成“企业政府（business government）”。因为，以实业家替代政治家和资质平庸的公务人员，以成功的商界人士插手公共事务来提高政府效率，这才是在短时间内解决政府腐败问题的“标准方案”[②]。甚至于改良派也建议把政府建立在“企业管理的明确原则之上”，一位改良派律师在 1873 年写道：“我们要以企业家处理大量企业事务的方式……来进行大城市的管理。”[③] 纽约等城市则在改革派运动中，“从对两党政客的憎恶中派生出的伟大理念是去选举一位并非政客而是能够给我们一个好的商业政府的商人当市长”，但实践证明“廉洁正派人士组成的所谓好政府之所以好景不长，是因为这些人多为诚实的商人，而政治伦理高于商业伦理，好商人往往是蹩脚的从政者”[④]。于是，厄普顿·辛克莱在著名小说《丛林》中直接写道：“资本主义制度产生的一个必然祸害就是政治上的腐败。”[⑤]

反腐败能否成为政治改革的“优先选项”？

老罗斯福以治理美国朝野的“系统性腐败”为契机，打造了一辆“新政牌”跑车，试图以渐进性改革推动美国社会重回正轨。这辆车的“四轮驱动”装置是：反垄断 + 社会性腐败治理 + 财政预算改革 + 舆论监督。虽然腐败问题与政治体制难脱干系，但老罗斯福没有选择先进行“伤筋动骨”的政治体制改革，而是积极审慎地推进了以维护公平正义、防止利益冲突、治理官员腐败等为核心的进步主义改革运动。这些开拓性工作既成为美国走出腐败高发期的关键步骤，也为后来的罗斯福“新政”和约翰逊“伟大社会”构想等后续改革奠定了坚实基础。这就是“老罗斯福新政”的成功：尽管号称“共和党叛将”[⑥]，但他主导的腐败治理并未造成国家分裂、社会动荡，而是为全面改革积蓄了力量，完成了“一代人的使命”。

---

① （美）林肯·斯蒂芬斯著，展江等译：《新闻与揭丑（Ⅱ）》，第 297 页。

② Gabriel Kolko. The Triumph of Conservatism. Chicago: Quadrangle Books,1963.p.21.

③ （美）艾伦·特拉登堡著，邵重等译：《美国的公司化：镀金时代的文化与社会》，第 175 页。

④ （美）林肯·斯蒂芬斯著，展江等译：《新闻与揭丑（Ⅱ）》，第 188 页，第 8 页。

⑤ （美）霍华德·津恩等著，汪小英等译：《另一半美国史》，第 196 页。

⑥ （美）伊丽莎白·桑德著，陈永杰译：《美国进步时代对中国的启示：三种代理模式》。

林肯·斯蒂芬斯则根据调查指出，商人（the business man）之所以成为“忙人（a busy man）”，是因为整天“忙于政治”，即挖空心思于如何行贿受贿、如何与政府官员勾结，而不是忙于生意。因为“商业精神就是利润精神，而非爱国精神；是信用精神而非荣誉精神；是个人收益的精神而非国家繁荣的精神，是做生意讨价还价的精神而没有任何原则可言”[①]。因此，要建立一个“良好政府（good government）”根本不可能寄希望于这些锦衣玉食的“强盗大亨”。

在腐败的浪潮冲击下，当时的美国公众在“谁该为腐败负责”的问题上相互指摘。“商人们控诉政客和政治是造成这些问题的罪魁祸首，提出用商人和商业取而代之。但他们似乎没有注意到：正是商人贿赂了……政客们，而且许多为了净化这座城市而被选入市议会的知名商人也在已供认的受贿者之列。”[②]此外，东部人谴责西部人应对城市腐败负责；老城市谴责新兴城市；土生土长的美国人则认为腐败的根源是外来移民，如圣路易斯陷于腐败是因为它是“一座德国人的西部城市”，明尼阿波利斯是“斯堪的纳维亚人的城市”，匹兹堡则是信仰长老会的“苏格兰人的城市”，等等。[③]然而，费城位于东部而且是“最纯种”的美国人城市，但据林肯·斯蒂芬斯的观察，却是“最没有希望的城市”……一时间，众议沸腾，莫衷一是。

理论上说明白是一回事，实践上做得到是另一回事。到底怎么看？怎么办？

这关键时刻，对于腐败的顶层治理路径，白宫里的那位“关键先生”必须做出清醒和明智的回答。

这个被老罗斯福自称为“大动荡”的改革计划，以此前已是星火燎原的“进步主义”运动为依托，是一次“系统反腐”的顶层设计方案，其核心就是主张用强有力的联邦政府权威和宏观调控来对现行秩序加以规制重组，使美国社会重新走向稳定和谐。

---

① Lincoln Steffens. The Shame of the Cities. New York: Hill and Wang ,1960.

② （美）林肯·斯蒂芬斯著，展江等译：《新闻与揭丑（Ⅱ）》，第 298 页。

③ Louis Filler, The Muckrakers. California : Stanford University Press, 1993.p.99.

二、顶层治理路径："保障个人和民族发展的大动荡"

我们正在经历一个大动荡时期——社会生活、政治及工业的大动荡。这对我们的未来至关重要，它将被证明不是单纯地反抗生活的动荡，或是单纯的对不可避免的不平等状况不满的动荡，而是实现保障个人和民族发展的坚定而热切的雄心带来的动荡。

——西奥多·罗斯福

"镀金时代"的美国，"在金钱的作用下，或是更为恶劣的手段下，一生清白的人也变得腐败了"，如何扛起"治理这个强盗国家的使命"成为执政者面临的巨大考验。与那些"沉迷于公共服务的抽象理想"[①]的改革者不同，老罗斯福首先立下了"以动荡治乱象"的万丈雄心，因为"这场动荡席卷全国，形成了对罪恶的极度不满和严惩罪行的始作俑者的决心"，并且"这一情绪正成为健康生活的一个标志为人们热情呼唤"[②]。

1. 路径 1——反托拉斯："寻求工商界的道德重建"

"企业就是政治腐败的源泉。"[③]在一个又一个工业领域内，精明能干的实业家建立起自己的帝国。他们压制竞争、维持高价低薪、获取政府津贴。这些行业是"福利国家"的首批受惠者。"当 1877 年第一代'强盗贵族'的头号人物范德比尔特去世时，他的财产高达 1 亿美元，需要有一个新词来称呼他，于是有了'亿万富翁'（multi-millionaire）一词。"[④]

在世纪之交时，美国电话电报公司已垄断了全国的电话系统，国际收割机公司生产的农用机器占市场份额的 85%，全国铁路网被 6 大垄断公司控制。在其他每一行业，资源都被集中控制起来。如钢铁工业在 1870—1905 年产量增加了 9 倍，企业数却减少了 2/3；1880—1905 年造船吨位翻了一番，而造船厂减少了一半。到 1899 年，垄断组织有 185 个，资本总额 30 亿美元，占全国制造业资本的 1/3。[⑤]银行非常关注这些垄断公司，甚至为这些实力雄厚的公司董事们创建了专门的联络网，每家垄断公司的董事同时也是别的许多家

---

① （美）理查德·霍夫施达特著，崔永禄、王忠和译：《美国政治传统及其缔造者》，第 175 页。

② 展江等译：《新闻与揭丑——美国黑幕揭发报道经典作品集（I）》，第 70 页。

③ Gabriel Kolko. The Triumph of Conservatism. Chicago: Quadrangle Books,1963.p.16.

④ （英）艾瑞克·霍布斯邦著，张晓华等译：《资本的年代》，第 188 页。

⑤ （美）阿瑟·林克、威廉·卡顿著，刘绪贻译：《1900 年以来的美国史》，第 38 页。

垄断公司的董事。1900年，美国工业委员会向参议院提交了一份关于托拉斯的调查报告，归纳了反托拉斯者的意见：垄断者使得生产和资本集中，用非法手段压制公平竞争，妨碍国民创业和中小企业发展，并使消费者受到其垄断价格之害。①

"在现实政治生活中，越来越使人们感到恐惧的是大型企业合并成为唯一的财富和权力中心，它可能管辖其他各种各样的利益，因而会结束传统的美国民主制度。"②垄断财阀给美国带来的不仅仅是急剧增长的个人财富和经营神话，还有岌岌可危的美国经济体系和社会诚信体系。"在每一桩丑闻中，这些公司都毫无节制地颠覆了社会和法律规则，自律和内控机制已全然坍塌。"③人们突然间发现"美国的'强盗贵族'时代有三大特色不同于同时代其他国家的资本主义"：

首先，"对商业买卖完全不加控制、不予管理，不管商场上残酷到什么程度，欺诈之风猖獗到什么程度。而盛行于中央和地方的贪污腐败，着实令人吃惊——尤其是内战后的若干年。用欧洲的标准衡量，美国事实上已无政府可言。"美国在所有资本主义国家中有个独一无二的现象，即它拥有私人法庭、私人军队。在1850—1889年，自行其是的治安义勇队总共枪杀了530名真真假假的罪犯，未经任何法律程序的受害者竟占到6/7。

其次，"美国大企业、大财阀、大亨先驱时代的第二大特征是，他们当中的成功者多与旧世界的企业家不同"。旧世界的企业家常常痴迷于技术改进，而美国大亨则是不择手段地赚钱，他们要的只是铁路时代的最大限度的利润。当时，"社会达尔文主义"者宣称，在人类丛林中适者生存，能够爬到人堆顶端就是最优秀的人。"19世纪的美国之所以把这种信条捧成国家神学，看来并非没有原因。"④石油大王洛克菲勒的名言也很能说明问题，他对"强者生存"的世界作出了诗意化表述："当红色的蔷薇含苞待放时，唯有剪去四周的枝叶，才能在日后一枝独秀，绽放成艳丽的花朵。"⑤无怪乎当时的美国人慨叹道："在洛克菲勒走过的道路上，遍布着破产的人和被遗弃的工厂，

---

①（美）吉尔伯特·C. 菲特等著，司徒淳等译：《美国经济史》，第474—476页。

②（美）阿密泰·艾乔尼，陈银科等译：《美国首府政治腐败内幕》，第174—175页。

③（美）詹姆斯·加尔布雷斯著，苏琦译：《掠夺型政府》，中信出版社2009年版，第125页。

④（英）艾瑞克·霍布斯邦著，张晓华等译：《资本的年代》，第191页。

⑤ 任学安等：《大国崛起系列丛书——美国》，中国民主法制出版社2006年版，第184页。

摆在他面前的只是对巨大财富资源的不容置疑的控制。”[①]

其三，所谓“白手起家”的美国大亨的财富和社会地位无人可比，甚至占据了凌驾于政治体系之上的特权地位。欧式老贵族的爵位和优裕庄园生活，对他们并无太大吸引力。“至于政治，这东西是可以用钱买的，不需亲自费力。当然，如果政治是另一种赚钱途径，那又另当别论”[②]。

于是，一些小企业主向老罗斯福总统上书责问：

难道皮尔道特·摩根集团比人民还强大？他的力量比政府更强？……我们呼吁人民的总统制裁这位托拉斯大王！[③]

面对市场垄断之害和强盗大亨之为，“罗斯福感觉到了大众对于臭名昭著的垄断者的观点发生了转变，……他迅速指示法律部把目标锁定到最臭名昭著的违反谢尔曼反托拉斯法案的人身上”[④]。而且，他言简意赅地申明立场：那些靠“非法占有”或是“靠恰恰在纯粹的法制限制之内的罪恶手段获得的”巨额财产，“在挥霍这类财富时的任何善举都无法弥补当初攫取它们时的不轨行为”。根据“耙粪大师”——林肯·斯蒂芬斯的自述，老罗斯福在和他谈论反托拉斯问题时曾经坦言：

我那些旨在规范和控制铁路公司及托拉斯的议案——它们引起了争论，令我陷入了一场对特殊利益集团、对特殊利益个人的、严守原则的公开斗争。[⑤]

后来，老罗斯福在参加 1912 年竞选时将其思想进一步明确为“新国家主义”：在存在有效率的大企业的美好社会中，必须有一个对民主政治负责的强大的政府来根据公共利益或国家利益对这些大企业进行指导和管制。事实上，“当那些美国开国元勋们在构筑政府结构和关于政治活动理想的方略”，“由较不富裕的农场主、小债主、工匠、拓荒者等联盟提出的多数原则——以惊人的速度随着杰斐逊在 1800 年的当选与他 4 年后的连任而开始存在了”[⑥]。

由于将社会公平问题的“‘原罪’可以归因于随市场领域逐渐壮大的经济权力和垄断势力”，在对垄断造成的商业贿赂、巧取豪夺、市场欺诈、诚

---

① (美) 本·巴鲁克·塞里格曼：《美国企业史》，上海人民出版社 1975 年版，第 276 页。

② （英）艾瑞克·霍布斯邦著，张晓华等译：《资本的年代》，第 193 页。

③ （美）阿密泰·艾乔尼著，陈银科等译：《美国首府政治腐败内幕》，第 172 页。

④ （美）本杰明·沃特豪斯：《美国商业简史》，张亚光等译，中信出版集团 2018 年版，第 134 页。

⑤ （美）林肯·斯蒂芬斯著，朱晓译注：《耙粪者自述》，海南出版社 2012 年版，第 174 页。

⑥ （美）詹姆斯·麦格雷戈·伯恩斯著，刘李胜等译：《领袖论》，第 196 页。

信缺失等行为进行系统打击时，老罗斯福举了十诫中的第八诫来说明问题：第八诫是“不能偷”，既没有说“不能从富人那里偷”，也没有说“不能从穷人那里偷”。因此，最简洁明了的原则是“无论什么样的善都不可能从伪善中产生”。对于伪善的强盗财阀和伪善的国家公仆，必须同时加以治理。特别是必须驾驭托拉斯，必须阻止托拉斯的“非法竞争”，恢复社会的“自由竞争”机制。①

——治“商”须“治市（场）”

针对市场经济主体，“重点是抓住与公司和私人在商业中的巨额财产的积聚和使用相关的问题”，“让我们来解决投资过度所带来的影响深远的罪恶”，如通过铁路收费立法来解决经济问题，并且今后“更多地发展成为那种对投资于州际业务的公司财产进行监管的政策”。老罗斯福要求“用最灵敏的方式去辨别哪些财产是合法所得，哪些是非法占有”，“这样的监控不会在对那些创造财富的人的抵触情绪支配下实施，而是带着既对他们公平，又确保他们能最大限度地回报社会这一坚定的目的实施”。老罗斯福发出警告，“那些企图阻挠英明的政府为了公共利益而对他们的业务进行管理和控制的有钱人注定会失败”②。

1903 年 2 月，在罗斯福总统的压力下，国会通过了一项法案，授权成立商业劳工部，还附带地成立公司管理局，其任务是调查各公司的财务状况，并且有责任公布和提供有关公司的情报。该管理局调查了石油、包装、烟草、钢铁等企业，为反托拉斯的起诉提供了材料。罗斯福开始着手控制大企业“过度的权力”，加强了联邦政府进行经济和社会管制的权力和能力，对铁路、食品和药品、金融等企业进行监管。出人意料的是，联邦政府在罗斯福的力挺下开始起诉一些大型托拉斯。在他的第一届任期，联邦政府起诉并分拆了摩根集团和洛克菲勒集团建立的北方证券公司，在第二届任期起诉了标准石油公司、美国烟草公司、杜邦公司等。

此后，在罗斯福力主下，国会又陆续通过了一些重点针对大企业的行为进行监管的法律，加强联邦政府的管制权力。如 1902 年“埃尔金斯法案”禁止铁路擅自规定价格对大托拉斯给予优惠待遇。国会还拨款 50 万美元作为推

---

①（美）德怀特·L. 杜蒙德著，宋岳亭译：《现代美国》，第 182 页。
② 展江等译：《新闻与揭丑——美国黑幕揭发报道经典作品集（I）》，第 72 页。

行反托拉斯立法的经费。针对“美国民众都对铁路运输公司有一种反感情绪”[①]的社会现实，1906 年《赫伯恩法》授权州际商业委员会仲裁投诉，增强其司法权（范围涉及储货量、装卸量、卧铺车厢、快车公司和运输管道等），规定合理的铁路运价，调查铁路公司的账目，并制定了统一的簿记方法，同时也禁止铁路公司为关系公司免费运输货物，禁止向铁路员工、神职人员和一些慈善义工之外的人员提供免费车票等。在 1906 年后的两年里，托运人向州际商业委员会提出了 9000 多项申诉，铁路公司不得不处于忍气吞声状态，监督铁路运价取得一定成效。[②]

为了使“每个人拥有的财产都要服从社会整体权利和公共福利要求”，西奥多·罗斯福赢得了“托拉斯驯兽师”的称号。在反托拉斯的司法斗争中，对托拉斯的起诉从 1890—1901 年的 17 件跃升到老罗斯福执政 8 年间的 44 件，其后的塔夫脱总统时期有 90 件，威尔逊政府时期有 95 件。[③] 在这些并不耀眼夺目的数字变化背后，是联邦政府发挥宏观调控作用的艰难起步。

——治“官”须“治利（益）”

针对市场监管主体，“无论他是立法者还是执行者，对以这样的方式与公司打交道的公仆们的第一要求便是诚实”。因为，“真正的危险并非来自腐败的公司而发源于腐败本身，无论这种腐败是想扶持还是想捣毁公司的”。政府官员与垄断大亨勾结，无非是想分赃暴利。“只有那些能被赋予充分的信任去保护公众利益免受公司违法行为侵害的公仆们，才能真正保护公司自身免受恶意以及侵害。如果一个公众人物乐于听从普遍公众的鼓噪而给有钱人或经营良好的公司以不公正的待遇，那么可以肯定，如果时机成熟，他也会为了公司的利益，偷偷地背叛公共利益。”[④] 因此，在揭露商人的贿赂行为的同时，也不能“对敲诈勒索视而不见”。

“这是一场争夺美国统治权宝座的角逐，那些坏商人和坏政客们争吃着同一块肉。他们都伸手触摸那个能够使他们行使权力、为所欲为的宝座。”[⑤]

---

① （美）阿密尔·艾乔尼著，陈银科等译：《美国首府政治腐败内幕》，第 174 页。
② （美）阿瑟·林克、威廉·卡顿著，刘绪贻等译：《1900 年以来的美国史》上册，第 123 页。
③ （美）德怀特·L. 杜蒙德著，宋岳亭译：《现代美国》，第 144 页；（美）吉尔伯特·C. 菲特等著，司徒淳等译：《美国经济史》，第 565 页。
④ 展江等译：《新闻与揭丑——美国黑幕揭发报道经典作品集（Ⅰ）》，第 71—72 页。
⑤ （美）林肯·斯蒂芬斯著，展江等译：《新闻与揭丑（Ⅱ）》，第 397 页。

要想改变这种“狼多肉少、弱肉强食”的政治丛林状态，必须而且只能诉诸改革。以 1883 年“彭德尔顿法”确立考绩制为核心的文官体制为标志，美国的公职人员管理出现“去分赃化”的深层次变化。而在文官制度的改革进程中，一批中产阶级改革者也发挥了巨大作用。如 1881 年创立的全国文官制度改革联盟，其所提倡的首要目标即是“对城市雇佣人员实行用人唯才的功绩制度”①。1898 年，南达科州率先试行创制权和复决权，以扩大一般公民对立法权的分享和实现，防止极少数人“绑架”政治和立法机关。1903 年，在洛杉矶还首先实行了对不良官员的罢免权。这些改革在一定程度上提高了公民的政治参与度和监督有效性，逐步削弱了党魁对市政的控制。到了 20 世纪初，进步运动再度把目光聚焦到如何防止金钱渗透腐蚀选举和保证官员廉洁上来，随着禁止公司向联邦公职人员捐款的法律（1907 年）、竞选经费公开法（1910 年）等一系列法律的通过，斩断政府人员与公司人员之间不当利益输送链条的立法意图更趋显著。于是，到了 1912 年总统大选中，“两名主要总统候选人均同意，有必要制定新法案，以规制商业行为及核心经济过程”②。

2. 路径 2——预算改革：对偷窃国库者说“不”

美国的会计制度，首先诞生于 19 世纪 70 年代的铁路系统，用以应对欧洲投资人的审计压力。从简单的簿记进入到由专业人员进行财务管理阶段后，1896 年纽约成为全美第一个能颁发公共会计证书并有相关法律的州。1898 年，罗斯福当选为纽约州长。1899 年，纽约股票交易所要求所有上市公司公布年度资产负债情况和收入情况。从纽约政坛走出来的老罗斯福，当然知道把住财政预算的闸门是防止“政商集团”盗窃国库的关键。

从“预算民主”入手，美国掀起了一场重塑政府形象、重新赢得民心的政府革命。城市预算改革成为重中之重。纽约的有识之士提出，为了起到代议民主工具的作用，预算必须易于市民接受和理解，因此他们为不同阶层、身份的民众量身定做了各种类型的宣传，有些是针对商业精英和政治家的，而其他的则针对纽约市民中的大众，新闻报道、直邮宣传品、公民听证会、预算展览宣传等形式都被引入其中。纽约市政研究局还特地制作小册子和明信片，命名为“有效的公民权”，大批量印刷后寄给民众，他们甚至还与宗

① （美）J. 布卢姆，戴瑞辉译：《美国历程》，商务印书馆 1988 年版，第 80 页。
② （美）伊丽莎白·桑德著，陈永杰译：《美国进步时代对中国的启示：三种代理模式》。

教团体达成合作，由神职人员利用信徒礼拜天祷告的机会传达有关信息。

最初，听证会的出现让纽约市的官员甚至市政局的改革成员们很不舒服，因为民众的利益、视角、思考方式众不相同，很难整齐划一达到精英们理论上设定的“好公民”“积极公民”标准。但官员和专家们还是将公众宣传进行了下去。预算听证会即便是没有多少公民前来参加，也需要照例举办，因为这样可以强迫政府官员在公众面前调整自己的行为。并且，预算改革本身已经触及传统文官阶层和权贵勾搭利益联盟，正需借助向大众公开来消除“那些蛮横地滥用权力的现象”①。

预算改革是对长期盘踞于纽约市的政治利益集团“坦慕尼协会”和腐败官员的庄严宣战。在“坦慕尼协会”腐败集团的控制下，纽约市从 1890 年代开始，城市债务飞快上升。到 1896 年，纽约市债务达到了 1.86 亿美元。同时，1874—1894 年，纽约的支出增加了 400 万美元；但在接下来的三年中，每年的支出增加了几乎 1100 万美元。② 预算改革直插市政腐败共同体的“心脏”，摧毁政治和财富之间的联盟，摧毁政治机器和党魁对政府的控制，打破官商勾结，使得在政治与行政分离的口号下实行的市政改革得以推进。

1905 年，纽约市进行财政行政改革的专业会计师与反对城市腐败的社会改革者们走到了一起，决定共同成立一个独立的公民代理机构，来探索城市政府改革的科学原则。次年，他们成立了“城市改进局”，并于 1907 年正式组建了“纽约城市研究局”。也正是在这一年，纽约市经历了严重的市政公债兑付危机，并引发严重社会动荡，纽约市政府在向 JP 摩根集团借款 300 万美元后，才勉强渡过了危机。这个研究局的工作由此倍受关注，其代表人物威廉·阿兰、亨利·布鲁厄、弗里德里克·克利夫兰，人称“ABCs”，他们积极参加“纽约城市研究局”智库的活动，充当纽约市政府“税收和财政咨询委员会”的成员。这些预算改革者指出，预算问题决不仅仅是个无关紧要的数字汇总问题，而是关系到民主制度是否名副其实的大问题。

事实证明，没有预算的政府是“看不见的政府”，“看不见的政府”必然是“不负责任的”，也就不可能是民主的政府。预算改革的目的就是要把“看不见”变为“看得见”，让人民有可能对它进行监督。在这个意义上，预算是一种

①（美）乔纳森·卡恩著，叶娟丽等译：《预算民主》，格致出版社 2008 年版。

② 高新军：《预算民主，重塑美国政府》，《中国改革》2008 年第 10 期。

对政府和政府官员“非暴力的制度控制方法”。

在20世纪来临前夕，预算改革实际上已经成为促进政治参与、改善城市与州的关系、对权力附加责任等一系列重要问题的基础工程。这个时期的预算制度改革实际上给政治生活以明确的界定，意味着私人公司操持的城市特许经营权，不仅不能超越自己的边界，还必须向公众报告自己的活动。

怎样进行最有效的反腐败教育？

1908年至1911年，纽约市举办了4次预算展览，均受到了市民的热烈欢迎，其中1911年的那届参观人群甚至超过了100万人（城市人口的近三成）。虽然活动只有四届，但已经足以起到无法逆转的宣传效果，市民通过这样的活动开始密集关注公共收支行为，新闻媒体由此更加集聚于这类话题（对政府及官员的监督由此加强）。预算展览宣传活动，首先展示了城市公共支出的数字内容（图表），还包括类似出租房委员会、城市俱乐部、改善穷人生活条件协会和慈善援助协会等由财政资助市民组织的运作情况。在活动前夕，预算宣传委员会还向地方报纸和市民组织，发放对纽约市政府各部门预算情况的评估报告，由此，前来参观的市民就可以从报纸上提前获知重要情况，并可做好参观重点观察的计划。值得一提的是，预算展览宣传活动为了增强对民众的吸引力，还大量设计了有趣的展示形式，甚至把财政出资建造的牛奶站模型、监狱单人房、水利工程模型都搬到了活动现场。由政府“供养”的消防马匹也被牵来，受到了孩子们的欢迎。百年前的人们已经利用了电影和动漫设计的手段，由此来吸引人们对公共利益的关注和维护。

纽约市在1911年以后将预算展览常年设立在城市学院里，供人们随时参观。在1916年的预算展览上，“纽约市政研究局”的一位研究者甚至专门做了一个模型，用来说明市民作为一个消费者如何去消费政府提供的服务。在早期预算改革者的敦促下，纽约市在1908年推出了美国历史上第一份现代公共预算。当然这份预算还很粗糙，只有市政府的四个主要部门拿出了分类开支计划。以后几年，纽约市的预算日臻完善。到1913年，预算文件已从1908年的122页增加到836页。

纽约市的经验很快引起了美国其他城市的兴趣，它们纷纷索要“市政研究局”编制的“市政会计手册”，并派人到“市政研究局”举办的培训班学习。纽约的公共预算展览也为它赢得了政府和民间颁发的多项大奖。1910 年中期公共预算改革进入高潮。1916 年，“预算”这个词就像“社会正义”或者“美国方式”一样，成为时髦流行的政治术语。

1921 年，美国国会通过了预算与会计改革法，将最初在纽约实行的预算改革，推广到联邦政府层面。通过在联邦政府建立行政预算体制，建立起了环环相扣而又可行可见的控制体系，即将各个政府部门的预算置于总统的控制之下，对总统负责，总统则对议会负责，进而最终更好地对选民负责。从西奥多·罗斯福、塔夫特、威尔逊、哈丁，到富兰克林·罗斯福，政治家们在 33 年间最终实现了美国预算民主从地方到联邦的全面建立，从而使公共预算成为各种利益集团在政治领域寻求自身利益，并且在透明化条件下减少不可控的财政腐败的有效工具。

在走出腐败高发期的“美国故事”中，这一幕不应该被遗忘：进步时代的改革者用公共预算来规范政府行为，利用预算的社会控制功能来净化政治领域。公共财政运动不仅改变了行政当局的行为，而且成功加强了政府和民众的联系。公共预算改革使政府必须负责任、必须代表人民利益成为触手可及的现实，从而在根本上重塑了美国政府及其治理体系。

3. 路径 3——舆论监督：“为正义而呐喊的力量”

在没有互联网的时代，老罗斯福所面临的媒体环境却完全是“网络化”的：每天打开报纸，关于官员腐败、商人欺诈、道德沦丧等方面的负面新闻连篇累牍；每天打开窗户，关于贫民窟、有毒食品、假药等的消息可谓扑面而来。据统计，仅 1900—1915 年，全美知名的“黑幕揭发者”们此起彼伏地发表了至少 2000 篇文章。①其中，不乏像《屠场》《美孚石油公司的崛起》《另一半人怎样生活》《参议院的背叛》《美国大骗局》等优秀作品。

19 世纪末期，美国新闻传播事业进入到现代化、民主化的加速期。早期的美国报纸一度是政党出资的舆论代言人，如 1850 年的社会统计人口普查表明，当时约有 85% 的报纸隶属于某个党派；到 1870 年，仍只有 11% 的大城

① Robert Miraldi, Muckraking and Objectivity. New York: Greenwood Press,.1990,p.28.

市日报算是独立的，绝大多数美国人阅读的报纸都公开声称其党派性。[①]此后，随着印刷技术的进步、报业成本的下降以及城市人口的增加，越来越多的报纸可以独立于政党的经济支持而获得市场生存空间。比如美国的广告费用不断增加，1867年全国所花的广告费仅约5千万美元，1900年达到5亿美元。[②]在此过程中，报纸质量逐步得到改善，“从19世纪80年代中期到世纪之交这15年里，人们普遍采用了我们认为同现代新闻事业有关的几乎每一种编辑手法或方针”[③]。从1870年到1900年的30年间，报纸的数量增加了3倍，销售量增加了近6倍，日报更是从19世纪80年代的909种增加到1900年的2190种之多，报刊的大众化进程与城市化进程一起向纵深发展。从1865年到1885年，杂志的数量从700种增加到3300种。[④]

正如马克思和恩格斯所指出的那样，“报纸的最大好处，就是它每日都能干预运动”，杂志则可以“只谈最主要的问题……详细地科学地研究作为整个政治运动的基础的经济关系”。在报纸、期刊等大众传媒的蓬勃兴起过程中，它们充当了“社会改革的急先锋”，一股揭发美国各领域腐败黑幕的“耙粪运动（黑幕揭发运动）”悄然登上了历史舞台。其实，早在1870年，《纽约时报》就在揭发“城市老板”特威德贪污案中表现出了舆论监督的独立性和专业性，并最终把不可一世的特威德送进了监狱，这也被看作是“揭丑运动掀起之前报刊发挥监督作用最为著名的事例”[⑤]。

当时，《哈珀周刊（HAPPER’S WEEKLY）》的漫画作者托马斯·纳斯特从1869年开始绘制讽刺特威德腐败的时政漫画。特威德还曾派中间人向纳斯特行贿1万美元，但纳斯特却将贿赂金额成功提升到50万美元之后再加以回绝，既奚落了“特威德老板”，也暴露出这个腐败团伙为害之深。当人们问特威德为何对漫画家纳斯特这么在意时，他的一番回答充满深意：民主党的投票人可能不识字，但他们看得懂“那些漫画”！[⑥]

---

①（美）格莱泽、戈尔丁主编：《腐败与改革——美国历史上的经验教训》，胡家勇、王兆斌译，商务印书馆2012年版，第291页、297页。
②（美）丹尼尔·布尔斯廷：《美国人——民主历程》，三联书店1993年版，第169页。
③（美）H.S. 康马杰《美国精神》，南木等译，光明日报出版社1988年版，第105页。
④ 张觉明：《现代杂志编辑学》，中国书籍出版社1987年版，第60页。
⑤（美）赫伯特·阿特休尔著，黄煜、裘志康译：《权力的媒介》，华夏出版社1989年版，第87页。
⑥（美）艾伦·维恩斯坦等著，胡炜等译：《彩色美国史》（中卷），第361页。

1898 年 12 月 5 日，芝加哥市议会的威廉·莱曼议员充当了轨道车利益集团的立法代言人，提出了“延长电车特许权 50 年经营期”的议案。明显是“出卖公共财产”的莱曼议案在芝加哥激起了一场抗议风暴。芝加哥特许权战争上了当地和全国大小报纸的头条新闻。众多当地报纸和报人参与到声援民众抗议的活动中，一家午报甚至刊登了以下广告：

招募：一万名魁梧和无畏的勇士。在议会议事厅担任守卫，以防晚上议员们企图通过 50 年期特许权抢劫案。一经聘用，即可上岗。

1903 年 1 月，《麦克卢尔杂志》发表了林肯·斯蒂芬斯、艾达·塔贝尔和雷·斯坦纳德·贝克的 3 篇文章，被认为是“黑幕揭发运动”真正发出的第一声炮响。从此，“男男女女的新闻工作者和文学工作者同政治家、劳工领袖、改革家、鼓动家、教授、牧师、社会工作者一起，对伟大的革新运动起到了促进作用”①，为进步主义改革和美国社会转型奠定了民意基础。按照斯蒂芬斯自己的说法：“我在探寻一个真理，即政治这门学问的科学基础。”②

可以说，政治改革家和新闻工作者在舆论监督问题上成为“探寻政治科学”的同盟军，他们就如同老罗斯福和斯蒂芬斯所结成的亲密私人友谊那样，共同为揭露和治理“镀金时代”的腐败罪恶而奔走忙碌。只不过，前者用的是来自白宫的顶层权力，后者用的是来自社会舆论的底层权力。

1906 年 4 月 14 日，老罗斯福在他的著名演讲中借用 17 世纪英国作家约翰·班扬（John Bunyan）的小说《天路历程》中的描写，称从事黑幕揭发的新闻工作者是“带着粪耙的人”，“他被赠予天国的王冠以替换他的粪耙，但他既不抬眼望天，也无视王冠，却仍继续耙那地上的秽物”③。然而，“耙粪者”的称谓非但没有变成恶名的象征，反倒成为一种“高贵的尊称和一枚光荣的勋章”，为从事舆论监督的揭丑者和社会公众所欣然接受。因为“这批社会新闻记者所揭露的社会黑暗面”大大有助于 20 世纪初期进步运动，为完成许多重大的政治和经济改革提供了直接动力。

所谓“笔强于剑”，黑幕揭发运动“实在是一场世俗性的‘大觉醒’，……

---

①（美）埃德温·埃默里等著，苏金琥等译：《美国新闻史》，新华出版社，第 350 页。

②（美）林肯·斯蒂芬斯著，展江等译：《新闻与揭丑（Ⅱ）》，第 311 页。

③（美）西奥多·罗斯福《带粪耙的人》，载展江等译：《新闻与揭丑——美国黑幕揭发报道经典作品集（Ⅰ）》，第 66 页。

力图激发全国的罪恶意识"[①]，成为老罗斯福推动改革运动的舆论引擎和社会助翼。正如研究黑幕揭发运动的专家阿瑟·温伯格和莱拉·温伯格夫妇所说的那样："黑幕揭发者的触角遍及美国生活的每一个阶段，无一幸免……他们发现的问题形形色色：食物掺假、金融和保险公司肆无忌惮的行为、欺诈性的索赔和专卖药中含有有害成分、践踏自然资源、官僚主义、卖淫、政府与黑道勾结、监狱的状况和报纸为广告商支配等内幕被一一揭露出来。"[②]

厄普顿·辛克莱反映食品业黑幕的《屠场》一书出版后不久，大洋彼岸的温斯顿·丘吉尔曾这样评论："这本可怕的书……能刺穿最顽固的大脑和最坚韧的心。"在美国国内，社会上迅即响起了一片改革的呼声。老罗斯福总统除委派一个委员会调查罐头食品工厂及其肉食加工情况，还请纽约的两位社会主义工人查尔斯·P. 内尔（Charles P. Neil）和詹姆斯·B. 雷诺兹（James B. Reynolds）前往芝加哥调查人们的指控。当然，一切调查结果都如同是辛克莱作品的"副本"。同时，一些黑幕揭发期刊如《柯里尔（Collier's）》和《成功（Success）》等开始推动纯净食品立法。1906 年国会通过的纯净食品与商品议案（1907 年 1 月 1 日生效），完全是"粑粪"的产物。

更为重要的是，舆论监督和政治改革结成了紧密合作的伙伴关系。"记者和公共知识分子们通过运动组织、立法机构、印刷媒体以及政党，向地方及全国的官员提出新的要求"，"从'社会导向'的解释视角来看，是公众要求演变成一股走向规制的推动力"[③]。在黑幕揭发者通过勤奋工作不断体现着"新闻必须具有揭露社会弊端的特色"[④]的同时，也促使美国向一个"要求更完善的法律、理性以及实际观念"[⑤]的"好社会"转型。比如，记者、慈善家雅各布·A. 里斯（Jacob A. Riis）关于纽约"东区"贫民和外来移民聚居的贫民窟的报道，促成了"廉租公寓委员会"的成立，以及贫民窟相继被铲除和代之而起的一个个小区及廉租屋条例。

《人人》杂志 1908 年 1 月号更是乐观地说道："华尔街不能再像以前那样欺骗公众了，保险业运作机制更为健全了，银行正在增加新的防范措施，

---

① （美）莫里森等著，南开大学历史系美国研究室译：《美利坚合众国的成长》（下卷），第 350 页。

② Arthur and Lila Weinberger, The Muckrakers. New York: Simon and Schuster, Inc.,1961,xix.

③ （美）伊丽莎白·桑德著，陈永杰译：《美国进步时代对中国的启示：三种代理模式》。

④ （美）威·安·斯旺伯格著，路志宝等译：《普利策传》，新华出版社 1989 年版，第 65 页。

⑤ （美）卢瑟·S. 利德基主编，龙治芳等译：《美国特性探索》，中国社会科学出版社 1991 年版，第 353 页。

广告基本真实，食品和药品掺假将冒更大的风险。公共运输公司更为关注人的生命安全。旧时政治老板风光已不再了。各州和各城市都在致力于廉政建设。人们开始提名自己的候选人……我们的公众资源得到了保护。”①

可以说，变得越来越强大的“耙粪运动”以及各种反对大企业垄断和官商勾结的社会力量，给这些重塑美国的重要改革提供了巨大的舆论支持。在罗斯福当政时期，媒体的力量推动进步改革开始变成全国性的改革运动。最关键的是，罗斯福成功地使政府在经济生活中应该发挥作用这个核心问题变成国家政治的中心话题，并成功地塑造了美国社会关于经济集中与政府角色的公共舆论，使得美国人越来越接受一个积极有为政府的想法。

4. 路径 4——社会立法：“营造洁净生活和正确思想”

随着资本主义的猛烈发展及自由竞争向垄断的过渡，美国社会破绽百出。正如美国学者所说：“没有哪个社会在经济和社会生活发生根本变化后不产生一股巨大的社会力量，并进而以汹涌之势改变其政治进程。”②19 世纪的最后 30 年间，主要资本主义国家在社会领域内也进行了多方面的调整。这期间在社会领域内实行的各种调整，主要采取了社会立法的形式，这意味着国家从过去的自由放任政策过渡到积极干预社会经济生活。与此相联系，国家的职能扩大了，也多样化了。③ **如果把治理国家的腐败比作打扫自家的房屋，那么，让政府看起来廉洁有序，如同只是把家里的阳台布置得花团锦簇一样；还需要让社会变得干净整洁，就如同把家里的厨房、卧室乃至阁楼、地下室都整理得一尘不染。**

城市改革运动就是这样一场“垃圾清扫运动”，随着“耙粪运动”不断深入，一系列社会性问题大白天下，一系列有利于公众的社会立法颁布实施，肮脏混乱的社会状况得到有力的治理。比如，农业部的时任化学总工程师哈维·威利博士揭露：在罐头及加工的食品里面普遍使用防腐剂及掺杂物；《妇女家庭杂志》揭露了有毒成药的黑幕；《屠场》一书掀起了在食品安全领域加强社会管制的巨大舆论压力……于是，1905 年罗斯福要求国会采取行动，翌年国会在很短的时间内通过了肉类检查法和食品药品卫生法这两部非常重

---

① 展江等译：《新闻与揭丑——美国黑幕揭发报道经典作品集（Ⅰ）》，第 13 页。
② （美）詹姆斯·麦格雷戈·伯恩斯著，刘李胜等译：《领袖论》，第 100—101 页。
③ 吴于廑、齐世荣主编：《世界史·近代史编》下卷。

要的社会管制法律，打击政商勾结，维护公众利益，禁止食品公司及医药公司危害人民健康的行为。

同时，调查委员会、廉租公寓委员会以及各种公民团体纷纷被一些报告所唤醒，“立法机关正一点一点地啃掉劳务用工和住宅提供中最令人不能容忍的状况”①。1900 年，《另一半人如何生活（How the Other Half Lives）》出版 10 年之后，纽约的最糟糕的廉价公寓已经不复存在，可怕的警察局收容所也不再存在，“筒子巷已经不复存在，强盗巷、骨头巷、小偷巷和煤油巷——它们全都已经不复存在”，为纽约穷人提供公园、运动场和健身房的工作已经开始，让人厌恶的脏、乱、差不再是普遍现象，而是个别行为。而且，路灯一直点到早晨，人们出行再也不用提灯笼；“不需申请，不需提问，不需学费”的公共教育开始推行，家长们可以把孩子带到学校接受教育。

为了建立保持“洁净生活和正确思想”的长效机制，罗斯福加强了联邦政府进行经济管制和社会管制的能力。例如，通过法律增加司法部的编制，提高其反垄断的起诉能力；在商务部成立公司局，专门负责调查企业的跨州商业活动；成立食品药品局，专门监管食品药品安全。此外，从第一届任期开始，罗斯福就加入了当时刚刚兴起的自然资源保护运动。罗斯福强调要在发展与森林和水资源的长期保护之间进行平衡。例如，他支持将出售公共土地的收入转入灌溉，将三千英亩森林增加进国家森林保护体系。到 1916 年以前，已经有 30 个州实行了关于工人工伤的赔偿的法律。1900 年有 4 个州通过法律，禁止雇用妇女作夜工。1907 年俄勒冈州实行女工工作时间不得超过 10 小时的法律。② 马萨诸塞州在 1912 年制定最低工资法，该法授权成立一个委员会来确定女工、童工的工资率。这些“弱势群体”保护法案为各州所纷纷效仿。

当时，“市、州和国家的社会立法汹涌而至，几乎席卷公众所感兴趣的一切生活方式和一切活动方式”③。于是，这些改革性法案的立法过程成为普法、学法的学习过程，关于良好社会生活的应有原则和公益精神被悄然确立下来，关于妇女选举权、创制权、复决权、罢免权、选民直接投票的预选、比例代表制、住房、教育、劳工、社会保险和社会福利等方面的社会理念深

---

① （美）弗雷德里克·L. 艾伦著，高国伟译：《美国的崛起》，第 56—57 页。
② （美）纳什等编：《美国人民》，刘德斌等译，北京大学出版社 2008 年版，第 689 页。
③ （美）查尔斯·爱德华·梅里亚姆著，朱曾汶译：《美国政治思想》，商务印书馆 1988 年版，第 268 页。

入人心。[①]

食品安全、社会救助等问题与“社会体感温度”有什么关系？

19世纪80年代起，宗教人士和妇女们陆续开始在美国一些城市设立社会服务机构，为贫民提供生活救济、卫生服务、文化教育等方面的帮助。第一批公共会堂“邻居互助会”和“赫尔会馆”在纽约和芝加哥相继建立，成为收容援助赤贫阶层的保护站。到1910年，类似机构已多达400多个。[②]1892年，国会拨款2万美元，对全国20万人口以上的城市进行调查，就如何消除贫民窟问题举行了听证会。1901年，国会成立了全国标准监督局，监督各城市建筑法规的实施。1913年，堪萨斯建立了全美第一个公共福利委员会，该委员会提出调控贫困问题的几项原则，即政府参与、集中、高效和科学的指导原则。此后，各城市相继成立类似的委员会。1916年，各城市的公共福利委员会联合成了全国福利项目联盟。公共福利机构的建立，改变了过去单纯由私人慈善机构进行社会救济的局面，在资金充足的前提下大大加强了市政府对贫困问题的调控职能。州和联邦政府还在雇员工伤补偿、给老人提供养老金、改善儿童处境等方面进行改善性立法，为以后的美国社会保障制度奠定基础。[③]这些帮助弱势群体的措施虽然表面上与反腐败关系不大，但却实质上修补着社会公平正义的“防风林”，抵挡因腐败导致“政治荒漠化”的寒流，给人们带来些许温暖和寄托。可以说，“社会福音”是对强盗资本家的“财富福音”的一种有效救济，缓解了底层民众对政治腐败的紧张感和焦虑感，避免了社会矛盾冲突的激化。

进步主义改革的余波一直持续到20世纪20年代。在“一战”期间，许多进步改革者仍然在各级政府推进改革。例如以女性改革者为主的进步主义改革者继续在地方层面推动政府进一步改革，包括降低婴儿和孕妇死亡率，保证空气清洁和食品（例如牛奶）卫生。新墨西哥的进步改革者还建立了专门的儿童福利服务项目。一些宗教领袖也呼吁教士们走出教堂，关注社会问题。许多社会福音组织相继成立，活动范围涉及劳资冲突、市政腐败、贫民窟与

① 李军主编：《美国社会历史百科全书》，陕西人民出版社1992年版，第246—247页。
② 余志森：《美国通史（第4卷）——崛起和扩张的年代1898—1929》，人民出版社2002年，第264页。
③ 张淑华：《美国社会转型时期的“城市病”及其治理》，《广西社会科学》2007年第8期。

社会救济、禁酒、文官制度改革和移民援助等诸多社会领域，并取得了积极的改良效果。而且，社会福音运动与联邦政府的社会立法改革相呼应，得到广大中产阶级和下层人民的广泛关注，拉开了参与更广泛、影响更深远的社会正义运动的序幕。由于社会正义运动特别关注社会最弱势的群体，把解决残酷剥削妇女和童工、工业生产安全保障等问题摆到重要议程，使其成为“第一次大规模的旨在减少美国社会中阴暗面的尝试”[①]而永留史册。

三、顶层治理方法：“情绪应转变为行动”

最为重要的是要发展人与人之间最博大的怜悯和宽容。工薪阶层的福利和农夫们的幸福依赖于整个社会的安宁幸福；保障他们的利益不会拖人的后腿；但却必须成为我们这些治国之才的首要任务。

——西奥多·罗斯福

改革从来都不会一帆风顺。西奥多·罗斯福的改革引起了共和党的分裂，保守派坚决反对他的改革，他本人则退出共和党另组进步党参加总统大选。“权力与领袖无处不在带来了一个大问题，同时也带来了一个更大的机遇。”[②]这个倔强的“老牛仔”毫无惧色，坚持按照他自己的套路“出牌”，直至看到天边露出希望的曙光。

1. 案例 1：亲自出面，到白宫来调解劳资纠纷

20世纪初期，煤炭是工业时代真正的主角，煤炭为炼钢、铁路、船运、供暖、照明等几乎所有的现代生产和生活提供能源。然而，在煤炭老板的盘剥压榨下，虽然煤炭带来了光和热，但其开采者的生活却既不光明也不温暖。

1902 年，美国矿工联合会发动煤矿工人大罢工，威胁城市取暖燃料供应，引发了一场举国危机。这一年 10 月 19 日的《纽约时报》，在头版记载了整个罢工从开始到平静结束的全过程。首先，“在经过 18 个月的犹豫之后，无烟煤矿工人在 5 月 5 日宾夕法尼亚州的海齐顿举行的代表大会上终于投票决定罢工。在代表大会上，煤矿工人联合会主席约翰·米切尔清楚又强烈地倡议和平，但在决定罢工后，他又热情地支持矿工们采取行动，并号召烟煤矿

① 唐娅：《二十世纪初进步主义运动对美国现代化的影响》，《世纪桥》2007 年第 1 期。
② （美）詹姆斯·麦格雷戈·伯恩斯著，刘李胜等译：《领袖论》，第 62 页。

工业加入到罢工的行列里来，这样将使罢工的总人数达到 45 万人，由此来迫使资方妥协，因为这将使整个国家的铁路和工厂陷入瘫痪”，20 世纪美国的第一次大罢工由此拉开序幕。工人们提出的条件是：工资增加 20%，每天工作 8 小时。

以往的罢工，僵持一段时间，在工人里发展一些“工贼”，等待着挣钱养家的工人们肯定会被分化瓦解。然而这一次，煤矿主的如意算盘打错了。他们遇到了一位强有力的对手——矿工联合会主席约翰·米切尔。[①] 作为一名从童工成长起来的工人领袖，米切尔不仅明白罢工是他们争取权利的手段，还明白谈判也是一个解决问题的成功路径。

罢工从春天进入了秋天，马上就要进入城市供暖季，纽约的煤炭价格从每吨 5 美元涨到了 25 美元。在罗斯福的压力下，煤老板们终于和工会代表坐在了一起。10 月 4 日，煤老板们拒绝了矿工的复工条件，形势开始恶化。《纽约时报》记录了这样的场面：“在矿区，到处可见暴乱、纵火，矿井被水所淹，试图开工的矿井被罢工的工人围困，暴乱中有人丢了性命，矿主们转而向宾夕法尼亚州长请求保护。”在矿主们的压力下，州长准备派 9000 名国民警卫队队员前往矿区。然而，罗斯福否决了州长的命令，并威胁矿主如不能解决问题，基于国家安全等考虑，政府将会没收煤矿。正如哈耶克所说：“政府政策也就有了充分的理由将这些财富从这些私人手里拿走，其实现方式无非两种：一是通过对遗产继承课以重税的缓慢过程，二是通过直接采取没收措施这一更为迅捷的方式。”[②] 提高工人工资属于典型的“没收式”调控，即“取老板利润之余，补工人薪资不足”。

最终，罗斯福召集煤炭经营者和矿工联合会领导人约翰·米切尔在白宫开会，双方达成妥协，将工作时间从每天 10 小时缩短到 9 小时，并且让工人得到 10% 的加薪，结束了持续 163 天的罢工。在 1902 年之前，“由美国总统出面解决一场罢工是完全没有先例可以追寻的”[③]。罗斯福第一次使联邦政府在大规模劳资冲突中不站在亲资方的立场上，而是采取了一种带有倾向性的中立态度，并通过调节巧妙结束了持续近半年的煤矿工人罢工。在此之前，

---

① 刘戈：《1902 年，那一场载入史册的大罢工》，《商业价值》2009 年第 2 期。

②（英）弗雷德里希·冯·哈耶克著，邓正来译：《自由秩序原理》下册，第 91 页。

③（美）弗雷德里克·L. 艾伦著，高国伟译：《美国的崛起》，第 77 页。

每当遇到罢工，资方往往采取组织私人军队、开除工会活跃分子、大量雇佣替工者来消除罢工威胁；而劳工组织者也相应采用非法甚至暴力手段来对付资方，劳资双方在组织和冲突的过程中都有各种政治势力以及黑社会卷入。

对于美国底层民众来说，“真正的麻烦是，这里的人们从出生到死亡一直任由强大的社会力量支配，这些力量左右了他们的人生轨迹”①。这些不公正现象是“对民主社会的讽刺”，也是顶层治理必须纠偏的对象。

最好的办法，就是总统带头，亲自调解！最好的地方，就是白宫！

这也正是人们声称“罗斯福奠定了公共利益优先于财产权原则”②的原因。西奥多·罗斯福的行动得到了人民的称道，他因此获得了“托拉斯爆破手”的美名。但他也遭到了保守派的攻击，1896年总统的制造者、政治老板马克·汉纳大骂这个“该死的牛仔”。要知道，由于1896年总统大选中民主党与反垄断的人民党合并，导致垄断财团一边倒地站到共和党总统候选人麦金利一边。美孚托拉斯和摩根家族各自向其捐款25万美元，共和党所得竞选捐款总额达到创纪录的1000万美元，而民主党才募得区区30万美元。垄断财团在挥动政治金元的同时，还采用解雇工人、取消抵押、增加合同附加条款等手段，向工人、农民和中小企业主施加压力，强迫其给麦金利投票。麦金利最终以50万选民票的微弱优势胜出，对垄断财团投桃报李。《经济学家》杂志为此评论说：“正如所有人都知道的那样，麦金莱先生（也译麦金利——引者注）是由托拉斯选出的……在他的任期内，托拉斯的财富和权利增长到惊人的地步。”③

显然，老罗斯福作为麦金利曾经的副手和继任者，在劳资纠纷上的所作所为几乎是颠覆式的。当时，华尔街因他的“堕落”而“目瞪口呆”。纽约的《太阳报（Sun）》把老罗斯福的做法看作是“非常的”和“危险的”，《商业杂志（Journal of Commerce）》则这样评论：

总统的行为……在公众的面前将工会的重要性和力量放大了，使经营者的地位和权利蒙受了没有理由的羞辱，在现今很多不受欢迎的政治经济问题上又增加了一个工会问题……迄今为止，没有什么可能发生的罢工比罗斯福

① （美）弗雷德里克·L. 艾伦著，高国伟译：《美国的崛起》，第57页。
② （美）德怀特·L. 杜蒙德著，宋岳亭译：《现代美国》，第138页。
③（美）查理斯·R. 吉斯特：《美国垄断史——帝国的缔造者和他们的敌人》，经济科学出版社2004年版，第35页。

先生的这种看上去根本无法控制的自动干涉的倾向更糟糕。

对这些评论，老罗斯福不予置评。让联邦政府第一次支持有组织的煤矿工人大罢工只是个开始，在其支持下，国会通过了一些旨在保护劳工权益的法律。例如，支持通过立法来明确雇主对工伤和事故的法律责任，禁止雇用童工等……因为他认为财富分配严重不公正，是美国最突出的问题。要想努力实现社会公正，就必须实现财富分配的公正、发展机会的公正、人权和财权之间的公正，否则美国"将一事无成"。①

1907 年 6 月 10 日，罗斯福总统应约在弗吉尼亚州诺福克的詹姆斯敦博览会上，面向 3—5 万名听众进行了一场演讲。与人们预想的不同，总统的演讲主题是工业事故问题，他告诉在场的听众：这个国家虽然已经将"19 世纪的麻烦"抛在耳后，但却陷入"工业化问题的新困境"，尤为突出的包括"财富的不平等已经造成了富人与穷人之间在新环境下的互不信任"，以及由于事故频发导致的"难以接受的不公正"，因为相关法律使得工人难以从雇主那里获得损害赔偿。② 根据煤矿安全方面的权威历史学家的研究，詹姆斯敦博览会召开的 1907 年是"工业事故历史上最黑暗的年份"，当年的 18 次工业灾难造成 918 名矿工死于非命，弗吉尼亚 12 月发生的一次矿井爆炸夺去了 361 名矿工的生命。然而，在美国已然成为"事故共和国"的状况下，当时的普通法原则是要求受伤的雇工证明伤害是由雇主所造成的，导致雇佣工人及其妻儿"承担全部的损失"成为常态。为此，罗斯福在这次演讲前数月就在国家改革议程中提出，要有一种处理工业事故的不同方式。这种方式如其演讲所说"走向尽人类智慧之所能而平等公正对待人民的道路"：

"工人应该就其履行工作义务时发生的事故获得确定与有限的赔偿"，"工人及其家庭不会再被家庭的重负所压倒"，"无论从何种立场来看，这种变化都将是有益的"。

这就是美国人所感叹的"总统以其特有的强悍勇气来面对这些难题"，因为这些困扰了美国人的难题不仅事关民生，更事关民心和未来。实际上，在两年前的总统就职演说中，老罗斯福就已经指出："现代生活是既复杂又紧张的。我们的工业在前半个世纪出现了史无前例的发展，以至于社会与政

① （美）威廉·H. 哈博：《西奥多·罗斯福的生活与时代》，转引自黄贤全、王孝询《美国政治与政府调控》，第 216 页。

② （美）约翰·法比安·维特：《事故共和国》，田雷译，中国政法大学出版社 2016 年版，"导言"。

治共同体的每一块肌体都可以感知其所带来的巨大变化。”当然，这些变化有的“好”，有的“不好”，如果有什么必需的成本与代价，必须由整个美国即“社会与政治的共同体”来共同承担。

这，就是老罗斯福作为总统的政治担当！而且，充盈着“罗式”政治智慧，因为他说的是“确定与有限的赔偿”，而不是“任性而无限的索要”。但是，对于一个得以蹒跚走出腐败高发期的国家来说，这些或许已经足够多了，因为它意味着：美国社会变得“温暖”起来，对弱势群体充满更多自上而下的人性关怀。由此，整个国家更加重视扶贫济弱的底线意识和保障机制，又不失其固有的规则观念与法治思维。

2. 案例 2：把中产阶级做成社会稳定的“大盘股”

19 世纪末期，一批以中产阶级为主的美国人开始思考，如何使大多数美国人从国家高速增长的工业化进程中获益。一些抨击企业垄断、财政腐败、食品掺假的文章陆续出现，消除社会丑恶现象、建立合理的市场秩序的努力，在 20 世纪初逐渐形成了空前的社会“进步运动”。在那个“互相冲突的利益以及盲目对立的双方之间的斗争”充斥社会的年代，已经有人开始公然宣称：“我只有一个原则，那就是努力使富有者更加难于富有，使贫穷者易于避免更加贫穷。”①

西奥多·罗斯福总统接纳了进步运动。他把自己视为“社会公民的管家”，开始向垄断资本势力和财阀利益集团开战。②然而，要确保进步运动的胜利果实，必须让人民自己成为自己的主人。或者说，**让无产阶级变成中产阶级，让改良运动代替革命暴动**，这就是老罗斯福推出的又一个重要改革举措。显然，这条向根深蒂固的旧制度斗争的道路不会平坦，甚至将是一路泥泞。

1893 年，最高法院法官戴维·J. 布鲁沃在写给纽约法院协会的信中说：“社会财富由少数人掌握，这是恒久的法律。”在现代社会，要控制民众，需要的不仅仅是武力和法律。对那些聚集在城市和工厂里、生活中充满反叛动机的危险大众，还要教导他们懂得：存在的就是合理的。学校、教堂、大众文学都在灌输这种观念：富有象征着成功，贫穷象征着个人失败；对于穷人而言，向上的路只有一条，即凭借非凡的努力和机遇，挤进显贵的富人阶层。美国

---

①（美）埃德温·埃默里等著，苏金琥等译：《美国新闻史》，第 342 页。

②《西奥多·罗斯福向托拉斯宣战》，《沈阳晚报》2006 年 12 月 27 日第 45 版。

学者奥尔德里奇认为，“同大众模式相比，权贵家族对其成员施加更为强烈的心理、社会和经济影响。甚或在群族的层面上亦是如此。对于持有上述想法的人来说，权贵家族的精髓便在于使其成员不受意外事件的影响，一直处于历史的巅峰期”[①]。

然而，对于这些强势社会群体的利益诉求，老罗斯福的回答是：

我经常与一些非常富有的人打交道，……但我对他们了解越多，就越相信他们完全不适合治理这个国家，……不管他们用什么方式花费这些财富去从事何种慈善事业，都不能弥补他们用不正当手段发财致富所造成的过错。[②]

如何解决分配不公引发的腐败“泛化”问题？

美国在20世纪的头50年里让“富人巨大的领先优势缩小了许多”，而数百万家庭“从穷困（或者接近穷困）的状态”提高到了“中产阶级的生活方式”，这使人们对腐败的焦灼感大为缓解。据美国国家经济研究局的西蒙·库兹涅茨（Simon Kuznets）统计，美国收入最高（年收入超过8000美元）的5%的人在国民总收入中的比例，从两次世界大战时期的税前占比超过30%和税后占比多于28%，降到了1945年的税前占比19.5%和税后占比17%。处于收入金字塔顶端的1%（年收入在16000美元以上）的富豪在国民总收入中的税后占比，到1945年由13%降到7%。同时，数以百万的家庭收入超越2000美元以下和2000—3000美元，向上成为更高收入群体。如一个钢铁工人从2500美元收入增加到4500美元，机床操作者从3000美元收入增加到5500美元或更多。特别是在1940—1950，虽然物价不断上涨，但“收入增长还是远远超过了物价”[③]。扣除物价上涨因素，美国国民可支配收入在1929—1950年增长了74%，而且“富人群体得到了一块更大蛋糕的相对较小的一块”。

在控制高收入群体比例、增加低收入群体规模的“劫富济贫”过程中，税收杠杆至关重要。“全部的税收负担——曾经被认为应由其他因素来决定——应当依‘支付能力’（ability to pay）来分配，以求获致‘平等的牺牲’

① （美）尼尔森·奥尔德里奇著，范丽雅译：《如何构建权贵家族？》，《新快报》2009年5月25日第C03版。
② 转引自李剑鸣：《大转折的年代——美国进步主义运动研究》，第66页。
③ （美）弗雷德里克·L. 艾伦著，高国伟译：《美国的崛起》，第196—198页。

（equality of sacrifice），而依累进税率课收所得税的方法能够最好地达致这个目的。”[①] 如1913年《安德伍德—西蒙斯法》开创了征收个人累进所得税的先河，对年收入4000美元以上的公司和个人一律征1%所得税，并据年收入多寡再征1%—5%附加税；对年收入超过50万美元以上者，征1%所得税和6%附加税。[②] 此后经多次修法，累进税率不断提升，1918年个人年收入超过50万美元以上者的附加税提高到了65%。[③] 美国证券交易委员会的公开记录显示，1950年通用汽车公司总裁查尔斯·E.威尔逊是最高薪酬获得者，挣到626300美元（其中一部分是之后5年可陆续拿到的股票和现金）。如果全部是现金收入，那么威尔逊将缴纳约462000美元所得税，留给他的只有164300美元。正如有人指出的那样，采取收入调节机制以给弱势群体“分一小块馅饼的调和办法”，既“不致于威胁资本积累，而且还带来希望。这一小块馅饼会随着资本积累的扩大而逐步变大”[④]。更重要的是，对于能够“购买整洁崭新的衣服、购买更好的汽车、冰箱、为家庭主妇准备一间体面厨房、能够看牙医、购买保险”的中等收入群体来说，腐败问题即便永远无法回避，但也远远不再像以往那样令人寝食难安。

经过政府的调控，“镀金时代”的富人从前在里边过着贵族般奢华生活的那些豪宅大院、古老城堡，大多数因为遗产税和附加税而不复存在。纽约那些曾经让第五大道成为“百万富翁大街”的著名宅邸，如铁路大亨范德比尔特的家族豪宅，已被夷为平地并修建成商业建筑和公寓大楼；纽波特的“赭石宫”，成了一所天主教大学；“布雷克斯庄园”被用作博物馆，用以展现范德比尔特家族全盛时期的奢华程度；E.T.斯托特斯伯里在费城郊外拥有130个房间的“怀特马什庄园”，成了费城制盐公司的研究中心；亨利·怀特在莱诺克斯的房子、弗拉格勒在棕榈滩的豪宅，都被改造成旅馆和酒店；其他的很多豪宅，都被改造成修道院、寄宿学校、医院等。[⑤] 随着时光的流逝，大富豪的继承者不想在高劳动力成本时代支出巨额费用维护豪宅。而且，社会价值观像一条静水流深的长河那样悄然变化，后来的富人们已经不再那么热

① （英）弗雷德里希·冯·哈耶克著，邓正来译：《自由秩序原理》下册，第74页。
② （英）弗雷德里希·冯·哈耶克著，邓正来译：《自由秩序原理》下册，第74页。
③ （美）德怀特·L.杜蒙德著，宋岳亭译：《现代美国》，第188页。
④ （美）伊曼努尔·华勒斯坦著，路爱国、丁浩金译：《历史资本主义》，第97页。
⑤ （美）弗雷德里克·L.艾伦著，高国伟译：《美国的崛起》，第208—209页。

衷于追求王室贵族般的生活方式。

莱斯特·华德在1885年出版的《动态社会学》一书中，将人类的进化与自然界的进化区别开来，认为人类理智应该控制社会，不应该屈从于社会上各种不合理的力量。这种理想在老罗斯福那里演化成具体可操作的财富和分配调控手段：

我觉得我们最终将考虑接受诸如对所有财产征税这样的革新的税制计划，只要超过了一定数额，无论是生前赠与，还是死后遗赠都必须纳税——制定这一税制是为了使任何超过个人所需花费的金额的巨额资产脱离其所有者的控制；这一赋税当然会由联邦政府而不是州政府来征收。当然，这一税制应当只是为了避免遗产和赠款在整个社会财富中膨胀得超出健康的范围。[①]

在他的支持下，拉福莱特在任威斯康星州州长时发动的改革运动如虎添翼。1905年，威斯康星州议会在拉福莱特的授意下，通过了铁路委员会法案，控制铁路垄断的发展，强制铁路公司缴纳税款。1908年，拉福莱特开始在州内征收累进所得税和累进继承税。对于美国的国家治理体系来说，这些改革的政策指向提示人们："工人、农民和商人集团的斗争出现了对国家的多元控制，这就使以前的产权结构发生分化，代之而起的是以牺牲第二次经济革命效率潜力为代价，对收入和财富再分配的政治角逐。"[②]正是在类似这些"分配杠杆"的支撑下，美国的国民财富才能够更多地涌流到民众手中。

此外，教育的普及催生了社会的结构性变迁。20世纪初的时候，美国中学适龄的男孩女孩中，进入中学读书的不到总数的1/10；到了20世纪中叶，这一比例超过了4/5。美国大学生和教师培训机构的入学数量也增加了8倍。除了学校教育之外，广泛的社区教育和不同形式的社会教育促进了国民素质的提高。仆人阶层的消失，更是标志着从前的移民下层群体真正进入到了整体的美国社会。富人们从巨额利润中拿出一部分资助教育机构，他们因此成为著名的慈善家。洛克菲勒向全国各地的大学提供捐赠，他出资建成了芝加哥大学。太平洋中心铁路公司的亨廷顿向两所黑人学院即汉普顿学院和塔斯凯基学院提供资助；卡内基向大学和公共图书馆捐资；百万富翁、商人约翰·霍普金斯捐资建成了约翰·霍普金斯大学；百万富翁科尼利厄斯·范德比尔特、

① 展江等译：《新闻与揭丑——美国黑幕揭发报道经典作品集（Ⅰ）》，第7页。
② （美）道格拉斯·C.诺思著，陈郁等译：《经济史中的结构与变迁》，第207页。

埃兹拉·康奈尔、詹姆斯·杜克和利兰·斯坦福也都捐资创建了用自己名字命名的大学。这些“社会印记”既体现出富豪阶层财富观、公益观的变化，也在缓解普罗大众对“强盗大亨”的社会痛感方面起到了积极作用。

这些教育机构的社会存在和教育体系持续孕育着美国社会体制中的特殊阶层——中产阶级，主要包括教师、医生、律师、行政官员、工程师、技术员和政治家等，他们受雇用以维持、续建现存的国家体制和治理体系，他们是反对动乱的“忠诚的缓冲者”，而不是“一点就着”的社会极端弱势群体。特别是随着公立学校教育的普及，整整一代熟练或半熟练工人学会了读、写与算术，促使他们成为新产业时代需要的受过教育的劳动者大军。这不但在很大程度上保证了社会人力资源的可持续供给，还有助于缓和“镀金时代”近于无法调和的劳资冲突，改善了社会公平的整体观感。

此外，高度发达的大众传媒也充当了中产阶级的助产士。20 世纪初，美国没有一份杂志的发行量达到 100 万；到了 1947 年，就有 38 种杂志的发行量超过了 100 万份；到 1951 年，《读者文摘》（Reader’s Digest）的发行量达到了令人吃惊的 950 万份。电影（约从 1905 年开始）和电台（约从 1920 年开始）也把各个收入水平的美国人聚集在一起，在胶片和节目中塑造了新美国的各种共同要素。加里·格兰特、格里高利·派克、汉弗莱·鲍嘉等大众明星，不论扮演富人或穷人，都带来了符合中产阶级言行标准的东西，这是一种“无阶级式”或者说“全美国式”的倾向。最终的社会协商结果是：

大家都认为：清晰准确地界定经济等级和社会等级，是对美国民主理想的违背……只有各个阶层的人为了一件事情而共同工作的时候，只有这个事情应该是看上去对所有人都有利的事情，社会和个人都会得到更好的发展。对付无产阶级既不能镇压，也不能虐待，更不能帮助他们推翻他们的主人，最好的方法就是让他们有获得教育、机遇、汽车和吸尘器的机会，指导他们走向中产阶级的生活方式，刺激他们渴望得到更多的好东西；在这样的引导下，获得无数机会的无产阶级就不再是无产阶级了，而是自尊自强的公民团体，他们一个个挺直了腰板，帮助国家保持良好的运行秩序。[①]

到了 1947 年，戈登·海斯（Gordon Hayes）教授在《哈珀氏》杂志上撰文指出，

① （美）弗雷德里克·L. 艾伦著，高国伟译：《美国的崛起》，第 97 页。

穷人与富人抽相同的香烟，用相同的剃刀刮胡子，使用相同种类的电话、电视机、收音机、吸尘器，家里拥有相同的照明和加热设备等生活日用品。通常情况下，穷人的汽车与富人的汽车也没有太大差别，因为它们用的是同样的引擎和零配件。美国城乡除了破旧的老房子没有自来水、浴缸、淋浴设备及抽水马桶之外，这些能够增加生活便捷度和公众幸福感的常用设施很快被用在各地的农村住房了。

1951 年，美国著名的社会学家赖特米尔斯出版了《白领——美国的中产阶级》一书，正式提出了中产阶级（Middle Class）的概念。其实，早在古希腊时期，亚里士多德即讨论了竞争性民主政治的经济和社会基础。他将社会的富裕程度、中产阶级数量以及法治作为民主的前提条件。美国的案例进一步表明，治理腐败需要坚实的社会基础，而强大的“社会中间层”或许是必不可少的。

老罗斯福选择的改革道路说明：在以收入和分配调节控制腐败泛化的问题上，只要是方向选择对了，即便路再远，只要肯跋涉，也一定有到达目的地的一天。在“老罗斯福新政”的感召和推动之下，美国逐渐迈开了走出“镀金时代”的关键步伐。美国学者本杰明·沃特豪斯对此的评述是：

公众对工业资本主义的不满——从巨头公司的掠夺和垄断定价对工人的剥削，再到紧缩性的货币政策——启动了美国历史上一项最为重要的政治改革运动。研究这个时期的历史学家长期以来用‘进步时代’这个词形容 19 世纪和 20 世纪交接到一战开始之间的年份，这是由政治上和学术上对工业化社会快速兴起的反应定义的。既不立足于激进的社会主义，也不根植于没有限制的自由放任经济，进步主义者寻求缓和资本主义生产剩余的同时保留它的好处。在这个过程中，进步时代重新认同了美国政治传统中的元素，同样也建立了新的机构、政府组织以及对民主承诺的预期。①

其实，早年间老罗斯福在担任纽约警察局长时，《世界报》的一篇报道就在标题中揭示了这位改革者的思想逻辑，其要义既深刻又简单，那就是：公众，公众，再公众！

① （美）本杰明·沃特豪斯：《美国商业简史》，第 136 页。

第九章　现代社会的两大趋势和现代腐败的原始病灶

——为什么腐败的“泛化”比腐败本身更严重？

腐败会使得公共部门的某些（或者全部）领域出现失灵。这一失灵的实质在于，这些部门中的个人或单位不是为公众服务，而是为他们自己服务。

——约翰纳·伯爵·兰斯多夫

当今世界的模样，大抵脱胎于16、17世纪之交。17世纪以来，随着马克思所说“作为世界史的历史”形成（即全球化时代的肇始），有两件大事开启了至今仍影响寰宇的大趋势：第一，公域的行政化，或者说现代民族国家及其民主制（代议制）政府的形成和发展；第二，私域的市场化，或者说市场经济和消费社会的勃兴。虽然“‘私人所有权’和‘公共所有权’在封建社会显然是融为一体的，它们同宗同源，都依附于土地”①，但是，自从16世纪法国、英国和西班牙集权化君主政体与金字塔式的君主制及其领地制、封臣制这一整套中世纪社会结构“决裂”②以来，公权和私权、公益和私利、公域和私域的界限相对清晰并逐渐分化开来。时至今日，我们每个人仍然在公域行政化、私域市场化这两种大潮的激荡中生存发展。然而，由于权力所具有的内生性缺陷，使得公域的行政化权力（即治权）不断向原本是私域的市场领域渗透，诱发了诸多结构性腐败的“病灶”。

① （德）哈贝马斯著，曹卫东等译：《公共领域的结构转型》，学林出版社1999年版，第5页。

② （英）佩里·安德森著，刘北成、龚晓庄译：《绝对主义国家的谱系》，上海人民出版社2001年版，第3页。

一、公域与私域的两大变化趋势

一种集中的优势总是比一种分散的劣势更易于被欣赏。正是由于这个理由，各个政府发现，防止膨大是困难的。

——伯特兰·罗素

公域行政化和私域市场化并不见得“人见人爱”，但其一直伴随着进入到“地球村”时代的村民却是不争的事实。尤其是那些自工业革命以来相继崛起的国家，不但在积极开拓本国市场和全球市场方面令人印象深刻，而且事实上都不乏富有领导力和执行力的政府治理体系。然而，科学合理的行政化所能带来的良政善治，健康高效的市场化所应催生的繁荣昌盛，又总是会遭遇到形形色色的腐败问题的冲击。特别是在那些不以人的意志为转移而不断出现的腐败高发期里，盛放着私欲泛滥、道德崩溃的“恶之花”，重复着公权异化、人亡政息的“周期律”，一次又一次挑战着人类对政治的美好期待、对文明的普遍良知。

1. 趋势之一：公域行政化

其实，早在16、17世纪的英格兰，已经出现了“王室和中央行政的扩张”①的趋势，主要表现为王权对财政和军事资源的获取，王室控制区域的扩张，官僚体系的发展等。而且，“权力在村社层次上被削弱的同时，全国范围内却实现了集权化”②。华勒斯坦（又译沃勒斯坦）指出，近150年来“唯科学主义（与技术革新的要求相联系），国家结构的行政机构化（为提高积累过程的效率所需）和大量人口有系统的迁徙（为了满足资本家生产活动不断发展的劳动力需求）三者的结合要求政治文化有个大规模的革新”③。

实际上，对经济层面的科技化、工业化以及社会层面的城市化影响最大的，正是“国家结构的行政化”和与之相适应的“政治文化革新”。“随着时间的推移，统治逐渐进化，所以政府官员逐渐控制了更大比例的资源。至少从历史比较的角度看，国家内部的军事竞争已经减少了，为了经济资源而对政府的依赖增强了。政治制度得以发展，包容并引导着集体行动和压力，而且

① 龚敏：《1560—1640年英国财政状况与贵族和官员的腐败》，载《历史教学问题》2005年第4期。

②（英）佩里·安德森著，刘北成、龚晓庄译：《绝对主义国家的谱系》，上海人民出版社2001年版，第41页。

③（美）伊曼努尔·华勒斯坦著，路爱国、丁浩金译：《历史资本主义》，社会科学文献出版社1999年版，第97页。

几乎不允许人们逃脱国家权力的影响，尽管这种描述很难囊括当代所有的政体，但对于大多数最发达的工业国家，它是一个恰当的描述。”①无怪乎布罗代尔曾指出，国家在今天身价很高，甚至哲学家们也在帮它抬高身价。

以美国而言，公域行政化至少表现在三个方面：

——政府规模的空前扩大

19世纪末，美国联邦政府不再甘当“守夜人”角色，建国以来“国会至上”的三权分立体制逐渐向总统中心的政府主导模式转变。根据统计，美国建国之初联邦政府仅有3个部，行政人员为4479人，与当时的美国总人口之比为1 ∶ 1100；到21世纪初，联邦行政部门发展到70多个，行政人员增加至300多万人，与全国总人口的比例上升到1 ∶ 80。②从这一“官民比”的巨大变化可以看出，随着国家行政职能的极大扩张，国家财政供养人员及其公共职位大为增加。林肯总统面对弱小的联邦政府和有限的动员能力，曾在内战极端困难的时候发出过这样的感叹：

我的目标是保全联邦。要是我能解放全部奴隶而达到这目的，我愿意做。要是我能让全部奴隶都不解放而达到这目的，我也愿做。要是我能解放一半的奴隶而保存一半的奴隶而达到这目的，我也愿做。③

从内战结束到20世纪初，这种“弱联邦”格局逐渐得到改善，联邦政府内阁增加了5个部，工作人员从1871年的53000人增加到1907年的256000人，30余年间增加了近5倍。④长期担任白宫总管职位的胡佛（Hoover）曾描述过联邦政府的变迁过程。1890年代初期，他刚到白宫工作的时候，“总统办公室的全体工作人员（当时都住在白宫）只有区区10个人，其中4个是看门人和信使”。

到了1950年，白宫办公室的雇员就达到295人了，而被在技术上统称为“总统办事机构”的部门不仅包括总统办公室、预算局、经济顾问委员会，还包括国家安全委员会、国家安全资源委员会等不同的部门。在这些办事机构工作的人员，总数高达1335人，而且占据了白宫的大部分地盘。与之相比，

①（美）玛格利特·利瓦伊著，周军华译：《统治与岁入》，格致出版社2010年版，第18页。
②姜明安：《行政国家与行政权的控制与转化》，载《法制日报》2000年2月13日第3版。
③转引自黄仁宇：《蒋介石的历史地位》，载《现代中国的历程》，第223页。
④杨生茂、刘绪贻主编：《美国内战与镀金时代》，人民出版社1990年版，第211—212页。

1908 年所有的联邦雇员加起来也只有 3000 人，而且他们中间只有不足 10% 的人住在首都。[①] 因此，美国人不得不承认："我们都知道联邦政府的权力……有了巨大的扩张，权力的触角伸到了国家的每一个犄角旮旯。那些基于个人或小团体上管理的活动和事业如今都变得社会化了。"[②]

为什么说美国行政权走过了越来越集权和扩张的轨迹？

美国政府的发展历程表明，美国的成长史就是政府权力的扩张史。其大体可分为四个阶段：1."绅士政府"时期（建国——内战）：建立强有力的受限制联邦政府虽然是宪政目标，但自由放任的"小政府"却是联邦的代表。2."镀金政府"时期（内战后重建到工业化时期）：内战以武力摧毁了州主权和州权至上的理论基础，特别是老罗斯福总统在 20 世纪初扩大了政府的经济干预权，在展现国家力量、树立白宫权威中成了救济"镀金时代"弊端的领袖。3."效率政府"时期（一战到二战结束）：行政权力随着战争需要急剧扩张，特别是在罗斯福总统的"新政"之风中，集权化的联邦制政府确立了对于州政府的绝对权威。4."帝王总统"时期（二战后至今）：宪政制度的中心逐渐从国会转移到白宫，尼克松时期被称为拥有了"帝王般的总统职权"。因此，被称之为总统权力的黄金时期，国会权力的没落时期。在 21 世纪初的反恐战争和伊拉克战争中，以总统对战争权掌控为标志，行政权进一步扩大并在三权中占据了新的优势地位。在此过程中，美国由一个邦联制国家转变成了联邦制国家，由"议会制政府"转变为"总统制政府"。此外，美国国会所创造的各种独立的规制委员会，由于它们介于"国会及行政机构之间"又"相对独立于两者"，具有特殊的"行政（以及半立法及半司法）能力"[③]。需知美国建国之初，并没有"把英国君主的特权当作界定行政权的一种适当指南。……人们可以严格理解为行政性质的权力，仅仅是指执行法律和任命官吏的权力"[④]。然而，事实是美国总统作为最高行政长官的权力早已今非昔比。

---

① American State Paper, Miscellaneous, Ⅱ, Washington, D. C.: Congressional Information Service, Inc. 1971, p.260–319.

②（美）弗雷德里克·L. 艾伦著，高国伟译：《崛起的阵痛》，京华出版社 2011 年版，第 275 页。

③（美）伊丽莎白·桑德著，陈永杰译：《美国进步时代对中国的启示：三种代理模式》。

④（美）诺曼·格雷伯纳：《缔造者的思想与外交政策》，载肯尼思·W. 汤普森编《宪法的政治理论》，第 178 页。

——公共财政的空前增加

政府之“大、小”从公共信用上可见一斑。当时，华盛顿的政府信用远远低于华尔街的私人银行家，“没有华尔街的帮助，华盛顿是软弱无助的”。1895 年，美国政府的黄金储备不断下滑，为了购买黄金用以支持受到威胁的流通货币，政府急需一笔贷款。危急之下，政府的求助者只能是全国最大的私人银行家 J.P. 摩根。因为理由很简单，用摩根的金融声望担保，华尔街的银行家和有钱人才可以“安全”地把钱借给联邦银行。

1907 年，纽约又一次成为全国性银行恐慌的中心。一连串的银行破产案摧毁了公众的信心，存款人想方设法把钱提出银行。在需要强有力的措施提振金融信心的时候，政府又一次向 J.P. 摩根提出求助。这位“救世主”一次次地把银行行长召到一起开会，通过自己的声望和信用敦促银行家放出贷款，帮助其他的问题银行渡过危机。

“小政府”的总统，其公共信用也“小”得如此可怜！而作为大财阀的华尔街强人，却可以办出集中国家储备体系的力量稳定社会的大事！在危机袭来的时候，美国总统根本无力做出有效反应；在调动“救市”资源方面，联邦政府的财政部长甚至还不如摩根的一个低级助手；在需要国家力量救济“市场失灵”的时候，联邦政府既没有储备资金可用，也找不到其他的可以提供帮助的联邦机构。

这种情况随着政府管辖范围的不断扩大，社会服务的任务不断增多而迅速改变。路易·亨金曾经指出：“宪法告诉政府不要做什么，而不是它必须做什么。宪法制定者认为，政府的目的是充当警察和卫士，而不是提供衣食住行。”[①] 但事实却是：从干预经济到管理国内外贸易，从管理教育、文化和医疗卫生到举办社会福利和社会保险，从保护知识产权到保护生态环境，从监控市场秩序到保护消费者权益，从组织大型工程建设到经营管理国有企业……国家行政职能大为扩展，“最小国家”的理念和模式显得保守而陈旧，对国民“从摇篮到坟墓”全程关注并提供相应公共服务的福利国家成为新潮流所向。

---

① 转引自杨小君：《二十世纪西方行政权的扩张》，载《西北政法学院学报》1986 年第 2 期。

什么“形象工程”是被立法允许的?

英国19世纪的大众民主是在城市率先发展并普及开来，城市充当了大众基层民主的摇篮和发源地。当时，市政厅被当作城市的标志性建筑，就如同教堂是中世纪城市的标志性建筑一样。市政厅建设与否以及其风格、地址、预算、招标等都在公开的原则上进行。人们不仅把市政厅当作宏大的办公楼，而且把它当作进行盛大的招待会、音乐会的场所，因此市政厅客观上具有议会厅、法庭、音乐厅等功能。而且，市政厅建筑还体现出城镇民众日益表现出来的市民自豪感，往往成为一座城市的标志，纳税人用自己的钱，建筑起精美、雄伟的市政厅，在建筑规模、装饰、布局方面相互攀比，体现了市民急于改变新兴工业城镇形象的愿望。① 因此，大部分市政厅都有大型风琴，以举行大型群众性音乐会，把雄伟的建筑物与提高大众艺术欣赏与审美能力结合在一起。其宽敞的厅堂、巨大的规模、成组的风琴，表明了市政厅所具有的公众性质。很显然，这样的市政厅就不纯粹是上流社会的官府衙门，音乐也不再体现上流社会身份地位，而是群众提升其自身境界的场所。为了使新的市政厅真正成为城市标志性建筑物，哈利法克斯在1848年设立市政府时决定，市政厅应该是城市生活与精神的体现，应位于市中心，建筑在制高点上，应有一个令人注目的高塔，一个巨大的钟楼。② 市政厅的竣工揭幕往往是充分表达市民自豪感的典型场合，王室成员的光临、盛大的集会、隆重的庆典成为“标配”。哈利法克斯市政厅竣工剪彩时，威尔士王子光临，还有174节火车带来6.6万名观众，该市组织了1万名主日学校的学生表演节目，一支500人的大型乐队演奏乐曲。③1858年9月7日，利兹市政厅竣工剪彩时，还举行了产品展销会与大型音乐会，女王夫妇的到来把庆典推向高潮，城内到处彩旗招展，横幅临空，花团锦簇，人们个个喜气洋洋。正如水晶宫博览会成为1851年的标志，利兹市政厅成了1858年的象征。④

---

① 陆伟芳、余大庆：《19世纪英国城市政府改革与民主化进程》，载《史学月刊》2003年第6期。

② 阎照祥著：《英国政治制度史》，人民出版社1999年版，第211页。

③ Mark Girouard.The English Town.London：Yale University Press，1990.p.215.

④ Asa Briggs.Victorian Cities.Penguin Books，Harmondsworth，Middlesex，1968.p.174.

事权的扩大，必然要求财权的扩大相匹配。在美国，随着“1909年以前的4至6年联邦政府财政预算赤字和联邦政府作用与规模的急剧扩大，以及对政府的有效管制体制的迫切需求”①，联邦政府在20世纪初建立起了预算局（Office of Budget），后来又升格为联邦管理与预算总局（OBB—Office of Management and Budget），专门对政府的“钱袋子”加以管理。（见表1、表2）

其实，英国1688年“光荣革命”宣告资产阶级立宪君主制度登上历史舞台时，有一个久被忽略却意义重大的细节：财政署的成立。而美国19世纪末的进步运动也是从政府预算改革找到了突破口。所谓“以‘财’行‘政’”，有多少财力，才能相应地办多少公共事务。“逐渐增加了的岁入使国家能够扩大其对公共产品的供给，从社会保险和福利计划到道路和通信系统等现代商业基础设施都属于公共产品的范围。结果中央政府的权力得到强化，与此同时人民也更加依赖中央政府。”②

表1　美国政府财政支出占GDP的比重（%）

年份	1890	1902	1913	1922	1929	1940	1950	1960	1970	1980
比重	6.1	8	7.8	12.5	10.4	20.4	24.4	29.4	32.8	35.1

表2　美国政府税收收入占GDP的比重（%）

年份	1902	1913	1922	1927	1940	1950	1960	1970	1986
比重	2	5.8	10.2	10.1	14.5	19.9	26.5	30	30.3

资料来源：Richard A. Musgrave，Peggy B. Musgrave，Public Finance：In Theory and Practice，New York：Mcgraw-Hill Book co.，1989.

——行政首脑的空前扩权

美国总统的权力扩张最能集中而典型地代表“公域行政化”的发展趋势。“一些观察者特别是欧洲的观察者看着合众国说：‘你们创造了一个国王’，因为他们可以看得出来，那些被授予行政首脑的有限的权力可以扩张，而且他们担心，合众国总统的权力最终会相当没有限制。”③由于行政权的扩张强化了美国最高行政长官的权力，立法机关因为大规模向行政机关授权委托立

① Peri Arnold :Making the Managerial Presidency. Princeton: Princeton University Press，1986.p.26-29.

②（美）玛格利特·利瓦伊著，周军华译：《统治与岁入》，格致出版社2010年版，第130页。

③（美）诺曼·格雷伯纳：《缔造者的思想与外交政策》，载肯尼思·W. 汤普森编《宪法的政治理论》，第194—195页。

法而被架空[1]，司法权力因为行政司法权的出现而不断变化，从而使得三权分立的制衡机制或者“国会制政府”变成了“总统制政府”。[2]

19世纪末叶以前，美国国会的立法权在三权中居于主导地位，“国会至上”的政治格局是常态。随着垄断资本主义的发展、国际贸易和世界市场的扩大以及外交压力的增加，联邦政府干预经济、应对变化的职能愈益繁多。在“国会因溺职而造成的真空”和缓慢应变之中，“行政部门里强有力而又敢作敢为的人物对生命、自由和财产行使立法和行政统治权”成为被“鼓励”的保护国家利益行为。[3]许多最后成为法律的议案其“始作俑者”正是行政部门，“许多国会议员个人提出的立法也是来自官僚机构”[4]。于是，面对起新形势下内政与外交责任，总统“不得不”担当起“总资本家”的职责，在“鼓励行政集权”[5]的理论基础上建构起“行政至上”的政治格局。可以说，掌握了“大行政权”或者说“超级治权”的美国总统，不但拥有“总统那种精确全面和排他性的权力”，而且成为“联邦政府在国际关系方面的唯一代言人”[6]。

20世纪以来，总统的权力已远远超过了宪法范畴。有政治学家曾列出20世纪后半叶美国总统职位的七种角色：武装部队总司令、首席外交官、行政首脑、国家元首、首席立法者、美国国民意志的代言人以及首席司法官。美国总统的实际权力，有的由宪法作出了明文规定，有的则未有明确的宪法依据，是在历史进程中逐渐发育出来的。总统既享有缔约、赦免和对国会法案的否决权等“宪法赋权”，还享有建立外交关系、宣布紧急状态和宣战等各项“运作实权”，以至于被称为“帝王般的总统”[7]。

1973年，小亚瑟·施莱辛格出版《帝王式总统权》一书。作为书名的“帝王式总统权”（Imperial presidency）是指总统权超越宪法规定过度扩张，对国会在外交和战争决策方面的权力构成侵夺，这是二战以来伴随着国际危机事态和扩张性的美国对外政策而出现的情况。美国总统权自华盛顿到尼克松

---

① 王名扬著：《英国行政法》，中国政法大学出版社1987年版，第110页。
② （美）奥斯特罗姆著，毛寿龙译：《美国公共行政的思想危机》“中译本前言”，上海三联书店1999年版，第15页。
③ （美）比尔德著，朱曾汶译：《美国政府与政治》上册，第241页。
④ （美）希尔斯曼著，曹大鹏译：《美国是如何治理的》，第220页。
⑤ （美）古德诺著，王元译：《政治与行政》，华夏出版社1987年版，第70页。
⑥ （美）杰罗姆·巴伦等著，刘瑞祥等译：《美国宪法概论》，中国社会科学出版社1995年版，第86页。
⑦ 李其荣《美国总统权力的扩张及其动因》，《华中师范大学学报（哲社版）》1990年第2期。

的演进轨迹，一言以蔽之，就是由宪政总统权转变为帝王式总统权，进而濒临“革命性总统权”的危险。

以国会立法权的“萎缩”和总统立法影响力的膨胀为例，“宪法赋予国会的每一项权力往往形同虚设”，并且“每一项权力似乎越来越受到骄横恣肆的行政部门的支配”[①]。一般而言，总统提议的重要立法国会都会通过，已使总统享有了某种立法特权。而且最高法院的大多数法官认为总统确应“至少采取必要的、临时的行动，以便执行与国家存亡攸关的立法计划”[②]。至于“必要”“临时”等模糊概念，实质上是对总统立法权的扩张给予默认和“纵容”。

此外，美国总统的立法否决权更是一种事实上的“特别立法权”。宪法第一条第七款规定：如总统行使否决权，则参、众两院的议案在由本院复议后应交另一议院再行复议，一旦也有2/3议员赞同则可成为法律。事实上，靠两院中的两个“2/3”来否决总统的“否决”十分困难。如罗斯福总统在任职的12年间，创下使用立法否决权635次的记录，然而否决被推翻的仅有9次；被推翻次数最多的杜鲁门总统，也仅仅在250次行使否决权后遭遇12次“败绩”。

可以看到，19世纪以前的“古典自由主义理论的守夜人式国家，其功能仅限于保护它所有的公民免遭暴力、偷窃、欺骗之害，并强制实行契约等”[③]，这种“管事最少的国家”“最低限度的国家”的行政职能通常限于国防、治安、税收、外交等“保护性功能”范畴。乔治·华盛顿就曾经抱怨过：“如果你告诉一些州的立法部门他们违反了和约并侵犯了联邦的特权，它们会当面嘲笑你。”[④]然而，“镀金时代”的美国在一定意义上是一个“没有核心的国家”[⑤]。在政府放任不干预政策的影响下，垄断、贫困、种族歧视、食品药品安全、环境保护、城市规划建设等各种社会问题层出不穷。“为解决这些问题而制定的各项计划进一步扩大了政府机关的规模。”[⑥]

随着国家行政权渗透到社会生活的各个领域，人们在其生命的整个过程中都离不开各种行政机关，这些权力机关的行政行为成为影响人们生命、自由、

---

① （美）蒙代尔著，曾越麟等译：《掌权者的责任》，商务印书馆1978年版，第89页。
② （美）杰罗姆·巴伦等著，刘瑞祥等译：《美国宪法概论》，第78页。
③ 罗伯特·诺齐克著，何怀宏等译：《无政府、国家与乌托邦》，中国社会科学出版社1991年版，第35页。
④ （美）诺曼·格雷伯纳《缔造者的思想与外交政策》，载肯尼思·W. 汤普森编《宪法的政治理论》，第176页。
⑤ Robert H. Wiebe , The Search For Order: 1877—1920. Hill & Wang, New York.p.12.
⑥ E. 盖尔霍姆、R.M. 列文著，黄列译：《行政法和行政程序概要》，中国社会科学出版社1996年版，第1页。

财产和国家安全、稳定、发展的“一种几乎无所不能之物”[①]。正如人们所看到的那样，“随着公民权的扩大，更多的人口成为公民，有限政府让位于关心福利、教育和其他社会项目的政府。较之于历史上的任何政府，当代发达工业国家的政府更加强大”[②]。

这就宣告了“行政国”的诞生。然而，“必须谨记的是，对国家官僚机构的不信任，从本质上看，并不同于对国家权力扩张的不信任”[③]。

2. 趋势之二：私域市场化

关于第二个趋势——私域的市场化，我们引用《共产党宣言》的精辟论述简要说明之：

资产阶级在它已经取得了统治的地方把一切封建的、宗法的和田园诗般的关系都破坏了。它无情地斩断了把人们束缚于天然尊长的形形色色的封建羁绊，它使人和人之间除了赤裸裸的利害关系，除了冷酷无情的“现金交易”，就再也没有任何别的联系了。它把宗教虔诚、骑士热忱、小市民伤感这些情感的神圣发作，淹没在利己主义打算的冰水之中。它把人的尊严变成了交换价值，用一种没有良心的贸易自由代替了无数特许的和自力挣得的自由……

资产阶级抹去了一切向来受人尊崇和令人敬畏的职业的神圣光环。它把医生、律师、教士、诗人和学者变成了它出钱招雇的雇佣劳动者。

资产阶级撕下了罩在家庭关系上的温情脉脉的面纱，把这种关系变成了纯粹的金钱关系。

……

资产阶级，由于开拓了世界市场，使一切国家的生产和消费都成为世界性的了。……旧的、靠国产品来满足的需要，被新的、要靠极其遥远的国家和地带的产品来满足的需要所代替了。过去那种地方的和民族的自给自足和闭关自守状态，被各民族的各方面的互相往来和各方面的互相依赖所代替了。物质的生产是如此，精神的生产也是如此。各民族的精神产品成了公共的财产。

这段引文至少从现象上说明了4个层次的私域市场化：一是人际关系的

① 姜明安：《行政国家与行政权的控制与转化》，《法制日报》2000年2月13日第3版。

② （美）玛格利特·利瓦伊著，周军华译：《统治与岁入》，第189页。

③ （美）伊丽莎白·桑德著，陈永杰译：《美国进步时代对中国的启示：三种代理模式》。

交易化；二是个体职业的货币化；三是家庭伦理的利益化；四是私人消费的全球化。

这正是世界体系论者华勒斯坦所说的“万物商品化”的过程，“在以前的历史社会体系中，一种或多种因素还没有被‘商品化’，这一过程还没有被看作可以或应该是一个通过‘市场’进行交易的过程。而历史资本主义则是一个普遍商品化过程，它不仅涉及交换过程，而且涉及生产过程、分配过程，以及投资过程。这些过程以前都不是通过‘市场’进行的”。如今，为了追逐更多的资本积累，“资本家总是力图在经济生活所有领域把越来越多的社会过程加以商品化”，“从本质上说，没有任何社会交易能够被排除在这个过程之外”①。

时至今日，不但我们所需要的一切非公共品（私人消费品）完全由世界市场来供应，就连我们需要的公共品也有相当部分是由市场供给（通过政府采购或政府合同等）。甚至于公共政策、公共权力等都可以是商品化的对象和市场交易的标的。保尔·芒图在其名著《十八世纪产业革命》中研究指出，自18世纪最后30余年在英国产生“大工业”之后，“整个世界不过是一个大市场而已，各国大工业互相争夺的这个大市场犹如一个战场”。

这，就是市场或者说市场化的力量。

同时，私域市场化在释放了生产力的同时，也不得不直面另一个重大弊端——垄断。与金融资本家、工业资本家和商业资本家所鼓吹的自由市场哲学不相称的，恰恰是他们追求垄断并导致限制竞争的结果，“市场转变为供不应求的少数制造商垄断的市场”②。如在“镀金时代”，美国全国市场的出现虽然为经济扩张、产业扩张和资本扩张提供了机会，但是“扩张也有负面影响，它滋生出贪婪的情绪，而扩张的成果也并非全民共享。巨大的企业很快控制了美国的大部分行业，他们通常联合起来制定价格，限制收入。类似的操作不仅表现在铁路合并方面，也以‘托拉斯’的形式出现。不论形式如何，他们的目的都是为了抑制竞争，进一步巩固控制权”③。历史证明，尽管市场本身完全可以是中性的，但置身其中的市场主体每每却是感性与理

---

① （美）伊曼努尔·华勒斯坦著，路爱国、丁浩金译：《历史资本主义》，第3页。
② （美）A.D. 钱德勒主编，柳卸林等译：《大企业和国民财富》，北京大学出版社2004年版，第70页。
③ （美）艾伦·维恩斯坦等著，胡炜等译：《彩色美国史》（中卷），第366页。

性并存，甚至很多时候是非理性的。而且，虽然市场经济需要法治和诚信等保障性条件，但是法治和诚信的“社会堤坝”并不是一夜之间就可以突击建成的。

在早期现代化和初始市场化的过程中，当“超级老板”得以掌控市场和经济领域，把手伸向政治和公共领域“探囊取物”几乎是毋庸置疑的。于是，“万事均有其价”的市场化思维和“一切皆可买卖”交易式行为逐渐渗透到公共生活之中，进而通过配置政治资源及公共权力来形成并维护既得利益和特权，这是历史上一再出现的熟悉场景。当然，如果就此把市场化定义为“腐败元凶”，或者与其相反在剖析现代腐败高发期时忽视市场化因素，无疑都是既不严肃也不科学的。

二、权力透支不忍看：传统腐败与现代腐败的区别与联系

行政权应该加以限定——如果太大的话，我们就会遭受由选举产生的君主制的灾难。

——詹姆斯·麦迪逊

人们或许要问，在公域行政化和私域市场化的过程中，为什么腐败如噩梦般如影随形？为什么腐败高发期如潮汐般不约而至？

其实，更有意思的问题在于，历史上的腐败高发期是否有区别？造成这些区别的原因何在？

因为，只有看清这些隐藏在纷繁世变中的幽暗背景，才能读懂历史舞台上风云变幻的脉络趋向。对腐败问题而言，不仅仅要关注腐败作为客体的“变化”，还应当留心不断变化的腐败主体。

早在 1939 年，毛泽东同志就讲过：“我们队伍里边有一种恐慌，不是经济恐慌，也不是政治恐慌，而是本领恐慌。”实际上，随着“行政国”或者说国家行政化趋势的形成，沿袭传统的权力结构、治理方式，亦每每面临更多更大的“本领恐慌”。

而且，一旦顶层治理方式、治理能力与公众需求的“鸿沟”拉大，势必出现一种自上至下的群体性不适应，而且在这个过程中必然出现内生性、结构性的腐败问题，也就是传统顶层和官僚阶层一方面抵制新的社会变革，一

方面又竭力维护既定的治理结构和治理方式，从而出现越来越深刻而广泛的不作为、不适应，导致顶层治理结构与社会运维结构越来越大的脱节。这看似简单，却正是顶层治理危机形成的根本原因。

也就是说，并不是顶层治理太强势，恰恰相反，在时代潮流和社会需要面前，他们是太落后、太弱势了。由于脱离时代发展进而脱离人民需求，他们已经在很大程度上成为经济社会发展的“政治障碍”，或者说其所实现的正向治理功能已经远远弱于负面阻滞影响。

更为重要的是，由于国家顶层治理的行政化，出现了一种深层次的“制度性腐败”或者说“政策性腐败”，即决策权被包裹在具体而严密的行政程序之中，含金量最高的社会资源（如人力、财力、制度力等）配置权，成为在一个个既定规则下的“流水线”作业，得以在“非暴政”“非专制”的名义下实现其所有的决策意图。

当这种过度行政化或“行政国异化”到了无以复加的程度，当人格化的公共权力主体及其行权施政行为背离了人民群众的利益诉求和生活需要，腐败高发频发自然出现。因此，**腐败高发期的罪魁祸首就是透支型国家和破产化政府。而透支型国家问题的实质，是权力滥用或者说权力的过度使用，也就是公共权力的深度透支。**

权力透支至少有两层含义：一是从动作上看，权力处于“过载”状态，如同银行信用透支；二是从状态上看，权力处于透支状态，如同生命个体极度透支，生命机能濒临耗尽的“肌无力”状态。从历史来看，这两种权力透支的典型症状又是紧密相连的。权力愈是过度使用，就愈可能导致无能；同样的，权力愈是无能，则愈有过度使用以补偿能力不足的冲动。

由此出发，不难看到传统腐败与现代腐败的最大区别：**传统的透支，是以世袭权力作为资本；现代的透支，是以垄断资本配置权力。**

我们可以这样说，16世纪前的传统腐败高发期，由于没有资本的力量左右，其烈度、频度、广度和破坏性远不及其后。新型腐败高发期的最大特质在于，资本的力量成为主宰，“在大工业的整个体制的基础上，我们看到……日益增大的、密密集中的大堆资本却高耸在尖顶上”①。

①（法）保尔·芒图著，杨人楩等译：《十八世纪产业革命》，商务印书馆2012年版，“导言”。

时至今日，“正如各个政府部门之间界限不清一样，‘公共’和‘私人’之间的责任分野也是模糊不清的”①。我们似乎还没有从根本上解决好两个最关键的问题：

第一，在公域，如何驯服权力的力量，建立起众望所归的“善政良治”？或者说，如何持续赢得人心？

第二，在私域，如何释放资本的“神性”，遏制其“兽性”？或者说，至少能够保持其“人性”？

更不要说，一旦资本开始凌驾于社会之上任性配置权力，私域的主宰开始寻求对公域的主宰，那么，腐败高发期的梦魇断然难以驱离！

尤为麻烦的是，曾经先进的资本主义治理体系在夺取了封建主义的权柄之后，如果以其堂皇富丽的“资本外衣”包裹着成功“复活”的封建主义的灵魂，那么，这种更加精巧、更加复杂的“大腐败”是很难触动公众像对皇帝或国王那样的“憎恶本能”的。

现代社会中的一个基本事实和普遍共识是：不应再由封建化的世袭特权——它可能表现为皇权、教权、封建领主权等多种形式——作为政治体系的实际运转轴心，而是由民选代表或至少是名义民选的代议制机构来配置公共权力（如选任官员）、公共资源（如制定免税政策）和公共资金（如决定政府预算）等。

但“换汤不换药”的老问题是：权力核心和政治轴心依然存在，只不过是看它受谁支配、怎么支配？

在传统社会，掌控权力核心的成本似乎并不高，历史上那些帝师、弄臣、太后乃至太监都曾以“一对一”搞定皇帝的方式反复实践过了。到了现代社会，看起来这样的政治成本似乎高了很多，因为从理论上讲只有搞定所有的选民才能实现最终的目标。

然而，对于有野心的操控者或曰“终结者”而言，有代议政治就够了，虽然它披上了共和的外衣，貌似比专制制度要民主很多。这就是 19 世纪美国政治的深层次危机。

一个典型的例子是，从 1896 年直到 1905 年，来自罗德岛州的共和党领

---

①（美）丹尼尔·J. 布尔斯廷著，中国对外翻译出版公司译：《美国人建国历程》，第 306 页。

导人纳尔逊·W. 奥尔德里奇（Nelson W. Aldrich，1841—1915）和衣阿华州的艾利森、康涅狄格州的普拉特、威斯康星州的斯普纳组成了“四巨头”，一直控制着美国参议院。事实上，“奥尔德里奇控制参议员的唯一资本就是财团——这唯一的资本，却可以使他成为长久的、无可争议的老板。许多参议员……都是不同的州和财团局部分支的直接代理人，而这些参议员占据了整个参议院的三分之二席位”。至于剩下的参议员，要么是知道反对财团就会失去议员席位，要么是知道即便抗争也毫无作用，所以宁愿成为“沉默的少数人”而从不发出“反对的声音”。因此，当时的有识之士感叹道，“如果不是完全、不可动摇地控制了参议院，财团不会偷到经营特许权，也不会腐蚀掉州和城市的公职人员”①。

丹尼尔·布尔斯廷在《美国人建国历程》一书中指出，美国的移民社会构成“最重要的后果也许是公私界限模糊”，尽管公私界限似乎在欧洲人的生活中是很重要的，甚至构成了19世纪初叶欧洲政治争论的基础，即个人领域和官方组织领域的分野，如斯宾塞称之为“个人对国家”，其他一些人视为“个人主义对集体主义”“资本主义对社会主义”等。然而，这个问题在美国却是出奇地毫无意义，主要是因为：

在美国社会萌芽的初期，个人和公众的界限本来就很不清楚。组成社会的目的就是为了个人的利益；而个人利益则唯有通过建立有效的社会组织才得以维护。②

三、现代腐败的“二元基因”

腐败之所以有害，不在于财富和利益的转移，也不在于参与者动机不良，而在于其绕过陈述观点、反复辩论和慎重选择的程序，对公共生活的种种价值进行了私有化。

——汤姆逊

我们知道，在大众传媒的演化过程中，新媒介虽然总是以摧枯拉朽的姿态跃然于世，但老媒介却从未真正退出历史舞台。比如，广播的出现曾宣称

① 展江等译：《新闻与揭丑——美国黑幕揭发报道经典作品集（I）》，第85页。

② （美）丹尼尔·J. 布尔斯廷著，中国对外翻译出版公司译：《美国人建国历程》，三联书店1993年版，第83页。

报纸的式微，电视的出现曾宣告广播的“死亡”，网络的出现曾引发其他媒体将被彻底“清盘”的遐想。然而，时至今日，报纸、广播、电视和网络等媒体的“混业”共处格局依然存在，只不过各个媒体的形态、体量、影响等不断发生调适而已。

腐败的发展演变与此十分类似。今天，尽管现代腐败不断花样翻新，但那些传统的腐败仍然大行其道。“新腐败”永远也不会取代“老腐败”，只不过是腐败的主体形态和存在方式在不断“移形换影、移花接木”而已。

总体而言，出现腐败高发期的结构性根源在于“体制性倒挂”，即公域市场化，私域行政化。这正是现代腐败的两个根本原因或者说“二元基因”。

——第一个根源：公域（权力）市场化

市场机制、利益原则和商业伦理向政治领域不加掩饰地霸凌渗透，必然造成公域市场化，而公域市场化的实质是公权市场化。也就是说，权力待价而沽、寻租设租，或是通过政商勾结的方式在公共领域、公共事务中牟取私利，充分体现了资本主义所哺育的“近代经济人”的“唯一始终一致的影响”。[①] 美国学者研究认为：“所谓资产阶级的心智品质，指的是将个人利益最大化或努力成为最富有的人。”[②] 利益最大化原则成为公共机构的最高原则，其必然结果是商业伦理凌驾于公共伦理之上，公共利益转化为私人利益之中。“统治者竭力控制资源的供给，所借助的手段要么是保证他们是全部资源交换的参与者，要么是取缔与之竞争的供给者。”[③] 像美国“镀金时代”立法机关议案拍卖、民主竞选中买卖选票、公共服务公司特权垄断及国有资产流失等腐败方式，不过是公域和公权极度市场化之害的具体表现。

19 世纪下半叶，“政治 + 经济”“权力 + 资本”的“强盗大亨哲学”甚嚣尘上，这在某种程度上为腐败高发期奠定了思想基础。1869—1875 年任众议院议长的“乔大叔”坎农（约瑟夫 · G. 坎农 Joseph G. Cannon）先生“典型地代表了这个年代”，他和他的兄弟“比尔”就结成了紧密无间的“政治经济学”关系。弟弟“比尔”在伊利诺伊州的丹维尔市（Danville）经营有轨的私家电车，哥哥“乔”在华盛顿经营着无序的公共事务。所有人都知道：“‘比尔’是经济，

---

①（德）马克斯 · 韦伯著，于晓等译：《新教伦理与资本主义精神》，三联出版社 1987 年版，第 136 页。

②（美）威廉 · 多姆霍夫著，吕鹏等译：《谁统治美国》，第 53 页。

③（美）玛格利特 · 利瓦伊著，周军华译：《统治与岁入》，第 13 页。

而‘乔’是政治。”于是，人们发出了这样的感叹：

共和党把坎农先生从1870年代，从他第一次在华盛顿接触国家政治的年代，从国家利益第一次开始被个人利益覆盖的年代，完整无缺地送到了今天。……正是在这个年代里，自独立以来，个人第一次变得比公众重要，宾夕法尼亚铁路公司变得比宾夕法尼亚州还重要。[①]

19世纪90年代后期，伊利诺伊州立法机关通过了一项延长有轨铁路经营权的法令，被称为该州“有史以来最可耻的法律”。因为，坎农一家是唯一从中受益的有轨电车拥有者。而提倡这项法案的查理·艾伦（Charley Allen）先生，作为丹维尔市共和党核心小集团成员，正好来自“乔大叔”坎农先生的选区。而艾伦“所做的一切是让公共利益比通常时间更长地变为私人利益”。因为“沙皇”坎农在第45届国会上曾经宣称：

如果有人对公共领域感兴趣，那就让他涉足其中吧。我们越是把公共领域让给私人企业，最终就会对我们的国家有好处。

这就是由政治特权所造成的“垂直一体化”市场关系和“水平”垄断现象，从16到18世纪的特许公司到19世纪的垄断企业，无一不是如此“独营专利”。[②]同样，在圣路易斯，由于“腐败是从上层开始的”，使得“公共精神蜕变为个人倾向，公共事业蜕变为私人贪欲”。特别是“1890年以来，寻求公共特权不仅仅是为了获得合法收益和一般惠利，而且还是为了谋赃。大人物们滥用政治手段，总是悄悄地在议会中谋取私利。社会渣滓嗅到了腐败的气味，便冲进市议会，赶走了剩余的令人尊敬的人，出卖这个城市——街道、纱锭、商店，这个城市的一切——卖给现在这些贪婪的商人和行贿者们。换句话说，当领导者们开始吞噬他们自己的城市时，平民百姓们也加进来分一杯羹”[③]。公共事业畸形市场化的结果是显而易见的，到这个本来“打算赶超芝加哥”的城市的来访者发现：街道铺设简陋、不堪重负，陋巷中布满垃圾和泥浆；一座挤满病人的摇摇欲坠的建筑物，正是“市立医院”；新建的市政厅，入口处被松木板半封着以掩盖未完工的内部……

因此，罗素认为“近代技术的结果”是各种社会组织、经济组织不断成长、

① 展江等译：《新闻与揭丑——美国黑幕揭发报道经典作品集（I）》，第110页。
② 参见（美）伊曼努尔·华勒斯坦著，路爱国、丁浩金译：《历史资本主义》，第13页。
③ 展江等译：《新闻与揭丑——美国黑幕揭发报道经典作品集（I）》，第141页。

合并及扩大范围，但其“不可避免的结果是”：

国家要么必须承担越来越多的经济职责，要么必须让出一部分权力给那些强大得足以抗拒或操纵国家的私人大企业。国家对这样的企业如未取得支配权，就成为这些企业的傀儡，而这些企业就成了真正的国家。在具备现代技术的任何地方，经济权和政治权好歹要设法统一起来。①

腐败如何在“公—私”转换中蔓延？

公权一旦成为可以出售的商品，那么贿赂之风便会迅速蔓延。“国家事务与私人事务之间的分野被完全打破”，公共道德与商业伦理之间的界限越来越模糊，官员们“之所以就任职位，似乎就是因为他们希望获得将帮助他们取得更高职位的钱财”②。在圣路易斯市议会立法腐败的影响下，各个部门贪贿成风：受权给小贩们签发执照的人，受权给想盖凉棚或建货栈的人颁发许可证的人，都会开出超过法律规定的价钱，然后把差额部分装进自己的腰包；城市的公共基金被拿去放债生利，而利息被转入了私人的银行账户；对国库的抢掠越来越嚣张，公务员工资表中虚报了许多根本不存在的人名；城市公共马车为市政官员们的妻儿所使用，供给公共机构的东西在私人的桌上出现；为贫困家庭提供食品的一份详细清单上，竟然包括了加利福尼亚果冻、进口乳酪和法国葡萄酒！这就是公权市场化之后的结果：“没有人去关心公共事业，本应用于公共事业的钱却进了贪赃枉法者的腰包。”③

——第二个根源：私域（利益）行政化

首先，对于以利益最大化为目标并且作为“行政相对人”的实业家、商人或资本家而言，“‘习以为常’的垄断化”格局“从市场角度看是合理的”，那些欲在交易中获得超额垄断利益的“竞争者也不能单纯依靠市场，因为市场已经被国家和习俗操纵来反对竞争”④。于是，行政相对人为获得垄断性特权对行政主体的收买动机一直难以抑制，“官”和“商”的媾和共谋在所难免。

---

①（英）伯特兰·罗素《权力论》，吴友三译，第 203—204 页。

②（美）玛格利特·利瓦伊著，周军华译：《统治与岁入》，第 94—95 页。

③ 展江等译：《新闻与揭丑——美国黑幕揭发报道经典作品集（Ⅰ）》，第 143—144 页。

④（美）伊曼努尔·华勒斯坦著，路爱国、丁浩金译：《历史资本主义》，第 93 页。

"大公司的经理们清楚地认识到了一个事实：无论他们想或是不想，他们都是无法逃避的政治人物。"[①]

其次，原本应当由市场解决的问题，却被权力滥用者干预影响，逐渐背离了公平、公开、法治、诚信等市场经济的基本原则。"当政府日渐加强对经济活动的管制，拥有越来越多的对经济活动的许可权力时，那些受到国家监督的人就会有更多的寻租活动"[②]。这就是私域行政化的"二元动力"。私域行政化逆流泛滥的前提是权力没有边界、难以监督，而且缺乏有效的问责机制。"政经抱合"的垄断经营、政府与民争利、官员干预微观经济谋取私利等正是私域行政化之弊的外在形态，"最终的结果是规制经济过程的官僚权力的显著扩张"[③]。因此，所谓"去行政化"（non-administration）不仅是一个技术问题。因为行政权力往往还代表真切的主体利益和话语权，"去行政化"的精髓不仅在于淡化行业、职业或某领域的行政化乃至官僚化管制色彩，更在于规范督促行政权力主体恪尽职责、严守边界，因为"国家本身可以通过垄断、管制贸易和管理专门的市场中心等形式进行资源配置"[④]。

在康托洛维茨的名著《国王的两个身体》（The King's Two Bodies）一书中的引述中，有一段是关于伊丽莎白一世时期论述王权（kingship）和国王职能（royal capacities）关系的"王之二体"理论：

国王有两个身体，即一个自然之体（Body natural），一个政治之体（Body political）。他的自然之体（若依其自身考量）是一有朽之体，可遭受因自然或意外而导致的一切软弱，可遭受因幼年或老年而导致的能力低下，可遭受其他人的自然之体可能发生的类似败坏。但是，他的政治之体乃是一个不可见、不可把握之身体，由政制和治理构成（consisting of Policy and Government），其构成之目的为指导人民以及管理公共福利。[⑤]

这些由英国王室法学家精心炮制的理论固然冠冕堂皇，但不可改变的

---

① （美）弗雷德里克·L.艾伦著，高国伟译：《崛起的阵痛》，京华出版社2011年版，第277页。
② （美）玛格利特·利瓦伊著，周军华译：《统治与岁入》，第13页。
③ （美）伊丽莎白·桑德著，陈永杰译：《美国进步时代对中国的启示：三种代理模式》。
④ （美）拉蒙·迈耶斯：《晚期中华帝国的习惯法、市场和资源交易》，载盛洪主编《现代制度经济学》上册，北京大学出版社2003年版，第326页。
⑤ （德）恩内斯特·康托洛维茨著，徐震宇译：《国王的两个身体》，华东师范大学出版社2018年版，第77页。

事实在于国王毕竟是肉身凡胎，有七情六欲和私心杂念，因此“自然之体”与“政治之体”的内生性纠缠几乎无法避免，特别是“君主的私人利益可能导致他们搭便车，从事勒索行为或者为私人目的而使用公共财富”。“王之二体”的抽象理论模型带给我们的启示是：私域行政化犹如是“政治之体”和“自然之体”错位的结果，同时也是公众利益和个人私利混淆的表现。最终的结果很简单，也很直接，那就是：国王的利益将凌驾于国民的利益之上。

如何理解在干预私域生活和微观经济中谋利的“帕金森症候群”？

所谓“帕金森定律”，原本是指行政机构有一种自我膨胀的内驱力，使得行政机构和行政人员的规模及人数一直呈正增长态势。当官员们发现行政权力和职务影响力可以用来谋取私利的时候，其干预经济事务和商业活动的欲望就会更加强烈和躁动，这就是“帕金森症候群”。在19世纪末的圣路易斯，一位议员强迫兼并了一家百货公司，然后让他的儿女持有股份，并且在全城的日用杂货供应权的竞标中获胜，而他的竞标的商品价格却高于其他竞争对手。作为回报，他支持通过一项议案，将全城的印刷业垄断权授予另一个议员。接下来，这两位议员又联手对一项议案投了赞成票，将全城药房药品特供权授予第三个议员。[①]在最黑暗的1898—1900年，城市没有得到一分钱，就把价值几百万美元的特许经营权授给他人。连外国公司也加入到对城市的劫掠行列，当地工业在敲诈勒索中消亡了。拒绝接受勒索的公司不得不离开圣路易斯。这就是“帕金森症候群”充斥政坛、泛滥市场之后的恶果。

总之，“还有一些并非每个人都知道的事情：集中化的趋势和社会与经济行动越来越广泛的趋势，也达到了令人惊叹的程度”[②]。正如林肯·斯蒂芬斯曾指出的那样，19世纪的美国总统是“事实上的两个政府即实业政府和政治政府的首脑：实业政府确定人们的工资、工作时数及工作条件，因此它也就控制了人们的消费和日常生活，而政治政府则通过社会控制人们。政府决

① 展江等译：《新闻与揭丑——美国黑幕揭发报道经典作品集（I）》，第143页。

② （美）弗雷德里克·L.艾伦《崛起的阵痛》，高国伟译，京华出版社2011年版，第275页。

定他们该吃什么喝什么。真是珠联璧合。谁也不能再嘲笑华盛顿是华尔街上受人摆布的女人了。它们是夫妻关系了，这可以改变一切，过去的错误变成了正确，华盛顿则成了一个正经女人”[①]。

如果说华尔街代表了“私域”，华盛顿代表了“公域”，那么，当它们“结为夫妻”而且恩爱有加，又会生出怎样的后代呢?

四、现代透支型政府：能否解决“蛋糕分配”难题

我们忘记了当群体里的每个人把今天的账单推给他人时，债务只是被延期了；我们忘记了他人会把债务推还给我们。最终我们每个人都必须付账。而我们最终还的总债就是我们的自由。

——《麦克卢尔杂志》1903 年 1 月号“社论”

正如我们所观察到的那样，不论是公共财政上的透支，还是政治信用上的透支，都表明一种新的政府模式在悄然生成：负债经营型政府或曰现代透支型政府。一个被忽略的腐败研究视角是：透支型政府如果透支的是多数人的未来，而让少数人拥有和享受富足的现在，那么，作为弱势群体的社会公众就可以给这种政府和政策贴上“（大）腐败”的标签。

1. 解决生产问题易，解决分配问题难

20 世纪初，美国已崛起并屹立于世界民族之林。但“研究显示，收入不平衡性增加了腐败”[②]。更重要的是，“追随着达尔文进化论思想，美国人被‘社会’达尔文主义的旗号所吸引，而赞成开放性竞争、个人主义和放任主义”[③]。这就是“镀金时代”美国社会关系紧张、对立情绪蔓延的一个重要原因。按照美国人的说法：

对于蛋糕的体积增大所带来的好处，人们没有不同的意见。更确切地说，争论集中在蛋糕该如何切开的问题上。[④]

这表面看似与腐败关联不大，实则不然。经济基础决定上层建筑，贫富

---

① （美）林肯·斯蒂芬斯著，展江等译：《新闻与揭丑（Ⅱ）》，第 576 页。

② （德）约翰纳·伯爵·兰斯多夫著，清华大学公共管理学院廉政与治理研究中心译：《腐败与改革的制度经济学：理论、证据与政策》，第 79 页。

③ （美）詹姆斯·麦格雷戈·伯恩斯著，刘李胜等译：《领袖论》，第 198 页。

④ （美）斯塔夫里阿诺斯著，吴象婴等译：《全球通史：1500 年以后的世界》，第 318 页。

分化折射政治腐化。正是由于在解决经济分配问题上“循着财富的生产、而非跟着商品的生产走”，既使得强势群体倚靠资本、股权和红利所形成的利益与日俱增，也造成那些弱势阶层长期处于“高劳动、低收入”的社会边缘状态。

更重要的是，极度不公的社会分配体系导致“老板收买穷人，穷人出卖选票”“买进选票，售出特权”“有特权，无民主”等腐败政治体制机制难以更改，似乎也根本就无需更改。因为，握有股权者和握有政权者缔结了攻守同盟。历史经验表明，“在专制的政权中，富人和有权力的人能够压迫穷人，但是在民主政治的情况下，当他们寻求使他们的财富最大化时，他们必定运用腐败这种手段”①。

1888 年，印第安纳波利斯一家报纸的主编在谈到美国第三大城市芝加哥的贫富分化时评论道：“贫富这两个极端……实在令人震惊，从密歇根大道到南克拉克街仅一步之遥，两者之间却裂开了多大的鸿沟啊！”②之所以出现这道鸿沟，恰恰是因为美国政府在 19 世纪七八十年代的碌碌无为都是为了保证资本家和投机商不受任何限制地去赚钱和发财：减少企业家收入的所得税于 1872 年被废除了；限制铁路运费率的格兰其法律（Grange Law）也失效了；企业家们的产品从 1883 年后无需再缴纳国内税了……这正是令“强盗大亨”们心满意足的“镀金”世界。

斯图亚特·蔡斯（Stuart Chase）在大萧条期间曾写过这样一段话：在一个市场制度的社会，总是有人沿着经济的阶梯爬上去，也总会有人从阶梯上掉下来，但是，如果是在公平的社会里，应该有某些办法，以防止后者直接栽到地下室。比如，我们可以通过国家救济机构的努力、私营慈善组织的工作，通过富有弹性的“社会保障网”在“地板上就把大多数人接住”。然而，分配问题总是不经意间隐藏在腐败问题背后，以至于包括承受分配不公恶果的人们都经常认识不清：到底是腐败问题造成了社会分配不公？还是社会分配不公引发了腐败问题？

但可以肯定的是：**尽管廉洁政府不一定必然带来社会分配公平，但贫富**

---

①（德）约翰纳·伯爵·兰斯多夫著，清华大学公共管理学院廉政与治理研究中心译：《腐败与改革的制度经济学：理论、证据与政策》，第 79 页。

② 转引自（美）弗雷德里克·L. 艾伦著，高国伟译：《美国的崛起》，第 95 页。

两极分化一定不是美好社会的应有之物。正如埃德温·马卡姆在20世纪初所发出的反诘：

如果我们的出口，我们的关税，我们的利益分配，都是建立在背叛上帝的基础上的，那么它们究竟还有什么益处呢？既然灵魂已经任由它堕落，所有的获得即意味着失去，所有的财富即意味着贫穷。

在这方面，亨利·福特作为工业领域中的先驱式领袖，开创了一条务实而有效的新路：

一方面，他通过流水线作业提高劳动生产率，有效降低了生产成本，从而把汽车价格定得任何一个普通商人、普通工人、农场主都能买得起，使得汽车从少数人的奢侈品成为普罗大众可以消费的廉价家庭必需品，“像鞋一样行销天下”。另一方面，他向工人支付高工资，既可以争取到最优秀的工人，同时高工资意味着高购买力，等于是培育了新的汽车消费群体，拓展了汽车市场。于是，一个与传统资本家只关心赚钱、分红、得股息不同的商业理念方兴未艾，一个成熟的生产机制和分配模式应运而生：“那就是大众生产和大众分配需要共同繁荣，而不是一枝独秀，即不是一些乃至一部分人富裕起来，而是要在作为既是生产者又是消费者的人们当中以工资、薪水、报酬的形式进行广泛分配。只有让大众实现大众消费，才能维持大机器生产。”[①] 于是，在1929年经济危机爆发后，当胡佛总统在白宫召集实业界和商界巨子与政府首脑商讨对策时，福特发出了这样的建议：“我们用增加工资的办法来对付经济萧条。”

关于美国妓女问题即“政治腐败和卖淫之间联系”的案例，或能带来另一些有益启示。1907年4月，《麦克卢尔杂志》刊登了乔治·基布·特纳（George Kibbe Turner）的作品《芝加哥市——一项关于罪恶的研究》，揭露了在政治腐败庇护下的贩酒、卖淫、赌博等“挥霍产业”黑幕。这篇文章后来促使芝加哥市市长任命了一个“反罪恶委员会”，并提交了5份题为《芝加哥的社会罪恶》的报告。

---

① （美）林肯·斯蒂芬斯著，展江等译：《新闻与揭丑（Ⅱ）》，第567页。

从“蛋糕定律”看分配问题与腐败问题有何关联？

对于社会公众来说，分配公平度是决定对腐败容忍度的“松紧带”。如果分配相对公平，则人们对腐败的宽容度高；反之亦然。这就是“蛋糕定律”：蛋糕分得越平均，蛋糕吃得越顺心。于是人们常说：为公平起见，切蛋糕的人应当最后一个拿蛋糕。先发国家的历史也表明，缩小收入分配差距，建设财富分布相对均衡的“橄榄型”社会，特别是增加中低收入阶层的收入水平，是有效跨越“中等收入陷阱”和腐败高发障碍的根本途径。问题在于，政府作为社会财富蛋糕的分配者，可能因种种原因引发社会分配失衡、收入调节失败。如“以贿赂、庇护和其他物质激励的形式存在的正向激励，来源于政府赋予的权力和设置的项目。同样，诸如社会排斥，就是把一些人排除在重要产品和服务之外，以及实际惩罚，这些反向惩罚也来源于政府”[①]。要避免贫富悬殊、社会分化问题，必须把“做蛋糕”和“分蛋糕”的问题摆在同等重要的位置上，加强对低收入社群的救济和保护，打破既得利益群体和精英阶层构筑的排斥性体制，积极完善教育、医疗、住房保障、就业指导等均等化公共服务的供给机制，给每个公民以尽可能多的公平合理的社会保障和发展机会。

国会议员巴雷特·奥哈拉（Barratt O’Hara）时任伊利诺伊州副州长并担任了调查罪恶和低薪的州议会反罪恶委员会（Chicago Vice Commission）主席，他就当时的情况写道：“这样一个事实却未被给予充分重视：女人每周最低的生活费用是 8 美元，但在像马歇尔·菲尔兹（Marshall Fields）和西尔斯·罗巴克（Sears Roebuck）这样的大公司工作的女孩至少有一半赚得比这个数少得多。”[②] 收入分配不公的恶果是摧毁了女性的贞洁，而“一种文明最大的劫难莫过于把贞洁当作商品出售”。

在城市老板、腐败警察和“那些为了创造、吸引、保护犯罪的险恶、复杂的经济和政治组织”的默许下，坦慕尼协会假政客之手控制了纽约市的卖淫业，并使之公开化、合法化；芝加哥的 1 万多名职业妓女为全市创造了超过 2000 万美元毛利，但大多数钱落入了大商业集团手中。以纽约、波士顿、

① （美）玛格利特·利瓦伊著，周军华译：《统治与岁入》，第 21 页。

② 展江等译：《新闻与揭丑——美国黑幕揭发报道经典作品集（I）》，第 425 页。

芝加哥、新奥尔良为中心，形成了一个贩运“贫民窟妓女”的遍及各大城市的松散组织。

可以说，腐败的政治体制、不公的社会分配制度和廉租公寓区“穷人的女儿”就这样建立起紧密的经济联系，并结成一个“以出售野蛮的污秽收入为食”的利益网络。人们可以宣称：“主要的过错并不是存在于我们自己当中。它存在于我们这个不公正、不公平的社会里，存在于这种与我们发展的潜力毫不和谐的制度中，原因很简单，我们的技术越来越复杂，相反，我们的社会组织却越来越原始。”①

当然，反罪恶委员会所披露的女工工资低到不能维持生计的情况，不出意料地激起了人们的极大愤慨。随着政府的介入和舆论的关注，终于导致第一个《州最低工资法》的制订。

2.“只负债，不负责”：透支型政府的能力退化

实际上，不论是企业家还是政府当局都对“分配问题”漠视有加，或者说只关心生产、不关心分配，根子上都与长期“负债运作”的透支型政府息息相关。政府“负债”的实质主要是两端：一是有负人民所托，难以提供普遍福祉和公共服务，导致实际上的亏欠不菲；二是有负人民所授，拿着公权却不谋公益，透支了公众信用，造成道义上的负债亦巨。如果说前者是物质负债，那么，后者可谓精神负债。

1748年，一位喜爱推理的英国人眼看国债接近8000万英镑，不由哀叹道：这个水平可能是“我们的极限，再向前迈出一步，就有可能破产的危险”，国家已经到了“悬崖的边缘”。大卫·休谟在1750年也说：“不必未卜先知，就能猜出即将发生的灾难。二者必居其一：不是国家毁了公共信贷，就是公共信贷毁了国家。”1824年，杜弗雷恩·德·圣莱算出：“欧洲全部公债高达380到400亿法郎，其中英国独占四分之三还多。”无怪乎写于1774年的一条札记说到“英国自身弱小，若无商业、工业及其仅存在账面上的信贷，绝不可能对几乎整个欧洲发号施令”。因此，18世纪末第二届皮特政府可以在下院公然宣布：“这个民族的生机乃至独立建立在”国债的基础之上。因此，布罗代尔认为公债“有效地动员了英国的有生力量，提供了可怕的作战武器”。②

---

①（美）丹尼尔·辛格著，曹荣湘等译：《谁的新千年》，第8页。

②（法）菲尔南·布罗代尔著，顾良等译：《15至18世纪的物质文明、经济和资本主义》第三卷，第433页。

很显然，尽管人们忧心忡忡，但透支型政府和透支型政治在 18 世纪末已经悄然成型了。

18 世纪末，美国建国之初，当财政部长汉密尔顿以公债制度、偿债基金、国家银行等新鲜事物“把美国富商巨贾的经济利益同新政府联结在一起”，人们已经预见到“辉格党财阀统治集团中的最坏成员将控制新政府”。帕特里克·亨利写道：

他们发现，这个制度同 1688 年革命在英国建立的制度极其相似，英国的制度造成了长期债台高筑的局面，并且悄悄地把无限的权力塞给政府。这种权力渗透到政府的各个部门，打垮一切反对力量，威胁着与英国自由有关的一切事物的存在。同样的根源必然产生同样的结果。……（在美国）旨在建立、集中并维持庞大的金融利益集团的措施……必然造成下面某一种弊病：一是农业受制于商业，二是改变目前联邦政府的形式，而联邦政府形式的改变是对美国自由的致命威胁。①

尽管这些言辞是出于对代表北方金融界和商业利益集团的汉密尔顿所作所为的高度警惕，而且作为农业民主派代表的国务卿杰斐逊也开展了针锋相对的抵制，甚至因此推动了在美国历史上意义深远的“两党雏形”的建立，但不可否认的是，汉密尔顿在财政部所做的一切已远远超出了经济领域，为美国的政治发展奠定了基调，即“国家必须有一个强大的中央政府和有力的统治集团，以实业统治阶级为基础的联邦制度寄托着美国的希望和未来”。据说，美国第 28 任总统伍德罗·威尔逊曾这样评价汉密尔顿：“一个伟大的人，但不是伟大的美国人。”但时至今日，美国政府仍然在延续“汉密尔顿道路”：通过发行公债吸引大批债权人“关心国家利益”，并不断透支未来财政为战争和维持“强大的国民经济”买单。

但是，透支型政府向前一步，就可能变成掠夺型政府了。

以美国为例，在早期（美国内战之前），美国州政府利用特别公司注册制度来实现对商业银行的控制，并把商业银行当作政府的“小金库”。在当时的特别公司注册制度之下，基本上所有的公司注册都需要州议会通过一部专门的立法来实现。公司实现注册的同时，也往往获得一些特权。银行因为

① 转引自（英）温斯顿·丘吉尔著，薛力敏、林林译：《革命的年代》，《英语民族史》第 3 卷，第 784 页。

需要高额的经营资本，所以也往往通过注册为公司来运营。但是，天下没有免费的午餐；为了获取注册公司的特权，银行也通常对注册机构（即州议会）“让利”，接受州政府成为主要股东，并默认州政府把商业银行当作财政工具的特权。这种在美国现代法治形成之前的实践，相对来说体现了当时地方政府权力“掠夺性”的一面。①

按照当前价值计算，美国政府财政收入在19世纪70年代人均财政收入是60年代的2.45倍，政府举债总额在40年代至70年代扩大了近15倍。关键在于，政府财政收入和举债规模的扩大，为官员滥用行政职权、官商勾结窃取国库等行为提供了巨大的预期收益和操作空间。比如，西进运动和“镀金时代”各级政府对铁路、市政等基础设施的大规模投资，就为腐败者创造了大量以权谋私的机会。然而，这种透支型政府及管制模式至今仍未见其寿终正寝。

2005年8月29日清晨6点10分，卡特里娜飓风登陆美国路易斯安那州和密西西比州，首先袭击了新奥尔良。早在48小时之前，美国国家飓风中心已提前预警。飓风登陆5小时后，联邦紧急救援局局长迈克尔·布朗才要求派遣1000名救援人员“两天内”赶赴灾区。白宫救援指挥部在飓风袭击的36小时后成立，并决定“第二天开始工作”。

8月30日，新奥尔良开始发生大范围的武装抢劫和纵火。当一名游客向警方求助，得到的答复是：“去死吧，现在是各顾各的时候！”无政府状态迅速蔓延，劫匪们公然当着警察和国民警卫队的面大肆抢掠和强奸，并和警方展开枪战。8月31日，1500名警察接到命令，放弃搜救幸存者，改为维护治安，并全程实行宵禁。

9月1日到2日，先后有6500名和4万名国民警卫队员被要求赶赴新奥尔良增援。不可思议的是，有人向救援的直升机和车队开枪射击。在与新奥尔良隔河相望并有桥连通的格雷纳特市，当接受了自新奥尔良逃出的约6500名难民后，市政当局决定设置路障关闭该桥。格雷纳特的警察竟然用枪指着从新奥尔良来的难民，让他们从原路回去！而在新奥尔良市，面临压力的警察中有2人自杀，200人交出警徽提出辞职！

① 程金华：《政治透支与财政赤字的鸡生蛋问题》，《法制日报》2010年8月31日。

2005 年 12 月底，美国联邦当局即宣布，有 49 人被指参与盗窃卡特里娜飓风受害者援助资金，面临刑事指控。另据统计，共有超过 1800 人在飓风及其导致的洪水中丧生。一个提前一个多星期就被追踪、提前 48 小时预警的飓风，袭击了一个提前 2 天就宣布进入紧急状态的最强大国家的大型城市，竟然造成了如此后果！飓风肆虐 5 周年后，皮尤研究中心于 2010 年 8 月组织了一次美国民调，结果显示，57% 的受访者认为“美国的准备程度并没有 5 年前好”。

美国学者詹姆斯·加尔布雷斯认为，卡特里娜飓风就是美国体系的切尔诺贝利之劫，除了天灾和人祸之外，卡特里娜飓风彻底暴露了美国整个治国信条的荒谬性。他在《掠夺型政府》一书中写道：

卡特里娜风灾暴露出两种类型的损害。其一是能力的退化，这表现为在卡特里娜飓风中美国陆军工兵团无法维持新奥尔良防洪堤的防护水准，使之足以抵御三级飓风，而卡特里娜飓风登陆时的风力正好是这个强度……能力退化在美国政府中普遍存在，恢复政府的能力需要奉献精神、工作人员的业务水平、时间和金钱。

但卡特里娜飓风，尤其是它那灾难性的后果，也暴露出美国政治体系中第二种也是最严重的腐化。我称之为掠夺：系统性的滥用公共制度谋取私利，或者系统性地破坏公共保护制度为私人受庇护人谋利。联邦应急管理署在小布什政府任内蜕变为安置其朋党的垃圾场，“甜活儿，兄弟”传神地展现了这一现象的实质。这样的做法屡见不鲜：把监管机构拱手让与工商界游说集团，将国家安全和社会保障私有化；在联邦医疗保险领域设计让制药企业受益的改革方案；签订有利于企业化农业的贸易协定，而不管第三世界以农业为生的农民的死活。在每一个案例中，我们所看到的并不是一个有原则的保守派努力使政府最小化，而是一个掠夺者设法将公共资源转移给朋党。①

不难看出，美国的保守派政府打着自由市场的旗号，系统性地滥用公共制度谋取朋党的私利，他们用掠夺型政府代替了“新工业国”，使美国成为一个“公司共和国”。正是这个“公司共和国”加剧了美国的两极分化，破

---

①（美）詹姆斯·加尔布雷斯著，苏琦译：《掠夺型政府》，“前言”。

坏了市场运行的制度基础，为危机埋下了伏笔。如今，美国政府所欠国债已经突破 20 万亿美元并有增无减。如果说债务规模的急剧扩大还主要是影响人们的信心，那么，更令民众忧虑的事情是：对未来如此巨大的透支却换来的是美国政府“普遍存在的能力退化”，以及“将公共资源转移给朋党的掠夺体制”。

从权力透支的意义上讲，最基础的腐败形态有两个：一是交易（不当）型腐败，如滥用公共信用，通过授予 / 剥夺特权等方式进行权钱交易；二是分配（不公）型腐败，如滥用公共政策，通过增加 / 减少某一部分人的社会福利来保障另一部分人的实际利益。不论是交易不当，还是分配不公，其结果都是掠夺——不论是掠夺那些不得不行贿的商人的利益，还是掠夺大多数普通人的公共利益。

3. 政治赤字和国家破产：碎片化社会不相信承诺

更重要的是，政治家发现一个透支通道：**今天的蛋糕分不好、不好分，那就先用上明天的蛋糕、后天的蛋糕。实在不行，先口头上描绘出一个明天或后天的蛋糕。这就是“赤字财政”或者说“赤字政治”**。从国家治理体系及其实践形式上看，“现代国家为其一步步地扩张实行了一切有效的手段，首先是在公债的高端管理方面，延期偿付、通货膨胀和分期付款是其演变中不可避免的阶段，不停地带领人们一步步受控于统治阶级强调和重复的改革”①。面对公债的迅猛增长，早在 1752 年，大卫·休谟就不无担心地指出，公债成为“社会的一个重要风险”。1770 年，亚当·斯密也曾说过：“我认为，应该光明正大且完全地支付国债。通过破产，有时是通过宣布破产……公共收入总是被洗劫一空。”②而凯恩斯则将发行公债和通货膨胀视为一种掠夺：“用这个办法，政府可以秘密地和难以察觉地没收人民的财富，一百万人中也很难有一个人能够发现这种偷窃行为”③。

由于会计在入账时常用红笔写支出大于收入的超出数额，故其名曰财政赤字（Deficit）。财政赤字通常表现为预算执行结果“支大于收”的差额，故亦称预算赤字。一年的财政收入代表可供国家当年集中掌握支配的一部分社

---

①（法）雅克·阿塔利著，吴方宇译：《国家的破产》，第 21 页。
② 转引自（法）雅克·阿塔利著，吴方宇译：《国家的破产》，27 页。
③ 转引自宋鸿兵编著：《货币战争》，中信出版社 2007 年版，第 71 页。

会产品，财政支出大于收入，发生赤字，意味着由这部分支出所形成的社会购买力没有相应的社会产品作为物资保证。

政治是经济的集中体现。“统治者要使其个人目标最大化，就需要国家岁入的最大化，他们会依此设定交易条件。因此，统治者是掠夺性的。”[①]从经济上讲，如果国家的财政不是公共财政，而是投资型财政，老百姓的养老、医疗、社会保障等都没有解决好；政府不是服务型政府，而是生产型政府，都热衷于抓生产、抓项目；这些问题都是导致透支未来的根本原因。[②]一旦这些经济透支因素被赋予政治意义和政策含义，那么，透支未来不仅仅是个经济问题，而是个经济、社会、政治协调发展的问题。就经济谈经济，固然能解决一些问题，但很难解决深层次、结构性问题。

经济信用可以负债，政府的经济赤字或者说“赤字财政”是现代国家的通例。然而，政治上背负太多的“信用赤字”，特别是因为腐败问题丧失了民众的合法性支持，那么，政治危机爆发、社会动荡频仍也就不足为奇了。

正如保罗·克鲁格曼所指出的，“是那些愚蠢的政治精英导致了赤字”。美国政府已是全球最大的欠债人，国债达 14 万亿美元规模时已相当于国民生产总值的 97%。从政治精英（自作聪明的人士、官员以及地位显赫的专家）口中释放出的论调是：美国经济体之所以陷入困境，其根源是民众不劳而获的想法。显然，政客们将错误归咎到民众身上，自己却推卸责任而逃。实际上，美国向伊拉克和阿富汗发动的战争再次增加了 1.1 万亿美元左右的债务。乔治·布什（George W. Bush）总统服务于政党意识形态的减税政策，并未从真正意义上满足公众的需求，而是将利益输送到少数富裕阶层的口袋中。同样，乔治·布什进攻伊拉克完全出于他和他的顾问的决策，至于美国民众，从来没有要求过同 9·11 事件扯不上半点关系的政权打一仗。而事实上，为获得美国民众对该战争的支持，美国政府采取过一系列欺骗式的行为。[③]

---

① （美）玛格利特·利瓦伊著，周军华译：《统治与岁入》，第 11 页。

② 邓荣霖：《中国正在透支未来吗》，《人民论坛》（2010 年第 15 期）。

③ （美）保罗·克鲁格曼著，肖好倩译：《是那些愚蠢的政治精英导致了赤字》，《投资者报》2011 年 5 月 15 日。

从“南海泡沫危机”看政府透支信用的危害?

18世纪初，因南海公司投机案引发了一场金融危机。当时，英国政府在西班牙王位继承权战争中发行了9471324镑公债，财政压力沉重。1720年，投机家约翰·布朗特（John Blunt）向财政部提出“南海计划”：由1711年国会特许成立的南海公司接受约30981712镑的全部国债，并发行股票换取公债，减轻国债负担。议会和国王乔治一世先后批准了该“减债”方案。南海公司接手国债的消息一出，股价从1719年5月的每股126英镑暴涨至2000镑。国王认为此举维护了国家信用，一些有功之臣被封为男爵。这引发了全民炒股狂潮和“南海热”，出现“南海服饰”“南海马车”“南海钻石”乃至“南海仆役”，时髦货无不以“南海”冠名，否则滞销无疑。[①]南海公司是在政府参与下创办，其总裁、董事都是政界要人，罗伯特·哈利首相、乔治一世等都先后任公司总裁。当时的“公司热”中，各种泡沫公司纷纷拉权贵入伙，如威尔士王子任威尔士铜公司总裁。一时间贿赂风行，议会选举都以赠送股票来收买。此后，当外国投资者开始抛售南海公司股票，以所谓“开发南美洲”为业务、没有实际产业支撑的南海公司泡沫爆裂，引发了破产风、倒闭风和自杀风。英格兰经济濒于崩溃且丑闻迭出，该公司的574500镑股票分给了各位政府部长、有权势的贵族及国王宠臣，如萨勒兰德伯爵得5万镑、内政部长克拉格斯3万镑、财政部秘书斯坦霍普1万镑、肯德尔公爵夫人与普雷斯顿子爵夫人各得1万镑等。在公众的极大愤怒和骚动下，财政部长伊斯拉比被议会除名、没收财产，并囚于伦敦塔，公司董事被处以总计200万镑罚款，不少人坐了班房。[②]南海泡沫危机源于国债减负的政府行为，妄图通过买空卖空摆脱财政困难，并在滥用公共信用中出现了官商勾结的深度腐败。可见，以政府信用为本的公债一旦被腐败附身，势必引发金融动荡和经济危机。防治金融腐败，根本是防止政府滥用公共信用。

更为关键的是，无法控制的**政府赤字背后是责任机制的缺失**。“只要执政者可以实行政治性透支消费，而无须为此承担（所有）成本，他们就可能

① 周宪文：《西洋经济史论集》，（台北）中华书局1960年版，第671—672页。
② 高德步：《十八世纪初英国泡沫经济的产生与破灭及其历史教训》，《中国人民大学学报》1994年第2期。

实行这种道德风险行为。针对财政赤字和其他政治恶意透支行为，我们需要一个治理机制去让执政者不仅对即时的代价负责，也要为未来的后果埋单”[①]。但在轮流坐庄的政治体制下，今天我（如民主党）借钱，明天可能他（如共和党）来还。正是这样一种“责任后置”的政治运作机制，很容易“激活”政客与生俱来的投机性。

一个执政者举债做事，有两种结果：或者借了钱，把事情做好了，那么继续执政；或者借了钱，没有把事情做好，被赶下台。但是，问题在于，在前任留下的高额财政赤字之下，新的执政者不一定能顺利执政——如果这样的话，也会被赶下台。在两党制之下，一个政党只要比另外一个政党做得相对好，就足够了。因此，从这个角度而言，作为理性的政客，不会在举债上有太多的节制。美国很多州屡屡暴露的地方财政问题，正反映了这种政客的道德风险和对政治资本的恶意透支行为。

《纽约时报》2010 年 7 月 31 日发表编辑评论文章，指出乔治·布什总统离任时，联邦政府已经历了 7 年的预算赤字，而且布什时代联邦政府还要承担两场战争的费用。问题在于，政客们因为执意打仗增加赤字的时候并没有和民众商议，但为了削减赤字首先是打起了公众福利的主意，如当时美国预算中有 20% 是所谓的非国防可自由支配开支。这部分包括一些重要的公众项目支出，教育、环保、科研、退伍军人的健康护理、食品药品安全管理、外交以及基础设施建设等费用。奥巴马总统曾提议将非国防可自由支配开支冻结 3 年，此举将能在 2011 年节省约 110 亿美元。2010 年国防开支为 6.9 亿美元，占 GDP 的 4.7%，占政府预算的 20%。传统来讲，这部分一直是政治禁区。

在先发国家的早期现代化进程中往往可以有更大的“透支授信”。也就是说：在现代化的先发探索过程和相关国家治理体系中，本国民众对腐败问题的容忍度相较于今是要更高一些的，对社会问题的耐受力相较于今也是要更强一些的，特别是与互联网时代的“地球村村民”相比，彼时的普罗大众还缺乏“集体凝视”平台及其民主监督效能，事实上接受、忍受或承受了包括贪污贿赂、社会不公、贫富分化等“问题域”的更大负面冲击。比如，英国民众可以在很长的时间里接受与腐败如影随形的“城市病”。再比如，美

① 程金华：《政治透支与财政赤字的鸡生蛋问题》，《法制日报》2010 年 8 月 31 日。

国民众可以在很长的时间里容忍“政治老板”所带来的腐败痼疾。

然而，越是往后，对这种“政治透支”就越是要小心以待。因为，民众的心理反弹和政治清算将会形成倍增效果。此外，全球化的“最终结果就是富裕国家和贫穷国家——即发达的第一世界与不发达的第三世界之间的差距不断扩大。这两个世界之间人均收入的比率以如下速度增长：1800 年为 3 ∶ 1，1914 年为 7 ∶ 1，到 1975 年达到 12 ∶ 1”[①]。后发国家的公共救济能力和政策腾挪空间十分有限。一个小小的行政过失，或是一次轻微的政策震荡，都可能激发起巨大的社会反对声浪，甚至造成“一点就着，一燃就爆”的群体性事件。

或者说，民众已经没有“等待蛋糕”的耐心，已经丧失了对未来承诺的信心。

舆论，总是在发酵；民心，总是在激荡。此起彼落的“茉莉花革命”和“阿拉伯之春”表明，公众不可能“被透支”太久，政治承诺的“保鲜期”越来越短。

① （美）斯塔夫里阿诺斯著，吴象婴等译：《全球通史：1500 年以后的世界》，第 575 页。

第十章　关于腐败治理的神话

——为什么腐败治理的最大失误是顶层自乱？

尽管民主是自由人民的唯一适当的政府形式，民主政府的维持与存续，却要求以适当的低调期望为基础的适当的制度设计。

——丹尼尔·艾拉扎

不论是理论专著还是媒体访谈，我们经常可以看到或听到很多关于腐败治理的高谈阔论。然而，正如埃德森所说："一个原理只有落实到事实才能为人所理解。"[①] 特别是对于一些曾在腐败高发期中崛起、至今仍存在深刻的结构性腐败问题的国家，当它们频频以廉洁政治卫道士和清廉政党仲裁者的角色指指画画的时候，我们更应保持足够的理性和清醒。因为总览中、英、美三国近世以来的腐败高发期，对其中一些似是而非的说法，只要审问之，慎思之，明辨之，就不难打破形形色色的反腐败"神话"，增添一份迎难而上、精准治腐的定力和韧性。

一、神话之一：政府越小，腐败越少

建立一个软弱的政府，那么其权力必定遭到侵犯。

——汉密尔顿

通行观点："小政府，大社会"是一种理想的政府管理模式，既能保证"管得越少，管的越好"，又能避免政府滥权、过多干预导致的腐败。

---

① 转引自（英）赫伯特·斯宾塞著，谭小勤等译：《国家权力与个人自由》，第 79 页。

曾几何时，“最小限度国家（The Minimum State）”[①]或者说“小政府”一直是西方主流的政府治理思想。如密尔（旧译穆勒）所说的“自由放任是一般原则”[②]，政府如“守夜人”一般，竭力将政府干预的范围和界限减至最小。传统国家相对于现代国家还有一个重要的分野，传统国家有着保守型的小政府，此种小政府不是那种国家作为消极守夜人意义上的小政府，它不仅是任务性质上的小政府，即国家的目的只在于自身的存续，而且是一个现实结构上的小政府，机构简单，官员也少，当然这就使传统国家在执行法律方面处于非常薄弱的境地。

然而，19世纪以来的史实表明：“这种对经济自由主义的反抗，是对产业革命的破坏性和对无情地推进工业化政策所带来的破坏作用而无保障措施的一种自发防卫。主要的动机是一种受威胁感，即认为没有节制的工业化和商业化对社会的安全和稳定带来威胁。……事实上，在所有国家以及奉行大不相同社会哲学的各政党，都对放任主义实行了种种限制。”[③]换言之，对传统政府权力的节制与对“放任自由主义”的规制，像“冰与火”一样形成新的权力结晶体。

英国是现代西方政府架构的原创地，然而，19世纪以来的历史恰恰证明不是“小政府”而是“大政府”或说“强政府”起到了重要作用。“政治调整的最有效的杠杆是国家组织，它……是历史资本主义主要的制度成就之一”，而且，“国家权力对经济过程也具有极端重要性”[④]。不论是英国议会对18世纪圈地运动的法律支持和保障，英国政府对专利制度的完善与推广，还是英国政府对以东印度公司为代表的海外贸易殖民公司的保护与规范等，都显示出英国国家政权在英国崛起中的巨大作用。

特别是从19世纪30年代开始，英国政府对政治、经济、社会、司法制度实行积极的干预政策，进行了一系列立法改革。政府不断强化社会立法，进一步加强国家干预的广度、力度和效度。最有代表性的是从19世纪30年代起，议会开始通过了一系列保护工人权力和利益的社会立法。如为保护工

---

① （中）邓正来、（英）J.C. 亚历山大编：《国家与市民社会》，中央编译出版社2002年版，第109页。
② （英）约翰·穆勒著，胡企林等译：《政治经济学原理（下卷）》，第539页。
③ （美）乔治·霍兰·萨拜因著，盛葵阳等译：《政治学说史（下册）》，第773页。
④ （美）伊曼努尔·华勒斯坦著，路爱国、丁浩金译：《历史资本主义》，第26页。

人身体健康和人身安全，1847 年通过了成年男工 10 小时工作日法案，并通过了规定井下作业应采取安全防范措施的《煤矿法》等；为处理劳动争议，1896 年议会通过《调解法》，规定由政府成立调解委员会，负责处理各地委员会不能处理的劳动争议问题。这种国家干预政策一直延续到 20 世纪初的“福利立法”，如 1908 年养老金法、1909 年劳工介绍法、1911 年国民保险法、1918 年教育法、1922 年住房法等。“随着 19 世纪的前进，社会立法不断增加……到了 1875 年前后，议会实际上抛弃了个人主义作为它的指导原则，转而接受了集体主义。人们以往理解的那种自由主义处于劣势，立法机构破天荒地通过了合乎社会福利也就是合乎最大幸福的立法，这是同老式的自由主义思想背道而驰的”①。

因此，经济史学家克里斯托夫·格拉曼认为，在西欧诸国现代化初期的过程中，商业社会色彩浓重的荷兰沿着将国家和政府权力降至最低程度的方向发展；绝对主义专制色彩浓厚的欧洲大陆国家则以国家利益与封建王朝利益作为国家财政经济政策重心；而英国则是努力实现了私人利益与公共利益的并重，从而寻求一种国家政权与百姓之间一种更为协调的关系。② 最终的结果不言而喻，“新英国”不但没有衰落，反而以新的形式保持了国家的繁荣稳定。

美国政府的财政收入和公共服务能力的对比关系，也表明“小政府”往往会遭遇“弱政府”之患。如美国政府的总岁入从南北战争最高年份的约 13 亿美元降到了 1873 年的 2.37 亿美元，即便到了 1890 年也仅为 3.18 亿美元。人均联邦支出从 1866 年的 15 美元下降到 1978 年的 5 美元，1890 年也只有 6 美元。据统计，从 1886—1893 年的大部分年份当中，联邦岁入都超过了支出。③ “‘政’以‘财’生”，联邦岁入的减少和低水平国民支出意味着政府对公共服务、社会调控的能力徘徊在“下降通道”。相比之下，1901 年，J.P. 摩根合并 10 家钢铁公司，以巨大的卡内基钢铁公司为中心组成了美国钢铁公司，它拥有的现金可以应付美国政府 1880 年的全部开支。④

---

① （美）乔治·霍兰·萨拜因著，盛葵阳等译：《政治学说史（下册）》，第 773 页。

② 克里斯托夫·格拉曼《1500—1750 年欧洲的贸易》，载卡洛·M.（意）齐波拉主编，徐璇译：《欧洲经济史》第二卷，贝昱等译，商务印书馆 1988 年版，第 448 页。

③ （美）吉尔伯特·C. 菲特著，司徒淳等译：《美国经济史》，第 555—572 页。

④ （美）卡罗尔·卡尔金斯主编著，王岱等译：《美国扩张与发展史话》，人民出版社 1984 年版，第 244 页。

英国 19 世纪市政改革如何打破“小政府”神话？

英国城市化、工业化的历程表明，日益严重的城市问题并非“无为”而所能“治”。面对日益尖锐复杂的城市问题，英国各城镇成立了约 300 个城镇改善委员会，还有名目繁多的专门组织。其中伯明翰和曼彻斯特的改善委员会工作较为成功。早在 18 世纪下半叶，伯明翰的改善委员会就成功清除了街边有碍交通的障碍物，如凸肚窗、门前的石阶、地下室入口等，从而得以铺设起人行道，安装街道照明设施。19 世纪初，委员会获得了新权力，有权征收新税和举借贷款，经济实力增强，工作更有成效。曼彻斯特的第一个改善委员会是 1765 年成立的警务委员会，到 19 世纪 40 年代已涉足铺路、照明、拆迁、消防、供水、清洁和煤气供应等领域。1835 年的市政改革，自由、公开、民主的城镇政府取代了封闭的旧式城镇寡头的统治，打破了城镇寡头对城镇的行政控制。在自治城市，市政府在其权限内制定地方法规，征收地方税收以平衡收支，负责环境建设等。新建立的市政府，其权力和职能日渐扩大，社会服务保障功能日益加强。如果说在 19 世纪 30 年代只有市政府、议会和参事会等屈指可数的几个机构的话，那么，19 世纪末，又增加了煤气、自来水、电力、街道、下水道、公园、卫生、浴室、市场、图书馆、博物院等新功能及机构，充实了政府的公共服务体系。另外，还较成功地建立起城镇警察力量以维持地方秩序。新的城市政府较之旧的市政官，更能胜任城市管理。英国地方政府改革以 1835 年改革为起点，履行日益扩大的社会管理职责，对城市社会的各类问题作出回应。到 19 世纪末，英国城市地方政府建设基本完成。

“镀金时代”的“小政府”实质上是“弱政府”的同义语。联邦各级政府压缩开支，奉行所谓“廉价政府”政策，既造成各项社会公共事业缺乏系统规划、长期投入和有效监管，也使得高速城市化进程中的诸多社会矛盾问题得不到重视和解决。事实证明，政府财政数字上的“廉价”并没有实际意义，这既不能杜绝“城市老板”们掠夺公共资金，也无法在廉洁政治的施行中更好地服务国民。1892 年，美国人民党在《奥马哈纲领》中发出了对政府的不满和控诉：

数百万人的辛劳成果被强行夺取，积累了人类历史上前所未有的巨大财富，财富所有者反过来鄙视共和国。从相同的多产的子宫中，政府不公地繁殖了两大阶级——流浪汉和百万富翁。[①]

因此，从19世纪末到20世纪初的进步主义运动，到20世纪30年代的“新政”。一个基本的治理逻辑是：各级政府都必须承担起某些社会管理和对经济进行管制的责任，以实现一种“安全的”经济发展和保护公众利益。作为进步主义运动的奠基者，“罗斯福和其他改革者呼吁形成了一个现代的实行管制的政府——一个强有力的管理机构对涉及公众利益的私人商业事务进行管制”[②]。美国学者托马斯·本德（Thomas Bender）认为，从历史延续的角度说，美国进步时代（1880—1920年）的改革绝不是美国“例外主义”的特定叙述，而是19世纪末、20世纪初所有工业国家自由主义理论转型的地方反应而已。正如另一些美国学者所观察分析的那样：

进步时代开启了联邦政府在美国日常生活角色上的转变。在国家层面，包括1906年对纯净食品药物法案的一系列改革，建立了国家关于食品药品内容的适用准则。在1909年，国会通过了宪法第十六条修正案，授权收取所得税。这条举措于4年后得到批准，给联邦和州政府提供了有宪法保障的现金流，要求更富有的个人和营利性更强的公司把更多收入贡献出来。同样在1913年，另外一条宪法修正案确定美国参议员由选举人直接选举，而不是由州立法者间接选举。这一改革反映了对腐败的广泛关注以及对出身名门的金融精英们相互拉帮结派的担忧，同样也表明了对民主的信心得到恢复。1914年，国会在国家最有权势的商业领袖的支持下，建立了联邦商务委员会，将反托拉斯执行进程制度化和官僚化，以使得竞争政策更加透明且不具有党派性质。[③]

这些积极有为的系统改革打造了一个逐渐成型的“强联邦”，让美国社会从“镀金时代”的混乱无序中抽身而退，并前赴后继地将“进步时代”的改革遗产固化到美国的国家治理体系当中。从根本上讲，后来的富兰克林·罗斯福“新政”作为进步时代改革的延续，与西奥多·罗斯福推动的“老‘新政’”一脉相承，它要解决的问题仍然是工业资本主义带来的各种深层次的社会、经济和政治问题。这些问题其实并不玄奥，其关键恰如曾在林肯和麦

① （美）霍华德·津恩等著，汪小英等译：《另一半美国史》，第167页。
② （美）本杰明·沃特豪斯：《美国商业简史》，第163页。
③ （美）本杰明·沃特豪斯：《美国商业简史》，第136—137页。

金利任内任职的资深政治家约翰·海所说：美国已不再是“民有、民治和民享”的政府，而是“大公司所有、为了大公司的利益以及被大公司控制的”政府。[①]

因此，美国人认为“这两个罗斯福都运用了相似的语言，尽管他们的总统任期相隔了几十年。他们激烈而又毫不含糊地对某些商业领袖的批评代表了围绕着政治和经济改革的有争议的政治环境，尤其是对于20世纪前1/3阶段政府对私人企业的管制。对于许多商业领袖来说，政府管制权力的扩大意味着对他们社会角色的冒犯”[②]。

虽然“政府管制权力的扩大”并不必然意味着政府能力的强大，但进步时代的联邦扩权确实带来了具有划时代意义的改革实效。而且，由于各种影响社会稳定和动态平衡的重大结构性问题此起彼伏，无论大萧条是否出现，20世纪30年代都会出现某种类似“新政”的改革，至多是改革的力度或许不会那样大，改革的效果不会那样短期凸显。可以说，作为老罗斯福的远房堂侄，富兰克林·罗斯福发起的“新政”从两方面永远改变了美国的自由主义：一是政府开始加强对经济的干预，减少市场经济的不确定性；二是政府开始加大公共支出，在社会福利方面承担起更大的社会责任。[③]

可以说，美国虽然是资本主义自由市场经济体制的代表，但并不意味着政府对经济活动的放任自流，反之，政府以多种方式干预经济活动，积极稳健地调控经济运行。从联邦国会时期实行的西部土地国有化和商品化，到“自由”资本主义时期联邦政府划拨公共土地资助运河和铁路建设，再到20世纪的经济规制和区域经济开发，处处都有政府的影子。

美国政府对经济的管制在20世纪70年代达到顶峰，刊登在《联邦登记册》上的联邦规制文件由1936年的2599页增加到1977年的65603页；1970—1979年联邦规制机构雇员由2.8万人剧增到8.1万人；1970—1980年联邦规制机构的经费支出由8亿美元猛增到60亿美元，而同期的国防开支和福利支出分别增长了74%和278%。[④]正如阿伯比（Appleby）在《大民主》一书中所说的，在一个由大公司和小政府组成的民主社会中，是不可能有真正的民主的。

---

① （美）罗纳德·赖特著，高岳等译：《其实你不懂美国》，第254页。
② （美）本杰明·沃特豪斯：《美国商业简史》，第164—165页。
③ 钱满素：《美国自由主义的历史变迁》，三联书店2006年版，第85—92页。
④ 黄贤全、王孝询：《美国政治与政府调控》，“序言”，第227—228页。

要防止大财富的拥有者利用他们已经掌握的巨大财富去控制和操纵国家权力，既需要约束国家的掠夺之手，也需要约束市场和企业的贪婪。新自由主义者格林认为，国家的目的就是为了帮助人们实现共同的善，实现共同的利益，因此国家不应该是消极的、放任的国家，而应该是积极的国家，应该干预经济生活和社会生活，从而为实现个人利益、为个人的发展创造良好的环境和条件。①

“耙粪运动”的旗手斯蒂芬斯和媒体同行面对美国的腐败高发期，也不得不接受这样一个事实：

民主是失败的，我们真正需要的是一个英明的独裁者。②

其实，问题并不在于政府体量大小，甚至不在于政府以何种形式存在，而在于实际的公共生活领域，谁能事实上充任政府的角色、行使政府的职能，切实有效地满足不断进化的人民需求。针对极化自由竞争所导致的生产与资本的集中和垄断现象，通过防治自由放任主义所带来的弊端和消极影响，不但保护了中小投资者和广大民众的利益，也促进了资本主义在自由竞争条件下的有秩序发展，因此：

自由主义如果要不失去公众，就必须修订法律的文字，事实上它就是这样做的。作为一个政党，它不得不修订它的政策，但是为了作为社会思想的一个因素保持它的地位，它还不得不修订它的理论。……彻底修正自由主义理论要求重新研究国家的性质和职能，研究自由的性质、自由和法律强制之间的关系。那样的重新研究又揭开了个人人性及其社会环境之间的关系这个老问题。从伦理和社会科学两方面看，潮流是在脱离个人主义，趋于探求某种集体主义的观念。③

基本事实：对于政府而言，重要的不仅是绝对规模大小，而是相对能力强弱。如果官员贪污横行、怠惰无为，政府再小也没有意义，人数再少也于事无补。实质上，防治腐败能力本身就是一种重要的政府能力或者说政治能力，廉政建设正是国家政权建设的永恒命题。应当透过现象看本质，更加理性地把握防控腐败的内在规律和科学路径。

---

①《当代世界思潮》编写组：《当代世界思潮》，中共中央党校出版社 2000 年版，第 45 页 。

②（美）林肯·斯蒂芬斯著，展江等译：《新闻与揭丑（Ⅱ）》，第 299 页。

③（美）乔治·霍兰·萨拜因著，盛葵阳等译：《政治学说史（下册）》，第 775 页。

二、神话之二：政党越多，腐败越少

多党制的这一变种对一个国家来说是一种不健康状况。一个以离心驱动力、不负责任的反对党和不公正的竞争为特点的政治制度很难说是一种可行的制度。

——G. 萨托利

通行观点：多党制至少两党制是防止权力滥用的根本措施，特别是有利于防止一党专制所引发的腐败问题。

政党制度只是现代政治和国家治理结构的一个组成部分。从政党诞生演化的历史来看，其与腐败高发的关联度不宜妄下结论。假定某种政党制度必然导致腐败高发，与假定某种政党制度一定带来清廉政治一样，既不符合历史事实，也缺乏理论支撑。18 世纪的“英式”腐败高发期中，辉格党和托利党都在政坛异常活跃。19 世纪的“美式”腐败高发期中，共和党和民主党也并非置身事外。但我们并不能就此作出两党“孰廉孰贪”的简单判断，也不宜得出某种政党制度“必廉必贪”的抽象结论。更何况，就同样一个政党的廉洁度评价来说，在不同的政党领袖领导下可能泾渭分明，在不同的历史时期可能判若两党。

政党的主要政治功能是利益的聚合、表达与实现，政党利益在近代以来最重要的实现方式之一是赢得竞选、获得公职。英国是现代政党和政党制度的发源地。然而，我们从 18 世纪英格兰的腐败选举中看到，被党派力量刻意“分散”的选民事实上成了被操纵的“投票机器”，所谓的选举成了权贵阶级分配政治“蛋糕”的盛宴。

首先，分散的选区和选民容易操纵。如刘易斯·纳米尔所说：“正是在这种地方，职业政客、公务员和大商人，一句话，那些云集伦敦的行政和商业阶级，获得了他们的席位。现在，国民作为与地方型候选人相对抗的力量，被通过政党组织的方式分散到各选区中，而在 18 世纪，国民力量的分散是靠‘朽镇’或衰败的自治城镇的力量来实现的。”

其次，随着投票权的逐渐扩大，竞选成本的不断增加，获得议席的代价越来越昂贵，富裕的地主所有者仍然控制着选举过程。到了 19 世纪，当英国的两党政治日渐成熟以来，出于继续掌控“扩展了的选择过程”的目的，“使政党的职位雇佣化，政党的工作职业化，政党的纲领严格化”，政党作为一架现代政治机器的作用日益凸显，赢得选举而非治理腐败才是其运作的基点。正如马克斯·韦伯所说：“情况开始成为：为了赢得大众，就有必要创造一个表面上民主的同盟的可怕工具。”[①]可以说，只要是在这种体制下存续发展，如果不是迫于压力，没有哪个党会把比另一些党“廉洁”看得更重。

换言之，政党的结构性运作方式不变，选举竞争的“商业政治”本色不改，政党数量与政治过程的结果之间就形不成有实际影响的对应关系。正如意大利著名政治学者 G·萨托利所指出的那样：作为政党数量的统计结果，“数字 5 或 6 并没有什么魔力，即它们的魔力只是一种操作性的人造物”；因为“不论在什么情况下，我们有一个控制型变量——意识形态距离。因此，尽管统计上的差异可能会干扰分类（classification），但是它们不会影响其分型”[②]。

显然，决定政治生活质量的并非是政党数量，而是由“意识形态距离”所导致的政党质量和党际差异。哈耶克曾说过，“个人行动必须受原则指导，集体行动也不能不受原则指导，这是因为多数较之个人，可能更难做到明确把握其决策的长远意义，从而也就更需要用原则来指导其行动”[③]。现代政党是“受原则指导”做出“集体行动”的最典型组织之一，我们并不能把党员素质、政党质量与政党的数量画等号，而应当更多关注的是“把握其决策”的能力。因为意识形态是“里”，而政治决策（政策）是“表”，共同构成了区分政党高下的“距离”。

萨托利对世界各国政党体制的实证研究还表明，“极端和极化多党制的综合征”造成的是一种不负责任的政治“气场”，导致“政治实体出现了……抬价政治（politics of out-bidding）或过度承诺（over-promising）的型式，这与所谓的含义深刻的竞争政治是有很大差别的”，因为“竞争性政治不仅受到存在一个以上的政党这一条件的限制，也受到最起码的公平竞争（且互相信任）的限制”，“如果一个政党总是能毫无顾忌地许诺人间天堂，却从来

① （美）詹姆斯·麦格雷戈·伯恩斯著，刘李胜等译：《领袖论》，第 146—147 页。

② （意）G. 萨托利著，王明进译：《政党与政党体制》，第 186 页。

③ （英）弗雷德里希·冯·哈耶克著，邓正来译：《自由秩序原理》下册，第 81 页。

不对其许诺‘负责’，这样的行为肯定低于任何公平竞争的标准”[①]。

具体而言，那就是各个政党为了争相用更大的竞争力和美好承诺来赢得选票，频频开出政治上的“空头支票”，采取了类似经济领域通货膨胀政策的竞争策略，虽然可能产生短期刺激作用，但却掩藏着不负责任的长期效果。有一个故事对此提供了十分“接地气”的注解：

某富国的政治教授跑到某穷国向农民宣传推销多党制，声称一党制是他们挨饿受穷的根源，多党制才是政治清明、经济发展和社会公平的良药。结果，农民们纷纷举起农具赶跑了教授：“一个党我们都养不起，还要多搞几个政党？”

中国的历史也提供了最好的样本。辛亥革命已过去一百多年。然而，正如一些评论所说，辛亥革命的成果真正福及全体中国人民，准确地说是最近几十年的事。在辛亥革命后的最初几十年里，中国历经战争，死人无数，当时的中国“主义”林立，党派纷争，军阀混战，不同的利益及道路激烈竞争。中国能被日本那样轻易地蹂躏十几年，一半以上的原因是当时的中国“天下大乱”，这种“乱”送给了日本不可思议的机会。[②]

“你方唱罢我登场”的党阀、军阀混战，既反映出政治整合上的失败，也反映出政党素质的低下。更何况，“在极端多党制情形下，多数政党都是相当小的集团”[③]。自身的生存都成问题，哪里还有什么长远的、负责任的政策打算？哪里还有兑现承诺、造福民众的政治定力？

从美国政治制度发展特别是“镀金时代”的政党演变史看，两党政治不仅不能有效地遏制腐败，反而可能是一个引发更深层次腐败的重要原因。从一定程度上说，美国政治制度中对腐败进行遏制的机制主要不靠政党政治，而主要是通过行政体制中的权力分解与制约。腐败问题逐步得到控制和解决，主要是依托政权与行政体系的内控机制的建立健全。因此，罗素认为“政治上的民主主义，虽然解决了我们问题的一部分，但没有全部解决”[④]。

---

① （意）G. 萨托利著，王明进译：《政党与政党体制》，第198—199页。
② 《纪念辛亥百年，告别革命情结》，《环球时报》2011年10月10日第14版“社评”。
③ （意）G. 萨托利著，王明进译：《政党与政党体制》，第196页。
④ （英）伯特兰·罗素《权力论》，吴友三译，第203页。

美国两党有着怎样的共同"腐败文化"？

英国《经济学家》周刊2006年1月26日发表的一篇文章宣称，今日美国的政治体制中仍盛行着约定俗成的"腐败文化"，这就是两党及其国会议员们"兜售影响力的行为"以及"国会游说团"的存在。个别立法者为了从民众口袋中捞钱，不约而同地选择在提案中"塞进附加条款"的方式，从而为一个或许与提案所涉目的毫无关联的项目弄到资金。这些条款往往在最后一刻塞进提案，无需仔细审查就通过了。在之前的5年当中，在共和党领导下，附加条款从1995年的1439条，骤然增加到2005年的13997条。"两党的政治家都很喜欢附加条款，因为这些条款能使一个立法者通过向他的选民开小灶的方式来获得好评"，使得提案"变成给予特殊利益集团赠品的暗箱操作的特殊利益条款"。同时，"附加条款也是对腐败的公开诱导，因为必须调动起某个议员的积极性，才能获得一大块联邦资金"①。10年当中，围绕着两党及其议员们转的华盛顿游说团的人数翻了一番，达到35000余人。

可以说，把政党数量多与政治清廉度高画等号的看法，主要是混同了民主制度与政党制度，或者说把政党与廉政的关系混同于民主与廉政的关系。亨廷顿曾指出，发展中国家首要的问题不是自由，而是建立一个合法的公共秩序，否则，选举只会加强那些闹分裂而且常常又是反动的社会势力，瓦解公共权威的结构。②萨托利更是直接道出其危害："我们所确知的事情是，如果一个政体在所有层次（选举、议会、政党领导层）上都是离心的，那么它注定只能迅速地结束于爆炸性结局。"③

这也正是一些发展中国家政局混乱、深陷腐败的现实写照。不但"广场民主、街头政治"没有带来真正有效的民主，政党轮替也难以带来真正管用的廉洁政治。

基本事实：建设廉洁政治，问题的关键不是政党的数量，而是政党的质量。如果政党沦为争权夺利的利益团体，或是利益集团的政治代言，即便再多的

---

①《美国国会游说团和"腐败文化"》，《国外社会科学文摘》。

②（美）塞缪尔·亨廷顿著：《变化社会中的政治秩序》，第7页。

③（意）G.萨托利著，王明进译：《政党与政党体制》，第207页。

政党也可能只是带来事与愿违的混乱局面。

三、神话之三：制度越多，腐败越少

成功的政治角逐要求找到变革的杠杆，以便以最小投入得到最大好处。

——伊曼努尔·华勒斯坦

通行观点：反腐败必须靠更多的制度，因为制度越多，腐败的空间和机会越少。

毫无疑问，制度是个好东西。在制度经济学的先导者凡勃伦（Veblen）看来，制度“实质上就是个人或社会对有关的某些关系或某些作用的一种思维习惯”，是“人所共有的现存的思维习惯”，它包括“惯例、习俗、行为规范、权利和财产的原则”。但是，“人们对于现有的思想习惯，除非是由于环境的压迫而不得不改变，一般总是想要无限期地坚持下去。因此遗留下来的这些制度，这些思想习惯、精神面貌、观点、特征以及其他等等，其本身就是一个保守因素”。[①]或许，这就是可能被人们有所忽视的制度“负功能”。

具体而言，制度的相关负面效应还包括：一是制度不适应，即所出台的制度滞后于现实需要。正如有人所说：法律出台之日，即是法律滞后之始。二是制度不经济，即制度执行需要过多的前置条件。换言之，制度设计过于理想化无法“落地”，缺乏实践基础而导致“水土不服”。三是制度不执行，即“潜规则”消解了作为“明规则”的制度，严重影响了人们对制度的敬畏感。总之，再多再细的制度，落实不了就等于零。

一个需要深刻反省的案例是晚明时期，“它的根本制度是严格构建而成的，以至于无法适应任何环境的变化”。在开国皇帝朱元璋所创立的诸多“祖宗之法”中，关于治理国家的诸多制度性要求不可谓不全面。然而，在明代的政府管理中却出现了一个有意思的悖论：“原则上不折不扣地遵从严格的秩序，而事实上却是越来越多对该原则的侵犯。”

当时的典型制度问题是官吏俸禄。从洪武朝开始，明朝的官僚薪俸水平设计得非常之低。如户部尚书每年的薪水是米 732 石，最低级别的官员每年

---

① （美）索尔斯坦·凡勃伦著，蔡受百译：《有闲阶级论：关于制度的经济研究》，商务印书馆 1964 年版。

仅有 60 石。[①]而且，薪水还经常以棉布、胡椒和贬值的宝钞等实物代支，使得官员的实际工资变相下降。根据孙承泽的《春明梦余录》所载，1629 年的一份奏疏所称每年维持京城所有衙门的花费，尚不足国家总开支的 1%。然而，这种理想的制度形态却是“导致明王朝后期许多非常态做法以及官员腐败的重要原因”[②]。那些被查办抄家的官僚的巨额财产，表明这一制度完全是形同虚设。

在英国，边沁把他的功利主义立法理论用于考察本国的普通法制度，并对其进行了猛烈地抨击。他认为，1688 年以后的英国法律从内容到形式都充斥着封建主义的痕迹，法律原则复杂模糊，司法工作人员因循守旧，就连英国的成文法大多也是“由 500 年来收集的和无数个别的议会法令、条例组成的，这些法令和条例彼此矛盾，结果让完全不法的状态代替了‘法制状态’”[③]。他还对当时的司法组织和司法程序进行了批判，称其已经“腐败透顶”，“充斥着不必要的烦琐程序，对于诉讼当事人来说，这只能导致拖延、筋疲力尽以及更大的开支”[④]。对于存在的这些问题，边沁认为，普通法的传统制度“不是以合理的设计为基础的普通法规则，简直是进行重要社会改革道路上的障碍”[⑤]。

因此，亚当·斯密不无深意地提醒道：

一个富于制度精神的人，他往往自以为很聪明，常常深为自己对政府的理想蓝图的想象的美妙而陶醉，因此，他不能容忍对这种理想蓝图的任何部分哪怕是有丝毫的偏差。他坚持把这理想蓝图的所有部分都彻底变成现实，而不考虑可能与它相反对的重大利益或牢固偏见。他似乎在想，自己能像用手在棋盘上摆布不同的棋子那样轻松自如地安排国家这个大团体中的不同成员。[⑥]

然而，人类社会的“大棋盘”上，每个单独的“棋子”除了被“棋手”操控之外，还有着自己的运动机理和运行轨道。斯密指出，那些“自以为他

---

① 《明史》卷 72。
② 参见黄仁宇：《明代的财政管理》，载《现代中国的历程》，第 106—107 页。
③ 转引自《马克思恩格斯全集（第 1 卷）》，人民出版社 1963 年版，第 702 页。
④ 王觉非：《英国的政治经济和社会现代化》，南京大学出版社 1989 年版，第 397、401 页。
⑤ K. 茨威格特，H. 克茨著，潘汉典译：《比较法总论》，法律出版社 2003 年版，第 294 页。
⑥ （英）亚当·斯密《道德情操论》，余涌译，中国社会科学出版社 2003 年版，第 264 页。

就是国家最聪明且高尚的人，他的同胞应当来适应他，而不是他应当去适应他的同胞”，结果却造成“人类社会的游戏混乱不堪”。

哈耶克将这些不计后果、热衷于“创制”的人士称为“制度性专家（institutional expert）”，他们的一个极为凸显的特征是“毫不犹豫地拥戴或赞同他们据以称为专家的那个制度”①。

于是，在反腐败实践进程中，我们经常看到的一个场景是：“制度性专家”提出了越来越多的制度，但管用有效的或许远不如想象的多，腐败也并未朝着叠床架屋的制度框架所预设的方向发展。

严密的财政监管机制如何被“消解”无存？

19 世纪中期，宾夕法尼亚州的财政监管制度对公共资金至少有两个监督关口：一个是审计监督，另一个是议会（专门委员会）监督。每一道关口都“扼住了资金的咽喉”。然而，当时宾州审计长约翰·哈特兰夫特却“监守自盗”，与州财政部长罗伯特·麦基及其私人银行家代理人查尔斯·耶基斯串通一气，犯下了挪用市政资金炒股牟利等腐败罪行——这是从“人（主体）”的层面消解了审计监督。此外，费城市财政局把公共资金“贷给”查尔斯·耶基斯的私人银行挪作他用，面对市议会财经委员会每个月检查财政局账目的压力，市财政局首席办事员大卫·琼斯和查尔斯·耶基斯达成共谋：耶基斯每月月末刚好在财经委员会查账前给琼斯一张与借款等额的支票，以便临时填补财政局的账面亏空；然后在下个月的第一天，琼斯把这笔市政资金再“还给”耶基斯；琼斯甚至允许耶基斯用市政债券作为个人贷款的担保，只要每月末“把账户摆平”就行——这是从“事（程序）”的层面消解了议会监督。

相反，在英国 19 世纪初的改革风潮中，我们看到“诸如反谷物法联盟和本世纪后来震撼英国政治的运动——禁酒、教育、市政改革……它们都是专一事业的改革运动”②。

此外，美国走出 19 世纪腐败高发期的过程，实际上靠的恰恰也是社会运

① （英）弗雷德里希·冯·哈耶克著，邓正来译：《自由秩序原理》下册，第 51 页。
② （美）詹姆斯·麦格雷戈·伯恩斯著，刘李胜等译：《领袖论》，第 216 页。

动——进步主义运动。该运动的一个重要方面是"耙粪运动（也称黑幕揭发运动）"，以及由其所肇始的社会民主监督浪潮和社会立法变革运动。根据"耙粪运动"的领军人物林肯·斯蒂芬斯自述：在当时舆论监督风起云涌的狂潮中，"催生'进步党（the Progressive party）'的那股势头马上就成了一场运动，而我们耙粪者则在描绘这场运动，想要为未来投票。罗斯福经历了这一切；他承认这场运动的力量和生机"[①]。也就是说，老罗斯福总统带领"旧美国"尝试走出腐败高发期，倾力打造更加公平正义的"新美国"，充分利用了"运动的力量和生机"。于是，随着"社会面"的改革呼声日益高涨，"国家面"的治理变革方兴未艾。这正如美国学者研究分析所指出的那样："现代公司制度的产生和工业资本主义的迅速传播也让一种强有力的政治运动兴起，该运动致力于扩大管理机构的权力以让其成为捍卫民主和平等的堡垒。"[②]这逐渐演化成为一项全民参与的"国家再造运动"或者说"美国改革运动"，打造了强力扭转"镀金时代"的美国发展方向、治理政策取向和经济社会关系导向的超巨"政治杠杆"。

客观而论，社会运动（social movement）本身是个中性概念，主要是指共同体成员有意识、有计划的改变或重建社会秩序的集体行为。一般而言，社会运动可分成四种形式：回归运动、改革运动、革命运动与乌托邦运动。其中，成熟意义上的改革运动（reform movement）通常是指社会成员改革社会的某一部分或某些制度，而并非企图推翻整个现有体制引致颠覆性后果。那些失控失序并最终失败的形形色色的"运动"，由于偏离了社会改革进步的正确轨道，实际上已经演化为难以为继的"多数人暴政"，早已失去了社会运动的本来面目和应有之义。

从某种程度上说，制度创新是改革的战利品。成熟而成功的改革行动甚或是改革运动，必须"运行于制度的笼子、催生出制度的果子"，而不是任由运动"过热"以致"跑偏"。在实践当中，"反腐败可以以自上而下的方式进行，主要通过减少官僚政治，提高低级别公务员的能力、专业化和廉洁程度。草根运动方式的改革强调改善公民自由，例如言论自由和人权。所有

① （美）林肯·斯蒂芬斯著，朱晓译注：《耙粪者自述》，第 166 页。
② （美）本杰明·沃特豪斯：《美国商业简史》，第 165 页。

这些方案都是可行的，全面的改革战略将包含这两个方面”[①]。对于腐败治理而言，制度和运动都只是手段而非目标。而且，很多有生命力的制度是社会运动乃至政治运动的“公共遗产”或“改革结晶”。比如，美国学者回顾“镀金时代”的改革历程时指出：“文官制度改革运动并不是对政党体制的强烈抨击，而是要使这种体制得到净化和系统化的一种努力，是消灭分赃制所导致的浪费和低能现象的一种尝试。”[②]

可以说：先发国家有（改革）运动，后发国家也有（创新）制度，其效果如何取决于顶层设计者的政治智慧、“操盘”策略和执政能力。治理腐败是一项全面复杂的系统工程，而不仅仅是在“制度”或“运动”之间做单项选择题，更不是靠一两项制度创新或一两次政治运动就可以“药到病除”的。实际上，综合研判世界各国治理腐败的历史轨迹可知，通过重大改革所形成的开放式、有序化的社会运动浪潮，有利于较快提升“廉洁观感”，也有利于减缓全体国民的“腐败痛感”，因此有利于规避因腐败引发流血式革命冲突。从某种程度上说，这种治理方略大体可总述为“以改革运动为发端，以开放参与为保障，以体制变革为关键，以制度创新为支撑”，而并不是片面追求某一治理要素的“单骑闯关”，或是整个治理体系的“关机重启”。

当然，我们必须随时随地保持高度警醒，坚决杜绝失控失序风险极高的“疾风骤雨式”的政治运动。实践充分证明，试图只靠运动的方式“速战速决”地处理腐败问题，其结果往往会走向初衷之反面。必须要建立健全科学配置反腐败资源力量的法治化治理体系，并且适时精准地将管用有效的政策和策略转化固化为科学有效的制度安排。

毫无疑问，标本兼治是阻击腐败的科学策略，制度建设是标本兼治的实践载体。我们绝无意为“运动反腐”辩护，但亦无需将“制度反腐”神化，或许只需一个微小的调整就能够达成新的共识，那就是——将“运动”变为“行动”，在久久为功、孜孜以求的反腐败持久战中彰显制度执行力。

基本事实：制度可以细分为上游制度与下游制度、核心制度与配套制度等。如果制度叠床架屋，但仅仅局限于下游制度、配套制度，而在核心制度上避

---

①（德）约翰纳·伯爵·兰斯多夫著，清华大学公共管理学院廉政与治理研究中心译：《腐败与改革的制度经济学：理论、证据与政策》，第 92 页。

②（美）艾伦·特拉登堡著，邵重等译：《美国的公司化：镀金时代的文化与社会》，第 175 页。

重就轻，可能制度再多也不管用。而且，有些根深蒂固的“潜规则”，有些“伤筋动骨”的核心制度，往往必须以“壮士断腕”式的重大改革才能取得突破。问题不在于是否需要运动，而在于改革如何真正“落地生根、开花结果”。制度的意义在于，成为改革的助产士和守护神，令改革成果不以人的意志为转移，让改革行动的正确方向“不可逆”。

四、神话之四：以德防贪，高薪养廉

人来源于动物界这一事实已经决定人永远不能摆脱兽性，所以问题永远只能在于摆脱得多些或少些，在于兽性和人性的程度上的差异。

——恩格斯

通行观点：反腐败要靠有道德的官员，而高薪是使官员过上“体面”生活的前提，也是让官员守住“官德”、拒绝诱惑的基础。

物质利益和精神追求是一对矛盾。古往今来，很多有识之士都注意到官员薪酬与廉洁程度之间具有某种关联。管仲曾言：衣食足而知荣辱，仓廪实而知礼节。托克维尔也曾指出：“在贵族政府，政务工作人员都是富人，他们只贪图权势。在民主政府，国家工作人员都是穷人，他们希望发迹高升。”[①]他认为民主国家中贫穷的公职人员对金钱的欲望大大胜于贵族政府的政务工作人员，因此前者陷入贪污腐化泥潭的概率也就要比后者高得多。姑且不论其观点是否偏颇，关键在于，对于芸芸众生而言，高薪虽未必能养廉，但低薪往往要生贪。

早在制定美国宪法时，詹姆斯·麦迪逊就曾写下一段脍炙人口的名言：如果人人都是天使，那么就不需要政府。如果政府是天使，就无需对政府实行内部和外部控制。这令人想起一句有些矛盾的话：教育不是万能的，但没有教育确是万万不能的。靠道德教化“倡廉”是一回事，让权力行使者躬行“践廉”是另一回事。正如斯宾塞在19世纪的英国所曾反思的那样：

好思考的人们仍然会期待靠教育去消除犯罪，这实在是令人奇怪的。如果曾被人们以某种迷信的敬意看待的教师大军，在过去的这整整18个世纪里

① （法）托克维尔著，董果良译：《论美国的民主》（上卷），第250页。

都未能使社会净化，大概很难说另一些没有被这样看待的教师大军能够做到这一点。①

为什么国家的收入分配机制是反腐败的基础性工程？

公职人员的职业特点是虽然不直接从事生产经营，但却掌控着影响生产经营乃至财富分配的公共权力。因此，科学合理的收入分配调节机制，不但有助于提高劳动收入在国民收入中的比重，促进社会和谐稳定，也有利于减少公职人员与财阀阶层合谋侵占垄断利润和财富的体制"缝隙"。根据美国学者 Rosenbloom 等人的统计：1870 年，美国最富有的 1% 的人口拥有全部财产的 27.9%，到 1916 年这一数据上升为 41.9%。另据 Tony Atkison 的测算，20 世纪 10—20 年代美国基尼系数②超过 0.5，甚至还有人认为超过 0.7。这意味着美国在工业化阶段的收入分配达到严重不平等的高点。与之相联系的除了腐败高发现象，还有政府在初次分配向资本的倾斜以及对国民收入再分配的放任不干预。美国政府从 1929—1933 年大危机之后开始真正承担了改善收入分配的职责，加大了税收调节力度和社会保障力度。3 个关键数据是：1. 劳动收入在国民收入中的比重从 1915 年的 55% 上升到 1985 年的 75% 左右；2. 个人所得税占联邦税收总额比重从 1932 年的 22.3% 上升到 1950 年的 44.7%（成为联邦第一大税）；3. 联邦政府社会保障开支占总预算支出的比重从 1950 年的 22.6% 上升到 1980 年的 54.4%（成为联邦最大开支）。政府税收和社保政策调节收入分配作用明显，如 1974 年美国住户单位的税前现金收入基尼系数为 0.395，政府再分配后下降到 0.319，再分配系数达 19.5%。③从现象上说，美国政府对初次分配中资本收益的有效规制和再分配中的积极作为，与走出腐败高发期十分吻合。收入公平、社会保障等经济政策具有高度敏感的政治含义，既有助于缓解官民矛盾，也有助于消除包括官员在内的所有公民的后顾之忧，可谓一举两得。

---

①（英）赫伯特·斯宾塞著，张雄武译：《社会静力学》，商务印书馆 1996 年版，第 166 页。

② 基尼系数是国际上用来综合考察居民内部收入分配差异状况、判断收入分配公平程度的指标，比值在 0 和 1 之间：数值越低，表明财富在社会成员之间的分配越均匀；反之亦然。

③ 王迎春、张小平：《工业化阶段的收入分配：美国的教训和中国的挑战》，《中国国情国力》2006 年第 10 期。

对于那些“天国圣人”而言，恐怕是高薪还是低薪才能防止贪腐的问题都是伪命题。但是，对于绝大多数普通国家公职人员来说，合理有效的薪酬框架确是一个实实在在的大问题。

政府官员合法收入的高低，实际上是一个有效激励的问题。“一般说来，各国政府只有两种制服被统治者反抗的手段：政府本身所拥有的物质力量；法院判决给予政府的道义力量。”[①] 在公职人员得不到政府合理薪酬激励的情况下，可能导致“政府物质力量”的滥用和“道义力量”的扭曲。其大概率的结果是：权力的委托人对权力的代理人激励不足，成为产生腐败甚至使腐败普遍化的重要诱因。1997年世界银行在《世界发展报告：变革世界中的政府》中对这一问题作了较为深入的探讨。该报告指出：

首先，如果公务员的工资不能反映出可比的私营部门工资，他们就更容易从事腐败。由于公务员工资低，官员试图用非法的收入来增加其工资，以达到中产阶级的生活水平。如果私营部门有许多高薪而合法的工作，那么，因从事腐败而被开除低工资公职的风险并不是一个有力的威胁。因此，腐败常与公共部门和私营部门工资的差距（或曰“诱惑率”）成正比例关系。

与此同时，仅仅提高公务员的工资并不能减少腐败行为。基于个人才干的聘任和晋升的机制能限制政治上的任人唯亲，并创造出一个更为公正无私的公共服务体系，这种机制也能减少腐败。这既指出了公营部门和私营部门之间的薪酬关联性，也客观地指出了利益动机和廉洁程度之间的内在关联性。

公平理论（Equilty Theory）又称社会比较理论，是由美国心理学家、行为科学家亚当斯（J.S.Adams）于1965年提出的。亚当斯认为，人们总是习惯将自己的报酬和他人的报酬进行比较，人们能否受到激励，不但由他们所得多少而定，还要与别人所得比较是否公平而定，即大家不仅关心自己报酬的绝对量，而且关心自己所得的相对量。换言之，“吃着碗里的，看着锅里的”还不够，还得时常看着“别人碗里的”！

对于遏制贪欲来说，必要的物质保障和利益激励，或许远比玄奥的说教更靠谱。

对于防治腐败而言，社会分配制度的公平和有效，或许远比抽象的德育

① （法）托克维尔著，董果良译：《论美国的民主》（上卷），第155—156页。

更管用。

在分配不公、收入分化、贫富悬殊的社会环境中，不论是贪婪的民众还是腐败的官员，可能都是同一种社会疾病的交叉感染者，只不过表现形式不同而已。或者说，可能是感染了同一种“社会病毒”的不同变种。正如托克维尔所说：

值得害怕的倒不是大人物的缺德，而是缺德使人成了大人物。在民主制度下，一些普通公民看到他们当中的一个人没有几年就从无名小卒爬到有钱有势的地位后，必定吃惊和眼红，并在心里琢磨昨天还与自己一样的人为什么今天有权领导他们了。[①]

有一种说法，说西医是“治人的病”，中医是“治有病之人”。建构一个公平合理的收入分配制度、机会共享机制和社会保障体系，或许才是一味治疗“有贪欲之人”的长效药。

基本事实：从源头上抑制公职人员的腐败动机，最基本的举措之一是靠“足薪养廉”。薪酬过高或过低，都不利于廉政建设，都有其不可避免的负效应。关键是有能够保障合理正当物质和精神利益的规则体系，健全完善防治表层和深层利益冲突的具体实施细则，而不仅仅局限于官员的绝对薪酬多寡和道德宣誓的最终声音强弱。

五、神话之五：贪源在官，清流在民

我们让最卑贱吝啬的小人被我们及我们的机构雇用……直到他们成为恺撒（指独裁者—引者注），然后我们就会发现，他们认可的唯一法则就是他们本身对金钱和权力的可憎的贪婪。

——亨利·德马雷斯特·劳埃德[②]

通行观点：腐败都是官员的事，与平头百姓无关。老百姓无职无权，跟腐败沾不上边；官员们沆瀣一气，官官相护，搞腐败很正常，不搞腐败倒反常。

---

① （法）托克维尔著，董果良译：《论美国的民主》（上卷），第252页。

② 亨利·德马雷斯特·劳埃德（1847—1903）：美国改革运动者，1872—1885年间任职于《芝加哥论坛报》，1894年出版了对标准石油公司和垄断现象进行抨击的《财富与国民的对立》一书。

“邪恶的感情各阶层都有。”[①] 如前所述，腐败的“恶之花”离不开一定的社会土壤。腐败分子也不是从石头缝里钻出来的，总是生活在一定的社会关系和社会环境中。马基雅维利甚至明确指出：“一个腐败的民族，即便获得自由，维持这种自由也极其困难”，“在（公民）已经腐败的地方，制定好的法律也没有用处”[②]。

“镀金时代”美国社会领域的诸多腐败更是表明，只要有利益的地方，就有腐败的空间和可能。正如有人所说：“如果你正在发起一项事业，而你在社会中碰到了障碍，你便会就像推一块石头那样通过贿赂将障碍排除。”[③] “镀金时代”的美国即是如此，行贿者们宣称他们的违禁“事业”被警察和政客们“阻碍”了，于是，受到敲诈的赌徒、娼妓和酒商们不得不进行贿赂，想要迅速发财致富的人们纷纷铤而走险。“耙粪运动”的代表人物斯蒂芬斯在调查中看到，长期而普遍的腐败造成道德的大堕落，从政客、商人到一般平民，只要有机会都有“不捞白不捞”的想法，最起码的罪恶感都荡然无存。比如，随处可见的是选民们将自己的选票卖给商人或政客，“在一些镇上，贿赂已经公开化了，而且不再称为贿赂”。因此，斯蒂芬斯通过自己的报道大声疾呼，并且希望民众意识到，“他们的领袖在大处腐败，而他们在小处腐败”。美国思想史学者帕灵顿研究指出，当时的普通民众“为了获取、占有、享受自由和机遇，他们可以出卖灵魂”[④]。

听之任之，就会形成一种“倘若人人有份，试问何来犯罪”的社会心理暗示。

而同样的问题，也在20世纪的研究中得到了类似的印证。罗伯特·帕特南在比较研究意大利的地方政治发展和20世纪70年代以来的地方政府改革时发现，意大利的地方政治发展程度和民主水平在南方和北方之间呈现出明显的差异。北方的地方政府体制改革相对成功，政府廉洁高效，民主水平较高；而南方的地方政府改革就不那么成功，政府腐败比比皆是，民主水平较低。帕特南的实证研究发现，政府绩效的显著差异完全不能从经济发展方面得到解释，而需从公德与公民共同体来作分析。一个地区的公民共同体越有公德，

---

① （法）托克维尔著，董果良译：《美国的民主》（上卷），第251页。

② （意）马基雅维利《民主论：拿破仑批注版》，杨小雪译，中央编译出版社2017年版，第389页。

③ （美）林肯·斯蒂芬斯著，展江等译：《新闻与揭丑（Ⅱ）》，第186页。

④ （美）沃浓·路易·帕灵顿：《美国思想史1620—1920》，陈永国译，第776页。

其民主政府也越有效率。此外，北欧和南欧的“政法规则”相近，但不同的“文化规则”却使北欧的廉洁度要比南欧高得多。

抓住了南北意大利“文化规则”的差异对相同“政法规则”的不同影响后，帕特南进一步运用社会资本（social capital）理论分析和解释意大利政治。他认为，社会资本是指社会组织的特征，诸如信任、规范以及网络，它们能够通过促进合作行为来提高社会的效率。“对于政治稳定、政府效率甚至是经济进步，社会资本或许甚至比物质和人力资本更为重要。”①

类似的说法中国人并不陌生，比如梁启超在《新民说》中讲中国人“私德”强而“公德”弱（“偏于私德，而公德殆阙如”）；鲁迅先生也有关于中国人喜欢“伸着脖子看热闹”的犀利讽刺。

其实，社会资本在很大程度上是一种“民间资本”，但却对政府效能、廉政状况等具有很大的实际影响力。在腐败高发期中，“社会所做的是让人们树立成功的典范并使人和国家向往权力和财富——只要他们敢于冒险，有能力逃脱在被抓住时受惩罚的威胁”。

因此，要告别腐败高发期，眼光不能只盯着腐败者，除了用法治方式严惩贪腐犯罪行为，不要忽视的另一件事是“我们应该做的是放开这场竞赛中的失败者，而取下我们给予胜利者的奖赏”②。

美国司法部的数据是否说明“官民同腐”问题?

根据美国司法部一份跨越50州、跨度20年的报告显示：在1985—2004年的整整20年，共有17945位美国联邦、州和地方政府官员（包括行政、立法和司法领域的公职人员）遭到腐败指控，年均897人；被判有罪的官员为15552人，年均778人。同时，卷入公共腐败案件的私职公民数量亦很惊人：1985—2004年，美国共有5657位私职公民因公共腐败案遭起诉，年均283人；其中的4927人被判有罪，年均246人。如果将公职人员腐败案和私职人员腐败案合计，则每年有1180人受到腐败指控，并有1020人被判有罪。

①（美）罗伯特·帕特南著，王列、赖海榕译：《使民主运转起来》，江西人民出版社2001年版。
②（美）林肯·斯蒂芬斯著，展江等译：《新闻与揭丑（Ⅱ）》，第418页。

托克维尔曾提醒道："人民永远不会理解宫廷内部斗争的秘密，而且往往难于觉察被文雅的举止、高尚的爱好和美丽的言词所掩盖的卑劣行径。但是，偷窃国库或出卖国家利益的行为，就是最微不足道的小人物也能看得出来，而且他们自己也可能跃跃欲试。"[①] **不论是政党组织、政府机构还是公民个体，谁也没有对腐败的天然抗体，谁都难以对腐败永久免疫。**

基本事实：现实生活中，老百姓往往对腐败有一种特殊的"臭豆腐"心理：别人捞便宜，则臭；自己得实惠，则香。因此，打造治理腐败的系统工程，必须做好打攻坚战、持久战的准备，特别是打好公民道德素养和法治观念等"社会地基"，而不是将防治贪腐的工作按照官、民来机械区分。因"官贪"而"仇官"，与因"为富不仁"而"仇富"的心态如出一辙，仇的是不平等的特权和社会不公正现象。

六、谁是"真正的改革的最危险的敌人"

"修理机器必须先停止机器"的观点是错误的，任何机器都可能出错。美国公民清醒地认识到了，给他们带来好处的变革，是连续的、合作的、实验的、非理论的变革。

——弗雷德里克·L. 艾伦

20世纪初，老罗斯福总统的"美式"改革得以艰难前行，有一个十分重要的前提，那就是对可能引发政治"系统崩盘"的"休克疗法"、社会革命的"暴风骤雨"保持警惕。哈耶克认为："民主政制必须首先认识到，它必须为自己的愚昧支付学费，而且也绝不能为了解决当下的问题就对未来大开无限额支票。"[②] 这也如同对奄奄一息的病人下药，如果用药太猛，病治好了，人死了，意义何在？

1. 警惕"比现存制度下更深的罪恶之渊"

改革意味着利益调整，夹杂着矛盾冲突，连带着社会震荡。正如美国学者所说："只有新世纪的最初10年左右开始，随着公平待遇共和主义者、新自由民主派以及拉福特进步党等揭丑者、改革者和进步主义者的力量和影响

---

① （法）托克维尔著，董果良译：《美国的民主》（上卷），第252页。

② （英）弗雷德里希·冯·哈耶克著，邓正来译：《自由秩序原理》下册，第70页。

的显现，美利坚民族才开始通过政府方面的集体活动来扩大人们的自由。”[①]改革的成败得失，完全取决于顶层设计者的政治智慧和操作策略。

按照老罗斯福的老朋友、黑幕揭发者林肯·斯蒂芬斯的看法，老罗斯福并不愿意张扬“……对付这个体制，对付参议院和众议院中的政党核心小集团、对付法院、对付华盛顿特区地方政府和对付华尔街的经验，其原因在于他不是在同他们战斗，而是与他们共事”。之所以能够取得“罗氏”改革的实质性进展，是因为“他是一个站在人民一边的野心家，但是尽量从掌权者那里骗得一些让步，并使他们多少为国家做一些事。他一经发现，可使一个参议员变‘坏’的理由和贿赂方式是什么并不十分重要。他私下承认，重要的事是那人代表什么，就表达民主政治与财团政治之间的争端的议案为何投票”[②]。

而对于那些“别有用心”的人，老罗斯福干脆直接发出了这样的“警世恒言”：

那些鼓吹动荡和不满情绪的人，那些对整个现存制度持否定态度的狂热的煽动家，那些或是出于居心叵测或是昏头昏脑而行为乖戾的人，那些只鼓吹破坏而不提出任何建设性建议的人，或者是那些提出的替代性意见比现存罪恶还糟的人——所有这些人都是真正的改革的最危险的敌人。如果他们得势的话，他们将把人民引向比现存制度下更深的罪恶之渊。

于是，美国上上下下为改革而众议沸腾之间，逐渐形成了一种主流观念：

当国家这艘大船偏离航线的时候，也就是说它没有按照应有的方式运转的时候，你完全没有必要毁掉它，然后另造一艘大船，相反，加入这艘大船上的全体船员始终都保持着警惕、时刻都仔细地检查，并且及时修补的话，你完全可以通过一系列的调整和改进，一边保证它继续行驶，一边进行维修。[③]

相比之下，在老罗斯福的划时代改革大潮中，拿起纸笔揭示贪腐、主张正义的林肯·斯蒂芬斯的失败经历或许更有说服力。20世纪初，一群改革派人士所试图打造“廉洁城市”的“波士顿1915计划”失败了。林肯·斯蒂芬斯作为该计划的主要谋划者和参与者，不无遗憾地承认“或许这样一个计划在城市是无法施行的”，只有“一个能够亲自或找一大班人大规模地从事我

---

① （美）詹姆斯·麦格雷戈·伯恩斯著，刘李胜等译：《领袖论》，第199页。
② （美）林肯·斯蒂芬斯著，展江等译：《新闻与揭丑（Ⅱ）》，第439页。
③ （美）弗雷德里克·L.艾伦著，高国伟译：《美国的崛起》，第95—96页。

所从事的工作的组织者，或许会使一个城市、州或者国家享受公共服务（后来的苏联及其五年计划证明了这一点）”。与斯蒂芬斯十分赞许的苏联“五年计划”式的“国家公共服务体系”相比，“美国政府不再是一个民主政府，而是一个财阀政府”，因为“那些想从人民身上捞取财富的商人们不得不收买人民的领导者。而人民的领导者出卖了人民，背叛了人民对他们的软弱的可怜的信任”。[①]在马丁·洛马斯尼（Martin Lomasny）等波士顿“统治者”看来，斯蒂芬斯这些“入侵的改革者”根本一无是处，所谓改革城市的计划“从理论上看站得住脚，但无法实施”。

为什么治理腐败需要“将智慧放在道德之前”？

林肯·斯蒂芬斯被同时代人视为“腐败问题专家”，但在如何根除腐败的问题上，他却经常以“将智慧放在道德之前”[②]来作答。难道不应当首先对腐败行为和腐败分子进行道德审判和道义谴责吗？斯蒂芬斯的解释是：问题应该是“什么” 而不是“谁”，与指责某一腐败分子的道德败坏相比，找到问题的根源、特权和利益的所在可能更加重要。因此，他提出一方面要改变“存在痼疾的经济制度”，“同时也不妨宽恕那帮流氓恶棍，让他们自己忏悔并告诉我们事实”。一位德国学者也提出了近似的观点：“与腐败作斗争有点类似柔道。不是去直接地抵抗犯罪势力，而是要转移敌人的能量使其自身衰败。不是去发布零容忍的政策，而是要认识到人类行为永远都会存在不完美性。不是去强求一个绝对廉洁的世界，与腐败斗争最重要的是在斗争中利用这些不完美的艺术。”[③]这些见解之所以有其可取之处， 并不是因为辞藻的华丽、结论的完美，而是认识到了腐败现象的复杂性和治理腐败的艰巨性。

这就是现实，这就是事实！但这或许并不仅仅是史实。当今世界的许多雄心勃勃的改革家，可能都会遭遇到这样的无奈。

历史学家弗兰根指出：“进步主义者从来没有想改变美国社会的结构。

---

①（美）林肯·斯蒂芬斯著，展江等译：《新闻与揭丑（Ⅱ）》，第552—553页。

②（美）林肯·斯蒂芬斯著，展江等译：《新闻与揭丑（Ⅱ）》，第540页。

③（德）约翰纳·伯爵·兰斯多夫著，清华大学公共管理学院廉政与治理研究中心译：《腐败与改革的制度经济学：理论、证据与政策》，第199页。

他们不是革命者，而是改革者和管制者。”[①] 在19世纪最后10年和20世纪第一个10年，进步改革者以及各种政治改革力量重点解决了经济社会变迁后导致的各种动荡和不安。尽管有些“小修小补”的味道，然而，“政治系统随经济和社会结构的变迁在政府权力重塑的过程中得以自我修复”。

这正是老罗斯福总统在驾驭美国这艘大船穿越腐败高发的“风暴眼”时做出的历史贡献：船没有翻，船身也没有解体，而是逐渐调整到了正确的航道！

于是，在1912年总统选举时，美国社会各改革力量达成了这样的共识：“小修小补”的改革已完成历史使命，局部改革或局限在某一层级的改革已无法更有效地解决复杂的社会、经济和政治问题，因此，大选中的辩论焦点是：**如何从根本上重组美国社会？**

然而，仅仅在十几年前，总统选举中的竞选宣传还总是纠缠于总统个性、流言蜚语和生活琐事，掩盖各党派之间事实上乃一丘之貉的实质。当时一位敏锐的文学评论家亨利·亚当斯在写给朋友的信中是这样评论总统选举的：

我们正沉湎于难以言表的政治玩笑之中。困扰我们的重大问题层出不穷……可有趣的是，无人谈论真正与其切身利害相关的事，他们也一致同意不去管这些事。取而代之的则是新闻界热衷于对某些很可笑的事情争论不休：克利夫兰先生是否有私生子，是否与多个情妇一起生活？

如果没有那个精明睿智而又注重策略方法的老罗斯福“船长”，或许，这些历史就要重写了。而且，尽管“在究竟是在哪个层级的政府上、进行了哪些核心的和决定性的改革，最终构筑了这个进步时代的问题上，研究这个课题的学者们绝少能达成共识”[②]，但至少有一点可以肯定——来自白宫的“国家驱动”至关重要。

2. 俄美道路对比：“光有诚实远远不够。”

1931年，65岁的林肯·斯蒂芬斯在自传的结尾部分比较了俄、美两国道路。他还得出了一个颇令人意外的结论：“美国正在继俄国之后第二个充满信心地进行试验，它是演进对革命的启示录。”当然，“美国的活力充沛”和“欧洲的生硬死板”不同，美国走的“也不完全是英、法、德的道路，而是在走自己的路”；但“布尔什维克主义的俄国和大机器生产的美国与我所见到过

① 转引自马骏《改革共识：改良而不是革命》，《中国改革（综合版）》2008年第10期。
②（美）伊丽莎白·桑德著，陈永杰译：《美国进步时代对中国的启示：三种代理模式》。

的任何其他两个国家相比，无论是本质上还是政治上都更为相似。……这两个民族——俄罗斯民族和美利坚民族，一个自觉，一个无意，但不都是朝同一个目标迈进吗”[①]？

实际上，如果借用萨米尔·阿明（Samir Amin）关于“腐朽”和“革命”的概念区分，可以说为了防止类似罗马崩溃时所发生的“腐朽”，俄、美两国在20世纪初期确实都发生了某种意义上的“革命”。只不过，俄国所发生的是一种“解体式变化”，而美国出现的是一种“控制式变化”。

相比之下，19世纪英国的变革之路要舒缓平和得多。1833年，法国人托克维尔游历英格兰时发现，“如果你同一位中产阶级谈话，他憎恨某些权贵但不敌视贵族群体”。英国人宁愿让贵族特权随着社会进步和政治制度演变而逐渐削弱，但“很难对贵族特权体制动切除手术”。久居英国的恩格斯还将这种统治阶层的传统观念称为“英国性格”，即认为“似乎一个伟大的民族，全人类以至整个宇宙，没有贵族这个名词就不能存在”。但不可否认的是，随着英国大地产制的解体和贵族特权的衰微，还是向世人展示了社会经济改革的另一种典型。

美国学者评论道：“在英国，‘进展’看来是时间颇长、相对平稳的历史的产物，整个过程既缓慢而又无巨大剧变。”[②]这种改革是缓慢的、渐进的，依赖于立法机构和立法程序，却又使人无法抗拒。“不列颠的民主主义社会改革明显区别于俄国和东方其他国家的做法。虽然也有对立、痛苦和怨恨，有赞成、嘲笑和欢欣，却好像不是那么强烈。而且，这种改革毕竟得到了社会大多数人的支持，减少了暴力和流血，有着不可抹杀的历史意义。”[③]

当我们回首各国的变革路径，似乎应当更多一些审慎与平和。

对于发生在“腐朽”俄国的解体式变革，斯蒂芬斯曾不无赞许地评论道：

“俄国是一片充满自觉而执着希望的土地。但是，被俄国人视为主要对手的美利坚合众国是在无意识中凭借强大动力前进在一条道路上的。这条道路似乎不可能通过盲目的试错法来实现对实业、政治和艺术的管理、投资和支配。”而且，“在俄国，政治和商业自觉地进行了合并。……政治制度是

① （美）林肯·斯蒂芬斯著，展江等译：《新闻与揭丑（Ⅱ）》，第561页。
② （美）丹尼尔·布尔斯廷著，中国对外翻译出版公司译：《美国人开拓历程》，第177页。
③ 阎照祥：《英国近代贵族体制研究》，第261页。

一种起保护作用的脚手架，暂时性的独裁在其中将全部的农业、工业和商业合并成一个巨大的中央集权的组织”①。

相比之下，尽管斯蒂芬斯对美国的改革之路并不十分满意，并且对俄国改革“暂时性独裁”的效率感到钦佩，但他最终也不得不接受美式渐进改革的现实。他指出，要治理腐败“光有诚实远远不够；要解决我们的政治问题，还需要智慧，需要一些经济学理论知识，需要勇气、力量、意志力、幽默感和领导才能——也就是说，需要有智慧正直”②。

但从实际效果看，美国治理“镀金时代”的腐败和社会问题并非无意识的或盲目的“试错”，而是采取了一种有策略的“调整模式”。

这就是世界体系论者华勒斯坦所指出的“运行效果出奇地好”的国家再造机制：“在那个时期，核心国家的工人阶级有两条增加报酬的途径：一条是在政治上参加选举的道路，即缓慢地但又不断地扩大参政权；另一条是国家强制实施的再分配道路，即缓慢地但又不断地扩大社会立法和社会福利或福利国家。”于是，“到 1914 年，我们看到了结果——核心国家的工人阶级与他们各自的国家很好地结合成一体，变得既有爱国主义，又有改革精神”③。

这场大改革、大动荡的顶层设计者西奥多·罗斯福也毫不掩饰自己的真正意图：

我但愿资本家未来能够明白，我正在倡导的一切，……实际上都是为了有产者的根本利益。因为这将使他们免受（无产者）革命的威胁！④

实际上，直到 20 世纪 60 年代，美国仍然处于此起彼伏的国内冲突和动乱之中，但这并不妨碍美国的继续发展。然而，大半个世纪之后，苏联自上而下的一次“试错性”改革却葬送了斯蒂芬斯曾赞誉过的“俄国道路”。针对戈尔巴乔夫的改革，作家尤里·邦达列夫评论道：“人们可以拿我们的改革和一架飞机相比，起飞了，却不知道飞行的目的地是否也有着陆的地方。”⑤更关键的是，苏联的改革失败无法纠错、无法修复，其原因即是哈耶克曾分析的那样，因为“这些方案的采纳，乃是一种在政治上不可撤销的举措

---

①（美）林肯·斯蒂芬斯著，展江等译：《新闻与揭丑（Ⅱ）》，第 584 页、第 577 页。
②（美）林肯·斯蒂芬斯著，展江等译：《新闻与揭丑（Ⅱ）》，第 403 页。
③参见（美）伊曼努尔·华勒斯坦著，路爱国、丁浩金译：《历史资本主义》，第 97—98 页。
④转引自黄贤全、王孝询《美国政治与政府调控》，第 224 页。
⑤（德）埃贡·克伦茨著，李红霞译：《民主德国的终结与苏联解体的因果关系》，《红旗文摘》2011 年第 17 期。

(politically irrevocable measure),这即是说这些措施一旦实施,就必须执行下去,而不论这种措施是否已被证明为一种失误之举”[①]。

西方评论家往往强调苏联的失败，但它的若干成就也确曾让人无法视而不见。第三世界人士则特别关注苏联工业化的速度。苏联从一个乡村的、农业的国家一跃而成为城市化的、工业化的国家，其速度之快，历史上绝无仅有。苏联的这些变化和成就，是在一种与资本主义截然不同的社会经济体制下取得的。但正如大卫・科兹等美国学者所追问的那样：

为什么苏联革新体制的尝试，即所谓的“改革”，反而导致了它的终结？为什么要改革？为什么苏联体制终结之后，紧接着是如此快速的经济和社会衰退？为什么在苏联实现向民主和资本主义的转变如此困难重重？在现代资本主义的替代性发展模式的可行性上，这些事件告诉了我们什么？它们是否真的表明，资本主义是现代世界上唯一可行的社会经济体制，任何建立一种更加团结、更加平均的体制的尝试都注定要以失败而告终？[②]

事实上，正是“来自上层的革命”导致了苏联的解体。在由戈尔巴乔夫改革产生的新的政治条件下，大部分位居国家要职的苏联党—国精英，以及其他重要的官方组织，从拥戴社会主义转向了拥戴资本主义。他们转而拥戴资本主义，是由于他们认识到从社会主义转变成资本主义能使他们变得更加富有。苏联党和国家的许多高层官员变成了富有的银行家或商人，或者成了新政权的官员。

大卫·科兹和弗雷德·威尔剖析了休克疗法或者说新自由主义的转轨策略，并将其作为苏联之后俄罗斯社会经济灾难的原因。这一策略要求立即实行价格自由化，立即开放国内经济，使商品和资本的进出口不受约束，大量国有企业迅速私有化，政府支出全面大规模削减，以及实行非常紧缩的货币和信贷政策。这种激进的策略引起了过度的通货膨胀、经济的崩溃、工业的毁灭、绝大部分人口的贫穷、有组织犯罪的迅速增长，以及最有价值的苏联企业倒卖给了不讲道德的内幕人员。

正如G. 萨托利所说：“过度的和意识形态化的政治非常容易产生完全瘫痪或者导致最终失败的、没能很好规划的改革的混乱结果。这并不意味着极

---

① （英）弗雷德里希・冯・哈耶克著，邓正来译：《自由秩序原理》下册，第61页。

② 参见（美）大卫・科兹、弗雷德・威尔著，曹荣湘等译：《来自上层的革命：苏联体制的终结》。

化政体注定是软弱的且最终是自我毁灭。然而，它们却难以应对爆炸性的或源自外部的危机。”[①] 戈尔巴乔夫所盲目推行的改革，使曾经强大的苏联走上了内外结合的“自我毁灭”之路。

苏联解体之后，俄罗斯的新自由主义策略在各个方面与中国改革的策略完全不同。在 1995 年，很多在苏联时期最有价值的财产还没有被瓜分掉，但此后不久这些财产便被瓜分殆尽，并出现了被称为“寡头政治家”的私有集团。这个小团体控制了俄罗斯大量的自然资源以及银行、城镇房地产和大部分主要的大众传播媒介。在叶利钦总统和寡头政治家之间出现了共生关系：寡头政治家是由叶利钦统治下的国家政策及其行为所产生的；反过来寡头政治家又形成了这个政权最重要的基础。人们也都相信，寡头政治家不但给总统派出了最重要的顾问，并且给叶利钦及其家庭捐助了大量的个人财富。

前德国统一社会党中央委员会总书记埃贡·克伦茨撰文指出，“苏联不是因人民革命而解体。它是从上面被破坏的，由苏联共产党中央委员会中的不同派系所破坏”，“戈尔巴乔夫事后供认：他从政生涯一开始就已经决定‘去除共产主义’。难以置信，党派和国家是由于无计划、无原则性而脱离苏联共产党中央委员会的领导的。正因如此，一个像叶利钦这样的反共产主义者才会被冲到了浪尖”[②]。此后，正如美国学者所说，“1996 年鲍里斯·叶利钦当选为总统的不可思议的选举……是一个用以表明如何伪造一次自由选举的惊人事例。它显露出新政权中腐败之无所不在，私有奸商之横行霸道”[③]。但木已成舟，苏维埃已成往事。

H.M. 卡伦则指出：“改革者是在革命者作为整体来运作的局部上进行运作。改革者是与现存趋势相和谐、与盛行原则和运动相一致的前提下寻求改良，而革命者则要使运动改变方向、停止或者倒退，要使原则发生根本性地改变。”[④] 我们似乎可以把老罗斯福称作是一个相当成功的改革者，而戈尔巴乔夫则是个彻底失败的“颠覆者”。特别是与苏联剧变式改革“版本”不同，美国的改革故事要长得多，剧情也复杂得多。如据历史学家梅涅斯的统计，

---

① （意）G. 萨托利著，王明进译：《政党与政党体制》，第 200 页。
② （德）埃贡·克伦茨著，李红霞译：《民主德国的终结与苏联解体的因果关系》。
③ （美）丹尼尔·辛格著，曹荣湘等译：《谁的新千年》，“前言”。
④ 转引自（美）詹姆斯·麦格雷戈·伯恩斯著，刘李胜等译：《领袖论》，第 205 页。

美国各级政府中的腐败在1850年后开始上升，并在19世纪80年代达到顶峰，此后经过各种改革，到20世纪30年代以后官场腐败才逐步下降。美国的治理变革经过了近半个世纪才有所成，并以“老罗斯福新政”及其肇源的进步时代为代表，最终靠的是坚韧而稳健的行动，而不是什么赶着时间的“硬着陆”，或是不计后果的“大休克”。

因此，对苏联解体研究甚深的美国学者沙希利·浦洛基在其专著《大国的崩溃》中写道：

戈尔巴乔夫发起的改革表明，现代革命往往会自食其果。如果说法国大革命带给布尔什维克灵感，那么西方自由主义则为戈尔巴乔夫的改革提供了思想和言论支持。与之前的俄罗斯领导人一样，戈尔巴乔夫向西方寻求解决国家问题的答案，这就表明苏联无法在经济、社会和军事方面与西方竞争……戈尔巴乔夫的改革是最后一次试图模仿西方并赶上西方的努力。[①]

或许，与美国递进式改革不同的苏联激进式改革之所以失败，一个最大的教训在于：“休克疗法”让国家休克了，让公众的福利休克了，然而，亲手推倒了“苏维埃之墙”的民众所盼望的社会公平正义却姗姗来迟，每每令人引颈扼腕。**如果说苏共因为腐败而导致政权垮台是当政者的无良和特权利益集团的无耻，那么，其因为反腐败而造成亡党亡国更是一种历史的无知和政治的无能！**

① （美）沙希利·浦洛基：《大国的崩溃》，第362—363页。

第十一章　腐败的顶层治理和顶层危机的救济

——反腐败的信心源自哪里？

任何改良之所以为改良（而不是反动的或保守的）措施，正因为它是趋向改善的一个一定的步骤或“阶段”。

——列宁

如果读者随着本书关于中、英、美等国腐败高发期的历史进行回溯，想必会感到一种特殊的沉重感。对于那些生活在当时的底层民众来说，恐怕只有哀叹生不逢时而毫无改变之望。然而，正如托马斯·潘恩在19世纪后期谈到法国大革命时所指出的那样：“生活在一百年前或一千年前的人与今天的我们同样属于‘现代’。他们有他们自己的古代，那些古代又有古代，而按照顺序我们也将成为古代”，好在历史的“整个过程就是权威反对权威，直到我们抵达我们被创造时的人的权利的神圣源头”[①]。任何对腐败过于悲观或过于乐观的看法，如果放在时空长河加以审视，都将如同不断泛起的浪花那样，无法改变历史洪流的真正潮向。

腐败不是某个国家的土特产，也不是某种制度的专属品，更不是某类政党的遗传病。任何一个国家，都难以保证腐败“零风险”；任何一个时期，都不能保证腐败“零发生”。历史经验一再证明，不能就腐败反腐败。这既是对政治智慧的持续检测，也是对执政安全的永恒考验。

一、历史从未被终结

人类为自己已经建构了好像是自己设计的世界而自豪得意，亦为自己没

① （美）托马斯·潘恩著，田飞龙译：《人的权利》，第35页。

能把它设计得更好而自惭形秽，现在，它就要再来一次设计了。

——哈耶克

20世纪末，美国学者弗朗西斯·福山发表著作《历史的终结与最后一人》，宣告西方的自由民主制度是“人类意识形态发展的终点”和“人类最后一种统治形式”，并构成“历史的终结”①。“随着东欧各国政权轰然坍塌，1989年在许多人眼里成为一个标志，老式的体制终于被扫地出门”②，而“历史终结论”在西方政治学领域制造了一种重要的话语环境：西方资本主义制度是人类政治制度发展的最高形式，历史“终结者”可以对别国的发展道路评头论足、颐指气使。一时间，包括腐败和反腐败问题，似乎都已在西方的历史中找到了最终答案和解决方案。西方资本主义国家已经完成了政治制度发展的历史，进入了“后历史”时代；而其他还在“历史”中的发展中国家，其“历史使命”无非是模仿西方自由资本主义的模式而已。然而正如黑格尔所说，历史给人类最大的教训就是人类从来不从历史中吸取教训。人类社会的腐败高发期的历史告诉我们，西方不但不是腐败的历史“终结者”，而且还在腐败高发期的历史中扮演过不光彩的角色。相反，腐败的历史从未被终结，铲除腐败的脚步也从未停歇。我们既应当理性地自我审视，也应当理性地彼此审视，从而发现和共享治理腐败的应有智慧。

1. “盎格鲁——撒克逊”模式不等于反腐败的唯一道路

腐败是作为一种社会发展“问题域”而存在的。如前所述，与科举制对英、美文官制度的影响所揭示的事实相似，从全球化以来的腐败演化和腐败治理“大历史”当中，可以梳理出某种不容忽视的跨国联系。

英、美等国作为哈耶克所说的“盎格鲁——撒克逊体系”③的核心国家，其在政治制度、历史传统、民众心理等方面有着极大的内生性关联，因此在治理腐败的模式上更具接近性。对此学界多有共识，一个典型的例子是，法国人孟德斯鸠在1748年出版了西方宪制经典《论法的精神》，英国人布莱克斯通在1765—1769年间撰写了《英格兰法律评述》。孟德斯鸠所“描述”和赞美的英国宪制“受到了一大群英国模仿者的奉承”。布莱克斯通作为其中

---

① 参见（美）弗朗西斯·福山著：《历史的终结及最后之人》，中国社会科学出版社2003年版。

② （美）丹尼尔·辛格著，曹荣湘等译：《谁的新千年》，“前言”。

③ （英）弗雷德里希·冯·哈耶克著，邓正来译：《自由秩序原理》下册，第77页。

的佼佼者，在《英格兰法律评述》中对孟德斯鸠的思想做了修正，为“无敌宪制”提供了重要理论依据，“对18世纪后期以及其后英国国内和国外政治思想各派别有相当不同的影响”。结果，由于“在美洲殖民地就如同在英格兰一样该评述被当作权威，因此美洲殖民者经常是通过布莱克斯通的眼睛来理解孟德斯鸠的理论的”。

英国学者维尔指出：“英国1770至1830年间的政治思想模式中，我们发现了与美国和法国相同的并且是如此重要的、混合政体理论和权力分立理论之间的互动。”[①] 这种基于“英——美互动”或者说“盎格鲁——撒克逊体系”的政治治理和经济社会发展模式，在第一次工业革命和第二次工业革命中得到凸显和加强，替代了18世纪前作为世界经济“火车头”的中国的位置，在全球化浪潮中的影响十分广远。

今天，值得反思的一个问题是，在治理腐败的策略和路径选择方面，是否只有“盎格鲁——撒克逊”模式这个唯一的选择呢？

总体上看，与中华文化“求同尚和”的传统特色不同，“盎格鲁——撒克逊”模式在某种程度上更强调“分”和“异”。比如，英、美等国强调竞争性政党、竞争性选举、竞争性民主，并且将其列为战胜腐败“病毒”的“终极解药”。当然，这些国家的制度性、结构性腐败问题至今仍然无法根绝。汤因比曾指出，“西方对政治上的影响是使世界分裂”，“罗马帝国解体后，西方的政治传统是民族主义，而不是世界主义”；而“就中国人来说，几千年来，比世界任何民族都成功地把几亿民众，从政治文化上团结起来。他们显示出这种在政治、文化上统一的本领，具有无与伦比的成功经验。这样的统一正是今天世界的绝对要求”[②]。笔者亦从“传媒形态理论”出发，提出中华文化传统“易于形成‘和’‘合’的政治气候”，西方文化传统“易于引发‘分’的政治气候”[③]。

事实上，从英、美两国18、19世纪的腐败高发期来看，在英美三权分立、党派纷争的政局下，腐败处于易发高发态势，并且其金权政治、利益集团等结构性问题流弊至今。有学者专门考察了美国1815至1975年间的腐败现象，描绘出一条美国“腐败指数”曲线，显示美国历史上经历了三段腐败高发期，

① （英）M.J.C. 维尔，苏力译：《宪政与分权》，第94—95页。
② 荀春生等译:《展望21世纪——汤因比与池田大作对话录》，中国国际文化出版公司1985年版，第288页、第295页。
③ 参见皮钧、高波著：《治政论——制度化时期执政党建设核心问题研究》，新华出版社2004年版，第120—122页。

1868—1876年为其腐败指数峰值期（另两段为1840年前后和1857—1861年）。此后，美国在1914年前后一度出现腐败指数0.16的最低水平，但在20世纪20年代又增至0.274，此后直至20世纪70年代中期大体处于0.2的稳定水平，美国基本上刹住了面上的腐败之风。**19世纪以来，“盎格鲁——撒克逊”国家之所以能够蹒跚地走出腐败高发期，其根本成因不仅在于权力的分立、政党的竞争乃至舆论的开禁等政制层面，而是在由传统国家向现代“财政——军事国家”转型的过程中，依靠两次工业革命的经济容量和发展活力“对冲”了因腐败引发的社会利益冲突和严重矛盾对立，特别是为实施收入调控、税制改革、贫困救助、社会保障等“社会主义化”[①]救济措施赢得了政治运作空间。简言之，英、美两国走出腐败高发期靠的是改良式社会调控，而不是革命式政治运动。因此，我们看到英、美两国既在18—19世纪人们对腐败的特殊宽容度中收获了国家成长的特定“腐败孳息”（甚至可以称为“腐败花红”），又为自己赢得了在20世纪的某种国际道德优势和舆论强势。**

但是，今天的“盎格鲁——撒克逊”国家动辄对别国的所谓“腐败政制”横加干预，屡屡强推“休克疗法”乃至导致政权颠覆，这难免会引发有些“不怀好意”甚或是“别有用心”的联想。因为这就好比是一个才靠着走私贩私等违法犯罪手段实现了“财富自由”的大财主，衣着光鲜地对薄本微利的小业主们耳提面命地说：你们要像我那样遵守法律，才能实现创业成功的梦想！

罗伯特·达尔在现代政治研究中观察到这样的现象，即马克思曾在19世纪预言城市无产阶级和日益减少的资产阶级之间的明显冲突将会“极端化”，“但一百年后再来看，马克思似乎过于仓促地从工业化的早期阶段推断遥遥无期的将来了”，因为“早在‘资产阶级’在与无产阶级冲突中被击败之前，三件事将会发生”：一是工业革命将开始转入大众消费阶段；二是工业无产阶级将成为全部劳动力中的少数；三是工人阶级领袖提出的许多要求将得到满足，占少数的工业无产阶级将“越来越不会对革命变革的战斗口号作出反映了”[②]。**如果说确有什么腐败治理方面的“盎格鲁——撒克逊”模式的话，其要义既不止于“宪政制度的胜利”，也不限于“西方经济的崛起”，而恰恰在于政治顶层和统治集团在治理体系的深度变革中始终保持了国家的完整、**

---

①（英）弗雷德里希·冯·哈耶克著，邓正来译：《自由秩序原理》下册，第49页。

②（美）罗伯特·A. 达尔著，王沪宁等译：《现代政治分析》，第99页。

政治的传续和社会的黏合，恰恰是在社会基本稳定的大格局中完成了国家重组、政府改革和政治再造，有效规避了“推倒重来”式的流血革命。今天的世人不应忘记，美国社会“镀金时代”的实际情形是这样的：

当自由企业凝结成垄断组织和托拉斯，激进的工人们以结成“一个大工会”作为回应——世界产业工人联合会（IWW），昵称为“Wobblies”。“Wobblies”带有救世的色彩，梦想着倾覆资本主义的大厦，建立其社会主义的千禧王国。他们的罢工运动充满了暴力色彩，包括与警察、民兵和治安团的冲突，甚至包括暗杀行动。社会正沿着阶级界限分化。①

其实，19世纪上半叶，法国人托克维尔在研究美国民主时就已指出：“贵族政体和民主政体互相指责对方容易贪污腐化。”②在防治腐败的问题上，以英国为代表的欧洲贵族国家和以美国为代表的新兴民主国家都没有交出令人信服的答卷。但是，姑且不论是执政者及其团队内部保守派与改革派的斗争使然，抑或是此起彼伏的社会骚乱和革命风潮所迫，至少英、美两国在顶层治理和自我救济中没有出现苏东剧变式的国家解体和社会倾覆。这当然离不开西奥多·罗斯福这样的杰出政治家，他对垄断资本恶行和美国政治腐败所进行的强烈抨击，以及他所强势推行的国家重组式改革，正是睿智和务实的顶层自救的成功范例。人们不应忘记他曾不断大声疾呼：“大富豪的极端愚蠢、贪婪和傲慢”，“不正当的发财方法”，“加上工商业和政治中的腐败，已在公众的心目中初步产生了一场非常有害的激动和愤懑，这种情况已在社会主义宣传的大量增长中表现出来了”③。恰恰是由于“进步时代”的国家改革和腐败治理及时跟进，美式资本主义制度体系做出了“自我修复”，才能够让“镀金时代”激增的“社会主义宣传”没能转化成大众普遍参与的颠覆性、革命性行动。

20世纪初，社会学家皮特里姆·索罗金为测量“社会冲突的严重性”作过开创性努力。他把自己精心设计的“动乱指标”应用于古希腊、古罗马、拜占庭、德国、奥地利、英国、意大利、西班牙、荷兰、俄国、波兰以及整个欧洲之外，还把这些指标用于公元526年至1925年的法国历史。通过大量

---

①（美）罗纳德·赖特著，高岳等译：《其实你不懂美国》，第255页。

②（法）托克维尔著，董果良译：《美国的民主》（上卷），第250页。

③ 黄安年：《美国社会经济史论》，山西教育出版社1993年版，第310页。

而艰苦的研究，索罗金得出的结论是：

在所研究的多数国家中，就平均每年发生一场重大的社会动乱而言，只有五年免于动乱。……虽然国家之间在暴力和动乱强度方面有差别，但这些差别并不大，也不是始终如一的。……指数既未显示出倾向于更大和更好地“有秩序的进步”，亦未显示倾向于与日俱增的无秩序状态的持久趋势。……动乱不仅发生于社会的衰落时期，还发生于兴旺和健康的成长时期。最重要的是价值观与关系的社会文化网络，因为当网络整体化和强有力的时候，动乱最少。①

可见，正如林肯在1858年所作的《分裂之家》的著名讲话中就曾强调的那样：“分裂之家不能持久。”② 某种程度上说，腐败和动乱并不可怕，可怕的是“社会网络”的支离破碎和国家的分崩离析。英国著名学者罗素也在《权力论》一书中指出，今人用权力视角来说明社会动力学规律时要“使其可理解的程度高于想象力受18、19两世纪支配的人所能理解的程度。那两个世纪在许多方面有它们的独特之处，而我们现在似乎在好多地方正在恢复更早时期所流行的思想和生活方式。为了理解我们的时代和它的需要，就必须理解古代和中世纪的历史，因为只有这样，我们才能获得一种并不过分受19世纪原则支配的可能的进步”③。我们并不否认“盎格鲁——撒克逊”模式在18、19两世纪崛起，然而，对腐败治理的“想象力”不应当停留在这两个世纪的人“所能理解的程度”。

或许，这是“盎格鲁——撒克逊”模式带给我们的又一重要启示。

2. 革命的替代：300年来“盎格鲁——撒克逊”顶层治理的真实内核

2007年，美国学者迈克·巴仑（Michael Barone）出版了专著《我们的第一次革命：一场激励了美国建国之父的英国政变》（Our First Revolution: The Remarkable British Upheaval That Inspired America's Founding Fathers），认为在盎格鲁——萨克逊主义者看来，英语国家赖以成功的市场经济、宪政民主、法治、宗教宽容、资本主义和新教伦理等，正是通过1688年的英国光荣革命打下基础的，从这个意义上说，光荣革命不仅仅是英国的一场革命，也是包括美国在内的整个英语民族的第一次革命。巴仑在书中特别阐述了美国的

① 转引自（美）罗伯特·A.达尔著，王沪宁等译：《现代政治分析》，第101—102页。

② （美）艾伦·维恩斯坦等著，胡炜等译：《彩色美国史》（中卷），第264页。

③ （英）伯特兰·罗素著，吴友三译：《权力论》，第6页。

1776年独立革命和光荣革命之间的直接传承关系。他认为乔治·华盛顿、托马斯·杰弗逊和亚历山大·汉密尔顿等美国的建国之父们之所以要起来革命，正是为了要保卫光荣革命所奠定的各项权利。[①]的确，这次没流血的宫廷政变的影响是历史性的：其直接的成果（英国的强大）和间接的成果（美国的强大）合在一起，先后主导了此后的世界历史进程将近三百年之久，而且这一态势似乎仍没有彻底改变。

我们分别看一看英、美两国在各自百年强国路上的模样：

1688年，英国资产阶级和新贵族发动的推翻詹姆斯二世统治的非暴力政变，仅以换了一个国王的代价便完成了革命。此后，英国开始推行君主立宪制度，因此这一年堪称英国的“新世纪”元年：革命后第2年，《权力法案》奠定了君主立宪基本框架，《兵变法》基本上剥夺了国王控制军队的权力；革命后第5年，《三年法案》使议会成为限制王权的常设性立法机构；革命后第13年，《王位继承法》使议会在王位继承上发挥着决定性影响；革命后第45年，约翰·凯伊发明飞梭，拉开了英国工业革命的序幕；革命后第68年，英国开始了与法国争夺世界霸主的“七年战争”；革命后第81年，瓦特发明蒸汽机，使人类真正进入了机器生产时代……英国在“光荣革命”后建立起来的议会权力超过君主立宪制度以及两党制度等，不仅对英国以后的历史发展，而且对欧美许多国家的政治都发生了重要影响。同时，国内工业化浪潮与英国的对外扩张步伐相互推助，使英国迅速崛起。

1788年，英国人迎来了光荣革命百年。志在恢复王权的乔治三世当然不会举行任何庆祝活动，但却不情愿地迎来了资本主义世界的第一次经济危机。由于工业革命后纺织行业的生产效率迅速提高，产品大量积压，商家被迫抛售。1788年的破产事件增加近50%，棉花进口额与1787年相比下降了12%，工人大量失业，兰开夏等地的纺织工人陷于极端贫困。值得一提的是，光荣革命后的第105年，不列颠和中国发生了顶层联系。乔治三世派出的使团来到北京并带给乾隆皇帝一封书信，要求建立中英外交和贸易关系。但乾隆的回信给了他一盆兜头凉水：“正如您的大使能亲眼看到的那样，我们拥有一切东西。我根本不看重奇巧或精巧的物品，因而，不需要贵国的产品。”[②]

---

① 参见刘见林《“光荣革命”是英语民族强盛之根源》，《华盛顿观察》周刊2007年第20期。

② 转引自（美）斯塔夫里阿诺斯著：《全球通史：1500年以后的世界》，第224页。

——正在第一次工业革命中崛起的不列颠，品尝到了政治腐败和经济凋敝的苦酒。

1876 年是美国建国一百年的国庆年。5 月 10 日，费城举办世界博览会，时任美国总统格兰特亲赴主持开幕。100 年前，标志着美国诞生的《独立宣言》是在费城签署的，因此，把美国历史上的首次世界博览会放在费城可谓别有深意。这不但表明它已走出欧洲工业强国的阴影而实现了国家的崛起，而且在向世界宣布：一个美国时代即将到来。爱迪生发明的复式电报机、贝尔发明的电话等高科技产品进入世人眼帘，法国赠送给美国独立 100 周年的礼物、总重量达 225 吨的“自由女神像（Liberty Enlightening the World）也在纽约落成。值得一提的还有两件事：一件事是美国在世博会上还展示了费城债券，作为一种“国家成就”，似乎是向世界宣示了金融资本主义“新主宰”的特殊象征。另一件事则也与中国有关。不但清政府参展世博会，而且已于 4 年之前向美派出了留学幼童（其中包括民国第一任内阁总理唐绍仪、清华首任校长唐国安和“中国铁路之父”詹天佑等）。1876 年 8 月 25 日，格兰特会见了幼童。这些“师夷长技”的孩子们或许不知道，这位总统治下的美国面临着巨大危机。

当人们回顾美国百年辉煌时，却无奈地发现：美国病了。而且病得不轻。在一份为百年大庆写的充满激情的祈祷书中，人们呼唤：“上帝救救我们的共和国吧！”在这段漫长的黑色年代中，“格兰特主义”表现得可谓淋漓尽致：官商不分，以权谋私，上行下效，贿赂公行，物欲横流。美国资本主义乘着新的工业革命快车进入到“电气时代”，其发展速度一度达到了历史顶点，但令人遗憾的是它所带来的贫富差距和道德沦丧也几乎同时达到顶点，患上了一时间似乎难以治愈的“工业文明综合征”。

——正在第二次工业革命中崛起的美利坚，也感受到了腐败高发和社会分化的危机。

分析研究英美两国 18 世纪以来的两段典型腐败高发期，应当把握住两大时间节点：

一个是经济周期，即第一次工业革命和第二次工业革命；另一个是顶层执政周期，即乔治三世执政期间（1760—1820 年）是“光荣革命”百年前后；格兰特总统执政期间（1869—1877 年）美利坚合众国度过了建国百年纪念日。

此外，还应当看到两国遭遇到“百年一遇”的腐败高发期后，采用的都是“以内生变革替代革命”、保持社会稳定的治理路径，其最重要的策略是两条：

一是用空间换时间。即用扩大选举权、扩大社会中间层等方式提供的政治空间，为统治者赢得了持续执政的时间。即便是一直站在乔治三世对立面的政治改革倡议者柏克，也并不讳言议会改革并不是要“推倒重来”。他明确指出：“当我们进行一切变革时，我们绝不全然守旧，也不全然图新——要有足够的旧东西以保存先人的原则和政策，保存议会的法律和惯例，不致传统的链条因之断裂；同时，要从人民大众中吸取清新空气，要有足够的新东西激发我们的活力，使我们的品性能真正地呈现出来。这样，尽管总的来看，议会的构成大多数仍是旧有人员，但却有了一种新的品格，可以获得变革的益处，而不致产生无序的更张。”[①] 与此对应的是，直至19世纪60年代，“在英国的2750万总人口中，约有100人拥有选举权，……但英国既不民主，也不打算实行民主”[②]。此外，统治集团着力调整税负政策，营造社会救济和社会公正的政策环境。如实行累进税制之后，在美国、大不列颠、法国等国所完成的各自独立的研究一致表明，“正是那些收入居中（modest income）的人士占据了选民的最大多数，因此他们所承受的税负最轻，而与此同时，真正承受全部税收中较大比例的税额重负者，却只是那些收入较多和那些收入较少的人士”。也就是说，一旦否弃了比例税原则，“受惠者更可能是那些拥有最强大的选举力量阶层”[③]。但即便如此，“在1918年至1926年间，美国人口中的10%占有了全部国民收入资金的1/3”[④]。

不过，这些变革还是可以避免“沉默的大多数”像法国大革命那样揭竿而起，引发流血冲突，由此既有利于政局的稳定，也有利于保持社会的稳定。更重要的是，改革增加了“社会温度”和“社会弹性”，使得美国社会在遇到经济危机、世界大战等“不可抗”变局时，可以保持一种总体一致性以便对抗危机。在这个可以被称为“塑型美国”的治理变革加速期中，老罗斯福与其继任者威尔逊居功至伟，他们强化了联邦政府有责任规范和控制引导国家经济和社会行为的改革理念，主动召开白宫会议并成立各种委员会，在

---

① （英）柏克:《自由与传统》，蒋庆等译，第108页。
② （英）艾瑞克·霍布斯邦著，张晓华等译：《资本的年代》，第136页。
③ （英）弗雷德里希·冯·哈耶克著，邓正来译：《自由秩序原理》下册，第79—80页。
④ （美）拉斯韦尔著，杨昌裕译：《政治学》，第4页。

新机构和委员会中出现大量专家和学者，推动行政机关（包括总统制的强化）朝向现代化发展，并开启了联邦机构的全新建设进程，这些都对20世纪美国人的生活产生了重大而深远的影响。① 美国学者为此指出，尽管"伴随美国公司化而来的一种最深刻、最持久的矛盾"依然存在，尽管富豪资本家集团与劳工阶层的"这种紧张关系将在美国长期存在。在繁荣盛世和战争唤起爱国激情之时，它就销声匿迹。当困苦和危机降临之际，它又重新出现：20世纪30年代的大萧条，60年代和70年代的社会动乱都是如此。不可否认，从第二次世界战以来，许多工人分享了公司化美国的财富，似乎也接受了这种社会的文化前提"②。这样的"文化接受"，无疑是赢得时间的最好帮手。

二是以责任换权力。即将混合制政府让渡为代议制政府，但在给予行政机关莫大权力的同时，加载了"福利国家"的责任。如19世纪前期英国统治阶级认识到："如今政府的事务已经变得'更为复杂和费力'，就必须找到一些便利的方法，以便政府的三个等级能以更大的同情和更多的相互接触来一起工作。如今在（19世纪）英国的政府制度中，'和谐'原则是占统治地位的原则。"③ 温和渐进的变革"使英国既保留着政治腐败，又避免了较大的政治动荡"，使英国平安地度过了动荡不安的18世纪并"进入了19世纪自由主义的工业社会"。④ 通常，人们把英国19世纪以来的国家和社会转型称作是"财政——军事国家"向"福利国家"的改革。英国著名学者哈耶克认为，福利国家"是一种对个人收入实现社会化的工具"，因此已经"变成了传统社会主义的替代物"：

尽管福利国家被认为是一种替代现已臭名昭著的直接管制生产力的方法的制度性安排，然而值得我们注意的是，由于福利国家乃是一种试图按照它所认为适当的比例和形式分配收入以实现"公正的分配"的方法，所以它事实上只是一种追求传统社会主义目标的新方法而已。⑤

尽管这些历史事实似乎被"刻意忽视"了，但是老牌资本主义强国开启的变革"新瓶"，确实装了不少传统社会主义思想和政策的"陈酒"。美国学者

① （美）纳什等编：《美国人民》，刘德斌等译，第701页。
② （美）艾伦·特拉登堡著，邵重等译：《美国的公司化：镀金时代的文化与社会》，第230页。
③ （英）M.J.C. 维尔，苏力译：《宪政与分权》，第203页。
④ 阎照祥：《英国近代贵族体制研究》，第178页。
⑤ （英）弗雷德里希·冯·哈耶克著，邓正来译：《自由秩序原理》下册，第49页。

本杰明·沃特豪斯在研究美国商业史时发现："进步主义者直面公司规模和经济集中的问题，……通过强调对大公司的不满和批评，进步主义者致力于在工业资本主义的混乱世界中强加上秩序感。"[①] 这个"国家进步"的过程意味着"少数人"即特权阶层的让步，也意味着"多数人"即弱势群体接纳认可新的社会"秩序感"，使得美国不致陷入类似南北战争的又一场内战，进而达成了走出腐败高发的"镀金时代"之后的新平衡。甚至可以说，这是一个"重新定义美国"或者说重新厘清"国家责任清单"的过程。美国学者艾伦·特拉登堡在其研究"镀金时代"的专著中分析指出："关于美国的涵义的辩论象征着关于现实的斗争，关于谁有权解释并掌握现实的斗争。……这是一个充满暴力、动乱、误解并以讽刺意味告终的过程。"[②] 但不可否认，由于"新美国定义"中部分嵌套了守护公平、维护公序、保护公益等"责任内涵"，这是一个所有利益群体深度博弈但总体和平的过程，实现了以国家改革的"责任之争"代替国家革命的"武器之争"。无怪乎另一位美国学者巴林顿·摩尔结合英国案例分析道："在这个过程中，土地贵族将成为资本主义和民主潮流的重要组成部分，像在英格兰那样。而如果他们抗拒这一潮流，就将遭到革命和内战的扫荡。简言之，土地贵族不支持革命，就将葬身于革命之中。"[③]

所谓的"盎格鲁——撒克逊"模式，恰恰是一种"以退为进"式的折中和妥协；所谓"舍得"——顶层"不舍"，治理"不得"！

二、治理腐败需要顶层设计：怎样破解反腐之难

政治是在现有行动路线中选择最小之恶的艺术，而不是人类社会追求至善的努力。政治是道德上和物质上可能之事物的艺术，这种艺术的实践将使人类能够持续受益，而不是对至善的努力追求。

——迈克尔·欧克肖特

1. 顶层理念设计：让"权力天平"归位

在谈到腐败源头时，对美国"镀金时代"进行了深入观察和深刻剖析的

---

① （美）本杰明·沃特豪斯：《美国商业简史》，第 137 页。

② （美）艾伦·特拉登堡著，邵重等译：《美国的公司化：镀金时代的文化与社会》，"序言"。

③ （美）巴林顿·摩尔著，拓夫等译：《民主和专制的社会起源》，第 348 页。

林肯·斯蒂芬斯曾有一个著名的比喻：

所有的人都说这人（罪魁祸首）是亚当。可是……亚当却说是夏娃这个女人犯下的原罪，但是，夏娃也矢口否认了，因为她说：不、不是我，是那条蛇……，但是现在我却打算告诉诸位，这名元凶过去是，现在也仍然是——那只苹果。①

要治理腐败，应当找到这支“苹果”。而且，经过对腐败现象的实证研究和科学分析，他发现“政治腐败到处都是一样的”，“要使这个体制走上正轨需要时间、能力和大量的公平交易”。

马克思在《路易·波拿巴的雾月十八日》中谈到自然经济基础上的封建社会结构和广大群众时，将其比作“好像一袋马铃薯是由袋子里的一个个马铃薯所集成的那样”。研究腐败和治理腐败的历史，也必须超越过于关注腐败个案的“马铃薯式”研究，关键是找到那些装满了腐败马铃薯的“袋子”。

权力、利益和责任，是政治系统平衡廉洁运行最为核心的三大要素。17世纪以来中、英、美三国的历史表明，这“三大政治要件”的失衡失序，是导致腐败高发期的核心原因。我们不妨将其抽象为“权力天平”的理论模型。

首先，政治清廉的前提是权力天平处于平衡状态（参见下图1）：

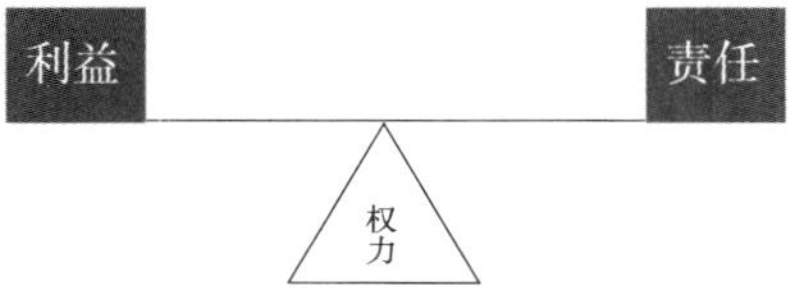

图 1：政治清廉模型示意图

公共权力应当用于造福社会、造福民众，这是一个基本共识。施政者拥有的权力越大，意味着其所可能创造的公共利益越大，其所承担的政治责任也就越大。当然，如果权力行使者蜕变腐化，其所可能窃取的公共利益（即由公共利益转化成的私人利益）也就相对更大。

接下来，我们看看腐败风险是如何发生的（参见下图2）：

① （美）林肯·斯蒂芬斯著，展江等译：《新闻与揭丑（Ⅱ）》，第8页。

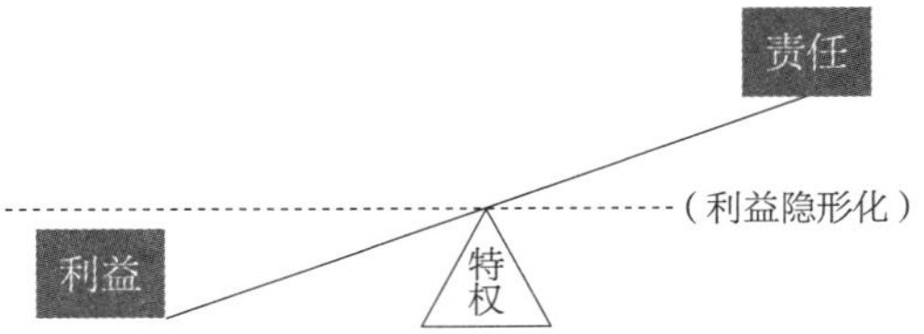

图 2：腐败产生模型示意图

权力大、利益大，责任小，“权力天平”必然失衡，腐败风险必将处于高发状态，公职人员腐败必将成为高概率事件。

权力越来越大、利益越来越大，而责任越来越小，“一头沉”的“权力天平”就很难再回到平衡状态，腐败势必越陷越深、积重难返。

最终，挂在口头的“责任”轻飘飘，捞在手里的“利益”沉甸甸，而本应为天下公器的权力却变成了私家特权——这就是形成腐败高发期的深层次政治原因。

历史已经雄辩地证明，“利益在后面推动着所有种类的德行与恶行”。[①]对于现代民族国家和民主政治而言，“问题不在于何人控制国家，而在于国家拥有何种权力以及何种因素决定了那种权力”[②]。因此，**走出腐败高发期，最根本、最现实也最有效的两条路径是：**

其一，让公共权力与政治责任挂钩；其二，让政治权力与私人利益脱钩——让“权力天平”复归平衡！

2. 权力与责任挂钩：“任命——任务政治”到“使命——责任政治”

所谓“任务政府”，是指各级政府机构和官员之间以“任务”为纽带、以指令为依据来运行，把（被动）完成上级的交办任务作为唯一指针，而不去考量执政的合理性、合法性和有效性。在“任务政府”模式下，看似所有人都在忙于完成任务，但实际上都限于一个巨大的悖论：只对上负责，以满足上级指挥为第一要务；而不对辖区内的百姓负责，不关心本地的实际情况和民吁民呼。举例而言，一个明朝的县官，只对几个决定其升迁的上级官员（如吏部官员、州官等）负责，而不对本县的几万、十几万百姓负责！

之所以形成这种“任务行政”模式，主要原因在于“委任政治”，也

① （法）拉罗什福科著，何怀宏译：《道德箴言录》，三联书店 1987 年版，第 54 页。
② （美）玛格利特·利瓦伊著，周军华译：《统治与岁人》，第 209 页。

就是公共职位的提名权、任用权、罢黜权、晋升权等仅只掌握在上级手中。另一方面，在明朝中央集权的财政体系下，“财政权力保持在最高层，而财政责任却落在较低层级人员的身上；财政体系缺乏理性的特征，也延伸到操作层面，导致理论与实践之间严重的不协调”①。于是，在人权、财权和事权不相匹配、不相协调的情况下，形成了一种唯上是从的揽功卸责的政治大气候。

19 世纪末期，美国的改革派人士就十分忧虑“广大无边的政治权力受到公司老板们的操纵”，并“视这一权力是对代表人民的政府本身的一个威胁”，因为“这些公司只关心赚钱，他们不向任何人负责，对公众不负有任何义务，却超脱于公众的控制”②。由此，追求权力、捞取利益成了政治游戏规则。“不负责任的权力是政界老板体制追求的目标，政治老板们想任命和控制市长、州长、市政委员和州议员、法官以及各部门、各委员会，以便能够命令这些傀儡们做一些他们很少愿意亲自做的事情。”③

虽然美国存在以竞争性民主为招牌的两党政治，但事实是政党轮替只是一种更大的分赃游戏，非但未能带来责任政治的局面，反倒是不断为利益政治“加码”。人们不得不无奈地承认，“和经济欺诈相比，政治欺诈更难发现也更难控制。但是对负责的和不负责的反对党的区分也许能对公正和不公正的政治竞争作相应的区分”④。

可现实往往是事与愿违，倾斜的“权力天平”日渐掌控在少数人手中，为民造福的政治责任和施政义务成了奢侈之谈。1887 年，尽管国库充盈，但是当有人提议从中拨出 10 万美元救济得克萨斯州遭遇长期干旱的农民、帮助他们购买谷种时，克利夫兰却否决了这项议案。他的解释是：

这种情形下联邦政府如果给予救助……会助长他们的依赖心理，他们期望政府部门像父亲般关心他们，这会弱化我们民族刚毅不屈的性格。

然而，就在同一年，克利夫兰用其黄金储备余额给富裕的债券持有者分配盈利（每张价值 100 美元以上的债券盈利 28 美元），共支出 4500 万美元。

---

① 李约瑟、黄仁宇：《中国社会的特质——一个技术层面的诠释》，载《现代中国的历程》，第 12 页。
② （美）约翰·弗兰奇著，陈小白译：《强盗资本家》，第 84 页。
③ （美）林肯·斯蒂芬斯著，展江等译：《新闻与揭丑（Ⅱ）》，第 457 页。
④ （意）G. 萨托利著，王明进译：《政党与政党体制》，第 199 页。

“好商人”为什么会变成“坏政客”？

林肯·斯蒂芬斯在研究了美国19世纪中后期的“商人干政”现象后指出，“好商人”沦为“坏政客”的原因有二：1.一个商人会受到训练从而面对商业上的诱惑并从容处之，但面对政治上同样的诱惑“却是个手足无措的生手”。2.“商业上正确的东西在政治领域却是错误的”。比如纽约的坦慕尼协会负责人理查德·克罗齐在接受质询时坦言，自己“一直为钱袋子而工作”。当然，他也受到谴责并彻底毁掉了政治生涯。这种现象并非个案，当时众多成功的投机商却成了失败的改革派官员，主要是因为他们虽经商业伦理的训练，但并不能胜任政界的工作，因为“政治伦理道德高于商业伦理道德”[①]。所谓“不赚钱的商人是不道德的”，但更多时候“赚钱的政客也是不道德的”。

从国家治理体系和执政体系来说，这是一种权力分配型政权结构，而不是真正的压力分散型、责任分担型结构。因此，其危险是巨大而深远的，正如霍布斯所说：“如果没有对某种强制力量的畏惧心理存在时，就不足以束缚人们的野心、贪欲、愤怒和其他激情。”[②]特别是当底层发生民变动荡之时，整个执政体系的“神经末梢”根本无力做出有力的反应，必将使整个大厦倾颓于一瞬。

因此，再造公共权力运行流程，必须改变（或部分改变）权力分配、官位委任的政治游戏规则，把“任命”与“使命”结合起来，把“任务”与“责任”捆绑起来。孟德斯鸠在数百年前已指出：一切有权力的人都容易滥用权力，这是万古不易的一条经验。有权力的人会无休止地使用权力，直到有界限的地方为止。所以为了捍卫自由、保障民主，为了防治腐败、服务人民，必须对权力进行限制。

3.权力与利益脱钩：“掠夺——透支”型政府到“服务——供给”型政府

1893年10月，英国新闻业者威廉·斯特德来到芝加哥。他被眼前日益膨胀的失业大军、猖獗的卖淫和赌博、逐渐扩大的贫富差距、市政腐败和公众冷漠等景象惊呆了，因此指出“芝加哥堪称是地球上最邪恶的地方了”。造访过这座“对金钱过度贪得无厌”的城市后，他出版了《假如耶稣基督到了

① （美）林肯·斯蒂芬斯著，展江等译：《新闻与揭丑（Ⅱ）》，第330—331页。
② （英）霍布斯著，黎思复等译：《利维坦》，商务印书馆1986年版，第103页。

芝加哥》一书，表达了对为获得特许经营权而贿赂市议员的“掠夺成性的富人”的愤慨。斯特德在书中特别收录了一幅关于耶稣基督将货币兑换商逐出寺庙的著名油画的复制品，并宣称这些货币兑换商就是“芝加哥最富有最有名的商人和政治领袖”。他直言不讳地指出，这些如货币兑换商“亵渎了寺庙的人”正是“意指市政府”，“他们应该全部被驱逐出去”[①]。这当然只是一种善意的政治设计和社会理想。因为在现实利益面前，公共权力是“货币兑换商”最容易收买的对象。

恩格斯在分析18世纪英国状况时曾指出，利益原则首次在工业革命之后成为社会运动的“新原则”：

“政治改革第一次宣布：人类今后不应该再通过强制即政治的手段，而应该通过利益即社会的手段联合起来。它以这个新原则为社会的运动奠定了基础。……利益被升格为人类的纽带——只要利益仍然正好是主体的和纯粹利己的——就必然会造成普遍的分散状态，必然会使人们只管自己，使人类彼此隔绝，变成一堆互相排斥的原子。”“英国工业的这一次革命化是现代英国各种关系的基础，是整个社会的运动的动力。……它的第一个结果就是利益被升格为对人的统治。利益霸占了新创造出来的各种工业力量并利用它们来达到自己的目的；由于私有制的作用，这些理应属于全人类的力量便成为少数富有的资本家的垄断物，成为他们奴役群众的工具。商业吞并了工业，因而变得无所不能，变成了人类的纽带；个人的或国家的一切交往，都被溶化在商业交往中，这就等于说，财产、物升格为世界的统治者。财产的统治必然要首先反对国家，瓦解国家，或者，既然财产没有国家又不行，那么至少也要挖空它的基础。”

权力和利益的勾连，资本和权力的联姻，正是“挖空”国家基础的前提，也是腐败横行的表现。因为可以劫掠利益而不负责任，必然形成一种“掠夺——透支”型政府机制。这就是导致19世纪美国政治腐败堕落的深层危机。林肯·斯蒂芬斯则干脆把这种政治系统直接命名为“叛逆系统”，因为“那些想从人民身上捞取财富的商人们不得不收买人民的领导者。而人民的领导者出卖了人民，背叛了人民对他们的软弱的可怜的信任——因此，我们的美国政府不

① （美）约翰·弗兰奇著，陈小白译：《强盗资本家》，第164—165页。

再是一个民主政府，而是一个财阀政府”[①]。这种背叛了人民利益的政治系统基本上“覆盖”了联邦、州到地方的各级政府，因为“在精英们看来，在国家衰落的时期搜刮财富并维持权力的稳定对他们而言是较好的策略。在某种程度上，这类阶层可能从腐败交易和税收政策中获得租金”[②]。作为进步主义运动时期最知名的“耙粪者”之一，斯蒂芬斯曾力求弄清“总统、国会和政府部门代表的是人民的共同利益，还是代表着一部分人的特殊利益”。然而，经过10余年的悉心研究和广泛调查，他的一个惊人发现是：

“一个事实是总统并不是任何时候都清楚什么是公众利益；而且他眼中的教育不是经济的而是道德的。另一个事实则是总统不得不与参议院和众议院做交易；总统本人也对此直言不讳，声称他经常会对这种交易有如履薄冰的感觉，因为参众两院并非代表了共同的利益。”“这正是最令人难以容忍的贿赂。因为这种做法是以公薪的名义花人民的钱，而不是动用参议院的钱，况且如此作为便仅仅是为了赢得由人民选出的参议员的支持——支持反映人民意愿的议案！这已经不仅仅是贿赂，遮遮掩掩、数目不多的贿赂了。而正是这种做法，引发了现在总统和人民鏖战正酣的腐败体制。”[③]

只有强势垄断利益，才真正算得上是强势阶层。“社会结构的变迁意味着利益在社会结构性分布上的变化，利益的驱动使得人们在政治结构中都尽可能地谋求自我利益的实现和扩大，而权力是利益实现的最重要的政治前提，即只有当人们在制度安排中使自己的利益能够得到代表时，自我利益的实现才有可能。”[④]因此，要避免强势社会阶层和既得利益集团公然窃取国家利益，必须改变“政府（群体）掠夺——权力（个体）透支”的政治运作机制，打掉权力和利益的不当联系，重新回归到政府对“公众需求（感测）——公共服务（响应）”的本来立场。实际上，美国开国元勋华盛顿曾在1789年就职仪式上发出过号召：

国家的政策将奠定于个人道德纯净不变的原则之上，而且，自由政府将因其赢得民心，取得全球尊敬的特征而显示出它的卓越性。我以热切爱国的

① （美）林肯·斯蒂芬斯著，展江等译：《新闻与揭丑（Ⅱ）》，第553页。
② （美）威廉·塔布著，吴娓、付强译：《美国债务膨胀、经济泡沫与新帝国主义》。
③ （美）林肯·斯蒂芬斯著，展江等译：《新闻与揭丑（Ⅱ）》，第504—505页。
④ 王彩波著：《西方政治思想史》，中国社会科学出版社2004年年版，第437页。

情感所激发出的心情展望这幅远景。因为真理告诉我们：法理与自然过程中存在着不朽的结合——美德与幸福不可分；责任与利益不可分；诚实高尚政策的真正准则与民众繁荣幸福的真实回报不可分。……在我执政期间，预估执行我的职务所需的费用时，应该就公共利益所需的实际需要为限。

如果腐败治理不能深及利益、碰触利益，或许终将事倍功半。在“利益防贪”问题上，中国古代统治者的失败教训十分深刻。司马迁曾在《史记》中写道：

太史公曰：余读《孟子书》，至梁惠王问：“何以利吾国？”未偿不废书而叹也。曰：嗟乎，利诚乱之始也！夫子罕言利者，常防其原也。故曰：“放于利而行，多怨。”自天子至于庶人，好利之弊何以异哉！①

因此，历代中国王朝似乎都刻意回避让素有实用理性传统的中国人适应以经济规律主导社会运行的生活方式，而惯于宣扬“君子罕言利”“小人喻于利”“仁者以财发身，不仁者以身发财”等道德说教，并辅以政治手段使社会远离市场运作来实现王朝的平稳运行，但随着说教渐成迂腐的代名词以及国家政治强制力的疲弱，受到压抑的实用理性原则反而会变本加厉地释放，自利与自足成了“人们唯一也是最后的信仰”②。一个又一个封建王朝也将在“不可承受之利益阵痛”中凄惨告终，进入到人亡政息的“历史周期”。

西方学者的研究成果亦表明：“统治者是岁入最大化者，正是在这种意义上，我们说统治者是掠夺性的。”③面对可以用权力“掠夺”的诱惑，每一个公职人员都也必须做好经受“囚徒困境”考验的准备：当腐败机会直面眼前的时候，我们是寻求利益？还是坚守责任？

三、不能就腐败反腐败：大国反腐需要“强政府——好社会”

小国之所以往往贫困，决不是因为它小，而是因为它弱。大国之所以繁荣，决不是因为它大，而是因为它强。

——托克维尔

诺齐克曾经主张“最小政府”和“最弱意义上的国家”，“最弱意义

① 司马迁：《史记》卷七十四。
② 张和平：《一条鞭法与晚明社会的奢靡之风》，《中国社会经济史研究》，2004 年第 3 期。
③（美）玛格利特·利瓦伊著，周军华译：《统治与岁入》，第 3 页。

国家是能够证明的功能的国家。任何比这功能更多的国家都要侵犯人民的权利”[①]。毫无疑问，即便是在英、美政治理论和实践中，这也只是一种带有清教徒精神和理想主义色彩的“应然状态”。现实生活一如18、19世纪英、美等国场景所示：与“弱小政府”并行的恰恰是“强盗社会”。就治理腐败而言，问题的重点首先不在于政府规模的绝对体量大小，而在于“个人如何为社会的需要服务，社会又如何对待个人，毕竟是文明的、健全的政府关注的全部问题”[②]。英、美等国的历史经验表明：要想走出腐败高发期，对政治领域的腐败与社会领域的腐败必须等而视之、兼而治之。如果忽视了社会改革，如果不能维护社会公平正义，那么，政治领域的改革终将如沙上建塔，国家治理的创新终归是泥牛入海。

1. 从“廉政建设单元”到“善政建设系统”

1910年，西奥多·罗斯福在堪萨斯州奥萨瓦托米的演讲中说：

在人类向前迈进的不同阶段，不劳而获与劳而不获者之间的斗争一直是进步的中心条件。亦即今日自由人为争取并持有自治权与将自由自治办法变成打击民意的机制的利益集团之间的斗争。每一阶段斗争的实质内容均不外乎争取机会平等、打击特权，让人人都有于公于私最高质量的生活与公民权。

一旦实现人人机会均等将可见两大效果。首先，人人都有机会一展所长。不靠自己的特权提携，没有他人的特权掣肘，而能将能力发挥到极限，基本上让他和家人劳有所获。第二，机会平等也意味着集体能得到每位公民力所能及的最佳服务。大凡得承受他人特权重担的人均无法对集体做出应有的贡献。

国家效率涉及许多因素。它是节约原则普遍应用的必然结果。一个国家的成败归根到底悬系于此。国家效率不但同自然资源和人有关，同体制机构亦同样有关。一个州为了州民工作必须有效，一个国家为了全民亦然。[③]

---

① （美）诺齐克著，何怀宏等译：《无政府、国家与乌托邦》，中国社会科学出版社1991年版，第155页。

② （美）斯坦利·I. 柯特勒著，刘末译：《美国八大冤假错案》，“封底”。

③《西奥多·罗斯福在堪萨斯州奥萨瓦托米的演讲节选》，《中国改革》2008年第10期。

为什么综合治理腐败必须要用“社会福音”代替“财富福音”？

美国学者 Andrew Wademan 在研究美国进步时代（1880—1920 年）的政府改革后指出：温和的改革虽然无助于在短期内改善贪污情况，但长期的缓慢改革却能将贪污消除。由社会力量推动社会运动、改革社会政策，逐步解决进步时代的社会问题，对于弥补转型期政府能力不足和公共服务“真空”有重要意义，对于压制腐败空间也大有裨益。美国学者 John M. Herrick 认为，当时美国的公民社会力量主动关注弱势社群，推动了各项社会政策改革，如建立“安置之家（settlement house）”解决农村和欧洲大陆移民的城市居留问题，并与大学合作改善新移民生活。这促使一些州政府兴建公共房屋，解决市民住宿问题。新闻工作者透过自己的报道，揭示了当时急剧工业化与都市化下的社会黑暗面，迫使政府放弃其固有的不干预政策，积极管制药物、肉类生产及禁止酒精生产等。法院亦开始参与限制工人的工时及保障工人权益。社会科学相关学科的发展进一步推动了对社会问题的认识及社会政策的发展。“时至今日，美国争取更好社会保障制度的人士还在追随进步主义的步伐。”① 与之相比，宗教界人士以社会达尔文主义为基础散布的所谓“财富福音”，分明是在为强势群体巧取豪夺“贴金”。大主教威廉·劳伦斯认为：“财富能使人更和蔼可亲、更愉快、更无私、更像基督。”著名的拉塞尔·康韦尔牧师在布道中公然宣称：“我不放弃自己的主张，对穷人只寄予同情，但值得同情的穷人却很少。同情一个因有罪恶而被上帝惩罚的人，那就意味着在上帝进行正义的惩处的时候帮助了他，这种举动毫无疑问是不对的。”② 显然，为少数人服务的“财富福音”，正是让多数人受苦受难的原因。因此，只有用看似温和的“社会福音”代替甚嚣尘上的“财富福音”，才可能再造出提高大多数人幸福指数的“好社会”。

就腐败说反腐败，可以说腐败分子只不过是“不劳而获者”的一个代表而已。而跳出腐败说反腐败，则应当立足于“让人人都有于公于私最高质量的生活与公民权”，着眼于提高“国家效率”、改进“体制机构”并“实现

① 转引自见任剑涛、马骏：《美国进步时代的政府改革对中国的启示》。
② （美）吉尔伯特·菲特著：《美国经济史》，第 600—601 页。

人人机会均等”。正如一位德国学者所说：“反对腐败、对公务员和政客进行制约需要社会长期不懈的努力。难以想象仅靠智力方面的努力就能达到消除腐败的目标。热心公益的人们所拥有的勇气和社会风险精神仍然是将腐败保持在低水平的先决条件。但是社会面临的风险需要得到全面、彻底的管理。”①

在英国现代早期的社会变革当中，虽历经17世纪的“白银时代”②和18世纪工业革命的“黄金发展”取得了巨大成就，但也付出了沉重代价。“而英国普通民众正是这种沉重代价的承受者。在经济利益、政治权益重新分配、重新发牌的过程中，获得利益权势的是英国的贵族、乡绅、富商和资本家。普通民众，尤其是下层民众却是被损害者和被侮辱者。”③应当说，第一次工业革命是英国从传统社会向现代社会的转型期，也是国家治理结构和社会分配结构的“重组期”。“赶不上时代”的“全部国家政治、经济、法律、宗教等种种情形”，必须“要整个改组”④。

与腐败高发互为表里的，恰恰是国家重组和社会分配中的结构性问题，即不仅仅是政治领域的腐败问题，还包括经济领域的利益冲突、社会领域的公正缺失和文化领域的道德滑坡等。正如C.希尔所说：“群众究竟从革命中得到了什么呢？消费税、免费住处、抢劫、征兵；而不是固定的公簿持有权、地契的废除以及对工业手工匠抵制顾主的保护。”⑤具体而言，以当时的英国“物价革命”为例，大麦、燕麦等民众主要食品原料价格上涨了7—8倍，家禽和肉类上涨了6—7倍，木材上涨了5倍，皮革制品为4.5倍，纺织品为3倍。与此同时，劳动力价格上涨缓慢，以实际购买力而论还大为下降。⑥

因此，对于“既无权又无势”⑦的底层民众，**与其说治理腐败需要一种单线条、窄领域的廉政建设行动，不如说更需一场多维度、系统性的善政建设革命**。除了抓几个贪官污吏之外，必须把解决分配不公、贫富分化等问题摆在更加重要的日程。这就是诺思所说的：“在整个历史上，当人们需要在国

---

①（德）约翰纳·伯爵·兰斯多夫著，清华大学公共管理学院廉政与治理研究中心译：《腐败与改革的制度经济学：理论、证据与政策》，第191页。
②（意）齐波拉主编，徐璇译：《欧洲经济史》第二卷，第6页。
③ 王晋新、姜德福：《现代早期英国社会变迁》，第49页。
④ 黄仁宇：《蒋介石的历史地位》，载《现代中国的历程》，第209页。
⑤（美）伊曼纽尔·沃勒斯坦著，吕丹等译：《现代世界体系》第二卷，高等教育出版社1998年版，第167页。
⑥ 王晋新、姜德福：《现代早期英国社会变迁》，第58页。
⑦（英）阿萨·勃里格斯著，陈叔平译：《英国社会史》，第130页。

家——但可能具有剥削性——与无政府之间做了选择时，人们均选择了前者。几乎任何一套规则都好于无规则。”[①]

对于一个大国而言，腐败治理的顶层变革路径显得尤为重要。这就如同尽管迟至19世纪中期英国工业革命完成之后，英国贵族地主还拥有着不列颠六分之一的地产，占据着政府中的许多职位和控制着议会中不少议席，但他们却在与新兴资产阶级和底层民众的多方妥协中建立了“共识政治”，在温和渐进的社会变革中避免了严重的社会动荡和解体。而要“将政策的一个宏观态与另一个宏观态联系起来”，就要“强调制度和结构的重要性，同时使人们回归国家”[②]。虽然顶层变革有的是主动作为，有的是被动而为，但关键是顶层要拿出变革政治制度、调整政治结构的智慧、行动和决心。有时，甚至需要顶层进行“自我革命”，或者说主动“革自己的命”。

20世纪初英国工党领袖艾德礼曾喊出“上院是不合时代的机构”的著名口号，并把矛头直指“它是一种以特权和财富为基础的社会的自然体现，但它同现代的民主是不相称的”[③]。“废除上院”的激进改革呼声空前高涨，民众对特权贵族的不满与日俱增。但英国政治变革的事实却是，从1880年代以来，英国贵族已经悄然发生着积极持久的结构性变化：从一个权贵地主阶级群体，缓慢平和地演变成“包含着土地贵族、资产阶级财阀、中产阶级代表和少数平民代表的混合体”[④]。

这正是一种顶层变革的智慧体现：与其等着别人来砍下自己高贵的头颅，莫不如自己低头摘下冠冕并主动与人分享荣耀。

时至今日，美国的社会贫富分化仍然极为严重。2009年美国“克拉克经济学奖”的获得者伊曼纽尔·塞斯持续关注此事，并根据美国国税局公布的纳税材料建立了一个横贯百年的长期收入分布数据库，结果发现1931年以来美国的高收入者收入分布呈现U型特征：美国收入较高的10%的人口收入占国民收入的比重达到了20世纪30年代大萧条以来的最大额48.5%；其中的前1%人口的收入份额达到21.8%，比1980年增加了1倍多；而最高的0.1%

---

① （美）道格拉斯·C.诺思著：《经济史中的结构与变迁》，第24页。
② （美）玛格利特·利瓦伊著，周军华译：《统治与岁入》，第7页。
③ （英）克里门特·艾德礼著，郑甫译：《走向社会主义的意志和道路》，商务印书馆1964年版，第56页。
④ 阎照祥：《英国近代贵族体制研究》，第274页。

的人口（约 30 万人）的收入份额相当于 1.5 亿低收入人口的全部收入。值得注意的是自 20 世纪 80 年代以来，少数人收入份额的快速上升趋势，表明收入不平等程度加剧。[①] 此外，基尼系数的变化也说明了这一点。美国基尼系数从 1968 年的 0.386 上升到 2007 年的 0.470，收入最高的 20% 和 5% 的人口的收入在 1968 年总收入中分别占到 42.6% 和 16.3%，到 2008 年变成了 50% 和 21.5%[②]，可谓富者愈富。

美国学者伊丽莎白·桑德指出，19 世纪晚期、20 世纪早期，“美国进步时代所呈现出的问题和中国现代问题极为相似。特定的环境也给予改革更多的机遇和挑战”。她深入研究了当时“‘净化’政治过程以去除贪腐，并且重夺政府以使其服务于更广泛的公共福祉”的情况，着重探讨了通常研究所忽视的“政府若干核心的、决定性的改革所构成的进步运动”。对于所谓有着悠久的“反国家传统”的美国而言，进步时代及其以后 15 年的“国家扩张”有三种模式：一是社会驱动模式，即公共智囊团、记者和进步牧师等社会力量“填补”和充当了改革机构；二是国家驱动模式，即认为“进步主义运动的主要发起者并不在政府之外，而在政府之内”，并“主要围绕总统及几个关键政府部门的活动者”展开；三是国际社会影响模式，即认为“1880 年代各种理念的国际性传播”导致“新政策的集思广益”，推动了“国家发展发轫于新法规和制度的创设”。鉴于美国当时的情况与当代中国遇到的问题有着不少相似之处，“两者都需要推出一系列旧体制无以提供的全国性的法规和制度”，并且“要为改革之路扫清障碍，以开启一系列的进步路向”，桑德最终给出的建议是：“中国需要一个国家驱动的进步时代。”[③]

事实上，我们需要的是这三种模式的兼容、优化和集成创新，即充分调动社会与国家的“双重动力”，充分利用国内与国际的“两种资源”，建构起“多维善政”的大系统，而不是“单一廉政”的小格局。

黄仁宇从中国“历史的长期上的合理性（long term rationality of history）”中也深刻反思道：“一个古老的帝国，要变成现代的国家，必需组织成为一

① 转引自宋小川：《美国税收制度累进性质的减退对贫富差距扩大的影响》，《财经科学》2008 年第 10 期。

② U.S Census Bureau, Current Population Survey, 转引自时成玉、张彤玉：《税收对美国高收入阶层的影响与启示》，《经济与管理研究》2010 年第 7 期。

③（美）伊丽莎白·桑德著，陈永杰译：《美国进步时代对中国的启示：三种代理模式》。

种运动，透过政治、经济、法律、思想和社会诸部门，使全国人民一体卷入，才有改革的希望。”①各国的腐败治理实践更是直接而清晰地表明，“通过在不同战场的斗争（例如精简政府，公共决策分权化，公有财产私有化，或者提高竞争），腐败并未消除。腐败是一个真正的新挑战，它需要新颖的答案”②。这就如同治理受贿者固然重要，打击行贿人亦不可或缺；防止强盗资本家窃取国库固然十分重要，防止收入不公平造成的贫富分化亦需高度重视；惩治政治领域的腐败问题需全力以赴，治理商业贿赂也需持之以恒。

从另一个角度说，现代公共治理的基本要求是政府、市场和社会各居其位、各尽所能，因为“只要以上三者中有一者居于支配地位，社会秩序、民主和正义就不可能发展起来。一个多元社会若想维持，他们之间的平衡必不可少”③。可以说，在全球化背景下治理腐败，要在“政治（国家效率）——社会（机会均等）——市场（劳有所获）”的宏阔治理格局中寻求公共权力的最佳边界，寻找公共服务的最好路径，并寻获公共利益的最优实现方式。这就必须“以公共空间、私人空间、商业空间与政府空间的分布及国家政策在政府、市场与社会中的倾向为依据”，重视和处理好政府与社会及市场之间的关系。

2. 砍掉达尔文“丛林”：靠社会改革和公共救济孵化“廉洁之卵”

“镀金时代”的政治保守主义和政府保守做派，说到底是一个少数人精心炮制的、遥不可期的“美国梦”。如同拥有话语权的精英阶层宣称自由竞争是经济生活的最高法则一样，保守势力号称理想政府只实行最低限度的政治控制，在自由放任中给予个人以最大机会。④人们谈论国家干预和宏观调控所代表的“最低限度”含义，与信奉家长制统治或空想社会主义革命相差无几。隐藏在时代背后的一个或易忽视的问题是，如果政府“过于弱小”，频频出现对转型期社会矛盾的“体制性迟钝”，那么，社会就有可能迅速蜕变为盛行“丛林法则”的乐园，市场也就可能迅速演变为强盗资本家们不择手段一夜暴富的“赌场”。

英国学者苏珊·斯特兰奇（Susan Strange）在《赌场资本主义（casino

---

① 黄仁宇：《蒋介石的历史地位》，载《现代中国的历程》，第 207 页。

② （德）约翰纳·伯爵·兰斯多夫著，清华大学公共管理学院廉政与治理研究中心译：《腐败与改革的制度经济学：理论、证据与政策》，“本书阅读指南”。

③ （英）安东尼·吉登斯著：《第三条道路及其批评》，中共中央党校出版社 2002 年，第 57 页。

④ （美）梅里亚姆著，朱曾汶译：《美国政治思想》，第 35 页。

capitalism）》一书中，开创性地对这一延续至今的趋势作出精彩论述。她认为现代资本主义体系已具备了赌场的所有要素：赌徒、赌具、赌资、筹码和赌场的规则，每天卷入其中的资本之大，运转速度之快，均属前所未有。此外，它也像赌场一样充满了投机和风险，极少数人能一夜暴富，多数人越赌越穷。每一人都毫无选择地被卷入其中，不得不面对诸如银行倒闭、金融欺骗、政治腐败、洗钱等问题的侵扰。①

在19世纪中后期，美国"强议会——弱总统"的政治格局之下，代表保守势力、被称为"百万富翁院"的国会掌控着国家实权，总统被架空为"国会操纵的机器"。②在这种政治大气候下，英国人赫伯特·斯宾塞的"社会达尔文主义"自然而然地找到了最大的市场，为政治保守、经济垄断和社会不公提供了"哲学基础"。经过强势阶层和利益集团的联手包装与精心推销，"在资产阶级的世界里，'生存竞争'是其经济思想、政治思想、社会思想以及生物思想的基本隐喻。在'生存竞争'的环境中，唯有'适者'能够生存。适者不仅有权生存，而且有权统治"③。从19世纪60年代到1903年斯宾塞去世，其作品在美国销量达368755册，是任何同时代作家不敢奢望的天文数字。当然，这还不包括报刊上刊载的或直接或间接宣传社会达尔文主义思想的大量文章。

然而，在斯宾塞的老家英格兰，即便是在社会严重分化的18世纪，也出现了"斯品汉姆兰救济制度"和"济贫院体制"，全国每年用于济贫的金额在100万英镑以上。尽管它首先是一种地方政府责任，但也带动了在各政府机构中任职或主持慈善机构的贵族名流的社会捐赠。④并且，作为"上层阶级"（the upper class）的英国贵族是世界史上少有的能够在适当的时候作出适当退却的阶级，因为他们懂得一个道理：

保存自己的利益的最佳方法是与别人分享利益，在妥协中谋求自己的存在。英国之所以在现代化的社会转型方面取得成功，避免了革命的震荡，赢得了社会的平稳发展，英国贵族的远见、勇气和妥协精神是不可抹杀的。⑤

① （英）苏珊·斯特兰奇著，李红梅译：《赌场资本主义》，社会科学文献出版社2000年版。
② Richard B. Moris. Great President Decisions. Harper & Row,.1978.p.136.
③ （英）艾瑞克·霍布斯邦著，张晓华等译：《资本的年代》，第154页。
④ "斯品汉姆兰救济制度"乃是发源于伯克郡斯品汉姆兰村的一种发放救济制度，后被广泛推行，直到1834年济贫法修正案实施后终止。
⑤ 见《中华读书报》2000年11月29日第11版，林岗对《英国贵族史》一书的书评。

达尔文主义为何会让社会丛林化?

社会达尔文主义是将达尔文进化论中“物竞天择”思想应用于人类社会的社会理论。英国哲学家赫伯特·斯宾塞是这一思潮的开创者，其基本观点是：人类社会如同生物有机体一样逐步进化，最终发展目标是一种理想的静止状态。人类社会必须通过自然选择才能达到这种理想状态，即如生物进化一样实现“优胜劣汰、适者生存”的社会进化，直到静止状态出现。那时社会进化停止，政府作为多余的东西自行消失，人类自动获得最大的幸福。这一理论对于美国“镀金时代”无异于是一针兴奋剂。强盗大亨的不择手段和巧取豪夺，成了社会进化的标志；社会的严重贫富分化和利益冲突，成了自然选择的结果。因此，社会达尔文主义“为美国当时的实践找到理论根据，立即受到了热烈欢迎”。①达尔文、斯宾塞也因此在美国享有着“至高无上的地位”。②此外，“社会达尔文主义极度契合美国企业家的脾性”，成为拜金主义、极端利己主义者的“财富福音”。国家援助“弱者”被渲染成破坏了自由放任哲学和“破坏”了个人自由，把“弱者”和“劣者”留下来被宣称是延缓了社会进化过程。相反，那些贪污受贿、巧取豪夺的腐败分子和强盗大亨则被视为“成功人士”，其违法犯罪行为被包装成一夜暴富的“美国梦”。③安德鲁·卡内基说过：竞争未免残酷，但却是最好的竞赛，因为它保证各个部门能贯彻适者生存的原则。④铁路官员希尔则宣称：大铁路公司兼并小铁路公司，体现了适者生存。⑤于是，腐朽而浮躁的社会氛围导致社会道德危机愈演愈烈。无怪乎美国著名思想史家V.L.帕林顿说：“斯宾塞的思想路线像高速公路一样宽阔，美国人的思想在本世纪末则是跟随着他的思想路线。”⑥但与其说是社会达尔文主义制造了“镀金”的美国，不如说“镀金时代”的美国就是一片达尔文化的“社会丛林”。

---

① 资中筠、陈乐民著：《冷眼向洋》上卷，三联书店2001年版，第11页。

② （美）亨利·S.康马杰著，南木等译：《美国精神》，第130页。

③ 张准、林敏：《论美国镀金时代的社会信用危机与重建》，《生产力研究》2009年第20期。

④ 转引自袁鹏：《论镀金时代美国社会思潮之主流》，《北方论丛》1997年第2期。

⑤ （美）吉尔伯特·菲特著：《美国经济史》，第602页。

⑥ 转引自袁鹏：《论镀金时代美国社会思潮之主流》。

经济史家菲利斯·迪恩估计，在1700—1780年，英国国家的总产出增长了67%，到1800年增长了151%，英国将同时代的国家远远抛在了后面。有人测算说：工业革命前，第1000年人类的生产能力才增长一倍，而工业革命后则加速翻翻。[①]由此，**有了巨大的公共财政的支持，用于全民医疗、教育、就业、救济等方面的民生性、保障性开支提升了公共福利均等化水平，从而在很大程度上弱化人们对分配不公、贫富分化的焦虑和不满情绪，从而避免了腐败泛化情绪的蔓延。**

但到了19世纪美国"镀金时代"，政治保守主义、经济自由放任主张和社会达尔文主义"三流合一"，使得政府在充斥着垄断、兼并、欺诈和堕落的经济社会生活中碌碌无为。1878年，海斯总统的国情咨文堪称这个时代的某种政治代言。他宣称自己确信政府的自我约束是工业和商业发展的前提："让大家知道我的立场吧，在未来的几年里，这个国家的企业不会受到政府的不良法律来干扰的。如此才能造成一个健康的、持续的商业繁荣。"[②]

然而众所周知的是，"强盗大亨"和"城市老板"们的所作所为，"另一多半美国人"作为弱势群体的生存境遇，切切实实地证明了这种"商业繁荣"的虚伪性和破坏性。更何况，"迄至近世，也还因银行的立法、货币政策、反托拉斯、跨州商业及社会福利等问题，发生无数纠纷"[③]。可以说，**一个"慈善不足"的社会往往是"公正缺失"的社会，而一个"公正缺失"的社会往往是危机四伏的腐败天堂。**

美国虽在第二次工业革命中强势崛起，但却直面了忽视社会领域改革的巨大教训。与此同时，"一个发挥不了作用的社会不可能赢得人们对它的忠诚"[④]。正如美国著名学者、联合国和平奖获得者艾伦·维恩斯坦等人在总结美国"镀金时代"历史所指出的："过快的发展速度其实对任何人都没有好处"，因为大量的"社会疾病"将"蹂躏"大多数人。[⑤]也就是说，经济高增长并不能天然地带来社会福利高增长和公共服务的大改善，甚至很可能是适得其反。哈耶克也曾坦承道："特别是与社会主义相对照，我们可以说自由主义

---

① 参见钱乘旦、许洁明著：《英国通史》，上海社会科学出版社2002年版。

② 转引自陶坚著：《美国自由市场经济》，时事出版社1995年版，第32页。

③ 黄仁宇：《蒋介石的历史地位》，载《现代中国的历程》，第207页。

④（美）丹尼尔·J.布尔斯廷著，中国对外翻译出版公司译：《美国人建国历程》，第83页。

⑤（美）艾伦·维恩斯坦等著，胡炜等译：《彩色美国史》（中卷），第349页。

只关注交换正义（commutative justice），而不关注所谓的分配正义（distributive justice）或现在更为盛行的‘社会’正义（social justice）。”[①]

回顾“镀金时代”的美国，尽管统治集团中的改革派力量曾经试图进行一定的顶层治理，如海斯、阿瑟等总统均以公务员改革为核心推行了政治领域的一些持续变革，采取考绩制择优录取公务员、废除了公务员把一部分工资交给任命他们的政党等。然而，“这些改革虽然受到欢迎，但仍没能改善‘镀金时代’不公平的社会现象。从1865年到19世纪90年代，与当年逃避废奴问题一样，美国政客竭力回避移民、城市化和工业化等麻烦问题。最终，经济危机和人民党的抬头，才迫使政治阶层关注那些30多年来一直被忽略的问题。”[②]这些长期“被忽略的问题”，恰恰是关于“社会疾病”的问题，也就是社会领域因贫富悬殊、社会分化所映射出的“分配正义”问题。

社会公平正义越得不到保障，意味着社会改革越滞后；社会领域的不公正等问题越严重，也表明政治领域腐败治理将越困难。实践表明，“减少累积性不平等和增加大众政府可能性似乎有两种方式”：一种是由哈林顿在英国、卢梭在法国、杰斐逊在美国提出的，通过减少政治资源分配中的不平等的程度，如土地再分配、税收改革、扩大教育机会；另一种是把存在的不平等加以分散，这似乎是美国和其他成熟的工业化国家中存在的模式。[③]不论是累积性不平等，还是弥散性不平等，都将成为社会公平正义的最大障碍。相反，在一项以18个西方民主国家为基础的研究中发现，“更加平等的收入分配和更加慷慨的福利支出，与强大的工会和成功的社会民主党存在关联”[④]。

梁启超先生论及时代思潮时曾经说过：“凡‘思’非皆能成‘潮’；能成‘潮’者，则其思必有相当之价值，而又适合于其时代之要求也。”[⑤]问题在于，社会达尔文主义的思潮只是对少数人（强势阶层）“有相当之价值”，只是适合于“镀金时代”之要求。如果“**生存定义权力和力量，权力和力量诠释生存**”的信条甚嚣尘上，听任“社会达尔文主义者以‘物竞天择、适者生存’的原

---

①（英）哈耶克《“自由主义”》，载邓正来编译：《哈耶克论文集》，首都经济贸易大学出版社2001年版，第82页。

②（美）艾伦·维恩斯坦等著，胡炜等译：《彩色美国史》（中卷），第363页。

③（美）罗伯特·A.达尔著，王沪宁等译：《现代政治分析》，第124页。

④（美）威廉·多姆霍夫《谁统治美国》，吕鹏等译，第31页。

⑤梁启超著，朱维铮校注：《梁启超论清史学二种》，复旦大学出版社1985年版，第1页。

则为美国垄断资本及其扩张主义政策张目”[①]，那么，弱肉强食、欺良霸善、穷奢极欲等社会丑态和贪赃枉法、徇私舞弊等腐败恶行就难以禁绝。

更为关键的是，人们突然发现，19世纪“美国根本就不拥有一个社会和政治思想库，可以从中借鉴足够的指导、主旨和立法，来系统地应用于工业和城市的痼疾。政府活动是零散、脱节和软弱的。当时，以及今天，很少有思想家致力于或有能力来发展一个全面的理论，来为统一意图、政治和政府的一个理论提供知识基础。”[②]在“举世皆浊”的思想混乱中，即便是再清廉正直的官员，也无法在这样的政治生态中单生独存。相反，“凭借集体政治行动来重构社会，你就能改变自己的命运——是的，你自己的命运”[③]。

3. 顶层变革：有作为的政府，负责任的社会

恩格斯指出：“国家权力对于经济发展的反作用可以有三种：它可以沿着同一方向起作用，在这种情况下就会发展得比较快；它可以沿着相反方向起作用，在这种情况下，像现在每个大民族的情况那样，它经过一定的时期都要崩溃；或者是它可以阻止经济发展沿着既定的方向走，而给它规定另外的方向——这种情况归根到底还是归结为前两种情况的一种。但是很明显，在第二种和第三种情况下，政治权力会给经济发展带来巨大的损害，并造成人力和物力的大量浪费。”[④]亚伯拉罕·林肯曾经提出：我们究竟是要一个强大到足以威胁人民自由的政府，还是一个弱小到不能维持和保护人民自由的政府，这是一个永恒的问题。如果政府太弱小，社会领域的各种强势力量（不论是财阀还是黑帮）就可能肆意欺凌弱小，践踏法律和公平正义。一旦形成了这种弱肉强食的“社会丛林”，公职人员的职业操守将薄如蝉翼，社会公众的道德底线被弃若敝屣，整个社会都将被不计后果、不虑长远、不负责任的恶性文化心理所覆盖。

——国弱无善政，国弱无良法

历史是一面镜子，显示出“法律的实际效力总是取决于国家权力对利益集团斗争的结果。这就是法律改变社会的限度”，“对于一个弱国家而言，它在

---

① 杨生茂：《美国外交政策史：1775—1989》，人民出版社1991年版，第169页。
② （美）詹姆斯·麦格雷戈·伯恩斯著，刘李胜等译：《领袖论》，第199页。
③ （美）丹尼尔·辛格著，曹荣湘等译：《谁的新千年》，“前言”。
④ 《马克思恩格斯选集》第4卷，人民出版社1995年版，第701页。

和各种利益集团的斗争中最终都会失败”。[①]16—17世纪经历嘉靖、隆庆和万历爷孙三朝，在三个最“无为”的皇帝手中相继累加形成了明帝国的顶层危机。

韩毓海在《五百年来谁著史》中反复强调一个核心观点：三位皇帝执政期间，皇权与六部官员之间的冲突和矛盾至于不可化解，“上层统治结构的纷争”造成了明中期以来国家行政效率、组织效率的迅速衰败，国家的一切改革非但不能动员官吏，反而因为被官员集团阻碍以致难于实行，最终导致了明王朝瓦解。特别是明朝始终没有建立起像样的国家财政体制和金融体制，皇权与士大夫的争斗始终不能停止，由皇权直接面对千百万小农的“两张皮”结构也没有改变，在长期表面的繁华掩盖下，中国国力却日渐衰落，上层为“道学”而战，基层又没有组织，政府掌握经济、整合社会的能力于是不断下降。

良好的公民文化对于腐败治理的意义何在？

李普塞特较早系统而深入地分析了竞争性民主的社会条件，在他看来，一定的经济发展水平（包括财富、工业化、城市化、国民教育水平四个衡量经济发展的指标）、阶级状况（中产阶级规模）和政治系统的有效性与合法性是西方民主发展的前提条件。阿尔蒙德和维巴则深入探讨了政治文化与民主稳定之间的关系。在他们看来，特定的公民文化才是稳定民主的前提条件。这种公民文化有助于维持政府权力和责任、公民参与的主动性和被动性之间的平衡，从而有助于民主的巩固。[②]在罗伯特·D.帕特南（Robert D. Putnam）看来，由社会网络、互惠规范和信任构成的“社会资本”，是民主得以运转的关键因素。这些研究成果启示我们：没有良好的社会公民文化和教育文化水平作支撑，许多反腐败的政治改革都难以走到最后。

詹姆斯·麦格雷戈·伯恩斯曾经指出：

人们很早就看到，诸种社会改革和政治改革，即使是那些最终动摇了现存秩序基础的改革，也常常是由社会结构的顶部而不是由社会结构的中层或下层集团所发动的。[③]

① 付春杨：《明代一条鞭法之兴衰——立足于法律实效的分析》。

② （美）加布里埃尔·A.阿尔蒙德、西德尼·维巴著，马殿君等译：《公民文化——五国的政治态度和民主》，浙江人民出版社1989年版。

③ （美）詹姆斯·麦格雷戈·伯恩斯著，刘李胜等译：《领袖论》，第218页。

因此，位居顶层的执政者“是现代社会中理想的改革者之一”。建构负责任、有作为的执政体系和政府组织，应当是其最为重要的改革内容。正如20世纪美国的马克思主义者所指出的那样：美国之所以有一个“强有力的行政当局”，“是技术专家而不是领袖（即简单的行政官员）在管理着国家，用恩格斯的话来说，是他们‘在看护着社会真正的利益’”。

——社会需底线，社会需救济

19世纪的美国之所以被“镀金”，就是因为权贵阶层虽然凌驾于社会之上，但其道德标准却十分低下。当时，“美国人的阶级现状实际上已经组成了一个社会的金字塔，上流社会在它的顶端，他们无论在哪方面都算得上贵族的标准，只是没有贵族的名号；而且，如果这些贵族家庭与其他国家的贵族通婚，这种联姻势必就会给他们真正的贵族价值以恰当的认可……他们确信自己做一个美国贵族并没有什么不好”[①]。这种“道德缺口”必须加以填补和救济，否则，不但精神家园要荒芜，城市家园也要破败。

在“镀金”的金字塔周围，那些贫民窟正无时无刻不在提醒人们“穷人原子化、社会碎片化”的巨大危机。这一切乱象被熟视无睹，“而我们的冷漠，才始终是最大的敌人”[②]。因此，当美国妇女简·亚当斯获得1931年诺贝尔和平奖的时候，人们开始发现建设一个负责任的“好社会”的巨大价值。因为这位可敬的女士在1886年创办了芝加哥“赫尔会馆”，开创了志愿救助城市贫民的新模式。到1900年，类似的济贫院（贫民宿舍）在美国如雨后春笋般发展起来，总数达到400余个。从她青年时期的艰难探索，到半个世纪后的群起效仿，传递出改造社会的温暖和力量。

此外，关于英、美两国实行累进税制的过程也充分说明了社会正义的重要性。在19世纪的欧洲，“正是在当时处于‘社会改革’领先地位的德国，累进税制的倡导者们首次压倒了反对者，从此累进税制步上了现代发展的征程”。1891年，普鲁士采用了累进所得税制，其税率从最初的0.67%上升到4%。正如哈耶克所描述的那样：“尽管欧洲大陆的一些其他国家很快开始步普鲁士之后尘，纷纷采取了累进所得税制，但是此项运动拓展至盎格鲁——

① （美）弗雷德里克·L. 艾伦著，高国伟译：《美国的崛起》，第340页。
② （美）罗伯特·A. 拉特兰《麦迪逊在制定宪法和权利法案中的作用》，载肯尼思·W. 汤普森编《宪法的政治理论》，第171页。

撒克逊等国却花了将近二十年的时间。只是到了 1910 年和 1913 年，大不列颠和美国才分别采纳了递进所得税制（graduated income taxes），税率分别达到了在当时令人惊异的数字：8.25% 和 7%。然而在此后的三十年里，这些数字却又分别激增至 97.5% 和 91%。”[①] 于是，只是在一代人的时间里，就实现了几乎所有的累进税制支持者倡导了半个世纪却未能实现的目标，即通过国家调控使社会财富得到更加公正的分配。

这一切，从表面上看似和反腐败直接关系不大。然而，美国最终得以走出腐败高发期的事实却告诉我们：**减少一个被生活挤压得没有任何尊严的穷人，就等于减少了一张被“贫民窟政客”廉价收买的选票，更意味着正直的改革派人士的最终当选多了一丝机会！**

美国学者研究指出：“在 500 年近代历史中建立和逐步完善的……整个价值体系，体现这一价值体系的成形因素才构成它的大部分。当我们谈到现存的‘消费社会’时所指的正是这个大框架。”[②] 要在资本主义世界体系所型范的“消费社会”中治理腐败问题，必须一手抓国家建设，一手抓社会建设；既集中力量办大事（做强政府），又带着情感做小事（建好社会），这是打造腐败治理长效机制的必由之路。

治理腐败不应成为一种政治“零和游戏”，而应当努力实现一种普惠的社会“共赢”。根据布坎南的观点，“经济关系和政治关系两者都代表着由两个以上的个人进行的合作。市场和国家两者都是手段，合作就通过某些手段而被组织起来并成为可能”，“通过这种手段，所有参与者的‘权力’都可以增加，如果我们把权力定义为控制人们所渴望得到东西的能力的话”[③]。问题是当普罗大众的权力意识、参与意识普遍增强之后，随着时代变化将要出现新的社会动员方式和社会改革诉求。但有一点是可以肯定的：人们早已习惯了从社会不公、贫富悬殊等现象背后，去探寻政治体制和国家治理的“腐败原罪”。如在 2011 年的“美国之秋”运动中，截至当年 10 月中旬，“占领华尔街”运动已在美国的 1083 个城市蔓延开来。这场以抨击贫富悬殊和不平等为主要目标的群众运动中，人们以“我们是 99%”的

---

①（英）弗雷德里希·冯·哈耶克著，邓正来译：《自由秩序原理》下册，第 77 页。

②（美）伊曼努尔·华勒斯坦著，路爱国、丁浩金译：《历史资本主义》，第 97 页。

③（美）詹姆斯·M. 布坎南等著，陈光金译：《同意的计算——立宪民主的逻辑基础》，第 20 页、第 26 页。

视角来指责富人阶层和不公平的分配制度，即诺贝尔经济学奖得主斯蒂格利茨所说的美国“属于 1%，由 1% 所掌握，为了 1%”的现状。正如日本学者所说：改变贫富差距的实质是改变游戏规则，而改变市场游戏规则是改变美国经济结构的大问题。因为“从历史上看，美国面临贫富悬殊和腐败之时，民众会起来要求改变”①。

总之，**就今天的全球治理和公共伦理而言，必须跳出关于腐败的意识形态化认知和厚此薄彼的“妖魔化策略”，因为事实证明没有人能够独善其身：只要贫富悬殊和社会不公存在一天，民众对政策性腐败、制度性腐败和社会性腐败等的指控就将存在一日；如果脱离了为最大多数民众谋取普惠性、均等化福祉的基本诉求，那么，再精妙、再复杂的政治宣言和治理行动都将于事无补。**

四、从反腐败中学习反腐败：请远离“速胜论”和“速朽说”

昨天的蓝图明天可能就毫无用处，因为那些试图以腐败致富的人在不断探索新的制度漏洞，并发明新的损害社会的阴谋。

——约翰纳·伯爵·兰斯多夫

腐败作为“社会之癌”不是由一个原因所造成，治理腐败同样不可能“一方治百病”。正如毛泽东同志指出的那样：“从战争学习战争——这是我们的主要方法。”② 因为战争是千差万别、千变万化的，试图按照兵法、照搬战例或是固守套路，都无异于自取败仗。而面对不断演化的腐败，我们既不能照搬照抄某些“舶来”的治理方案，也不宜在历史和现实的某些遗存面前抱残守缺，那同样也只能自乱阵脚。可以说，在反腐败中学习反腐败，这就是主要方法。此外，必须坚持反腐败以我为主、为我所用的原则，因为反腐实践中的文化博弈和制度消解问题不容小觑。

以下，仅举几例说明之。

1. 案例 1：足薪养廉——治理“警察腐败”的故事

一个纽约小偷被捕后对警察说：“那不是一次行窃。我并不想偷那只表，

---

① 《美国“占领者”最恨不平等》，《环球时报》2011 年 10 月 10 日第 16 版。

② 《毛泽东文集》第 8 卷，人民出版社 1999 年版，第 181 页。

我是在把它放回去的时候被抓住的。”[①] 那么，因受贿被抓的警察能否说：我不想收那些黑钱，只不过是在暂时保管的时候被发现呢？

“薪酬悖论”揭示出怎样的人性？

古今中外执法者知法犯法、贪渎受贿的案例，大都演绎的是法律和正义被金钱收买的故事。因此，一个合理的逻辑是：给这些执法者多少的名义收入，才能“对冲”其徇私枉法的自肥动机呢？在19世纪90年代纽约治理警察腐败的运动中，绰号“大棒”的首席警长威廉斯被“莱克索两党委员会”传唤，要求他对聚敛的财富予以解释，因为他的钱财远比从他的薪水中所能省出的更多。尽管他承认了这一点，但却说自己是“在日本大炒地皮”而赚了钱。对于美国警察来说，“如果他们履行职责的话，他们将获得薪水，比方说，每月300美元。但是酒商会给他同样的或是更多的外快，让他玩忽职守。酒商会……让他因无所作为而加官晋爵，让他既有工资又得贿金，并在他落难时帮助他。而另一方面，如果他秉公执法照章办事，那么这个警察很容易因任何一点小差错而被开除出这支队伍。于是他就失去了工资、贿金和工作”。因此，那些“不切实际和不科学的”规章制度“甚至是不道德的”[②]。

笔者曾有机会到香港廉政公署进行深度业务交流。以香港的反贪腐为例，在20世纪50和60年代，香港被称为贪污之城，然而今天的香港则是举世瞩目的廉洁之都，在透明国际公布全球清廉指数榜上位居前列，在亚洲仅次于新加坡。这一转变过程肇始于20世纪70年代，发轫于警察腐败治理，仅仅用了一二十年的时间。

据廉政公署官员介绍，当时的香港整个社会不给“茶钱（红包）”什么事情也办不了，贪腐如病菌深入社会细胞的每个毛孔。在政府做官的发不发工资无所谓，每星期拉开抽屉，里面就会出现装满钱的信封。警察对街上跑的贴有黑社会标志的汽车违法熟视无睹，因为那是车主贿赂交通部门的标志。

香港廉政公署1973年的一份报告中指出：贪污已成香港市民生活的一部

① （美）林肯·斯蒂芬斯著，展江等译：《新闻与揭丑（Ⅱ）》，第163页。
② （美）林肯·斯蒂芬斯著，展江等译：《新闻与揭丑（Ⅱ）》，第570页。

分，行贿受贿就好比一辆公共汽车，你可以上它，也可以不上，但千万不能走在它的前面，因为它会把你压死。在英国管治期内，警界与黑帮纠结极深，黑白两道勾结经营非法业务，不但造成上万起冤假错案，更是刮起了贪渎飓风。史料显示，仅1963—1973年10年间，香港警察腐败的金额高达100亿港元（相当于今天的5000亿港元），整个警界95%以上的警员都不同程度地涉案。

从“破窗理论”看“零容忍”有何必要性？

美国纽约曾经被视为“犯罪之都”。1982年，美国政治学家詹姆斯·Q.威尔逊（James Q. Wilson）和犯罪学家乔治·L.凯琳（George L. Kelling）提出了破窗理论（Broken Windows Theory）。其主要内容是：如果社区中一栋建筑的一扇窗户遭破坏而无人管理，那么，肇事者会认为整栋建筑无人管理而得到可以任意破坏的暗示，这些破窗会给人造成一种社会无序的麻木心理。同样，重大犯罪固然不容忽视，但社会大众平时所最关注和感受最深的轻微犯罪如果被容忍，也会形成一种社会混乱和容忍重罪的氛围。因此，社会治安的最根本举措是从各种轻微犯罪入手，使其没有机会转变为重大犯罪。[①]破窗理论的提出，支持了零容忍（Zero Tolerance）政策，使其成为一种有效修补“破窗”的策略。[②]显然，腐败治理也需要“零容忍”理念和相配套的执行策略。惩大恶固然重要，但亦需纠小错、治未病，这就是封堵腐败“破窗”的明智之举。

1974年2月15日，以查办外逃警界高官的“葛柏案”为契机，香港廉政公署成立。廉署成立后经办的第一个案子就是葛柏案，并在香港司法史上第一次因为贪污罪将一名高官送进监狱。随后，廉署在不到两年时间里，在警察部队里挖出近20个贪污集团，将数名警司级警察绳之以法，数百名各级警员被逮捕或通缉。自此，廉政公署的标志“ICAC”成为香港市民的信心象征，香港创造了“华人社会”迅速步入廉政时代的奇迹。今时香港，包括警察在内的政府公务人员都有一份不错的薪水，靠奉公守法养家糊口、体面生活已经不再是一个奢望。

①James Q. Wilson, George L. Kelling, Police and Neighborhood Safety: Broken Windows. Atlantic Monthly, New York: Iss. 3, 1982, p.29—38.

② 王世洲、刘淑珺：《零容忍政策探析》，《中国人民公安大学学报》2005年第4期。

华人社会治理腐败的另一个成功案例是新加坡。据《世界联系》调查组1996年对世界各国高级公共服务人员年薪的调查显示，新加坡政府首长年薪为812，858美元，分别是日、美、英等国政府首长年薪的2倍、4倍至6倍不等，比本国制造业雇员平均年薪多56倍，等于本国总裁平均年薪的2倍。这样高的薪金在别国可能会引起公众抗议，而新加坡政府则将它看成是吸纳贤才和防止贪污的必要手段。用新加坡人自己的话说，就是“高薪养贤，厚禄养廉”。[①]实际上，真正享有高薪的人是极少数“精英队伍”，包括议会议员、政府内阁部长、副部长和常任秘书等高级公务员约五百余人，占新加坡6.4万名公务员的0.75%左右。

新加坡政府从1988年起开始推行灵活工资制，公职人员薪金总额包括两部分：一是每月薪金，包括基本薪金、非供计算退休金部分、每月可变动部分、非供计算退休金的可变动部分；二是常年花红，包括常年津贴、每年可变动部分、特别花红、表现花红、与国内生产总值挂钩的花红（GDP花红）和累积花红。公职人员之间的薪金级差不是太大，上下薪阶间的比率约为1.2 ：1；每一薪阶的顶薪与底薪之间的比率约为1.3 ：1。

在领先型、跟随型、滞后型等三种薪金策略中，新加坡政府采取了跟随型薪金策略或曰市场匹配策略。1994年，新加坡政府发表白皮书，提出部长和高级公务员薪金标准方程。选取6个工作性质与部长和高级公务员相似的专业，以6个专业中各最高薪的4人为基础，即总数24人，计算其平均收入，部长的薪金将是上述平均收入的2/3；测算高级公务员薪金则是在这6个专业中，找出所有年龄在32岁的受薪者，再从中找出收入排名在第15位者，将其收入加以平均即为高级公务员薪金，其他公职人员根据这两个标准作相应调整。[②]与市场挂钩还体现在“有涨有跌”，政府行政官员及担任政治、司法等职位官员的薪金同国家经济增长密切挂钩。如由于2008年经济显著衰退，新加坡政府决定，2009年所有政府高官减薪幅度达11%至19%。新加坡时任总统纳丹的年薪将减少19%，减至314万新元（1新元约合4.5元人民币）；政府部门部长的起步薪金下跌18%，减至157万新元。[③]

---

① 吕元礼：《新加坡的理念：高薪养贤，厚禄养廉》，《中国党政干部论坛》2001年第4期。
② 黄冠军等：《系统论视角下的新加坡公职人员薪金制度》，《当代世界》2008年第4期。
③《新加坡官员集体降薪》，《共产党员》2009年1月（上）。

这种薪酬框架的核心理念在于，使文官平均待遇与私人部门大体相当，才能鼓励贤才从政，才能保持官员廉政，防止人才从政府中流失。但尽管如此，对于特级薪金级标准的部长来说，其收入在私人企业界只能排244位，总理只能排在第32位。① 早在五六十年代，东南亚一些国家独立之初，政府官员道德沦丧，贪污腐化，被某些西方国家称为“东南亚之癌”。新加坡独立后的第一位总理李光耀，立志要在新加坡根治这种不治之症。李光耀曾经说过：我是政府总理，我可以造就出许多个百万富翁、亿万富翁，但我自己决不能成为富翁。②

当然，新加坡将高级公务员薪金与市价挂钩的治腐实践，或许不宜被孤立地放大，因为其背后还有严刑峻法、发展水平和社会环境等综合因素支撑。但正如盖伊·彼德斯所言：“许多公共人事管理领域已经开始了以市场为导向的改革，其中又以政府公职人员报酬制度的改革最为明显。”③ 发挥薪酬制度的激励作用和社会样本功能，当是治理腐败的理性之选。

可以说，高薪养廉未必可信，但是“足薪防贪”势在必行。费尔巴哈写下的这句话值得反思：

如果没有条件取得幸福，那就缺乏条件维持德性！④

2. 案例 2：防止利益冲突——社会公正一小步，反腐倡廉一大步

美国19世纪的腐败高发期中，社会充斥着两种对立：“特殊利益与公众利益的对立；财阀政治与民主政治的对立。”⑤ 正是在无处不在的利益冲突之中，美国民众利益被强盗大亨和腐败官员们联手侵渔，被来自华尔街和华盛顿的上流人士“组团”劫夺。玛丽·伊丽莎白·里斯在1890年的一个演讲中指出：“整个国家都为华尔街所有。这不再是民有、民治、民享的政府，而是为华尔街所有、由华尔街治理、为华尔街服务的政府。”⑥ 长此以往的必然结果就是，“在美国金融统治权也就是商业乃至政治统治权……根本问题好像出在经营者和所

---

① 章慧宣：《新加坡的国家人才意识》，《发展研究》1996年第6期。
② 林青云：《根治“东南亚之癌”》，《南风窗》1993年第12期。
③（美）B. 盖伊·彼得斯著，吴爱明等译：《政府未来治理模式》，中国人民大学出版社2001年版，第32页。
④（德）费尔巴哈著：《费尔巴哈哲学著作选集》上卷，商务印书馆1984年版，第569页。
⑤（美）林肯·斯蒂芬斯著，展江等译：《新闻与揭丑（Ⅱ）》，第441页。
⑥（美）霍华德·津恩等著，汪小英等译：《另一半美国史》，第164页。

有者之间”，“在所有权和经营权之间存在着不可避免的利益冲突”[①]。就政治而言，权力委托人（人民）的公共利益与代理人（政府及其官员）的私人利益之间不但不是鱼水关系，反而成了水火难容。因此，不论是从规避社会矛盾摩擦出发，还是从改进完善民主政治出发，防止利益冲突都是腐败治理的重中之重。

从长远看，反腐败的重点不仅仅要放在事后惩罚和惩治打击上，更重要、更主动的是进行事前阻遏和动机抑制，尽最大努力不造成利益冲突可能引发的廉政风险。如中国香港地区的普遍共识是，只要存在利益冲突，公职人员所参与的哪怕1港元的交易，都应视为腐败行为；由此，在法理和社会心理上都自然形成了一种对消极腐败行为的“零容忍”态度。我们常说，腐败是人民的公敌。正如英国思想家密尔顿当年在反对腐败国王时曾发出的呼告：“有哪一种原理、哪一种法律、哪一种宗教曾经叫人们只顾自己的安乐，吝惜自己的金钱、自己的鲜血与生命，而不去反抗人民的公敌呢？”[②]

如何在“利益冲突热”中防止“情绪中暑”？

当气温超过35℃、日照超过12小时、湿度高于80%时，气象条件对人体下丘脑的情绪调节中枢的影响就明显增强，人容易情绪失控，频繁发生摩擦或争执的现象，叫情绪中暑，又叫夏季情感障碍综合征。一旦温度上升的变化幅度增大后，人的精神、情绪就会产生波动，不仅给人带来身体上的不适应，还会对人的心理和情绪产生负面影响，以致出现情绪烦躁、爱发脾气、心境低落、行为古怪、记忆力下降等现象。当社会群体或个体陷入利益冲突之中，也如同置身于高温环境之下，容易诱发类似“情绪中暑”的负面化情绪和非理性行动。特别是在社会转型时期，因社会不公、利益分化等因素造成的就业压力、住房压力等，往往成为导致反腐败“情绪中暑”或是腐败泛化心理的直接诱因，甚至把公共服务的不均等与政治腐败直接画等号。因此，预防腐败泛化心理，最有效的办法是给“利益冲突热”降温，也就是建立健全社会发展和利益共享的普惠机制。

---

① （美）林肯·斯蒂芬斯著，展江等译：《新闻与揭丑（Ⅱ）》，第581页。

② （英）密尔顿著，何宁译：《为英国人民声辩》，商务印书馆1978年版，第115页。

说到美国崛起并战胜腐败高发期的关键，许多人指出是超前有效的制度设计。如法学家伯纳德·施瓦茨指出：“美国对人类进步所作的真正贡献，不在于它在技术、经济或文化方面的成就，而在于它发展了这样的思想——法律是制约权力的手段。”[①] 美国真正强大的力量，在于“所继承的良好的法律与制度体系——有人说，这是一种由天才们设计，使蠢材们可以运作的体系”[②]。换言之，腐败治理也是如此，我们需要的是可以“让好人们行善，使恶人们不能作恶的运作体系”。

20 世纪的后 20 年中，许多国家相继制定了政府官员从政行为准则，使廉洁从政、从业的职责和行为标准法律化、成文化，公职人员道德规范不再仅仅凭借个体信念来维系，而是依靠权威的国家法律来保证。更重要的是，这些行为准则体现了一个共同的立法理念：以防止公职人员私人利益与公共利益冲突为核心，以预防性规定先于惩罚性规定为保障，倡导形成公职人员理性认识和务实解决具体利益冲突问题的行为导向。从某种程度上说，这正是一个“蠢材们可以运作”的腐败治理体系的制度基础。

利益冲突是一种不以人的意志为转移的客观社会存在，“经济领域中存在直接的、逻辑的和即刻的利益冲突”[③]，政治社会等领域也是如此。特别是随着社会利益格局的深刻变动，国家公职人员经常或被动或主动地遭遇到形形色色的利益冲突状态。其中，既可能面对国际通行“利益冲突”概念所指的公众利益与私己利益的一般性冲突，也可能面临本部门利益与全局利益、行政相对人中此群体利益和彼群体利益等特殊利益冲突问题。从深层次上说，公职人员在利益冲突问题上的利己肥私思想，是腐败行为最直接、最强烈、最现实也最难抑制的动机之一。而且，一旦公职人员陷入利益冲突之中，在“人情社会”等东方传统文化心理背景下，往往易于诱生一种亲情、私情等对制度的“文化消解力”，使人在“潜规则博弈”中愈陷愈深、难于自拔。从避免和解决利益冲突问题入手，防治公职人员腐败风险的策略优势在于：

——对廉政建设而言，提升了预防行动的主动性和有效性

---

① （美）伯纳德·施瓦茨著，王军译：《美国法律史》，中国政法大学出版社 1997 年版。

② 任东来：《大国崛起的制度框架和思想传统——以美国为例的讨论》，《战略与管理》2004 年第 4 期。

③ （美）伊曼努尔·华勒斯坦著，路爱国、丁浩金译：《历史资本主义》，第 34 页。

“契约范式的核心是假定交换各方之间存在利益冲突。”[1]要告诫公职人员和社会公众，腐败问题和廉政风险是可以预防的，关键在于有效发现并妥善解决潜在的利益冲突问题，并在相关法规制度中具体规定公职人员该做什么、禁做什么，各种公务行为情境下何为合法、何为非法，而不是仅仅强调违法犯罪的罚则。由此，通过预防利益冲突制度建设反映出治理腐败不仅要治患于已然，还需防患于未然、治病于初发；从政道德和行为规范法治化的根本目的不在于抓住多少腐败分子，而是促使公职人员敬法畏纪、遵规守矩，切实提高对利益冲突的自律性和对廉政风险的警惕性。

美国、香港地区等地所实施的公职人员财产申报，主要目的不在于追溯官员如何积累财富，而主要看其是否存在利益冲突，会否影响公正施政；主要功能是建立公职人员诚信体系，而非一种腐败发现机制。如美国对官员实际的或潜在的存在利益冲突的财产，就给予了回避、财产出售、辞退兼职、资产托管、调动工作、第三者担保、豁免等多种解决利益冲突的具体办法。建立健全岗位化、对象化、行为化、情境化的从政准则和行为规范，使大家在公务活动和私人生活中心有所守、行知所据，形成与公共部门和公共职位相配套的廉洁从业压力传导机制。特别是充分考量公职人员的利益动机，抓住其职务行为、公务活动中的重点领域和关键环节，如接受礼赠、公务以外活动、离职后从业等行为进行“定点引导”“精确预防”，建立起覆盖公务人员入职、履职和离职的行为半径，既突出重点又兼顾全面的利益冲突“防护网”，应成为廉政风险防控机制制度创新的重要方面。

——对社会建设而言，彰显了政治治理的公益性和亲民性

从大处讲，利益冲突向前迈一步，就可能转化为社会动荡。从小处看，利益冲突向前进一步，就可能转化为腐败行为。如同中国经济社会发展从“又快又好”向“又好又快”的战略调整那样，应在不断完善社会主义市场经济体制的历史进程中，将防治腐败与改革发展稳定等目标加以同步设计、协同构建并综合考评，使改革发展举措和社会政策本身就具备预防腐败功能。“又好又快发展”的“好”，一个重要方面就是改革发展要有助于从源头上减少腐败发生，防止官员腐败、官商勾结侵害公共利益，治理各种损害群众利益

① （美）玛格利特·利瓦伊著，周军华译：《统治与岁入》，第26页。

的不正之风，让人民群众从经济建设和反腐倡廉中普遍获得实实在在的利益，这样的廉洁发展才是维护社会稳定和谐的治本之策。

马克思曾经深刻指出：“人们奋斗所争取的一切，都同他们的利益有关。”[①]由于战略机遇期、体制完善期、开放提升期、社会转型加速期和政治参与活跃期的纷至沓来及其叠加效应，必须在党内治理、政府治理和社会治理之间找到最佳结合点，实现经济基础变革与上层建筑改革的良性互动，以应对社会利益主体多元化、复杂化的挑战，切实维护社会公平正义，预防和化解利益相关性和非利益相关性冲突，防止利益冲突背后的腐败现象和不正之风滋生蔓延，使得经济社会在发展转型中实现软着陆。

说到底，利益冲突是一种客观存在，其生命周期可能与腐败一样长。我们可以期望公职人员靠理智战胜情感，靠主动自律克服利益冲突，然而，请记住前人说过的这样一段话：

说人们是由理智统治的正和说人们是由他们的眼睛统治的一样不合理。理智是一只眼睛——欲望通过它看到它们如何得到满足的眼睛。教育它只能使它成为更好的眼睛——给予它更准确更宽广的视力——根本不改变它为之服务的那些欲望，无论你使它能看到多远，激情还是决定它转向哪个方向——落在什么目标上。[②]

3. 案例 3：“信息反腐”——公开在左，公心在右

社会历史学家弗农·路易斯·帕林顿（Vernon Louis Parrington）指出，美国 19 世纪末兴起的黑幕揭发运动是“一个清扫蜘蛛网和破旧家具上久积尘土的洒扫门庭的轻快时期”[③]。之所以称之为“轻快”，是因为最终能让美国这个大家庭焕然一新。然而，在“洒扫门庭”的过程中，如同打开了一个“潘多拉”盒子，将如此之多的丑闻、劣迹、黑幕公之于众，不但引发了权贵阶层的直接反击和抵制，也在社会上引发了质疑、悲观等情绪波动。

或许，这就是公开的力量——不论是公开了真善美，还是公开了假恶丑。其实，早在 1796 年，英国改革派领导人约翰·瑟尔沃尔（John Thelwall）就曾宣称：工业革命在加强人们的联系时，也在他们之中传播知识和自由，面

---

① 《马克思恩格斯全集》第 1 卷，第 82 页。
② （英）赫伯特·斯宾塞著，张雄武译：《社会静力学》，第 165 页。
③ 展江等译：《新闻与揭丑——美国黑幕揭发报道经典作品集（I）》，第 11 页。

对这种新型的交流方式，传统权威将失去其力量。[①]普林斯顿大学教授埃里克·戈尔德曼（Eric Goldman）谈道："黑幕揭发者最有帮助的一点便是他们在发现'公开宣扬'中所起到的相当重要的作用。直到20世纪初，大多数美国人，包括美国许多产业界人士都认为不是个好东西。当时的理念是秘密操作。"[②]因此，一个让全社会理性参与腐败治理行动并有所贡献的基本途径是，**秉持良政善治之公心，用好舆论监督之公器**！正如美国学者所说：

最终的主宰者是公众舆论。我们每天都看到舆论在起作用。事实上，公众舆论让我们有了权利法案，如今它仍然是一种令人敬畏的武器。但是，这是一种我们不得不保持其锐利的武器，因而我们必须肯定它总是处于反应敏捷的状态。[③]

怎样认识反腐败网络舆论的"± 蒲公英效应"？

美国硅谷的一个创业家曾指出，种子投资和创业公司即便失败也不会就此消失，其中的人才会像蒲公英一样四处随风落地、生根发芽。这就是"一点发散，多点传播"的蒲公英效应。在反腐败舆论中，各种信息就好比被吹散的蒲公英一样，被不同的社会公众选择性接受。从其正效应说，一条好信息会被很多人转载分享，向不同方向扩散传播、积累沉淀为一般性的舆论共识。关键是要找到那个被发散开来的"信息原点"，并且敢于和善于进行发散式传播，让更多的人知晓真相。否则，就可能引发一种"逆蒲公英效应"，即发散的舆论一同向某个"原点"集中，而这种舆论集中是由"倍增效应"和"瞬间放大效果"的，往往造成处于"原点"上的个人、机构不堪压力，甚至出现"网络暴力""舆论绑架"等弊端。

需要注意的是，信息公开和舆论发酵并不总是能抱持理性、审慎而稳妥的建设性态度。为资产阶级革命和新制度呐喊的英国思想家托马斯·霍布斯就曾强调，政府有权"决定对人民大众讲话时什么人在什么情况下和什么程度内应受到信任，以及决定在一切书籍出版前，其中的学说应当由谁来审

---

①（法）雅克·索雷著，黄艳红译：《18世纪美洲和欧洲的革命》，第239页。

②展江等译：《新闻与揭丑——美国黑幕揭发报道经典作品集（Ⅰ）》，第13页。

③（美）罗伯特·A. 拉特兰《麦迪逊在制定宪法和权利法案中的作用》，载肯尼思·W. 汤普森编《宪法的政治理论》，第170页。

查”[①]。约翰·亚当斯也在18世纪评论印刷品管制时说道：“如果要想使人类的情况有所改善，哲学家、神学家、立法者、政治家和道德家们将会发现，管制出版物是他们需要解决的最困难、最危险、但也是最重要的问题。现在人类要是没有它是无法治理的、但目前有了它也不行。”[②]这个问题至今仍然十分重要，或者说永远不会过时。

人们常说：阳光是最好的消毒剂；但也应注意的是，过度暴晒也可能灼伤正常皮肤，甚至引发皮肤癌等恶性后果。

现代社会中，要创造出“一个对大众的被激起的愿望与需求作出反应的政府体制”，至少需要三个条件：拥有巨大政治力量的大众，把这种力量与政府相联结的途径，以及政府内部的、使相关法律与决策运行并实施的一个结构。[③]大众传媒既是大众力量与政府相联结的有效途径，也是监督政府内部运行的重要力量。同时，也有人指出：“大众传媒是广告商们策划出的阴谋，要把消费者群体引向深渊。或是由于大众传媒，或是由于充斥着壮观加娱乐的社会的催眠效果，媒体所产生的影响令人疲惫不堪，由此导致公众情绪的变化。”[④]

因此，正如汉朝班固在《白虎通义》所说：“公之为言，公平无私也。”要发挥媒体监督作用，关键是出于公心、秉持公道，防止诸如“有偿报道”或“有偿不报”之类的媒体腐败行为，或者是利用炒作腐败新闻乃至编造腐败谣言来赚取点击率、发行量和广告额等无良行为。更何况，“我们不可能想象一个指望劳动分工和权力分散而运行的世界，会由全体人民的统一舆论来统治。这种想法不自觉地把单个读者设想为理论上的全能读者，让新闻机构承担起无论任何代议制政府、行业组织或外交机构都担不动的重负。新闻机构被要求在24小时内对每个人产生30分钟的影响去造就叫作‘公众舆论’的神奇力量，以填补公共机构的懈怠”[⑤]。

网络举报或网络反腐提供了最为典型的鲜活案例。网络举报是指举报人利用互联网传递的方式进行检举、控告、申诉或表达利益诉求的行为，主要

---

① （英）霍布斯著，黎思复等译：《利维坦》，第137—138页。
② 转引自（美）丹尼尔·布尔斯廷著，中国对外翻译出版公司译：《美国人开拓历程》，第380页。
③ （美）詹姆斯·麦格雷戈·伯恩斯著，刘李胜等译：《领袖论》，第191页。
④ （英）齐格蒙特·鲍曼著，范祥涛译：《个体化社会》，上海三联书店2002年版，第20页。
⑤ （美）沃尔特·李普曼著，阎克文等译：《公众舆论》，第286页。

包括：举报人向纪检监察机关和政府部门等“官网”反映问题；举报人在互联网上向网民披露情况，被称为“网络反腐”。正如李普曼所说：“新闻机构并不是制度的替代物。它像一道躁动不安的探照灯光束，把一个事件从暗处摆到了明处再去照另一个。人们不可能仅凭这样的光束去照亮整个世界，不可能凭着一个插曲、一个一个事件、一个一个突如其来的变故去治理社会。”①网络反腐更是如此，如同一柄双刃剑，用得好可以“降妖除魔”，让作恶者无所遁形；用得不好，轻则可能伤风败俗，重则可能成为一种“妖魔化”利器。

互联网提供了民主监督新平台，也为发现和打击腐败带来了新契机。因为“成功的监控会增强统治者准确地发现和惩罚诈骗犯或腐败犯的能力”②。如一味过滤删帖、查封 ID、变相打压等，压制网络发帖，限制网民发言，无异于闭目塞听，不利于事态转化。但由于网络传播的开放性、便捷性特点，如果放任自流，也可能有失公允，导致“信息垃圾”“信息毒药”泛滥。一些舆论绑架正义、媒体代替法律的案例，不但频频给举报人造成不良心理暗示，导致“上访不如上网”现象频发，还可能在网络舆情中发酵变质，导致新老社会失序失控因素膨胀爆发。李普曼曾形象地指出：“新闻机构被当作了一个直接民主的机构，在更大规模上日复一日地担负着本该由提案、公决或罢免等程序完成的功能。‘舆论法庭’夜以继日地为一切规定着法则，这并非切实可行。”③

因此，应当调整应对思路，变被动为主动，防止公众不信任情绪加深扩散，既损害政府公信力，也耗损舆论监督力。17 世纪的英国思想家约翰·密尔顿曾经预言：“杀人只是杀死了一个理性的动物，破坏了一个上帝的像，而禁止好书则是扼杀了理性本身，破坏了瞳仁中的上帝圣像。”④要建构起阳光公开的“好监督”格局，疏导“上访不如上网”心理，关键是建立健康有序的网络举报秩序，避免公众对网络举报的不当依赖感。比如，可推进网络党务和政务公开，引导网络监督正常进行；建立健全网络举报工作领导责任制，明确属实网络举报所涉部门的处理职责等。此外，“网络反腐”冲击力大、

---

①（美）沃尔特·李普曼著，阎克文等译：《公众舆论》，第 287 页。

②（美）玛格利特·利瓦伊著，周军华译：《统治与岁入》，第 30 页。

③（美）沃尔特·李普曼著，阎克文等译：《公众舆论》，第 286 页。

④（英）密尔顿著，吴之椿译：《论出版自由》，商务印书馆 1989 年版，第 1 页。

时效性强，最佳处置时机稍纵即逝，甚至引发“一步被动，步步被动”的囚徒困境。应对“网源”类案件应实行单列式管理，实施流程化处置，并对确有价值的举报信息优先批办核查，形成回应群众关切的示范效应。

自上而下的顶层治理，自下而上的民主监督，这是反腐除恶的两条必由之路。在人类社会日渐进入深度信息化、电子化、网络化的新时空之后，互联网新媒体平台已经成为释放民主监督效能的重要实践载体。无“网”不利，无“网”不胜——这是21世纪的治理腐败工作者应当牢记而笃行的。

总之，回顾腐败高发期的历史图景，人们或许会无奈地发现：“所有历史上出现的体系都是体现特权等级的体系，而且从未有过黄金年代。因而问题不是在好的与坏的历史体系之间进行选择，而是在较好的与较坏的体系之间进行挑选。”① 而那些历史上根除腐败的豪言壮语，往往都面临事与愿违、不尽人意的尴尬结果。虽然“不变的永远是变化”，但纵观腐败及其治理的大历史，有3个核心问题或者说“权力天平”的“3大要件”又或许是“轻易不会变”的：1. 权力的来源、边界和规制；2. 财富（权利、权益）的来源、分配和共享；3. 不断变化的治理责任及其分担、落实。

如果不能解决好第一个问题，官员的腐败将无法避免；

如果不能解决好第二个问题，社会的混乱将无法控制；

如果不能解决好第三个问题，前两个问题永远成问题。

更为重要的是，中国曾经迷失于17世纪的腐败高发期，并且错失了全球化起潮期的领先优势和发展机遇。美国学者斯塔夫里阿诺斯认为，从1763年至1914年的一个半世纪，作为西方获得对世界大部分地区霸权的时期，在世界历史进程中据有显著地位。“欧洲之所以能进行这种前所未有的扩张，是因为三大革命——科学革命、工业革命和政治革命——给了欧洲以不可阻挡的推动力和力量。”② 或许并非巧合的是，正如本书所还原的历史事实那样：1763年是乔治三世漫长统治开始的第3个年头，1914年则是美国人公认的“镀金时代”的尾声；在这一个半世纪之中，英、美两国相继在腐败高发期中实现了“大国崛起”。

而不列颠18世纪中后期及美利坚19世纪中后期的两段腐败高发期，如

① （美）伊曼努尔·华勒斯坦著，路爱国、丁浩金译：《历史资本主义》，第89页。

② （美）斯塔夫里阿诺斯著，吴象婴等译：《全球通史：1500年以后的世界》，第243页。

同西方世界一次隔空相望的超级“交接棒”，既传递着第一次工业革命和第二次工业革命的薪火，也不经意间展现出现代腐败在全球化背景下不断转型、成型的轨迹。应当看到，“历史远未结束，倒是加快了速度”[①]。英、美等国崛起于18—19世纪的历史证明：只要政治顶层应对得当、治理有方，普罗大众有序参与、同心共济，得以形成“重塑国家、再造社会”的内生性改革合力，腐败本身并不可怕，腐败高发并非世界末日！

所谓“危机”者，“危”中见“机”，化“危”为“机”。就穿越大国崛起之路上的腐败高发期而言，真正可怕的是倘若遭遇权力透支、政府破产和社会分化，顶层治理机制的缺失和自我救济能力的衰退。

① （美）丹尼尔·辛格著，曹荣湘等译：《谁的新千年》，第7页。